Karl Häusler ·
Heribert Rampf · Roland Reichelt

Experimente für den Chemieunterricht

mit einer Einführung in die Labortechnik

Oldenbourg

2., korrigierte und verbesserte Auflage 1995
Unveränderter Nachdruck 99 98 97 96 95
Die letzte Zahl bezeichnet
das Jahr des Drucks.

Umschlagkonzept: Mendell & Oberer, München
Herstellung: Eva Fink
Satz und Druck: Tutte Druckerei GmbH, Salzweg-Passau
Bindung: R. Oldenbourg Graph. Betriebe GmbH, München

ISBN 3-486-**82841**-X

Inhalt

Anorganische Chemie

Organische Chemie und Biochemie

Hinweise zum Gebrauch des Buches

Bitte nehmen Sie sich die Zeit und lesen Sie die folgenden knappen Hinweise in Ruhe durch – sie werden Ihnen die Intentionen der Autoren verdeutlichen und damit den Gebrauch des Buches erleichtern!

1. Bevor ein Versuch durchgeführt wird, sollte man **unbedingt die komplette Versuchsbeschreibung** (einschließlich der Hinweise) **durchlesen**. Dabei wird deutlich werden, daß großer Wert auf sicherheitsrelevante Informationen und auf Hinweise zur sachgerechten Entsorgung gelegt wurde. Grundsätzlich zu beachtende, allgemein gültige Experimentierregeln konnten natürlich nicht bei jedem einzelnen Experiment gesondert aufgeführt werden (s. hierzu auch die einführenden Kapitel dieses Buches!).
2. Die Versuchsbeschreibung erfolgt nach einem bestimmten Schema:
   a) Die **„Sicherheitsleiste" bietet eine erste Orientierung** bezüglich möglicher Gefahren bzw. Vorsichtsmaßnahmen:

   Enthält das erste Kästchen kein Symbol, bedeutet dies, daß „normalerweise" (bei sachgemäßer Durchführung) keine besondere Gefahr besteht.
   Ein bis drei Ausrufezeichen in diesem Kästchen geben eine grobe Einschätzung möglicher Gefahren wieder (gesundheitsschädliche oder giftige Substanzen; Feuer- oder Explosionsgefahr; Entsorgungsprobleme; ...).
   Die Symbole der anderen Kästchen entsprechen weitgehend den Gefahrensymbolen der Gefahrstoffverordnung, wobei auf eine genauere Unterscheidung durch Kennbuchstaben (z. B. F + hochentzündlich und F leichtentzündlich) verzichtet wurde. **Zur genaueren Information sollten die jeweils aktuellen Verordnungen herangezogen werden!** Bei unbedenklichen Verdünnungen wird das Gefahrensymbol dennoch gebracht, weil i. a. in der Praxis von konz. Lösungen oder Feststoffen ausgegangen wird.
   Leere Kästchen ermöglichen es, durch eigene Eintragungen den jeweils neuesten Stand zu berücksichtigen.
   Im letzten Kästchen (ganz rechts) werden die Beseitigungsgruppen und damit Behandlungs- und Beseitigungshinweise angegeben (diese sind auf Seite 30ff. aufgeführt).

   b) **Material**
   Hier folgt die Angabe der benötigten Chemikalien und Geräte. Auf eine detaillierte Auflistung der Geräte wird verzichtet, wenn sie aus der Versuchsskizze eindeutig hervorgeht. Sinnvolle Variationen durch den Experimentator sind natürlich möglich!

   c) **Durchführung**
   Nach einer Beschreibung der vorbereitenden Arbeiten (falls nötig) und der eigentlichen Versuchsdurchführung wird der Versuch in der Regel durch eine Skizze verdeutlicht. Daran schließt sich eine kurze Angabe des Versuchsergebnisses und eine Erläuterung des chemischen Sachverhaltes an.

   d) **Hinweise**
   Unter dieser Rubrik ist alles „untergebracht", was für diesen Versuch von Interesse erscheint: Besondere Gefahren- und Entsorgungshinweise, Variationsvorschläge, methodische und didaktische Hinweise, Tips.

Dieses Experimentierbuch kann und soll nicht alle möglichen Experimente abdecken. So wurde bewußt auf Versuche verzichtet, die zwar durchaus interessant wären, bei denen aber z. B. ein zu großer apparativer Aufwand nötig wäre. Auch wurden nach Möglichkeit Experimente mit „kritischen" Chemikalien oder schwer kalkulierbaren Risiken vermieden und stattdessen Ersatzversuche vorgeschlagen, die den jeweiligen didaktisch-methodischen Anforderungen entsprechen.

Freude und Erfolg beim Gebrauch dieses Buches wünschen Ihnen die Autoren.

Glasgeräte

Das häufigste Glasgerät des Chemieunterrichtes ist das **Reagenzglas**. Bei unseren Versuchen unterscheiden wir „gewöhnliche" (ohne nähere Bezeichnung), schwerschmelzbare und große Reagenzgläser. Die „gewöhnlichen" Reagenzgläser bestehen aus Laborglas (Außendurchmesser 16 mm, Länge 160 mm). Schwerschmelzbare Reagenzgläser sind Durangläser, im Extremfall Quarzgläser. Die großen Reagenzgläser haben einen Außendurchmesser von 3 cm und eine Länge von 20 cm. Wegen ihres höheren Preises sollte man schwerschmelzbare und große Reagenzgläser nur dann einsetzen, wo es die Versuchsbeschreibung ausdrücklich erfordert.
Um eine Versuchsanordnung schnell, sicher und überschaubar aufbauen zu können, werden aufeinander abgestimmte, genormte Glasgeräte benötigt. Zum festen Sitz und exakten Verschluß sind diese Geräte mit genormten Stopfenbetten versehen. Durch genormte Schliffgeräte und Schliffkerne wird bei den „**Normschliffgeräten**" eine starre und vakuumfeste Glas-zu-Glas-Verbindung ermöglicht. Das Arbeiten bei hohen Temperaturen und der Einsatz aller möglichen Chemikalien ist unproblematisch. Für den Experimentalunterricht sind zwei Typen im Handel: Normschliffgerät NS 19/26 und NS 29/32.

Normschliffgeräte
NS = Normschliff

19/26
Obere Kegeldurchmesser Kegelhöhe

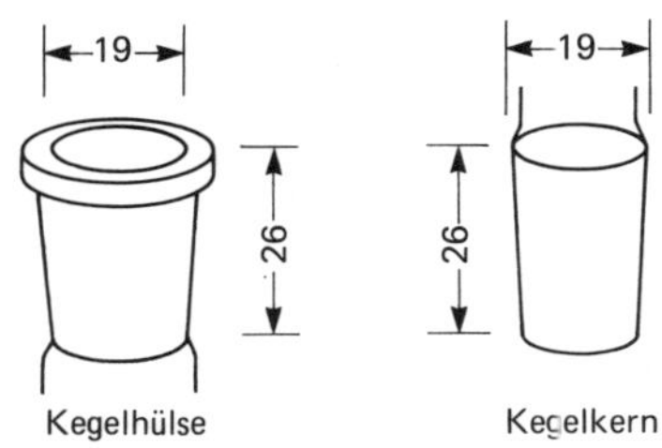

Vor dem Zusammenbau müssen Schliffgeräte mit Siliconfett eingefettet werden.

Büretten dienen vor allem in der Maßanalyse, um ein genau ablesbares Volumen einer Flüssigkeit zu einem anderen Stoff zu geben. An ihrem unteren Ende befindet sich ein seitlicher oder ein gerader Hahn. Die Glashähne müssen mit Siliconfett („Hahnfett") eingefettet werden. Wenn in einer Bürette Lauge war, muß diese nach Gebrauch sofort entfernt werden, da Laugen Glas angreifen. Büretten müssen nach Gebrauch besonders sorgfältig gereinigt werden. Vor dem Ablesen streift man den an der Spitze hängenden Tropfen an der Gefäßwand ab. Für das Ablesen sind folgende Grundsätze zu berücksichtigen:

1. Das Ablesen wird ca. 30 Sekunden nach Ablauf der Flüssigkeit vorgenommen.
2. Die Augen müssen beim Ablesen in Höhe der Meßmarke sein.
3. Abgelesen wird, wo der tiefste Punkt des Meniskus die Markierung (Skala) gerade an der Oberkante berührt.
4. Hat das Gerät einen Schellbachstreifen, so gilt der Berührungspunkt der Pfeilspitzen.

Tropfpipetten stellt man sich durch Ausziehen und nachträgliches Bearbeiten eines Glasrohres selbst her, wie es auf Seite 13 beschrieben ist. Über das weite Ende des Glasröhrchens stülpt man ein Gummihütchen. Mit Tropfpipetten kann man kleinere Mengen einer Flüssigkeit („tropfenweise") zu einer Substanz geben. Sie erlaubt sparsames und sauberes Arbeiten. Man sollte sie immer verwenden, wenn keine zu großen Volumina zu bewegen sind oder nicht quantitatives Arbeiten gefordert ist. Tropfpipetten sind als „Pipetten mit Gummikappe" auch im Handel erhältlich.

Für quantitatives Arbeiten dienen **Vollpipetten** und **Meßpipetten**. Mit Vollpipetten kann nur ein ganz bestimmtes Volumen abgemessen werden. Es ist auf dem Gerät eingraviert. Mit Meßpipetten können in einem bestimmten Bereich verschiedene Volumina abgemessen werden. Zum Füllen der Pipette gelten folgende Grundregeln:

1. Pipette bis etwas über die obere Markierung (Nullmarke) vollsaugen. Dazu benützt man einen Pipettierhelfer, z. B. Peleusball. Es ist verboten, Flüssigkeiten mit dem Mund zu saugen (Gefahr der Verätzung und/oder Vergiftung).
2. Nach dem Aufsaugen wird die Spitze der Pipette abgewischt.
3. Die Pipette senkrecht halten und die obere Marke in Augenhöhe bringen. An einer schräggehaltenen Glaswand soviel ablaufen lassen, daß der tiefste Punkt des Meniskus die Oberkante der Markierung berührt.

Pipetten sind üblicherweise auf vollständigen Auslauf geeicht („Ex" justiert). Nach dem Entleeren streift man deshalb nur noch den an der Spitze hängenden Tropfen ab; der Rest darf auf keinen Fall ausgeblasen werden.

„In" justierte Pipetten sind z. B. Blutpipetten. Sie werden nach dem Entleeren mehrmals ausgespült. Im chemischen Schullabor haben sie keine Bedeutung.

In modernen Laboratorien werden heute schon mikroprozessorgesteuerte Kolbenpipetten sowie manuelle oder elektrische Pipettierhilfen verwendet. Grundsätzlich gilt: Jedes Meßergebnis ist nur so gut wie die verwendeten Meßgeräte.

Geräte zur Gasentwicklung

Einfaches Gasentwicklungsgerät. Geeignet z. B. für die Gewinnung von Sauerstoff durch Auftropfen von verdünnter Wasserstoffperoxidlösung auf Braunstein.

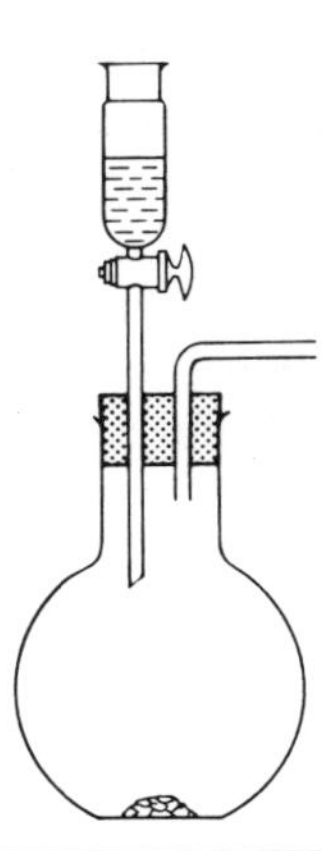

Gasentwickler mit Druckausgleich. Durch die Druckausgleichsbrücke wird verhindert, daß das entstehende Gas die zutropfende Flüssigkeit in den Tropftrichter zurückdrückt oder gar auf dem Weg über den Tropftrichter unkontrolliert entweicht. Dieses Gerät ist geeignet, um für den Schulgebrauch z. B. Ammoniak, Chlorwasserstoff und elementares Chlor zu entwickeln.
Ammoniak: Auftropfen von konz. Ammoniaklösung auf Ätznatronplätzchen.
Chlorwasserstoff: Auftropfen von konz. Schwefelsäure auf festes, etwas mit Wasser angefeuchtetes Kochsalz.
Chlor: Auftropfen von konz. Salzsäure auf Kaliumpermanganat-Kristalle.

Gase in Stahlflaschen für den Chemieunterricht

Zweckmäßige Flaschenarten (in der Reihenfolge der Dringlichkeit):

Gasart	Flaschengröße	Flaschenfarbe	Füllart
Sauerstoff	10 Liter	blau	Preßgas
Wasserstoff	10 Liter	rot	Preßgas
Kohlenstoffdioxid	10 Liter	hellgrau	Flüssiggas
Stickstoff	10 Liter	grün	Preßgas

Acetylengasflaschen sollten im Schulunterricht nicht benützt werden, ebenso wird von der Verwendung von Chlorgasflaschen dringend abgeraten.
Der Füllungszustand bei Preßgasen ergibt sich aus Literinhalt der Flasche mal dem Flaschendruck (Volle Flasche 200 bar).
Füllungszustand = Literinhalt × Flaschendruck
Der Füllungszustand bei Flüssiggasen ergibt sich aus der Gewichtsdifferenz der gefüllten und der leeren Flasche (Leergewicht ist in die Flasche eingeschlagen).
Füllungszustand = Gewicht volle Flasche – Gewicht leere Flasche
Alle Flaschen sollen mit einem eigenen Reduzierventil (Druckminderventil) ausgestattet sein. Durch das Reduzierventil kann der sehr hohe Druck in den Vorratsflaschen auf den zweckmäßigen Gebrauchsdruck vermindert werden. Man soll immer mit möglichst niedrigem Gebrauchsdruck (im Normalfall höchstens 0,5 bar) arbeiten, um die angeschlossenen Geräte (Waschflaschen usw.) vor Zerstörung zu schützen.
Reduzierventile für Preßgase sind grundsätzlich mit zwei Manometern ausgestattet, eines für den Flaschendruck, das andere zur Dosierung des Gebrauchsdrucks. Reduzierventile für Flüssiggase sind häufig nur mit einem Manometer (für den Gebrauchsdruck) ausgerüstet. Solange sich verflüssigtes Gas in der Flasche befindet, bleibt der Flaschendruck konstant (spezifischer Dampfdruck). Auf ein spezielles Manometer für den Flaschendruck kann daher verzichtet werden.

Behandlung und Aufstellung der Stahlflaschen:

1. Stehende Flaschen (leere und gefüllte) sind gegen Umfallen durch Ketten, Rohrschellen oder dgl. zu sichern.
2. Die Flaschen sind möglichst außerhalb der Unterrichtsräume in einem Nebenraum mit Lüftungsmöglichkeit aufzustellen; die Gase sind den Experimentierplätzen durch besondere Rohrleitungen (farbig kennzeichnen) zuzuführen. Sollen die Flaschen in den Unterrichtsräumen aufgestellt werden, dann sind sie in einem Schrank aus unbrennbarem Material mit Lüftungsöffnungen in Boden- und Deckennähe unterzubringen; die Flaschen für verschiedene Gasarten sind dabei durch Zwischenwände zu trennen.
   Ist es nicht möglich, Flaschen fest zu installieren, so sollen sie nach den genannten Gesichtspunkten in einem Nebenraum auf Flaschenkarren verwahrt und nur zum Gebrauch in den Unterrichtsraum gebracht werden (Karren gegen Umfallen schützen! Anketten!).
3. Die nicht benützten, gelagerten Gasflaschen dürfen nicht mit leicht entzündlichen Stoffen zusammen aufbewahrt werden. Bei der Lagerung müssen die verschiedenen Gasarten getrennt gehalten werden (Trennwände).
4. Die Flaschen sind vor Erwärmung z. B. durch Heizkörper, Sonnenbestrahlung u.a. zu schützen.
5. Die Gasschläuche müssen am Flaschenventil und am Gebrauchsgerät sicher befestigt sein z. B. durch Schlauchschellen.
6. Nach Gebrauch sind die Flaschen gasdicht zu schließen. Bei Verbrauch des Inhalts sind die Verschlußmuttern und die Schutzkappen sofort wieder aufzuschrauben.
7. Bei den Sauerstoffflaschen sind die Armaturen (Ventile, Manometer, Dichtungen usw.) frei von Fett, Öl und Glycerin zu halten. Sauerstoffmanometer müssen die Aufschrift „Sauerstoff! Fettfrei halten!" tragen.
8. Es wird empfohlen, sich die Laboratoriumsrichtlinien der Berufsgenossenschaft der chemischen Industrie zu beschaffen und einschlägige Hinweise zu beachten.

Anschluß des Reduzierventiles an die Stahlflasche:

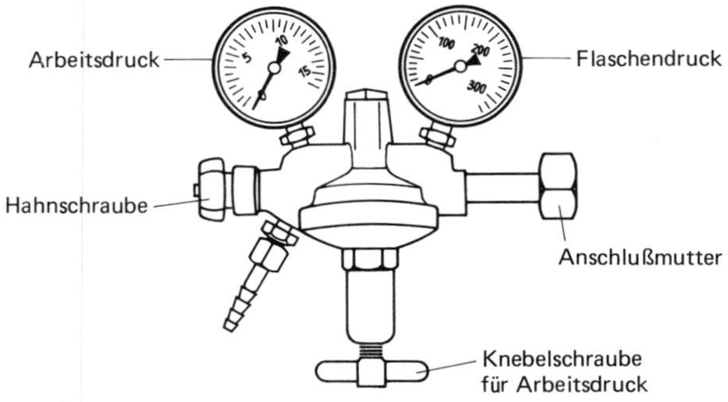

1. Flaschendeckel und Verschlußschraube am Flaschenstutzen abschrauben (Achtung: bei Flaschen mit brennbaren Gasen Linksgewinde!)
2. Flaschenventil kurz öffnen, um Verunreinigungen auszublasen.
3. Reduzierventil mit Anschlußmutter am Flaschenstutzen dicht anschrauben (evtl. Linksgewinde beachten). Nur Originaldichtung verwenden. Bei Sauer-

stoff keinesfalls Leder oder Gummi usw. Kein Öl! Kein Fett! Erhöhte Brand- und Explosionsgefahr!

4. Knebelschraube am Reduzierventil links (Drehrichtung) herausschrauben, bis sie sich leicht hin und her bewegen läßt, also ganz locker sitzt. Damit ist das Reduzierventil geschlossen. Das empfindliche Arbeitsmanometer kann jetzt beim Öffnen des Flaschenventils durch einen möglichen Überdruck nicht beschädigt werden.
5. Hahnschraube schließen.
6. Flaschenventil langsam, nicht ruckweise öffnen. Das Manometer zeigt jetzt den Flaschendruck an. Das Arbeitsmanometer darf jetzt keinen Druck anzeigen, wenn richtig angeschlossen wurde.
7. Knebelschraube langsam nach rechts eindrehen, dadurch wird das Reduzierventil aufgedrückt. So lange nach rechts drehen, bis der gewünschte Arbeitsdruck am Arbeitsmanometer angezeigt wird.
8. Gasentnahme durch langsame Linksdrehung der Hahnschraube. Die Tülle dient zur Befestigung eines Gasschlauches.
9. Das Reduzierventil bleibt normalerweise an der Flasche, bis diese leer ist.

Reihenfolge der Handgriffe bei Benützung der Gasflaschen:

1. Flasche gegen Umfallen schützen (anketten!).
2. Kontrolle, ob Reduzierventil geschlossen ist (Knebelschraube muß sich locker hin und her bewegen lassen).
3. Kontrolle, ob Hahnschraube geschlossen ist.
4. Flaschenventil langsam öffnen.
5. Durch Eindrehen der Knebelschraube Arbeitsdruck herstellen (kleiner als 0,5 bar).
6. Durch Öffnen der Hahnschraube nach Bedarf Gas entnehmen.
7. Nach Beendigung der Gasentnahme Flaschenventil schließen.
8. Restgas ablassen und Hahnschraube schließen.
9. Reduzierventil schließen (Knebelschraube nach links herausdrehen, bis sie locker hin und her bewegt werden kann).
10. Flasche mit angeschraubtem Reduzierventil sicher aufbewahren. Gegen Umfallen schützen!

Gase in Druckdosen

Bei geringem Gasverbrauch, insbesondere bei Gasen, die nicht in regelmäßig häufiger Folge im Unterricht gebraucht werden, empfiehlt sich die Anschaffung kleiner Mengen in Druckdosen. Es handelt sich hier um Einwegbehälter. Die Gasentnahme erfolgt mit einem Universal-Gasentnahmeventil, passend für alle Gasarten und Gasdosen. Es braucht also nur ein Entnahmeventil angeschafft zu werden. Die Gasdosen haben einen Rauminhalt von ca. 500 ccm und einen Fülldruck von 10 bar, so daß effektiv eine Verbrauchsmenge von 4,5 l Gas bei Normaldruck zur Verfügung steht.

Wärmequellen zum Heizen

Gasbrenner. Der Grundtyp des Gasbrenners ist der Bunsenbrenner. Teclubrenner, Heintzbrenner und Mekerbrenner sind in ihrer Wirkungsweise auf das Prinzip des Bunsenbrenners zurückzuführen. Grundgedanke beim Gasbrenner ist, durch eine einfache Vorrichtung dem Brenngas mehr oder weniger Luft beizumischen, um die Eigenschaft der Brennerflamme nach Wunsch zu verändern.

Das Gas wird dem Brenner durch einen Anschluß im Standfuß zugeführt. Es strömt durch eine enge Düse von unten her mit relativ hoher Geschwindigkeit in den Mischkamin, wobei mehr oder weniger viel Luft mitgerissen und im Kamin mit dem Gas vermischt wird. Die Luftzufuhr kann durch einen drehbaren Ring mit Löchern reguliert werden, je nachdem, ob die Luftlöcher im Unterteil des Kamins abgedeckt, bzw. teilweise oder ganz freigegeben werden.

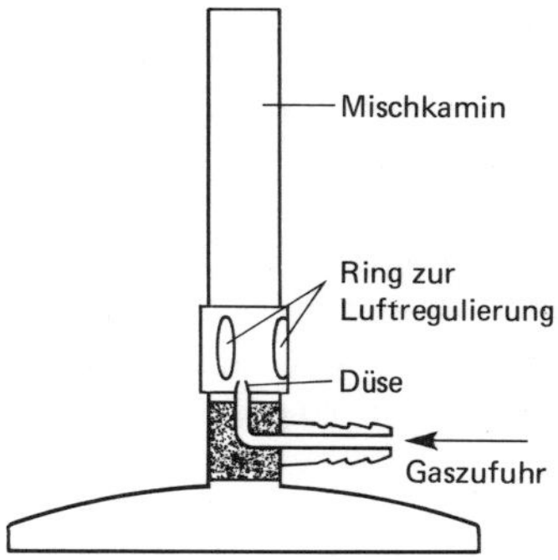

Mit dem Gasbrenner können drei Flammentypen erzeugt werden:

1. Leuchtende Flamme. Die Luftzufuhr ist ganz geschlossen. Die zur Verbrennung nötige Luft kann erst oberhalb des Kamins von außen an das Gas gelangen. Die Flamme zeigt nur an den Rändern und an der Spitze hohe Temperaturen. Das Leuchten der Flamme ist auf fein verteilten Kohlenstoff zurückzuführen, der im Flammenkern zwar zum Glühen kommt, aber wegen Sauerstoffmangel erst in den Randzonen verbrennt.

2. Nichtleuchtende Flamme. Die Luftzufuhr wird so weit geöffnet, bis das Leuchten der Flamme eben verschwindet. Durch die im Kamin dem Gas zugemischte Luft verbrennt das Gas gleichmäßig an allen Stellen. Die Flamme ist heißer und zeigt fast an allen Stellen die gleiche Temperatur.

3. Rauschende Flamme. Die Luftzufuhr ist weit geöffnet. Die rauschende Flamme zeigt deutlich zwei Zonen, wovon die innere kegelförmig und hellblau ist. Der heißeste Punkt der Flamme befindet sich knapp über der Kegelspitze der inneren Zone. Hier können Temperaturen um 1500 °C erreicht werden.

Bei zu geringer Strömungsgeschwindigkeit des Gases und bei zu großer Luftzufuhr kann die Flamme im Kamin zurückschlagen. Das Gas verbrennt jetzt direkt an der Ausströmöffnung an der Düse. Ein „durchgeschlagener Brenner“ muß sofort durch Schließen des Gashahnes abgestellt werden. Der Brenner darf erst nach Schließen der Luftzufuhr neu angezündet und dann einreguliert werden. Gasbrenner sollten grundsätzlich nur bei geschlossenem Luftregler gezündet werden.

Zur einwandfreien Funktion muß ein Brenner auf die speziellen Eigenschaften des verwendeten Gases abgestimmt sein. Ein „Stadtgasbrenner“ ist für Erdgas, Propan oder Butan ungeeignet. Bei Umstellung der Gasversorgung von Stadtgas (Kokereigas) auf Erdgas z. B. müssen deshalb neue, für Erdgas geeignete Brenner angeschafft werden. An Schulen, die nicht an eine allgemeine Gasversorgung angeschlossen sind, haben sich Propangasbrenner, die aus einer Flüssiggasflasche versorgt werden, gut bewährt. Besonders handlich, weil nicht ortsgebunden, sind sogenannte **Kartuschenbrenner**. Am Brenner befindet sich eine Kartusche mit Butanfüllung. Ist das Flüssiggas verbraucht, wird die leere Kartusche durch eine neue ersetzt, wobei aus Sicherheitsgründen die Gebrauchsanleitung für den jeweiligen Brennertyp genau beachtet werden muß. Kartuschenbrenner dürfen nur senkrecht betrieben werden. Kippt man die Brenner zu stark, so kann flüssiges Butan auslaufen. Das kann zu schweren Brandunfällen führen.

Elektrische Heizhaube (Heizpilz). Zum Erhitzen, vor allem zum Destillieren von feuergefährlichen Flüssigkeiten, haben sich elektrische Heizhauben bewährt. Diese bestehen aus einem Glasfasergespinst mit eingelagerten Heizdrähten. Heizhauben werden nach Maß „gestrickt" für Rundkolben der Größe 100 ml, 250 ml und 500 ml angeboten. Um eine optimale Heizwirkung zu erzielen, muß das gestrickte Gewebe möglichst großflächig, halbkugelförmig an der Glaswand anliegen. Bei einer zu großen Heizhaube ist die Heizwirkung ungenügend.
Durch einen Mehrstufenschalter kann die Heiztemperatur reguliert werden. Mit Heizhauben können Höchsttemperaturen um 500 °C erreicht werden.

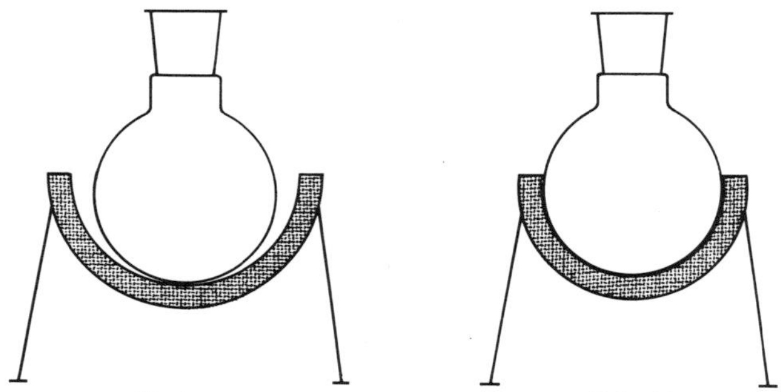

Arbeitsmethoden im chemischen Experimentalunterricht

Glasrohrbearbeitung

Trennen von Glasröhren. Mit einer Dreikantfeile, einer Ampullensäge oder einem Glasmesser aus Widia-Stahl ritzt man die Glasoberfläche des Rohres an. Der durch das Aufreißen der Glasoberfläche entstandene Strich soll etwa ein Fünftel des Umfanges der Glasröhre betragen. Um die Glasröhre an der gewünschten Stelle abzubrechen, faßt man das Rohr mit beiden Händen so an, daß die Daumen in gleichmäßigem Abstand an der Gegenseite der Ritzstelle zu liegen kommen. Durch Brechen und gleichzeitiges Auseinanderziehen erreicht man eine saubere Trennung.
Der Daumenabstand muß bei dickeren Rohren größer sein als bei dünneren. Man kann von der Faustregel ausgehen, daß der Daumenabstand etwa die zehnfache Länge des Rohrdurchmessers betragen soll; bei einem 8 mm Rohr also ca. 8 cm und bei einem 15 mm Rohr etwa 15 cm.
Ein Abbrechen kurzer Rohrenden ist so nicht möglich. Hier empfiehlt sich ein Absprengen durch starke, örtlich eng auf die Ritzstelle begrenzte Erhitzung des

Glasrohres. Dünne Rohre sprengt man mit einem flüssigen Glastropfen ab. Zu diesem Zweck erhitzt man einen dünnen Glasstab so lange, bis sich am Stabende ein Glastropfen gebildet hat, den man anschließend auf die Ritzstelle des Glasrohres drückt. Nach wenigen Sekunden springt durch den so erzeugten örtlichen Spannungszustand das Rohrende an der vorher geritzten Stelle ab.
Dickere Rohrenden (ab etwa 12 mm Durchmesser) sprengt man ab, indem man das Rohr an der angeritzten Stelle in einen glühenden Absprenghaken legt und darin langsam dreht, bis das Glas abspringt. Absprenghaken bestehen aus einem ca. 3 mm starken Eisendraht, der an einem Ende halbkreisförmig so gebogen ist, daß das Rohr genau in den Bogen paßt. Das andere Ende des Eisendrahtes ist in einem Holzgriff befestigt.

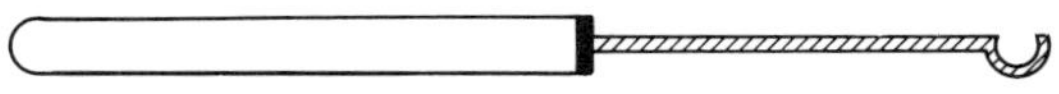

Rundschmelzen der Bruchkanten. Bruchkanten von Glasrohren sind sehr scharf. Um Verletzungen zu vermeiden und um Zerstörungen von Stopfen und Gummischläuchen zu verhindern, müssen die scharfen Kanten durch Schmelzen gerundet werden.
Zu diesem Zweck zieht man das Ende des Glasrohres unter ständigem Drehen zunächst einige Male durch die nichtleuchtende Brennerflammer, um es anzuwärmen. Das so vorbereitete Glasrohrende taucht man nun unter ständigem Drehen von der Seite her ca. 3 mm in den Flammenrand der rauschenden Brennerflamme. Die Verschmelzung der Kanten beginnt, wenn die anfangs farblose Brennerflamme sich am Glas intensiv gelb färbt.

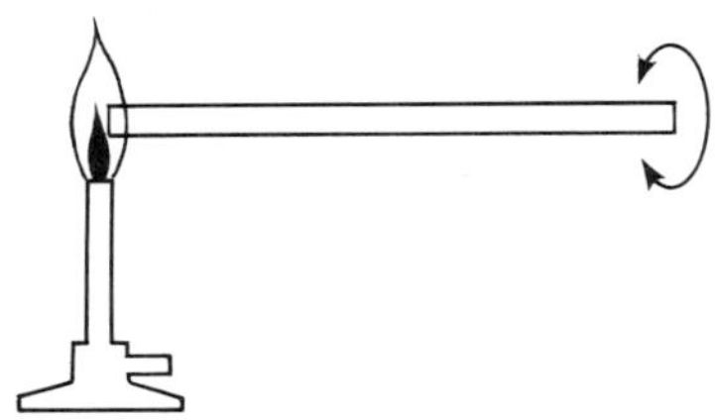

Das so entschärfte Glasrohr muß vor der weiteren Benutzung zweckmäßigerweise auf einer hitzefesten Unterlage vollständig abkühlen.

Ausziehen einer Glasrohrspitze. Um ein Glasrohr ausziehen zu können, muß es an der vorgesehenen Stelle bis zum Erweichen erhitzt werden. Dazu faßt man das Glasrohr mit beiden Händen an und hält es unter ständigem Drehen in die heiße Brennerflamme. Es ist darauf zu achten, daß beide Hände gleichmäßig stark drehen, weil sonst eine Verschraubung des erweichenden Glases auftritt. Dieser Feh-

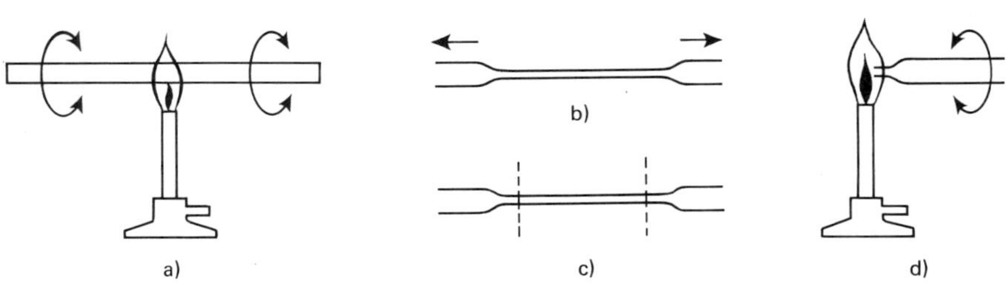

ler tritt dann mit Sicherheit auf, wenn das Glasrohr nur mit einer Hand gedreht wird und in der anderen, stützenden Hand nur schleift.
Das rundum gut erweichte Glasrohr nimmt man aus der Flamme und zieht es dann auseinander. Man hält das Glas noch wenige Sekunden in der Stellung bis es wieder fest geworden ist und läßt es dann auf einer hitzefesten Unterlage abkühlen. Anschließend trennt man das ausgezogene Glasrohr an der gewünschten Stelle mit einer Dreikantfeile oder einer Ampullensäge ab und rundet die sehr scharfen Kanten durch kurzes Anschmelzen in der Brennerflamme.

Biegen eines Glasrohres. Das Glasrohr wird mit beiden Händen gehalten und in der heißen Brennerflamme unter gleichmäßigem Drehen erhitzt. Um eine gute, knicklose Biegung zu erreichen, muß das Glasrohr auf einer Länge von mindestens 5 cm erweicht werden. Ein Fischschwanzaufsatz auf dem Gasbrenner erleichtert das richtige Erhitzen des Glasrohres beträchtlich. Das gleichmäßig erweichte Glas wird außerhalb der Flamme mit leichtem Zug (nicht nur knicken!) in die gewünschte Winkelstellung gebogen und einige Sekunden bis zum Erstarren festgehalten. Zum Abkühlen legt man das gebogene Glasrohr auf eine hitzefeste Unterlage.

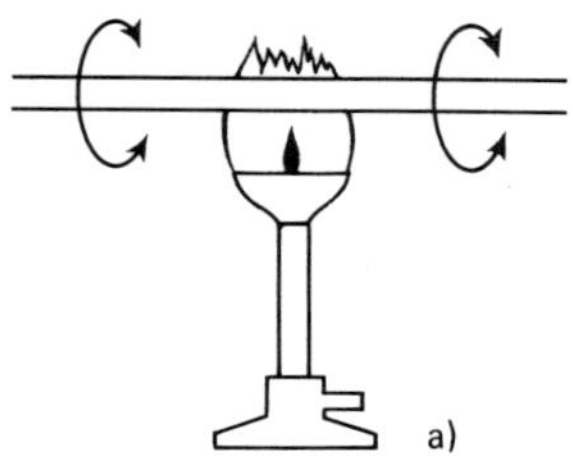
a)

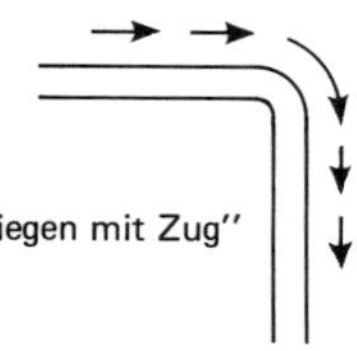

b)

Herstellung von Schmelzpunktröhrchen. Ein Glasrohr von etwa 10 mm Durchmesser wird ähnlich wie beim Biegen auf einer Länge von wenigstens 5 cm unter gleichmäßigem Drehen in der Gasflamme bis zum Erweichen erhitzt. Das gut erweichte Glas wird anschließend außerhalb der Flamme mit beiden Händen durch einen kräftigen, schnellen Zug auf etwa 1 m Länge ausgezogen. Das entstandene Kapillarrohr wird nach dem Abkühlen in gleiche Stücke von etwa 8 cm Länge geteilt, die man einseitig mit Hilfe einer kleinen Flamme zuschmilzt.

Reinigung von Glasgeräten

Glasgeräte sollen nach Beendigung des Experiments grundsätzlich sofort gereinigt werden, solange man noch den Inhalt der Gefäße kennt. In den meisten Fällen kann folgende Methode angewandt werden:

1. Mechanische Vorreinigung (Entleeren der Gefäße, Entfernen fester Rückstände mit Spatel, Bürste oder Gummiwischer).
2. Einlegen der Gläser in ein Reinigungsbad (Wasser mit Zusatz eines Spezialreinigungsmittels wie z. B. Extran von Merck). Die Gläser sollen mehrere Stunden im Bad liegen bleiben.
3. Gläser aus dem Reinigungsbad nehmen und mit Leitungswasser abspülen.
4. Mit destilliertem Wasser nachspülen.
5. Auf dem Trockenbrett oder im Trockenschrank trocknen.

Rückstände, die auf diese Weise nicht zu entfernen sind, versucht man mit Säure aufzulösen, wobei man verschiedene Säuren der Reihe nach ausprobiert, bis sich ein Erfolg einstellt:

1. verdünnte Salzsäure
2. konzentrierte Salzsäure
3. verdünnte Salpetersäure
4. konzentrierte Salpetersäure
5. konzentrierte Schwefelsäure

Hartnäckige Rückstände wurden früher mit „Chromschwefelsäure“ entfernt. Darauf wird heute wegen des damit verbundenen Gefahrenpotentials und aus ökochemischen Gründen verzichtet. Der Handel bietet für die apparative Reinigung Spezialmittel in verschiedenen Zubereitungen (pH, Konzentration) an, z. B. Merck: Extran mild, sauer, alkalisch in verschiedenen Abstufungen. Die Geräte müssen nach der gemäß Gebrauchsanleitung hergestellten Reinigungslösung nur in diese gelegt werden und sind in kurzer Zeit sauber.

Stopfenbearbeitung

Stopfen (aus Gummi oder Kork) müssen zum Einführen von Glasröhren, Thermometern, Glasstäben usw. durchbohrt werden. Der Durchmesser des Bohrloches sollte etwa 1 mm kleiner sein als das einzuführende Glasrohr, um einen dichten Sitz zu gewährleisten. Zum Bohren eines Stopfens verwendet man einen Stopfenbohrer. Stopfenbohrer sind Metallrohre, die an einer Seite messerscharf geschliffen sind. Am anderen Rohrende befindet sich ein Handgriff. Man schafft sich zweckmäßigerweise einen ganzen Satz von Stopfenbohrern mit verschiedenen Durchmessern an. Unbedingt notwendig ist ein Stopfenbohrerschärfer. Nur mit wirklich scharfen Bohrern können einwandfreie Bohrlöcher geschnitten werden.

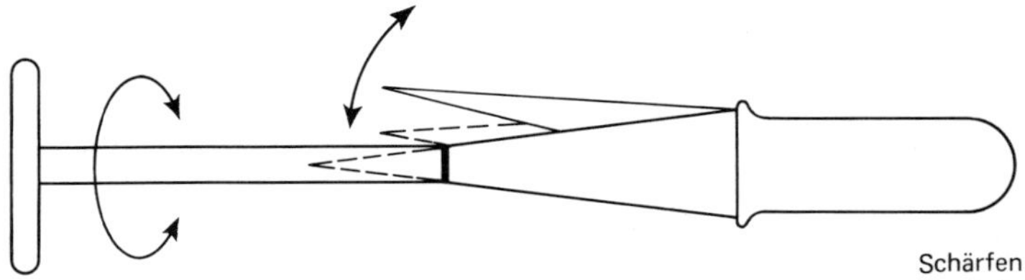

Schärfen des Bohrers

Um ein sauberes Loch zu bohren, setzt man den Stopfen mit der größeren Fläche auf ein Holzbrett, taucht die Schneide des Bohrers in Glycerin und dreht ihn mit leichtem, gleichmäßigem Druck senkrecht durch den Stopfen.

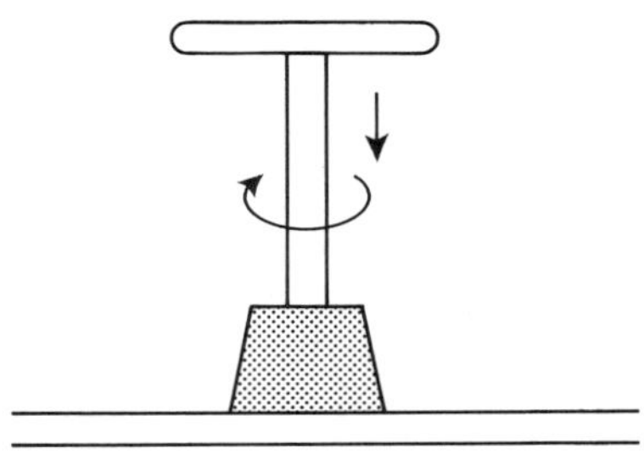

Den Bohrkern drückt man gleich nach dem Bohren mit einem kräftigen Metallstab aus dem Bohrer.

Vor dem Einführen in das Bohrloch feuchtet man das Glasrohr mit etwas Wasser oder besser mit Glycerin an und dreht es unter leichtem Druck in die Bohrung. Das Glasrohr muß dabei immer möglichst knapp am Stopfen angefaßt werden, ein langer Hebel erhöht die Bruchgefahr. Um Verletzungen vorzubeugen, sollte man Glasröhren beim Einführen in die Bohrung nur mit einem Lappen, einem Handschuh oder mit einem Spezialgriff aus Gummi anfassen.
Nach Gebrauch müssen die Glasrohre sofort wieder aus den Bohrungen entfernt werden, weil schon nach wenigen Tagen die Gummi-Glasverbindung so fest wird, daß eine Trennung sehr schwierig wird. Durch die Dauerdehnung auf dem Glasrohr kann außerdem der Gummistopfen schon nach kurzer Zeit brüchig und damit unbrauchbar werden.

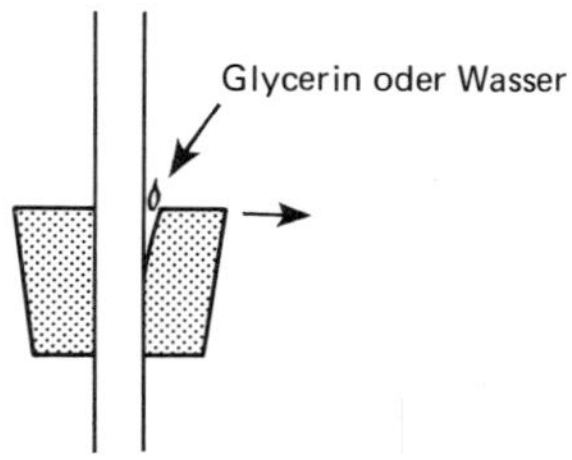

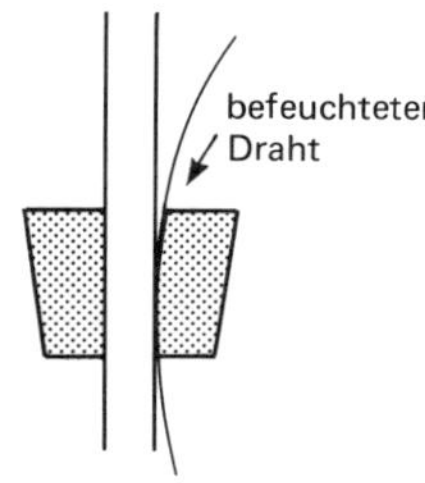

Auf Glasrohren festsitzende Gummistopfen lassen sich leichter entfernen, wenn man den Gummi etwas vom Glas nach der Seite hin abhebt und in den Spalt Glycerin oder Wasser gibt.
Man kann auch einen wasser- oder glycerinbefeuchteten Draht an mehreren Stellen zwischen Glas und Gummi schieben.

Siedeverfahren

Das Erhitzen und Sieden von Flüssigkeiten setzt die Wahl geeigneter Siedegefäße und Heizquellen voraus, um Schäden wie z. B. Springen des Gefäßes, Entstehen ätzender, giftiger oder feuergefährlicher Dämpfe, Verspritzungen durch Siedeverzug usw. zu vermeiden. Einseitige starke Erwärmung und örtliche Überhitzung führen häufig zum Zerspringen von Glasgefäßen. Auslaufende Flüssigkeiten können dabei zu folgenschweren Unfällen führen (Verätzungen, Verbrühungen und Verbrennungen, Brände usw.).
Zum möglichst gleichmäßigen und schonenden Aufheizen eines Siedegefäßes kann ein Luftbad, Wasserbad, Ölbad oder Sandbad benutzt werden:

Luftbad. Um ein direktes örtliches Erhitzen eines Glaskolbens bei Verwendung eines Gasbrenners zu vermeiden, schirmt man die Flamme mit einem Drahtnetz oder einem Keramikdrahtnetz ab. Noch gleichmäßiger ist die Wärmeverteilung bei Verwendung eines Babotrichters. Dieser besteht aus einem Kegelstumpf aus Eisenblech, der teilweise mit Keramik ausgekleidet ist. Eine an Drahtstegen befestigte Eisenscheibe am unteren Ende des Trichters verhindert den direkten Kontakt der Flamme mit dem Kolben. Zwischen dieser Scheibe und der Trichterwandung muß genügend Zwischenraum bleiben, damit die Heißluft durchströmen kann. Die Flammenspitze des Brenners soll dabei gerade die abschirmende Eisenscheibe berühren. Wird die Flamme zu nahe an die untere Trichteröffnung gebracht, so kann unverbranntes Gas in den Trichter strömen und verbrennt erst dort. Die beabsichtigte milde Heizwirkung durch strömende Heißluft wird damit aufgehoben. Außerdem muß sorgfältig darauf geachtet werden, daß der Glaskolben die Eisenblechscheibe nicht direkt berührt.

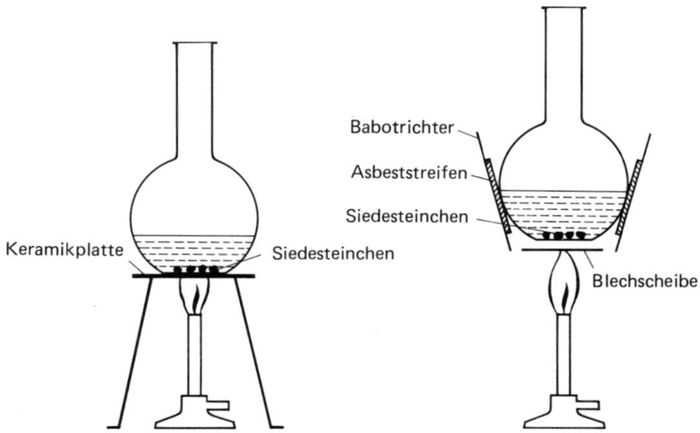

Wasserbad, Wasserdampfbad. Zur gleichmäßigen Erwärmung von Flüssigkeiten bis etwa 90 °C kann ein Wasserbad dienen. In seiner einfachsten Form besteht es aus einem großen Becherglas mit heißem Wasser, in das der Kolben mit der zu erhitzenden Flüssigkeit eintaucht. Stellt man das Becherglas auf einen Dreifuß mit Keramikdrahtnetz, so kann mit Hilfe einer Gasflamme die Temperatur des Heizwassers in gewissen Grenzen reguliert werden.
Zum Sieden von Flüssigkeiten mit einem Siedepunkt unter 100 °C eignet sich gut ein Wasserdampfbad. Dieses besteht in seiner Grundform aus einem kochtopfähnlichen Wasserbehälter aus Metall, der oben mit konzentrischen, ineinander passenden Metallringen abgedeckt ist. Durch diese Ringe kann die Öffnung des Wasserdampfbades dem Durchmesser des jeweils verwendeten Glaskolbens angepaßt werden. Die Beheizung erfolgt mit Gas oder mit elektrischem Strom. Um den Wasserverlust durch Verdampfen auszugleichen, sind manche Bäder mit einem Wasserzulaufregler ausgestattet, der den Wasserstand konstant hält. Durch Herausziehen oder Einschieben des Überlaufrohres kann die Höhe des Wasserstandes reguliert werden.

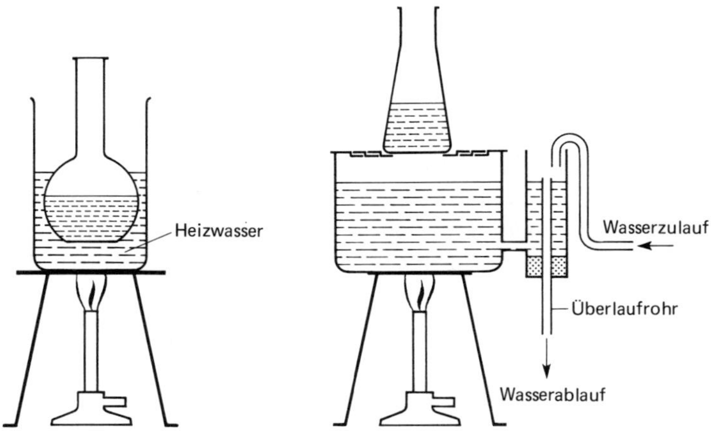

Ölbad. Mit Wasser oder Wasserdampf liegt die obere Grenze der Heiztemperatur bei 100 °C. Höhere Temperaturen (bis ca. 300 °C) können mit einem Ölbad erreicht werden. Zu diesem Zweck füllt man hochsiedendes Mineralöl in einen passenden Eisentiegel und taucht den Kolben mit der zu erhitzenden Flüssigkeit in das Öl. Das Aufheizen des Ölbades sollte möglichst nur auf einer elektrischen Heizplatte unter dem Abzug erfolgen. Ein Überhitzen des Öles kann zu schweren Brandunfällen führen. Das Öl im Heizbad muß sorgfältig wasserfrei gehalten werden, sonst verspritzt das Öl beim Erhitzen.

Sandbad. Ein sehr gleichmäßiges, wenn auch etwas langwieriges Erhitzen hochsiedender Flüssigkeiten erlaubt das Sandbad. Man füllt sauber gewaschenen und wieder sorgfältig getrockneten Sand in eine möglichst halbkugelige Eisenschale oder auch ersatzweise in eine Porzellanschale. Der zu erhitzende Kolben wird teilweise in den Sand gegraben, wobei man aber darauf achtet, daß zwischen Kolbenwandung und Sandschale genügend Platz bleibt. Der Kolben darf die Schale keinesfalls berühren. Sand hat neben guter wärmeverteilender Wirkung auch noch den Vorteil, daß bei Zerbrechen des Kolbens die Flüssigkeit aufgesaugt wird und dadurch weniger Schaden anrichten kann.

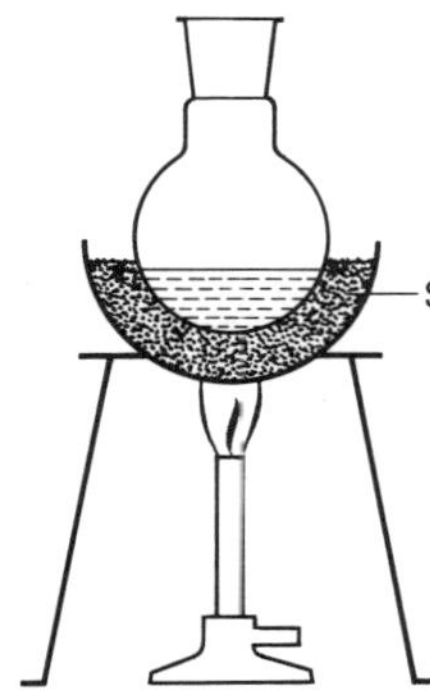

Siedesteinchen. Viele Flüssigkeiten neigen zum Siedeverzug, d. h. die Flüssigkeit wird örtlich über die Siedetemperatur erhitzt, ohne daß zunächst ein Sieden zu beobachten wäre. Ein plötzliches Übergehen dieser überhitzten Flüssigkeit in die Dampfphase führt zu gefährlichen Verspritzungen, mitunter sogar zu Explosionen. Um dies zu vermeiden, sollte man der Flüssigkeit vor dem Erhitzen Siedesteinchen zusetzen. Diese bestehen aus gebranntem Ton oder aus Bimsstein. In den feinen Poren der Siedesteinchen ist Luft eingeschlossen, die bei Erhitzen nach und nach in Form mikroskopisch feiner Bläschen abgegeben wird. Jedes Luftbläschen bildet gleichsam einen „Dampfkeim", an dem sich eine Dampfblase entwickeln kann. Es genügt im allgemeinen, einige wenige (ca. 5), etwa erbsengroße Siedesteinchen oder Ziegelbröckchen in die Flüssigkeit zu geben.

Rückflußkühler. Beim Erhitzen, vor allem beim Sieden von Flüssigkeiten tritt ein erheblicher Verlust durch Verdampfen ein. Mit Hilfe eines Rückflußkühlers wird der entweichende Dampf kondensiert und wieder in den Reaktionskolben zurückgeführt. Dies ist besonders wichtig bei giftigen oder feuergefährlichen Dämpfen. Häufig genügt es schon, auf den Kolben ein langes Glasrohr (knapp 1 m lang) mit Hilfe eines durchbohrten Gummistopfens aufzusetzen.
Um eine bessere Kühlwirkung zu erzielen, verwendet man an Stelle des Steigrohres einen Liebigkühler oder besser einen wassergekühlten Kugelkühler. Der Kugelkühler hat wegen seiner größeren Oberfläche eine noch höhere Kühlwirkung als der Liebigkühler, der nur ein gewöhnliches Glasrohr mit Wasserkühlmantel darstellt. Der Kugelkühler muß senkrecht auf den Kolben aufgesetzt werden. Das Kühlwasser wird unten zugeführt und oben mit einem Schlauch abgeleitet. Eine zu hohe Fließgeschwindigkeit des Wassers ist zu vermeiden, weil sonst durch den Wasserdruck die Schläuche abspringen.

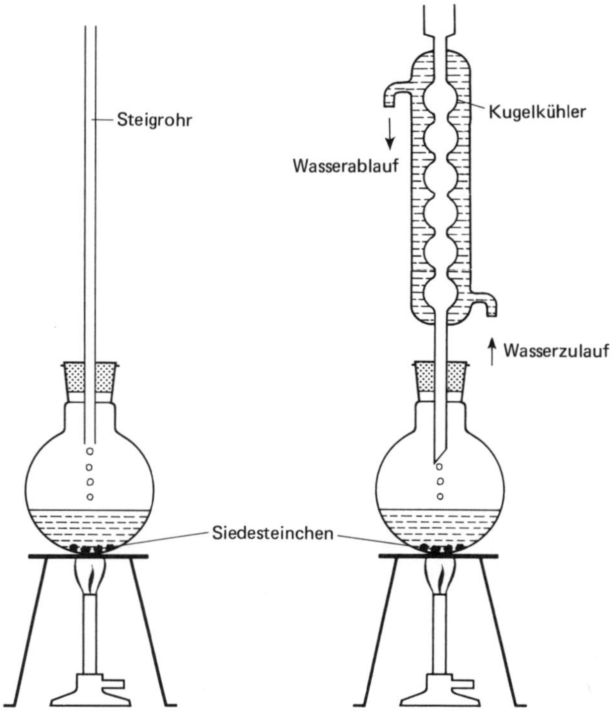

Trennverfahren

Destillieren. Trennen von Flüssigkeitsgemischen mit unterschiedlichem Siedepunkt oder von gelöstem Stoff und Lösungsmittel.
Eine Destilliereinrichtung setzt sich aus sechs wesentlichen Teilen zusammen, nämlich einem Destillierkolben, einem Thermometer, einem Kühler, einem Vorstoß, einer Vorlage und einer Heizquelle.

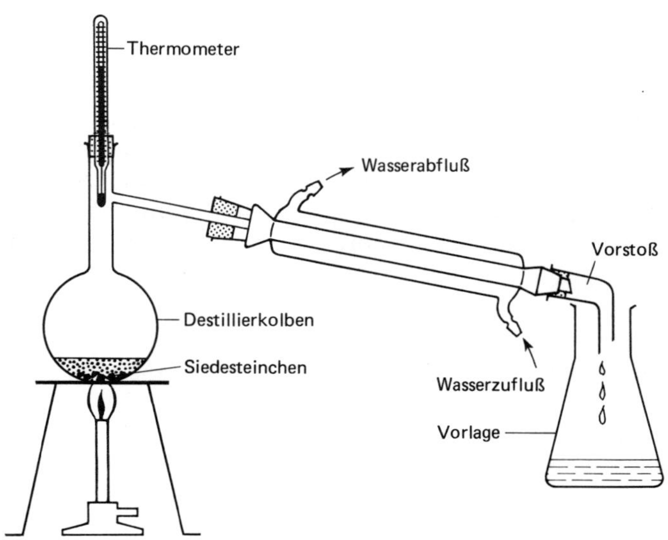

Der Kolben darf nicht direkt mit offener Flamme erhitzt werden. Zur besseren Wärmeverteilung legt man ein Drahtnetz unter den Kolben. Sicherer ist jedoch ein Sandbad oder bei niedrig siedenden Destillaten ein Wasserbad. Destillierkolben mit feuergefährlichen Flüssigkeiten erhitzt man mit einer elektrischen Heizhaube (Heizmantel oder auch Heizpilz genannt). Die Quecksilberkugel des Thermometers zur Feststellung der Siedetemperatur des Destillates muß sich ganz knapp unterhalb des seitlichen Ansatzrohres im Destillierkolben befinden, damit es von dem in den Kühler übergehenden Dampf umspült werden kann. Die gemessene Temperatur entspricht dann genau der Siedetemperatur des Destillates. Das Thermometer darf keinesfalls zu nahe an den Flüssigkeitsspiegel herangebracht oder gar in die Flüssigkeit eingetaucht werden, um Fehlmessungen zu vermeiden. Die Kühlflüssigkeit (meist Leitungswasser) muß stets an der tiefer gelegenen Stelle des Kühlers zugeführt und ganz oben abgeleitet werden. Im Kühlmantel sollen sich keine Luftblasen befinden. Die Fließgeschwindigkeit des Kühlwassers soll so knapp einreguliert werden, daß mit dem abfließenden Wasser in ca. 2 Sekunden ein normales Reagenzglas gefüllt werden kann. Höhere Fließgeschwindigkeiten verursachen einen zu hohen Überdruck im Kühlmantel, was ein Abspringen der Kühlschläuche zur Folge haben kann. Zur Vermeidung eines Siedeverzuges gibt man einige Siedesteinchen in die zu destillierende Flüssigkeit.

Dekantieren. Abgießen einer Flüssigkeit, die über einem schweren Bodensatz steht. Durch Schrägstellen des Becherglases während des Absetzens wird erreicht, daß sich der schwerere Stoff auf einer Seite des Bodens ansammelt.

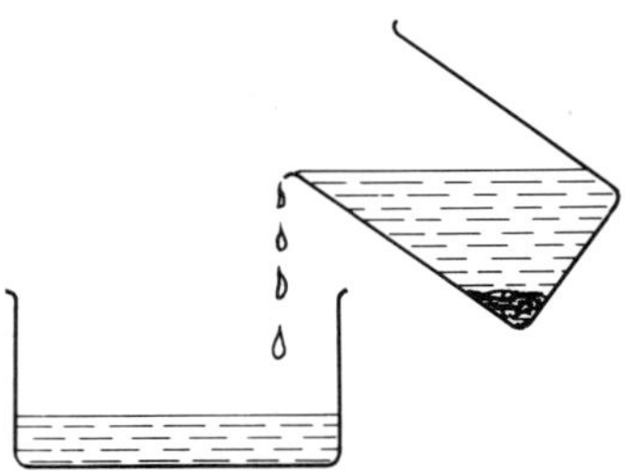

Filtrieren. Abtrennen fester Stoffe, die in einer Flüssigkeit fein verteilt sind. Man gießt dazu die Aufschwemmung durch einen Trichter, in dem sich ein zu einem Hohlkegel gefaltetes Filterpapier (Rundfilter) befindet. Um aus einem Rundfilter einen Hohlkegel zu erhalten, faltet man den Rundfilter zweimal zusammen, wobei die Faltkanten aufeinander senkrecht stehende Durchmesser des Rundfilters bilden. Den gefalteten Rundfilter setzt man nun so in einen Trichter ein, daß an der Trichterwandung auf einer Seite drei Papierlagen zu liegen kommen. Die vierte Lage bildet die andere Seite des Hohlkegels. Damit der Filter fest am Trichter anliegt, wird er mit destilliertem Wasser aus der Spritzflasche angefeuchtet. Die Größe des Rundfilters muß so gewählt werden, daß der Filterrand noch etwa 1 cm vom Trichterrand entfernt ist. Das Filtrat wird zweckmäßigerweise in einem Erlenmeyerkolben oder in einem Becherglas gesammelt, wobei man darauf achtet, daß das Trichterrohr mit der abgeschrägten Spitze an der Glaswand anliegt.
Man erleichtert dadurch das Abfließen des Filtrats, wodurch eine etwas höhere Filtriergeschwindigkeit erreicht wird. Die zu filtrierende Aufschwemmung läßt man an einem Glasstab entlang in den Filtertrichter laufen. Der Glasstab soll dabei an der Seite am Filtrierpapier anliegen, an der sich die drei Papierlagen

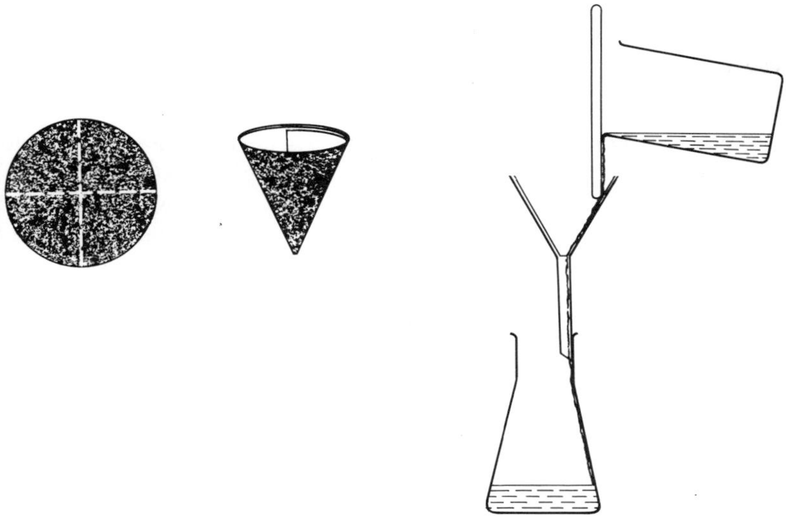

befinden. Man erreicht so eine saubere, verlustfreie Füllung des Trichters. Man achte sorgfältig darauf, daß die Höhe des Flüssigkeitsstandes den Rand des Filtrierpapieres nicht erreicht oder gar übersteigt. Teile des Rückstandes könnten so in das Filtrat geschwemmt werden. Faltenfilter erlauben eine höhere Filtriergeschwindigkeit. Die verlustfreie Gewinnung des Rückstandes ist hier jedoch wegen der relativ großen Papieroberfläche und wegen der vielen Kanten erschwert. Man sollte Faltenfilter deshalb nur verwenden, wenn man lediglich auf das Filtrat Wert legt, der Rückstand jedoch verworfen wird.

Abnutschen. Durch Unterdruck beschleunigtes Filtrieren mit Spezialgeräten. Der Filtriervorgang kann wesentlich beschleunigt werden, wenn das Filtrat aus dem Trichterrohr abgesaugt wird; allerdings besteht bei Verwendung eines gewöhnlichen Trichters die Gefahr, daß das Filtrierpapier durch den Druckunterschied zerrissen wird. Zum Abnutschen verwendet man deshalb einen Büchnertrichter aus Porzellan oder Glas, der mit einer Gummimanschette auf eine Saugflasche gesetzt wird. Den benötigten Unterdruck erzeugt man am besten mit einer Wasserstrahlpumpe, die über einen Dreiwegehahn an die Saugflasche angeschlossen ist. Mit dem Dreiwegehahn kann einerseits die Saugwirkung reguliert werden, andererseits kann vor Abstellen der Wasserstrahlpumpe damit die Saugflasche belüftet werden, um ein Rückschlagen des Wassers zu verhindern. Zum Absaugen verwendet man Rundfilter, die genau auf den Siebboden des Büchnertrichters passen. Das Filterpapier muß angefeuchtet werden, damit es dicht anliegt.

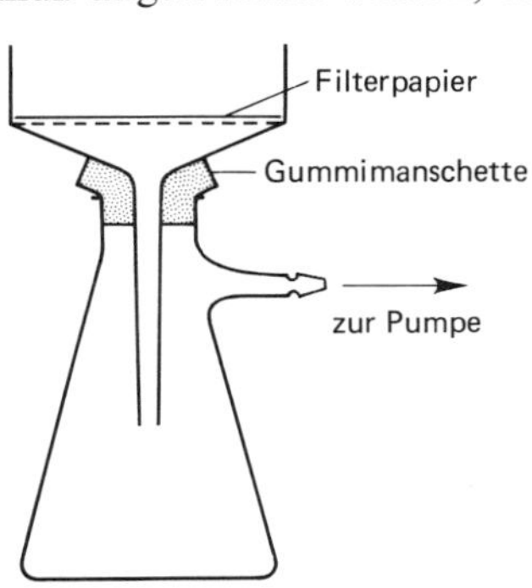

Trocknen von Substanzen

Trocknen von Feststoffen:

a) Im Trockenschrank:
Die meisten für den Gebrauch im Schulunterricht verwendeten Feststoffe (wie z. B. Salze) können in einem elektrischen Trockenschrank ausreichend getrocknet werden. Die Substanzen werden dazu zweckmäßigerweise auf einer Uhrschale oder in einer Porzellanschale großflächig ausgebreitet. Die Temperatur im Trockenschrank soll einstellbar sein und durch einen Thermostat zwischen Zimmertemperatur und ca. 250 °C geregelt werden können.

b) Im Exsikkator:
Zum Trocknen und zum Trockenhalten kleiner Substanzmengen verwendet man den Exsikkator.

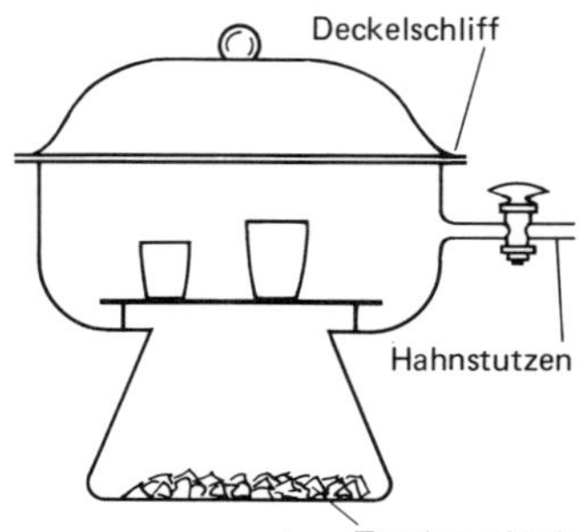

Der Exsikkator wird in seinem unteren Teil mit einem Trockenmittel (z. B. Calciumchlorid, Phosphorpentaoxid, konz. Schwefelsäure, Kieselgel) gefüllt. Darüber befindet sich ein abnehmbarer Rost aus Glas oder Porzellan, auf den man die Gefäße mit der zu trocknenden Substanz stellt. Exsikkator und Deckel sind mit einem Planschliff versehen. Um eine absolut gute Abdichtung zu erreichen, müssen diese Schliffflächen mit Vakuumfett dünn bestrichen werden. Um die Trockenwirkung zu erhöhen, können die meisten Exsikkatoren über einen Hahnstutzen mit Hilfe einer Vakuumpumpe luftleer gepumpt werden. Durch den Unterdruck kann Feuchtigkeit leichter verdampfen. Um einen evakuierten Exsikkator öffnen zu können, muß er erst wieder belüftet werden. Dies erfolgt durch vorsichtiges, langsames Öffnen des Hahnes. Man achte sorgfältig darauf, daß die Luft nicht zu schnell einströmt, weil sonst die getrocknete Substanz im Exsikkator verwirbelt wird.

Trocknen von Flüssigkeiten. Zum Trocknen organischer Flüssigkeiten versetzt man diese mit Substanzen, die stark hygroskopisch sind und das gelöste Wasser chemisch oder physikalisch binden. Um eine gute Trocknung zu erreichen, muß die Flüssigkeit mehrere Tage über dem Trockenmittel stehen, anschließend wird die trockene Flüssigkeit vom Trockenmittel abdestilliert. Bei der Wahl des Trockenmittels muß natürlich darauf geachtet werden, daß es sich weder in der zu trocknenden Flüssigkeit löst, noch daß es mit dieser chemisch reagiert. Metallisches Natrium z. B. eignet sich zum Trocknen von Diethylether, ist aber ungeeignet bei Alkoholen (Alkoholatbildung) und kann bei Kontakt mit Halogenderivaten der Kohlenwasserstoffe (z. B. mit Chloroform) sogar zur Explosion führen.

Wegen der hohen Unfallgefahr, die mit Natrium verbunden ist, sollte auf seine Verwendung als Trockenmittel möglichst ganz verzichtet werden.
Calciumchlorid, wasserfreies Kupfer(II)-sulfat, Calciumoxid, Aluminiumoxid und Kieselgel haben sich als Trockenmittel für verschiedene organische Flüssigkeiten bewährt.

Trocknen von Gasen:

a) In der Waschflasche:

Gaswaschflaschen eignen sich sehr gut dazu, die stark hygroskopische Wirkung von konz. Schwefelsäure zum Trocknen verschiedener Gase auszunützen.
Das zu trocknende Gas (z. B. Wasserstoff, Sauerstoff, Chlor, Kohlenstoffdioxid) wird durch die Waschflasche geleitet, die zur Hälfte mit konz. Schwefelsäure gefüllt ist. Besonders gut ist die Trockenwirkung, wenn das Gas in kleine Bläschen aufgeteilt wird. Die Einleitungsrohre mancher Waschflaschen sind deshalb mit Glassinterfritten versehen.

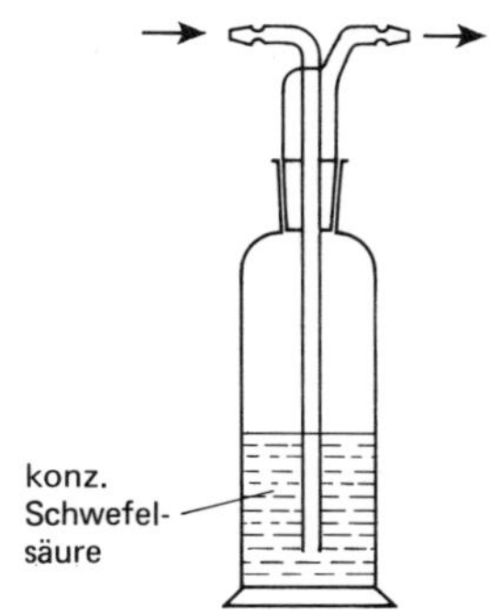

Es muß sorgfältig darauf geachtet werden, daß die Gaswaschflasche richtig angeschlossen wird. Bei falscher Strömungsrichtung des Gases wird die konz. Schwefelsäure aus der Waschflasche in die angeschlossenen Apparaturen gedrückt. Unfallgefahr! Auch hier ist darauf zu achten, daß das zu trocknende Gas nicht mit der konz. Schwefelsäure reagiert. Ammoniak z. B. reagiert heftig mit konz. Schwefelsäure.

b) Im Trocken-U-Rohr:

U-Rohre mit seitlichen Ansätzen dienen zur Aufnahme fester Trockenmittel. Zum Gebrauch im Schulunterricht haben sich bewährt: Calciumchlorid, Calciumoxid, Ätzkali, Natronkalk (Gemisch aus Calciumoxid und Ätznatron), Kieselgel.
Das Trockenmittel soll grobkörnig sein (Erbsengröße). Pulvrige Anteile führen zu Verwirbelungen durch das durchströmende Gas und können zu Verunreinigungen und Verstopfungen der angeschlossenen Apparaturen führen. Es ist deshalb zweckmäßig, vor Gebrauch mit einem groben Sieb feinkörnige Anteile und Staub vom Trockenmittel abzutrennen. Glaswolle als Abschluß in den U-Rohrschenkeln verhindert, daß Körner des Trockenmittels vom durchströmenden Gas in die seitlichen Ansätze mitgerissen werden.

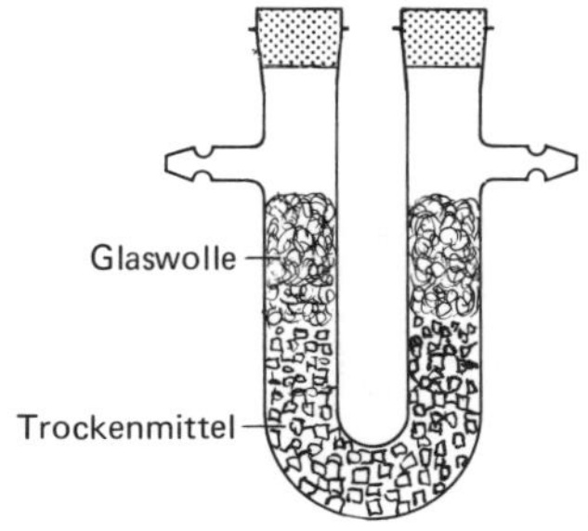

Zusammenstellung von Trockenmitteln, die sich im Schulbetrieb bewährt haben

Tockenmittel	Eignung	Trockengerät
Calciumchlorid	Ether, Kohlenwasserstoffe, Alkylhalogenide	Stehkolben, Exsikkator
Calciumoxid	Ammoniak, Alkohole	Trockenrohr, Stehkolben
Natronkalk	Ammoniak	Trockenrohr
Ätzkali	Ammoniak, Amine	Trockenrohr, Stehkolben
Kupfer(II)-sulfat	Fettsäuren, Alkohole, Ester	Stehkolben
Phosphorpentaoxid	Salze, Metalloxide	Exsikkator
konz. Schwefelsäure	neutrale und saure Gase	Waschflasche, Exsikkator
Aluminiumoxid	Ether, Kohlenwasserstoffe	Stehkolben
Kieselgel	org. Flüssigkeiten, Gase	Stehkolben, Trockenrohr, Exsikkator

Umgang mit elektrischem Strom

Elektrischer Strom spielt im modernen Chemieunterricht eine entscheidende Rolle (Leitfähigkeitsmessungen, Elektrolysen, Betrieb von Geräten usw.). Bei unsachgemäßem Umgang mit stromführenden Leitern und mit Spannungsquellen besteht erhebliche Unfallgefahr. Der menschliche Körper reagiert schon bei relativ geringen Strömen heftig, vor allem dann, wenn der Stromfluß durch den Rumpf und damit über das Herz erfolgt. Die Wirkung des durch den Körper fließenden elektrischen Stromes wird durch folgende Erfahrungswerte aufgezeigt:

1 mA Schreckwirkung
3 mA leichte Verkrampfung der Hände
15 mA Lähmung in den Händen verhindert das Loslassen
25 mA unerträgliche Schmerzen
30 mA Verlust des Bewußtseins
50 mA Herzkammerflimmern
100 mA absolut tödlich

Die Lebensgefahr beginnt also schon bei weniger als ca. 50 mA. Die Stromstärke ist abhängig von der Spannung des angelegten Stromes und vom elektrischen Widerstand des menschlichen Körpers. Dieser Widerstand ist nicht konstant, er ist abhängig von mehreren Faktoren wie z. B. dem Feuchtigkeitsgrad der Haut (Schweißabsonderung). Man kann aber davon ausgehen, daß der Körperwiderstand auch bei günstigen Bedingungen 1000 Ohm nicht wesentlich übersteigt. Aus der Beziehung $I = \frac{U}{R}$ kann die Stromstärke bei unterschiedlich angelegten Spannungen leicht errechnet werden (I = Stromstärke in A, U = Spannung in V, R = Widerstand in Ω).

Bei der Netzspannung von 220 V ergeben sich also:

$$I = \frac{220}{1000} = 0{,}220 \text{ A} = 220 \text{ mA}.$$

Aus dieser Gleichung ergibt sich auch, daß Spannungen über 50 V schon lebensgefährlich sein können. Transportable Spannungsquellen (Transformator mit eingebautem Gleichrichter) mit regelbarer Spannung von 0 bis maximal 25 V, wie sie heute im Schulgebrauch üblich sind, können also als sicher angesehen werden. Voraussetzung ist allerdings, daß der Niederspannungsteil des Gerätes galvanisch vom Netzstrom getrennt ist. Also keine Geräte mit Transformatoren in Sparschaltung verwenden!
Um unkontrollierte Berührungen mit spannungsführenden Teilen zu vermeiden, sollte man sich unbedingt angewöhnen, die Verbindung zum Stromnetz erst nach vollständigem Versuchsaufbau und anschließender Sicherheitskontrolle herzustellen. Nach Beendigung des Versuches muß die Verbindung zum Stromnetz sofort wieder unterbrochen werden (Ziehen des Netzsteckers).
Um Meßgeräte vor Zerstörung zu schützen, sollte man diese vor dem Einfügen in den Stromkreis zunächst auf die gröbste Einstellung bringen (höchste Amperezahl oder höchste Voltzahl). Erst nach Anlegen der für den Versuch vorgesehenen Spannung soll das Gerät stufenweise in empfindlichere Bereiche geschaltet werden, bis der Zeigerausschlag ein gutes Ablesen des angezeigten Meßwertes erlaubt. Schlägt der Meßzeiger am Skalenende an, so besteht die Gefahr, daß das Gerät schon nach kurzer Zeit (wenige Sekunden können genügen) durchbrennt und damit erheblich beschädigt wird.

Zubereitung von Standardreagenzien

Herstellen von Lösungen

Die Konzentration einer Lösung kann auf unterschiedliche Art angegeben werden:

Massenanteil in %: In einer x-%igen Lösung befinden sich x Gramm des gelösten Stoffes in 100 g Lösung.

Volumenanteil in %: In einer x-%igen Lösung befinden sich x Milliliter des gelösten Stoffes in 100 ml Lösung.

Stoffmengenkonzentration

Die Stoffmengenkonzentration c, kurz **Konzentration** genannt, gibt an, wieviel mol eines gelösten Stoffes in 1 l Lösung enthalten sind.

$$c(\mathrm{X}) = \frac{n(\mathrm{X})}{V}$$

c = Konzentration in mol/l V = Volumen der Lösung in l
n = Stoffmenge in mol X = (gedachtes) Teilchen

Bei der Herstellung genau definierter wäßriger Lösungen muß also eine bestimmte Masse einer Substanz genau abgewogen werden und in einem bestimmten Volumen Wasser gelöst werden. Viele Substanzen, vor allem Salze, enthalten Kristallwasser, das natürlich beim Abwiegen der Substanz berücksichtigt werden muß.

An einem Beispiel soll die Herstellung einer Kupfersulfatlösung der Konzentration 1 mol/l erläutert werden:
Um eine Kupfersulfatlösung dieser Konzentration zu erhalten, müssen 249,68 g des blauen Salzes ($CuSO_4 \cdot 5\ H_2O$) in Wasser gelöst werden und genau auf 1 Liter aufgefüllt werden. Die Zahl 249,68 ergibt sich aus den relativen Atommassen wie folgt:

1 × Atommasse des Kupfers	63,546 × 1 =	63,546
1 × Atommasse des Schwefels	32,064 × 1 =	32,064
4 × Atommasse des Sauerstoffs	15,9994 × 4 =	63,998
5 × Molekülmasse des Wassers	18,015 × 5 =	90,075
		249,683

Die Lösung wird in einem 1 l-Meßkolben zubereitet, der nach Auflösen des Salzes bis zur Marke 1 l gefüllt wird. Für viele Versuche genügt die Herstellung eines kleineren Volumens. Auch dafür gibt es geeichte Meßkolben, z. B. 250 ml-Kolben.
Beispiel: Herstellen einer Kupfersulfatlösung der Konzentration 0,1 mol/l im 250 ml-Meßkolben.
Einwaage: 6,24 g Kupfersulfat (blau)

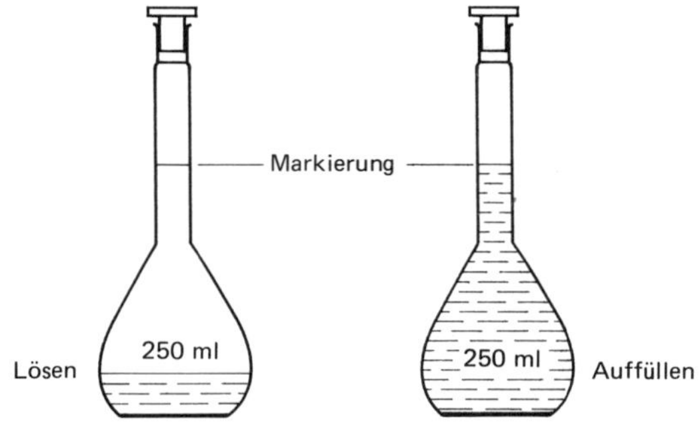

Beim Herstellen einer Lösung definierter Konzentration können sich beim Wiegen und Messen Fehler einschleichen.
Für quantitative Untersuchungen sind deshalb heute Ampullen mit Lösungen exakter Konzentration im Handel, z. B. Titrisol (Merck). Daraus können leicht Standardlösungen hergestellt werden. Die Handhabung ist einfach:

1. Die Ampulle wird in den Hals des Meßkolbens eingesetzt.
2. Mit einem stumpfen Glasstab wird die obere Membran der Ampulle durchstoßen.
3. Dann wird die untere Membran durchstoßen, so daß der Ampulleninhalt in den Meßkolben fließt.
4. Der Glasstab wird unter Abspülen (Wasser fließt in die Ampulle) herausgezogen und dann die Ampulle unter Drehen nachgespült.
5. Der Meßkolben wird mit dest. Wasser auf die Meßmarke aufgefüllt.

Für die im Schulbetrieb benötigten Standardlösungen stehen Titrisol-Ampullen (Merck) zur Verfügung.

Häufig benutzte Nachweisreagenzien

Bromwasser

In das Vorratsgefäß (möglichst mit Schliffstopfen) füllt man Wasser ein und läßt dann Bromdämpfe „dazufließen". Verschließen und Umschütteln. Die Zugabe von Brom wiederholt man, bis die gewünschte Konzentration (Farbtiefe!) erreicht ist. Abzug!

Fehlingsche Lösung

Fehling I : 7 g Kupfersulfat ($CuSO_4 \cdot 5\,H_2O$) in 100 ml dest. Wasser auflösen.
Fehling II: 30 g Kalium-Natriumtartrat („Seignettesalz") in 100 ml dest. Wasser lösen und 10 g Natriumhydroxid zugeben.
Hinweis: Lösungen getrennt aufbewahren. Fehling II – Gefäß mit Gummistopfen verschließen.

„**Iodlösung**" (Iod-Kaliumiodidlösung; Lugolsche Lösung) 2 g Kaliumiodid und 1 g Iod löst man in ca. 5 ml Wasser und verdünnt nach dem Auflösen mit 100–200 ml Wasser.

Kalkwasser

Calciumhydroxid verrührt man mit etwa der 300fachen Wassermenge. Nachdem sich die Trübung abgesetzt hat, wird die überstehende Flüssigkeit abfiltriert.
Hinweis: Statt Calciumhydroxid kann man natürlich auch Calciumoxid verwenden. Kalkwasser immer gut verschlossen aufbewahren.

Lackmuslösung

Man löst ca. 1 g Lackmuspulver/-granulat in 100 ml dest. Wasser.

Phenolphthaleinlösung

0,1 g Phenolphthalein werden in 100 ml Ethanol (ca. 70 %ig) gelöst.
Hinweis: Statt des teuren Ethanols läßt sich genauso Brennspiritus (etwas verdünnen) verwenden.

Schiffs Reagenz (Fuchsinschweflige Säure)

Hierzu findet man recht unterschiedliche Angaben. Die folgenden 2 „Rezepte" stammen aus Stapf/Hradetzky, Band 3.

a) Man löst 0,5 g Fuchsin in 1 Liter dest. Wasser und gibt dann unter Umrühren 15 ml gesättigte Natriumhydrogensulfitlösung dazu. Nach ca. 10 Minuten gibt man so lange portionsweise (jeweils 5–10 ml) konz. Salzsäure dazu, bis Entfärbung eintritt; dabei wird ständig umgerührt.
b) Man löst 0,1 g Fuchsin in 100 ml heißem Wasser. Nach dem Abkühlen werden unter Umrühren 1 g Natriumsulfit und 1 ml konz. Salzsäure zugegeben.

Silbernitratlösung

1–2 g Silbernitrat löst man in ca. 100 ml dest. Wasser.

Chlorzinkiod-Lösung

Man löst 20 g Zinkchlorid (wasserfrei) in 10 ml dest. Wasser und mischt dazu eine Lösung aus 2 g Kaliumiodid und 0,1 g Iod in 5 ml dest. Wasser. Umrühren, dann die Mischung ca. 1 Stunde stehenlassen. Anschließend dekantiert man die Lösung vom Bodensatz ab und gibt noch einen Iodkristall dazu.
Hinweis: Cellulose wird durch „Chlorzinkiodlösung" blauviolett gefärbt.

Phloroglucin-Lösung

Man löst 0,1 g Phloroglucin (1,3,5-Trihydroxybenzol) in ca. 8 ml konz. Salzsäure und verdünnt dann mit derselben Menge dest. Wasser.
Hinweis: Salzsaure Phloroglucinlösung ist ein Nachweisreagenz für Lignin (kräftige Rotfärbung zeigt Lignin an).

Pyrogallol-Lösung

Man stellt sich eine 20–25%ige wäßrige Pyrogallol-Lösung (1,2,3-Trihydroxybenzol) her und mischt diese **erst kurz vor Gebrauch** mit der fünffachen Menge konz. Kalilauge (ca. 40–50%ig).
Hinweis: Läßt man die alkalische Pyrogallol-Lösung offen stehen, färbt sie sich durch den Luftsauerstoff von oben her braun. Diese Lösung kann auch zur quantitativen Bestimmung des Sauerstoffgehalts der Luft benutzt werden.

Sicherheitsmaßnahmen beim Experimentieren: Gefahrensymbole

Die folgenden Gefahrensymbole finden sich auf Chemikalienpackungen. Die Kennbuchstaben differenzieren die Gefahren noch weiter.

F+ **Hochentzündliche Stoffe**

Gefahr: Flüssigkeiten mit einem Flammpunkt unter 0 °C.
Beispiele: Diethylether, Schwefelkohlenstoff
Vorsicht: Von offenen Flammen, Funken und Wärmequellen fernhalten.

F **Leichtentzündliche Stoffe**

Gefahr: Flüssigkeiten mit einem Flammpunkt unter 21 °C.
Außerdem Substanzen, die leicht entzündliche Stoffe durch Feuchtigkeitseinwirkung freisetzen.
Beispiele: Ethanol, Natrium
Vorsicht: Von offenen Flammen, Funken und Wärmequellen fernhalten.

E **Explosionsgefährliche Stoffe**

Gefahr: Dieses Symbol kennzeichnet Stoffe, die unter bestimmten Bedingungen explodieren können.

Beispiel: Ammoniumdichromat, Kaliumchlorat

Vorsicht: Schlag, Stoß, Reibung, Funkenbildung und Hitzeeinwirkung vermeiden.

O **Brandfördernde Stoffe**

Gefahr: Brandfördernde Stoffe können brennbare Stoffe entzünden oder ausgebrochene Brände fördern und so die Brandbekämpfung erschweren.

Beispiele: Kaliumpermanganat, Kaliumnitrat

Vorsicht: Jeden Kontakt mit brennbaren Stoffen vermeiden.

Giftige Stoffe

Gefahr: Nach Einatmen, Verschlucken oder Aufnahme durch die Haut treten meist Gesundheitsschäden erheblichen Ausmaßes oder gar der Tod ein.
T + sehr giftig; T giftig.

Beispiele: Dimethylsulfat, Quecksilber(II)-chlorid

Vorsicht: Jeglichen Kontakt mit dem Körper vermeiden.

Xn **Mindergiftige Stoffe**

Gefahr: Bei Aufnahme in den Körper verursachen diese Stoffe Gesundheitsschäden geringeren Ausmaßes.

Beispiele: Pyridin, Kupfersalze

Vorsicht: Kontakt mit dem menschlichen Körper, auch Einatmen der Dämpfe, vermeiden und bei Unwohlsein den Arzt aufsuchen.

Xi **Reizend wirkende Stoffe**

Gefahr: Dieses Symbol kennzeichnet Stoffe, die eine Reizwirkung auf Haut, Augen und Atmungsorgane ausüben können.

Beispiele: Ammoniak-Lösung, Ethanolamin, Chlorwasserstoff

Vorsicht: Dämpfe nicht einatmen und Berührung mit Haut und Augen vermeiden.

C **Ätzende Stoffe**

Gefahr: Lebendes Gewebe, aber auch Betriebsmittel, werden bei Kontakt mit diesen Chemikalien zerstört.

Beispiele: Brom, Schwefelsäure

Vorsicht: Dämpfe nicht einatmen und Berührung mit Haut, Augen und Kleidung vermeiden.

Schulrelevante Gefahrstoffe

Die „Technischen Regeln für Gefahrstoffe" geben den Stand der sicherheitstechnischen, arbeitsmedizinischen, hygienischen sowie arbeitswissenschaftlichen Anforderungen an die Gefahrstoffe hinsichtlich Inverkehrbringen und Umgang wieder. Sie werden vom „Ausschuß für Gefahrstoffe" aufgestellt und von ihm der Entwicklung angepaßt. Dies gilt auch für den Umgang mit Gefahrstoffen im Schulbereich. Die Kultusministerien der Länder haben und werden dazu (auch in Zukunft) Richtlinien erlassen, die diesen Entwicklungen Rechnung tragen. Darüberhinaus sind DIN-Blätter (Beuth-Verlag, Burggrafenstraße 4–10, 1000 Berlin 30) mit einschlägigen Anforderungen und Informationsmaterial von den zuständigen Unfallversicherungsträgern und vom Chemikalienhandel veröffentlicht, in denen die schulrelevanten Gefahrstoffe, Gefahrenhinweise (R-Sätze) und Sicherheitsratschläge (S-Sätze) aufgelistet sind. Auf dieses an den Schulen vorhandene Material wird hingewiesen. Bei den in diesem Buch beschriebenen Versuchen sollen Symbole auf besondere Gefahren und erforderliche Maßnahmen aufmerksam machen. Darüberhinaus werden Hinweise zur Entsorgung der Chemikalien gegeben.

Beseitigung von Chemikalienresten und umweltgefährdenden Abfällen in den Schulen

1. Es ist immer zu prüfen, ob bestimmte umweltgefährdende und toxische Stoffe nicht durch weniger risikoreiche Substanzen ersetzbar sind. Dies ist nicht nur unter dem Aspekt der Beseitigung der Problemabfälle, sondern auch im Hinblick auf die Vermeidung einer gesundheitlichen Gefährdung bei der Vorbereitung und Durchführung des experimentellen Chemieunterrichts für Lehrer und Schüler dringend geboten.
2. Umweltbelastende Reststoffe aus Experimenten dürfen nicht achtlos in das kommunale Abwassernetz oder zum Hausmüll gegeben werden.
3. Auf allen Sammelbehältern für die Problemabfälle ist die jeweilige Beseitigungsgruppe im Wortlaut anzugeben, gegebenenfalls sind die entsprechenden Warnhinweisschilder anzubringen. Die Rückseite der Behälter ist mit einer kurzen Weiterbehandlungsanleitung zu versehen.

4. Bis zum Abtransport sind die Problemabfälle in verschließbaren Räumen des naturwissenschaftlichen Fachbereichs aufzubewahren, so daß sie unbefugten Personen ohne Gewaltanwendung nicht zugänglich sind.
   Giftreste werden in den Giftschrank eingeschlossen, dessen Schlüssel nur den Fachlehrkräften zugänglich ist.
5. Größe, Beschaffenheit und Aufbewahrungsart der Sammelgefäße müssen der Natur des Inhalts angepaßt sein. In der Regel sind dafür unzerbrechliche, verschließbare und inerte Kunststoffbehälter zu verwenden. Es ist auf jeden Fall darauf zu achten, daß die leicht entzündlichen Stoffe kühl, vor der Sonne geschützt und abseits von offenen Flammen aufbewahrt werden. In regelmäßigen Zeitabständen ist nachzusehen, ob die Behälter nicht schadhaft geworden sind.
6. Personengefährdung durch Lagerung und Abtransport des Sondermülls ist auszuschließen. Eine Beteiligung der Schüler an der Sondermüllbeseitigung ist auf keinen Fall zulässig.

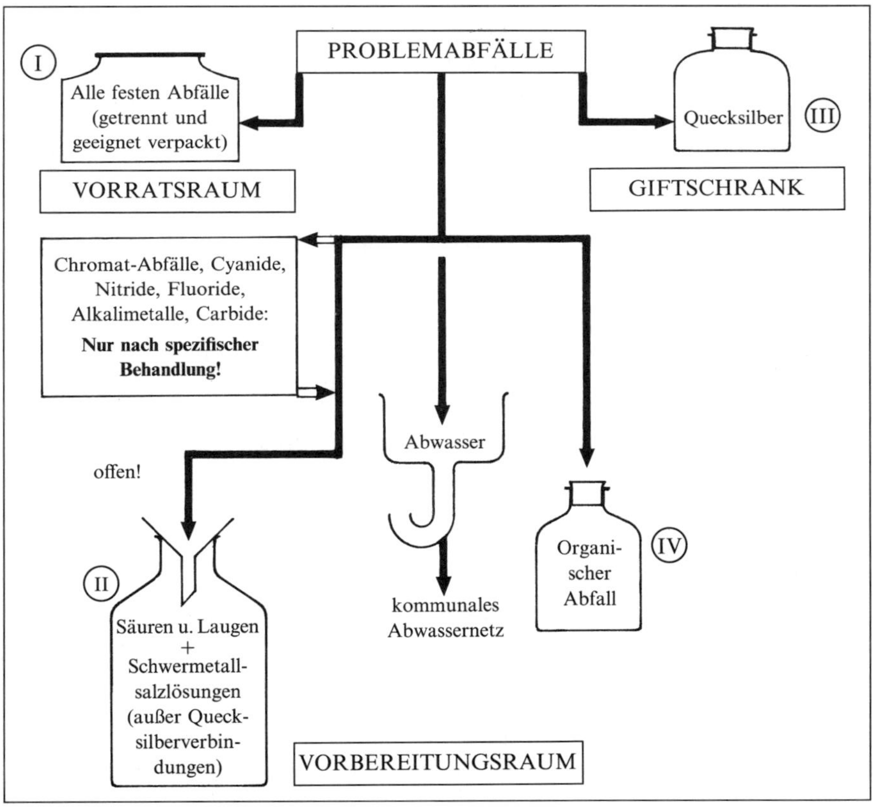

Beseitigungsgruppe	Behandlungs- und Beseitigungshinweise
B 1 Umweltgefährdende anorganische und organische **Feststoffe** (jedoch nicht brandfördernde und selbstentzündliche Substanzen) und **nicht mehr identifizierbare Chemikalien** Sammelbehälter I	Die Abfälle getrennt verpackt und gesammelt den Problemabfallsammlungen aus Haushalten oder einer Sondermüllannahmestelle mit kurzer Hinweisangabe zuführen.
B 2 **Saure und basische Abfälle** sowie **Schwermetallsalzlösungen** außer Chromat- und Quecksilberverbindungen Sammelbehälter II	Reste (Säuren und Basen nur verdünnt!) in einem großen Kunststoffbehälter (Warnhinweisschilder „C: Ätzend" und „Xn: Gesundheitsschädlich") sammeln; Beseitigung wie B 1. Behälter bei der Lagerung nicht gasdicht verschließen! Zur Verminderung des Volumens wird vorgeschlagen: Inhalt der $^3/_4$ vollen Behälter mit Kalkmilch oder Natronlauge auf ca. pH 8 (Hydroxidfällung!) einstellen, filtrieren oder etwa einen Tag stehen lassen: Niederschlag abtrennen und zu B 1; klare Flüssigkeit in das kommunale Abwassernetz einleiten.
B 3 **Chromat-Abfälle** Nach spezifischer Behandlung in Sammelbehälter II	In einer Glasflasche (Warnhinweisschild „Xn: Gesundheitsschädlich" und „Xi: Reizend") sammeln; wenn Behälter $^3/_4$ voll: Chromat z. B. mit Natrium(hydrogen)sulfit bei pH ca. 2 zu Chrom(III) reduzieren (für 20 g Chromtrioxid ca. 40 g Natriumhydrogensulfit erforderlich!). Nach einer Reaktionszeit von mindestens zwei Stunden die grüne Lösung zu B 2.
B 4 **Organische Abfälle** Sammelbehälter IV	Abfälle in einem Glas- oder in einem inerten Kunststoffbehälter (maximal 10 l; Warnhinweisschild „F: Leichtentzündlich" und „Xn: Gesundheitsschädlich") sammeln und mit grober Inhaltsangabe sicher verpackt nach B 1 beseitigen. • Gemische mit Chromat zu B 3. • Gemische mit Nitriersäure vorher neutralisieren (sonst Explosionsgefahr!). • Acrylnitril mit (höchstens) 15%iger wäßriger Hypochloritlösung im Abzug oxidieren (zur vollständigen Umsetzung kräftig rühren, Schutzbrille!), dann zu B 2. • Kohlenstoffdisulfid (Schwefelkohlenstoff), flüchtige Ether und Ester in kleinen Mengen im Abzug verdunsten lassen (Vorsicht, keine offenen Flammen!).

Beseitigungsgruppe	Behandlungs- und Beseitigungshinweise
B 5 **Brandfördernde und selbstentzündliche feste Stoffe** Sammelbehälter [I]	Abfälle derartiger Stoffe (z. B. Kaliumpermanganat, Chlorate, Peroxide) getrennt in dicht verschlossenen, bruchsicheren Behältern sammeln (gegebenenfalls während der Lagerung anfeuchten) und nach B 1 beseitigen. ● **Phosphor, weiß:** Wasser, das mit weißem Phosphor in Berührung gekommen ist, in ein Becherglas dekantieren und mit Kaliumpermanganat stehen lassen. Phosphorpartikel mit konzentrierter Salpetersäure im Abzug erwärmen (Vorsicht! Bildung nitroser Gase!). Lösungen von weißem Phosphor in Kohlenstoffdisulfid (Schwefelkohlenstoff) nicht aufbewahren: Im Abzug oder im Freien vorsichtig abbrennen. Geräte, die mit weißem Phosphor in Berührung gekommen sind, nach dem Experimentieren sorgfältig reinigen: Metallgeräte sorgfältig abflammen, Papier verbrennen, Glasgeräte mit Kaliumpermanganatlösung spülen.
B 6 **Alkalimetalle** Nach spezifischer Behandlung in Sammelbehälter [II]	Abfälle von Lithium und Natrium in kleineren Portionen in eine größere Menge Spiritus geben. Bei Kalium unbedingt Butanol verwenden. Umrühren, stehenlassen, bis sich alles umgesetzt hat, dann mit Wasser umsetzen (Schutzbrille!) und zu B 2.
B 7 **Metallisches Quecksilber** Sammelbehälter [III]	Abfälle in einer Kunststoffflasche (Warnhinweisschild „T: Giftig") dicht verschlossen sammeln (Achtung: auch kleinste Quecksilberreste aufsammeln!). Mechanische/chemische Reinigung an der Schule oder Zuführung an einen Wiederaufbereitungsbetrieb.
B 8 **Quecksilberverbindungen** Eigener Sammelbehälter im Giftschrank	Abfälle in einem Behälter dicht verschlossen (Warnhinweisschild „T: Giftig") sammeln. Beseitigung siehe B 1. ● **Quecksilberoxid-Batterien** (z. B. alle Knopfzellen) gesondert sammeln.

Beseitigungsgruppe	Behandlungs- und Beseitigungshinweise
B 9 **Andere Giftstoffe** Eigener Sammelbehälter im Giftschrank Cyanidabfälle nach spezifischer Behandlung in Sammelbehälter II	Abfälle stets in Behältern (Warnhinweisschild „T: Giftig") dicht verschlossen sammeln und nach B 1 beseitigen. ● **Cyanidhaltige** Abfälle können a) bei pH > 11 im Giftschrank aufbewahrt und dicht verschlossen nach B 1 beseitigt werden; b) im Abzug zu Cyanat oxidiert werden: Lösung auf Cyanid-Gehalt unter 2 g/l verdünnen, pH 11 einstellen, wenige Tropfen gesättigte Kupfersulfat-Lösung als Katalysator zugeben. Langsam das abgeschätzte Volumen Wasserstoffperoxid (30 %ig) zutropfen (pro Gramm Kaliumcyanid ca. 2–5 ml Wasserstoffperoxid 30 %ig). Mindestens 2 Stunden reagieren lassen. Nach Prüfung auf Cyanidfreiheit, z. B. mit im Handel erhältlichen Teststäbchen, Weiterbehandlung nach B 2. (Vorsicht! Aus eventuell noch vorhandenen Cyanidresten kann bei pH ≤ 6 Cyanwasserstoff frei werden, Vergiftungsgefahr!)
B 10 **Nitrite und lösliche Fluoride** Nach spezifischer Behandlung in Sammelbehälter II	● Nitrite z. B. mit saurer Kaliumpermangantlösung zu Nitrat oxidieren; dann zu B 2. ● Fluoride und Fluorwasserstoffsäure mit Calciumhydroxid zu Calciumfluorid umsetzen und zu B 2. (Vorsicht: Fluorwasserstoffsäure verursacht heimtückische und langwierige Entzündungen!)
B 11 **Carbide** Nach spezifischer Behandlung in Sammelbehälter II	Abfälle im Abzug vorsichtig mit Wasser umsetzen, freiwerdende Gase abbrennen (Explosionsgefahr! Vergiftungsgefahr!); danach zu B 2.
B 12 **Verbrauchte Fixierbäder**	In einem Kunststoffbehälter (Warnhinweisschild „Xn: Gesundheitsschädlich") im Photolabor sammeln. Rückgabe in kleinen Mengen evtl. an Photofachgeschäfte, in größeren Mengen an Wideraufbereitungsbetriebe für Silber.

Mit umweltbelastenden Stoffen, die hier nicht aufgeführt sind, muß bei der Beseitigung entsprechend verfahren werden!

Allgemeine Experimentierregeln

1. Halten Sie Ordnung auf dem Arbeitsplatz!
   Geräte und Chemikalien, die nicht benötigt werden, stören beim Experimentieren und erschweren die Beobachtung.
2. Versuche sollen mit kleinen Substanzmengen durchgeführt werden.
3. Chemikalien sind mit Löffel und Spatel herauszunehmen. Reste nicht in die Flasche zurück!
4. Flaschen sofort wieder schließen! Stopfen dürfen nicht verwechselt werden.
5. Beim Erhitzen Reagenzglasmündung nicht auf Personen richten. Siedeverzug durch Schütteln vermeiden. Siedesteinchen verwenden. Bei alkalischen Flüssigkeiten ist besondere Vorsicht geboten.
6. Beim Umfüllen flüchtiger brennbarer Flüssigkeiten müssen alle Flammen gelöscht sein. Denken Sie an Sparflamme etc.!
   Beim Destillieren leicht entzündlicher Flüssigkeiten elektrische Heizhauben verwenden.
7. Bei Explosionsversuchen einen Sicherheitsabstand (3 m) einhalten. Splitterschutzwand, evtl. Splitterschutzkorb verwenden.
8. Konzentrierte Säuren oder Laugen beim Verdünnen immer in Wasser gießen, nicht umgekehrt. Schutzbrille tragen.
9. Die Herstellung von explosionsgefährlichen Stoffen ist unzulässig.
10. Gasabzug rechtzeitig benützen und Ventilator einschalten, wenn giftige oder gesundheitsschädliche Gase, Dämpfe, Nebel oder Rauch auftreten.
11. Beim Ausgießen aus Flaschen soll Etikett oben sein. Herabrinnende Tropfen mit Stopfen abstreifen.
12. Stahlflaschen mit komprimierten Gasen immer vor Umstoßen sichern.
13. Keine Chemikalien ohne Behälter oder Filterpapier auf die Waagschale legen.
14. Brennbare Flüssigkeiten, Glasscherben, Zündhölzer, Indikatorpapier, Zigarettenkippen und dgl. nicht in den Ausguß werfen! Beseitigungsvorschriften beachten.
15. Brenner nicht knapp an die Tischkante stellen.
16. Gashähne (einschl. Haupthahn) am Ende des Unterrichts bzw. der Vorbereitung schließen!
17. Gesäuberte Reagenzgläser zum Abtropfen in das Reagenzglasgestell umgekehrt einstellen.
18. Geräte, Löffel, Spatel, Pinzetten und dgl. nach Gebrauch wieder dorthin, wo sie entnommen wurden!
19. Geräte nach Versuch wieder auseinandernehmen! Keine Glasröhrchen und dgl. in Stopfen lassen.
20. Glasbruch in einen gekennzeichneten Abfallbehälter! Reinigungspersonal davon verständigen. Keine Papierkörbe aus Holz in das Labor! Beschädigte Geräte oder Gefäße dürfen nicht verwendet werden.
21. Schutzbrille evtl. Schutzhandschuhe, rechtzeitig verwenden!
22. Erste-Hilfe-Kasten, Branddecke, Augenwaschflasche griffbereit aufstellen! Hinweise anbringen.
23. Pipettieren mit dem Mund ist grundsätzlich verboten. Kolbenpipetten oder Peleus-Ball verwenden.

Anorganische Chemie

1. Stofferkennung

1.1 Schmelzpunktbestimmung eines festen Stoffes mit improvisiertem Gerät

Material Glycerin, Naphthalin, Phenol, Schwefel;
Thermometer, Schmelzpunktröhrchen, großes Reagenzglas.

Durchführung Ein durchbohrter Korkstopfen wird seitlich eingekerbt. Durch die Bohrung wird ein Thermometer geführt. Am Thermometer befestigt man unten mit dünnem Draht ein Schmelzpunktröhrchen, das etwa 5 mm hoch mit Naphthalin, Phenol oder Schwefel gefüllt ist. Zur Füllung wird das Röhrchen in die pulverisierte Substanz gestupst. Durch mehrmaliges vorsichtiges senkrechtes Aufstoßen auf der Tischplatte oder durch Fallenlassen des Röhrchens durch ein senkrecht gestelltes Glasrohr auf eine harte Unterlage gelingt es leicht, die Substanz auf den Boden des Röhrchens zu bringen. Der Stopfen mit dem Thermometer und dem daran befindlichen Schmelzpunktröhrchen wird in einen zu etwa 1/3 mit Glycerin gefüllten Langhalskolben oder in ein großes Reagenzglas geführt. Die Quecksilberkugel und das Röhrchen müssen in die Flüssigkeit tauchen. Stativ benützen! Das Glycerin wird langsam erhitzt, wobei man das Thermometer und die zu untersuchende Substanz genau beobachtet. Sobald die Substanz zu schmelzen beginnt, wird die Temperatur der Heizflüssigkeit abgelesen.

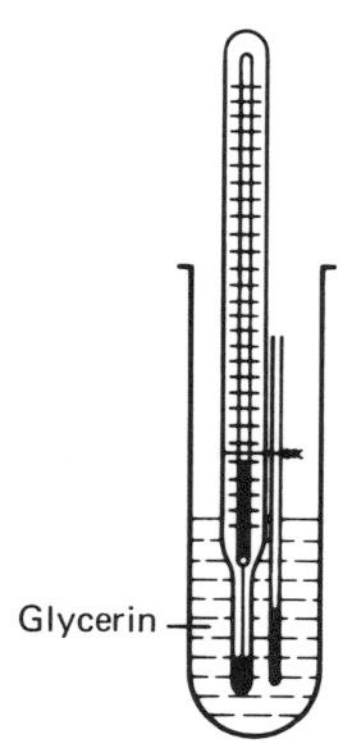

Hinweise Die genauen Schmelzpunkte sind: Naphthalin 80,4 °C, Phenol 41 °C, Schwefel 120 °C.

Schmelzpunktbestimmung mit Spezialgerät — 1.2

Material

Glycerin oder Paraffinöl oder abgekochtes Wasser, Naphthalin; Schmelzpunktbestimmungsapparat, Thermometer, Schmelzpunktröhrchen.

Durchführung

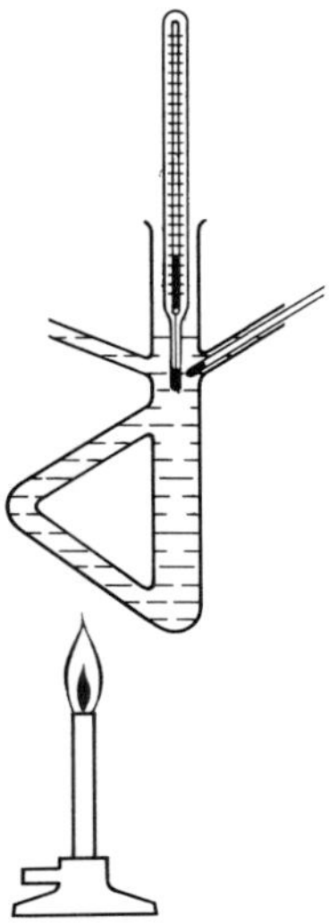

Ein Schmelzpunktröhrchen wird wie vorher mit Naphthalin gefüllt und in ein Gerät zur Schmelzpunktbestimmung gebracht, indem man es in ein Seitenrohr schiebt, wobei man darauf achtet, daß die Substanz möglichst nahe an die Quecksilberkugel des Thermometers gebracht wird. Die Heizflüssigkeit wird vorsichtig erhitzt, bis die Temperatur etwa 10 °C unter der zu erwartenden Schmelztemperatur der Substanz liegt. Dann wird mit kleinster Flamme weitererhitzt, so daß die Temperatur in der Minute um höchstens 2 °C steigt. Die Temperatur wird abgelesen, wenn der Feststoff gerade deutlich zu schmelzen beginnt.

Hinweise

Eine Füllung des Schmelzpunktgerätes mit konz. Schwefelsäure als Heizflüssigkeit sollte im Schulbetrieb wegen erhöhter Unfallgefahr vermieden werden. Auf jeden Fall Schutzbrille tragen! Bei Naphthalin eignet sich Wasser als Heizflüssigkeit besonders gut. Es empfiehlt sich, das Wasser vor dem Experiment abzukochen, damit die darin gelöste Luft ausgetrieben wird. Beim Erhitzen würden sich sonst kleine, sichtbehindernde Luftbläschen an den Glaswänden bilden.

Siedepunktbestimmung des Wassers — 1.3

Material

Becherglas, Thermometer, Siedesteinchen.

Durchführung

Ein Becherglas wird zur Hälfte mit Wasser gefüllt und ein Thermometer so tief eingehängt, daß die Quecksilberkugel ganz eintaucht, aber nicht auf dem Boden aufsteht. Dann wird erhitzt und die Temperatur ab 95 °C alle $2\frac{1}{2}$ Minuten notiert. Die Werte werden in ein Diagramm eingetragen!

Hinweise

Das Wasser siedet wegen der Höhenlage des Schulortes und des dadurch bedingten Luftdruckes nicht genau bei 100 °C. Um Siedeverzug zu vermeiden, empfiehlt es sich, in das Becherglas einige Siedesteinchen zu geben.

Abb. siehe Seite 38.

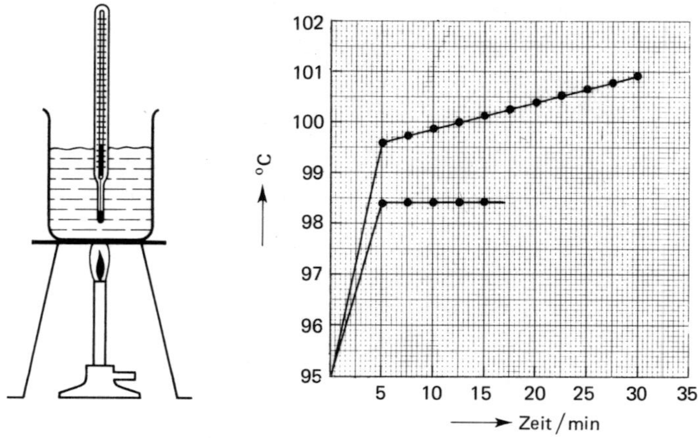

1.4 Bestimmung der Siedetemperatur einer Salzlösung

Material Becherglas, Thermometer, Siedesteinchen, Kochsalz.

Durchführung In einem zur Hälfte mit Wasser gefüllten Becherglas löst man einige Spatel Kochsalz auf. Wie im vorigen Versuch wird die Siedetemperatur dieser Salzlösung bestimmt. Dabei wird die Lösung längere Zeit am Sieden gehalten und die Temperatur wie bei Versuch 1.3 abgelesen. Die Werte werden in das gleiche Diagramm wie bei Versuch 1.3 eingetragen.

Hinweise Die Siedetemperatur einer Salzlösung steigt bei anhaltendem Sieden allmählich an, weil durch das Verdampfen des Wassers die Lösung immer konzentrierter wird. Wenn die Lösung gesättigt ist, bleibt die Siedetemperatur konstant.

1.5 Siedepunktbestimmung mit Rückflußkühler

!										B 4

Material Aceton;
Erlenmeyer- oder Stehkolben mit doppelt durchbohrtem Stopfen, Rückflußkühler, Schläuche, Thermometer, Stativ.

Durchführung Ein Erlenmeyer- oder ein Rundkolben, der etwa zu 1/4 bis 1/3 mit Aceton gefüllt ist, wird mit einem doppelt durchbohrten Gummistopfen verschlossen. Durch die eine Bohrung wird ein Thermometer geführt, so daß die Quecksilberkugel in die Flüssigkeit taucht. Mit Hilfe der anderen Bohrung wird senkrecht ein Rückflußkühler (notfalls ein Liebigkühler) aufgesetzt und mit Kühlwasser gespeist. Stativ benützen! Die Flüssigkeit wird dann vorsichtig zum Sieden gebracht, der Siedepunkt wird mehrmals genau abgelesen und notiert.

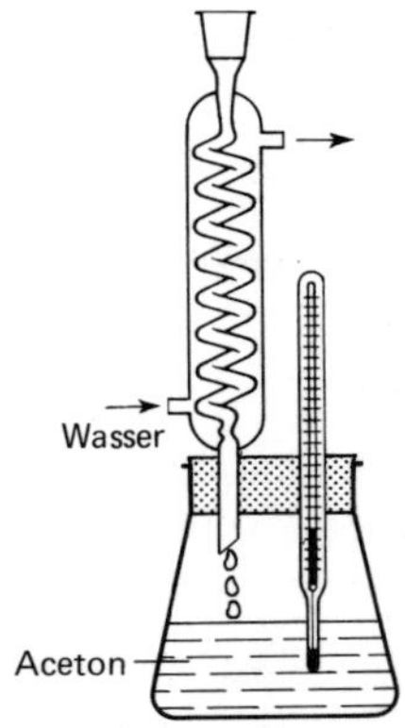

Hinweise

Bei der Bestimmung des Siedepunktes von giftigen oder brennbaren Stoffen muß das Entweichen der Dämpfe durch einen aufgesetzten Rückflußkühler verhindert werden.

Feststellung der Erstarrungskurve eines Reinstoffes 1.6

Material

Campher oder Naphthalin;
Großes Reagenzglas, Thermometer.

Durchführung

Ein großes Reagenzglas wird 2 cm hoch mit Campher oder Naphthalin gefüllt und erhitzt, bis eine klare Schmelze entstanden ist. Dann taucht man ein Thermometer ein und liest im Abstand von 20 s die Temperatur ab, dabei soll die Schmelze mit dem Thermometer dauernd durchgerührt werden. Die Erstarrungskurve wird durch Eintragen der Werte in ein Diagramm aufgezeichnet.

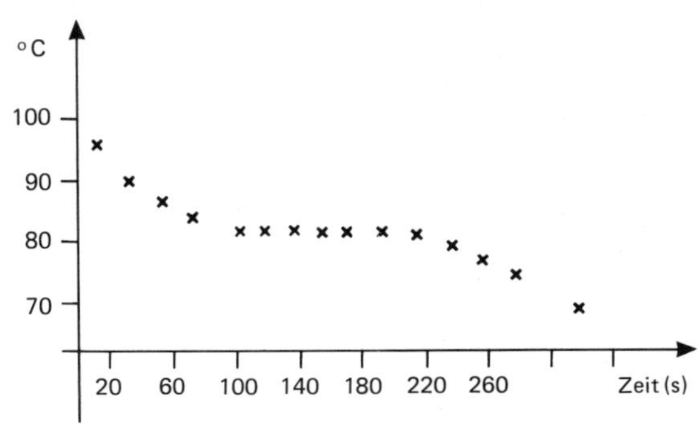

Hinweise

Die Temperatur der erstarrenden Substanz bleibt im Bereich zwischen dem Auftreten der ersten festen Teilchen und dem vollständigen Erstarren praktisch konstant, weil der Wärmeverlust bei der Abkühlung durch die freiwerdende Erstarrungswärme (bei der Kristallbildung wird Energie frei!) kompensiert wird.

1.7 Feststellung der Erstarrungskurve eines Gemisches

Material Campher, Naphthalin;
Großes Reagenzglas, Thermometer.

Durchführung Versuch 1.6 wird wiederholt. Dem Campher wird jedoch vorher eine kleine Spatelspitze voll Naphthalin beigemengt. Die beiden Stoffe müssen vor dem Schmelzen gut vermischt werden. Die Werte in das Diagramm von Versuch 1.6 eintragen!

Hinweise Wird in einem Stoff ein anderer gelöst, so sinkt der Erstarrungspunkt des Lösungsmittels mit zunehmender Konzentration. Die molare Gefrierpunktserniedrigung von Campher ist besonders groß, sie beträgt 40 °C.

1.8 Bestimmung der Dichte von Aluminium

Material Waage, Proben einiger wasserunlöslicher Feststoffe, darunter Aluminium.

Durchführung Eine Probe Aluminium wird gewogen und die Masse notiert. Dann füllt man einen Meßzylinder zur Hälfte mit Wasser und notiert den Wasserstand. Nun bringt man die Aluminiumprobe in das Wasser und stellt fest, wie hoch das Wasser angestiegen ist. Der Anstieg entspricht dem Volumen des Aluminiums. Deshalb kann die Dichte des Aluminiums nun berechnet werden.

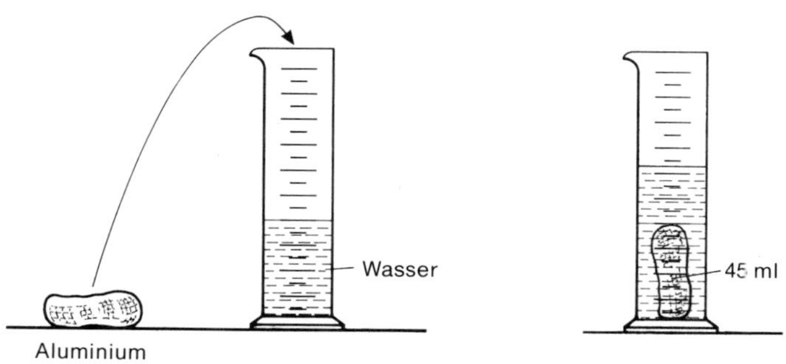

Berechnung der Dichte nach der Ansteigemethode (Beispiel):
Die Probe wiegt 121,5 g.
Sie hat ein Volumen von 45 ml.

$$\varrho = \frac{121{,}5\ \text{g}}{45\ \text{cm}^3} = 2{,}7\ \text{g/cm}^3$$

Die Dichte von Aluminium beträgt 2,7 g/cm³.

Hinweise Nach dieser Methode können auch andere Metalle untersucht werden. Die Proben müssen so beschaffen sein, daß sie ganz im Zylinder untertauchen und beim Ansteigen das Wasser noch innerhalb der Meßmarken bleiben.

Prüfung der elektrischen Leitfähigkeit von Flüssigkeiten 1.9

!

Material

Dest. Wasser, Leitungswasser, Kochsalzlösung, Zuckerlösung, Alkohol (Spiritus);
Anlage zur Leitfähigkeitsprüfung, Becherglas.

Durchführung

Die Versuchsanordnung wird nach folgender Schaltskizze aufgebaut:

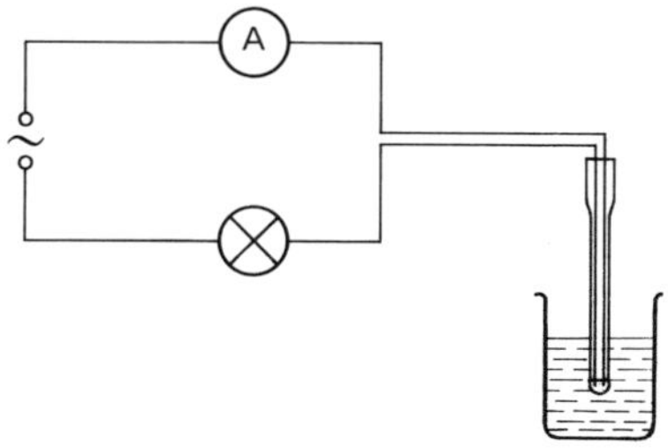

Zu Beginn der Messungen stellt man das Meßgerät auf den größten Amperebereich und den Regelknopf der Spannungsquelle auf 0 Volt. Dann taucht man den Meßfühler in die zu prüfende Flüssigkeit, schaltet den Transformator ein und erhöht mit dem Regelknopf allmählich die Spannung. Leitet die Flüssigkeit den elektrischen Strom gut, dann kann man das Lämpchen zum Leuchten bringen. Durch Umschalten in empfindlichere Bereiche wird die elektrische Leitfähigkeit auch auf dem Meßgerät angezeigt. Vor dem Umschalten muß geprüft werden, ob der empfindlichere Meßbereich nicht überschritten wird. Destilliertes Wasser leitet den Strom praktisch nicht. Das Lämpchen leuchtet nicht auf, nur mit einem empfindlichen Meßgerät kann eine geringe Leitfähigkeit festgestellt werden.

Hinweise

Die elektrische Leitfähigkeit kann an Stelle des Meßgerätes oder des Lämpchens auch mit einem anderen Stromverbraucher wie z. B. mit einem elektrischen Summer oder einer Klingel angezeigt werden. Man sollte jedoch bedenken, daß bei wässerigen Lösungen von Salzen bei einer Spannung von ca. 10 V mit den üblichen Leitfähigkeitsprüfern nur ein Strom in der Größenordnung von 100 mA fließt. Dieser Strom reicht nur aus, um relativ leistungsschwache Glühbirnchen wie z. B. für ein Fahrradrücklicht (6 V, 0,6 W) zum deutlichen Leuchten zu bringen.

Prüfung der elektrischen Leitfähigkeit fester Stoffe 1.10

!

Material

Bleistiftmine, Eisennagel, Glasstab, Holzstab, Kunststoffolie, Kupferblech, Magnesiumband, Papierstreifen;
Stelltransformator (ca. 0–25 V), 3 Kabel, 2 Krokodilklemmen, Meßgerät, Glühbirnchen 6 V, 0,6 W.

Durchführung Man baut eine Versuchsanordnung nach folgender Schaltskizze auf:

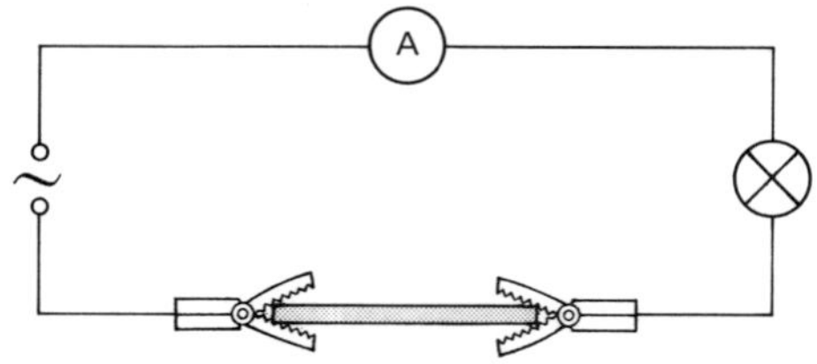

Zwischen die Krokodilklemmen spannt man jeweils das zu prüfende Material. Das Meßgerät wird auf den höchstmöglichen Amperebereich gestellt. Der Regelknopf des Stelltransformators steht zu Versuchsbeginn auf 0 Volt. Um die elektrische Leitfähigkeit des eingespannten Materials zu messen, schaltet man den Transformator ein und erhöht mit dem Regelknopf langsam die Spannung. Man beobachtet dabei aufmerksam das Meßgerät und das Lämpchen, um eine Überlastung zu verhindern. Zeigt sich bei 6 V noch kein oder nur ein sehr geringer Stromfluß, dann schaltet man das Meßgerät in den nächst höheren Empfindlichkeitsbereich usw.

Hinweise Die Leitfähigkeit kann auch nur mit dem Meßgerät oder nur mit einem Glühlämpchen geprüft werden.

1.11 Erkennen von Säuren und Basen mit Blaukrautabsud als Indikator

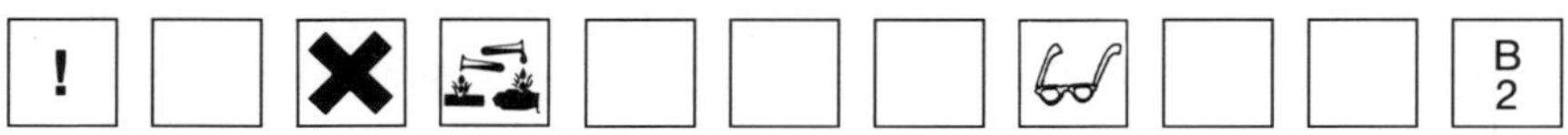

Material Overheadprojektor.
5 Petrischalen ohne Deckel, 4 Tropfpipetten, Salzsäure ca. 5 molar, Essigsäure ca. 1 molar, Natronlauge ca. 5 molar, Ammoniakwasser ca. 5%ig, Blaukrautabsud.

Durchführung Man bereitet sich zunächst einen Blaukrautabsud, indem man grob zerkleinerte Blaukrautblätter einige Minuten lang in Wasser kocht. Sobald sich eine kräftig violettblaue Lösung gebildet hat, wird dekantiert.
In 5 Petrischalen füllt man so viel von dieser Farblösung, sodaß der Boden jeweils gut bedeckt ist und stellt sie dann auf den Overheadprojektor. Mit Pipetten gibt

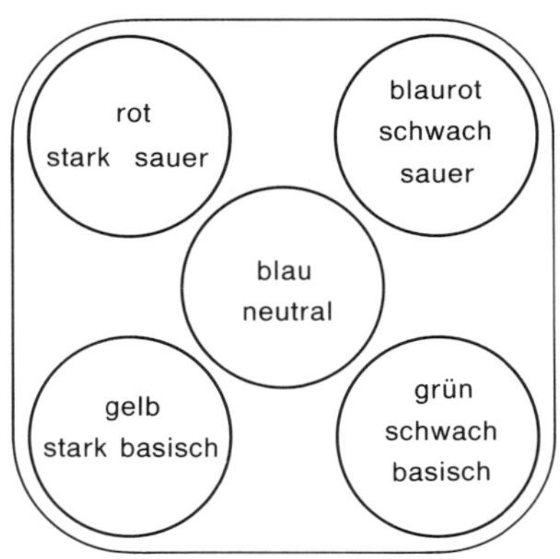

man jeweils in eine Schale einige ml Salzsäure (c = 5 mol/l) oder Essigsäure (c = 1 mol/l) oder Natronlauge (c = 5 mol/l) oder 5%iges Ammoniakwasser. In der Projektion lassen sich sehr schöne Farbumschläge beobachten.

Hinweise

Die Farbumschläge von Blaukrautabsud sind besonders gut zur Einführung des Indikatorbegriffes geeignet, weil sie an den Erfahrungsbereich der Schüler anknüpfen.
Die gezeigten Experimente eignen sich auch sehr gut, um die historische Aussage von R. Boyle (1627–1691) über die Merkmale von Säuren und Alkalien zu belegen: „Säuren wandeln blaue Pflanzenfarben in Rot um, Alkalien wandeln blaue Pflanzenfarben in Grün um. Die von Säuren hervorgerufenen Farben können mit Alkalien wieder in die ursprüngliche Farbe zurückverwandelt werden. Ebenso können die von Alkalien erzeugten Farben durch Säuren zurückverwandelt werden“.

2. Trennverfahren

Magnetscheiden 2.1

Material

Sand, grobes Eisenpulver (Eisenspäne, kleine Eisennägel, ...);
Magnet

Durchführung

Sand und Eisenteilchen werden vermischt. Mittels eines Magneten lassen sich die zwei Stoffe wieder trennen:

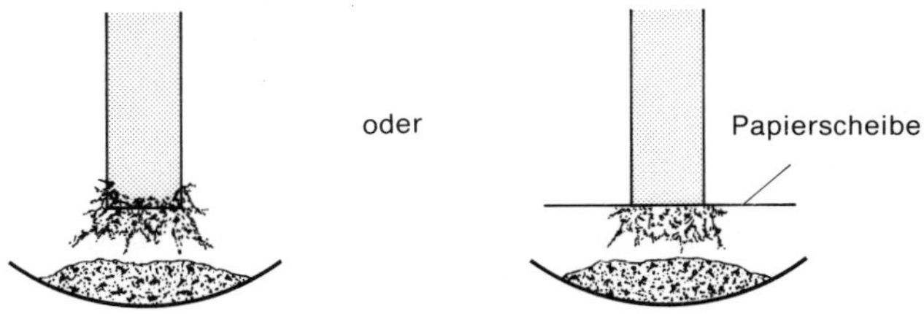

Hinweise

Durch Zwischenlegen eines Stück Papiers (z. B. Filterpapierscheibe) lassen sich die Eisenteilchen leichter und schneller vom Magnet ablösen.
Will man den Versuch alltagsnäher gestalten, empfiehlt es sich, statt Eisenpulver ganz kleine Eisennägel zu verwenden, weil sich die Schüler leicht vorstellen können, daß z. B. versehentlich eine Schachtel mit Nägeln ausgeschüttet wurde und diese nun – im Sand verstreut – wieder eingesammelt werden sollen. Auch der Bezug zur technischen Anwendung beim „Müll-Recycling“ läßt sich leicht herstellen (Trennen von Aluminium- und Eisenschrott).

2.2 Schlämmen durch Aufschütteln

Material Sand, Calciumcarbonatpulver oder gepulverte Kreide.

Durchführung Einige Spatel Sand und Calciumcarbonatpulver (oder Kreidepulver) werden vermischt. Nach Zugabe von Wasser wird kurz durchgeschüttelt oder -gerührt und dann das Gefäß (z. B. ein großes Reagenzglas) ruhiggestellt. Nach einigen Minuten kann man beobachten, wie sich Sand und Pulver in zwei Schichten abgesetzt haben. Zum Trennen der beiden Substanzen verschließt man das Gefäß, schüttelt kräftig durch und wartet einige Sekunden. Dann dekantiert man die über dem Sand befindliche milchig-trübe Flüssigkeit in einen Filter. Nach erneuter Zugabe von Wasser zu dem Sandrückstand wiederholt man dies, bis das Waschwasser klar bleibt.

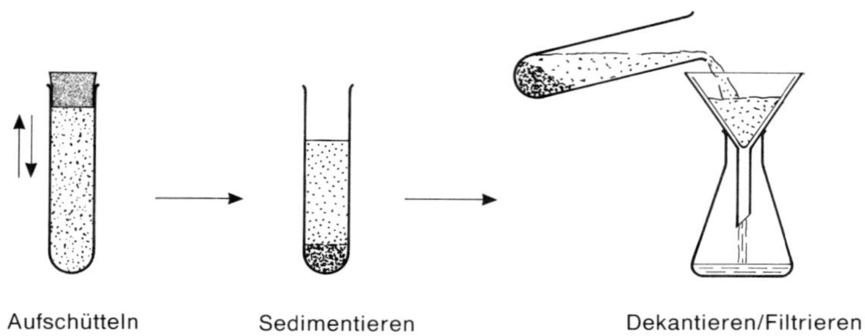

Aufgrund der größeren Sedimentationsgeschwindigkeit hat sich der Sand nach wenigen Sekunden abgesetzt, während sich die Pulverteilchen noch in der Schwebe befinden. Sie können mit dem Wasser dekantiert und dann durch Filtrieren vom Wasser abgetrennt werden.

2.3 Schlämmen im Wasserstrom („Goldsuche")

Material Seesand, Bleikügelchen (z. B. Tarierschrot).

Durchführung Man gibt ein Gemenge aus Sand und einigen kleinen Bleikügelchen in einen Standzylinder, den man in ein größeres Gefäß (Glaswanne, großes Becherglas) stellt. Dann läßt man über einen Schlauch mit Glasrohr Wasser zufließen:

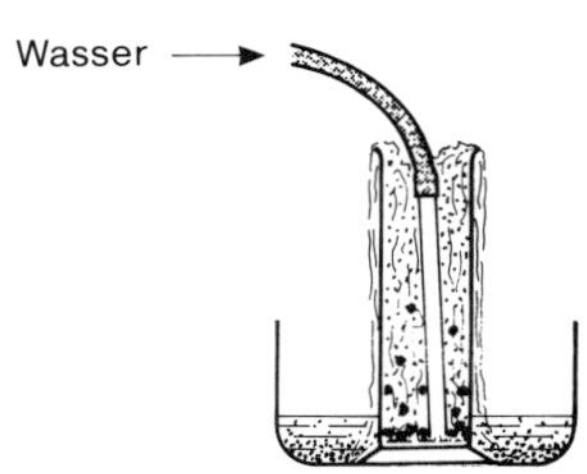

Durch Regulierung der Zulaufgeschwindigkeit des Wassers kann der spezifisch leichtere Sand hochgespült und weggeschlämmt werden, die Bleikügelchen bleiben zurück.

Hinweise

Um den Bezug dieses Verfahrens zur Goldgewinnung durch Schlämmen zu betonen (und damit für die Schüler noch attraktiver zu gestalten!), könnte man Körnchen aus echtem Gold (z. B. altes Zahngold) einsetzen – sie gehen ja dabei nicht verloren. Auch eine entsprechende Einfärbung der Bleikörner wäre möglich, wobei man sie der Farbe des Sandes anpassen und dadurch die Auftrennung noch eindrucksvoller gestalten könnte.

Reinigung verschmutzten Wassers durch Filtrieren und Destillieren 2.4

Material

Kupfersulfat, Ruß oder Holzkohlepulver;
Destillationsanlage.

Durchführung

Die Verschmutzung von Wasser durch gelöste und ungelöste Stoffe kann drastisch dargestellt werden, indem man Kupfersulfat in dest. Wasser löst und dazu etwas Ruß mischt. Anschließend wird das Gemenge durch Filtrieren und Destillieren des Filtrats wieder in die Ausgangsstoffe zerlegt:

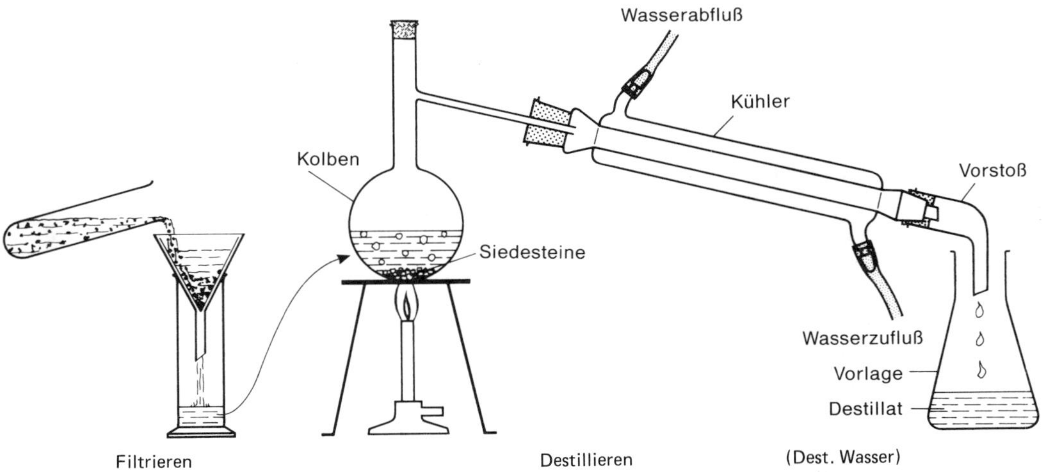

Durch den Filter werden die Rußteilchen zurückgehalten. Das Filtrat ist blau gefärbt, enthält also noch das gelöste Kupfersulfat. Beim Destillieren wird das Wasser verdampft und nach der Kondensation als Destillat aufgefangen, die nicht verdampften Stoffe (hier Kupfersulfat) bleiben im Kolben zurück.

Hinweise

Um Siedeverzug (stoßweises Sieden) zu vermeiden, empfiehlt sich die Zugabe einiger Siedesteinchen in den Destillierkolben.
Es genügt, den Versuch nur so lange durchzuführen, bis sich einige ml dest. Wasser in der Vorlage gesammelt haben.

2.5 Trennung durch Ausfällen

Material Bariumchlorid, Natriumsulfat (andere leichtlösliche Sulfate, verd. Schwefelsäure).

Durchführung Zu einer Bariumchloridlösung wird Natriumsulfatlösung getropft, bis sich kein Niederschlag mehr bildet:

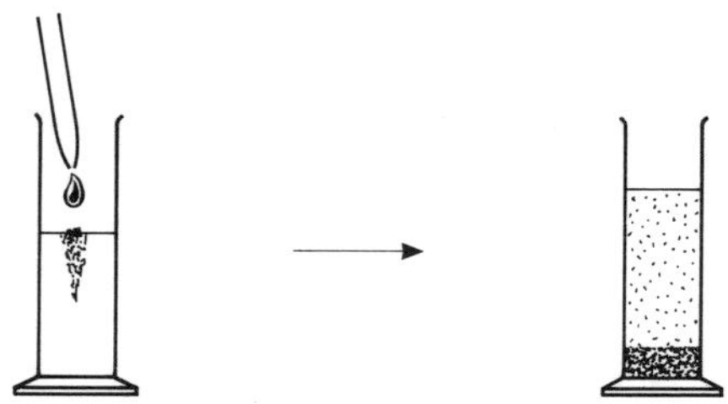

Treffen Barium- und Sulfationen aufeinander, bildet sich sofort das fast unlösliche, weiße Bariumsulfat. Der Niederschlag kann durch Filtrieren oder – nach dem Absetzen – durch Dekantieren abgetrennt werden.

Hinweise Das Prinzip des Ausfällens läßt sich mit vielen Stoffkombinationen demonstrieren, z. T. wesentlich attraktiver als durch die obige Reaktion. Man sollte aber dabei die Kosten für die verwendeten Substanzen berücksichtigen (z. B. bei Silberhalogenidfällungen) bzw. deren Toxizität (z. B. bei Chromat- oder Sulfidfällungen); letztere könnte zu unnötigen Umweltbelastungen bzw. zu aufwendiger Abfallbeseitigung führen. Bariumsulfat ist – wegen seiner Schwerlöslichkeit – in dieser Hinsicht unproblematisch.
Im Hinblick auf aktuelle Umweltprobleme empfiehlt sich auch die Demonstration der Phosphatausfällung, indem man z. B. eine Natriumphosphatlösung mit einer Calciumchloridlösung versetzt. Phosphatfällungen (z. B. durch Eisen- oder Aluminiumsalze) spielen in den „chemischen Stufen" der Kläranlagen eine Rolle.

2.6 Destillation von Wein („Schnapsbrennen")

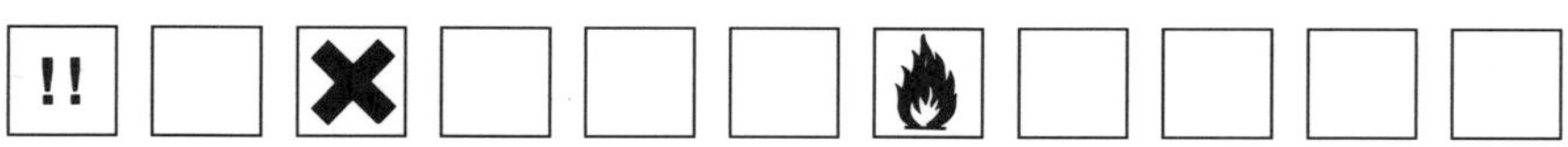

Material Weißwein oder Rotwein;
Destillationsapparatur (möglichst Schliffgerät), el. Heizhaube

Durchführung Man destilliert ca. 100–200 ml Wein (Siedesteinchen zugeben!), bis sich in der Vorlage 20–30 ml Destillat gesammelt haben (siehe Abb. S. 47).
Im Destillat befindet sich hochprozentiger Alkohol, der sich, im Gegensatz zum Ausgangsprodukt, entzünden läßt.

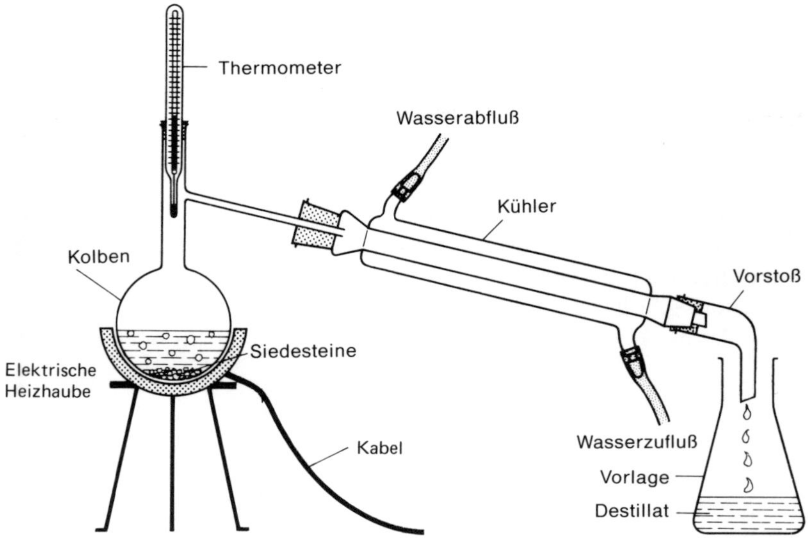

Hinweise

Auch wenn man beim Destillieren die Siedetemperatur des Ethanols (78,3 °C) genau einhält, geht kein reines Ethanol über, sondern stets auch Wasser (z. B. bei 78 °C ein Gemisch aus ca. 95 % Alkohol und 5 % Wasser). Steht ein Spezialaräometer für Alkohol (Alkoholometer; kostet ca. 15,– DM) zur Verfügung, kann man den Alkoholgehalt des Destillats sehr einfach bestimmen bzw. die abnehmende Alkoholkonzentration bei längerem Destillieren verfolgen.
Bei feuergefährlichen Flüssigkeiten sollte mit elektrischen Heizgeräten destilliert werden.

Trennen durch Herauslösen 2.7

Material

Seesand, Kochsalz (oder: verunreinigte Steinsalzbrocken).

Durchführung

Das Gemisch Sand-Kochsalz (bzw. das zerkleinerte verunreinigte Steinsalz) wird in ein Becherglas mit Wasser gegeben. Das Auflösen beschleunigt man durch Umrühren oder Schütteln. Anschließend wird das Gemenge filtriert (Abtrennung der ungelösten Verunreinigungen) und das Filtrat vorsichtig eingedampft:

2.8 Trennen von Blattgrünbestandteilen durch Ausschütteln

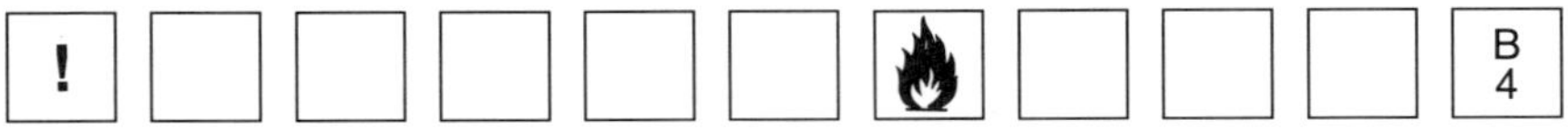

Material Brennspiritus, Leichtbenzin (Petrolether), Seesand.

Durchführung Man stellt sich einen alkoholischen Chlorophyllauszug her, indem man Brennesselblätter (oder kleingeschnittenes Gras o. ä.) in einer Reibschale mit etwas Seesand und Brennspiritus zerreibt. Von dem Brei filtriert man einige ml in ein Reagenzglas und gibt dazu etwa die gleiche Menge Petrolether. Dann verschließt man das Glas mit einem Stopfen und schüttelt kräftig durch (Stopfen festhalten):

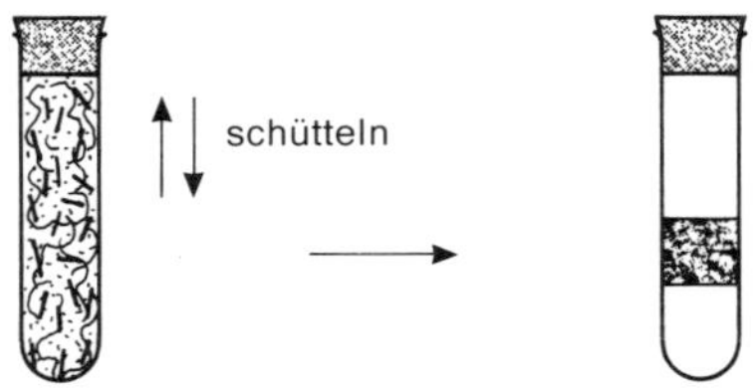

Beim Stehenlassen trennt sich das Gemisch in eine gelbe Phase (unten), welche Xanthophylle enthält. In der darüberliegenden, kräftig grün gefärbten Benzinphase befinden sich die Chlorophyllbestandteile a und b.

Hinweise Sollte die Trennung nicht befriedigend verlaufen, gibt man wenige Tropfen dest. Wasser dazu und schüttelt erneut.
Eine genauere Auftrennung des Chlorophylls kann auf chromatographischem Wege erfolgen (s. dort).

2.9 Ausschütteln und Trennen mittels Scheidetrichter

Material Lugolsche Lösung (Iod-Kaliumiodidlösung, „Iodlösung“), Benzin; Scheidetrichter.

Durchführung Man verdünnt wenige Tropfen „Iodlösung“ mit Wasser, so daß die Lösung nur leicht (aber doch deutlich sichtbar!) gelblich gefärbt ist. Mit dieser Lösung füllt man einen kleinen Scheidetrichter etwa zur Hälfte. Nach Zugabe von Benzin wird der Trichter mit dem Stopfen verschlossen, kräftig durchgeschüttelt (**s. Hinweise**!) und dann ruhiggestellt (siehe S. 49).
Nach kurzer Zeit haben sich Wasser und Benzin entmischt, wobei das Iod in die Benzinphase übergegangen ist (rote Farbe). Die untere Phase kann nun abgelassen werden (Stopfen entfernen, damit Luft nachströmen kann).

Hinweise Bei Verwendung leichtflüchtiger Flüssigkeiten (z. B. Benzin, Essigsäureethylester, Ether, ...) entsteht im Schütteltrichter ein Überdruck. Daher zunächst nur vorsichtig schütteln, den Auslauf des Schütteltrichters nach oben halten und den

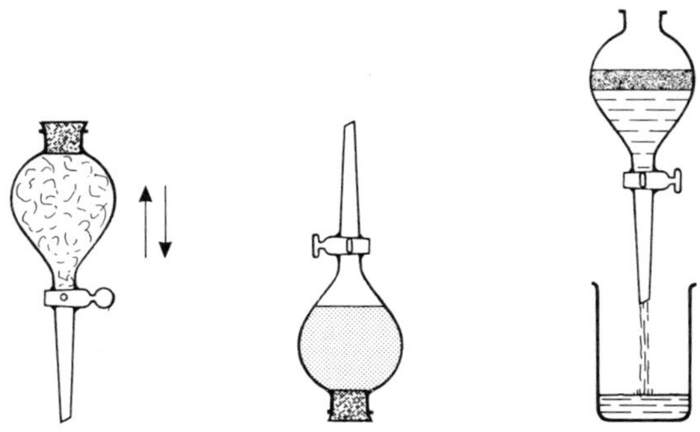

Hahn **langsam** öffnen. Nach dem Schließen des Hahns kann erneut geschüttelt und wieder belüftet werden; dabei ist der Stopfen immer gut festzuhalten.
Ganz allgemein gilt der Grundsatz: Mehrmaliges Ausschütteln mit wenig Extraktionsmittel (hier Benzin) ist effektiver als einmaliges Ausschütteln mit viel Extraktionsmittel.
Den Trichter höchstens zu zwei Drittel füllen!
Ausschütteln und Trennen mittels Scheidetrichter können gut auch mit einem Methylenblau/Sudanrot-Gemisch demonstriert werden (s. V. 10.7, Seite 94)

Extrahieren von Pflanzenfett 2.10

!										B 4

Material

Niedrigsiedendes Benzin oder Hexan, Kokosflocken (oder fetthaltige Samen, z. B. Sonnenblumenkerne, Raps, Nüsse, ...).

Durchführung

Eine kleine Menge Kokosflocken (ein halber Teelöffel genügt) wird mit wenigen ml Benzin in einem Reagenzglas **vorsichtig** erwärmt (Achtung: Lösungsmittelflasche sofort verschließen und wegstellen!). Nach dem Filtrieren läßt man die Lösung auf einem Uhrglas eindunsten (evtl. mit einem Fön beschleunigen):

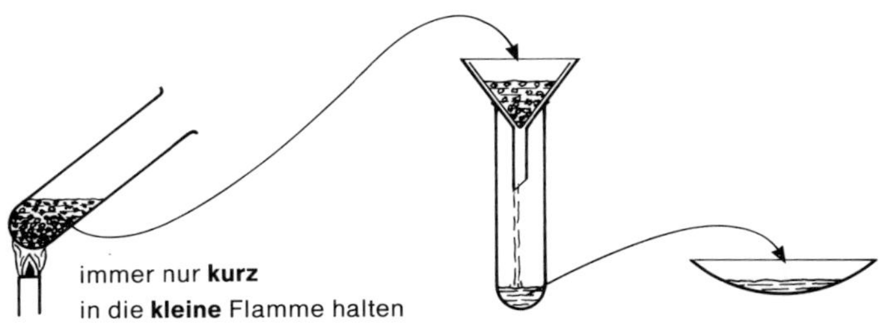

Nach dem Verdunsten des Lösungsmittels bleibt auf dem Uhrglas weißes, festes Kokosfett zurück.

Hinweise

Kokosflocken eignen sich besonders gut, weil Kokosfett bei Zimmertemperatur fest ist. Bei Verwendung ölhaltiger Samen bleibt auf dem Uhrglas dickflüssiges Öl zurück, das man mit der „Fettfleckprobe" als Fett identifizieren kann. Vor der

Zugabe von Benzin zu den Pflanzensamen sind diese zu zerreiben oder zu zerquetschen. Arbeitet man mit größeren Mengen, so ist beim Erwärmen eine offene Flamme zu vermeiden (Wasserbad oder elektrische Wärmequelle verwenden); dann empfiehlt sich auch der Einsatz eines Rückflußkühlers, um die Extraktion ohne Lösungsmittelverlust durchzuführen.
Will man die Rückgewinnung des Lösungsmittels demonstrieren, destilliert man unter Verwendung eines Liebigkühlers. Wird die Vorlage durch Einstellen in Eiswasser gekühlt, können die Lösungsmittelverluste durch Verdunsten des Destillats sehr gering gehalten werden.

2.11 Trennen durch Sublimation

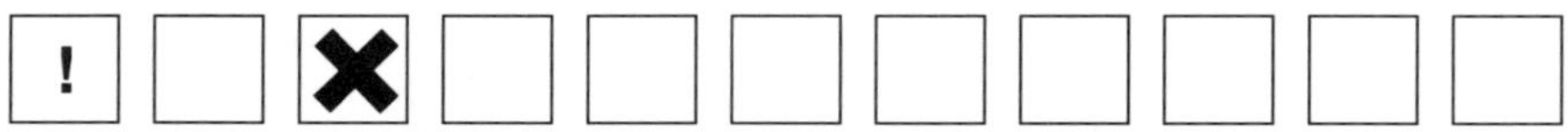

Material — Iod, Salz (oder Seesand).

Durchführung — Man vermischt eine kleine Menge Iod mit Kochsalz (oder Seesand). Die Trennung der beiden Stoffe durch Sublimieren kann in verschiedenen, unterschiedlich aufwendigen Versuchsanordnungen erfolgen (Beispiele a–d). In jedem Fall wird das Gemenge mit kleiner Flamme vorsichtig erhitzt:

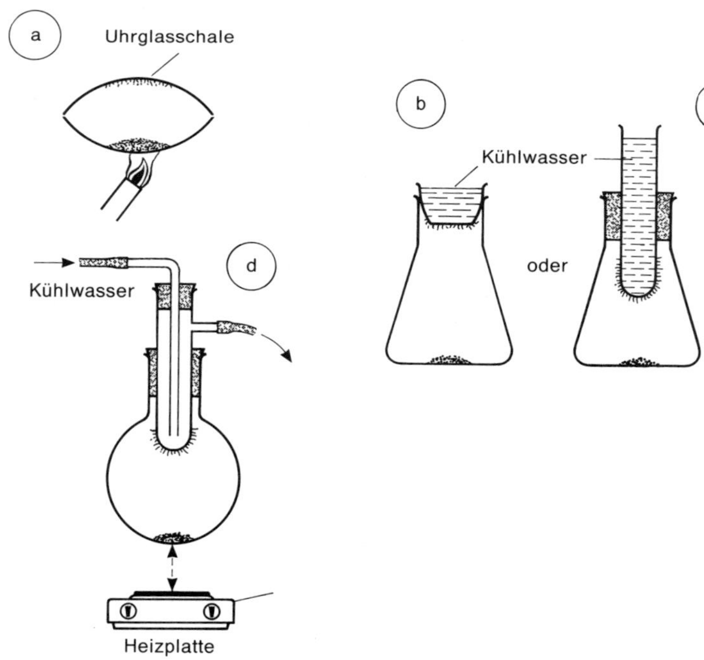

Iod sublimiert, d. h. es geht beim Erwärmen vom Festzustand direkt in den gasförmigen Zustand über, und resublimiert wieder an den kalten Teilen der Apparatur. Das bei dieser Temperatur nicht flüchtige Kochsalz (bzw. der Sand) bleibt zurück.

Hinweise — Andere geeignete Substanzen sind z. B. Naphthalin, Campher, wasserfreie Oxalsäure, Anthracen, Benzoesäure.

Adsorption von Bromdampf durch Aktivkohle 2.12

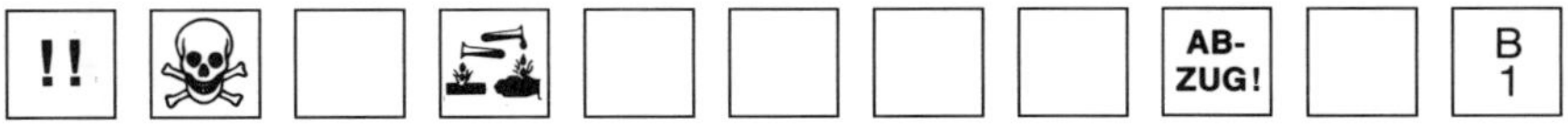

Material

Brom, Aktivkohle (gekörnt).

Durchführung

In einen mit Bromdampf gefüllten Standzylinder gibt man einen Löffel voll gekörnte Aktivkohle und verschließt sofort wieder mit einer Glasplatte. Dann schüttelt man um:

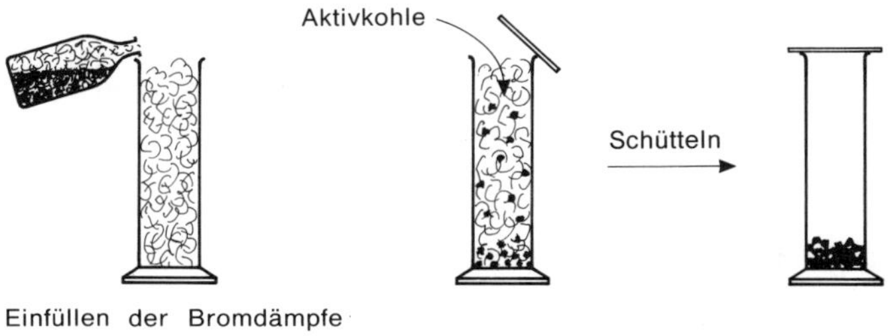

Nach wenigen Sekunden ist der Zylinderinhalt entfärbt, weil das Brom von der Aktivkohle adsorbiert wurde.

Hinweise

Wegen der Giftigkeit des Broms und um Geruchsbelästigung zu vermeiden, ist der Versuch – zumindest aber das Abfüllen des Broms – im Abzug durchzuführen.

Adsorption und Desorption von Methylenblau 2.13

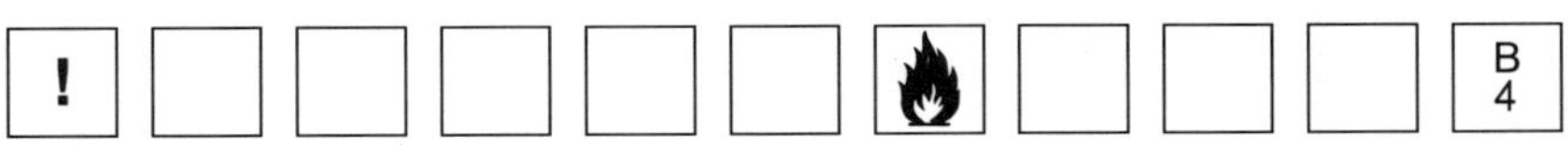

Material

Methylenblau, Brennspiritus, Aktivkohle (gekörnt).

Durchführung

Man stellt sich eine wäßrige Methylenblaulösung her, die deutlich blau, aber noch durchsichtig sein soll. Diese Lösung (ca. 50 ml) gießt man **langsam** in einen Filter, der mit gekörnter Aktivkohle gefüllt ist. Sollte das Filtrat noch leicht blau gefärbt sein, filtriert man es erneut. Anschließend gießt man in kleinen Portionen Brennspiritus auf die Aktivkohle und fängt dieses Filtrat in einem anderen Gefäß auf.

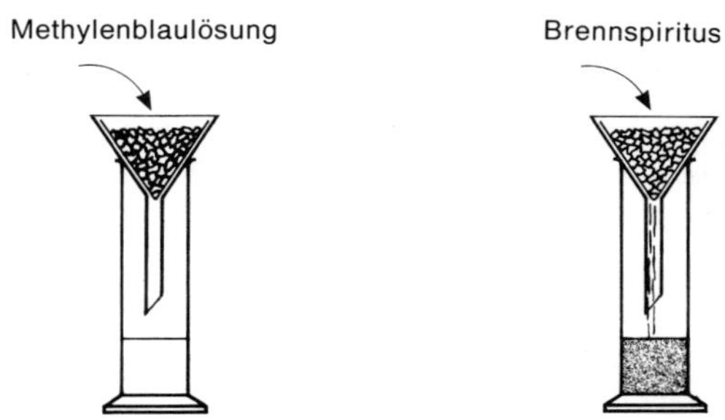

Aktivkohle lagert den Farbstoff Methylenblau an ihrer Oberfläche an und hält ihn fest (farbloses Filtrat). Durch bestimmte Lösungsmittel, z. B. Alkohol, wird Methylenblau wieder herausgelöst (blaues Filtrat).

Hinweise

Auch andere Farbstoffe, z. B. Fuchsin und Kongorot, eignen sich für diesen Versuch. Nur verdünnte Lösungen verwenden.

2.14 Chromatographie: Demonstration des Trennprinzips

Material

Filzstifte (wasserlöslich), Rundfilter (ca. 10–15 cm Durchmesser), Chromatographiepapier (Streifen).

Durchführung

1. Streifenmethode

Man kann sich Streifen aus Filterpapier schneiden, jedoch liefert Chromatographiepapier (im Fachhandel preiswert erhältlich) bessere Ergebnisse.

Auf einem Chromatographiepapier (ca. 4 cm breit) wird mit Bleistift eine dünne Linie gezogen, ca. 1,5 cm vom unteren Rand entfernt. Darauf bringt man durch kurzes Auftupfen etwas Farbe von verschiedenen Filzstiften. Dann hängt man den Streifen in einen Standzylinder (oder ein ähnliches Gefäß), so daß er unten in Wasser eintaucht. Der Wasserspiegel muß auf alle Fälle unterhalb der „Startlinie" (Bleistiftstrich) sein!

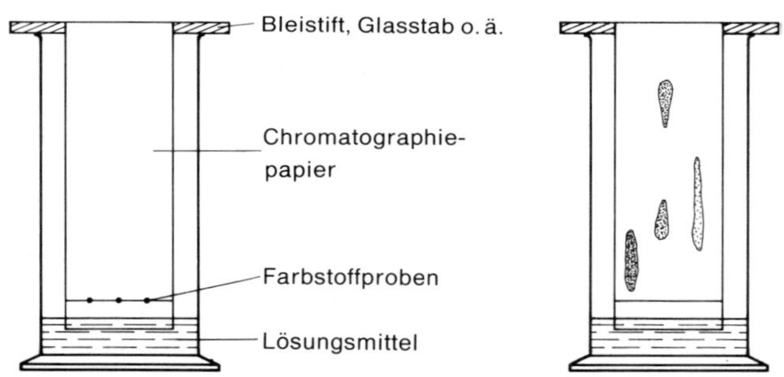

Hinweise

Filzstiftfarben eignen sich für einführende Versuche besonders gut, denn sie bieten zwei Vorteile: Es handelt sich um farbige Substanzen, so daß eine Sichtbarmachung durch Nachweisreaktionen entfällt. Außerdem sind diese Farbstoffe jedem Schüler vertraut und zugänglich, was das eigene, experimentelle Nachvollziehen ermöglicht. Bei der Vielzahl der im Handel erhältlichen Stifte – mit unterschiedlicher Farbenzusammensetzung! – empfiehlt es sich, in einigen Vorversuchen besonders geeignete auszuwählen. Ideal ist es, wenn man Farbstoffe mit sehr unterschiedlichen Wanderungsgeschwindigkeiten gefunden hat. Man kann dann diese Farben durch kurzes Auftupfen auf die **gleiche Stelle** des Papiers zu einem undefinierbaren Farbfleck vermischen. Beim chromatographischen Trennen kommt es dann wieder zu einer sehr eindrucksvollen Entmischung.

Sehr gute Ergebnisse liefert auch die Auftrennung von schwarzen Filzstiftfarben (die sich meist als recht bunt entpuppen!).

Weiteren Variationen sind kaum Grenzen gesetzt, sowohl was die Farbstoffe betrifft (Farbtinten, Lebensmittelfarben, Indikatorfarbstoffe), als auch die Lösungsmittel bzw. Lösungsmittelgemische (s. Spezialliteratur!).

2. Rundfiltermethode

In die Mitte einer Filterpapierscheibe schneidet oder stanzt man ein rundes Loch (ca. 3–4 mm Durchm.). Um dieses Loch trägt man gleichmäßig in einem schmalen Ring den Farbstoff oder das Farbstoffgemisch auf. Dann wickelt man sich aus einem Filterpapierstreifen ein Röllchen (ca. 2 cm lang) mit etwa dem gleichen Durchmesser wie das Loch. Dieses Röllchen wird in das Loch gesteckt (es sollte überall gut am Filter anliegen) und übernimmt nun die Funktion eines Dochtes, d.h. es saugt das Fließmittel aus dem darunter befindlichen Gefäß (Petrischale, Becherglas, ...) an:

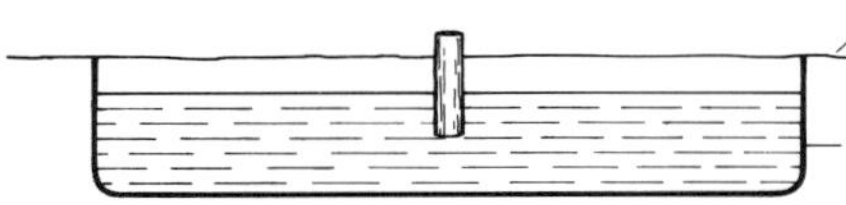

Das Lösungsmittel (hier Wasser) breitet sich vom Zentrum des Papierfilters gleichmäßig nach allen Richtungen aus und transportiert dabei die Farbstoffe. Wegen der unterschiedlichen Adsorption an der stationären Phase (hier Papier, d.h. Cellulose) wandern die Farbstoffe unterschiedlich schnell.

Hinweise

Spätestens 1–2 cm, bevor das Wasser den Papierrand erreicht hat, wird der Docht entfernt und das Papier zum Trocknen weggelegt.

Chromatographisches Auftrennen von Blattgrün 2.15

Material

Grüne Blätter, Seesand, Normalbenzin (FAM), Petrolether, Aceton, Chromatographiepapier (ca. 4 cm × 20 cm).

Durchführung

Man stellt sich einen möglichst konzentrierten Blattgrünauszug her, indem man grüne Blätter (gut geeignet: Brennesselblätter) mit etwas Seesand und Aceton in einer Reibschale zerreibt und den Brei filtriert (nicht im direkten Sonnenlicht arbeiten, da sich die Farbstoffe im Licht schnell zersetzen). Nun gibt man etwas von der grünen Lösung in ein Schälchen, hält den Papierstreifen genau senkrecht in die Lösung und läßt etwa 2–3 cm hoch aufsaugen. Dann läßt man den Streifen trocknen und hält anschließend das Papier wieder senkrecht (nur mit dem unteren Rand!) in reines Aceton und zwar so lange, bis das aufsteigende Aceton das Chlorophyll auf dem Papier zu einem schmalen Band – der Startlinie – zusammengeschoben hat. Dann läßt man wieder trocknen. Auf diese Weise hat man viel Blattgrün auf der Startlinie konzentriert.
Als Laufmittel hat sich ein Gemisch aus 10 Raumteilen (RT) Normalbenzin, 3 RT Petrolether und 3 RT Aceton bewährt. Dieses Gemisch gibt man ca. 2 cm hoch in einen großen Standzylinder, den man dicht abschließt und dann einige Zeit stehen

läßt (bzw. entsprechend vorher bereitstellt), damit sich der Innenraum des Zylinders mit den Dämpfen des Lösungsmittelgemisches sättigt. Auch während des Chromatographierens muß das Gefäß verschlossen sein.
Den Papierstreifen kann man auf verschiedene Weise befestigen, z. B. indem man ihn oben rechtwinklig abknickt und mit einem Klebestreifen an der Unterseite der Abdeckplatte anheftet, oder man klemmt ihn in den Einschnitt eines Stopfens, mit dem man dann den Zylinder verschließt. Das untere Ende des Streifens taucht ca. 1 cm tief in das Laufmittel, wobei sich die Startlinie unbedingt oberhalb des Flüssigkeitsspiegels befinden muß:

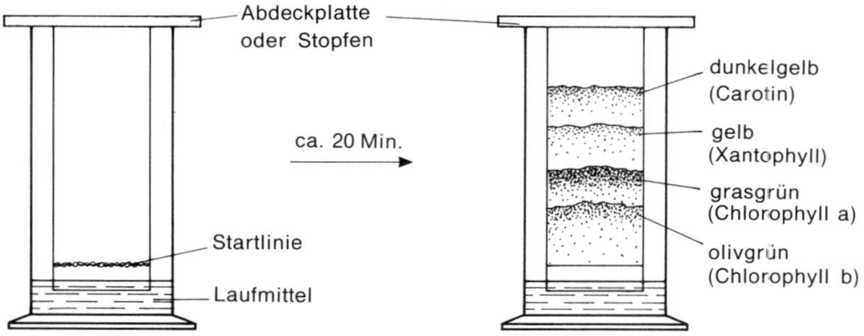

Nach einigen Minuten wird bereits die Auftrennung sichtbar, d. h. es bilden sich verschieden gefärbte Zonen aus, die den verschiedenen Blattfarbstoffen entsprechen.

Hinweise

Die beschriebene Art der Durchführung liefert eindrucksvolle Ergebnisse und eignet sich daher gut zur Demonstration oder für Schülerübungen. Für eine exaktere Auftrennung ist es besser, die Lösung auf der Startlinie nur als einen möglichst kleinen Punkt aufzutragen. Mittels einer ganz feinen Pipette oder einer Kapillare tupft man etwas Blattgrün auf die Startlinie, läßt eintrocknen und wiederholt das Ganze mehrmals, damit die Substanz möglichst konzentriert vorliegt.
Um noch bessere Ergebnisse zu erzielen, kann man die Dünnschicht-Chromatographie (DC) anwenden. Allerdings sind Dünnschichtplatten oder -folien wesentlich teurer als Chromatographiepapier. Unterschiedliches DC-Material und Abänderungen der Laufmittelgemische lassen eine Unzahl von Varianten zu! (s. Spezialliteratur)
Wenn eine UV-Lampe zur Verfügung steht, sollte man das Chromatogramm im Dunkeln damit bestrahlen. Dann zeigen sich die Komponenten des Blattgrüns besonders deutlich.

3. Die chemische Reaktion

Bildung von Eisensulfid — 3.1

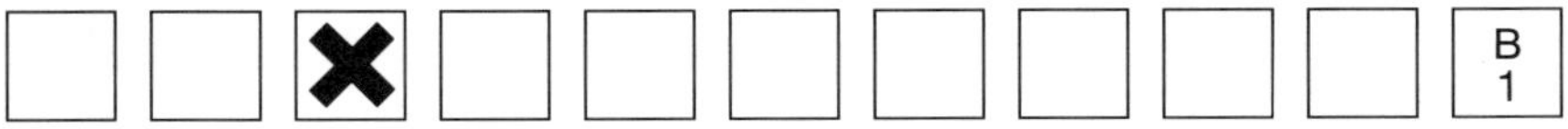

Material

Eisenpulver, Schwefelpulver;
Feuerfeste Unterlage.

Durchführung

Eisenpulver und Schwefelpulver werden im Massenverhältnis 7 : 4 vermischt. Das Schwefel-Eisen-Gemisch wird auf einer feuerfesten Unterlage zu einem Kegel angehäuft. Nun hält man die Spitze der Brennerflamme oder die glühende Spitze eines Eisendrahtes an den Kegelrand, bis die Reaktion einsetzt.

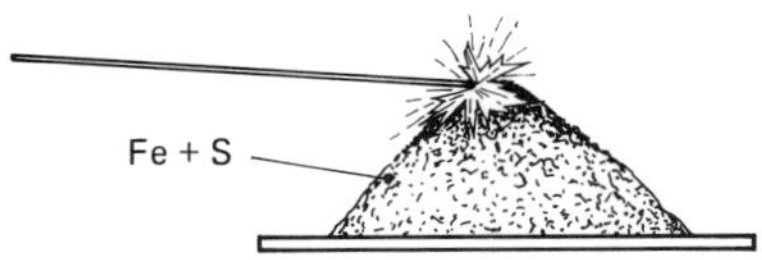

Unter Aufglühen verbinden sich Eisen und Schwefel zu blauschwarzem, unmagnetischem Eisensulfid.

Hinweise

Um eine zuverlässige und überzeugende Reaktion zu erhalten, empfiehlt es sich, reduziertes Eisenpulver („ferrum reductum“) zu verwenden.

Bildung von Zinksulfid — 3.2

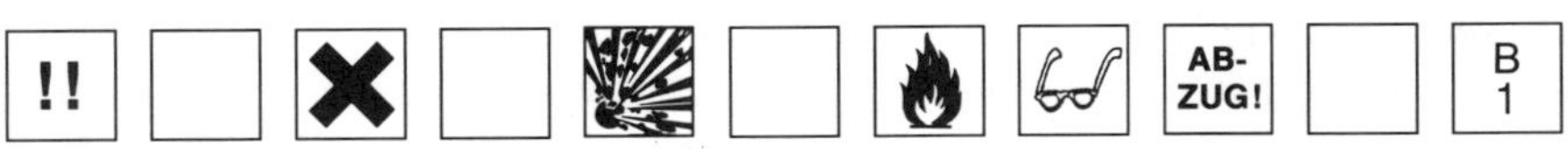

Material

Zinkpulver, Schwefelpulver;
feuerfeste Unterlage

Durchführung

Kleine Mengen von Zinkpulver und Schwefelpulver werden auf einer feuerfesten Unterlage im Massenverhältnis 2 : 1 vermischt und zu einem Kegel angehäuft. Nun hält man die Spitze der Brennerflamme oder einen glühenden Draht an den Kegelrand.

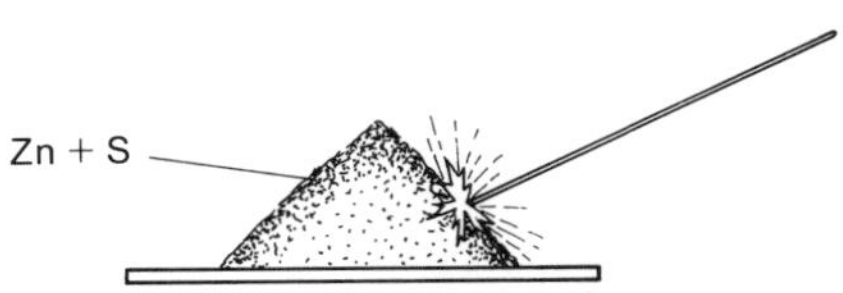

Zink und Schwefel vereinigen sich in einer heftigen Reaktion zu Zinksulfid.

Hinweise

Dieser Versuch darf auf keinen Fall im Reagenzglas durchgeführt werden (explosionsartiger Verlauf!). Auch muß dringend davor gewarnt werden, sich über das Reaktionsgemisch zu beugen, da die Reaktion spontan und mit großer Heftigkeit eintreten kann.

Wichtig: Nicht mit jeder Sorte Zinkpulver verläuft der Versuch problemlos! Es ist möglich, daß nur der Schwefel abbrennt oder die Reaktion mit starker Verzögerung einsetzt bzw. erst nach längerem Erhitzen des Gemisches mit daruntergestelltem Gasbrenner.

3.3 Bildung von Kupfersulfid

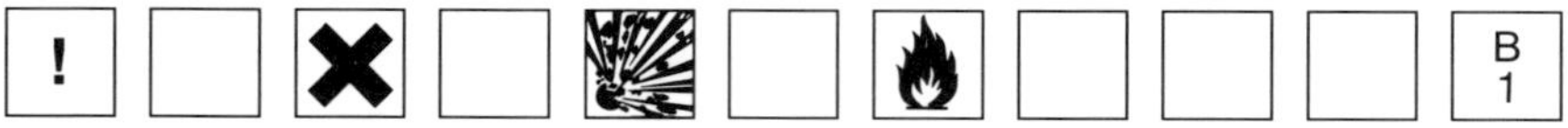

Material Kupferpulver, Schwefelpulver.

Durchführung Man mischt Kupferpulver und Schwefelpulver im Massenverhältnis 4 : 1 (z. B. 2 g Cu mit 0,5 g S). Diese Mischung wird in einem Porzellantiegel erhitzt.

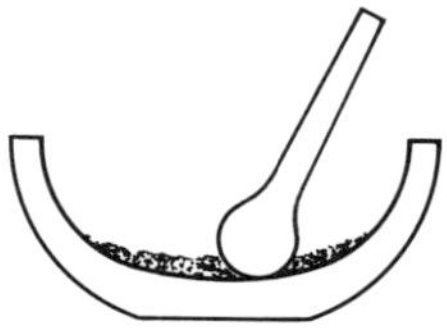

Kupfer und Schwefel vereinigen sich zu Kupfer(I)-sulfid:

$2\,Cu + S \rightarrow Cu_2S$

Der hohe Zerteilungsgrad und Gitterstörungen des Kupfers dürften Ursache des überraschend heftigen Reaktionsablaufs sein.

Hinweise Bei einer attraktiven Variante des obigen Versuchs wird die Aktivierungsenergie durch Reiben zugeführt. Hierzu gibt man das Kupfer-Schwefel-Gemisch in eine Reibschale und reibt mit zunehmend stärkerem Druck, bis die Reaktion in einer Art Verpuffung abläuft.
Dieser Versuch gelingt nicht mit jeder Sorte Kupferpulver, daher unbedingt vorher ausprobieren! Gut gelingt es mit Kupfer, das man in Versuch 3.5 erhält.

3.4 Zerlegung von Silber(I)-oxid

Material Silber(I)-oxid.

Durchführung Eine kleine Menge Silberoxid (ca. 0,5 g) wird in ein Reagenzglas gegeben und dann erhitzt.

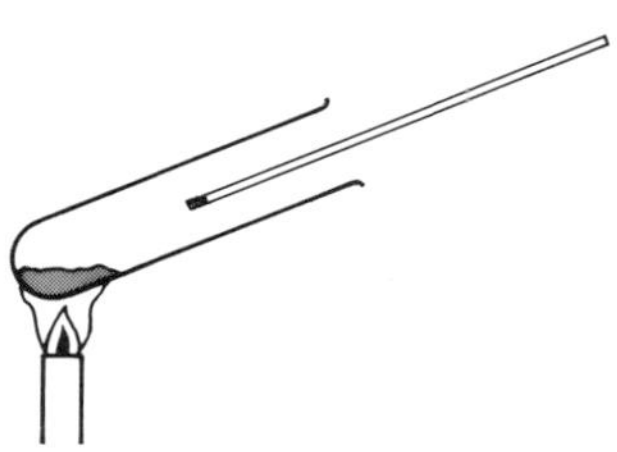

Silberoxid zerfällt schnell in Silber (metallisch glänzender Rückstand) und Sauerstoff. Letzterer läßt sich mit einem glimmenden Span nachweisen.

$Ag_2O + \text{Energie} \rightarrow 2\,Ag + {}^1\!/_2\,O_2$

Hinweise

Silber(I)-oxid kann man selbst herstellen, indem man eine Silbersalzlösung mit Natron- oder Kalilauge versetzt. Der braunschwarze Niederschlag wird abfiltriert, gründlich mit dest. Wasser gereinigt und dann bei geringer Wärme getrocknet.

Zersetzen von Kupferformiat 3.5

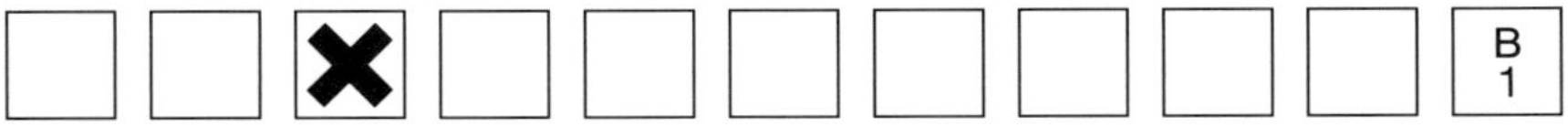

Material

Kupfer(II)-formiat.

Durchführung

In ein Reagenzglas gibt man etwa 1 cm hoch Kupferformiat und erhitzt dann das Reagenzglas gleichmäßig am unteren Teil.

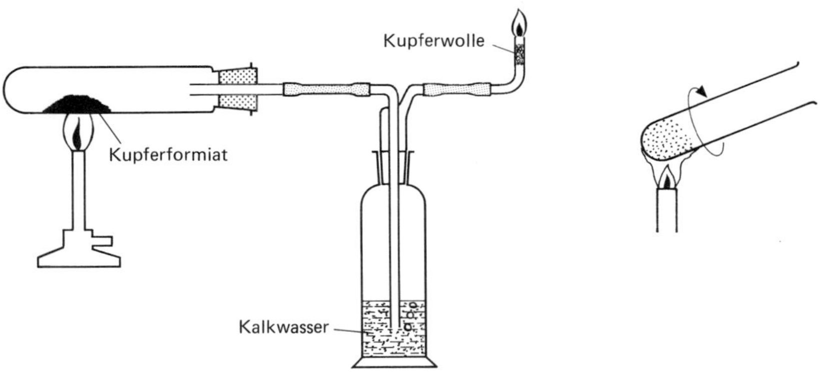

Es bildet sich schnell ein Kupferspiegel,
aus dem Reagenzglas entweichen Dämpfe.

$(HCOO)_2Cu \rightarrow Cu + H_2O + CO + CO_2$

Hinweise

Das gebildete Kohlenstoffdioxid kann man leicht nachweisen, indem man die Gase aus dem Reagenzglas in Kalkwasser einleitet; das gebildete Kohlenstoffmonooxid läßt sich entzünden. Kupferformiat läßt sich durch Einbringen von Kupfer(II)-oxid in Ameisensäure leicht herstellen. Der Versuch zeigt, wie Nebenprodukte entsorgt (Fällungen, Abfackeln) oder weiterverwendet (Heizgas) werden können.

3.6 Zersetzen von Eisenoxalat

B 1

Material Eisen(II)-oxalat, Kalkwasser.

Durchführung Etwas Eisenoxalat wird in ein trockenes Reagenzglas gegeben, das mit einem Stopfen, in dem ein Glasröhrchen zur Gasableitung steckt, verschlossen wird. Nun erhitzt man und leitet das dabei entstehende Gas in Kalkwasser.

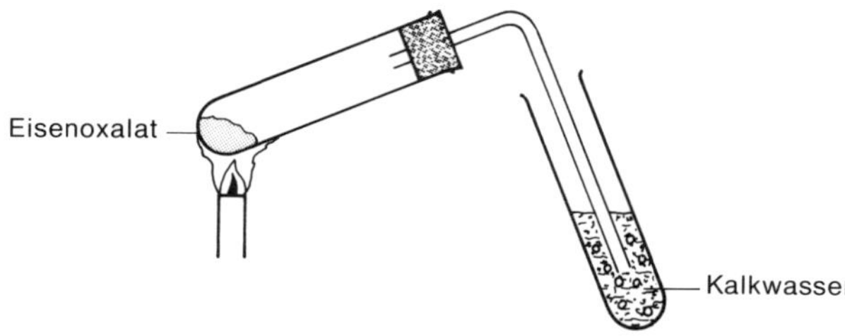

Das Kalkwasser färbt sich weiß; das weist auf die Entstehung von Kohlenstoffdioxid hin.
Berührt man mit einem Magneten den im Reagenzglas verbliebenen Rückstand, so erweist sich dieser als magnetisierbar.

$C_2O_4Fe + \text{Energie} \rightarrow Fe + 2\,CO_2$

Hinweise Das gebildete feine Eisenpulver ist pyrophor und reagiert unter Aufglühen, wenn es mit dem Sauerstoff der Luft in Berührung kommt. Zur Demonstration schüttet man den Reagenzglasinhalt von oben auf eine feuerfeste Unterlage oder in den Ausguß (Raum abdunkeln!). Eisen(II)-oxalat erhält man beim Versetzen von Eisen(II)-sulfat mit einer Lösung von Ammoniumoxalat:

$FeSO_4 + C_2O_4(NH_4)_2 \rightarrow C_2O_4Fe + (NH_4)_2SO_4$

3.7 Zersetzung von Quecksilberoxid

!!!  AB-ZUG! B 8

Material Quecksilber(II)-oxid, Quecksilberwanne.

Durchführung In ein schwerschmelzbares, sauberes Reagenzglas gibt man eine **kleine Menge** (ca. 0,3 g) Quecksilberoxid. Dann wird die Substanz mit der rauschenden Brennerflamme kräftig erhitzt. Unter das Reagenzglas stellt man eine Quecksilberwanne. Das Quecksilberoxid verschwindet vollständig. Im oberen, kalten Teil des Reagenzglases setzen sich Quecksilbertröpfchen ab. Mit einem Glimmspan kann entweichender Sauerstoff nachgewiesen werden.

$HgO + \text{Energie} \rightarrow Hg + 1/2\,O_2$

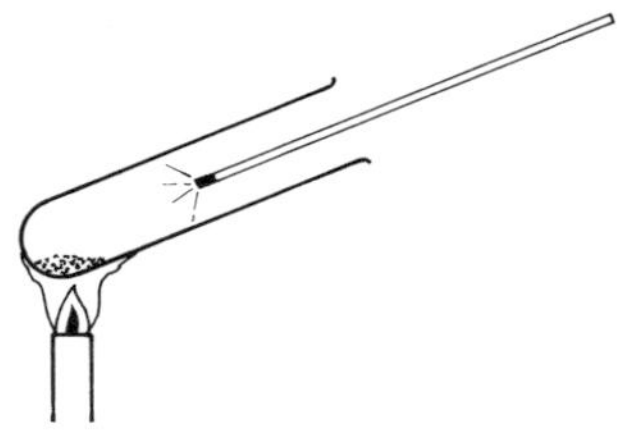

Hinweise

Quecksilber und seine Verbindungen sind sehr giftig! Es ist daher zu überlegen, ob man an Stelle dieses Versuches die Zerlegung von Silberoxid durchführt (s. V. 3.4).

Will man auf die Zerlegung von Quecksilberoxid nicht verzichten, muß man unbedingt einige Punkte beachten:

a) Sorgfältig mit Quecksilberoxid umgehen und die Überreste vorschriftsmäßig entsorgen!

b) Den Versuch so durchführen, daß irgendeine Gefährdung weitgehend ausgeschlossen ist; d. h.

- mit Mindestmengen arbeiten (ca. 0,3 g genügen),
- das Reagenzglas beim Erhitzen sehr flach einspannen, damit exakt nur die Stelle des Reagenzglases erhitzt wird, wo sich das Quecksilberoxid befindet,
- nach Zersetzung des Quecksilberoxids und der Durchführung der Glimmspanprobe das Reagenzglas mit einem Stopfen verschließen.

Endotherme Reaktionen 3.8

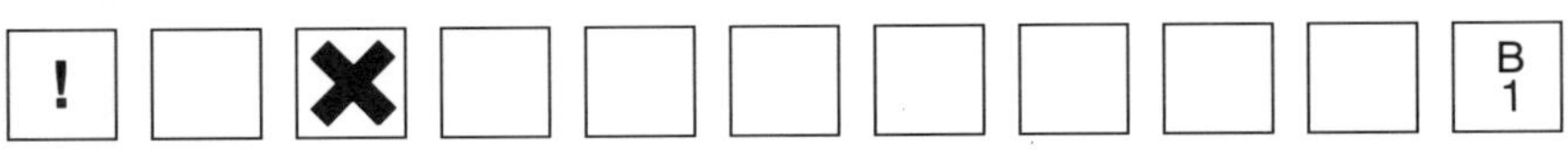

Material

Bariumhydroxid, Ammoniumthiocyanat (= Ammoniumrhodanid).

Durchführung

In ein kleines Becherglas oder Erlenmeyerkölbchen werden gleiche Mengen (z. B. je 10 g) Bariumhydroxid und Ammoniumthiocyanat durch Umschütteln oder Umrühren vermischt. Dann stellt man das Gefäß auf ein feuchtes Brettchen oder feuchten Karton und mißt die Temperatur der Mischung.

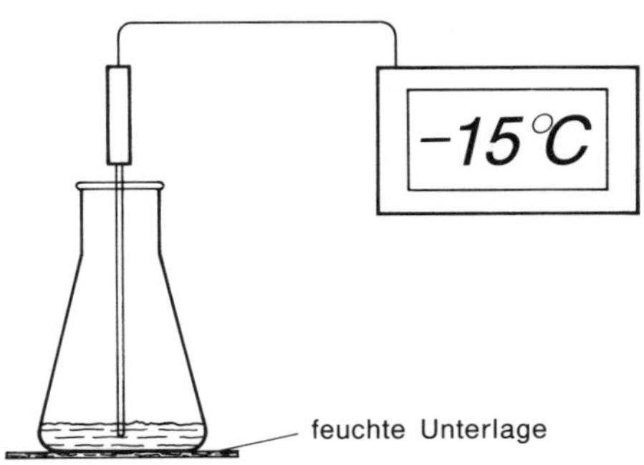

Die Temperatur sinkt um ca. 50 °C ab, das Brettchen friert an dem Gefäß fest. Bariumhydroxid und Ammoniumthiocyanat reagieren miteinander, wobei Bariumthiocyanat, Ammoniak und Wasser entstehen.

Hinweise Andere brauchbare Mischungen, die allerdings keine so starke Temperaturabnahme ergeben:
Ammoniumnitrat mit Bariumhydroxid,
Ammoniumnitrat mit Natriumcarbonat (kristallwasserhaltig),
Eisennitrat mit Natriumcarbonat (kristallwasserhaltig),
Lösliche Bariumsalze sind giftig. Durch Umsetzung mit Sulfaten lassen sie sich in unlösliches Bariumsulfat überführen.

3.9 Zerlegung von Silberchlorid durch Licht

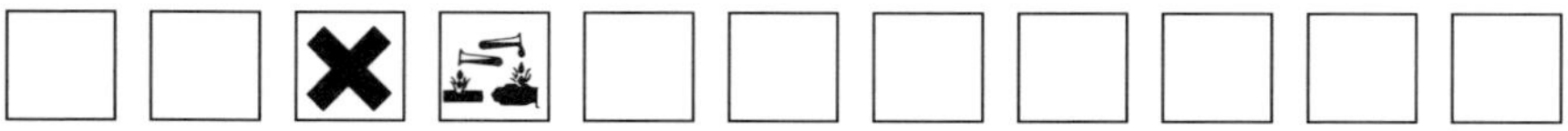

Material Silbernitrat, Kochsalz.

Durchführung Man stellt Silberchlorid her, indem man Silbernitratlösung in eine Kochsalzlösung tropft. Der weiße Niederschlag wird abfiltriert und dann auf dem Filterpapier gleichmäßig zu einer Schicht ausgestrichen. Darauf legt man eine lichtundurchlässige Schablone (z. B. eine Münze) und setzt das Ganze einige Minuten dem Sonnenlicht aus.

Während das Silberchlorid unter der Schablone unverändert weiß geblieben ist, hat sich das übrige durch den Einfluß des Lichts dunkel gefärbt. Silberchlorid wurde durch die Einwirkung von Licht in Silber und Chlor zerlegt:

$AgCl + \text{Lichtenergie} \rightarrow Ag + 1/2\,Cl_2$

Hinweise Silber- oder Silbersalzabfälle sammeln und gelegentlich wieder aufarbeiten oder der Wiederaufarbeitung zuführen.

3.10 „Blaupausen" – eine photochemische Reaktion

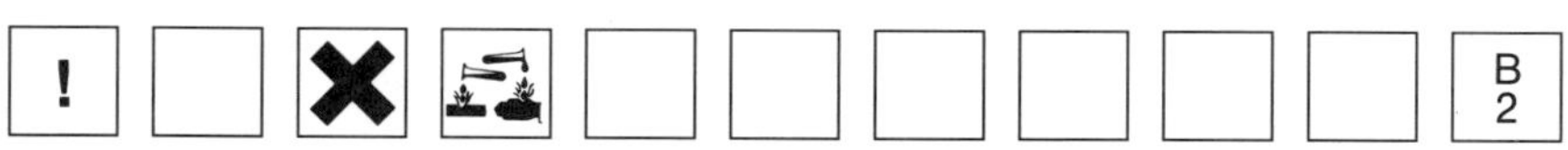

Material Kaliumhexacyanoferrat(III) (= Rotes Blutlaugensalz), Ammoniumeisen(III)-citrat, Salzsäure (verd.).

Durchführung 2 g Rotes Blutlaugensalz und 2,5 g Eisenammoniumcitrat werden in 50 ml Wasser gelöst. Mit der Lösung wird ein weißer Karton (oder Filterpapier) getränkt und im Dunkeln getrocknet. Nach Auflegen einer lichtundurchlässigen Schablone wird der Karton dem Sonnenlicht (oder dem Licht einer UV-Lampe) ausgesetzt.

Nach einer Belichtungszeit von ca. 3–5 Minuten wird die Schablone entfernt und mit verdünnter Salzsäure abgespült.

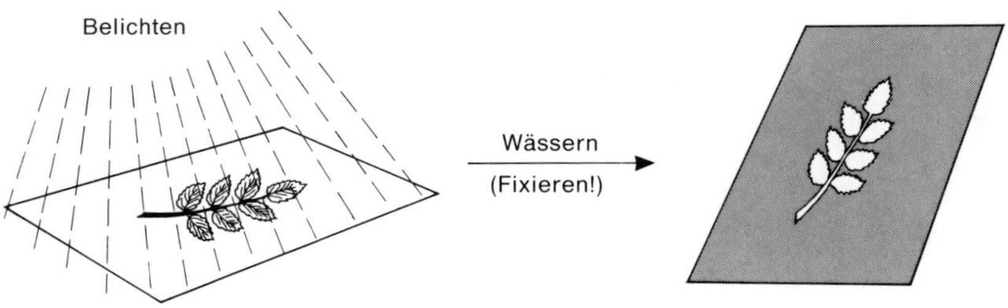

Der belichtete Teil des Kartons ist blau, der Rest unverändert. Durch Belichtung wird das dreiwertige Eisen des Ammoniumeisencitrats in zweiwertiges Eisen übergeführt, das mit rotem Blutlaugensalz „Berliner Blau" bildet. Die Salze an den unbelichteten Stellen bleiben unverändert und werden beim Spülen herausgelöst.

Hinweise

Will man auf diese Weise Schriften oder Zeichnungen kopieren, so muß man diese auf Transparentpapier anfertigen. Dieses wird dann auf das „Photopapier" gelegt, wobei darauf zu achten ist, daß es glatt aufliegt (mit Tesafilm befestigen oder einen Kopierrahmen verwenden).

Lumineszenz von Luminol 3.11

Material

Luminol (= 3-Aminophthalsäurehydrazid), Natronlauge (c = 1 mol/l), Rotes Blutlaugensalz (= Kalium-hexacyano-ferrat(III)), Wasserstoffperoxid (3 %ig).

Durchführung

Man bereitet eine Lösung von 0,1 g Luminol in 10 ml Natronlauge (c = 1 mol/l) und eine Lösung von 0,25 g rotem Blutlaugensalz in 1 l Wasser (großer Kolben). In einem Rg hält man 10 ml Wasserstoffperoxid (3 %ig) bereit. Dann wird total verdunkelt und kurz gewartet, bis sich die Augen an die Dunkelheit angepaßt haben.
Gießt man nun die Luminollösung in den Kolben mit Blutlaugensalzlösung, tritt bereits blaue Lumineszenz auf. Diese verstärkt sich, wenn man langsam, von kleinen Pausen unterbrochen, die Wasserstoffperoxidlösung einfließen läßt.

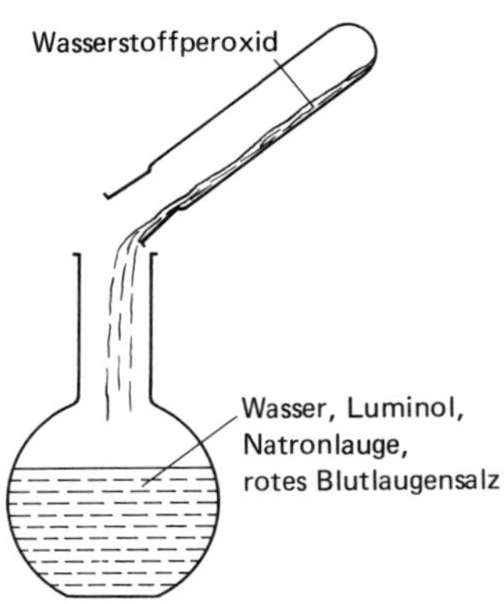

Hinweise Bei der Reaktion wird unter dem katalytischen Einfluß von Eisenverbindungen das Luminol oxidiert.

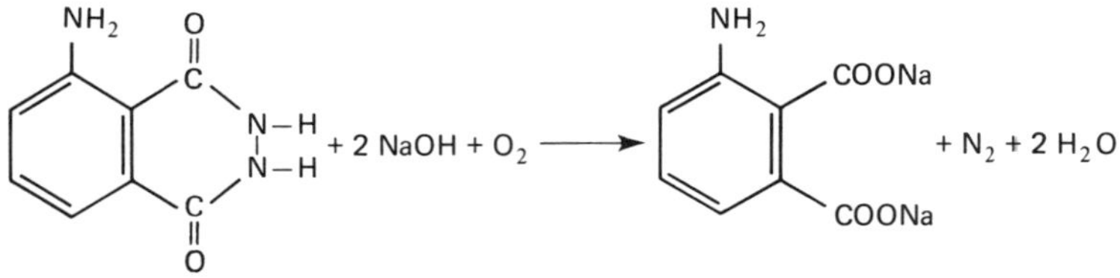

Die Reaktion kann auch mit Blut (Hämin) katalysiert werden.
Man kann die Lumineszenz verlängern, wenn beim Abklingen der Leuchterscheinung wieder Wasserstoffperoxid, evtl. Lauge und rotes Blutlaugensalz eingebracht werden.

Variante: Rote und grüne Lumineszenz mit Luminol
Der Versuch wird vorbereitet und durchgeführt wie oben beschrieben. Allerdings gibt man zusätzlich zur Blutlaugensalzlösung einmal eine kleine Spatelspitze Fluorescein und in einem weiteren Versuch eine kleine Spatelspitze Rhodamin B. Mit Fluorescein zeigt sich eine kräftige grüne Lumineszenz, mit Rhodamin B kommt es zu einer roten Leuchterscheinung.
Es handelt sich hier um eine sensibilisierte Lumineszenz, da der angeregte Zustand des Luminols auf die zugesetzten Farbstoffe übertragen wurde.

3.12 Katalytische Zersetzung von Wasserstoffperoxid

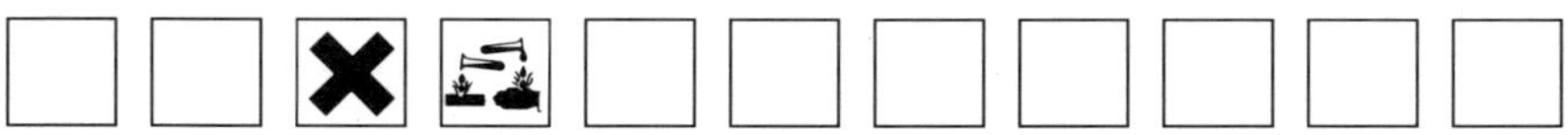

Material Wasserstoffperoxid, Platindraht, Kupferdraht, Reagenzgläser.

Durchführung Zwei Reagenzgläser werden etwa zur Hälfte mit verdünnter Wasserstoffperoxidlösung (ca. 10 %ig) gefüllt. In ein Reagenzglas gibt man eine Platinspirale, in das andere eine Kupferspirale.

Am Platin läßt sich die Abscheidung von Gasblasen beobachten (besonders schön in der Projektion sichtbar!), beim Kupfer ist das nicht der Fall. Platin katalysiert den Zerfall von Wasserstoffperoxid:

$$H_2O_2 \rightarrow H_2O + 1/2\,O_2$$

Hinweise Auch Mangandioxid (Braunstein) katalysiert den Zerfall von Wasserstoffperoxid. Wegen der heftigen Reaktion empfiehlt sich die Verwendung einer verdünnteren Wasserstoffperoxidlösung (ca. 3 %ig).

Katalysierte Knallgasreaktion — 3.13

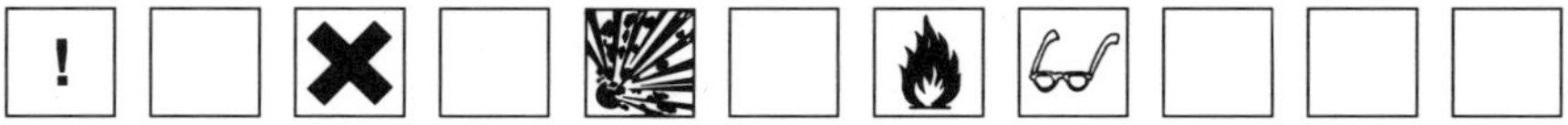

Material

Platin-Quarzwolle, Wasserstoff, Pinzette.

Durchführung

Wasserstoff wird aus einem Glasröhrchen auf einen kleinen Bausch Platin-Quarzwolle geleitet.

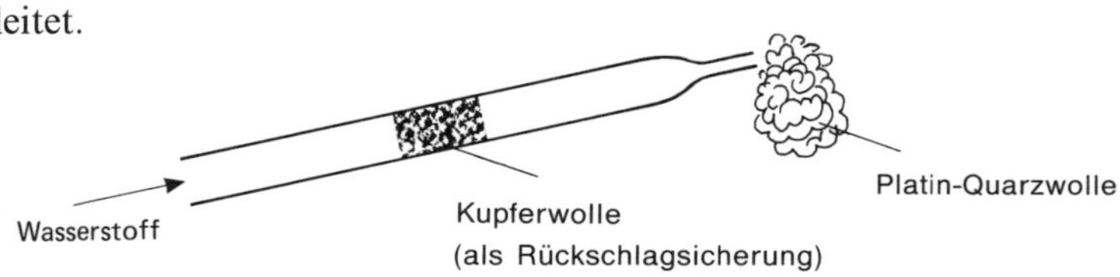

Mit leichtem Knall entzündet sich der Wasserstoff. Platin (Platin-Quarzwolle dient nur als feuerfester Träger des feinverteilten Platins) setzt die Aktivierungsenergie herab, wirkt hier also als Katalysator.

$H_2 + 1/2\,O_2 \rightarrow H_2O + E$

Der Versuch kann beliebig oft wiederholt werden.

Hinweise

Beim Umgang mit Wasserstoff ist grundsätzlich Vorsicht am Platz (Schutzbrille!). Platin-Quarzwolle sollte gelegentlich ausgeglüht werden, um ein sicheres Funktionieren zu gewährleisten.
Der Versuch zeigt im Prinzip die Funktion der „Döbereinerschen Zündmaschine" (1823). Dabei strömte der aus Zink und Schwefelsäure entwickelte Wasserstoff auf „Platinschwamm" und entzündete sich dadurch.

4. Das Teilchenmodell

Volumenverminderung beim Mischen verschiedener Flüssigkeiten — 4.1

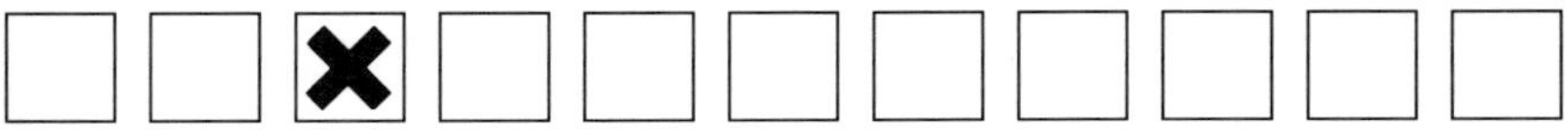

Material

2 Meßzylinder (50 ml), 1 Meßzylinder (100 ml);
Brennspiritus, Wasser.

Durchführung

50 ml Wasser und 50 ml Brennspiritus werden durch Zusammengießen in einen 100 ml Meßzylinder vermischt.
Überraschenderweise ergeben sich nicht 100 ml Flüssigkeitsgemisch, sondern ca. 97 ml. Mit dem Teilchenmodell läßt sich dieses Ergebnis so deuten, daß man annimmt, daß sich die kleineren Teilchen der einen Flüssigkeit in die Lücken zwischen den größeren Teilchen der anderen Flüssigkeit schieben.

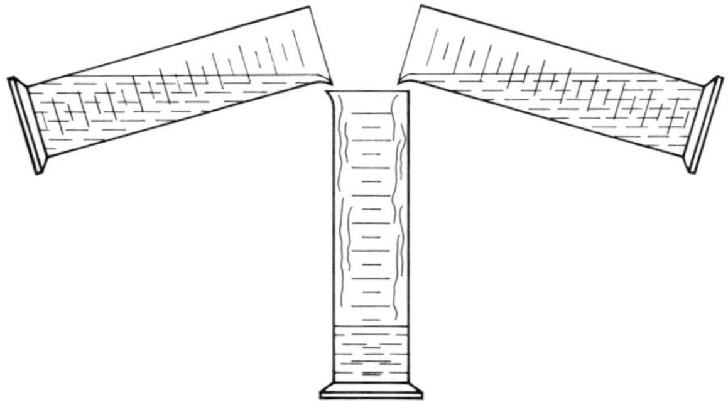

Hinweise — Auch andere Flüssigkeiten sind für diesen Versuch geeignet, z. B. Methanol oder gesättigte Kochsalzlösung. Letztere hat den Vorteil, daß man das Kochsalz durch Eindampfen wieder zurückgewinnen kann.

4.2 Diffusion von Wasserstoff

Material — Tonzylinder mit dichtem, einfach durchbohrtem Gummistopfen; Wasserstoff.

Durchführung — Versuchsanordnung nach Abb. a aufbauen. Dann leitet man in das über den Tonzylinder gestülpte Becherglas von unten her Wasserstoff.

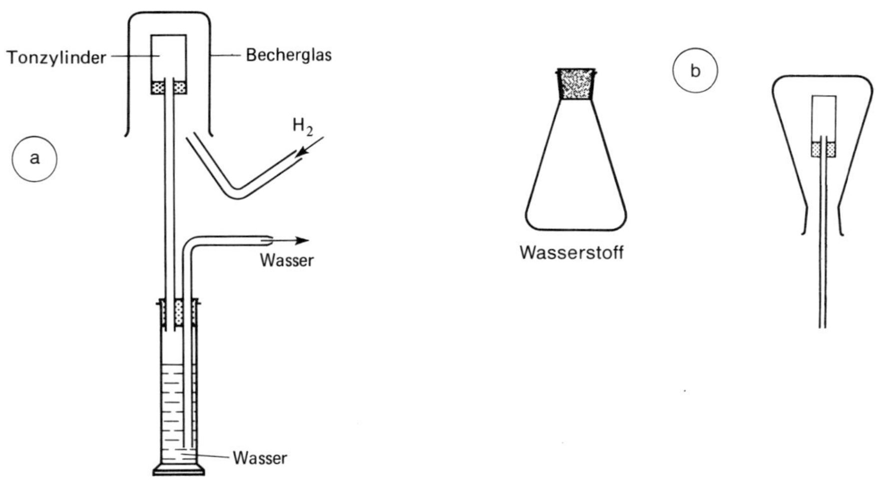

Der Wasserstoff diffundiert sehr schnell in das Innere des Tonzylinders. Der entstehende Überdruck setzt sich in den Glaszylinder fort, so daß das Wasser aus dem Glasrohr herausspritzt. Nimmt man das Becherglas vom Tonzylinder weg, so ist der umgekehrte Effekt zu beobachten: Luft wird durch das Glasrohr über den Glaszylinder in den Tonzylinder gesaugt, in dem jetzt wegen des schnell nach außen diffundierenden Wasserstoffs ein Unterdruck herrscht.

Hinweise

Der Versuch gelingt nur, wenn der Tonzylinder absolut rißfrei ist und wenn der Gummistopfen dicht mit dem Tonzylinder abschließt.
Versuchsabwandlung: Will man den Wasserstoff nicht zuleiten, dann kann man vorher ein verschließbares Gefäß mit Wasserstoff füllen und dieses dann über den Tonzylinder stülpen (Abb. b).

Diffusion von Kaliumpermangant in Wasser 4.3

Material

Kaliumpermanganat, Standzylinder.

Durchführung

Man bringt einen oder mehrere Kaliumpermanganatkristalle auf den Boden eines mit Wasser gefüllten Standzylinders. Dabei kann man so vorgehen, daß man ein Glasrohr in das Gefäß stellt und den Kristall durch das Röhrchen auf den Boden des Standzylinders gleiten läßt. Dann verschließt man das Röhrchen mit dem Finger und zieht es vorsichtig (um eine Verwirbelung zu vermeiden) aus dem Gefäß.

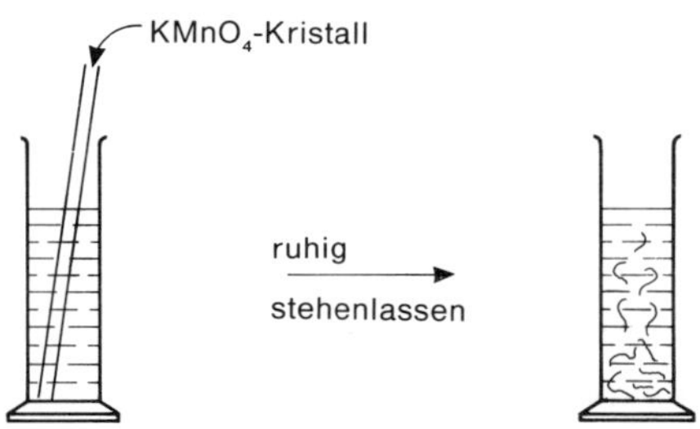

Nach einigen Stunden ist bereits deutlich zu sehen, wie sich die violette Farbe des Permanganats nach oben ausbreitet. Im Laufe einiger Tage färbt sich der Zylinderinhalt gleichmäßig violett.

Hinweise

Für diesen Versuch eignen sich natürlich auch andere Substanzen (z. B. Methylenblau, Kupfersulfat, ...).

Diffusion von Bromdämpfen 4.4

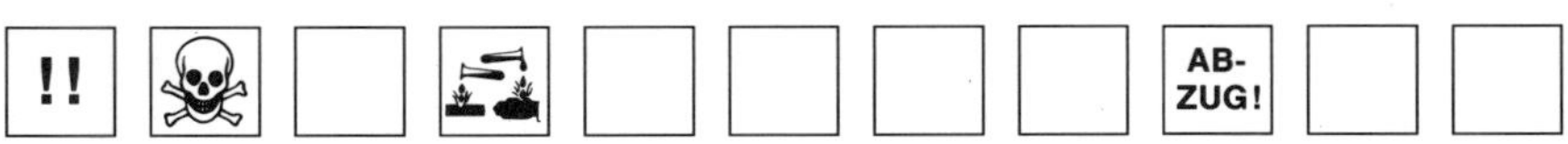

Material

Brom, Standzylinder mit Abdeckplatten.

Durchführung

Man füllt 2 Standzylinder mit Bromdämpfen (im Abzug arbeiten!) und deckt sie mit Glasplatten ab. 2 weitere Standzylinder werden, wie in der Abb. dargestellt, auf bzw. unter die Bromzylinder gestellt. Dann zieht man die Glasplatten zwischen den Zylindern heraus.

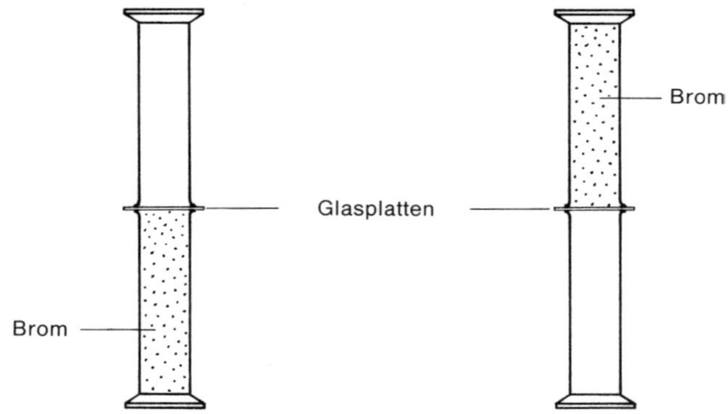

Nach einigen Minuten hat sich das Brom gleichmäßig in den Zylindern verteilt, wobei es bei der linken Versuchsanordnung etwas länger dauert, weil das Brom nur durch Diffusion in den oberen Zylinder gelangt.

Hinweise — Vorsicht beim Arbeiten mit Brom (Abzug, Schutzhandschuhe)! Bromdämpfe können durch Adsorption an Aktivkohle unschädlich gemacht werden.

4.5 Kristallbildung

B

Material — Kaliumnitrat (Kalisalpeter); Petrischale (d = 10 cm).

Durchführung — Man gibt ca. 4,5 g Kaliumnitrat u. 7 ml Wasser in ein Reagenzglas und erwärmt, bis sich alles Salz aufgelöst hat. Dann gießt man die heiße Lösung in eine Petrischale und läßt diese ruhig stehen.

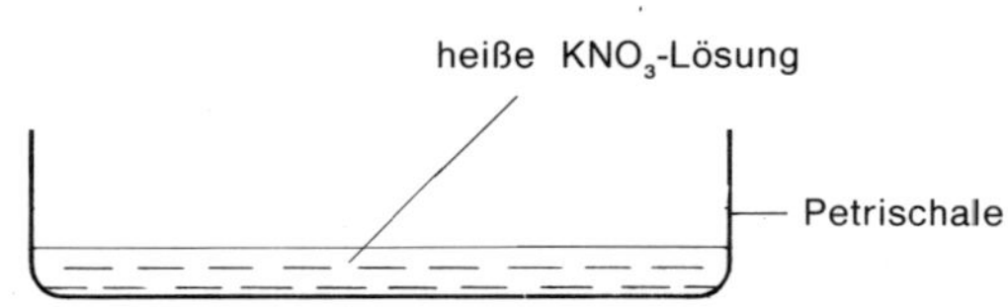

Nach ca. 1 Minute beginnt das Kaliumnitrat in langen, spießigen Formen auszukristallisieren, da bei sinkender Temperatur des Lösungsmittels die Löslichkeit des Salpeters stark abnimmt.

Hinweise — Durch vorsichtiges Erwärmen der Petrischale kann der auskristallisierte Salpeter wieder in Lösung gebracht und der Versuch wiederholt werden. Die Lösung läßt sich im verschlossenen Gefäß beliebig lang aufheben.
Der Versuch eignet sich sehr gut zur Projektion auf dem OH-Projektor.

5. Chemische Grundgesetze

Erhaltung der Masse bei der Bildung eines Niederschlages 5.1

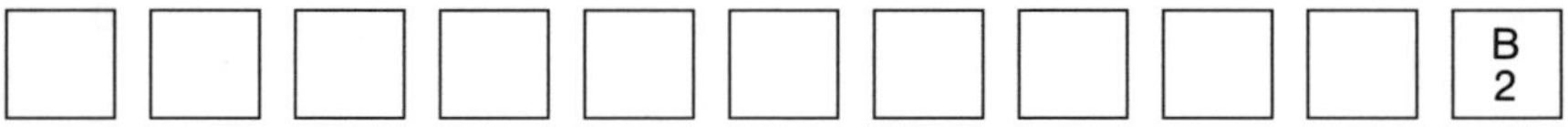

Material

Erlenmeyerkolben 100 ml, kleines Reagenzglas (Länge ca. 70 mm), Gummistopfen, Waage mit Digitalanzeige; Schwefelsäure (c = 1 mol/l), Bariumchloridlösung.

Durchführung

In einen Erlenmeyerkolben (100 ml) gibt man ca. 30 ml Bariumchloridlösung. Ein mit verdünnter Schwefelsäure gefülltes sehr kleines Reagenzglas stellt man in den Erlenmeyerkolben und verschließt diesen sorgfältig mit einem Gummistopfen. Nun wiegt man genau. Anschließend kippt man den Erlenmeyerkolben um und schüttelt vorsichtig, damit sich die beiden Flüssigkeiten vermischen. Wiegt man nun wieder, so hat sich trotz des gebildeten Niederschlags die Masse nicht verändert.

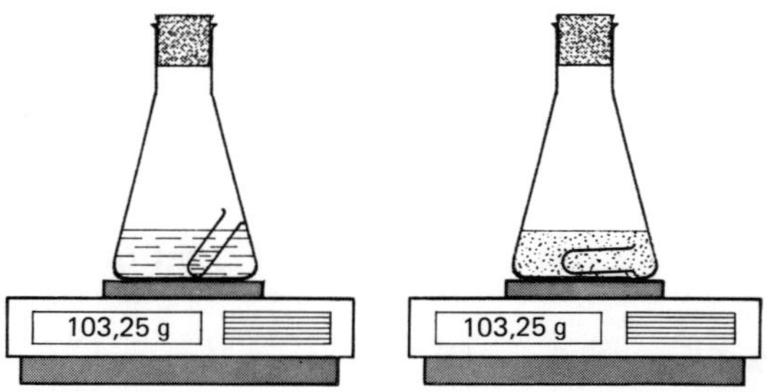

Die Reaktionsgleichung:

$H_2SO_4 + BaCl_2 \rightarrow BaSO_4 + 2\,HCl$

Analoge Versuche können natürlich auch mit anderen Fällungsreaktionen durchgeführt werden, z. B.

$AgNO_3 + NaCl \rightarrow AgCl + NaNO_3$
$FeCl_3 + 3\,NaOH \rightarrow Fe(OH)_3 \rightarrow 3\,NaCl$

Erhaltung der Masse bei einer Verbrennung 5.2

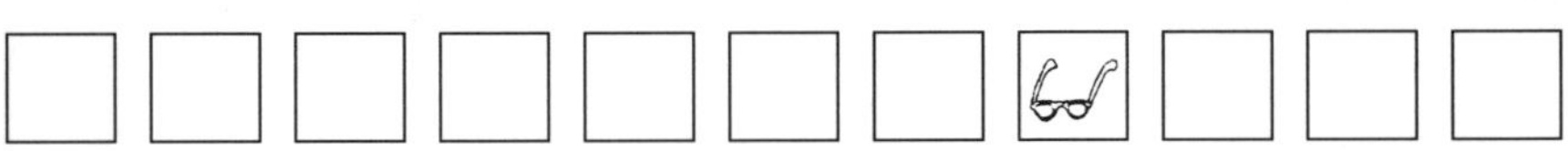

Material

Reagenzglas, Gummistopfen, Tesafilm, Holzklammer, Streichhölzer, Brenner, Waage.

Durchführung

Von einem Streichholz bricht man den Kopf ab, so daß an diesem noch ca. 1 cm Holz verbleiben. Dieses gekürzte Streichholz wird in ein Reagenzglas gegeben und mit einem Gummistopfen dicht verschlossen. Mit 2 Streifen „Tesafilm“ sichert man den Gummistopfen am Reagenzglas. Einen Streifen klebt man über den

Gummistopfen, die Tesafilmenden klebt man jeweils am Glas fest. Den zweiten Streifen wickelt man um den Hals des Reagenzglases und sichert damit die Tesafilmenden der Stopfenhalterung. Nun wiegt man das Reagenzglas genau, dann hält man es mit einer Holzklammer über die Brennerflamme so, daß der Streichholzkopf erhitzt wird. Sobald das Streichholz zündet, nimmt man das Reagenzglas aus der Flamme. Nach Beendigung der Verbrennung wiegt man das Reagenzglas ohne es vorher zu öffnen wieder genau. Es ist keine Massenveränderung festzustellen.

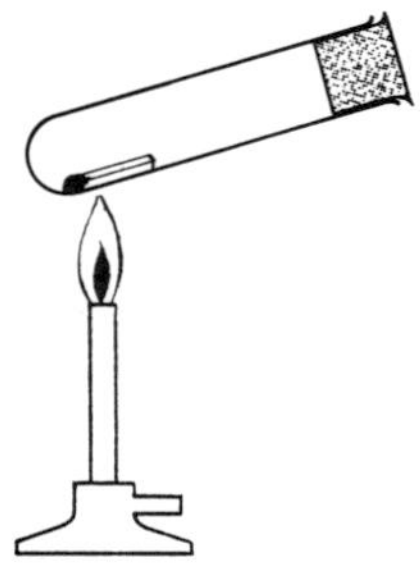

Hinweise — Die Sicherung des Stopfens mit Tesafilm ist notwendig, weil sonst der Gummistopfen bei der Entzündung des Streichholzes wegen der Wärmeausdehnung der Luft im Reagenzglas wegfliegen würde. Das Reagenzglas soll deshalb auch nur unter dem Streichholzkopf erhitzt werden.

5.3 Massenverhältnisse bei chemischen Reaktionen

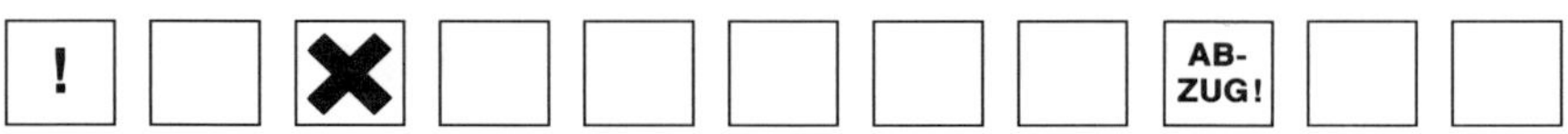

Material — 3 Schmelztiegel mit Deckel, Brenner, Dreifuß, Tondreieck, Tiegelzange, Waage; Bleipulver oder feines Bleischrot, Schwefelpulver.

Durchführung — Der Versuch soll als Versuchsreihe durchgeführt werden. In 3 Schmelztiegeln wiegt man genau abgewogene gleiche Mengen Bleipulver ein (z. B. jeweils 5 g). Dazu wiegt man erst den Tiegel und gibt dann soviel Bleipulver dazu, bis genau 5 g erreicht sind. Anschließend gibt man in die Tiegel noch unterschiedliche Mengen Schwefelpulver zu (z. B. 1 g, 3 g, 5 g). Nun erhitzt man im Abzug jeden Tiegel zugedeckt zunächst vorsichtig und dann 10 Minuten lang stark; dabei verdampft bzw. verbrennt der überschüssige Schwefel. Nach dem Abkühlen wird der Tiegel mit Inhalt wieder genau gewogen.

Hinweise — Ein mögliches Versuchsergebnis ist:

Tiegel nach der Reaktion:	31,58 g
Tiegel leer:	– 25,80 g
Reaktionsprodukt:	5,78 g

Blei und Schwefel haben sich also im Verhältnis 5 : 0,78 das ist umgerechnet 6,4 : 1 miteinander verbunden. Ähnliche Verhältnisse erhält man auch bei allen weiteren Versuchen (z. B. 5 : 0,76; 5 : 0,77). Bildet man das Verhältnis der Atommassen von Blei (207,19) und Schwefel (32,06) so ergibt sich 6,46 : 1. Blei und Schwefel haben sich also im Teilchenverhältnis 1 : 1 verbunden. Die Summenformel der Verbindung lautet demnach PbS (Bleisulfid).

6. Verbrennungsvorgang

Verhalten verschiedener Metalle in der Brennerflamme 6.1

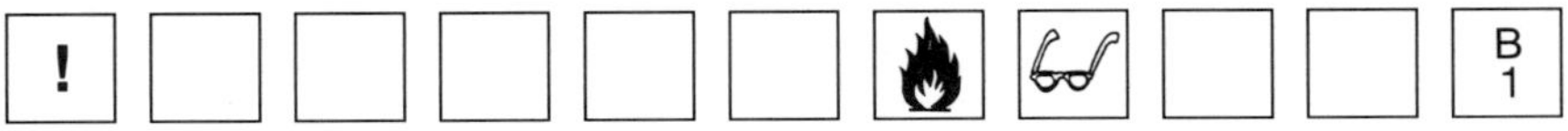

Material
Magnesiumband, Kupferblech, Eisendraht, Platindraht.

Durchführung
Verschiedene Metalle werden nacheinander mit einer Tiegelzange in die Brennerflamme gehalten und die Veränderungen beobachtet.

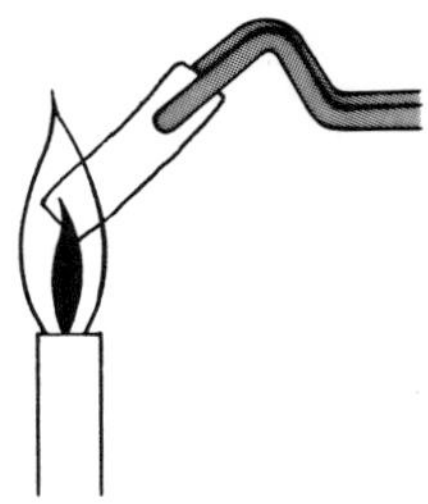

Es gibt brennbare und nicht brennbare Stoffe.
Die Verbrennung erweist sich als chemischer Vorgang, da die Verbrennungsprodukte andere Eigenschaften besitzen als die Ausgangsstoffe.

Hinweise
Bei der Verbrennung von Magnesium nicht direkt in die grelle Flamme sehen!

Flammpunkte verschiedener Flüssigkeiten 6.2

Material
Benzin (Siedebereich 40–60 °C) oder Pentan, Heizöl oder Petroleum; Porzellanschalen.

Durchführung
Man gibt in eine Porzellanschale eine kleine Menge Benzin (a) und in eine zweite Schale etwas Heizöl oder Petroleum (b). Dann nähert man sich mit einem brennenden Span den Flüssigkeiten langsam von oben.

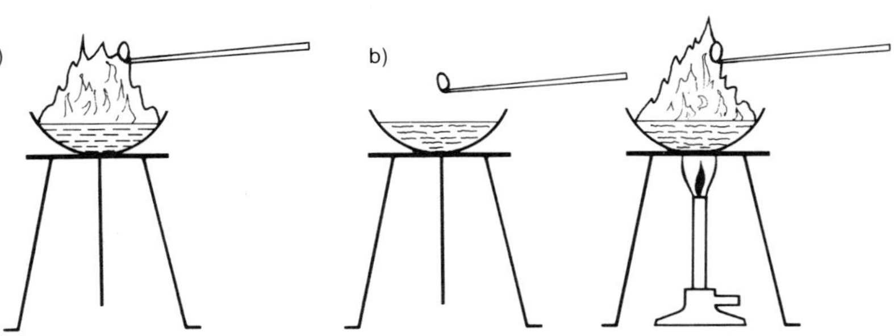

Da sich über dem Benzin schon bei Zimmertemperatur genügend Dämpfe bilden, entflammt dieses, auch wenn die Zündflamme noch einige cm von der Flüssigkeit entfernt ist. Beim Heizöl ist das erst der Fall, wenn die Flüssigkeit erwärmt wurde.

Hinweise

Bei etwas Übung gelingt es, den brennenden Span im Heizöl zu löschen! Abdeckplatten bereitlegen, um die brennenden Flüssigkeiten schnell löschen zu können.

6.3 Verbrennungsvorgänge ohne direkten Flammenzutritt

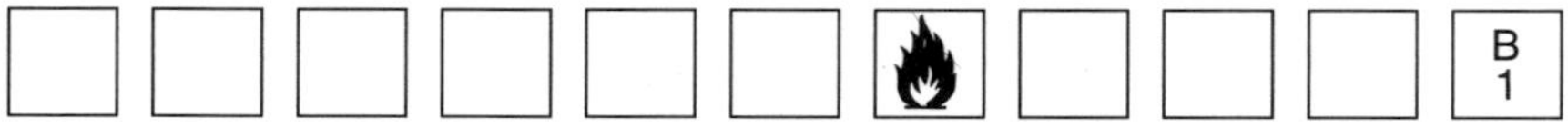

Material

Kupferblech, Zinkpulver, Gummiballgebläse.

Durchführung

a) Ein blankes Stück Kupferblech wird in ein Reagenzglas gegeben und dieses dann kräftig erhitzt.
b) In einem Verbrennungsrohr (s. Hinweise) wird Zinkpulver unter Luftzufuhr erhitzt. Zur Erzielung eines Luftstromes im Glasrohr kann z. B. ein Gummigebläse benutzt werden. Beobachtung, wenn gelegentlich die Luftzufuhr eingestellt wird?

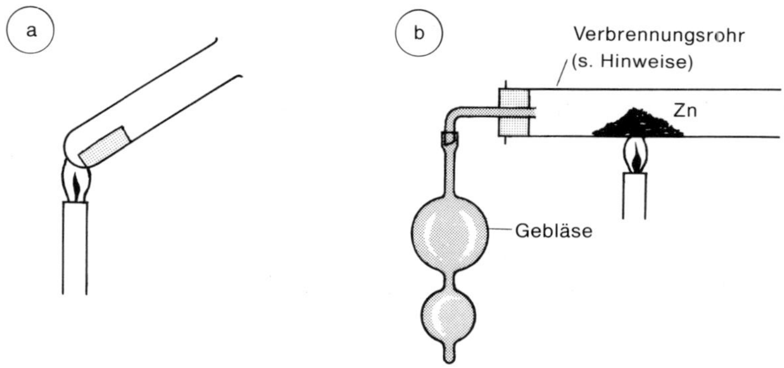

Auch ohne Flammenzutritt verbrennen die Stoffe (Stoffänderung!); die Flamme ist für den Verbrennungsvorgang also keine Voraussetzung.

Hinweise

Da bei dem Versuch b) das Verbrennungsrohr häufig unbrauchbar wird, empfiehlt sich statt des relativ teuren Verbrennungsrohres die Verwendung eines Reagenzglases, dessen Boden man „ausgeblasen“ hat (in der Brennerflamme den Boden bis zum Erweichen erhitzen, dann kräftig in die Reagenzglasöffnung blasen).

Löschen durch Abkühlen des brennenden Stoffes unter die Entzündungstemperatur — 6.4

Material

Paraffinöl; Eisentiegel (ca. 4–5 cm Durchmesser), Tiegelzange.

Durchführung

In einem Eisentiegel wird Paraffinöl erhitzt, bis es sich entzünden läßt und von alleine weiterbrennt. Dann nimmt man den Tiegel mit dem brennenden Paraffin mit einer Tiegelzange (Vorsicht! Nicht verschütten!) und taucht die untere Hälfte des Tiegels langsam und vorsichtig in bereitgestelltes kaltes Wasser.

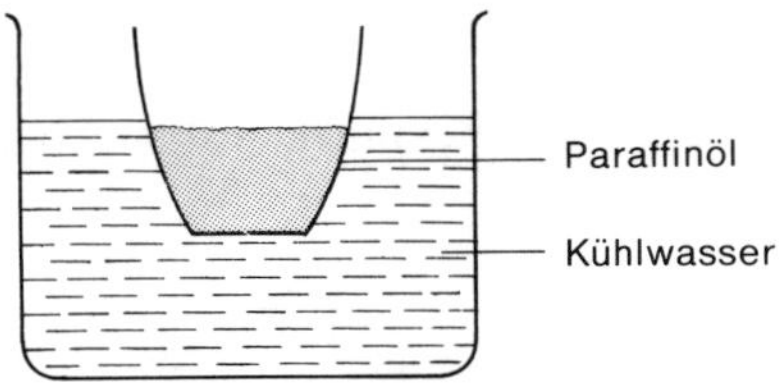

Die Paraffinflamme wird kleiner und erlischt nach einigen Sekunden, weil das Paraffinöl unter die Entzündungstemperatur abgekühlt wurde; somit ist eine der drei Bedingungen für den Verbrennungsvorgang nicht mehr gegeben.

Hinweise

Achtung! Beim Abkühlen des Schmelztiegels darf kein Wasser in den Tiegel hineinlaufen, da sonst durch das schlagartig verdampfende Wasser heißes Paraffin herausgespritzt würde.

Verbrennung im abgeschlossenen Raum — 6.5

Material

Kerzen, Bechergläser, Stoppuhr.

Durchführung

Über gleich große Kerzen stülpt man verschieden große Bechergläser, z. B. 250, 400, 600, 1000 ml. Wenn das Glas über die Kerze gestülpt wird, wird sofort die Stoppuhr betätigt und die Zeit bis zum Erlöschen der Flamme gemessen.
Es zeigt sich eine Proportionalität zwischen Luftvolumen und Brenndauer.

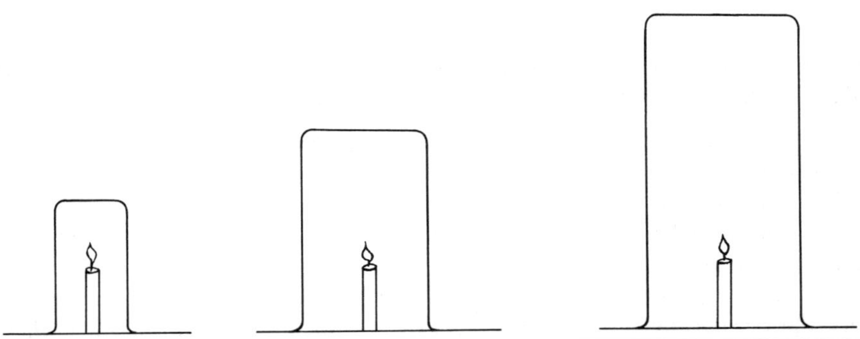

Hinweise Es ist wichtig, daß die Kerzen auch gleiche Dochtlängen aufweisen. Das Becherglas kann unten mit einem Lappen abgedichtet werden.

6.6 Bedeutung der Luft beim Verbrennungsvorgang

Material Dünnes Kupferblech; Tiegelzange.

Durchführung Man faltet ein ca. 10 cm × 8 cm großes Kupferblech, indem man es zunächst in der Mitte umknickt und dann die Ränder ca. 1 cm breit umbiegt (fest zusammendrücken, event. Flachzange benutzen). Dann glüht man diesen „Kupferbrief" kräftig in der Brennerflamme und faltet ihn nach dem Abkühlen wieder auseinander.

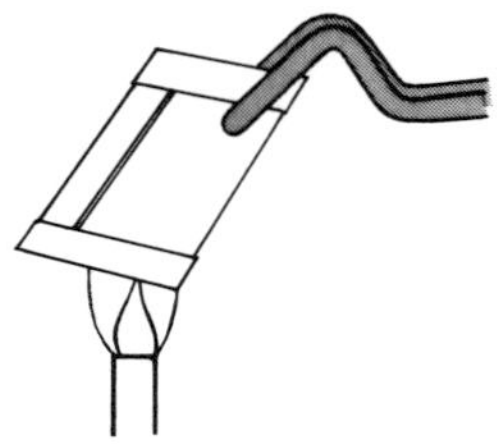

Im Inneren, wo kein Luftzutritt möglich war, ist das Kupferblech unverändert, außen ist es von einer schwarzbraunen Oxidschicht überzogen.

Hinweise Auch wenn das Blech sorgfältig und fest gefaltet wurde, zeigen leichte „Anlauffarben", daß bei dieser einfachen Versuchsanordnung ein völliger Luftabschluß nicht möglich ist. Das mindert aber den Aussagewert dieses eindrucksvollen Versuchs in keiner Weise!

6.7 Verbrennung in einem abgeschlossenen Luftraum

Gasometerglocke mit Gummistopfen, kurze Kerze, kleines Brettchen oder flache Korkscheibe als „Schiffchen", Glaswanne.

Durchführung Über eine brennende Kerze, die auf einem kleinen „Schiffchen" im Wasser schwimmt, stülpt man eine offene Gasometerglocke und verschließt diese sofort mit einem Stopfen.
Die Kerze verlischt nach kurzer Zeit, dabei steigt der Wasserspiegel in der Gasometerglocke an.
Das Experiment kann man fortführen und durch Einsenken einer Kerze zeigen, daß das Restgas die Verbrennung nicht mehr unterhält. Dabei muß man aller-

dings zunächst soviel Wasser in die Wanne gießen, bis der Wasserstand gleich hoch wie im Zylinder ist. Dadurch erreicht man, daß beim Abnehmen des Gummistopfens keine Luft angesaugt wird!

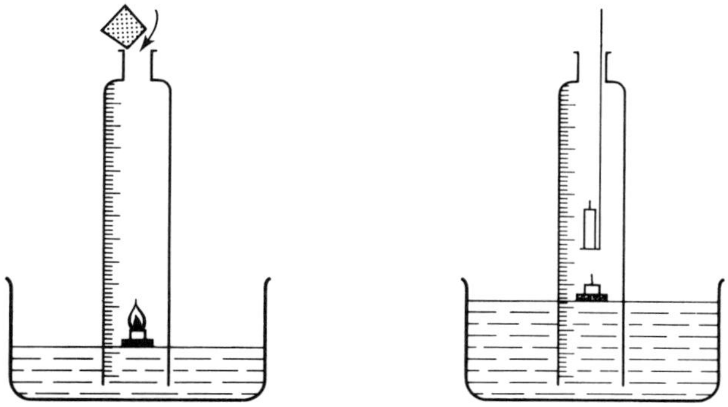

Hinweise

Durch den Versuch soll gezeigt werden, daß die Luft einen Teil enthält, der bei der Verbrennung verbraucht wird, während ein anderer Teil die Flamme erstickt („Stickstoff").
Wichtig: Der Versuch kann nicht quantitativ ausgewertet werden; die Restluft enthält noch ca. 16% Sauerstoff!

Verbrennen von Eisenwolle an der Waage 6.8

Material

Eisenwolle (Haushaltsstahlwolle Typ 00); Balkenwaage.

Durchführung

Feine Eisenwolle wird als lockeres Knäuel mit Hilfe eines Drahthakens an eine Seite einer Balkenwaage gehängt. Die Waage wird durch Tarierschrot oder feinen Sand ins Gleichgewicht gebracht. Dann entzündet man mit einem Streichholz oder Feuerzeug die Eisenwolle. Dabei ist darauf zu achten, daß man die Eisenwolle nicht berührt, um das Gleichgewicht nicht zu stören.

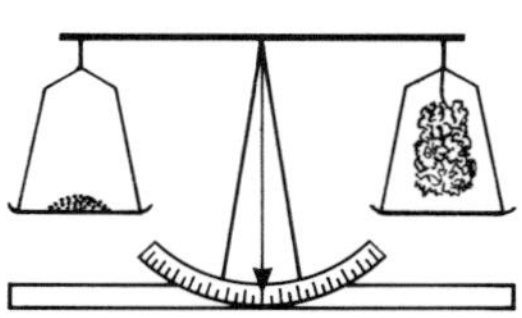

Das Eisen verglüht langsam und wird dabei schwerer, wie die Waage deutlich anzeigt.

Hinweise

Beim Verbrennen der Eisenwolle versprühen kleine Stückchen, die aber z. T. auf die Waagschale fallen, so daß trotzdem eine deutliche Gewichtszunahme erkennbar ist.

6.9 Entzünden des aufsteigenden „Rauches“ einer gelöschten Kerze

Material Kerze, Streichhölzer.

Durchführung Man bläst eine Kerze aus und nähert sich unmittelbar nach dem Ausblasen mit einem brennenden Streichholz von oben seitlich (ca. 3–4 cm über dem Docht) den aufsteigenden Dämpfen.

Noch bevor die Flamme des Streichholzes mit dem Docht in Berührung kommt, wird die Kerze wieder entzündet, da die noch vom heißen Docht aufsteigenden Dämpfe brennen und die Flamme unterhalten. Bei einer „kalten“ Kerze muß das Wachs im Docht erst auf Verdampfungstemperatur erhitzt werden, bevor die Kerze zu brennen beginnt.

Hinweise Zur besseren Beobachtungsmöglichkeit soll der Versuch mehrmals wiederholt werden.
Bei dem Versuch ist es wichtig, unnötige Luftbewegungen (Luftzug) zu vermeiden, so daß die Dämpfe ruhig und senkrecht aufsteigen können.

6.10 Temperaturverteilung in der Brennerflamme

Material Holzspan oder Streichholz, Brenner.

Durchführung Ein Holzspan wird kurz (ca. 1 Sek.) in die Flamme gehalten, wie in der Abb. dargestellt.

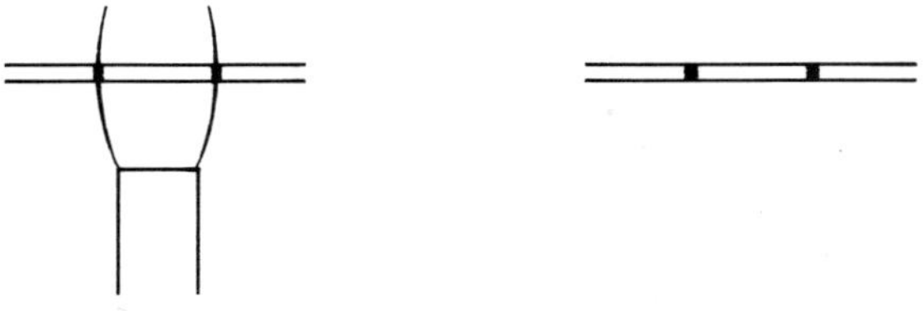

Das Holzstäbchen verkohlt (oder brennt an), wo die Flamme durch erhöhten Sauerstoffzutritt heißer ist, also am Rand.

Hinweise Der Versuch läßt sich auch gut mit einem Gasfeuerzeug und Streichhölzern durchführen (Schülerexperiment!).

Leichte Entzündbarkeit durch Vergrößerung der Oberfläche 6.11

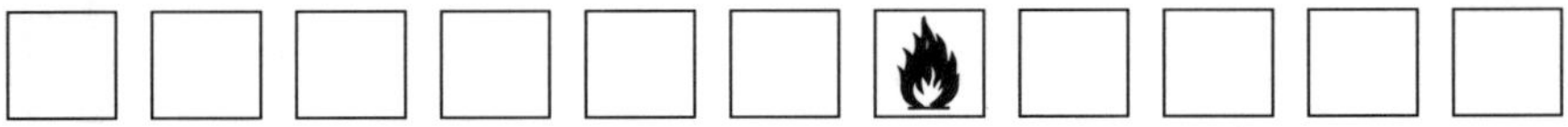

Material

Feine Eisenwolle, Watte; Flachbatterie, Gasanzünder.

Durchführung

a) Einen lockeren Bausch Eisenwolle berührt man kurz mit den beiden Polen einer Flachbatterie. Auch die kräftigen Funken eines Feuerstein-Gasanzünders genügen zur Entzündung.
b) Auf einen Wattebausch sprüht man die Funken eines Gasanzünders. Gut geeignet ist auch ein „Wegwerf-Feuerzeug", bei dem das Gas verbraucht ist, aber – was meist der Fall ist – der Feuerstein noch Funken liefert.

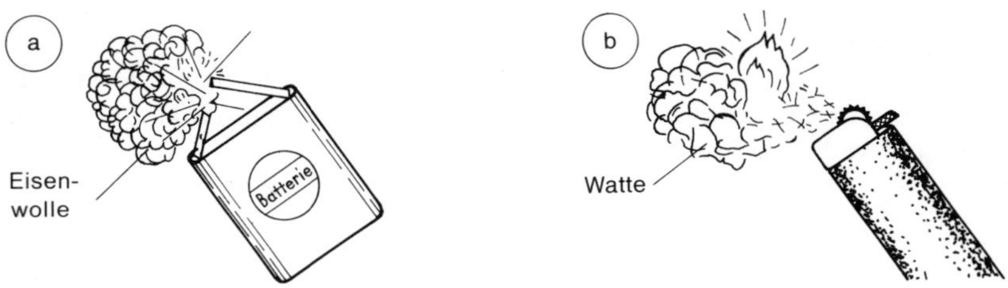

Bedingt durch die große Oberfläche lassen sich Eisenwolle und Watte sehr leicht entzünden.

Hinweise

Diese Versuche lassen sich gefahrlos in Schülerübungen durchführen, wenn man für eine feuerfeste Unterlage sorgt.

Einfluß der Oberflächenvergrößerung auf die Verbrennungsgeschwindigkeit 6.12

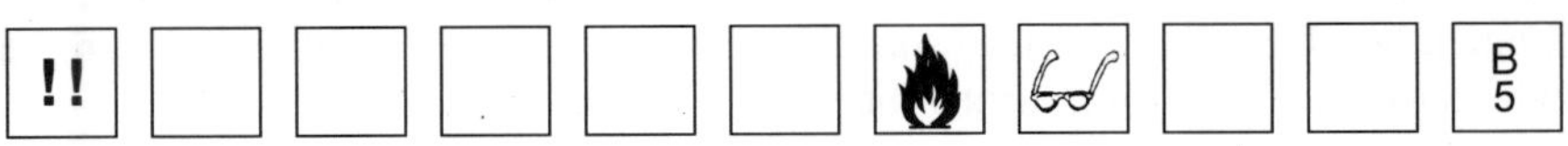

Material

Aluminiumpulver, Knierohr.

Durchführung

Mit einem Knierohr wird Aluminiumpulver von unten in die Flamme geblasen.
Vorsicht! Nicht auf Personen richten!

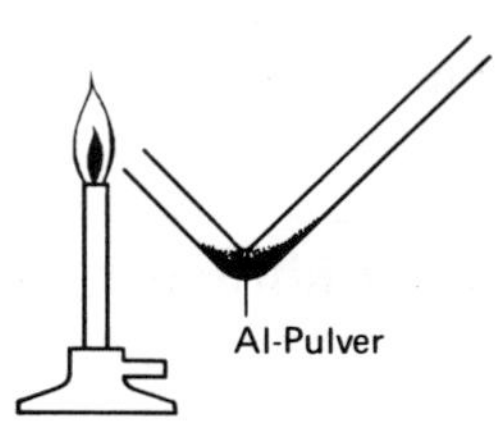

Aluminiumpulver verbrennt blitzlichtartig zu Aluminiumoxid.

Hinweise

Zum Vergleich kann man einen Aluminiumdraht oder ein Aluminiumblech in die Flamme halten.
Sehr schön läßt sich der Einfluß der Oberflächenvergrößerung auf die Reaktionsgeschwindigkeit auch demonstrieren, indem man versucht, einen Holzklotz, Holzwolle und zerstäubtes Holzpulver (Holzschliff) zu entzünden.

6.13 Staubexplosion

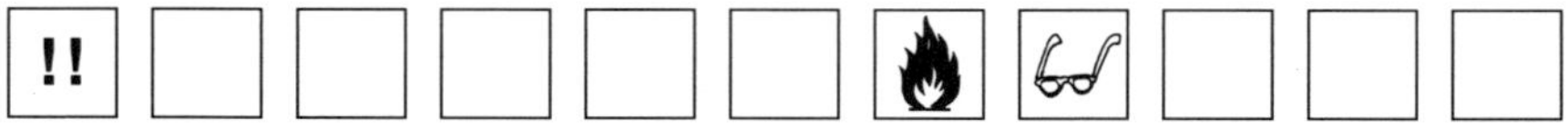

Material Brennbarer Staub (Stärkemehl, Holzstaub, Bärlappsporen o. ä.), präparierter Behälter mit Deckel.

Durchführung Eine große Blechbüchse oder ein leerer Waschmittelbehälter aus dicker Pappe wird laut Abb. präpariert. Der Behälter soll einen Klemmdeckel haben. Oberer Kerzenrand und Trichterrand sollen etwa auf gleicher Höhe sein. In den unteren Teil des Trichters gibt man ein kleines Knäuel Stahlwolle oder auch Kupfer- oder Glaswolle, um zu verhindern, daß die Staubfüllung aus dem Trichter in den Gummischlauch fällt. Zur Durchführung des Versuches gibt man 1–2 Eßlöffel voll sehr feinen, gut vorgetrockneten, brennbaren Staub (z. B. Stärkemehl, Holzstaub, Bärlappsporen) in den Trichter, entzündet die Kerze und verschließt den Behälter, indem man den Deckel durch einen leichten Schlag aufklemmt. Dann bläst man **kräftig** und stoßartig in den Gummischlauch.

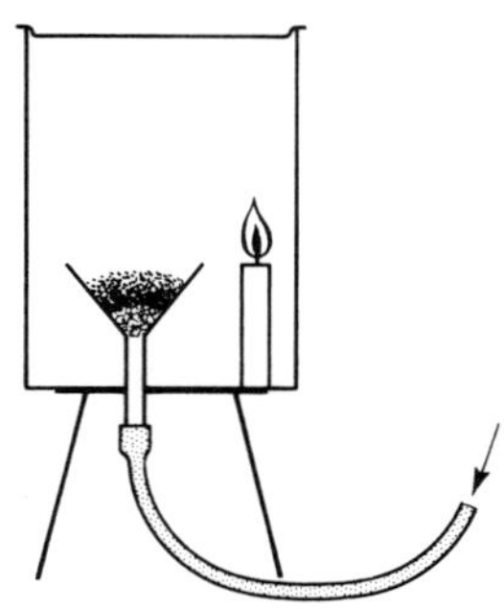

Es kommt zu einem dumpfen Knall, der Deckel wird abgehoben, aus dem Behälter schlagen Flammen.

Hinweise Der Versuch ist nicht gefährlich, jedoch sollte man die nötigen Sicherheitsmaßnahmen beachten (Sicherheitsabstand der Zuschauer; Kopf nicht zu nahe an die Behälteröffnung bringen; auf den herunterfallenden Deckel achten).
Mit Bärlappsporen (Lycopodium) läuft der Versuch besonders zuverlässig ab. Entscheidend für einen eindrucksvollen Effekt ist es, daß der Deckel klemmt und nicht nur locker aufliegt.

6.14 Feuergefährlichkeit der Dämpfe brennbarer Flüssigkeiten

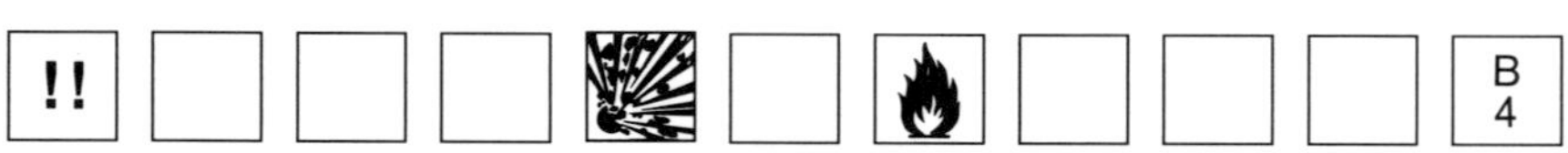

Material Benzin (Sdp. 40–60 °C) oder Pentan, Ether; feuerfeste Rinne.

Durchführung Man benötigt eine hitzeunempfindliche Rinne, ca. 1–1,50 m lang. Gut geeignet sind Dachrinnen, die man in der benötigten Länge als Abfallstücke geschenkt oder sehr billig bei Spenglern erhält. Die Form des Querschnittes spielt kaum eine Rolle (halbrund, V- oder U-förmig), jedoch sollte der Durchmesser nicht zu groß sein (ca. 8–12 cm). Man entzündet die Kerze (s. Abb.) und legt dann in das erhöhte Ende der Rinne einen mit leichtflüchtigem Benzin o. ä. getränkten Wattebausch. Nach wenigen Sekunden läuft eine Flammenfront, von der Kerze beginnend, die Rinne entlang und entzündet den Wattebausch.

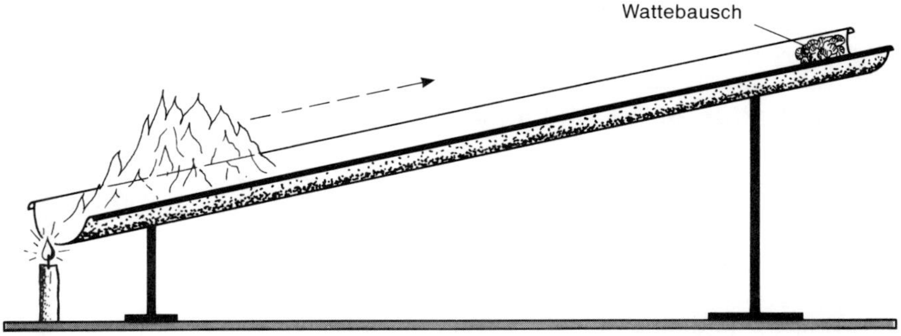

Benzin verdampft sehr leicht. Die entstehenden Dämpfe sind schwerer als Luft, fließen die geneigte Rinne hinab und entzünden sich an der Kerzenflamme.

Hinweise

Während des Versuchs Luftzug vermeiden.
Achtung! Nach dem Befeuchten des Wattebausches die Flasche mit der brennbaren Flüssigkeit sofort verschließen und in sicherer Entfernung abstellen!

Explosion eines Wasserstoff-Luft-Gemisches 6.15

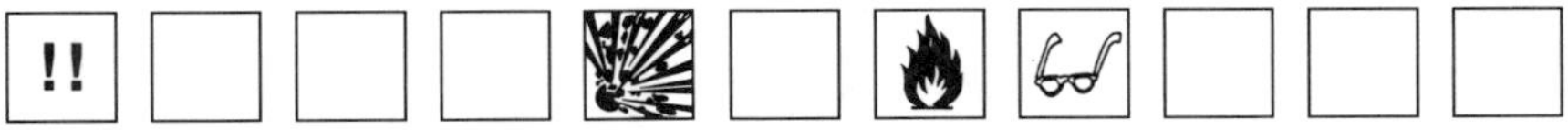

Material

Wasserstoff, präparierte Blechbüchse.

Durchführung

Man bohrt in den Boden einer ca. 20–30 cm hohen Blechbüchse ein Loch von ca. 3–5 mm Durchmesser. Die Büchse wird senkrecht eingespannt oder so aufgestellt, daß von unten her Luftzufuhr möglich ist. Dann wird von unten Wasserstoffgas eingeleitet; dabei wird das Loch natürlich verschlossen. Nachdem die Luft durch den Wasserstoff verdrängt ist, beendet man die Wasserstoffzufuhr, dann entzündet man den Wasserstoff an der Öffnung und tritt etwas zurück.

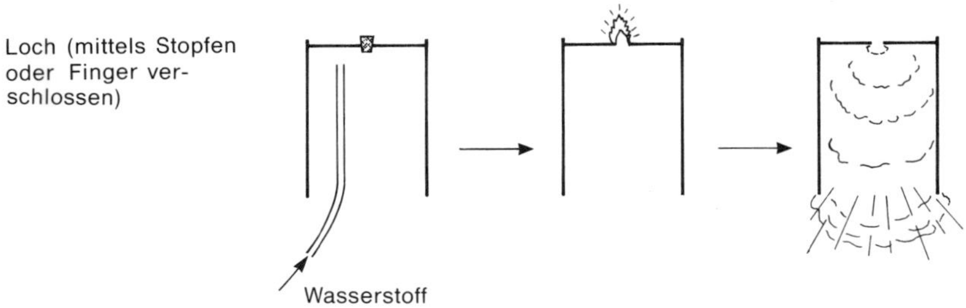

Der aus dem Loch aufsteigende Wasserstoff brennt zunächst ruhig ab. Die von unten nachströmende Luft bildet mit dem Restwasserstoff allmählich ein explosives Gemisch, das durch die zurückschlagende Flamme gezündet wird und mit lautem Knall explodiert.

Hinweise Stellt man die Büchse auf eine relativ glatte Unterlage, so kann es u. U. mehrere Minuten dauern, bis soviel Luft nachgeströmt ist, daß ein explosives Gemisch entsteht. Die Explosion kann dann sehr heftig erfolgen, so daß eine Vorwarnung der Zuschauer angebracht ist. Auf keinen Fall darf man sich über die Büchse beugen, um nach der Wasserstoffflamme zu schauen!

6.16 Demonstration eines einfachen Explosionsschutzes

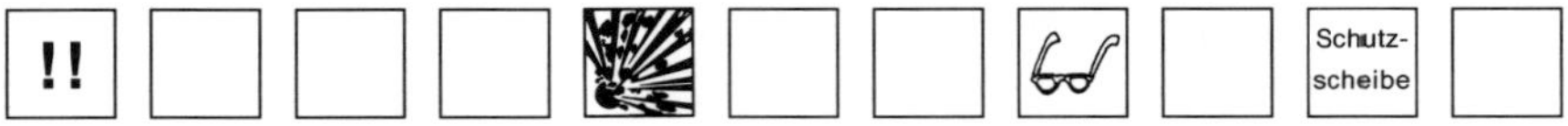

Material Wasserstoff, Kupferwolle; Blechbüchse, zweifach gebogenes Glasrohr.

Durchführung Die Versuchsanordnung ist aus der Abb. ersichtlich.
Man leitet zunächst am oberen Ende des Glasrohres (x) aus einer Stahlflasche Wasserstoff ein. Wenn die Luft in der Büchse durch Wasserstoff verdrängt ist, entfernt man die Gaszuleitung und entzündet bei x den Wasserstoff. Das Flämmchen brennt einige Zeit ruhig weiter, dann „kriecht“ es im Glasrohr zurück, bis schließlich mit dumpfem Knall eine Explosion erfolgt.
Nun schiebt man in das Glasröhrchen etwas Kupferwolle (ca. 2–3 cm; nicht zu dicht stopfen, weil dadurch das Ausströmen des Wasserstoffs behindert wird) und wiederholt den Versuch.

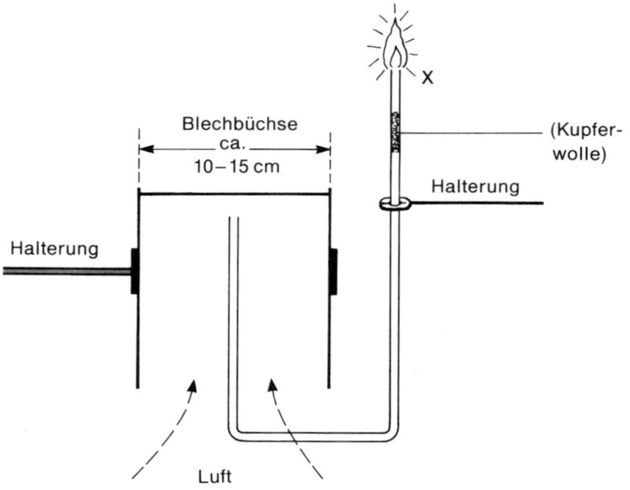

Die Flamme kriecht wieder nach einiger Zeit zurück. Es erfolgt jedoch keine Explosion, weil durch das Kupfer soviel Wärme abgeleitet wird, daß die Flamme im Rohr erlischt.Mit einem langen brennenden Holzspan kann das immer noch vorhandene Knallgas am unteren Büchsenrand gezündet werden.

Hinweise Es empfiehlt sich, zwei Glasrohre vorrätig zu halten – eines mit und eines ohne Kupferwolle-Explosionsschutz. Die Röhrchen können dann beliebig ausgewechselt werden.

Wasserstoff-Luft-Gemische sind grundsätzlich als gefährlich zu betrachten, auch wenn bei der obigen Versuchsanordnung das Risiko äußerst gering ist (offene Blechbüchse, geringe Gasmengen). Zur Sicherheit sollte man aber trotzdem einen gewissen Abstand einhalten, evtl. eine Schutzscheibe benutzen bzw. eine Schutzbrille aufsetzen.

Brennbare Sprühnebel 6.17

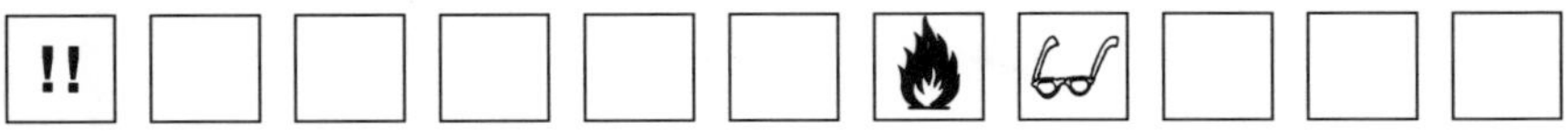

Material

Benzin (Heizöl, Terpentin, ...),
Zerstäuber (Blumenspritze, Parfümzerstäuber, ...).

Durchführung

In einen leeren Zerstäuber füllt man Benzin (auch andere brennbare Flüssigkeiten sind natürlich geeignet) und bläst den Sprühnebel in eine Zündflamme.

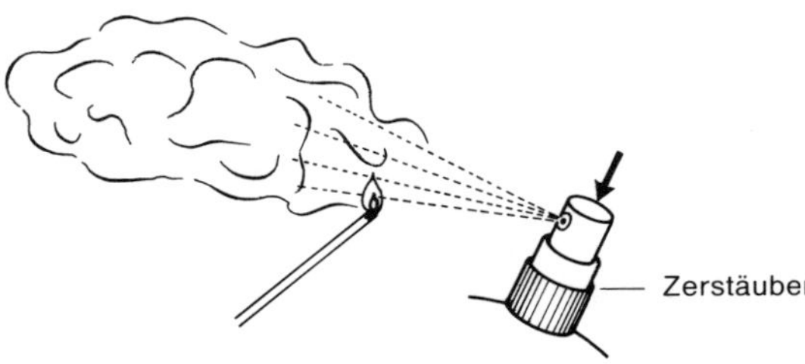

Der Sprühnebel verbrennt in einer eindrucksvollen Stichflamme.

Hinweise

Es ist unbedingt darauf zu achten, daß sich bei dem Versuch in der Sprührichtung keine Personen und kein brennbares Material befinden! Für den Versuch eignen sich auch manche im Haushalt vorhandenen Sprays (Haarfestiger, Sprühkleber, Entfrostersprays, ...) sehr gut.

Explosion von brennbaren Dämpfen 6.18

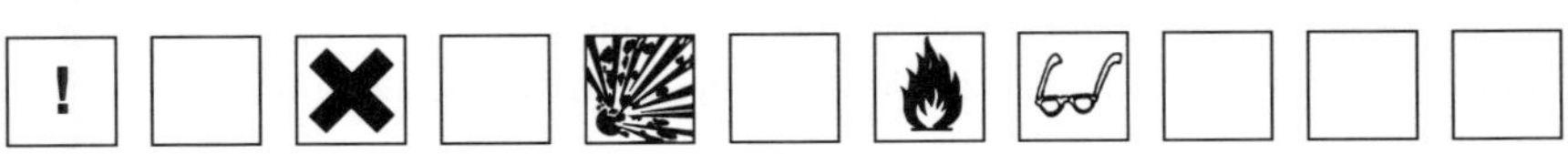

Material

Methanol (oder Brennspiritus), Benzin; präparierte Rohre (s. Abb.)

Durchführung

a) Mit einem Papprohr
Ein ca. 0,5–1 m langes Papprohr (Versandrohre für Poster u. ä. sind gut geeignet) wird etwa 10 cm vor dem verschlossenen Ende mit einem Loch von ca. 0,5–1 cm Durchmesser versehen. In das Rohr schüttet man ca. 5–10 ml Methanol (die Menge ist abhängig von der Rohrgröße) und verschließt das Rohr, indem man einen Stofflappen hineinstopft. Durch mehrmaliges Kippen des Rohres um die Querachse mischt man den Inhalt, dann kann gezündet werden (s. Abb.).

b) Mit einer Blechbüchse (Tennisballbehälter)
Ein gut funktionierendes Explosionsrohr läßt sich aus einer Blechbüchse herstellen, wie sie zur Verpackung von Tennisbällen verwendet wird. In den Blechboden schlägt man mit einem Nagel ein 3–4 mm großes Loch. In die Büchse gibt man einige Tropfen Benzin (o. a. geeignete Flüssigkeiten) und verschließt dann mit dem Plastikdeckel. Ist die Flüssigkeit nach kurzer Zeit verdampft, zündet man, indem man unter das Loch eine Zündflamme bringt.

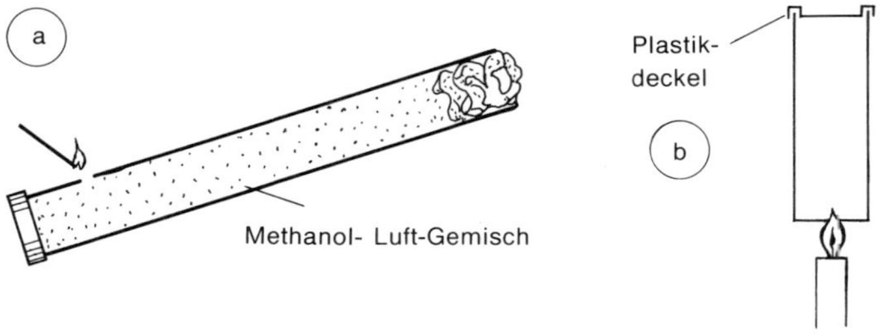

Das Brenngas-Luft-Gemisch verbrennt explosionsartig, wobei der Lappen bzw. Deckel weggeschleudert wird.

Hinweise

Der Versuch funktioniert bei Wiederholungen noch zuverlässiger, weil durch das dann warme Rohr die Brennflüssigkeit besser verdampft. Jedoch muß jeweils für die Lufterneuerung im Rohr gesorgt werden.
Achtung! Die Brennflüssigkeit darf nie aus der Vorratsflasche ins Rohr geschüttet werden, weil noch brennende Flüssigkeit vorhanden sein könnte!
Das Rohr nicht auf Personen richten, da der Lappen manchmal brennend herausgeschleudert wird!
Vor der Verwendung von reinem Sauerstoff statt Luft wird eindringlichst gewarnt!

6.19 Brennendes Benzin nicht mit Wasser löschen

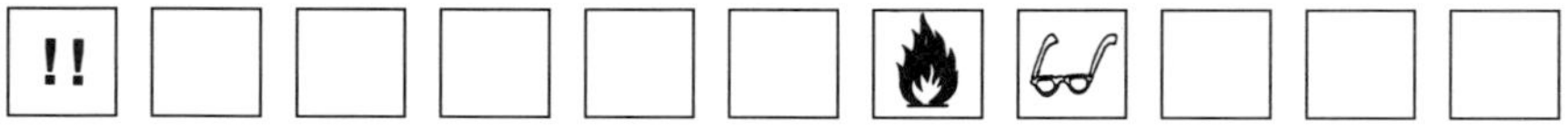

Material

Benzin, Blechgefäß.

Durchführung

Man stellt ein mit etwas Benzin (ca. 10 ml) gefülltes Porzellan- oder Blechschälchen auf einen großen Blechdeckel mit aufgebogenem Rand. Dann entzündet man das Benzin und versucht zu löschen, indem man Wasser in das brennende Benzin gießt.

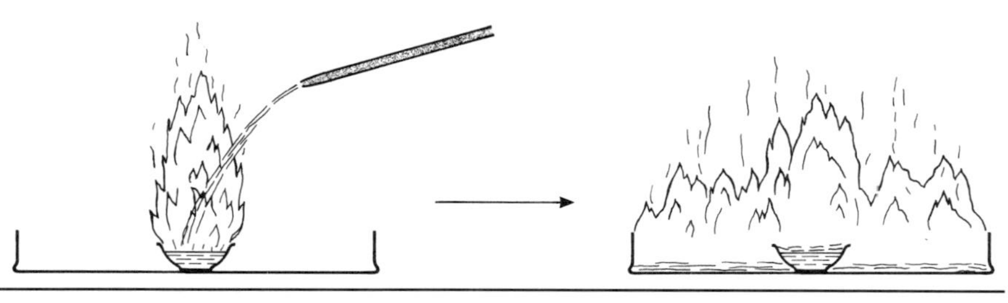

Benzin ist leichter als Wasser und darin nicht löslich, schwimmt daher auf dem zugegebenen Wasser und wird dadurch auf eine größere Fläche verteilt.

Hinweise

Natürlich sind brennbare Materialien aus der Umgebung des Blechgefäßes zu entfernen, bevor man das Benzin entzündet!
Will man das Feuer löschen, dann deckt man es am einfachsten mit einem feuchten Tuch ab.

Luftveränderung bei der Atmung — 6.20

!										B 2

Material

Kalkwasser, 2 Waschflaschen, T-Stück.

Durchführung

Zwei Waschflaschen werden mit Gummischläuchen an ein T-Stück aus Glas wie die Abb. zeigt angeschlossen. Waschflaschen an Stativ fixieren! Man füllt beide Waschflaschen zu etwa 1/4 mit Kalkwasser (Calciumhydroxidlösung). Über das T-Stück wird Ein- und Ausatemluft durch die Waschflaschen geleitet, dabei geht beim Einatmen die Luft durch Flasche A, beim Ausatmen durch Flasche B, wobei sie jeweils durch das Kalkwasser perlt. Ein- und Ausatmung darf nicht stoßweise erfolgen, weil sonst Kalkwasser in den Glasrohren hochsteigt und verspritzt oder in den Mund gelangt.

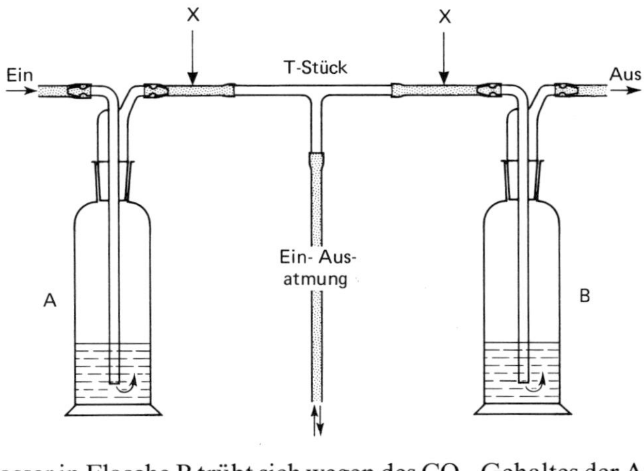

Das Kalkwasser in Flasche B trübt sich wegen des CO_2-Gehaltes der Ausatemluft, während das Kalkwasser in Flasche A klar bleibt.

Hinweise

Der Versuch zeigt, daß die Ausatemluft größere Mengen Kohlenstoffdioxid, das vom Körper abgegeben wird, enthält. Der Versuch setzt voraus, daß den Schülern der Atemvorgang im Prinzip bekannt ist und daß die Nachweisreaktion für CO_2 behandelt ist.
Läßt man den Versuch von Schülern durchführen, sollte man zur Sicherheit bei x (s. Skizze) Quetschhähne anbringen, die beim Ein- und Ausatmen entsprechend geöffnet und geschlossen werden.

6.21 Rosten von Eisen

										B 1

Material: Stahlwolle, großes Reagenzglas mit Stopfen und gebogenem Glasröhrchen, Becherglas, Pinzette; verd. Essigsäure c(HAc) = 0,5 mol/l.

Durchführung: Ein Büschel aufgelockerte Stahlwolle wird in ein Becherglas mit verd. Essigsäure getaucht. Nach kurzem Abtropfen schiebt man die feuchte Stahlwolle in das Reagenzglas, so daß dieses zu etwa 2/3 gefüllt ist. Das Reagenzglas wird mit einem durchbohrten Gummistopfen fest verschlossen. Ein gebogenes Glasrohr verbindet das Reagenzglas mit einem Becherglas, in dem sich angefärbtes Wasser befindet.

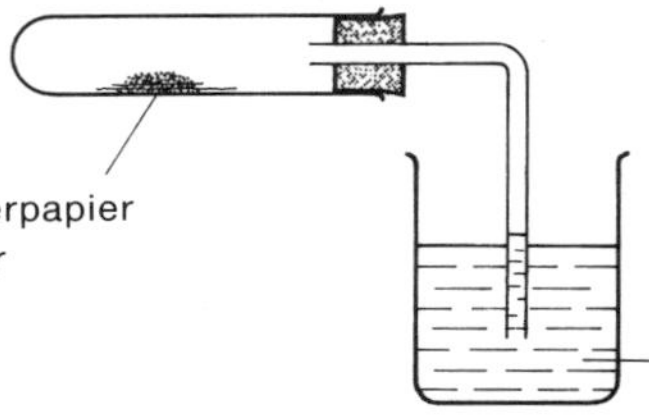

Nach kurzer Zeit beginnt das Wasser im Glasröhrchen zu steigen. Das feuchte, sehr fein verteilte Eisen rostet und bindet dabei Sauerstoff, so daß im Reagenzglas ein Unterdruck entsteht. Durch den Luftdruck wird die Sperrflüssigkeit nachgedrückt.

7. Luft

7.1 Luftanalyse mit Kolbenprober

Material: 2 Kolbenprober 100 ml, Quarzrohr ca. 20 cm lang, 2 Silikonschläuche ca. 3 cm lang, Stativmaterial, Gasbrenner; Kupfer (aus drahtförmigem Kupferoxid reduziert), Glaswolle.

Durchführung: 2 Kolbenprober ohne Hahn und ein Rohr aus Quarzglas werden, wie die Abbildung zeigt, mit entsprechenden kurzen Stücken Silikonschlauch zusammengefügt und am Stativ befestigt. Im Quarzrohr befindet sich Kupfer, das man vorher aus drahtförmigem Kupferoxid mit Wasserstoff reduziert hat. An beiden Enden des Quarzrohres führt man Glaswolle ein, damit möglichst wenig Luft übrigbleibt. Vor Versuchsbeginn muß der eine Kolbenprober auf Null, der andere auf 100 ml Luft eingestellt werden. Um festzustellen, daß die Apparatur dicht ist, schiebt man die Luft einigemale hin und her. Dabei sollen die Kolben in dem Kolbenprobern ohne großen Kraftaufwand verschoben werden, das Gesamtvolumen darf sich dabei nicht verringern.

Anschließend erhitzt man das Quarzrohr mit rauschender Brennerflamme und schiebt die Luft mehrmals über das erhitzte Kupfer, bis sich das Volumen nicht mehr ändert. Der Luftsauerstoff wird dabei chemisch an das Kupfer gebunden.

$2\,Cu + O_2 \rightarrow 2\,CuO$

Das Quarzrohr kann nun mit einem nassen Tuch oder ähnlichem auf die Ausgangstemperatur (Zimmertemperatur) abgekühlt werden. Zum Ablesen schiebt man einen Kolbenprober auf Null, am anderen kann nun das Restvolumen der Luft abgelesen werden. Aus der Differenz des Ausgangsvolumens und des Endvolumens ergibt sich der Volumenanteil des Sauerstoffes in der Luft.

Hinweise

Um genaue Ergebnisse zu erzielen, muß das tote Volumen (Volumen des Reaktionsrohres und aller Verbindungsstücke) möglichst klein gehalten werden. Man verwendet deshalb ein Rohr aus Quarzglas, dessen Durchmesser genau so groß ist, wie die Ansätze der Kolbenprober (häufig 8 mm). Quarzglas ist unempfindlich gegen große Temperatursprünge, man kann das heiße Rohr deshalb risikolos mit kaltem Wasser auf Zimmertemperatur abkühlen. Dadurch gewinnt man für die Versuchsauswertung wertvolle Zeit. Die Kolbenprober müssen so leicht beweglich sein, daß sie durch leichtes Klopfen auf jede Druckdifferenz reagieren. Sollte nach dem Zusammenbau des Gerätes eine geringe Volumenkorrektur nötig sein, so kann man diese dadurch erreichen, daß man in den Kolbenprobern durch starkes Zusammendrücken der Kolben einen kräftigen Überdruck erzeugt. Hält man die Kolben ca. 1 Minute in dieser Stellung fest, dann diffundieren einige Milliliter Luft an den Schliffflächen nach außen. Will man etwas Luft in das Gerät bringen, so muß man die beiden Kolben ca. 1 Minute lang kräftig auseinanderziehen, um einen Unterdruck zu erzeugen.
Wichtig: Die Schliffe der Kolbenprober nicht fetten. Die Kolbenprober können dadurch unbrauchbar werden.

7.2 Bestimmung des Sauerstoffgehaltes der Luft mit Pyrogallol

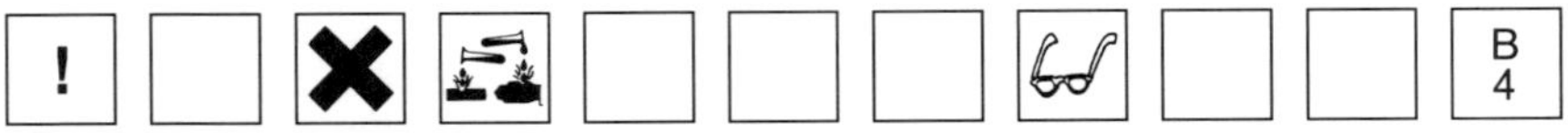

Material: Kolbenprober mit Hahn; Pyrogallol, dest. Wasser, konz. Kalilauge.

Durchführung: Einen Kolbenprober mit Hahn füllt man mit 80 ml Luft. Dazu saugt man 20 ml Pyrogallollösung (1 Spatelspitze Pyrogallol in ca. 20 ml dest. Wasser, dazu 5 ml konz. Kalilauge).
Nun wird ca. 2 Minuten lang kräftig geschüttelt.

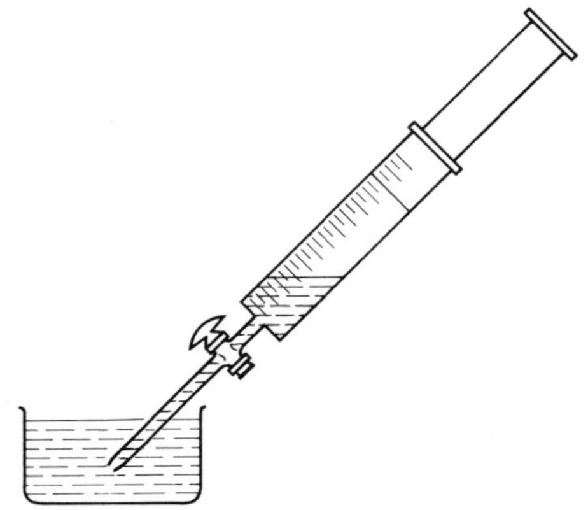

Hinweise: Pyrogallol wirkt stark reduzierend. Es bindet molekularen Luftsauerstoff quantitativ, wobei eine deutliche Braunfärbung der Lösung auftritt. Das Luftvolumen im Kolbenprober hat sich um 16–17 ml verringert. Das sind etwas mehr als 20 % des Ausgangsvolumens.

8. Sauerstoff

8.1 Herstellung von Sauerstoff aus Wasserstoffperoxid

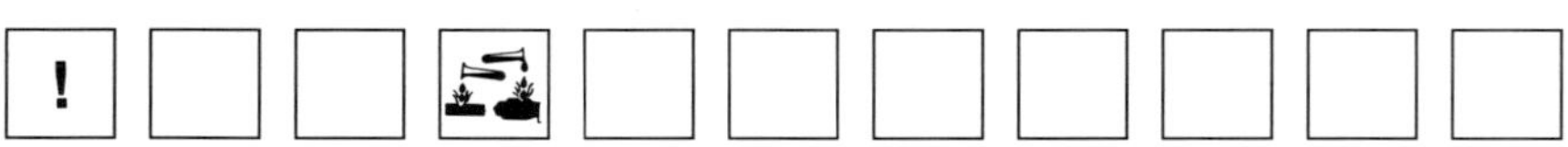

Material: Wasserstoffperoxid (ca. 5 %ig), Braunstein, Gasentwicklungsgerät mit Druckausgleich, pneumatische Wanne.

Durchführung: Man läßt verdünnte Wasserstoffperoxidlösung auf Braunstein tropfen (s. Abb.). Wenn die Luft in dem Glaskolben verdrängt ist (was nach kurzer Zeit der Fall ist), kann der entweichende Sauerstoff in einer pneumatischen Wanne aufgefangen werden.
Wasserstoffperoxid ist eine instabile Verbindung, die starkes Bestreben zeigt, unter erheblicher Wärmeentwicklung in Wasser und Sauerstoff zu zerfallen:

$$2\,H_2O_2 \xrightarrow{[MnO_2]} 2\,H_2O + O_2 + 194\,kJ$$

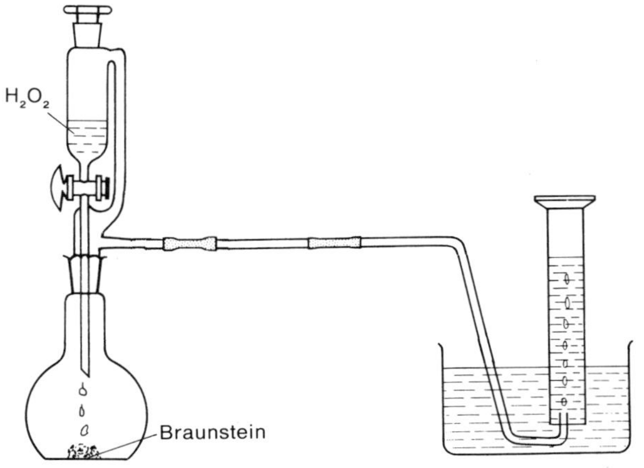

Die Zerfallsgeschwindigkeit ist bei Zimmertemperatur sehr klein. Durch Zugabe von Braunstein als Katalysator erfolgt eine starke Beschleunigung der Zersetzungsgeschwindigkeit, so daß eine kräftige Sauerstoffentwicklung einsetzt.

Hinweise

Kein höher konzentriertes Wasserstoffperoxid verwenden, da dieses recht heftig, u. U. explosionsartig reagiert.

Herstellung von Sauerstoff aus Kaliumpermanganat — 8.2

Material

Kaliumpermanganat; Glimmspan.

Durchführung

In einem trockenen Reagenzglas wird ein Spatel Kaliumpermanganat erhitzt. Der entweichende Sauerstoff wird mit dem Glimmspan nachgewiesen.

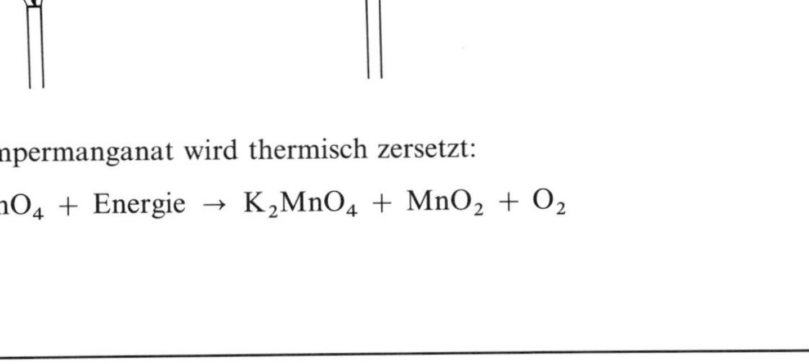

Kaliumpermanganat wird thermisch zersetzt:

$$2\,KMnO_4 + \text{Energie} \rightarrow K_2MnO_4 + MnO_2 + O_2$$

Hinweise: Den gebildeten Sauerstoff kann man – für weitere Versuche – auch in einer pneumatischen Wanne auffangen (aus 10 g $KMnO_4$ werden beim Erhitzen ca. 1 l Sauerstoff frei).
Um zu vermeiden, daß beim Erhitzen mitgerissener Permanganatstaub das Sperrwasser rot färbt, gibt man in das obere Ende des Reagenzglases einen Bausch Glaswolle.

8.3 Verbrennungen in reinem Sauerstoff

Material: Sauerstoff, Schwefelschnur, roter Phosphor, Holzkohle, Stahlwolle; Standzylinder; Marmeladenglas (o. ä.) mit Deckel.

Durchführung: Man füllt mehrere Standzylinder mit Sauerstoff und verschließt sie mit Glasdeckeln. Mit Hilfe eines Verbrennungslöffels führt man nun jeweils in einen Zylinder eine brennende Schwefelschnur, etwas (wenig!) brennenden roten Phosphor, angeglühte Holzkohle ein. Um den Verlust oder die Beschädigung der teueren Glasgeräte zu vermeiden, empfiehlt es sich, für den Versuch mit angeglühter Stahlwolle leere Gläser mit Schraubdeckel zu verwenden, wie sie in jedem Haushalt anfallen (z. B. Gurkengläser, Marmeladengläser o. ä.). Zur Sicherheit bringt man auf den Boden des Glases noch eine Schicht Sand, um das Glas vor herabtropfendem Eisen bzw. Eisenoxid zu schützen.

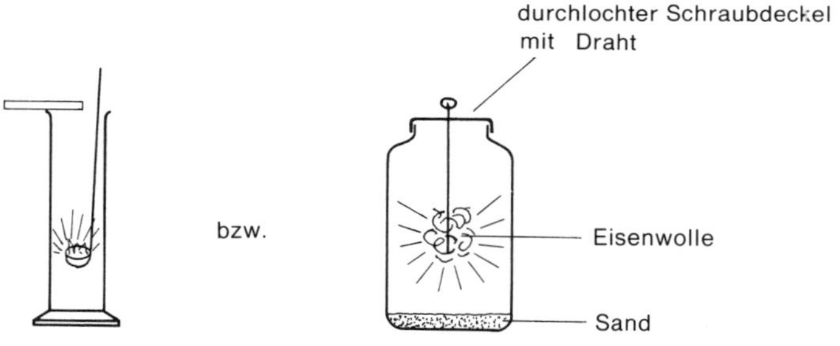

Die Stoffe verbrennen in reinem Sauerstoff besonders heftig und mit eindrucksvollen Leuchterscheinungen.

Hinweise: Die Verbrennungslöffel sind nach den Versuchen unter dem Abzug durch Ausglühen von den Schwefel- bzw. Phosphorresten zu reinigen.

Umgießen von Sauerstoff — 8.4

Material

Sauerstoff; Glimmspan, große Standzylinder.

Durchführung

Man füllt einen Standzylinder mit Sauerstoff (am besten durch Einleiten aus einer Stahlflasche). Durch langsames Einsenken eines glimmenden Spans überprüft man den Füllstand des Zylinders und führt zum Vergleich den glimmenden Span in einen Standzylinder mit Luft ein. Dann „gießt" man den Sauerstoff in den mit Luft gefüllten Standzylinder und überprüft wieder beide Gefäße mit einem Glimmspan.

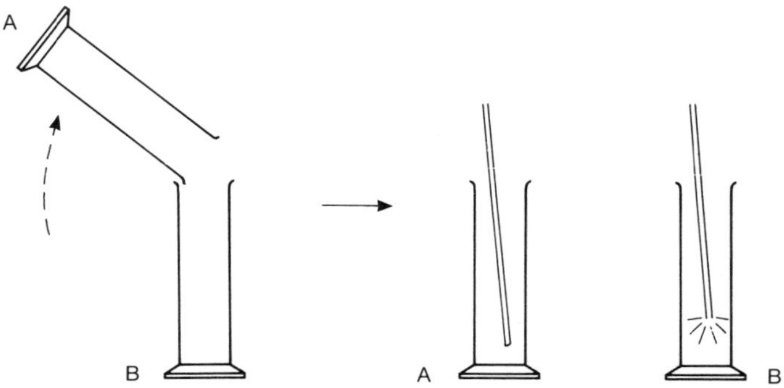

Sauerstoff ist schwerer als Luft (1,43 g/l gegenüber 1,29 g/l) und läßt sich daher „umgießen", wobei der Sauerstoff die leichtere Luft in Gefäß B verdrängt.

Hinweise

Die „Glimmspanprobe" ist eine einfach durchführbare Nachweisreaktion für Sauerstoff. Sie beruht darauf, daß der Span an der Luft (Sauerstoffgehalt ca. 21 Vol. %) nur glimmt, bei höherer Sauerstoffkonzentration (ab ca. 30 Vol. %) aber hell aufflammt.

Kaliumnitrat als Oxidationsmittel — 8.5

Material

Kaliumnitrat („Kalisalpeter"), Holzkohle, Schwefelstückchen; schwerschmelzbares Reagenzglas.

Durchführung

Ein schwerschmelzbares Reagenzglas wird leicht schräg eingespannt und 3–4 cm hoch mit Kaliumnitrat gefüllt. Dann erhitzt man kräftig mit der rauschenden Brennerflamme. Wenn aus der Schmelze Gasblasen aufsteigen, wirft man ein kleines Stückchen Holzkohle auf die Schmelze.
In einem weiteren Versuch (anderes Reagenzglas!) wirft man ein halberbsengroßes Stückchen Schwefel auf die Schmelze.
Bei starkem Erhitzen gibt Kaliumnitrat Sauerstoff ab:

KNO_3 + Energie $\rightarrow$ $KNO_2 + 1/2\,O_2$

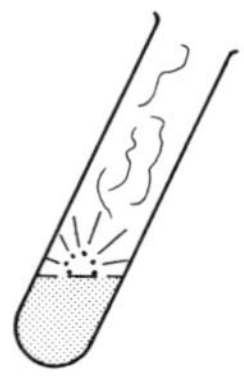

Im entweichenden Sauerstoff verbrennen Kohlenstoff und Schwefel zu Kohlenstoffdioxid bzw. Schwefeldioxid.

Hinweise: Für eine feuerfeste Unterlage sorgen, da nicht auszuschließen ist, daß das Reagenzglas zerspringt.
Nicht über das Reagenzglas beugen!

9. Wasser

9.1 Wasserzersetzung im Hofmann'schen Apparat

B 2

Material: Hofmann'scher Apparat, Stromquelle, Kabel; verd. Schwefelsäure.

Durchführung: In den Hofmann'schen Apparat gibt man verd. Schwefelsäure. Die Platin-Elektroden werden mit der Stromquelle verbunden. Am rechten Schenkel (Kathode) liest man den entstandenen Wasserstoff in ml ab.

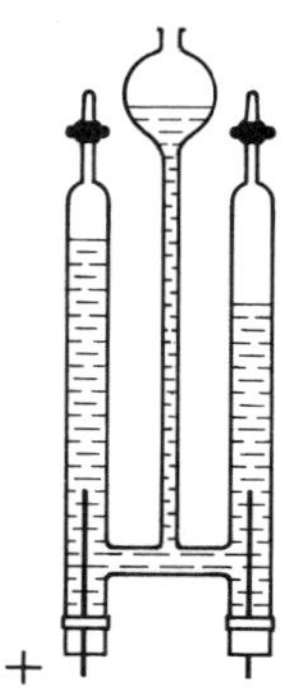

Hinweise: Da reines Wasser den elektrischen Strom praktisch nicht leitet, wird angesäuert. Es spielen sich folgende Vorgänge ab:

Kathode:
$4\,H_3O^+ + 4\,e^- \rightarrow 2\,H_2 + 4\,H_2O$
Anode:
$4\,OH^- \rightarrow 2\,H_2O + O_2 + 4\,e^-$
Gesamtvorgang:
$2\,H_2O \rightarrow 2\,H_2 + O_2$

Die Entladung des Sulfat-Ions erfolgt bei einer höheren Spannung als die Entladung der Hydroxid-Ionen. Darauf beruht die Sauerstoffbildung an der Anode.

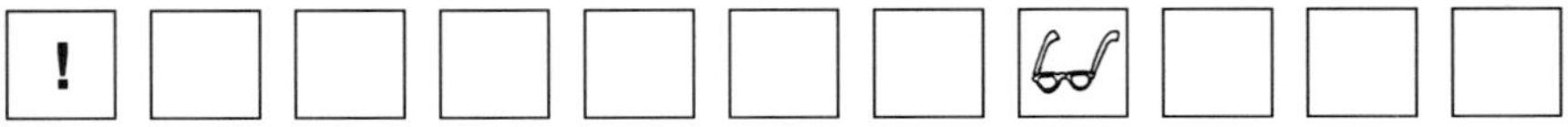

Material

Glaswanne, Reagenzglas, Brenner, Gasableitungsrohr, Gummistopfen, Platinspirale, Gummischlauch, Erlenmeyerkolben, Kabel, Trafo, Wasser.

Durchführung

In einen Erlenmeyerkolben gibt man ca. 1 cm hoch dest. Wasser und setzt einen Gummistopfen auf, der ein Gasableitungsrohr trägt und durch den zwei Buchsen führen, die durch eine dünne Platinspirale miteinander verbunden sind. An das Gasableitungsrohr wird ein Gummischlauch angeschlossen, an dessen anderem Ende sich ein gebogenes Glasrohr befindet. Außerdem stellt man eine Wanne mit Wasser bereit, in dem einige wassergefüllte Reagenzgläser liegen. Nun werden die Buchsen durch zwei Kabel mit einer regelbaren Spannungsquelle und einem Amperemeter verbunden. Der Erlenmeyerkolben sitzt auf einem Dreifuß (mit Keramikdrahtnetz), darunter ist ein Brenner. Das Wasser im Erlenmeyerkolben wird zum Sieden erhitzt, dann wird der Strom eingeschaltet und langsam die Spannung erhöht, bis der Platindraht Weißglut erreicht hat (bei ca. 12–15 V). Die Stromstärke kann je nach verwendetem Platindraht um die 10 A erreichen. Man wartet kurze Zeit bis die Luft aus der Apparatur verdrängt ist, dann fängt man das aus dem gebogenen Glasrohr entweichende Gas in einem der wassergefüllten Reagenzgläser auf. Wenn das Wasser verdrängt ist, verschließt man mit dem Daumen und führt die Knallgasprobe durch.

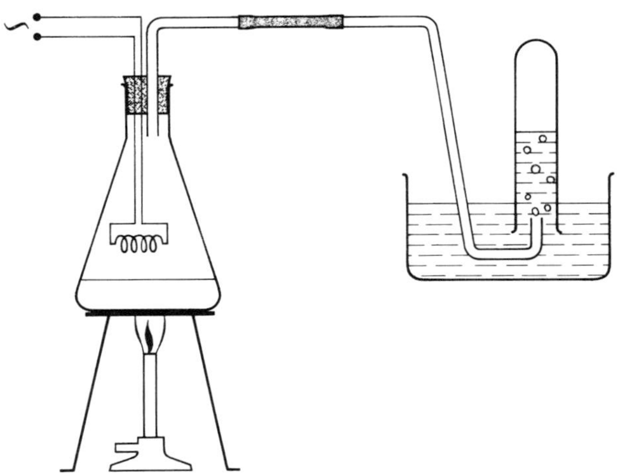

Die Füllung eines Reagenzglases mit Knallgas kann etwa 10–15 Minuten dauern.

Hinweise

Bevor man am Ende des Versuchs den Brenner zum Sieden des Wassers abstellt, muß unbedingt das gebogene Glasrohr aus der Wanne genommen werden, weil sonst die Gefahr eines heftigen Wasserrückschlages in die Apparatur besteht.
Reaktionsgleichung zur Thermolyse des Wassers:

$2\,H_2O + \text{Energie} \rightarrow 2\,H_2 + O_2$

9.3 Quantitative Synthese des Wassers

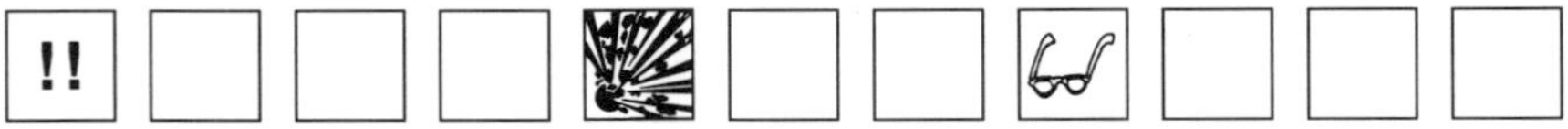

Material Eudiometerrohr aus Plastik, Zündfunkengeber, Kabelverbindungen, Glaswanne, Stativmaterial; Wasserstoff (aus der Flasche), Sauerstoff (aus der Flasche).

Durchführung Aus durchsichtigem Plastikschlauch fertigt man sich ein (besser mehrere) Eudiometerrohr(e) wie in der Abb. gezeigt. Mit Permanentstift o. ä. wird das Eudiometerrohr im oberen Teil in gleichen Volumeneinheiten graduiert. Man füllt nun das Rohr mit genau definierten Volumenverhältnissen Wasserstoff und Sauerstoff, z. B. 1 : 1, 1 : 2, 1 : 3, 2 : 3, 2 : 1, 3 : 1. Mit Hilfe eines elektrischen Funkens wird das Gemisch gezündet. Der entstehende Wasserdampf kondensiert sofort und geht in das Sperrwasser über. Es zeigt sich, daß fast immer ein Restvolumen von Gas übrig bleibt. Lediglich bei einem Gemisch von Wasserstoff und Sauerstoff im Verhältnis 2 : 1 erfolgt eine restlose Vereinigung.

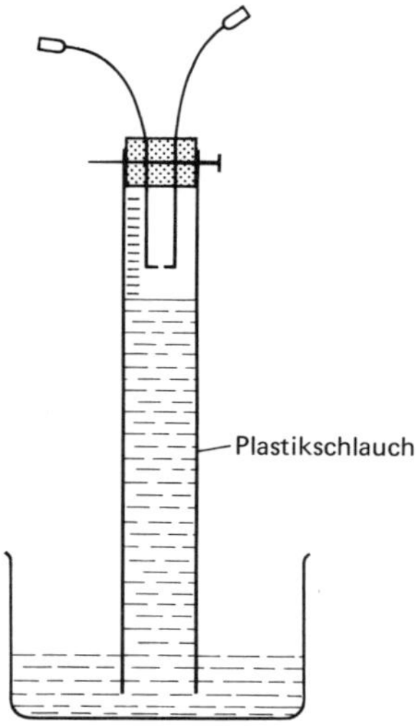

Hinweise Um möglichst genaue Ergebnisse zu bekommen, empfiehlt es sich als Sperrwasser abgekochtes Wasser zu verwenden. Im normalen Leitungswasser ist relativ viel Luft gelöst, die durch die Erschütterung bei der stattfindenden Knallgasreaktion teilweise entweicht und das Ergebnis verfälscht.

Die Eudiometerrohre müssen vor Versuchsbeginn mit Wasser gefüllt werden. Häufig bleiben an den Innenwänden der Plastikrohre Luftblasen hängen, durch mehrmaliges Kippen des nicht ganz gefüllten Rohres (Daumenverschluß) lassen sich die Blasen leicht entfernen. Erst dann das Rohr vollständig füllen, mit dem Daumen verschließen und in die Glaswanne bringen. Daumen erst unter der Wasseroberfläche in der Glaswanne entfernen. Der Gummistopfen, der das Eudiometerrohr im oberen Teil verschließt, wird zweckmäßigerweise mit einem quer durchgesteckten Nagel gesichert (Nagel erst in der Brennerflamme erhitzen, dann läßt er sich leicht mit einer Zange durch das Plastikmaterial und durch den Gummi hindurchschieben. Ein Vorbohren ist dann nicht nötig.)

Zur Erzeugung des elektrischen Funkens im Rohr werden die beiden Steckbuchsen des Plastikrohres mit dem Zündfunkengeber verbunden.

Qualitative Synthese des Wassers 9.4

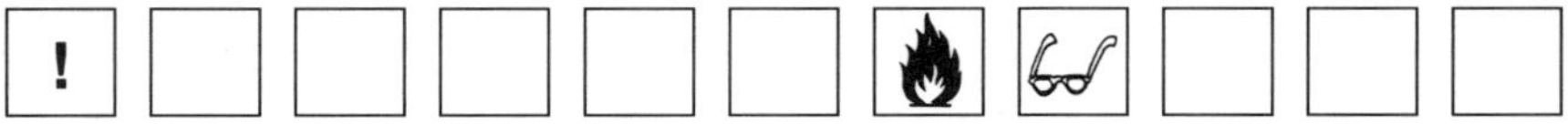

Material

Becherglas, Glasdüse, Wasserstoffquelle (Stahlflasche), Kupfersulfat wasserfrei, Stativmaterial.

Durchführung

Man leitet Wasserstoff in schwachem Strom durch die Glasdüse. Nach der Knallgasprobe entzündet man den Wasserstoff und hält ein kaltes trockenes Becherglas darüber. Das Becherglas beschlägt sich. Streut man etwas wasserfreies farbloses Kupfersulfat auf den Beschlag, so tritt Blaufärbung ein. Der Beschlag besteht also aus Wasser.

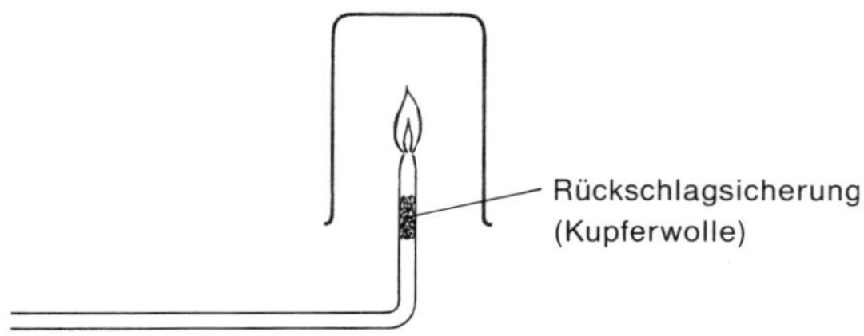

10. Lösungsvorgänge

Bleiiodid: Fällung und Auskristallisation 10.1

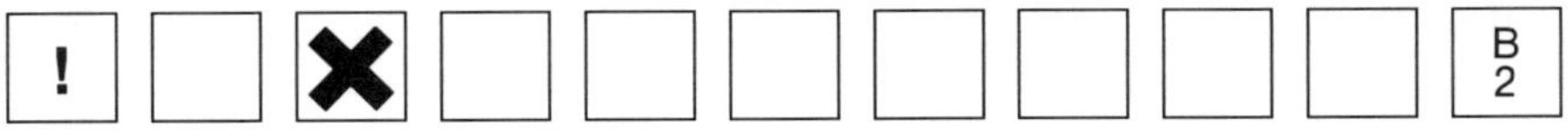

Material

Bechergläser, Meßzylinder, Tropfpipette, Brenner; Bleinitrat, Kaliumiodid, Wasser, Eiswasser.

Durchführung

3,3 g Bleinitrat und 4,0 g Kaliumiodid werden in je 50 ml Wasser gelöst. In 10 ml der Bleinitratlösung gibt man ca. 5 Tropfen Kaliumiodid-Lösung. Es entsteht eine gelbe Fällung. Die Lösung wird zum Sieden erhitzt; der Niederschlag löst sich auf. Beim Abkühlen in Eiswasser kristallisiert Bleiiodid aus.

Hinweise

Bei 20 °C löst sich 0,09 % Bleiiodid.
Bei 100 °C löst sich 0,45 % Bleiiodid.
Die Löslichkeit ist also stark temperaturabhängig. Beim Abkühlen scheidet sich Bleiiodid in Form blättchenförmiger Kristalle ab (Brucit-Struktur).

10.2 Temperaturabhängigkeit des Lösungsvorgangs

Material — Reagenzgläser; Natriumchlorid, Kaliumnitrat.

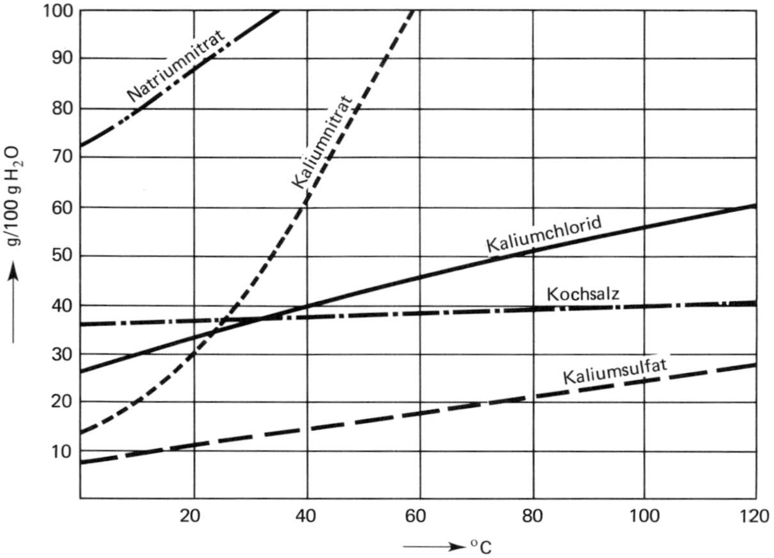

Durchführung — In je ein Rg mit 5 ml Wasser gibt man Kaliumnitrat und Natriumchlorid, bis sich gerade ein Bodenkörper bildet. Dann wird erwärmt. Wenn sich das Salz beim Erwärmen aufgelöst hat, gibt man weiter Salz dazu und erwärmt weiter. Nach erneutem Auflösen läßt man den Inhalt der Rg abkühlen. Zur Beschleunigung kann nach kurzem Warten unter Wasser gekühlt werden.

Hinweise — Die Löslichkeit von Natriumchlorid ist im Gegensatz zu Kaliumnitrat wenig temperaturabhängig, wie die Abb. zeigt. Beim Abkühlen einer heißgesättigten Kaliumnitratlösung scheiden sich rasch Nadeln von Kaliumnitrat ab.

10.3 Positive und negative Lösungswärme

Material — Bechergläser (50 ml), digitales Thermometer; Ammoniumchlorid, Calciumchlorid (wasserfrei), beliebige wasserlösliche Salze.

Durchführung — In ein kleines Becherglas gibt man zur Hälfte dest. Wasser und mißt die Wassertemperatur. Dazu bringt man nacheinander mehrere Spatelspitzen Ammoniumchlorid, rührt dabei mit dem Thermofühler um und verfolgt die Temperaturänderung. Auf die gleiche Weise prüft man anschließend die Lösungswärme von wasserfreiem Calciumchlorid und beliebigen anderen Salzen.

Diese Untersuchung kann gut in einer Schülerübung durchgeführt werden. Es soll mit dieser Versuchsreihe die Thermodynamik der Löslichkeit demonstriert werden. Beim Lösen eines Ionenkristalls in Wasser sind zwei Vorgänge zu beachten. 1. Die Spaltung des Ionenkristalls unter Bildung von hydratisierten Ionenassoziaten. 2. Die Dissoziation der Ionenassoziate zu mobilen Ionen. In 1. ist die treibende Kraft die Hydratation, in 2. kommt es auf die hohe Dielektrizitätskonstante des Wassers an. Die Antwort, mit welcher Temperatur sich ein lösliches Salz in Wasser löst, liefert die Kenntnis der Differenz von Hydratationsenergie und Gitterenergie. Hydrate von Salzen lösen sich meist unter Abkühlung, während sie sich im wasserfreien Zustand mit positiver Wärmeentwicklung lösen (z. B. Calciumchlorid). — Hinweise

Verschiedene Lösungsmittel — 10.4

Material: 12 Reagenzgläser, 4 Spateln; dest. Wasser, Spiritus, Hexan, Schwefel, Kochsalz, Traubenzucker, Hartparaffin.

Durchführung: Man füllt je 4 Rg zur Hälfte mit Wasser, Spiritus und Hexan. Dann gibt man zu den verschiedenen Flüssigkeiten jeweils eine Spatelspitze Schwefel, Kochsalz, Traubenzucker und Hartparaffin. Dabei darf nicht mit der Brennerflamme erwärmt werden. Brandgefahr!

Hinweise: Es soll gezeigt werden, daß es verschiedene Lösungsmittel gibt und der Begriff „unlöslich“ nur auf ein bestimmtes System bezogen werden kann. Bei der „chemischen Reinigung“ wird es auf möglichst universell wirkende Lösungsmittel (Gemische) ankommen.

Temperaturabhängigkeit der Absorption von Gasen — 10.5

Material: Reagenzglas, kohlensäurehaltiges Mineralwasser, Nagel.

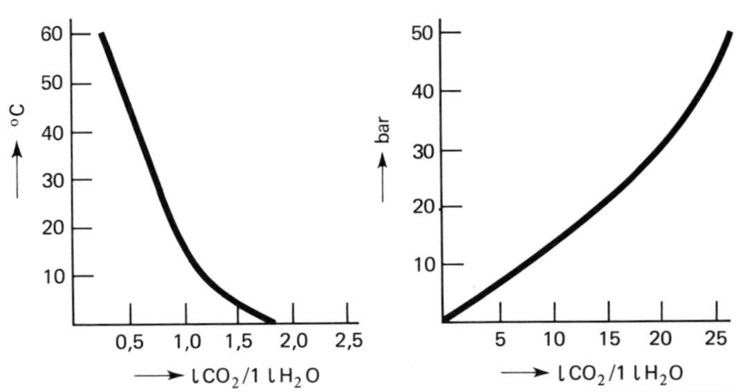

Durchführung In ein Rg gibt man etwa 5 ml frisches Mineralwasser (kohlensäurehaltig) und taucht einen in der Gasflamme vorher kurz angewärmten Nagel ein.

Hinweise Die Absorption eines Gases in einer Flüssigkeit ist druck- und temperaturabhängig. Der eingetauchte Eisennagel erwärmt die Lösung, damit nimmt die Absorption ab und Kohlenstoffdioxid entweicht.

10.6 Nichtwäßriges Lösungsmittel

Material Reagenzglas, Sudanrot 7 B, dest. Wasser, Benzin.

Durchführung In ein Reagenzglas gibt man eine kleine Spatelspitze Sudanrot 7 B und füllt zu 1/4 mit Wasser. Dann gibt man die gleiche Menge Benzin dazu. Anschließend schüttelt man kräftig um. Die Flüssigkeiten entmischen sich, der rote Farbstoff hat sich nur in Benzin gelöst.

Hinweise Sudanrot ist ein lipophiler Farbstoff. Er löst sich deshalb nicht in Wasser. Es ist darauf zu achten, daß von dem Farbstoff nur einige Stäubchen für den Reagenzglasversuch verwendet werden.

10.7 Entmischungsvorgang

Material Reagenzglas; Sudanrot 7 B, Methylenblau, Benzin.

Durchführung In ein Reagenzglas gibt man sehr wenig Sudanrot 7 B und die gleiche Menge Methylenblau. Dazu 4 ml Wasser und 4 ml Benzin. Nun schüttelt man kräftig um und beobachtet die Entmischung. Die wäßrige Phase ist vom gelösten Methylenblau gefärbt. In der lipophilen Phase hat sich Sudanrot gelöst.

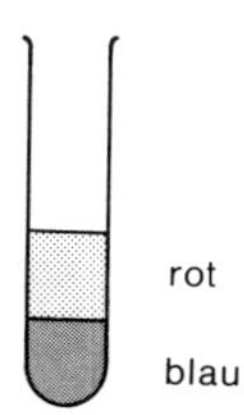

Hinweise Der Versuch zeigt, daß ein Stoffgemisch durch Einsatz entsprechender Lösungsmittel getrennt werden kann. Im vorliegenden Fall kann mit Hilfe eines Scheidetrichters die wäßrige Phase von der lipophilen Phase mit den darin gelösten Stoffen getrennt werden. Vgl. V. 2.9, S. 48.
Mit sehr kleinen Farbstoffmengen arbeiten, da bei intensiver Rot- bzw. Blaufärbung die Farbunterschiede nicht mehr deutlich zu erkennen sind.

11. Wasserstoff

Besondere Vorsichtsmaßnahmen beim Arbeiten mit Wasserstoff.
Vor Entzünden des Wasserstoffs muß immer die Knallgasprobe durchgeführt werden, und zwar in mindestens 1 m Entfernung von der möglichen Ausströmöffnung des Gases. Man verwendet dazu 2 Reagenzgläser, die abwechselnd benutzt werden. Nach zweimaligem negativem Ausfall kann entzündet werden. Die Knallgasprobe ist nur dann als negativ zu bezeichnen, wenn zwar der Entzündungston des Wasserstoffs, nicht aber ein Pfeifton zu hören ist. Grundsätzlich sollte man in das Gasableitungsröhrchen auf 2–3 cm Länge Kupferwolle einstopfen als Sicherung gegen ein Rückschlagen der Flamme. Diese Sicherung versagt bei einem Gemisch aus Wasserstoff und reinem Sauerstoff!
Knallgasgemische werden nur in kleinen Mengen zur Entzündung gebracht. Der dafür benötigte Sauerstoff darf nicht aus $KClO_3$ oder $KMnO_4$ hergestellt werden, weil aus diesen Verbindungen auch Ozon entstehen kann. Beim Auffangen von Wasserstoff aus der Reaktion zwischen Wasser und Natrium mit einem Gitterlöffel besteht Explosionsgefahr! Beim Arbeiten mit Wasserstoff grundsätzlich Schutzbrille tragen!

Darstellung von Wasserstoff im Gasentwickler — 11.1

Material

Gasentwickler mit Druckausgleich; granuliertes Zink, Kupfersulfat, Salzsäure (20 %ig).

Durchführung

In den Rundkolben des Gasentwicklers gibt man ca. 15–25 Körnchen granuliertes Zink, den Tropftrichter füllt man mit roher (20 %iger) Salzsäure. Durch dosiertes Zutropfen der Salzsäure zu den Zinkkörnchen läßt sich die Wasserstoffentwicklung grob steuern.

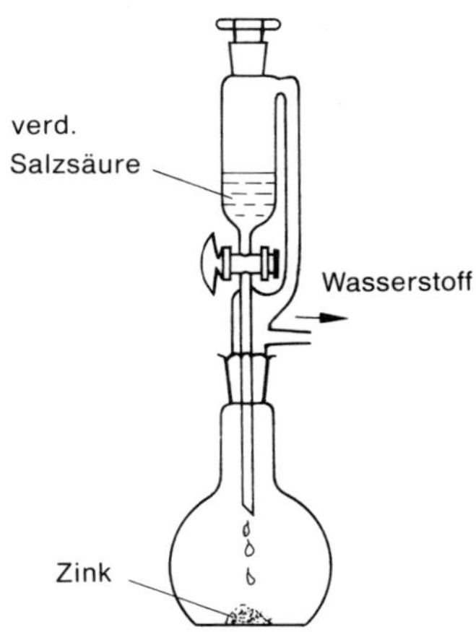

Hinweise Für den Versuch soll nur sehr reines, arsenfreies Zink verwendet werden, da sonst äußerst giftiger Arsenwasserstoff entsteht. Sehr reines Zink entwickelt mit reiner Salzsäure wegen der Überspannung des Wasserstoffs am Zink kaum Wasserstoff. In diesem Fall gibt man einige Körnchen Kupfersulfat zu; wegen der Entstehung von Lokalelementen (Kupfer-Zink-Paar) setzt nun eine kräftige Wasserstoffentwicklung ein.

11.2 Wasserstoff verbrennt an der Luft zu Wasser

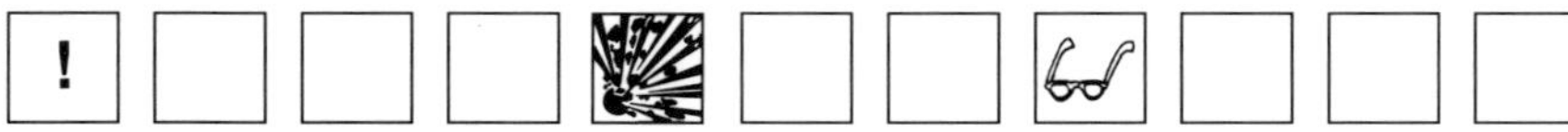

Material Lötrohr, Gummischlauch, Becherglas, Reagenzgläser zur Knallgasprobe; Wasserstoff, Kupfersulfat wasserfrei.

Durchführung Wasserstoff aus einem Gasentwicklungsapparat, besser aus einer Stahlflasche, wird durch ein Lötrohr geleitet und nach zweimaliger negativer Knallgasprobe entzündet. Über die Flamme hält man ein trockenes, kühles Becherglas. Schon nach kurzer Zeit schlagen sich an den Wänden kleine Wassertröpfchen nieder.

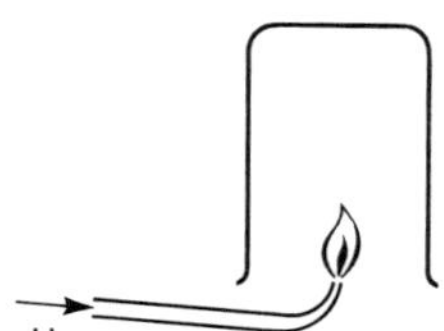

Hinweise Um zu zeigen, daß der Beschlag aus Wasser besteht, streut man etwas wasserfreies (farbloses) Kupfersulfat in das Becherglas. Das Kupfersulfat färbt sich durch Aufnahme von Kristallwasser blau.

11.3 Knallgas aus Wasserstoff und Sauerstoff

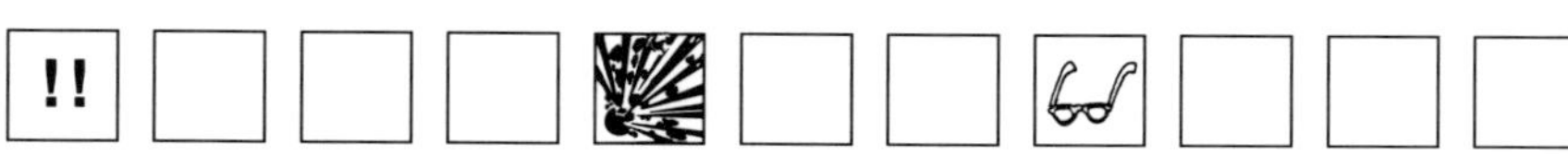

Material Flache Porzellanschale oder Eisenschale, Kolbenprober (100 ml) mit Hahn, Gasbrenner, Stahlflasche mit Wasserstoff, Stahlflasche mit Sauerstoff, Spülmittel.

Durchführung In einen Kolbenprober füllt man zunächst 20 ml Sauerstoff und dann 40 ml Wasserstoff. Dieses stöchiometrische Gemisch bläst man dann in eine Porzellanschale, die mit Wasser voll gefüllt ist. Dem Wasser wurden vorher einige Tropfen Spülmittel zugesetzt. Nachdem man den Kolbenprober weggelegt hat, entzündet man die mit Knallgas gefüllten Schaumblasen mit dem Gasbrenner. Es erfolgt ein sehr heftiger Knall.

Hinweise Zum Füllen des Kolbenprobers darf der Gasschlauch nicht fest auf den Kolbenprober gesteckt werden! Man hält vielmehr den Rohransatz des Kolbenprobers

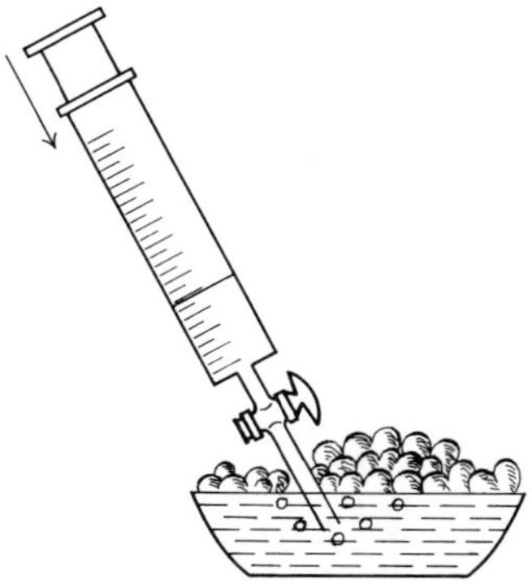

ganz nahe an die Schlauchöffnung und füllt „zischend“ den Sauerstoff ein. Hat man die gewünschte Menge Sauerstoff abgefüllt, wird der Schliffhahn am Kolbenprober geschlossen. Jetzt kann man den Kolbenprober weglegen und dann die Gaszufuhr an der Sauerstoffflasche abstellen. Nun öffnet man die Gaszufuhr an der Wasserstoffflasche und hält die Rohröffnung des Kolbenprobers an die Schlauchöffnung. Wenn es zischt, öffnet man den Schliffhahn am Kolbenprober und füllt die gewünschte Menge Wasserstoff ein. Nach dem Verschließen des Kolbenprobers stellt man die Gaszufuhr an der Wasserstoffflasche ab. Die Porzellanschale mit dem entspannten Wasser muß mindestens 1 m von der Wasserstoffflasche entfernt sein.

Es empfiehlt sich, den zur Entzündung der Schaumblasen nötigen Gasbrenner schon vorher in sicherer Entfernung brennend bereitzustellen. Wegen der hohen Diffusionsfähigkeit des Wasserstoffs bleibt das Gasgemisch in den Schaumblasen nicht lange „stöchiometrisch“. Um einen optimalen „Knalleffekt“ zu erzielen, darf man also nicht allzuviel Zeit verlieren. Aus dem gleichen Grund muß man sich das Gemisch im Kolbenprober unmittelbar vor dem Experiment immer frisch herstellen.

Der Kolbenprober darf natürlich nicht in die Nähe einer Flamme gebracht oder gar in diese gehalten werden!

Das Gefäß mit dem entspannten Wasser muß ganz gefüllt sein! Ein nur halb gefülltes Becherglas z. B. könnte bei der Reaktion zertrümmert werden, weil sich die Glaswand der Druckwelle entgegenstellt.

Wasserstoff brennt, unterhält aber die Verbrennung nicht — 11.4

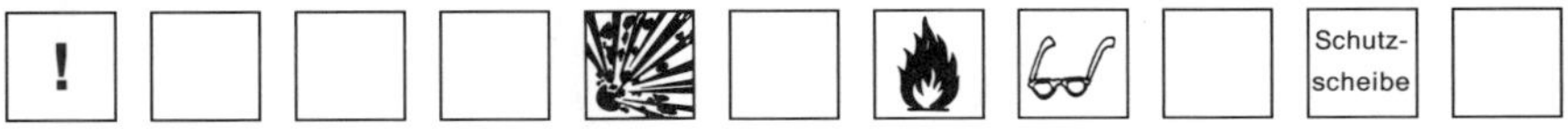

Material

Glaszylinder, Kerze, Draht; Wasserstoff.

Durchführung

Ein Glaszylinder wird mit der Öffnung nach unten senkrecht in ein Stativ gespannt und mit Wasserstoff gefüllt. An einem Stück Draht wird eine brennende Kerze von unten in den Zylinder eingeführt. Der Wasserstoff entzündet sich mit einem deutlichen Knall, die Kerze erlischt im Innern des Zylinders. Führt man die Kerze wieder aus dem Zylinder heraus, so wird sie am fast unsichtbar brennenden Wasserstoff wieder entzündet.

Bei wiederholtem Einführen erlischt die Kerze wieder, beim Herausziehen beginnt sie erneut zu brennen. Dieser Vorgang kann mehrmals hintereinander durchgeführt werden. Zum „Nachweis" der fast unsichtbaren Wasserstoffflamme bringt man ein Stück Papier an die Öffnung des Zylinders. Dies wird wie die Kerze entzündet.

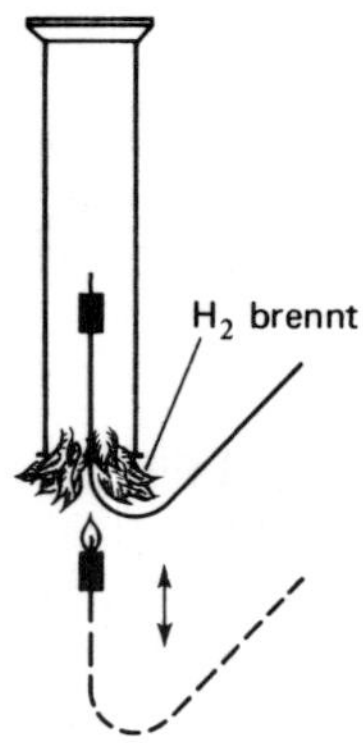

Hinweise Damit sich die Kerze wieder entzünden kann, darf sie an der Zylinderöffnung nicht zu schnell bewegt werden.

11.5 Wasserstoff hat eine sehr geringe Dichte

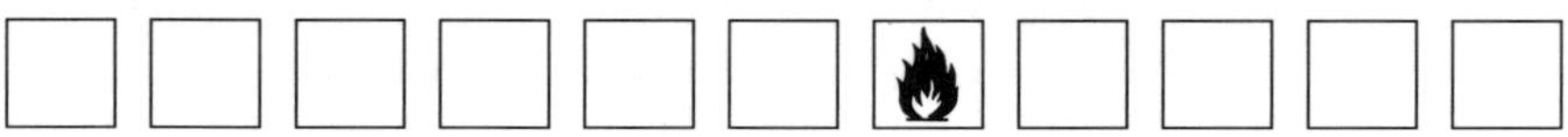

Material Waage, Gewichte oder Tarierschrot, Plastiktüte, Draht; Wasserstoff.

Durchführung An einer Waage wird eine Glocke aus dünner Plastikfolie (Plastiktüte) mit Draht befestigt. Anschließend wird die Waage austariert (Tarierschrot verwenden!). In die nach unten gerichtete Öffnung der Plastiktüte leitet man Wasserstoff ein, wobei man ein Berühren der Waage oder der Plastikglocke mit dem Gaseinleitungsrohr vermeidet, um die Waage nicht zu beeinflussen. Der sehr „leichte" Wasserstoff hebt die Glocke aus Plastikfolie hoch, so daß die Waage ausschlägt. Die Waage bleibt einige Minuten in dieser Stellung stehen. Erst wenn der Wasserstoff aus der Plastiktüte herausdiffundiert ist, stellt sich die Gleichgewichtslage wieder ein.

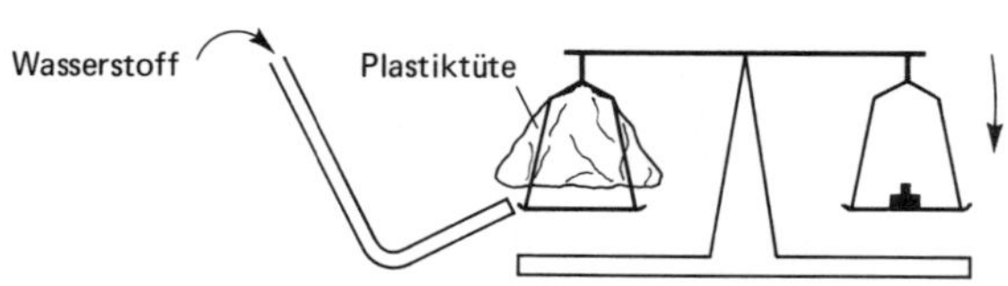

12. Redoxvorgänge (stofforientiert)

Reduktion von Wasser durch Magnesium 12.1

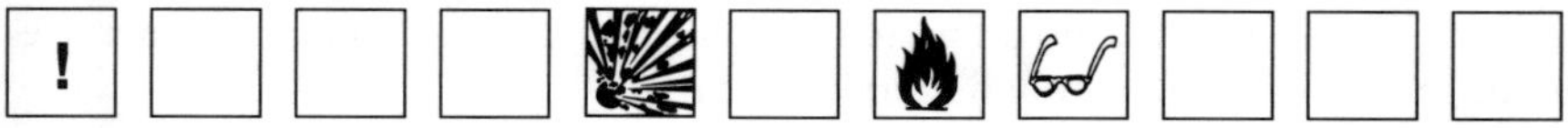

Material

Magnesiumspäne oder Magnesiumband, Wasser; schwerschmelzbares Reagenzglas.

Durchführung

In ein schwerschmelzbares Reagenzglas gibt man ca. 2 cm hoch Wasser und spannt das Reagenzglas schräg ein (s. Abb. a). Dann schiebt man ein kleines Häufchen Magnesiumspäne vorsichtig in das Reagenzglas, so daß zwischen dem Wasser und dem Magnesium noch ca. 2–3 cm Abstand ist. (Statt der Magnesiumspäne kann auch blankes Magnesiumband verwendet werden, das man evtl. einmal faltet, so daß mehr Metall für die Reaktion zur Verfügung steht.) Das Reagenzglas wird mit einem durchbohrten Gummistopfen, in dem ein Glasröhrchen steckt, verschlossen.
Dann erhitzt man zunächst das Wasser (fächelnd und von oben her, damit kein stoßweises Sieden erfolgt), um für eine Wasserdampfatmosphäre im Innern des Reagenzglases zu sorgen. Nun erhitzt man das Magnesium scharf am unteren Ende, bis es aufglüht. Durch weiteres **kurzes** Erhitzen des Wassers kann man die Reaktion kräftiger werden lassen (stärkeres Aufglühen des Magnesiums); es ist aber stets so zu dosieren, daß die Reaktion nicht zu heftig erfolgt! Nach kurzer Zeit kann das aus dem Glasröhrchen entweichende Gas entzündet werden.

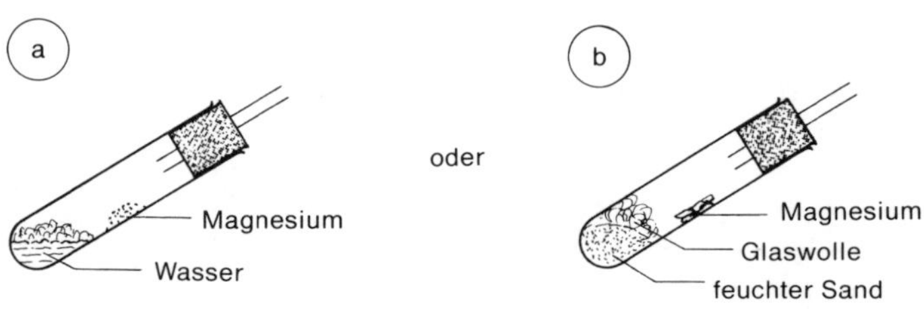

Magnesium entreißt dem Wasserdampf den Sauerstoff. Es entsteht Magnesiumoxid, und Wasserstoff entweicht.

$H_2O + Mg \rightarrow MgO + H_2 + \text{Energie}$

Hinweise

Der Versuch erfordert etwas experimentelles Geschick, läßt sich jedoch gut einüben und verläuft dann gut regelbar und problemlos, wenn man sinnvoll und dosiert erwärmt. Es kann vorkommen, daß die Reaktion zu heftig erfolgt und das Reagenzglas bricht. Die herabfallenden Magnesiumspäne können dann kräftig aufglühen; eine Gefahr besteht jedoch bei der geringen Menge Magnesium nicht, nur sollte man darauf achten, daß die Unterlage aus unempfindlichem Material besteht (z. B. Labortischfliesen).
Wer ganz sicher gehen will, kann sich die Durchführung erleichtern, indem er in das Reagenzglas feinen Sand gibt, welcher dann mit Wasser getränkt wird. Darüber kann man noch etwas Glaswolle schieben, so daß das Magnesium nicht herunterrutschen kann (s. Abb. b).

12.2 Reduktion von Kohlenstoffdioxid durch Magnesium

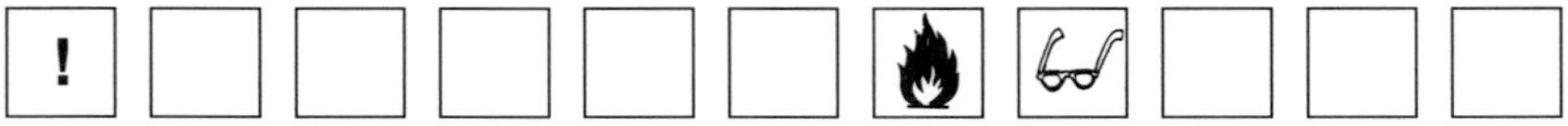

Material Magnesiumband, Kohlenstoffdioxid.

Durchführung In einen mit Kohlenstoffdioxid gefüllten Standzylinder führt man mit einer Tiegelzange ein brennendes Magnesiumband ein.

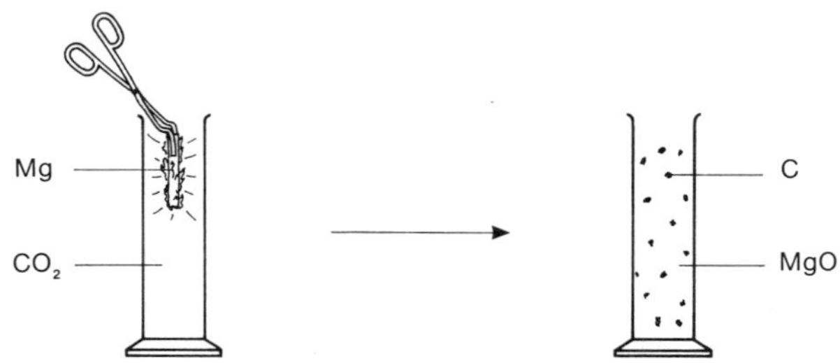

Das Magnesiumband verbrennt zu weißem Magnesiumoxid. Im Zylinder setzen sich schwarze Flocken ab (Kohlenstoff).

$$2\,Mg + CO_2 \rightarrow 2\,MgO + C$$

Hinweise Zur besseren Demonstration kann man die Kohlenstoffflocken mit Wasser aus dem Zylinder spülen und dann abfiltrieren.

12.3 Reduktion von Kupferoxid durch Wasserstoff

Material Wasserstoff, Kupfer(II)-oxid-Drahtstückchen (auch Kupferoxidpulver oder eine oxidierte Kupferdrahtnetzrolle sind geeignet); Verbrennungsrohr.

Durchführung Aufbau der Versuchsanordnung laut Abb., wobei man darauf achtet, daß das Verbrennungsrohr etwas zur Ausströmöffnung hin abgesenkt wird, um das Zurückfließen von Kondenswasser in das heiße Verbrennungsrohr zu vermeiden. Bei der Durchführung verfährt man in folgender Reihenfolge:

- Wasserstoff (am besten aus der Stahlflasche!) einleiten; der Wasserstoffstrom darf nicht zu schwach sein.
- Knallgasprobe.
- Nach zweimaligem negativem Ausfall der Knallgasprobe den Wasserstoff bei A entzünden.
- Verbrennungsrohr zuerst bei B erhitzen, dann in Pfeilrichtung weiterrücken.
- Wenn das Kupferoxid aufglüht, Brennerflamme wegnehmen.
- Bei weiter durchströmendem Wasserstoff das Verbrennungsrohr abkühlen lassen, damit das entstandene Metall nicht sofort wieder oxidiert wird.
- Wasserstoffflamme löschen und Wasserstoffzufuhr abstellen.

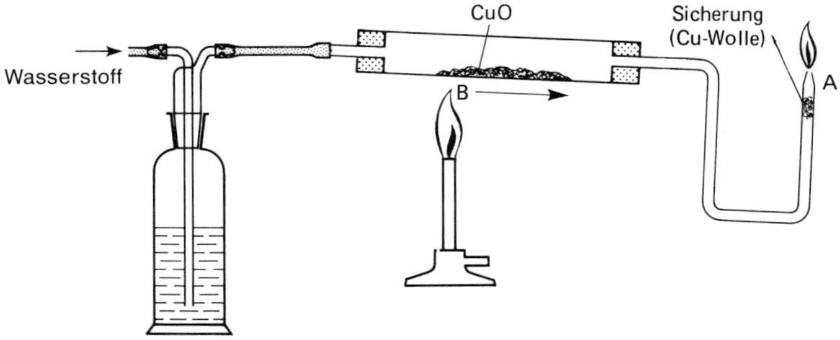

Das schwarze Kupferoxid wird durch den Wasserstoff zu rotem Kupfer reduziert, im U-förmig gebogenem Glasrohr sammelt sich Wasser:

$CuO + H_2 \rightarrow Cu + H_2O$

Hinweise

Statt Kupfer(II)-oxid kann auch Eisen(III)-oxid verwendet werden. Bei dessen Reduktion entsteht sehr fein verteiltes, pyrophores Eisen. Gießt man das frisch reduzierte, jedoch schon erkaltete Eisenpulver in die Luft aus, so glüht es auf, wobei es wieder oxidiert wird. Wegen des hohen Verteilungsgrades (große Oberfläche!) verbrennt dieses Eisen schon bei Zimmertemperatur, wenn man es einige Meter durch Luft fallen läßt. (Ausgießen von einem erhöhten Standpunkt aus.) Die besondere Reaktionsfähigkeit des pyrophoren Eisens ist auf Gitterstörungen zurückzuführen, wie röntgenographische Untersuchungen zeigen.

Reduktion von Blei(II)-oxid durch Kohlenstoff 12.4

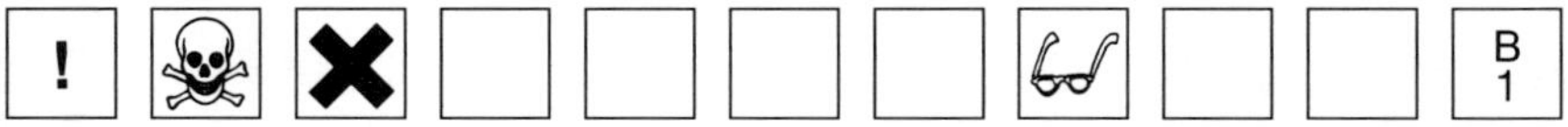

Material

Blei(II)-oxid, Holzkohlepulver; schwerschmelzbares Reagenzglas.

Durchführung

Man mischt 6 g Blei(II)-oxid mit 0,2 g Holzkohlepulver und gibt das Gemisch in ein schwerschmelzbares Reagenzglas. Dann erhitzt man dieses kräftig mit der rauschenden Brennerflamme (ca. 3–4 Min. lang). Anschließend kippt man die glühende Masse rasch in ein Gefäß mit Wasser oder auf eine feuerfeste Unterlage.

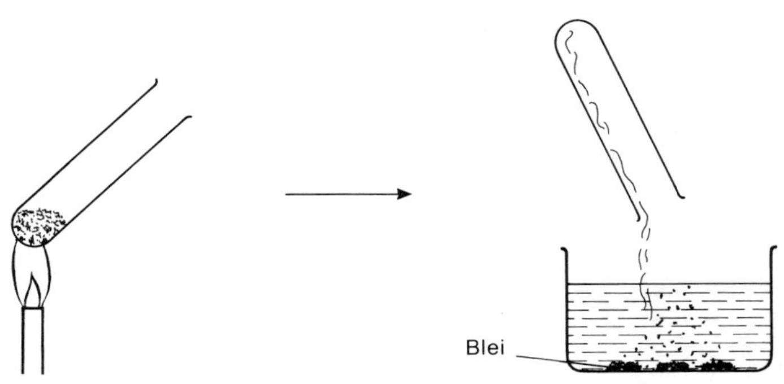

Durch Kohlenstoff wird Bleioxid zu Blei reduziert, Kohlenstoffdioxid entweicht:

$2\,PbO + C \rightarrow 2\,Pb + CO_2$

Hinweise

Der Versuch kann nur dann als gelungen betrachtet werden, wenn als Ergebnis ein oder mehrere Bleistückchen vorliegen. Ist das nicht der Fall, so liegt es meist daran, daß entweder zu wenig kräftig bzw. zu kurz erhitzt wurde, oder das Reaktionsprodukt zu zögernd ausgegossen wurde, so daß das gebildete Blei im Reagenzglas zurückblieb.
Will man das bei der Reaktion entstehende Kohlenstoffdioxid nachweisen, so leitet man es durch ein aufgesetztes Glasröhrchen in Kalkwasser ein.

12.5 Reduktion von Kupferoxid durch Eisen

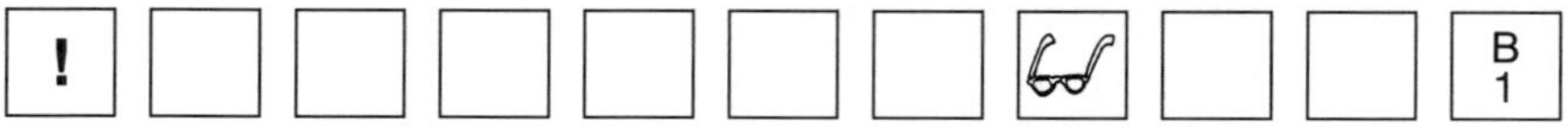

Material

Kupfer(II)-oxidpulver, Eisenpulver (am besten geeignet ist ferrum reductum).

Durchführung

Man mischt 6 g Kupferoxid mit 3 g Eisenpulver, füllt das Gemisch in ein Reagenzglas und erhitzt dann kräftig.

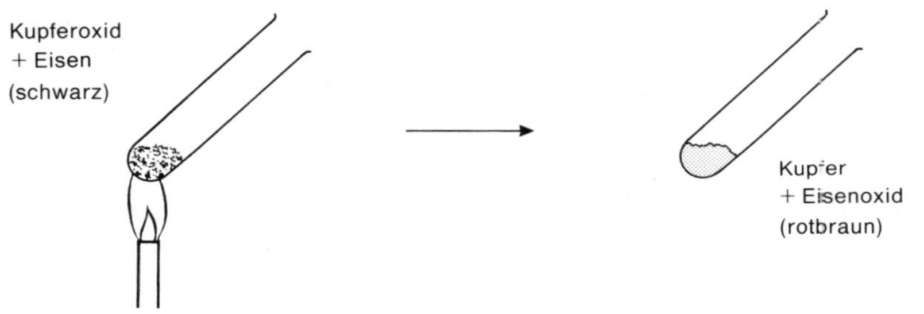

Eisen reduziert das Kupferoxid zu Kupfer:

$3\,CuO + 2\,Fe \rightarrow Fe_2O_3 + 3\,Cu$

13. Chemische Bindungsarten

13.1 Änderung der Leitfähigkeit eines Eisendrahtes beim Erhitzen

Material

Eisendraht, 2 Standfüße mit Isolierung, Glühbirne mit Fassung, regelbares Stromversorgungsgerät (0–25 V), Gasbrenner (mit Fischschwanzaufsatz), Glasstab oder ähnliches.

Durchführung

Ein dünner, ca. 1 m langer Eisendraht (Blumendraht) wird in engen Windungen um einen Glasstab, Bleistift oder ähnliches gewickelt und dann abgezogen, so daß man eine Drahtspirale von etwa 10 cm Länge erhält. Diese Spirale wird, zusammen mit einer Glühbirne, in einen Stromkreis eingebaut. Der spiralig aufgewundene Draht wird dabei zweckmäßig zwischen 2 Standfüße mit Porzellanisolierung gespannt. Mit Hilfe eines regelbaren Stromversorgungsgerätes wird der Stromfluß so eingestellt, daß die Glühbirne gerade deutlich erkennbar leuchtet. Nun erhitzt man mit breiter Brennerflamme (Fischschwanzaufsatz) die Eisendrahtspirale. Das Leuchten der Glühbirnen wird dabei deutlich schwächer, bis sie schließlich ganz erlischt. Beim Abkühlen des Drahtes (Anblasen!) leuchtet die Glühbirne wieder auf; dieser Vorgang kann beliebig oft wiederholt werden.

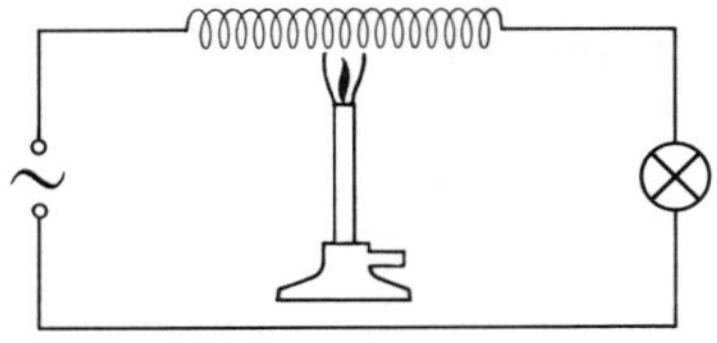

Hinweise

Dieser Versuch läßt Rückschlüsse auf die Beschaffenheit der chem. Bindung in Metallen zu. Die Außenelektronen des Eisens bewegen sich frei zwischen den Atomrümpfen. Beim Einschalten des Stromes bewegen sich die Elektronen zwischen den Atomrümpfen hindurch als „elektrischer Strom". Erhitzt man nun das Eisen, so geraten die Atomrümpfe in starke, schwingende Bewegungen und behindern so die Elektronen am Weiterfließen; der Strom wird dadurch geringer. Der Versuch bestätigt also das Elektronengasmodell der Metallbindung. Die Abhängigkeit der elektrischen Leitfähigkeit eines Eisendrahtes von seiner Temperatur kann besonders effektvoll gezeigt werden, wenn der Widerstand der verwendeten Glühbirne und der Widerstand des spiralig aufgewundenen Eisendrahtes etwa gleich groß sind. Der zu erhitzende Eisendraht darf nicht zu dünn sein, weil er sonst beim Glühen abbrennt. Blumendraht mit einer Dicke von ca. 0,3–0,5 mm eignet sich besonders gut. Ein Meter eines Eisendrahtes von dieser Art hat grob abgerundet den Widerstand von 1 Ohm. Die zu verwendende Lampe soll also auch einen Widerstand von etwa 1 Ohm aufweisen.
Mit Hilfe der Beziehungen

$$\text{Ampere} = \frac{\text{Watt}}{\text{Volt}} \text{ und Ohm} = \frac{\text{Volt}}{\text{Ampere}}$$

können wir leicht eine Glühlampe mit den passenden Daten finden. Eine Scheinwerferlampe eines PKW hat z. B. 35 Watt und 6 Volt. Daraus ergeben sich für diese Lampe etwa 6 Ampere (genau 5,83 A). Eine Glühlampe von 6 Volt und 6 Ampere hat den Widerstand von 1 Ohm. Für unsere Zwecke eignet sich also recht gut die Glühlampe eines Autoscheinwerfers. Den gleichen Zweck erfüllt natürlich auch jede andere Glühlampe mit etwa den gleichen Daten. Gute Ergebnisse liefert z. B. die Glühlampe einer Punktlichtleuchte (Reuter-Lampe) 6 V/5 A, die sich besonders gut in einer Schraubfassung in die Versuchsanordnung einbauen läßt. Um die notwendige Länge eines vorhandenen Eisendrahtes herauszufinden, verwendet man folgende Formel:

$$L = \frac{R \cdot Q}{\varrho}$$

L = Länge (in m); R = Widerstand (hier in Ohm); Q = Querschnitt des Drahtes (in mm²) ϱ = spezifischer Widerstand des Drahtes (Eisen etwa $0{,}1 \frac{\Omega\,\text{mm}^2}{\text{m}}$);

Für einen Eisendraht von 0,4 mm Durchmesser ergibt sich also:

$$L = \frac{1 \cdot 0{,}1256}{0{,}1} = 1{,}25\,\text{m}$$

Ein dünner Draht kann also kürzer sein, ein dicker Draht erfordert eine größere Länge.

13.2 Leitfähigkeit von Schmelzen

Material Schwerschmelzbare Reagenzgläser, Leitfähigkeitsprüfer für Schmelzen, Stromquelle, Meßgerät oder (und) Glühlampe, Stativmaterial; Kaliumnitrat, Naphthalin.

Durchführung In je einem schwerschmelzbaren Reagenzglas wird Kaliumnitrat und Naphthalin geschmolzen, so daß die Schmelzflüssigkeit etwa 1–2 cm hoch im Glas steht. Nun prüft man die elektrische Leitfähigkeit bei den Schmelzen, indem man die Elektroden kurz in die Schmelze taucht. Dabei unbedingt einen Leitfähigkeitsprüfer mit lang abstehenden freien Elektroden verwenden. Die sehr heiße Schmelze soll beim Eintauchen der Elektroden nicht das Glas des Leitfähigkeitsprüfers berühren (Gefahr des Zerspringens!). Der Versuch wird mit Niederspannung durchgeführt. Die Salzschmelze leitet den elektrischen Strom (frei bewegliche elektrisch geladene Ionen; Ionenbindung). Die Naphthalinschmelze hingegen zeigt keine elektrische Leitfähigkeit (frei bewegliche ungeladene Moleküle; Atombindung).

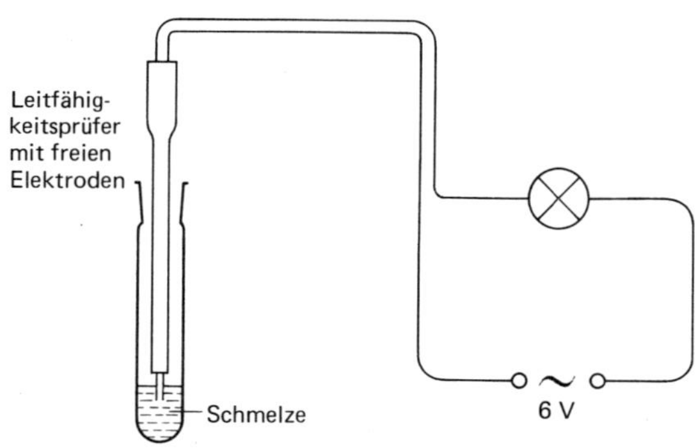

Hinweise Als Salz zum Schmelzen eignet sich Kaliumnitrat gut, denn es hat einen relativ niedrigen Schmelzpunkt (308 °C); Kochsalz schmilzt erst bei 800 °C. Speziell für die qualitative Prüfung von Schmelzen auf elektrische Leitfähigkeit kann mit einfachen Mitteln ein Meßstab selbst angefertigt werden. Als Elektroden dienen zwei dünne Stahlstricknadeln oder Fahrradspeichen, die mit Hilfe einer Zwickzange auf etwa 25 cm Länge gebracht werden. Die Stahlnadeln werden in einer zweipoligen Lüsterklemme befestigt und dann durch ein Glasrohr (Länge etwa 20 cm) (Durchmesser kleiner als Durchmesser eines Reagenzglases) gesteckt, bis die Lüsterklemme an einem Ende anstößt. Die Elektroden ragen an dem anderen Ende des Glasrohres einige cm weit (mindestens 2 cm) heraus. Um die beiden

Stricknadeln elektrisch voneinander zu isolieren, schiebt man über eine Nadel ein dünnes Glasrohr. Die Länge dieses Glasrohres soll etwa 1 cm kürzer als das äußere Glasrohr sein. Mit Hilfe eines Zweikomponentenklebers auf Epoxidharzbasis wird der Meßstab auf der Seite, aus der die Stahlnadeln herausragen, dicht verschlossen. Nach dem Erhärten der Klebemasse schließt man an der Lüsterklemme noch ein Zuleitungskabel an. Etwa 3 cm des Zuleitungskabels und 3 cm des äußeren Glasrohres werden mit einem Plastikisolierband in 2–3 Lagen umwickelt, dadurch wird der Elektrodenanschluß fixiert und zugleich elektrisch isoliert. Der selbstgefertigte Meßstab ist sofort gebrauchsfertig.

Leitfähigkeit einer Salzlösung 13.3

!										

Material

Becherglas, Leitfähigkeitsprüfer, Stromquelle, Meßgerät oder (und) Glühlampe; Kochsalz, Zucker, dest. Wasser.

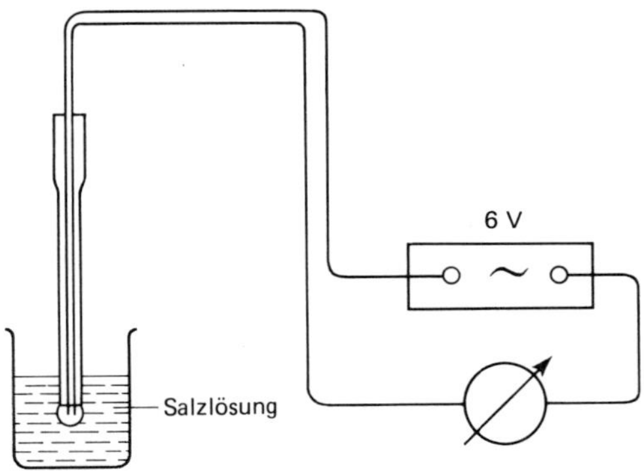

Durchführung

Ein kleines Becherglas (50–100 ml) wird zur Hälfte mit dest. Wasser gefüllt. Man prüft zunächst die elektrische Leitfähigkeit des Wassers. Dann löst man eine Spatel voll Kochsalz in diesem Wasser und prüft die Leitfähigkeit erneut. Der Versuch wird wiederholt, anstelle des Kochsalzes verwendet man aber jetzt Zucker. Die Leitfähigkeit der Salzlösung weist auf die Ionenbindung im Kochsalz hin. Die Zuckerlösung leitet den elektrischen Strom nicht. Im Zucker liegt Atombindung vor. Die Bildung von Ladungsträgern (Ionen) ist hier also nicht möglich.

13.4 Synthese von Natriumchlorid aus den Elementen

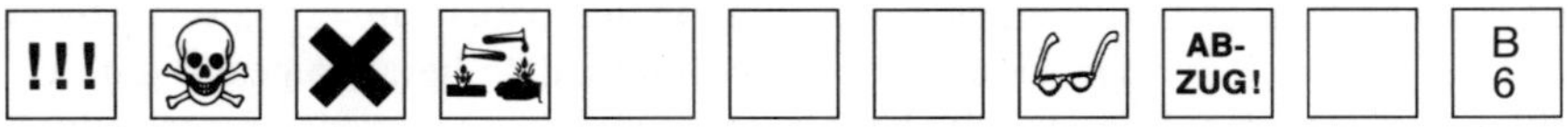

Material Natrium, Chlor; Reagenzglas mit Öffnung seitlich unten, Standzylinder mit Schliffdeckel, Holzklammer, Glaswolle, Brenner.

Durchführung In ein Reagenzglas, in das seitlich unten ein Loch „geblasen“ wurde, gibt man ein entrindetes und abgetrocknetes, gut halberbsengroßes Stückchen Natrium. An der Holzklammer erhitzt man in der heißen Brennerflamme, bis das Natrium schmilzt und etwas aufglüht. Dann läßt man das Reagenzglas schnell in den mit Chlorgas gefüllten Standzylinder gleiten und deckt diesen sofort ab.

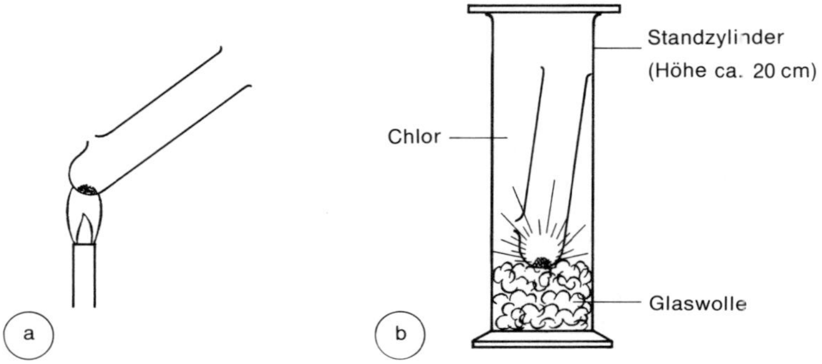

Unter blendender Lichterscheinung (gelbe Flamme!) reagieren Natrium und Chlor zu Natriumchlorid, das sich als weißer Belag an der Reagenzglaswandung absetzt. Der Versuch zeigt sehr effektvoll die freiwerdende Energie bei der Ausbildung des Ionengitters.

Hinweise Chlorgas kann man durch Auftropfen von konz. Salzsäure auf Kaliumpermanganat herstellen, wobei man einen Gasentwickler mit Druckausgleich verwendet (möglichst Schliffgeräte!). Es empfiehlt sich, das Chlorgas bereits vor der Unterrichtsstunde herzustellen, in Standzylinder einzuleiten und diese mit gut gefetteten Glasplatten dicht abzudecken. Es läßt sich so ohne weiteres einige Stunden im Abzug aufbewahren. Überschüssiges Chlor kann man unschädlich machen, indem man es in ein Becherglas mit frischer Aktivkohle oder in eine konz. Lösung von Natriumthiosulfat = Fixiersalz („Antichlor“) einleitet. Über Beseitigung von Natriumresten und Vorsichtsmaßnahmen beim Umgang mit Alkalimetallen siehe B 6 auf Seite 33. Zu beachten ist, daß sich nach der Reaktion im Reagenzglas noch nicht umgesetztes Natrium befinden kann. Daher darf man das Reagenzglas nicht den Schülern aushändigen bzw. herumgehen lassen! Will man ganz sicher gehen, gibt man in das Reagenzglas vor dem Ausspülen etwas Brennspiritus, um die Reste gefahrlos reagieren zu lassen.

14. Allgemeiner Redox-Begriff

Reaktion von Magnesium mit Chlor 14.1

Material
Chlor, Magnesiumband; Standzylinder mit Abdeckplatte.

Durchführung
Man füllt einen Standzylinder mit Chlor (der Inhalt soll deutlich gelbgrün gefärbt sein!) und deckt ihn mit einer Glasplatte ab. Dann nimmt man ein mindestens 10 cm langes blankes Magnesiumband mit der Tiegelzange an dem einen Ende, erhitzt es in der Flamme am anderen Ende bis es sich entzündet und taucht es dann tief in das Chlor ein.

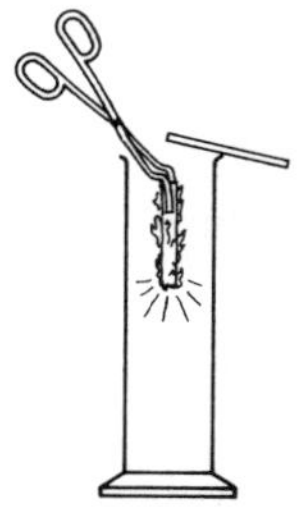

Magnesium brennt leicht knatternd in der Chloratmosphäre weiter:

$Mg + Cl_2 \rightarrow MgCl_2 + \text{Energie}$

Hinweise
Wenn man den Schliffrand des Standzylinders gut einfettet und den Glasdeckel dicht daraufdrückt, kann man das Chlor im Zylinder längere Zeit (mehrere Tage) vorrätig halten.

Reaktion von Aluminium mit Brom 14.2

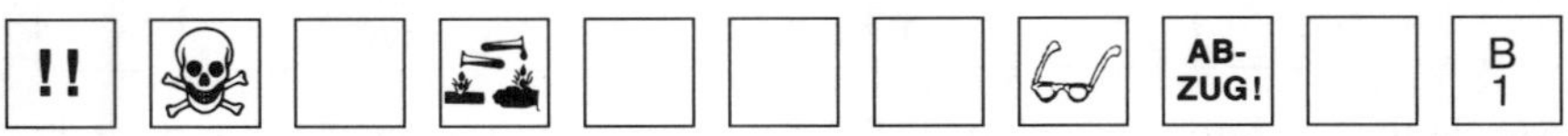

Material
Brom, Aluminiumfolie.

Durchführung
Man spannt ein Reagenzglas senkrecht ein und gibt dann ca. 0,5–1 cm hoch flüssiges Brom hinein (Abzug!). Normalerweise bleibt das Reagenzglas bei dem Versuch unbeschädigt, trotzdem sollte man zur Sicherheit ein Auffanggefäß (z. B. Schale mit Sand oder Aktivkohle) darunterstellen.
In das Reagenzglas läßt man eine kleine Aluminiumkugel (ca. 0,5–1 cm Durchmesser) fallen, die man sich aus einem Stück Aluminiumfolie locker zusammengedrückt hat. Sehr gut läuft die Reaktion auch ab, wenn man die Aluminiumfolie zu einem ca. 10 cm langen Röhrchen zusammenwickelt und dann in das Reagenzglas gleiten läßt. Das Einsetzen der Reaktion, das nach etwa 10–20 Sekunden erfolgt,

kann beschleunigt werden, wenn man das Aluminium kurz an einem Stück Sandpapier anschleift.

Die Reaktion setzt unter Aufglühen des Aluminiums ein und verläuft unter heftigem Zischen und Funkensprühen, wobei braune Bromdämpfe aus dem Reagenzglas herauswogen.

$Al + 1\,1/2\,Br_2 \rightarrow AlBr_3 + 526\,kJ$

Durch das Anschleifen des Aluminiums wird die Oxidschicht zerstört, so daß die Reaktion schneller einsetzt.

Hinweise

Vorsicht beim Reinigen des Reagenzglases, da das wasserfreie Aluminiumbromid heftig mit Wasser reagiert! Man gibt aus einer Spritzflasche oder mit einem Glasrohr Wasser in das Reaktionsgefäß, wobei man sich zur Sicherheit einen Handschuh überzieht und eine Schutzbrille aufsetzt. Nachdem das Reagenzglas mit Wasser aufgefüllt ist, kann man es ohne Gefahr ausspülen.
Achtung! Mit elementarem Brom muß sehr sorgfältig hantiert werden: Keine Dämpfe einatmen und keine Bromtropfen auf die Haut bringen (gibt schmerzende, schlecht heilende Wunden)!!!

14.3 Silberreinigung

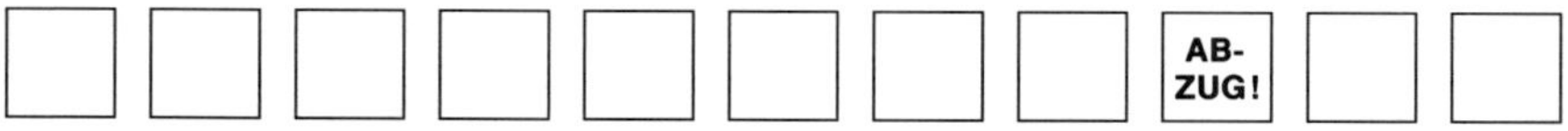

Material

„Angelaufenes“ Silberbesteck oder Silberblech mit Sulfidschicht, Aluminiumfolie; Natriumchlorid (auch andere Salze sind geeignet, z. B. Soda, Magnesiumchlorid), heißes Wasser.

Durchführung

In ein geeignetes Glasgefäß (z. B. Kristallisierschale) wird ein Stück Aluminiumfolie (Haushaltsfolie) gelegt und mit heißem Wasser übergossen. Dann gibt man einige Spatel Kochsalz dazu und legt den zu reinigenden Silbergegenstand auf die Folie.
Bei dem dunklen Belag auf dem Silber handelt es sich in der Regel um Silbersulfid, das sich durch Reaktion des Silbers mit Schwefelwasserstoff bildet (Schwefelwasserstoff ist in bewohnten Räumen immer vorhanden). Bei der Beseitigung dieses Belags laufen verschiedene Hydrolyse- und Redoxreaktionen ab. Letzten Endes

werden die Silber- und Sulfidionen entladen, wobei der Schwefel in Form von Schwefelwasserstoff entweicht (schwacher Geruch nach faulen Eiern!) und blankes Silber zurückbleibt.

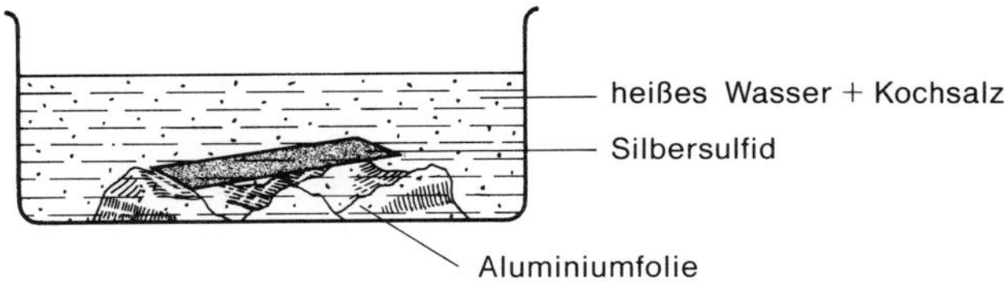

Hinweise

Statt eines geeigneten Silberbestecks (das nicht immer zur Verfügung stehen wird) kann man sich ein Stück Silberblech präparieren. Zu diesem Zweck läßt man Schwefelwasserstoff (**Vorsicht!** Stark giftig! Abzug!) auf das Silberblech einwirken, bis es dunkel geworden ist. Schwefelwasserstoff kann man sich leicht herstellen, indem man z. B. auf Eisensulfid etwas verd. Salz- oder Schwefelsäure gibt. Das Silberblech hängt man in den entweichenden Schwefelwasserstoff. Noch bequemer läßt sich Natriumsulfid handhaben. Man gibt davon etwas in ein kleines Becherglas mit wenig Wasser und legt das Silberblech darüber.

Eisen reduziert Kupferionen zu metallischem Kupfer 14.4

Siehe Versuch 12.5, Seite 102

Redoxreaktionen zwischen Halogenen 14.5

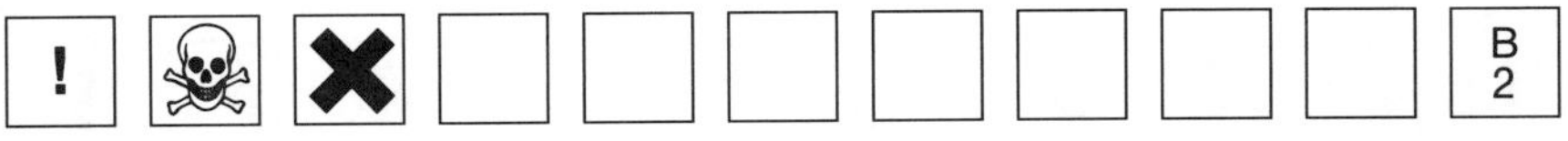

Material

Chlorwasser, Bromwasser, Lösungen von Kaliumchlorid, Kaliumbromid und Kaliumiodid, Chloroform.

Durchführung

In je ein Reagenzglas mit Kaliumbromid- und Kaliumiodidlösung gibt man Chlorwasser und einige Tropfen Chloroform. Dann schüttelt man um.
Beobachtung der Farbänderung des Chloroforms: im Reagenzglas mit Kaliumbromid wird das Chloroform gelb, im Reagenzglas mit Kaliumiodid rotviolett.

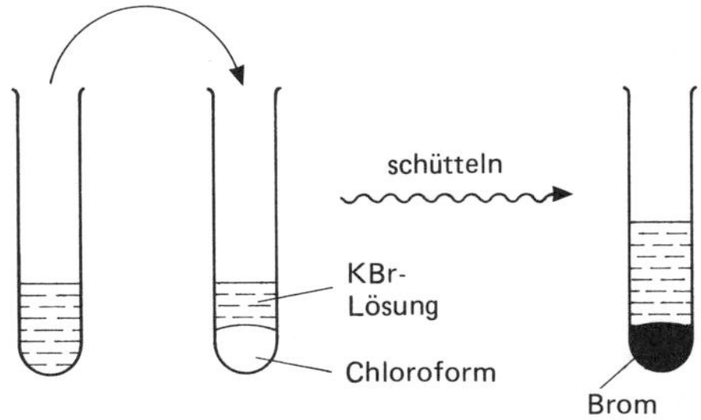

Nun gibt man in je ein Reagenzglas Kaliumiodid- und Kaliumchloridlösung, setzt einige Tropfen Chloroform und etwas Bromwasser dazu und schüttelt um.
Beobachtung: Nur im Reagenzglas mit Kaliumiodidlösung verschwindet die Gelbfärbung durch Brom, und im Chloroform löst sich Iod.
Die Reaktivität der Halogene nimmt mit steigender Atommasse ab. Chlor kann Brom und Iod freisetzen, während Brom nur Iod aus den Verbindungen in Freiheit setzen kann:

$$Cl_2 + 2\,Br^- \rightarrow 2\,Cl^- + Br_2$$
$$Cl_2 + 2\,I^- \rightarrow 2\,Cl^- + I_2$$
$$Br_2 + 2\,I^- \rightarrow 2\,Br^- + I_2$$

Bei den Versuchen werden die neu entstandenen Halogene in Chloroform durch Ausschütteln gelöst.

Hinweise Das Ausschütteln freigesetzten Broms und Iods soll die Beobachtungsmöglichkeiten verbessern. Da Chloroform jedoch als cancerogen gilt, muß mit ihm sehr vorsichtig umgegangen werden: Kleine Mengen verwenden, Abzug, Hautkontakt vermeiden (Schutzhandschuhe); Beseitigung als Sondermüll. Sinnvoll ist es auch, Chloroform durch Benzin zu ersetzen. Dieses schwimmt dann natürlich auf den wäßrigen Lösungen.

15. Säure-Base-Reaktionen

15.1 Darstellung von Chlorwasserstoffgas

Material Natriumchlorid (Haushaltskochsalz ist auch geeignet), konz. Schwefelsäure; Gasentwicklungsgerät mit Druckausgleich.

Durchführung Man baut die Versuchsanordnung auf, wie in der Abb. dargestellt. Durch langsames Zutropfen der konz. Schwefelsäure zum Kochsalz läßt sich die Chlorwasserstoffgasentwicklung grob steuern. Sollte die Gasentwicklung zu langsam oder mit zu geringer Ausbeute ablaufen, so empfiehlt es sich, den Rundkolben vorsichtig zu erwärmen (Befächeln mit kleiner, nicht rauschender Brennerflamme).
Aus dem Glasröhrchen entweicht Chlorwasserstoff, ein farbloses Gas, das an der Luft Nebel bildet (HCl bildet mit der Luftfeuchtigkeit feinste Tröpfchen Salzsäure). Die Reaktion läuft in zwei Stufen ab, wobei Gleichung a) für niedere Temperaturen und Gleichung b) für höhere Temperaturen zutrifft:

a) $NaCl + H_2SO_4 \rightarrow NaHSO_4 + HCl$
b) $NaCl + NaHSO_4 \rightarrow Na_2SO_4 + HCl$

$$2\,NaCl + H_2SO_4 \rightarrow Na_2SO_4 + 2\,HCl$$

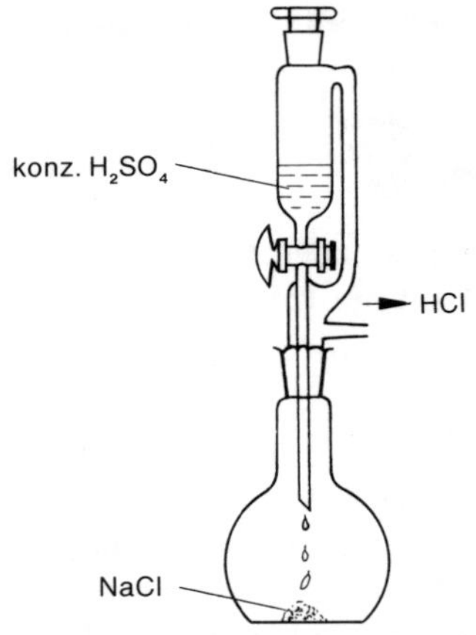

Wie die Erfahrung zeigt, läuft der Versuch wesentlich leichter ab, wenn das Kochsalz vor Versuchsbeginn schwach angefeuchtet (nicht gelöst!) wird. Chlorwasserstoffdämpfe nicht einatmen (ätzend!). Apparatur nach Gebrauch in den Abzug stellen!

Hinweise

Die Reaktion von Chlorwasserstoff mit Wasser ist exotherm 15.2

Material

Chlorwasserstoffgas; Thermometer

Durchführung

Man umwickelt einen Temperaturfühler oder die Quecksilberkugel eines Thermometers mit feuchtem Filterpapier. Nun läßt man Chlorwasserstoffgas auf das feuchte Filterpapier strömen. Man kann auch den präparierten Temperaturfühler in einen mit Chlorwasserstoff gefüllten Standzylinder einführen.

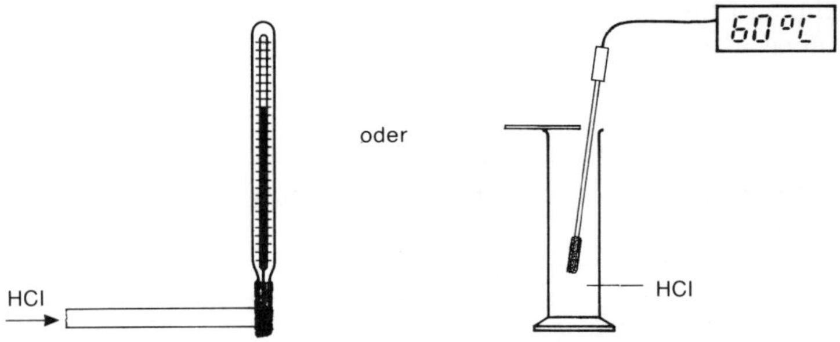

Bei der Reaktion von Chlorwasserstoff mit Wasser wird Wärmeenergie frei.

Hinweise

Bei der Reaktion mit trockenem Chlorwasserstoff (HCl durch konz. Schwefelsäure leiten) steigt die Temperatur bis etwa 70 °C an.

15.3 „Springbrunnenversuch“ mit Chlorwasserstoff

! | Schutzscheibe | B 2

Material Chlorwasserstoffgas, Lackmus- oder Universalindikatorlösung; Waschflasche (oder dicker Rundkolben) mit Spritzdüse.

Durchführung In den trockenen Zylinder einer Waschflasche leitet man Chlorwasserstoff und verschließt mit einem durchbohrten Stopfen, in dem ein zur Spitze verengtes Glasröhrchen steckt. Die Enden des Glasröhrchens sollen an beiden Seiten des Gummistopfens nur wenige Zentimeter überstehen (ca. 1–2 cm). Nun stößt man den Zylinder mit der Öffnung des Glasröhrchens in eine genügend tiefe, mit Indikatorlösung gefüllte Glaswanne. Durch das Einstupsen wird erreicht, daß einige Tropfen Wasser durch das Glasröhrchen hindurch in den Zylinder gestoßen werden.

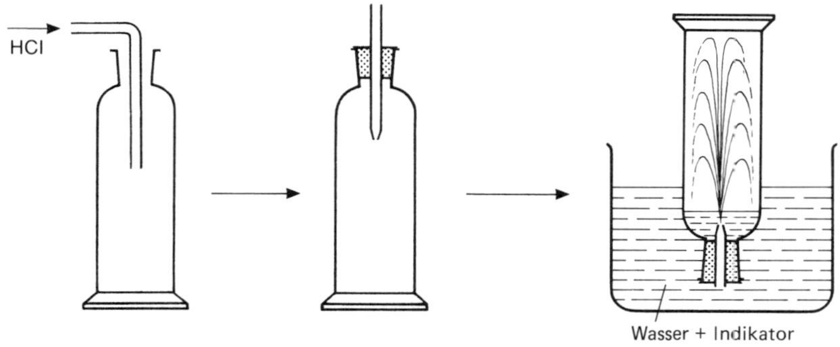

In den wenigen Wassertropfen löst sich spontan ein Großteil des sich im Zylinder befindlichen Chlorwasserstoffgases (ein Raumteil Wasser löst bei Zimmertemperatur mehr als 400 Raumteile Chlorwasserstoff).

Hinweise Der Versuch kann auch mit Rundkolben (keine Stehkolben verwenden!) durchgeführt werden, jedoch ist wegen der Implosionsgefahr darauf zu achten, daß keine dünnwandigen und zu großen Gefäße verwendet werden. Wichtig ist auch, daß der durchbohrte Stopfen nicht zu klein gewählt wird, da sonst die Gefahr besteht, daß er in das Glasgefäß gedrückt wird!

15.4 Leitfähigkeitsmessung beim Einleiten von Chlorwasserstoff in Wasser

! | AB-ZUG! | B 2

Material Chlorwasserstoffgas, dest. Wasser; Apparatur laut Abb.

Durchführung Der Versuchsaufbau geht aus der Abb. hervor.
In ein Becherglas gibt man dest. Wasser und prüft die elektrische Leitfähigkeit im Milliamperebereich. Nun leitet man langsam Chlorwasserstoffgas auf die Oberfläche des Wassers und verfolgt die Änderung der elektrischen Leitfähigkeit. (Der in der Skizze angegebene Magnetrührer sorgt für eine gleichmäßige Durchmi-

schung der Lösung, für qualitative Versuche ist der Rührer jedoch nicht unbedingt erforderlich.)

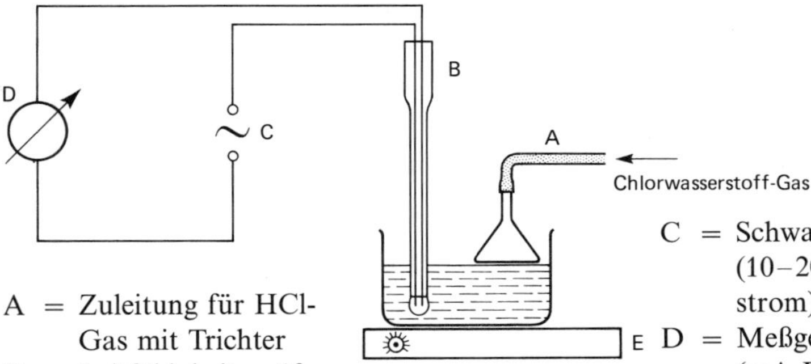

A = Zuleitung für HCl-Gas mit Trichter
B = Leitfähigkeitsprüfer in Stabform
C = Schwachstromquelle (10–20 V Wechselstrom)
D = Meßgerät (mA-Bereich)
E = Magnetrührer

Es ist eine allmählich ansteigende Leitfähigkeit zu beobachten, die sich durch die Bildung von Ionen erklären läßt:

$HCl + H_2O \rightarrow H_3O^+ + Cl^-$

Chlorwasserstoff gibt also ein Proton an das Wassermolekül ab (Protolyse).

Hinweise

Beim Aufleiten des Chlorwasserstoffs auf das Wasser muß darauf geachtet werden, daß der Trichter **nicht** in das Wasser eintaucht. Wegen des sich begierig in Wasser lösenden Chlorwasserstoffs würde im Versuchsaufbau ein Unterdruck entstehen, so daß das Wasser mit großer Heftigkeit in die Reaktionsgefäße gesaugt würde. Nach Beendigung des Versuches Geräte in den Abzug.

Leitfähigkeitsmessung beim Einleiten von Chlorwasserstoff in Aceton — 15.5

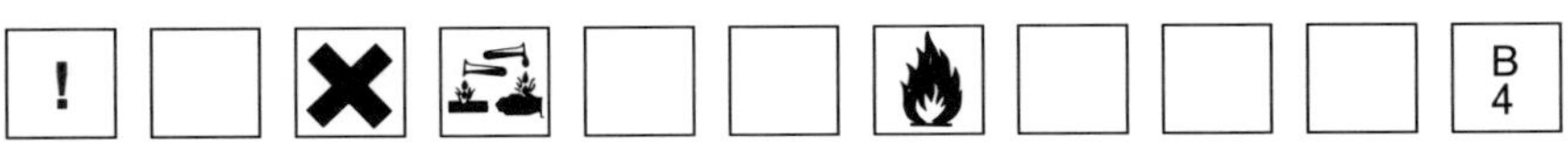

Material

Aceton, Chlorwasserstoffgas.

Durchführung

In ein hohes Becherglas mit ca. 30 ml Aceton leitet man 1–2 Min. Chlorwasserstoff ein und mißt dabei die elektrische Leitfähigkeit (ca. 5 Volt Wechselstrom, mA-Bereich des Meßgerätes). Dann läßt man aus einem Tropftrichter, der tief in das Aceton eintaucht, Wasser einfließen (Abb. siehe S. 114).
Zunächst ist keine Leitfähigkeit feststellbar. Beim Verdünnen mit Wasser steigt die Leitfähigkeit deutlich an, weil erst jetzt eine Protolyse stattfindet.

Hinweise

Für den Versuch muß der Chlorwasserstoff getrocknet werden (Waschflasche mit konz. Schwefelsäure). Das Aceton muß wasserfrei sein. Man läßt das Wasser unten einfließen, damit es sich nicht beim Eintropfen bereits mit Chlorwasserstoff beladen kann.

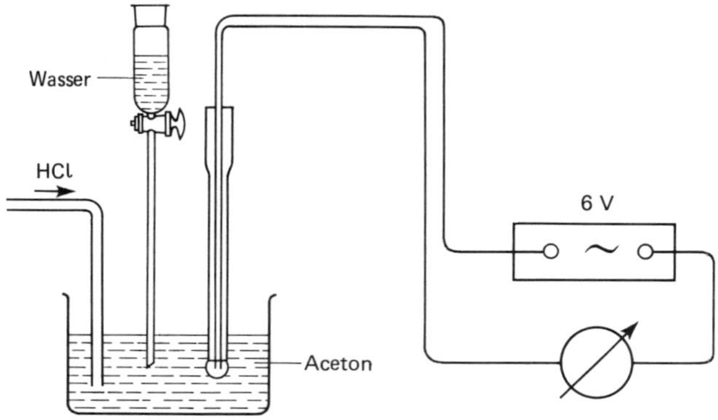

15.6 Leitfähigkeit von Ameisensäure in verschiedenen Lösungsmitteln

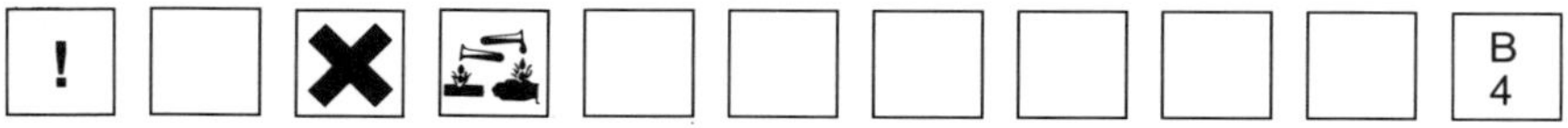

Material Ameisensäure (oder Propionsäure); dest. Wasser, Aceton; Geräte für elektrische Leitfähigkeitsmessung.

Durchführung In ein großes Reagenzglas (oder kleines Becherglas) gibt man ca. 10 ml reine (wasserfreie!) Ameisensäure und prüft die elektrische Leitfähigkeit. Dann gibt man mit einer Pipette tropfenweise Wasser dazu und verfolgt die Änderung der elektrischen Leitfähigkeit.

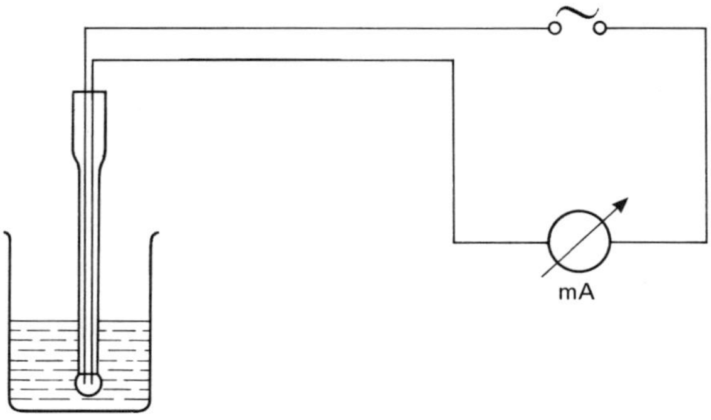

Der Versuch wird wiederholt, anstelle von Wasser tropft man aber jetzt reines Aceton zur Ameisensäure und prüft dabei wieder die elektrische Leitfähigkeit. Erst beim Verdünnen mit Wasser tritt Leitfähigkeit ein, weil die Ameisensäure in Wasser protolysiert:

$$HCOOH + H_2O \rightarrow H_3O^+ + HCOO^-$$

Der Vergleich soll zeigen, daß die Protolyse der Ameisensäure nicht einfach auf Verdünnung beruht, sonst müßte auch eine Lösung in Aceton den elektrischen Strom leiten.

Hinweise Anstelle von Ameisensäure kann auch Propionsäure verwendet werden, die allerdings – als schwächere Säure – eine geringere Leitfähigkeit ergibt.

Einwirkung von Salzsäure auf verschiedene Metalle 15.7

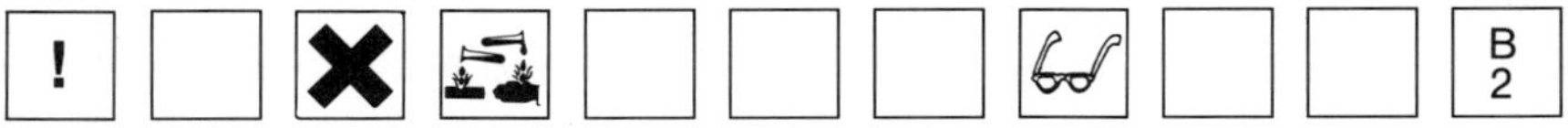

Material

Salzsäure (verd.), Zinkpulver, Magnesiumband, Eisenpulver, Kupferspäne und andere Metalle; Reagenzgläser.

Durchführung

In je einem Reagenzglas läßt man auf Zinkpulver, Magnesiumband usw. verdünnte Salzsäure einwirken.
Nach vorherigem kurzzeitigem Daumenverschluß wird die Knallgasprobe durchgeführt. Es zeigt sich, daß Salzsäure von unedlen Metallen unter Wasserstoffentwicklung zersetzt wird. Beispiel:

$Mg + 2\,H^+ + 2\,Cl^- \rightarrow H_2 + Mg^{2+} + 2\,Cl^-$

Einwirkung von Salzsäure auf verschiedene Metalloxide 15.8

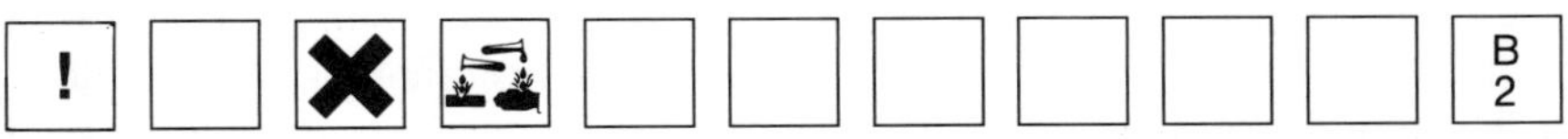

Material

Salzsäure (verd.), Magnesiumoxid, Calciumoxid, Kupferoxid; Reagenzgläser.

Durchführung

In je ein Reagenzglas gibt man eine kleine Menge (ca. halbe Spatelspitze) Magnesiumoxid, Calciumoxid bzw. Kupferoxid und versetzt mit ca. 5 ml verdünnter Salzsäure.
Die Metalloxide lösen sich in kurzer Zeit auf und bilden klare Lösungen der entsprechenden Salze. Beispiel:

$CuO + 2\,H^+ + 2\,Cl^- \rightarrow H_2O + Cu^{2+} + 2\,Cl^-$

Einwirkung von Salzsäure auf verschiedene Salze 15.9

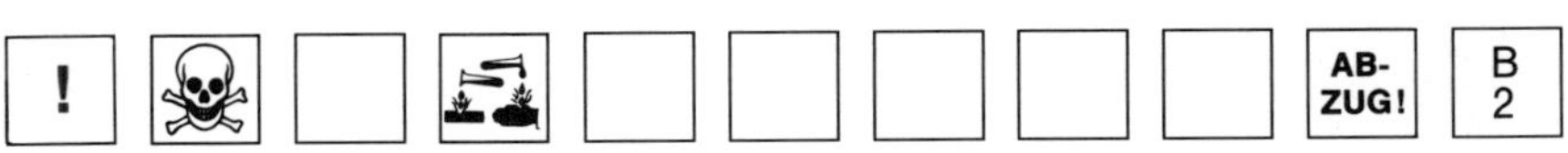

Material

Salzsäure (verdünnt), Calciumcarbonat, Magnesiumsulfat, Eisensulfid, Natriumacetat; Reagenzgläser.

Durchführung

In je einem Reagenzglas wird auf eine kleine Menge (Spatelspitze) eines Salzes verdünnte Salzsäure (ca. 3 ml) gegeben und eventuell vorsichtig erwärmt.
Es entwickelt sich Kohlenstoffdioxid beim Carbonat (Trübung von Kalkwasser), Schwefelwasserstoff beim Sulfid (Geruch) und Essigsäure beim Acetat (Geruch). Beim Sulfat ist äußerlich keine Reaktion festzustellen.

$CaCO_3 + 2\,HCl \rightarrow CaCl_2 + H_2CO_3$
$H_2CO_3 \rightleftharpoons H_2O + CO_2\uparrow$
$FeS + 2\,HCl \rightarrow FeCl_2 + H_2S\uparrow$
$CH_3COONa + HCl \rightarrow NaCl + CH_3COOH$

Gibt man auf ein Salz eine Säure, so wird die dem Salz zugrundeliegende Säure freigesetzt, wenn diese leichter flüchtig als die zugegebene Säure ist. Schwefelsäure ist schwerer flüchtig als Salzsäure, deshalb läßt sie sich nicht aus Sulfaten mit Salzsäure freisetzen. (Der umgekehrte Vorgang dient zur Darstellung von Chlorwasserstoff; s. Versuch 15.1, S. 110!).

Hinweise **Achtung!** Schwefelwasserstoff ist sehr giftig, daher nur kleine Mengen freisetzen, Geruchsprobe vorsichtig durchführen, dann das Reagenzglas in den Abzug bzw. ins Freie stellen.

15.10 Verhalten von Säuren zu Metallen

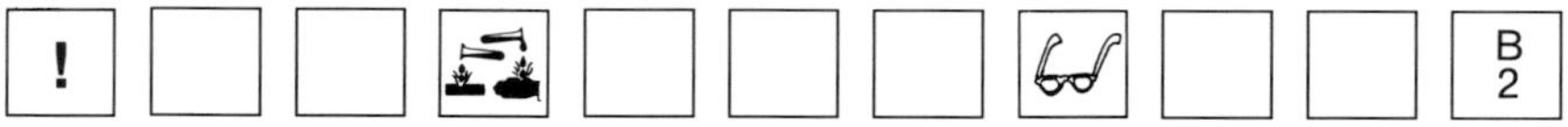

Material Verd. Salzsäure, andere verdünnte Säuren (z. B. Schwefelsäure), Kupfer, Magnesium, Zink, Eisen, Silber und andere Metalle; Reagenzgläser.

Durchführung In je einem Reagenzglas versetzt man Kupfer-, Zink-, Magnesiumspäne usw. mit verdünnter Salzsäure und (in weiteren Versuchen) mit verdünnter Schwefelsäure. In einem darübergehaltenen Reagenzglas fängt man das entweichende Gas auf und führt die Knallgasprobe durch.

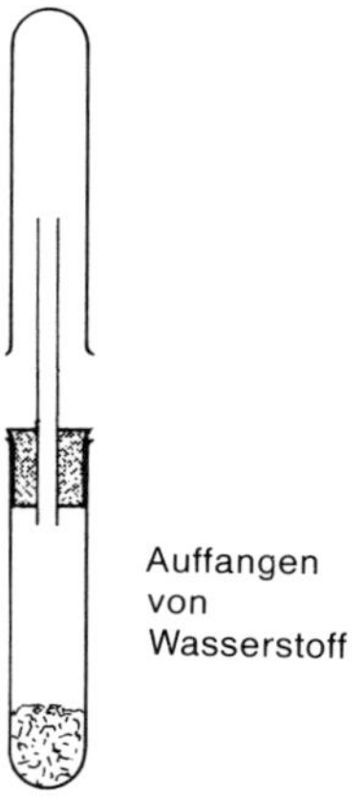

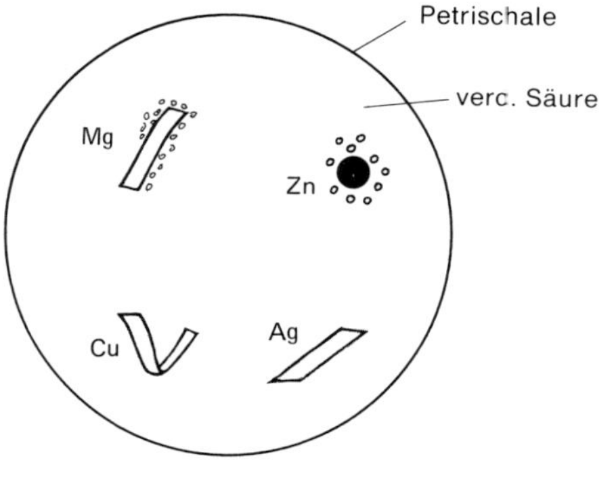

Unedle Metalle werden im Gegensatz zu edlen Metallen von verdünnten Säuren aufgelöst:

$$H^+ + R^- + Me \rightarrow 1/2\,H_2 + Me^+ + R^-$$

Diese Erscheinung ist ein typisches Merkmal für verd. Säuren.

Hinweise Diese Versuche eignen sich gut zur Projektion auf dem OH-Projektor. Die Säuren werden in Petrischalen auf die Projektionsfläche gestellt. In eine Schale kann man 3–4 verschiedene Metallproben geben. Es empfiehlt sich dann, die Namen der Metalle (bzw. deren Symbole) auf eine untergelegte Folie zu schreiben und die Metalle dann dort in die Lösung zu geben (s. Abb.). Zur Identifizierung des Wasserstoffs muß man natürlich einen Parallelversuch im Reagenzglas durchführen.

Nachweis von Hydroxidionen in Laugen 15.11

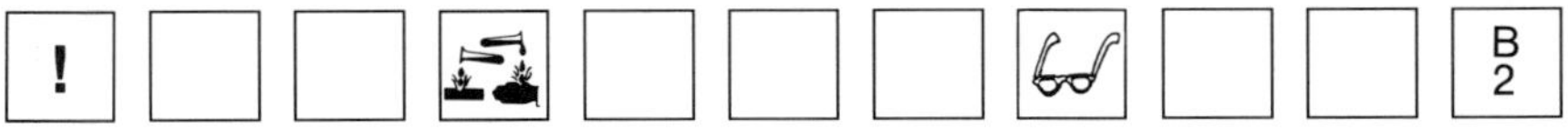

Material

Ammoniakwasser, verschiedene lösliche Hydroxide (z. B. Natriumhydroxid, Kaliumhydroxid, Calciumhydroxid, Bariumhydroxid), Indikatorpapier/Indikatorlösung; Reagenzgläser oder kleine Bechergläser.

Durchführung

Man überprüft die wäßrigen Lösungen verschiedener Hydroxide und Ammoniakwasser mit Indikatorpapier oder -lösung.

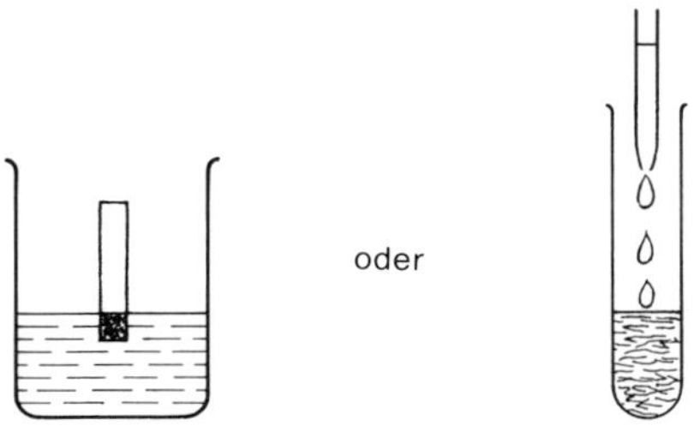

Die übereinstimmende Reaktion der verschiedenen Lösungen geht auf einen gemeinsamen Bestandteil zurück, auf Hydroxidionen. Lösungen, die Hydroxidionen enthalten, nennt man Laugen.

Hinweise

Formuliert man die Laugenbildungen, so ist zu unterscheiden:

a) Auflösen eines Hydroxids (entspricht dem Lösen eines Salzes)

$$Me^+OH^- \xrightarrow{H_2O} Me^+ + OH^-$$

b) Reaktion einer Base B (z. B. Ammoniak) mit Wasser (entspricht einer Protolyse)

$$B + H_2O \rightarrow BH^+ + OH^-$$

Darstellung von Ammoniak 15.12

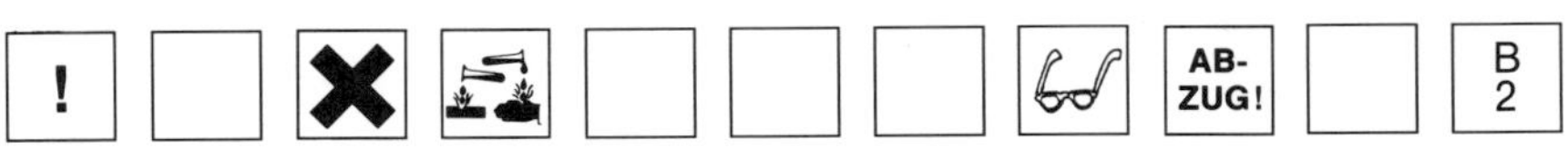

Material

Rundkolben, durchbohrter Gummistopfen, Glasröhrchen, Gummischlauch, Brenner, großes Reagenzglas mit seitlichem Ansatzrohr, Tropftrichter; Ammoniakwasser (konz.), Natriumhydroxid-Plätzchen.

Durchführung

a) Erwärmen von konz. Ammoniakwasser
Man gibt konz. Ammoniaklösung in einen Rundkolben, den man mit einem durchbohrten Stopfen verschließt, in dem ein Glasröhrchen mit Gummischlauch steckt. Durch vorsichtiges Befächeln des Rundkolbens mit der nichtrauschenden Brennerflamme wird Ammoniak ausgetrieben.
b) Auftropfen von Ammoniakwasser auf festes Natriumhydroxid
In ein großes Reagenzglas mit seitlichem Ansatzrohr (oder – wenn man größere Mengen Ammoniak herstellen möchte – in einen entsprechenden Kolben) gibt

man festes Natriumhydroxid, ca. 2–3 Spatel. Mittels eines Tropftrichters läßt man konz. Ammoniaklösung auf das Ätznatron tropfen.

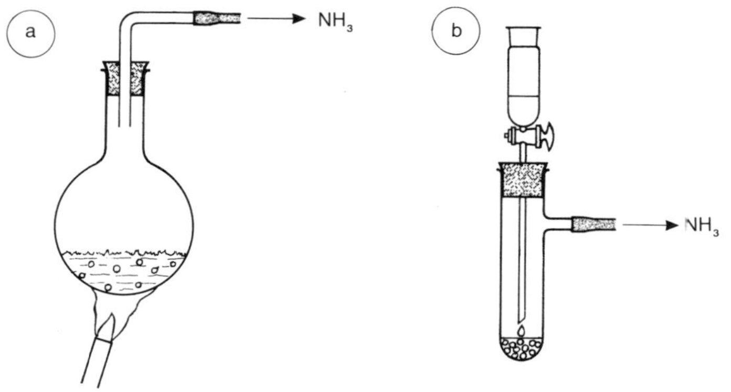

Hinweise Will man trockenes Ammoniakgas erhalten, leitet man Ammoniak durch einen Trockenturm oder ein U-Rohr, gefüllt mit Natronkalk.
Vorsicht! Ammoniak wirkt ätzend und reizt die Schleimhäute. Unnötige Belästigung vermeiden (Abzug!).

15.13 Springbrunnenversuch mit Ammoniak

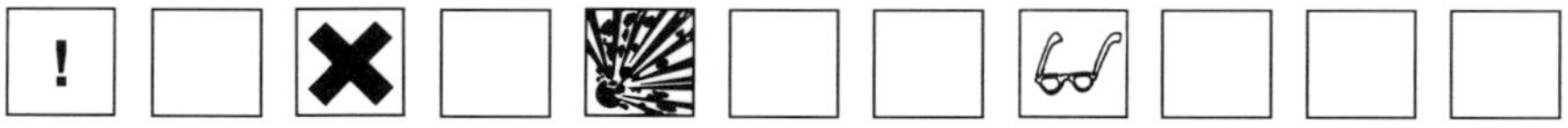

Material Starkwandiger Zylinder; Ammoniak, Indikatorlösung (Lackmus oder Universalindikator oder Phenolphthalein).

Durchführung In einem mit der Mündung nach unten gehaltenen, starkwandigen Zylinder wird Ammoniak aufgefangen. Dann wird der Zylinder mit einem Stopfen, der mit einer Glasdüse versehen ist, verschlossen. Den Zylinder hält man in mit Indikator versetztes Wasser (Becherglas), evtl. mehrmalig in das Wasser einstoßen.

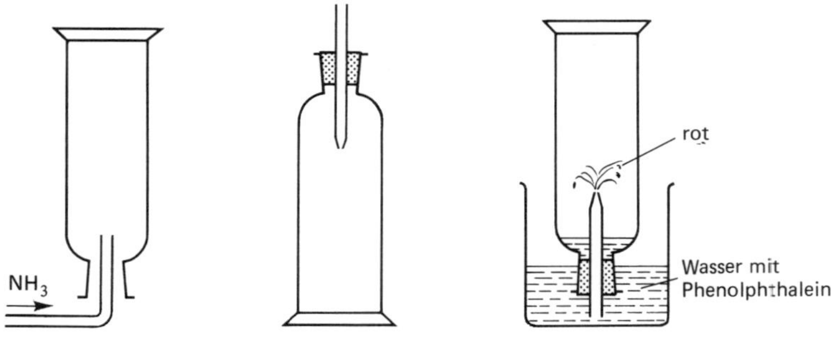

Ammoniak löst sich ausgezeichnet in Wasser (1 Raumteil Wasser löst bei Zimmertemperatur ca. 700 Raumteile Ammoniak!), so daß im Gefäß rasch ein starker Unterdruck entsteht und weiteres Wasser springbrunnenartig in das Gefäß gedrückt wird. Bei der Reaktion von Ammoniak mit Wasser entsteht eine Lauge (Indikatorfärbung!).

Hinweise

Es besteht Implosionsgefahr! Die bei Versuch 15.3, S. 112 beschriebenen Sicherheitsmaßnahmen beachten!

Leitfähigkeitsmessung beim Einleiten von Ammoniak in Wasser 15.14

Material

Geräte zur Leitfähigkeitsmessung (s. Abb.); Ammoniak, dest. Wasser.

Durchführung

Ammoniak wird, wie es die Abbildung zeigt, in Wasser geleitet und dabei die elektrische Leitfähigkeitsänderung verfolgt.

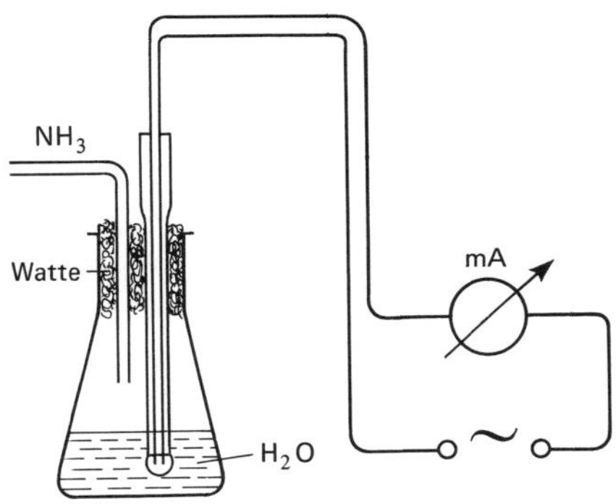

Die Leitfähigkeit steigt zwar an, aber wesentlich langsamer als bei Chlorwasserstoff.

$$NH_3 + H_2O \rightleftharpoons NH_4^+ + OH^-$$

Hinweise

Die geringe Leitfähigkeitszunahme erklärt sich aus der Tatsache, daß Ammoniak mit Wasser hochpolymere Verbindungen bildet, die über Wasserstoffbrücken vernetzt sind. Ammonium- und Hydroxid-Ionen sind nur zu einem ganz geringen Teil vorhanden. Deshalb ist die elektrische Leitfähigkeit trotz besserer Wasserlöslichkeit des Ammoniaks wesentlich schwächer angestiegen als bei Chlorwasserstoff.

Neutralisation von verd. Salzsäure mit verd. Natronlauge 15.15

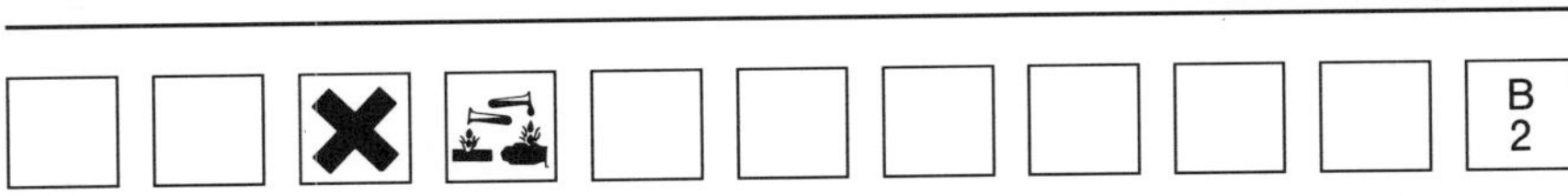

Material

Salzsäure (verd.; ca. 0,1 – 1 mol/l), Natronlauge (verd.; ca. 0,1 – 1 mol/l), Universalindikatorlösung.

Durchführung

Man versetzt verdünnte Lösungen von Natronlauge und Salzsäure mit Universalindikatorlösung. Dann neutralisiert man durch tropfenweises Zugeben der einen Lösung zu der anderen (dabei mit einem Glasstab oder – bequemer und effektiver – mit einem Magnetrührer umrühren).

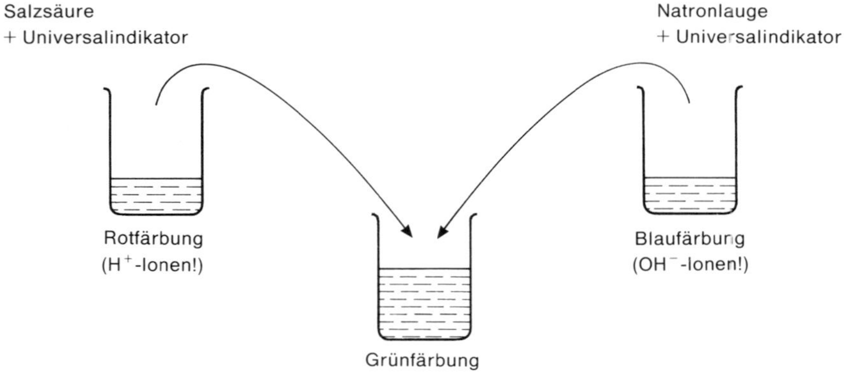

Beim Zusammengeben von Natronlauge und Salzsäure vereinigen sich Wasserstoffionen und Hydroxidionen zu neutralem Wasser. Die Grünfärbung des Universalindikators zeigt den Neutralpunkt an.

$$Na^+ + OH^- + H^+ + Cl^- \rightarrow H_2O + Na^+ + Cl^- + \text{Energie}$$

Hinweise

Führt man die Neutralisation so durch, daß man gleiche Mengen von Salzsäure und Natronlauge zusammenschüttet, so wird man nur selten das gewünschte Ergebnis erhalten, da exaktes Einstellen und Abmessen der Lösungen unter Schulbedingungen Schwierigkeiten bereitet. Wer sich nicht daran stört, einen kleinen Trick anzuwenden (Für und Wider können hier nicht erörtert werden), der kann mit gepufferten Lösungen verläßlich zum Erfolg kommen.

a) Herstellen der Pufferlösung:
3,52 g Kaliumdihydrogenphosphat KH_2PO_4
7,26 g Dinatriumhydrogenphosphat $Na_2HPO_4 \cdot 2\,H_2O$ } + 100 ml dest. Wasser

b) Durchführung der Neutralisation

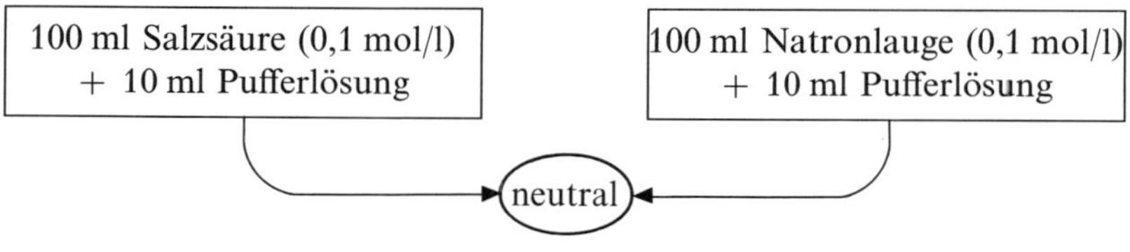

15.16 Neutralisation von konz. Salzsäure mit konz. Natronlauge

Material

Großes Reagenzglas; Salzsäure (konz.), Natronlauge (konz.).

Durchführung

Man gibt in ein großes Reagenzglas ca. 5–10 ml konz. Salzsäure und spannt es senkrecht ein. Dann gibt man in **kleinen** Portionen sehr konz. Natronlauge (Natriumhydroxidplätzchen in wenig Wasser lösen) dazu.
Unter heftigem Aufwallen und kräftiger Geräuschentwicklung reagieren die beiden Substanzen miteinander zu Wasser und Kochsalz, welches sich z. T. auf dem Boden des Reaktionsgefäßes absetzt. Der exotherme Charakter einer Neutralisation wird bei der beschriebenen Art der Durchführung eindrucksvoll demonstriert.

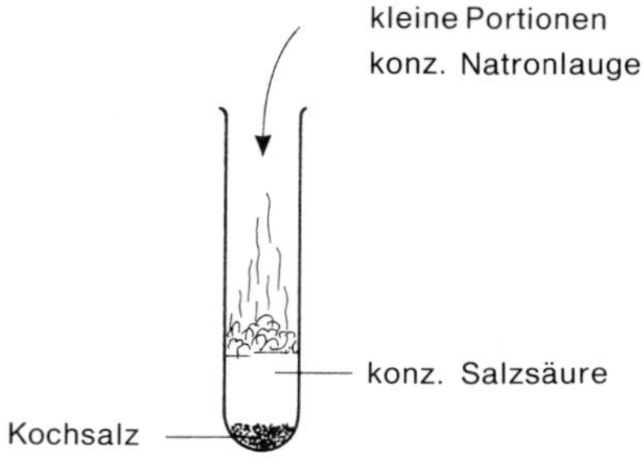

Hinweise

Auch ein hoher Standzylinder ist als Reaktionsgefäß geeignet, jedoch besteht wegen der starken lokalen Wärmeentwicklung die Gefahr, daß das Gefäß zerspringt; daher ist auf eine unempfindliche Unterlage zu achten.
Vorsicht! Bei der heftigen Reaktion kann es zu Verspritzungen kommen. Daher unbedingt Schutzbrille benutzen und die Reaktion hinter einer Schutzscheibe durchführen.

Messung der elektrischen Leitfähigkeit während einer Neutralisationsreaktion 15.17

!! ☠ B 2

Material

Apparatur zur Leitfähigkeitsmessung (s. Abb.); Barytwasser (kaltgesättigt), verd. Schwefelsäure ($c(H_2SO_4) = 0{,}2$ mol/l); Universalindikatorlösung.

Durchführung

Man füllt ein Becherglas zu etwa 1/4 mit Bariumhydroxidlösung („Barytwasser", kaltgesättigt) und färbt mit Indikatorlösung (z. B. Universalindikator) an. Dann tropft man langsam sehr verdünnte Schwefelsäure zu und verfolgt die Abnahme der elektrischen Leitfähigkeit während der Neutralisationsreaktion. Wenn der Neutralpunkt (Farbumschlag!) erreicht ist, tropft man weiter Schwefelsäure zu und verfolgt weiter die Änderung der elektrischen Leitfähigkeit. Die gemessenen Werte (Stromstärke in mA; verbrauchte Schwefelsäure in ml) hält man in einer Meßkurve fest. Zur besonders guten Durchmischung des Barytwassers mit der zugetropften Säure wird die Verwendung eines Magnetrührers empfohlen.

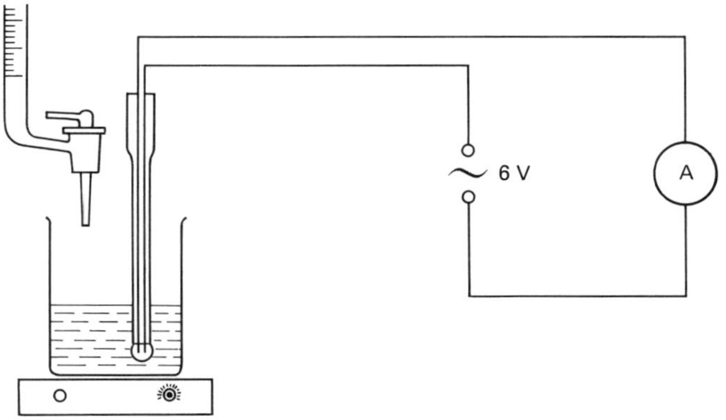

Die Neutralisationsprodukte Bariumsulfat und Wasser sind wenig dissoziiert, die elektrische Leitfähigkeit nimmt also bei dieser Neutralisationsreaktion stark ab, bis sie im Neutralpunkt ein Minimum erreicht. Bei weiterer Zugabe von Schwefelsäure steigt die Leitfähigkeit wieder stark an, denn verdünnte Schwefelsäure ist fast vollständig in Ionen zerfallen.

$$2\,H^+ + SO_4^{2-} + Ba^{2+} + 2\,OH^- \rightarrow 2\,H_2O + BaSO_4$$

Hinweise Der Farbumschlag des Indikators kann gelegentlich ausbleiben. Vermutlich spielen dabei Vorgänge der Adsorption, Okklusion und Bildung fester Lösungen eine Rolle.

15.18 Salmiakrauch

Material 2 Waschflaschen, 2 T-Stücke, Gummigebläse; Salzsäure (konz.), Ammoniakwasser (konz.).

Durchführung Der Versuch wird so aufgebaut, wie aus der Abb. ersichtlich. Dann drückt man mit dem Gebläse Luft durch die Waschflaschen.

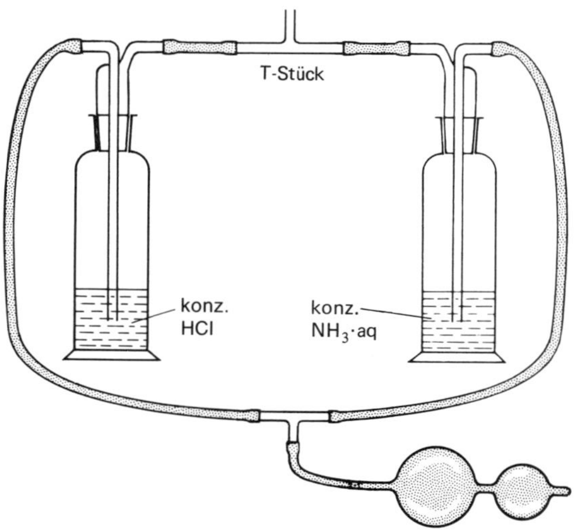

Aus dem T-Stück entweicht ein weißer Rauch. In einer typischen Brönsted-Säure-Base-Reaktion wird Ammoniumchlorid („Salmiak“) gebildet:

$$HCl + NH_3 \rightarrow NH_4Cl + \text{Wärme}$$

Hinweise Die üblichen Vorsichtsmaßnahmen beim Umgang mit konz. Salzsäure und konz. Ammoniakwasser beachten!

16. Die 1. Hauptgruppe

Vorsichtsmaßnahmen für den Umgang mit Alkalimetallen

1. Schutzbrille benützen.
2. Alkalimetalle nie mit bloßen Händen anfassen (Pinzette).
3. Vor dem Entrinden das anhaftende Petroleum mit Filterpapier sorgfältig abtupfen.
4. Mit Messer und Pinzette Rinden sorgfältig abschneiden.
5. Alkalimetallrinden sofort vernichten (mit Spiritus), bei Kalium mit Butanol.
6. Bei allen Schulversuchen nur kleine Mengen zur Reaktion bringen.
7. Schüler immer durch Schutzscheibe schützen.
8. Sorgfältig wegschließen, um mißbräuchliche Benutzung zu vermeiden.
9. Brände bei Alkalimetallen mit Sand löschen.
10. Zur Entsorgung der Alkalimetalle siehe B 6, Seite 33.

Freisetzung von Wasserstoff aus Wasser mit Lithium — 16.1

Material

Glaswanne, Glaszylinder oder Reagenzglas, Messer, Pinzette, saugfähiges Papier; elementares Lithium, Phenolphthalein.

Durchführung

Man nimmt ein Stück Lithium aus der Vorratsflasche, tupft mit saugfähigem Papier sorgfältig das anhaftende Petroleum ab und schneidet dann ein halberbsengroßes Stück Lithium ab. Das große Lithiumstück wird in die Vorratsflasche zurückgegeben. Das kleine Stückchen wird, soweit nötig, entrindet. Mit einer Pinzette führt man das Lithium unter die Öffnung eines voll mit Wasser gefüllten Glaszylinders (Reagenzglas). Die Öffnung des Zylinders ist in einer mit Wasser gefüllten Glaswanne unter Wasser nach unten gerichtet. Läßt man nun das Lithium los, so steigt es im Glaszylinder nach oben. Der entstehende Wasserstoff verdrängt dabei das Wasser. Den Wasserstoff kann man auf die übliche Weise (Knallgasprobe) nachweisen. Gibt man einige Tropfen Phenolphthaleinlösung in das Wasser, so zeigt Rotfärbung die Bildung einer Lauge an.

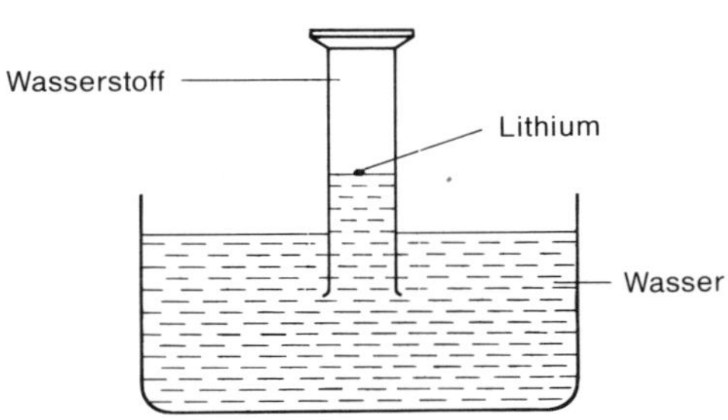

Hinweise

Bei der Reaktion von Lithium mit Wasser entsteht Wasserstoff und eine Lösung von Lithiumhydroxid:

$Li + H_2O \rightarrow Li^+ + OH^- + 1/2\,H_2$

Bei der Besprechung der Alkalimetalle wird häufig das Natrium beispielhaft herangezogen, wenn es darum geht, typische Eigenschaften der Alkalimetalle zu zeigen. So wird in verschiedenen Lehrbüchern die Freisetzung von Wasserstoff durch Einwirkung von Alkalimetallen auf Wasser am Beispiel der Reaktion von Natrium mit Wasser erläutert. Zu diesem Zweck muß ein Stückchen Natrium mit einem Sieblöffel (Natriumlöffel) unter Wasser gedrückt werden. Der dabei freiwerdende Wasserstoff kann in der pneumatischen Wanne aufgefangen werden. Bei diesem Versuch kommt es immer wieder zu heftigen, unerwarteten Explosionen, wie jüngste Vorkommnisse gezeigt haben, besonders dann, wenn etwas zu viel Natrium verwendet wird (mehr als ein halberbsengroßes Stück). Über die Ursache dieser manchmal recht folgenschweren Unfälle gibt es nur Vermutungen, aber bisher keine gesicherten Erklärungen.
Lithium reagiert weniger heftig und damit auch gefahrloser mit Wasser. Im Gegensatz zu Natrium schmilzt es dabei nicht und kann deshalb auch viel leichter gehandhabt werden. Lithium eignet sich deshalb gut um exemplarisch zu zeigen, daß Alkalimetalle mit Wasser unter Entwicklung von Wasserstoff reagieren.

16.2 Reaktion von Natrium mit Wasser

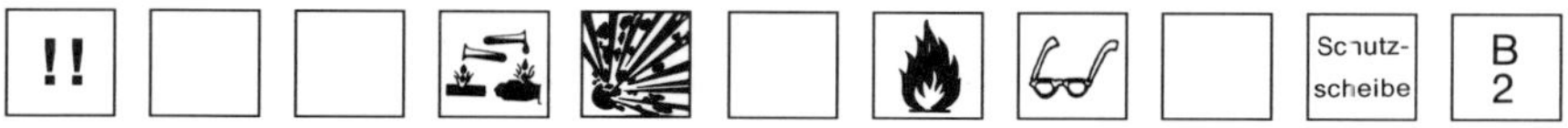

Material Glaswanne (rund); Natrium, Phenolphthalein, Spülmittel.

Durchführung Ein sorgfältig entrindetes, halberbsengroßes Stückchen Natrium wirft man in einer runden Glaswanne auf Wasser. Das Wasser wurde zuvor mit einigen Tropfen Phenolphthaleinlösung versetzt. Unter Zischen und heftigen Zickzackbewegungen reagiert das Natrium mit dem Wasser. Durch die Reaktionswärme schmilzt das Natrium zu einer Kugel. Die Rotfärbung des Phenolphthaleins zeigt, daß eine Lauge (Natronlauge) entstanden ist.

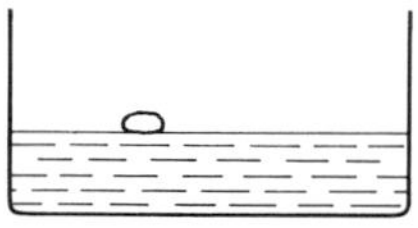

Natrium auf Wasser

Natrium auf feuchtem Papier

Der Versuch wird wiederholt, das Natrium legt man jedoch auf ein Blatt Filterpapier, das auf der Wasseroberfläche schwimmt. Das Papier verhindert das Hin- und Hergleiten des geschmolzenen Natriums, dadurch wird die Reaktionswärme nicht verteilt. Das Natrium erhitzt sich immer stärker, wodurch sich schließlich der Wasserstoff entzündet und mit intensiver gelber Flamme verbrennt. Nach Erlöschen der Flamme bleibt eine glasklare Kugel auf der Wasseroberfläche zurück, die erst nach einigen Sekunden zerplatzt (Vorsicht! Verspritzendes Ätznatron!). Schutzbrille!

Hinweise Es empfiehlt sich, für diesen Versuch eine runde Glaswanne zu verwenden. In eckigen Wannen kann das Natrium leicht hängen bleiben. Einige Tropfen Spülmittel bewirken, daß die reagierende, geschmolzene Natriumkugel immer wieder von der Glaswand zurückprallt. Es wird davor gewarnt, das Natrium mit Hilfe eines Sieblöffels unter die Wasseroberfläche zu drücken, um den Wasserstoff auffangen zu können. Bei diesem Versuch kommt es gelegentlich zu Explosionen, deren Entstehen bisher noch nicht eindeutig geklärt ist. Siehe V. 16.1, S. 124.

Reaktion von Natrium im Reagenzglas mit Wasser 16.3

Material

Reagenzglas; dest. Wasser, Benzin, Phenolphthalein, Natrium.

Durchführung

In ein Reagenzglas gibt man 3 cm hoch Wasser mit einem Tropfen Phenolphthaleinlösung und überschichtet mit der gleichen Menge Benzin. Nun wirft man mit der Pinzette ein kleines Stückchen Natrium in das Reagenzglas. Das Natrium sinkt im Benzin unter und schwimmt auf der Wasseroberfläche. Hier reagiert es mit dem Wasser. Das Wasser färbt sich rot. Das Natrium wird durch einen Gasstrom nach oben gerissen. Sobald die Gasblasen aus dem Benzin nach außen entweichen, fällt das Natrium wieder auf das Wasser zurück. Diesen Vorgang kann man mehrmals beobachten.

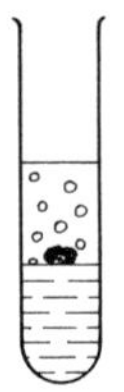

Hinweise

Man erkennt hier sehr gut, daß das Natrium eine größere Dichte als Benzin, aber eine kleinere Dichte als Wasser hat. Es sinkt im Benzin unter und schwimmt auf dem Wasser.
Das Natrium kann den Wasserstoff in Alkanen nicht substituieren. Es reagiert nur mit dem Wasser zu Natronlauge.

$$2\,Na + H_2O \rightarrow 2\,NaOH + H_2\uparrow$$

Deshalb die Rotfärbung des Phenolphthaleins. Das entstehende Gas, das das Natrium nach oben reißt, ist also Wasserstoff. Das Natriumstückchen darf nicht zu groß sein. Die Größe sollte in einem Vorversuch erprobt werden. Es ist darauf zu achten, daß beim Einbringen des Phenolphthaleins nichts an der Reagenzglaswand hängen bleibt, weil sonst die Reagenzglaswandung auch oben rot gefärbt ist. Dieser Versuch eignet sich auch zur Projektion.

16.4 Reaktion von Kalium mit Wasser

Material Glaswanne (rund), feinmaschiges Drahtnetz; Kalium, Phenolphthaleinlösung, Spülmittel.

Durchführung Ein sorgfältig entrindetes und mit Filterpapier getrocknetes, weniger als halberbsengroßes Stück Kalium wird mit der Pinzette auf Wasser in einer Glaswanne geworfen. Das Wasser wurde vorher mit Phenolphthaleinlösung und einigen Tropfen Spülmittel versetzt. Unter schnellen Zickzackbewegungen reagiert das Kalium mit Wasser. Der dabei entwickelte Wasserstoff brennt mit violetter Flamme. Die Wärmeentwicklung reicht aus, um das Kalium und das entstehende Kaliumhydroxid zu einer Kugel zu schmelzen. Am Ende der Reaktion zerplatzt diese Kugel. Um sich vor den stark ätzenden Spritzern zu schützen, hält man ein feinmaschiges Drahtnetz über die Wasseroberfläche.

Kalium auf Wasser

Hinweise Die Reaktion zwischen Kalium und Wasser ist noch stärker exotherm als die mit Natrium. Deshalb entzündet sich der Wasserstoff. Dieser Versuch zeigt die Zunahme der Reaktivität mit steigender Atommasse bei den Alkalimetallen.

16.5 Einwirkung von Natrium auf Kohlenstoffdioxid

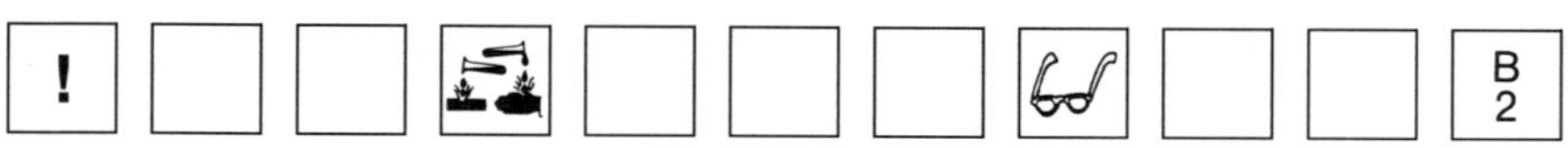

Material Schwerschmelzbares Reagenzglas, Wattebausch, Gasbrenner; Kohlenstoffdioxid, Natrium.

Durchführung Kohlenstoffdioxid aus der Stahlflasche in ein trockenes, schwerschmelzbares Reagenzglas füllen. Ein halberbsengroßes, sorgfältig entrindetes Stückchen Natrium in das Reagenzglas geben und sofort mit einem Wattebausch verschließen. Das

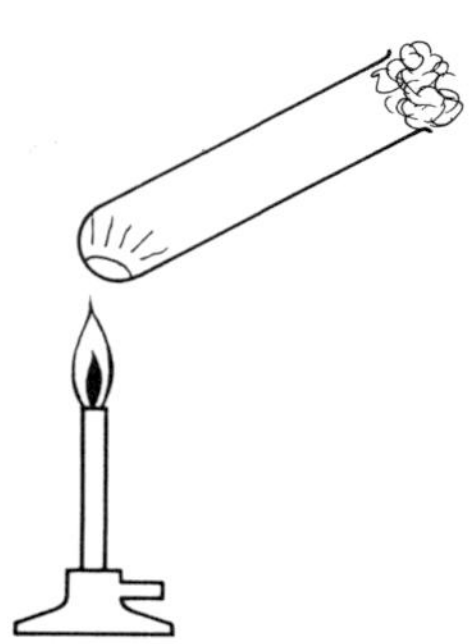

schräg in ein Stativ gespannte Reagenzglas unter dem Natriumstückchen über der Brennerflamme kräftig erhitzen, bis eine Reaktion eintritt, dann Brenner entfernen.

Hinweise

Natrium hat in der Wärme eine größere Affinität zu Sauerstoff als Kohlenstoff. Erhitztes Natrium reduziert Kohlenstoffdioxid zu Kohlenstoff.

$2\,Na + 2\,CO_2 \rightarrow Na_2CO_3 + CO + \text{Energie}$
$2\,Na + CO \rightarrow Na_2O + C + \text{Energie}$

Die Reaktion erfolgt unter Aufglühen und Rußabscheidung (Schwarzfärbung am Grund des Reagenzglases).
Wie bei allen Versuchen mit elementarem Natrium auch hier gewissenhaft die Vorschriften für den Umgang mit Alkalimetallen beachten!

Flammenfarben der Alkalimetalle 16.6

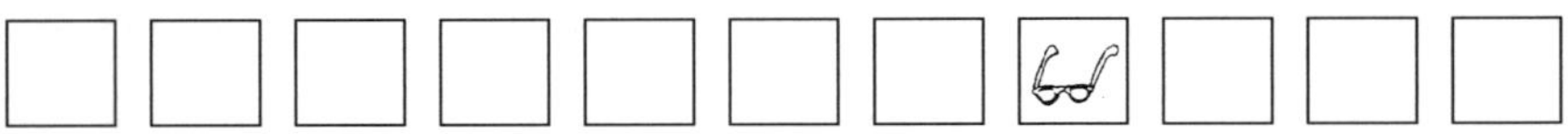

Flammenfarben der Alkalimetalle	
Lithium	karminrot
Natrium	gelb
Kalium	violett

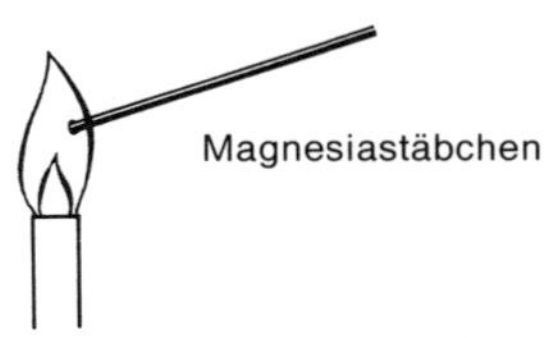

Material

3 Abdampfschalen, Cobaltglas; Magnesiastäbchen, Natriumchlorid, Kaliumchlorid, Lithiumchlorid.

Durchführung

In eine Abdampfschale gibt man eine Spatel voll Natriumchlorid, in eine weitere Abdampfschale Kaliumchlorid und in eine dritte Lithiumchlorid. Diese Proben werden mit Wasser befeuchtet. Dann glüht man in der nichtleuchtenden Gasbrennerflamme drei Magnesiastäbchen so lange, bis die Flamme nicht mehr leuchtet. Mit einem Magnesiastäbchen taucht man nun in das Natriumsalz, mit dem nächsten in das Kaliumsalz, mit dem dritten in das Lithiumsalz und hält es jeweils in die Flamme. Die Kaliumflamme wird durch ein Cobaltglas betrachtet; sie erscheint dann rot.

Hinweise

Die Flammenfarben der Alkalimetalle und ihrer Salze dienen in der qualitativen Analyse zur Vorprobe. Ist ein Kaliumsalz durch eine Natriumverbindung verunreinigt, so verdeckt die Gelbfärbung durch Natrium die Violettfärbung durch Kalium. Durch ein Cobaltglas wird die „Natriumfarbe“ weggefiltert, die Färbung durch Kalium wird dann rot gesehen.
Hält man eine Zigarette in die nichtleuchtende Brennerflamme, kann mit Hilfe eines Cobaltglases im Tabak Kalium infolge der Flammenfärbung nachgewiesen werden.

17. Die 2. Hauptgruppe

17.1 Flammenfärbung durch Erdalkalimetalle

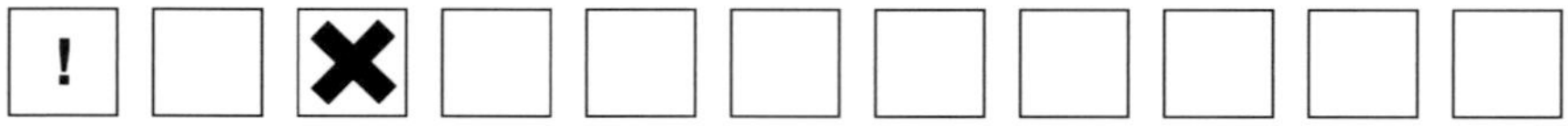

Material: Tüpfelplatte oder kleine Porzellanschälchen, Magnesiastäbchen; Calciumchlorid, Strontiumchlorid, Bariumchlorid (auch andere lösliche Erdalkalimetallsalze sind geeignet).

Durchführung: Man befeuchtet kleine Mengen von Calciumchlorid, Strontiumchlorid und Bariumchlorid mit Wasser. Dann glüht man in der nichtleuchtenden Brennerflamme ein Magnesiastäbchen so lange, bis die Flamme nicht mehr gefärbt wird. Das Stäbchen wird in das Calciumsalz getaucht und anschließend in die Flamme gehalten. Das wiederholt man mit Strontium- und Bariumchlorid, wobei man jeweils das benutzte Stück des Magnesiastäbchens abbricht oder ein neues Stäbchen nimmt.
Durch Calcium, Strontium und Barium bzw. deren Salze wird die Brennerflamme charakteristisch gefärbt:

Flammenfarben der Erdalkalimetalle	
Calcium	ziegelrot
Strontium	rot
Barium	blaßgrün

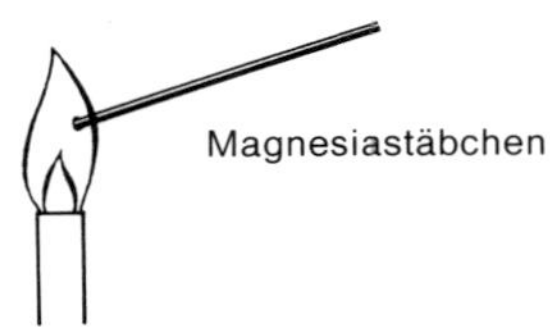

Hinweise: Die Flammenfarben der Erdalkalimetalle und ihrer Salze dienen in der qualitativen Analyse als Vorprobe. Zur genaueren Identifizierung ist ein Spektroskop notwendig.
Vorsicht! Lösliche Bariumsalze sind giftig!

17.2 Verbrennen von Magnesium und Calcium

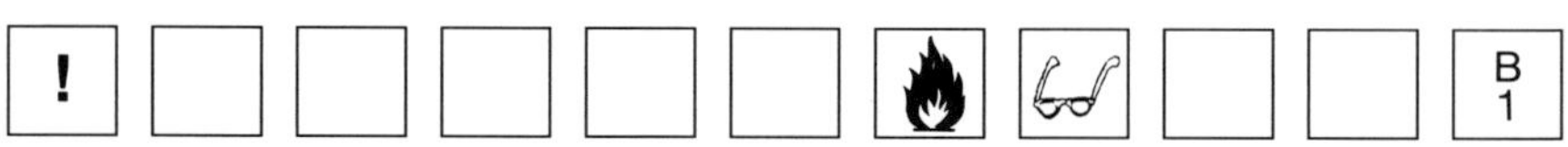

Material: Magnesiumpulver, Calciumspäne.

Durchführung: Auf einer feuerfesten Unterlage wird ein kleiner Kegel (ca. 2 cm hoch) Magnesiumpulver bzw. Calciumspäne angehäuft. Dann entzündet man mit der rauschenden Brennerflamme.
Vorsicht, es können brennende Metallteilchen wegspritzen!
Magnesium bzw. Calcium verbrennen zu ihren Oxiden, z. B.:

$$2\,Mg + O_2 \rightarrow 2\,MgO$$

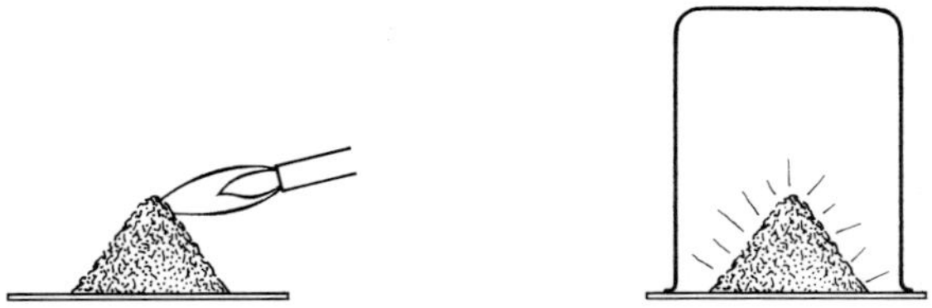

Teilweise (v. a. wenn man ein Becherglas über das brennende Metall stülpt und damit Sauerstoffmangel bewirkt) bildet sich auch gelbliches Magnesiumnitrid bzw. dunkles Calciumnitrid:

$3\,Mg + N_2 \rightarrow Mg_3N_2$

Hinweise

Gibt man etwas von den erkalteten Reaktionsprodukten in ein Reagenzglas und tropft Wasser darauf, so bildet sich aus den Nitriden u. a. Ammoniak:

$Ca_3N_2 + 6\,H_2O \rightarrow 3\,Ca(OH)_2 + 2\,NH_3$

Der entweichende Ammoniak kann am Geruch erkannt oder an der Verfärbung eines hineingehaltenen feuchten Indikatorpapierstreifens identifiziert werden (alkalische Reaktion).

Reaktion von Magnesium und Calcium mit Wasser **17.3**

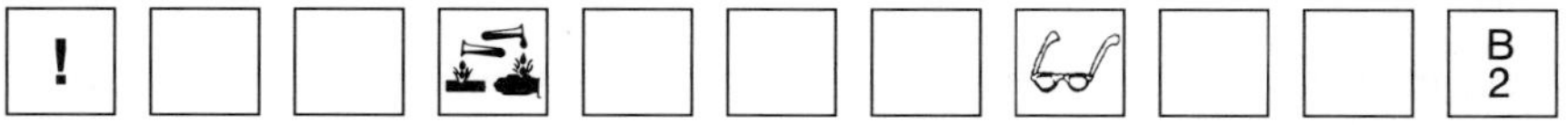

Material

Magnesiumspäne oder -band (blank bzw. entfettet!), Calciumspäne, Wasser.

Durchführung

Man gibt einige Magnesiumspäne oder blankes Magnesiumband in ein Reagenzglas mit dest. Wasser und beobachtet vor und nach dem Erhitzen des Wassers. In einem anderen Reagenzglas werden Calciumspäne zu Wasser gegeben.

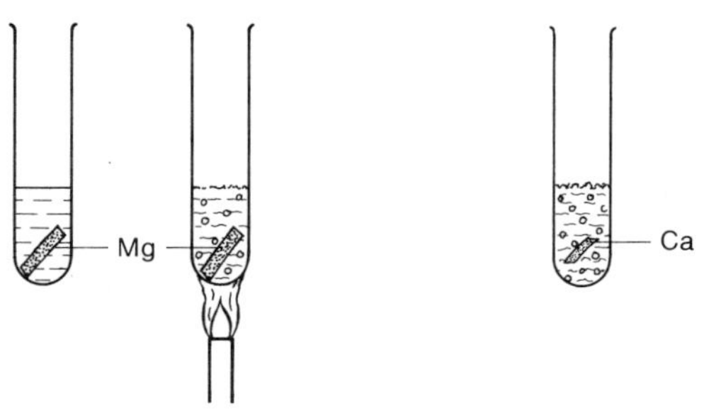

Wasser wird durch die unedlen Erdalkalimetalle zersetzt. Bei Magnesium erfolgt die Reaktion in kaltem Wasser noch kaum merklich, in heißem Wasser deutlich. Mit Calcium erfolgt bereits in kaltem Wasser eine deutliche Wasserstoffentwicklung:

$Ca + 2\,H_2O \rightarrow Ca(OH)_2 + H_2\uparrow$

Hinweise

Durch die Bildung von Calciumhydroxid wird die Reaktion von Calcium mit Wasser zunehmend behindert.

17.4 Reaktion von Erdalkalioxiden mit Wasser

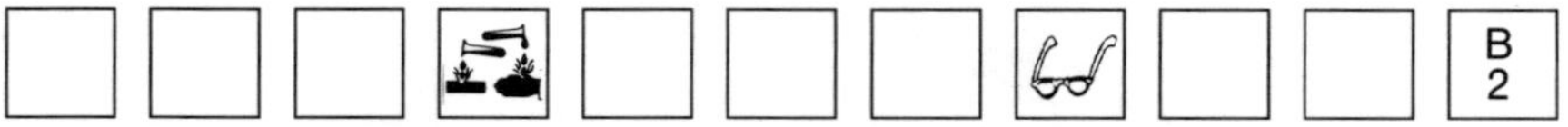

Material Magnesiumoxid, Calciumoxid, Universalindikatorpapier oder Phenolphthalein.

Durchführung In Reagenzgläser gibt man etwas Magnesiumoxid bzw. Calciumoxid und dazu etwas destilliertes Wasser. Umschütteln!
Dann taucht man je einen Streifen Universalindikatorpapier ein oder tropft Phenolphthalein dazu.

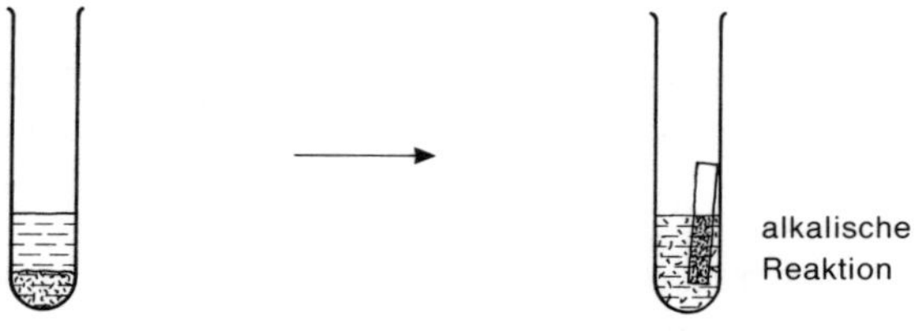

Erdalkalioxide reagieren mit Wasser unter Hydroxidbildung, z. B.:

$MgO + H_2O \rightarrow Mg(OH)_2$

Während das schlecht lösliche Magnesiumhydroxid nur eine schwache alkalische Reaktion ergibt, reagieren die anderen Erdalkalihydroxidlösungen stark alkalisch.

Hinweise Man kann auch gut angefeuchtetes Universalindikatorpapier auf Uhrglasschalen legen und darauf kleine Proben der Erdalkalimetalloxide geben.

17.5 Reaktion von Magnesium und Calcium mit verdünnten Säuren

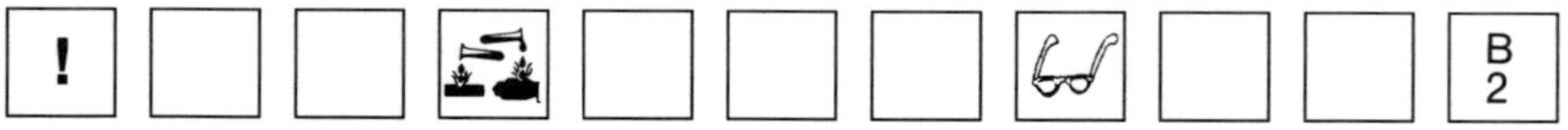

Material Magnesiumspäne oder -band, Calciumspäne, stark verdünnte Säurelösungen.

Durchführung In mehrere Reagenzgläser gibt man wenige ml verschiedener Säurelösungen. Dann werden jeweils kleine Stückchen oder Späne Magnesium bzw. Calcium dazugegeben.

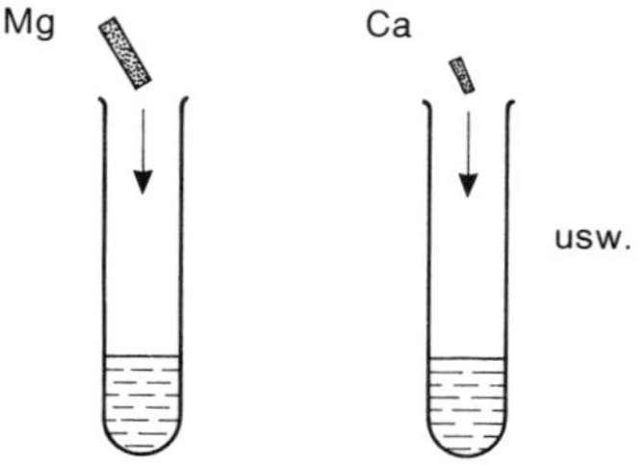

(z. B. verd. Essigsäure)

Die unedlen Metalle Magnesium und Calcium zersetzten Säurelösungen unter kräftiger Wasserstoffentwicklung (Knallgasprobe!), z. B.:

$Mg + 2\,H^+ \rightarrow Mg^{2+} + H_2\uparrow$

Hinweise

Vorsicht! Besonders bei der Zugabe von Calcium kann es zu starkem Aufschäumen kommen, daher nur kleine Stückchen zugeben und evtl. stärker verdünnen.

Modellversuch zum Kalkbrennen — 17.6

Material

Tiegelzange; Marmor, Phenolphthalein.

Durchführung

Mit einer Tiegelzange hält man ein Stück Marmor etwa 1–2 Minuten in die möglichst heiß eingestellte (rauschende) Brennerflamme. Dann gibt man das Marmorstück in ein Becherglas mit Wasser, das mit einigen Tropfen Phenolphthalein versetzt wird.

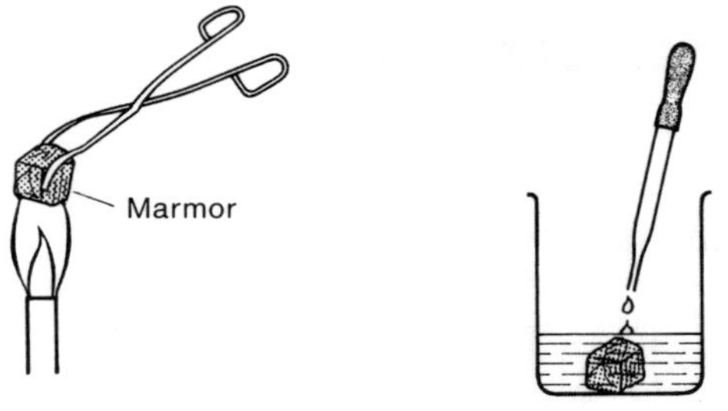

Marmor wird in der Hitze in Calciumoxid und Kohlenstoffdioxid zersetzt. Calciumoxid reagiert mit Wasser zum Calciumhydroxid, welches die alkalische Reaktion bewirkt (Rotfärbung von Phenolphthalein).

$CaCO_3 \rightarrow CaO + CO_2$
$CaO + H_2O \rightarrow Ca(OH)_2$

Hinweise

Dieser Versuch zeigt das Prinzip des Kalkbrennens und des Kalklöschens.

Modellversuch zum Kalklöschen — 17.7

Material

Abdampfschale, Thermometer; Branntkalk (möglichst stückig), Indikatorpapier.

Durchführung

In einer Abdampfschale wird zu einigen Stücken möglichst frischen Branntkalks soviel Wasser zugegeben, daß die Stücke sich mit Wasser vollsaugen können, aber nicht ganz bedeckt sind. Mit einem Thermometer überprüft man die Temperaturänderung.

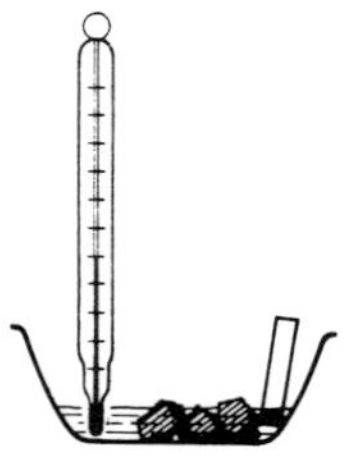

Es kommt zu einem starken Temperaturanstieg. Mit Indikatorpapier wird die alkalische Reaktion des „gelöschten Kalkes“ festgestellt.

$CaO + H_2O \rightarrow Ca(OH)_2$

Hinweise **Vorsicht!** Die Reaktion kann mit einiger Verzögerung einsetzen, aber dann so stark exotherm erfolgen, daß ätzende Kalkspritzer weggeschleudert werden. Schutzbrille, Schutzscheibe!

18. Die 7. Hauptgruppe

18.1 Darstellung von Chlor

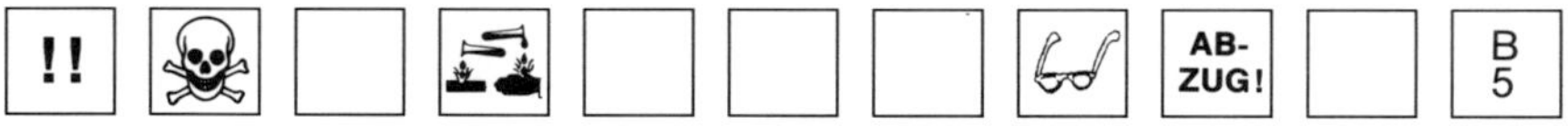

Material Schliffkolben mit seitlichem Ansatz, Tropftrichter mit Druckausgleich, Dreiwegehahn, großes Reagenzglas, mehrere Standzylinder, rechtwinklig gebogenes Glasröhrchen, kurze Schlauchverbindungen; rohe Salzsäure, Kaliumpermanganat, Aktivkohle, Sand.

Durchführung Mit Schliffgeräten wird ein Gasentwickler zusammengebaut, wie es die Abbildung zeigt. In den Kolben gibt man 3–4 Löffel Kaliumpermanganat. Die Menge muß so bemessen sein, daß für alle beabsichtigten Versuche ausreichend Chlor entwickelt werden kann. Nachfüllen von Kaliumpermanganat während der Versuche ist für den Experimentator wegen des entweichenden Chlorgases mit Gefahren verbunden. Der Tropftrichter mit Druckausgleich ist zur Hälfte mit roher Salzsäure gefüllt. Den Reaktionskolben verbindet man mit einem Dreiwegehahn. Diesen schließt man an ein großes Reagenzglas mit Aktivkohle und an ein Gasableitungsröhrchen.
Zur Entwicklung des Chlorstroms läßt man langsam Salzsäure auf das Kaliumpermanganat tropfen. Für die folgenden Versuche werden die Standzylinder nur zu Dreiviertel mit Chlor gefüllt. Wenn die Chlorentwicklung abgebrochen werden soll, wird die Zufuhr von Salzsäure gestoppt und das noch entweichende Chlor über den Dreiwegehahn in die Aktivkohle geleitet. Die mit Chlor gefüllten Standzylinder bleiben, mit Glasplatten abgedeckt, im Abzug. Für spätere Versuche stellt man sich hier bereits Chlorwasser durch Einleiten von Chlor in Wasser her.

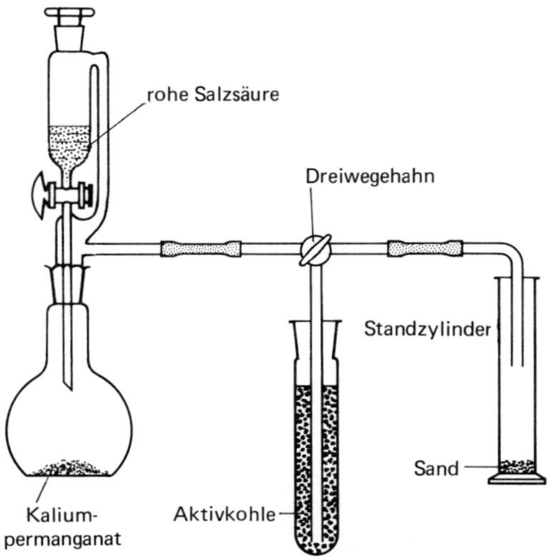

Bei der Einwirkung von Salzsäure auf Kaliumpermanganat spielt sich ein Redoxvorgang ab. — Hinweise

$2\,MnO_4^- + 16\,H^+ + 10\,Cl^- \rightarrow 2\,Mn^{2+} + 8\,H_2O + 5\,Cl_2$

Farbe, relative Dichte, Geruch und Löslichkeit von Chlor in Wasser können bereits bei diesem Versuch festgestellt werden. Wegen der damit verbundenen Gefahren dürfen die Schüler nicht veranlaßt werden, an einem Gefäß (auch nicht Reagenzglas) mit ausströmenden Chlor zu riechen. Die geringen Mengen, die vom Abzug in die Klasse gelangen, reichen zur deutlichen Geruchswahrnehmung aus. Überschüssiges Chlor wird am zweckmäßigsten mit Aktivkohle adsorbiert. Aus Sicherheitsgründen dürfen die Geräte nur im Abzug abgebaut werden. Der Kolbeninhalt ist mit viel Wasser zu verdünnen und dann zu entsorgen. Der Braunsteinbelag im Kolben ist durch Spülen mit schwefelsaurer Wasserstoffperoxidlösung leicht zu entfernen.

Chlorwasser — 18.2

Material: Erlenmeyerkolben und Aufbau nach Versuch, braune Flasche.

Durchführung: „Chlorwasser“ erhält man, wenn man Chlor in Wasser leitet, bis dieses eine grünliche Färbung annimmt. Am besten stellt man es immer dann her, wenn ohnehin Chlor hergestellt werden muß! Es wird in einer braunen Flasche aufbewahrt, weil es unter Lichteinwirkung zersetzt wird (Abb. siehe S. 134).

Hinweise: Chlor löst sich gut in Wasser; bei Zimmertemperatur löst 1 Raumteil Wasser 2–3 Raumteile Chlor. Wasser kann daher nicht als Sperrflüssigkeit beim Arbeiten mit Chlor verwendet werden. Sollte dies einmal notwendig sein, ist eine gesättigte Kochsalzlösung zu empfehlen. Da sich Chlorwasser im Laufe der Zeit zersetzt, soll es nicht auf Vorrat hergestellt werden.

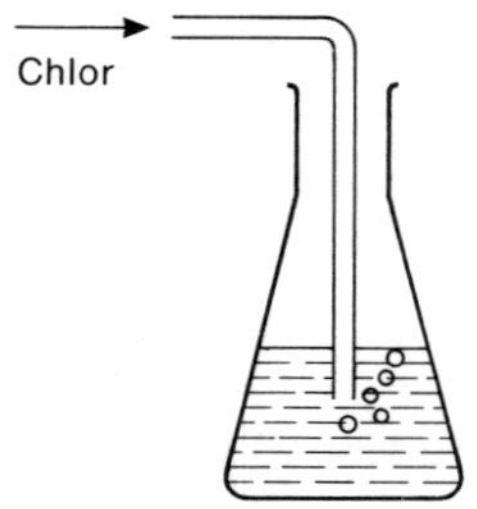

In geringem Maße reagiert Chlor chemisch mit dem Wasser:
$Cl_2 + H_2O \rightleftharpoons HOCl + HCl$; das Gleichgewicht ist aber ganz nach links verschoben.

18.3 Reaktion von Chlor mit Metallen

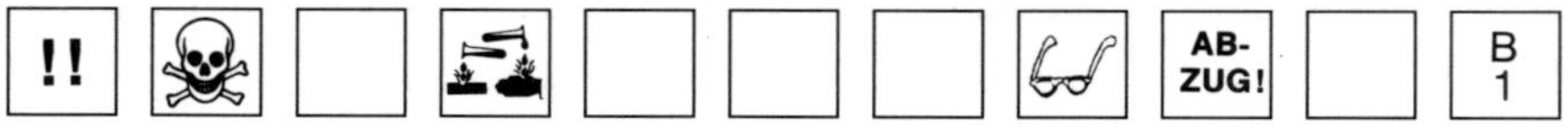

Material 3 Standzylinder, Tiegelzange; Sand, Stahlwolle, Kupferwolle oder Kupferfolie, Antimonpulver.

Durchführung Drei Standzylinder werden am Boden mit Sand bedeckt und mit Chlor gefüllt. Dann führt man in den ersten Zylinder mit der Tiegelzange angewärmte Stahlwolle, in den zweiten angewärmte Kupferwolle oder Kupferfolie. Unter Feuererscheinung reagieren die Metalle mit dem Chlor. Weil dabei Chlor ausgetrieben wird, muß auch dieser Versuch im Abzug gemacht werden. In den dritten Standzylinder schüttet man aus einem Reagenzglas etwas gepulvertes Antimon. Auch hier ist eine chemische Reaktion zu beobachten.

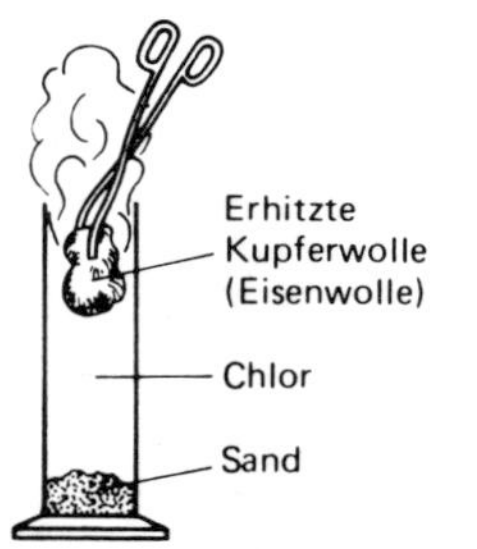

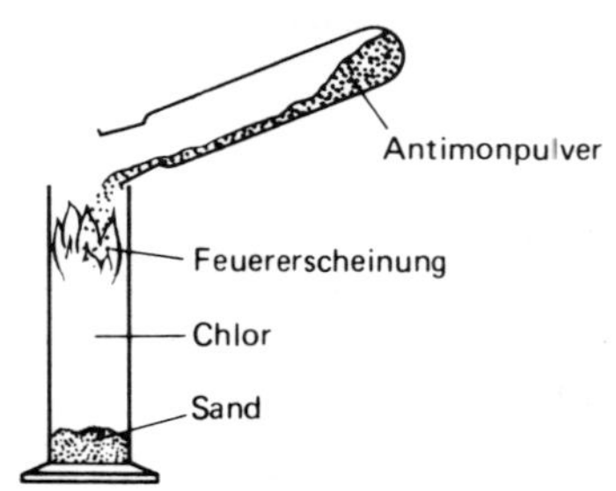

Hinweise Die Metalle „verbrennen“ mit Chlor zu den entsprechenden Chloriden. Beispiel:

$2\,Sb + 3\,Cl_2 \rightarrow 2\,SbCl_3 + 2 \cdot 383\,kJ$
$Cu + Cl_2 \rightarrow CuCl_2 + 206\,kJ$

Für den sicheren Ablauf der Reaktion spielt ein gewisser Feuchtigkeitsgehalt des Chlors eine Rolle.
Der Versuch ist geeignet, den Redoxbegriff elektronentheoretisch zu erklären, ferner kann dabei der Begriff „Halogen“ begründet werden.

Chlor als Bleichmittel 18.4

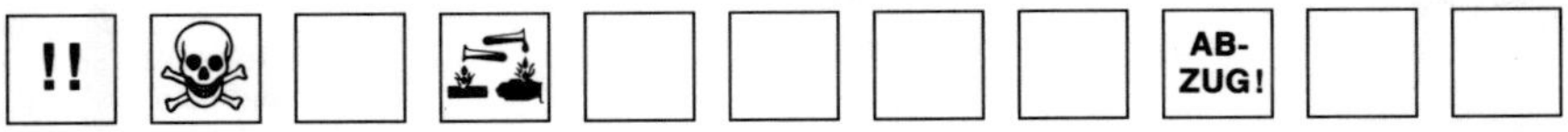

Material Standzylinder mit Abdeckplatte; Trichlorethylen, farbige Blumen.

Durchführung In einen mit Chlor gefüllten Standzylinder bringt man eine zur Entfernung der Wachsschicht mit Trichlorethylen behandelte farbige Blume. Der Zylinder wird mit einer Glasplatte abgedeckt. Nach kurzer Zeit werden das Blattgrün und die Blütenfarbstoffe zerstört: Bleichwirkung. Mit Handschuhen arbeiten!

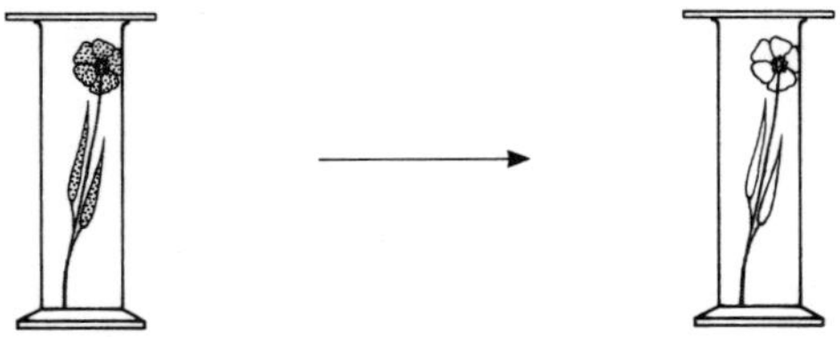

Hinweise Hier spielt der Feuchtigkeitsgehalt des Chlors eine besondere Rolle.

$H_2O + Cl_2 \rightarrow 2\,HCl + O$

Die Bleichwirkung beruht auf dem in der Reaktion von Chlor mit Wasser entstehenden atomaren Sauerstoff.

Chlorknallgas 18.5

Material 2 kleine, starkwandige Standzylinder, 2 Glasplatten, Schutzbrille, Indikatorpapier.

Durchführung In einem kleinen, starkwandigen Standzylinder wird Chlor aufgefangen und mit einer Glasplatte abgedeckt. Einen weiteren Zylinder der gleichen Größe füllt man mit Wasserstoff und deckt ebenfalls ab. Vor der folgenden Arbeit überzeugt man sich, daß kein Leuchtröhrenlicht oder direktes Sonnenlicht auf den Arbeitsplatz fällt. Dann stellt man den Zylinder mit Chlor auf den mit Wasserstoff, zieht die Glasplatten heraus und vermischt die Gase. Jetzt werden die Zylinder wieder mit den Glasplatten bedeckt und einer nach dem andern mit der Mündung an die Gasflamme gebracht. Das Gasgemisch explodiert. Mit einem feuchten Indikatorpapier kann darauf im Zylinder Säure nachgewiesen werden (Abb. siehe S. 136).

Hinweise Unter der Einwirkung der Hitze werden Chlormoleküle in Chloratome gespalten:

$243\,kJ + Cl_2 \rightarrow 2\,Cl$

Diese reagieren in einer Kettenreaktion weiter:

$Cl + H_2 \rightarrow HCl + H - 4{,}19\,kJ$
$H + Cl_2 \rightarrow HCl + Cl + 188\,kJ$

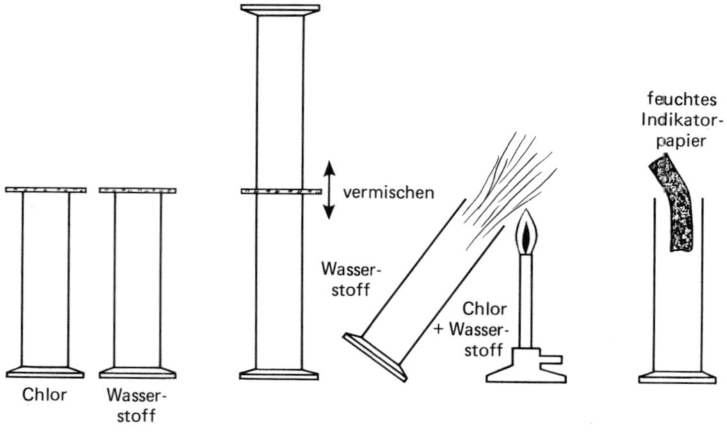

Die Spaltung der Chlormoleküle kann auch von kurzwelligem Licht ausgelöst werden. Beim Vermischen ist daher vorsichtig zu verfahren (abgedunkelter Raum!). Die Säurewirkung ist auf den entstandenen Chlorwasserstoff zurückzuführen.

18.6 Affinität von Chlor und Wasserstoff

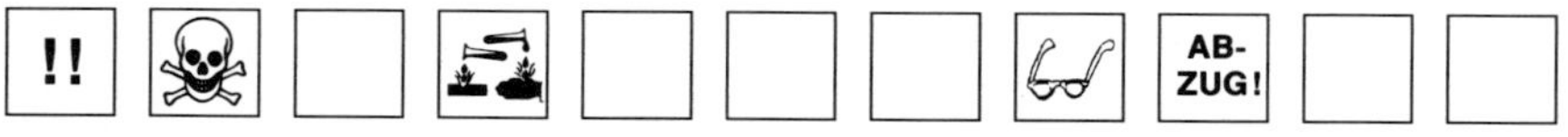

Material Standzylinder, Tiegelzange, Filterpapier, Kerze; Terpentinöl.

Durchführung In einen mit Chlor gefüllten Zylinder taucht man mit der Tiegelzange einen mit Terpentinöl getränkten Filterpapierstreifen. Das Terpentinöl entzündet sich und verbrennt unter Rußentwicklung. In einen weiteren mit Chlor gefüllten Zylinder führt man eine brennende Kerze. Die Kerzenflamme beginnt deutlich zu nebeln und zu rußen.

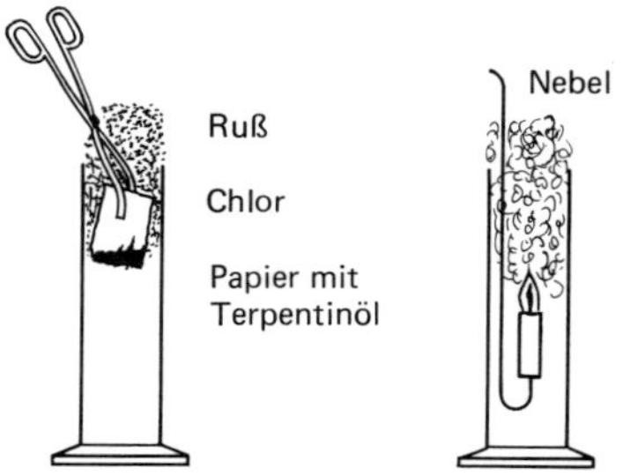

Hinweise Chlor ist in der Lage, sich auch mit chemisch gebundenem Wasserstoff zu vereinigen. Terpentinöl ist eine Kohlenwasserstoffverbindung

$$C_{10}H_{16} + 8\,Cl_2 \rightarrow 10\,C + 16\,HCl$$

Bei der Reaktion entsteht neben Chlorwasserstoff elementarer Kohlenstoff; darauf ist die Rußbildung zurückzuführen. Auch aus dem Kerzenwachs entreißt Chlor Wasserstoff, so daß sich Chlorwasserstoff-Nebel bildet.

Brom und Bromwasser 18.7

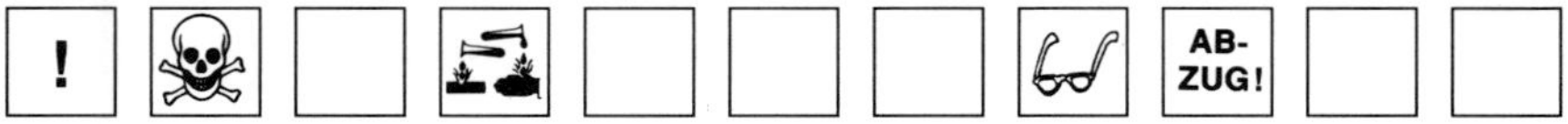

Material

Erlenmeyerkolben, Kolbenpipette; Brom, Chloroform.

Durchführung

Brom wird in braunen Flaschen mit Kappenverschluß im Giftschrank aufbewahrt. Die aggressiven Bromdämpfe führen leicht zu Korrosion an Metall. Dem kann abgeholfen werden, wenn das flüssige Brom mit Wasser überschichtet wird. Wird für einen Versuch elementares Brom benötigt, kann mit der Kolbenpipette Brom vom Flaschengrund entnommen werden. Bromwasser erhält man bei dieser Aufbewahrungsart durch vorsichtiges Dekantieren.
Wird Brom ohne Wasserbedeckung aufbewahrt, läßt man zur Bromwasserbereitung nur Bromdämpfe aus der Vorratsflasche in Wasser fließen. In ein Rg mit 5 ml Bromwasser gibt man etwa 1 ml Chloroform und schüttelt kräftig. Im Chloroform löst sich unter Entfärbung (oder Aufhellung) des Bromwassers das Brom gut.

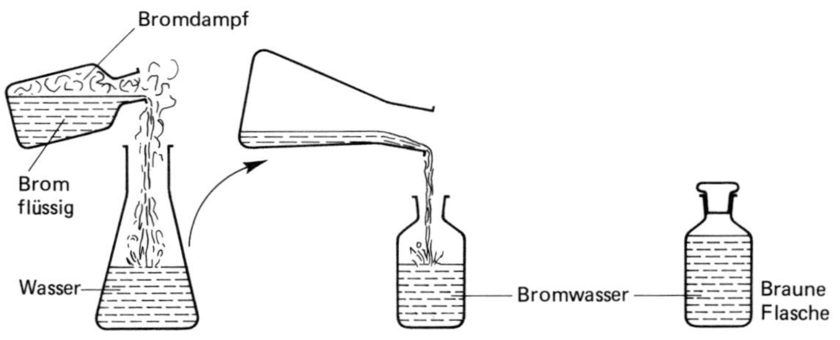

Hinweise

Vorsicht beim Öffnen von Bromflaschen! Abzug aufsuchen. Brom darf auf keinen Fall mit dem Mund in die Pipette gesaugt werden (Lebensgefahr!). Im Wasser löst sich Brom mäßig gut (bei 25 °C ca. 33,6 g in 1 l Wasser).

Darstellung von Chlor im Schülerversuch 18.8

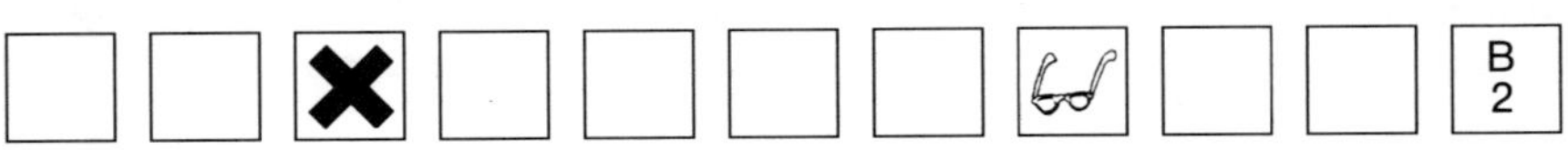

Material

Reagenzglas, Tropfpipette, Brenner; Kaliumiodidstärkepapier (MERCK Best. Nr. 9512), Kochsalz, Braunstein, verd. Schwefelsäure.

Durchführung

In ein Reagenzglas gibt man etwa 1 cm hoch eine Mischung aus Kochsalz und Braunstein. Dann tropft man dazu verd. Schwefelsäure, bis das Gemisch gut bedeckt ist und erwärmt kurz mit kleiner Flamme.
Mit einem feuchten Kaliumiodidstärkepapier, das in das Reagenzglas gehalten wird, kann Chlor nachgewiesen werden (Blaufärbung).

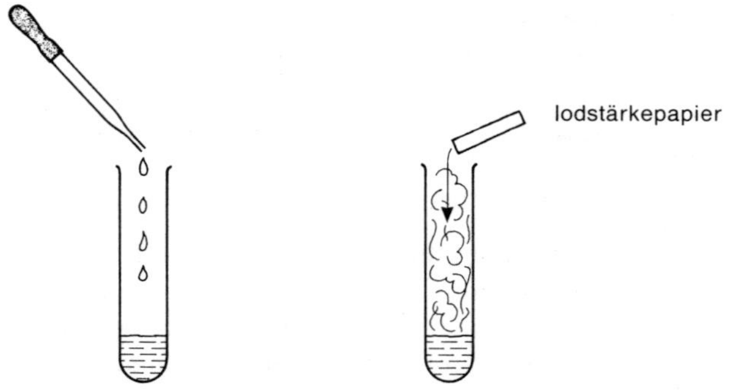

Hinweise

Braunstein oxidiert die Chloridionen zu elementarem Chlor. Der Vorgang kann in vereinfachter Form so dargestellt werden:

$$4\,NaCl + 2\,H_2SO_4 + MnO_2 \rightarrow MnCl_2 + 2\,Na_2SO_4 + Cl_2 + 2\,H_2O$$

Der Versuch ist in der beschriebenen Form als Schülerversuch geeignet. Die Gasentwicklung tritt bei mäßigem Erhitzen nur langsam ein, verwendet man konz. Salzsäure, so kommt es zu einer starken Chlorentwicklung (Lehrerversuch!). Die Reaktion mit dem Kaliumiodidstärkepapier beruht auf einer Oxidation der Iodionen zu elementarem Iod durch das entstandene Chlor.

$$Cl_2 + 2\,I^- \rightarrow 2\,Cl^- + I_2$$

Das Iod gibt mit der im Papier vorhandenen Stärke die blaue Iod-Stärke-Verbindung.

18.9 Löslichkeit von Iod

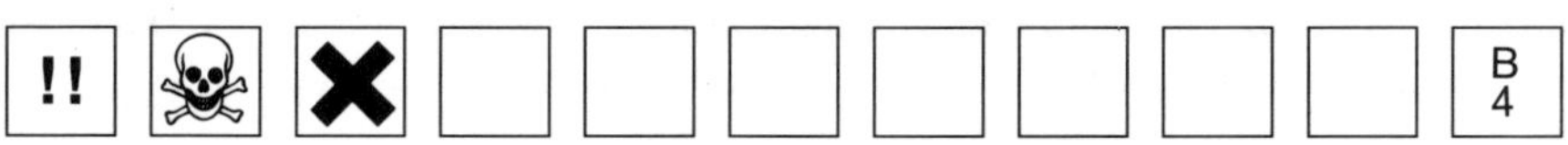

Material

Reagenzgläser, Reibschale; Iod, Kaliumiodidlösung, Ethanol (auch Spiritus genügt), Chloroform, Tetrachlorkohlenstoff.

Durchführung

Iod wird in der Reibschale gepulvert und je eine Messerspitze davon in Wasser, Kaliumiodidlösung, Alkohol, Chloroform und Tetrachlorkohlenstoff, die in Reagenzgläsern bereit stehen, gegeben. Löslichkeit und Farbe kontrollieren!

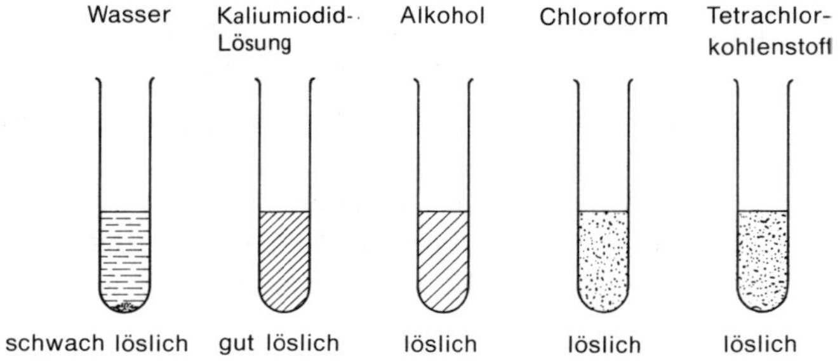

Hinweise

In Wasser ist Iod nur schwach löslich (bei 25 °C 0,33 g Iod in 1 l Wasser). In den braunen Lösungen ist das Iod Additionsverbindungen mit dem Lösungsmittel eingegangen; in der KI-Lösung liegt das I_3^- vor. Die violetten Lösungen (Chloroform, Tetrachlorkohlenstoff) enthalten molekulares Iod.

Darstellung von Brom und Iod im Schülerversuch — 18.10

Material

Reagenzglas, Tropfpipette, Brenner; Kaliumbromid, Kaliumiodid, Braunstein, verd. Schwefelsäure.

Durchführung

Man vermischt Natrium- oder Kaliumbromid bzw. Kaliumiodid mit Braunstein und verd. Schwefelsäure und erwärmt kurz mit kleiner Flamme.

Hinweise

Die Bromentwicklung und Iodbildung kann wie bei der analogen Chlordarstellung formuliert werden.
Taucht man das Reagenzglas, nachdem die Reaktion eingesetzt hat, in kaltes Wasser, lassen sich beide Reaktionen stoppen. Es entweicht dann kein Brom bzw. Ioddampf.

Brom als Halogen — 18.11

Material

Reagenzgläser; Bromwasser, Magnesium-, Zink-, Aluminiumspäne.

Durchführung

3 Reagenzgläser werden mit je 5 ml Bromwasser gefüllt und je eine Spatelspitze Magnesium-, Zink- und Aluminiumspäne dazugegeben. Es wird kräftig geschüttelt und die Farbänderung verfolgt.

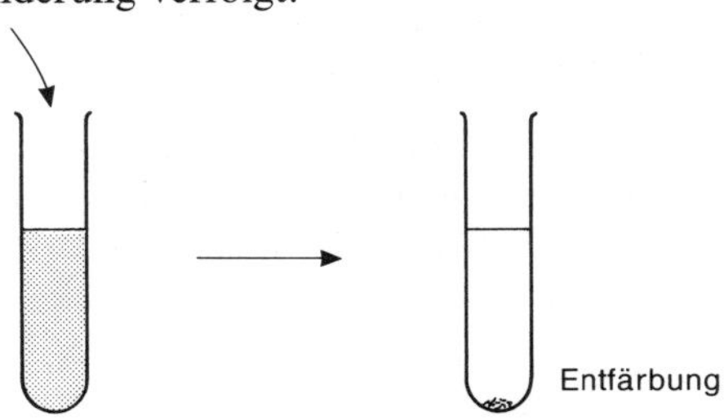

Hinweise

Das in Wasser gelöste Brom reagiert mit den zugegebenen Metallen unter Bromidbildung. Deshalb verschwindet die Gelbfärbung unter Auflösung des Metalls.

$$Mg + Br_2 \rightarrow Mg^{2+} + 2\,Br^-$$
$$Zn + Br_2 \rightarrow Zn^{2+} + 2\,Br^-$$
$$2\,Al + 3\,Br_2 \rightarrow 2\,Al^{3+} + 6\,Br^-$$

Aluminiumpulver ist ungeeignet, da dieses gefettet ist und deshalb vom Bromwasser nicht benetzt werden kann.

18.12 Iod als Halogen

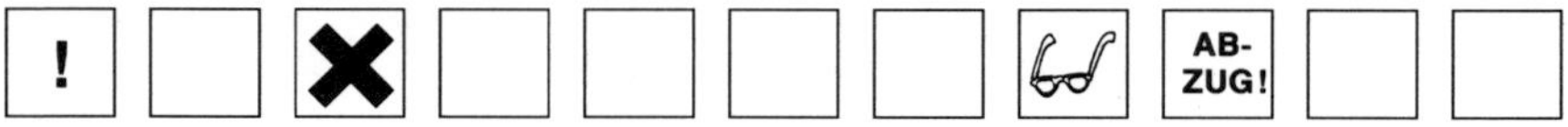

Material Abdampfschale, Tropfpipette; Iod, Magnesiumpulver.

Durchführung Magnesium- und Iodpulver werden in einer Abdampfschale vermischt und zu einem flachen Kegel aufgehäuft. Nun gibt man im Abzug mit dem Glasstab oder einer Tropfpipette ein paar Tropfen Wasser dazu. Unter Ausstoßung violetter Ioddämpfe kommt es zu einer spontanen Reaktion.

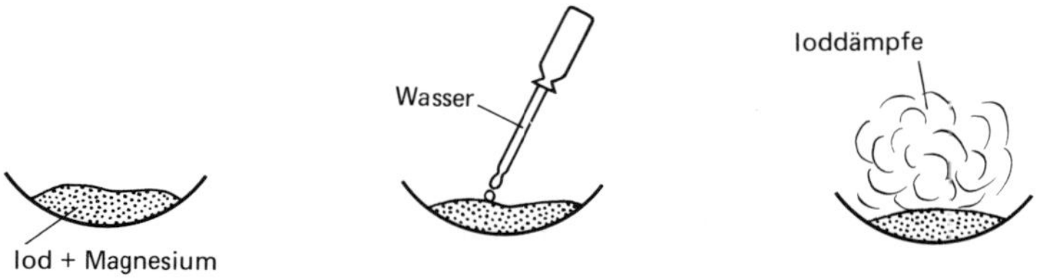

Hinweise Unter dem Einfluß von Wasser verbinden sich Magnesium und Iod zu Magnesiumiodid.

$Mg + I_2 \rightarrow Mg^{2+} + 2\,I^-$

Achtung: Die Ioddämpfe nicht einatmen.

18.13 Unterschiedliche Reaktivität der Halogene

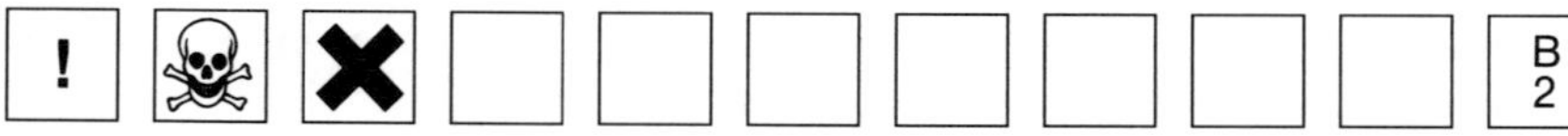

Material Reagenzgläser; Chlorwasser, Bromwasser, Lösungen von Kaliumchlorid, Kaliumbromid und Kaliumiodid, Chloroform.

Durchführung In je ein Rg mit Kaliumbromid- und Kaliumiodlösung gibt man Chlorwasser und einige Tropfen Chloroform. Dann schüttelt man um. Beobachtung der Farbänderung des Chloroforms: im Rg mit Kaliumbromid wird das Chloroform gelb, im Rg mit Kaliumiodid rotviolett.

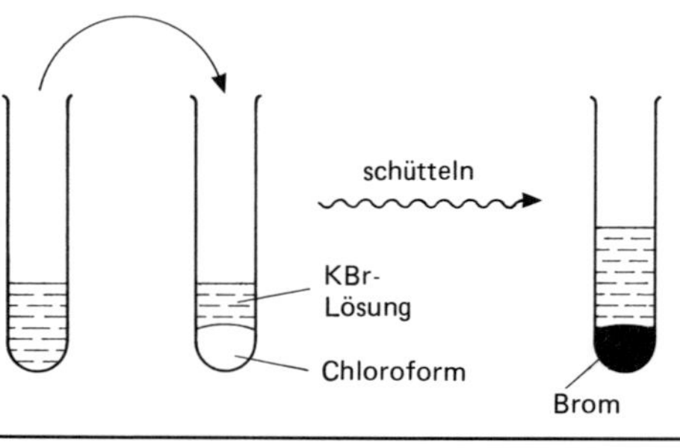

Nun gibt man in je ein Rg Kaliumiodid- und Kaliumchloridlösung, setzt einige Tropfen Chloroform und etwas Bromwasser dazu und schüttelt um. Nur im Rg mit Kaliumiodidlösung verschwindet die Gelbfärbung, und im Chloroform löst sich Iod.

Hinweise

Die Reaktivität der Halogene nimmt mit steigender Atommasse ab. Chlor kann Brom und Iod freisetzen, während Brom nur Iod aus den Verbindungen in Freiheit setzen kann.

$$Cl_2 + 2\,Br^- \rightarrow 2\,Cl^- + Br_2$$
$$Cl_2 + 2\,I^- \rightarrow 2\,Cl_{-} + I_2$$
$$Br_2 + 2\,I^- \rightarrow 2\,Br^- + I_2$$

Bei den Versuchen werden die neu entstandenen Halogene in Chloroform durch Ausschütteln gelöst. Siehe V. 14.5, S. 110.

Nachweis der Halogenide mit Silbernitrat — 18.14

Material

Reagenzgläser; Lösungen von Natriumchlorid, Kaliumbromid, Kaliumiodid und Silbernitrat, Tropfpipette.

Durchführung

Man gibt in je ein Rg Natriumchloridlösung, Kaliumbromidlösung und Kaliumiodidlösung. Dann tropft man Silbernitratlösung dazu und vergleicht die Farben der Fällungen unmittelbar nach der Reaktion und nach längerem Stehen am Licht.

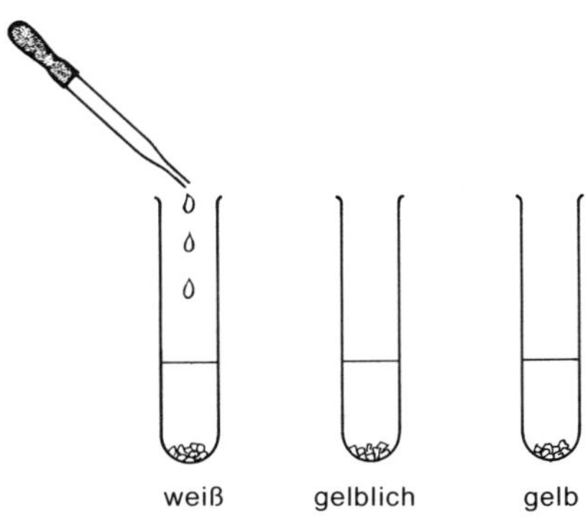

Hinweise

Es entstehen Fällungen der entsprechenden Silberhalogenide. Silberchlorid ist weiß, Silberbromid ist gelbweiß, Silberiodid ist gelb. Durch Lichteinwirkung werden die Silberhalogenide in die Elemente zersetzt:

z. B. Lichtenergie + AgCl → Ag + 1/2 Cl_2

19. Stickstoff-Verbindungen

19.1 Nachweis von Nitrationen

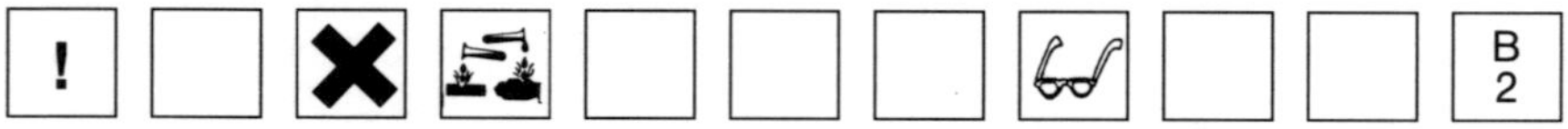

Material Reagenzglas, Tropfpipette; Eisen(II)-sulfat, konz. Schwefelsäure, verd. Salpetersäure.

Durchführung In einem Rg werden 2 ml verd. Salpetersäure mit 4 ml frisch zubereiteter Lösung von Eisen(II)-sulfat in Wasser versetzt. Dann unterschichtet man mit 2–3 ml konz. Schwefelsäure. An der Grenzfläche der Schwefelsäure tritt bei Anwesenheit von NO_3^- ein brauner Ring auf.

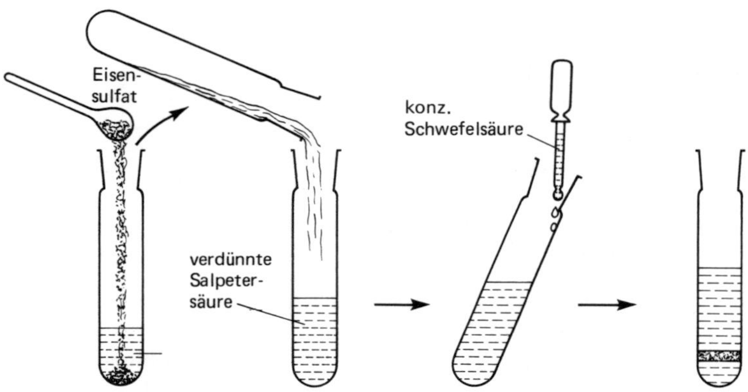

Hinweise Der braune Ring ist auf die Bildung von Nitrosyleisen(II)-sulfat zurückzuführen.

$$2\,HNO_3 + 6\,FeSO_4 + 3\,H_2SO_4 \rightarrow 2\,NO + 3\,Fe_2(SO_4)_3 + 4\,H_2O$$

$$2\,NO + 2\,FeSO_4 \rightarrow \underset{\text{brauner Ring}}{2\,[Fe(NO)]SO_4}$$

19.2 Passivierung von Eisen

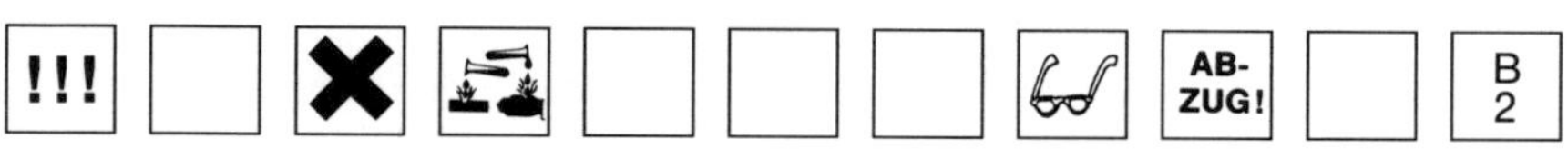

Material Großes Reagenzglas, Eisennagel, Glasstab; konz. Salpetersäure.

Durchführung In ein großes Rg gibt man einen Eisennagel und soviel konz. Salpetersäure, daß er von der Säure ganz bedeckt ist. Nun wartet man etwa 2 Minuten. Es tritt keine erkennbare Reaktion ein. Verdünnt man anschließend mit Wasser, bis das Rg zu Dreiviertel gefüllt ist, so tritt noch keine Reaktion ein. Wird der Nagel aber mit einem scharfkantigen Glasstab behandelt (Oberfläche ankratzen), so kommt es plötzlich zu einer heftigen Wasserstoffentwicklung.

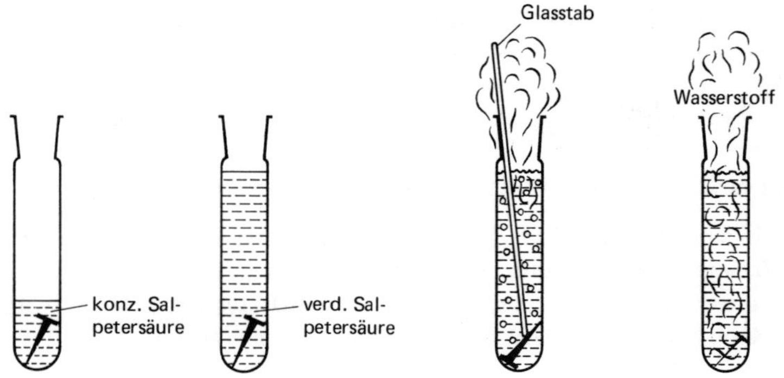

Eisen wird wie Aluminium und Chrom von konz. Salpetersäure nicht angegriffen, weil diese Metalle an der Oberfläche oxidiert werden, so daß das darunterliegende Metall vor weiterem Säureangriff geschützt wird (Vorgang der „Passivierung“). Nach Zerstörung der Oxidhaut kann die stark verdünnte Säure das Eisen unter Wasserstoffentwicklung zersetzen.
Siehe auch Versuch auf Seite 174!

Hinweise

Einwirkung verd. Salpetersäure auf unedle Metalle 19.3

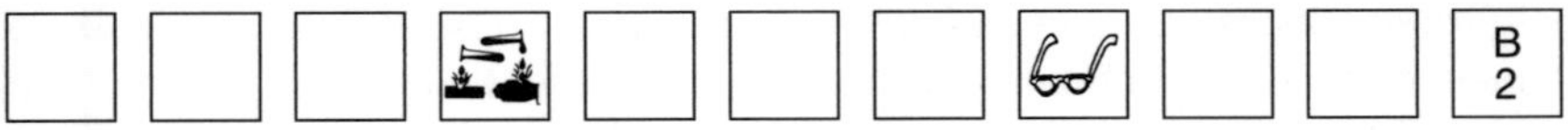

Reagenzgläser; Salpetersäure (5 %ig), Zinkgranula, Magnesiumband.

Material

Man bereitet sich 5 %ige Salpetersäure und gibt je 5 ml davon in 2 Rg. In das erste Rg gibt man granuliertes Zink (oder Zinkspäne), in das zweite Rg gibt man 3 cm eines Magnesiumbandes. Wenn die Gasentwicklung deutlich einsetzt, verschließt man die Reagenzglasmündung mit dem Daumen und führt die Knallgasprobe durch. Wenn die Gasentwicklung nicht einsetzt, erwärmt man etwas. Die Knallgasprobe weist auf Wasserstoff hin.

Durchführung

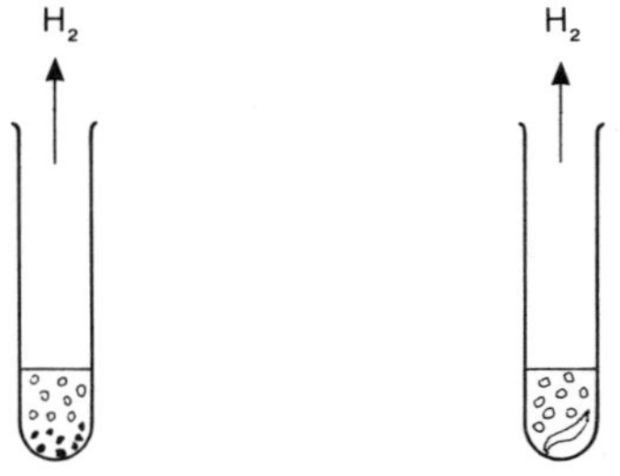

Stark verdünnte Salpetersäure zersetzt unedle Metalle unter Wasserstoffentwicklung.

Hinweise

Beispiel: $Zn + 2\,HNO_3 \rightarrow Zn(NO_3)_2 + H_2\uparrow$

19.4 Einwirkung 20%iger Salpetersäure auf Kupfer

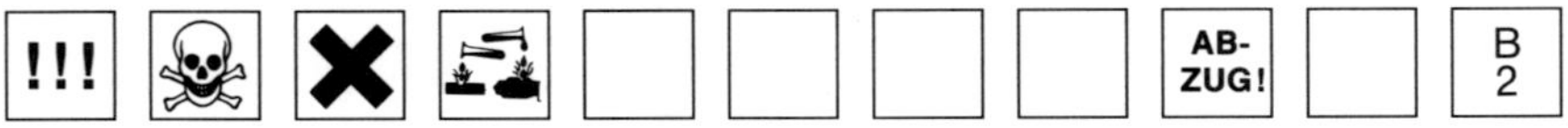

Material Erlenmeyerkolben (100 ml); Kupferspäne, Salpetersäure (20%ig).

Durchführung Abzug! In einen Erlenmeyerkolben gibt man Kupferspäne und übergießt diese mit 10 ml 20%iger Salpetersäure. Zu Beginn der Reaktion treten im Erlenmeyerkolben braune Gase auf, im weiteren Verlauf verschwindet die Farbe im Kolben. Erst an der Kolbenmündung wird das entweichende Gas braun.

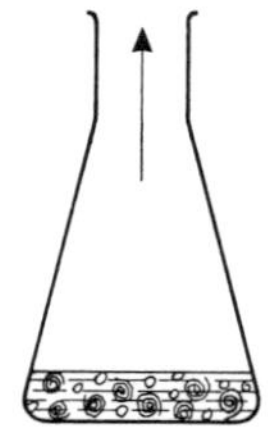

Hinweise Mäßig verdünnte Salpetersäure greift Kupfer unter Bildung von Stickstoffmonooxid und Kupfernitrat an.

$$3\,Cu + 8\,HNO_3 \rightarrow 3\,Cu(NO_3)_2 + 4\,H_2O + 2\,NO\uparrow$$

Das farblose Stickstoffmonooxid verbindet sich mit Sauerstoff (zuerst im Kolben, dann an der Luft) zu braunem Stickstoffdioxid. Diese Reaktion ist geeignet, um Stickstoffmonooxid für Laborversuche darzustellen.

19.5 Einwirkung konz. Salpetersäure auf Edelmetalle

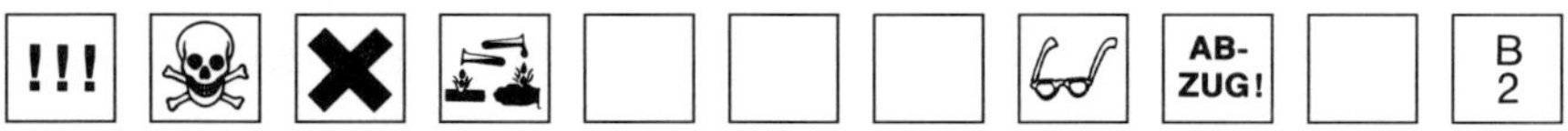

Material Reagenzglas mit Silberspiegel; Kupferspäne, konz. Salpetersäure.

Durchführung Nach Versuch 43.2, Seite 307, wird in einem Rg ein Silberspiegel erzeugt. In dieses Rg gibt man 5 ml konz. Salpetersäure und neigt unter vorsichtigen Drehbewegungen das Rg, so daß der Spiegel aufgelöst wird. In ein zweites Rg gibt man Kupferspäne (nicht Kupferpulver) und übergießt langsam mit etwa 5 ml konz. Salpetersäure. Unter Entwicklung brauner Stickoxide wird das Kupfer aufgelöst. Nach Zugabe der Säure wird das Rg im Abzug abgestellt.

Hinweise Salpetersäure kann unter Normalbedingungen alle Stoffe, deren Oxidationspotential negativer als + 0,96 Volt ist, oxidieren. Das Oxidationspotential von Kupfer ist + 0,35 Volt, das von Silber + 0,81 Volt, das von Gold + 1,50 Volt. Kupfer und Silber werden deshalb von Salpetersäure aufgelöst.

$$Cu + 4\,HNO_3 \rightarrow Cu^{2+} + 2\,NO_3^- + 2\,H_2O + 2\,NO_2\uparrow$$

Gold und Silber können durch diese Reaktion unterschieden werden (Salpetersäure = Scheidewasser). Kupferpulver würde zu heftig reagieren (Oberfläche!), deshalb werden für diesen Versuch Kupferspäne verwendet.

Oxidationswirkung rauchender Salpetersäure 19.6

Material: Becherglas (100 ml); Holzkohle, rauchende Salpetersäure

Durchführung: In ein kleines Becherglas bringt man 1 cm hoch rauchende Salpetersäure und wirft ein erbsengroßes Stück glühende Holzkohle darauf. Die Kohle beginnt kräftig zu glühen und verbrennt schließlich.

Hinweise: „Rote rauchende Salpetersäure" ist wasserfreie Salpetersäure, die Stickstoffdioxid gelöst enthält. Sie ist ein starkes Oxidationsmittel.

$4\,HNO_3 + C \rightarrow 2\,H_2O + 4\,NO_2 + CO_2$

Bildung von Kupfernitrat 19.7

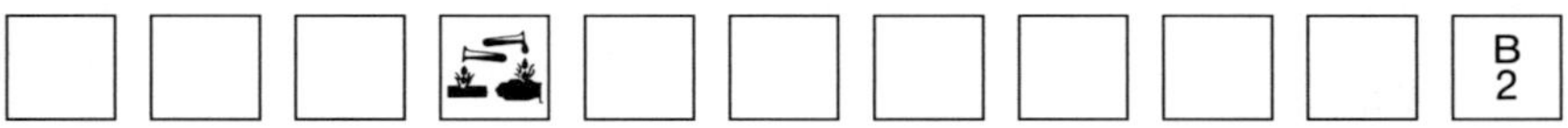

Material: Reagenzglas; Kupfer(II)-oxid.

Durchführung: In ein Rg gibt man 1 Spatelspitze Kupfer(II)-oxid und versetzt mit 5 ml verd. Salpetersäure. Es entsteht eine blaue Lösung von Kupfer(II)-nitrat.

Hinweise: Die meisten Nitrate sind in Wasser verhältnismäßig gut löslich. Die blaue Farbe der Lösung ist auf das komplexe Kupfer(II)-tetraquaion zurückzuführen.

$CuO + 2\,HNO_3 + 4\,H_2O \rightarrow [Cu(H_2O)_4]^{2+} + 2\,NO_3^- + H_2O$

Thermische Zersetzung von Bleinitrat 19.8

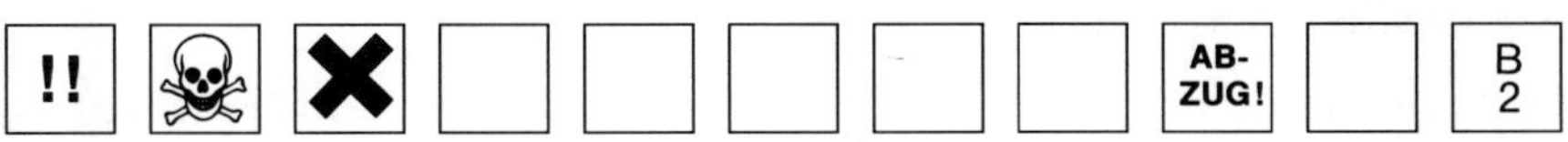

Material: Reagenzglas; Bleinitrat

Durchführung: In einem trockenen Rg wird 1 g Bleinitrat erhitzt. Wenn braunes Gas entweicht, wird das Rg in den Abzug gestellt.

Hinweise: Schwermetallnitrate gehen beim Erhitzen unter Stickstoffdioxidbildung in die entsprechenden Oxide über.

Beispiel: $Pb(NO_3)_2 \rightarrow PbO + 2\,NO_2\uparrow + 1/2\,O_2$

Nitrate sind bei erhöhter Temperatur gute Oxidationsmittel.

19.9 Nachweis von Ammonium-Ionen

Material 2 Uhrgläser; Indikatorpapier, Ammoniumsalz, Kalium- oder Natriumhydroxid, dest. Wasser.

Durchführung Es wird ein Ammoniumsalz in die Innenseite eines Uhrglases gegeben. Hinzu fügt man 1–2 Plätzchen Kaliumhydroxid und feuchtet das Ganze etwas an.
An die Innenseite eines zweiten Uhrglases wird ein angefeuchtetes Stückchen Indikatorpapier gebracht. Dieses zweite Uhrglas wird jetzt mit seiner Innenseite nach unten auf das Uhrglas mit dem Ammoniumsalz gelegt. Nach einigen Minuten färbt sich das Indikatorpapier blau.

Erklärung $NH_4^+ + OH^- \rightarrow NH_3 + H_2O$

Das bei dieser Reaktion entstehende Ammoniak ist ein Gas. Es entweicht aus der Lösung und steigt zum Indikatorpapier auf. Da Ammoniak eine Base ist, zeigt das feuchte Indikatorpapier alkalische Reaktion an.

19.10 Thermische Zersetzung von Salmiak

Material Reagenzglas; Ammoniumchlorid

Durchführung Eine Spatelspitze Ammoniumchlorid wird in einem Rg erhitzt. In der Hitze zerfällt das Ammoniumchlorid und scheidet sich an den kälteren Teilen des Rg wieder ab. Es kann aber auch von dort durch Erhitzen entfernt werden.

Hinweise Ammonsalze werden in der Hitze zersetzt. Es handelt sich um keine Sublimation, wie vermutet werden könnte.

Wärme + $NH_4Cl \rightarrow NH_3 + HCl$

Der Versuch ist die Umkehrung von Versuch 15.18, S. 122.

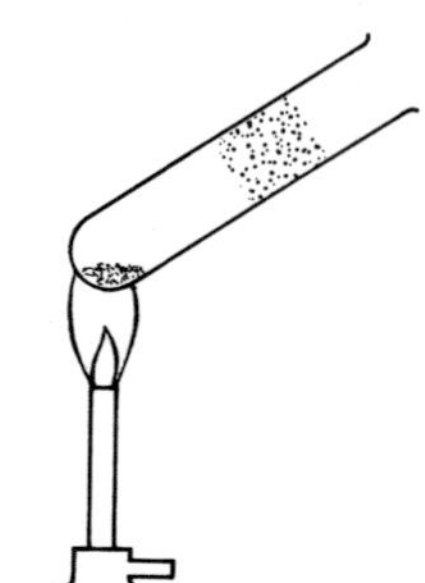

Salmiakbildung 19.11

Siehe Versuch 15.18, Seite 122.

Leitfähigkeitsänderung beim Einleiten von Ammoniak in Wasser 19.12

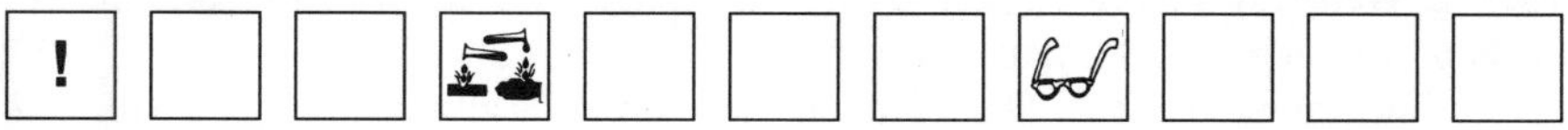

Siehe Versuch 15.14, Seite 119.

Springbrunnenversuch mit Ammoniak 19.13

Siehe Versuch 15.13, Seite 118.

Darstellung von Ammoniak 19.14

Siehe Versuch 15.12, Seite 117.

20. Phosphor und Phosphor-Verbindungen

20.1 Unterschiedliche Entzündungstemperatur von weißem und rotem Phosphor

Material: Weißer Phosphor, roter Phosphor, Kupfer- oder Eisenblech.

Durchführung: **Achtung:** Weißen Phosphor unter Wasser schneiden und nur mit Pinzette anfassen! Den Versuch im Abzug durchführen!
Auf die Enden eines ca. 15–20 cm langen Blechstreifens gibt man gleiche Mengen von weißem und rotem Phosphor (höchstens linsengroße Mengen verwenden). Dann erwärmt man die Mitte des Blechs mit kleiner Flamme.

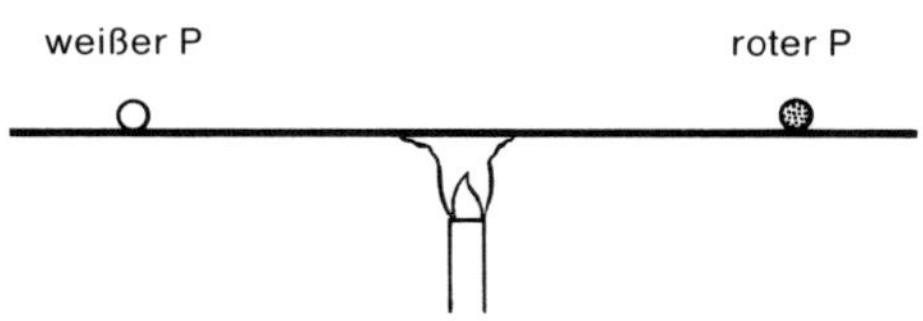

Der weiße Phosphor entzündet sich wesentlich eher (oberhalb etwa 50 °C) als roter Phosphor (ab etwa 260 °C, je nach Reinheitsgrad).

$4\,P + 5\,O_2 \rightarrow P_4O_{10}$

Hinweise: Weißer Phosphor ist nicht nur feuergefährlich, sondern auch stark giftig (auch das Sperrwasser, in dem er aufbewahrt wird)!
Entsorgung nach B 5, Seite 33.

20.2 Nachweis von Phosphor nach Mitscherlich

Material: Erlenmeyerkölbchen mit Steigrohr; Weißer Phosphor, Siedesteinchen.

Durchführung: In ein Kölbchen füllt man ca. 100 ml warmes Wasser und gibt ein kleines Stückchen weißen Phosphors dazu (etwa in der Größe eines kleinen Reiskornes) und 2 oder 3 Siedesteinchen. Dann wird das Wasser zum Sieden gebracht (Raum abdunkeln!).
Zunächst kann man leuchtende, fahlgelbgrüne „Nebel" im Kölbchen beobachten, die langsam im Steigrohr nach oben wandern. Beim Entfernen der Heizquelle sinkt die Leuchtflamme wieder im Rohr zurück.
Durch das verdampfende Wasser werden kleine Phosphorteilchen mitgerissen. Dort wo das Wasser im Steigrohr wieder kondensiert (das Steigrohr fungiert als

Rückflußkühler) und der fein verteilte Phosphor mit dem Luftsauerstoff in Berührung kommt, oxidiert der Phosphor unter Lichtabgabe.

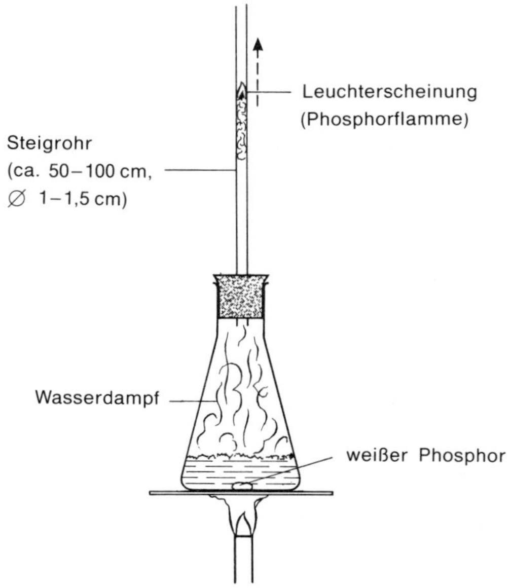

Hinweise

Weißer Phosphor ist feuergefährlich und sehr giftig! Nur unter Wasser schneiden, Reste sorgfältig vernichten (am besten durch Verbrennen im Abzug)!
Entsorgung nach B 5, Seite 33.

Umwandlung von rotem Phosphor in weißen Phosphor 20.3

Material

Streichholzschachtel mit Streichhölzern.

Durchführung

Man streicht im verdunkelten Raum mit einem Zündholz so über die Reibfläche einer Streichholzschachtel, daß das Hölzchen nicht entflammt.

Ein kleiner Teil des roten Phosphors der Reibfläche wandelt sich beim Reiben mit dem Zündholz in weißen Phosphor um. Dieser oxidiert unter Lichtabgabe (Leuchterscheinung auf der Reibfläche).

20.4 Bildung von Phosphoroxid und Phosphorsäure

! B 2

Material Verbrennungslöffel, Standzylinder mit Glasplatte; Roter Phosphor, Indikatorlösung.

Durchführung Man gibt in einen sauberen Verbrennungslöffel eine kleine Menge roten Phosphor (ca. linsengroß), entzündet ihn und hält dann den Verbrennungslöffel in einen Standzylinder, den man mit einer Glasplatte abdeckt.

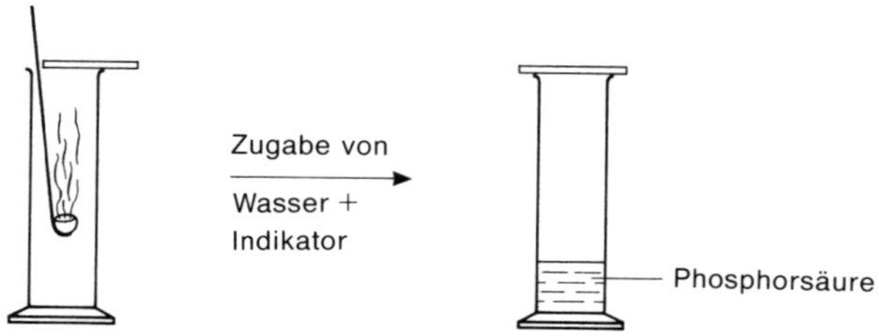

Es bildet sich Phosphoroxid, das sich als weißer Belag an den Zylinderwänden absetzt.

$$4\,P + 5\,O_2 \rightarrow P_4O_{10}$$

Die wäßrige Lösung reagiert sauer.

$$P_4O_{10} + 6\,H_2O \rightarrow 4\,H_3PO_4$$

Hinweise Füllt man den Standzylinder mit reinem Sauerstoff (statt Luft), so erfolgt die Reaktion unter eindrucksvoller Leuchterscheinung und dickerer Ablagerung von Phosphoroxid.
Phosphoroxid nicht einatmen!

20.5 Phosphorsäure und unedle Metalle

B 2

Material Phosphorsäure, Magnesiumband, andere unedle Metalle.

Durchführung Man gibt zu verdünnter Phosphorsäure einige Stückchen Magnesiumband. Dann wiederholt man den Versuch mit anderen unedlen Metallen.
Magnesium und andere unedle Metalle werden von der Phosphorsäure unter Wasserstoffentwicklung zersetzt.

$$2\,H_3PO_4 + 3\,Mg \rightarrow Mg_3(PO_4)_2 + 3\,H_2$$

Phosphorsäure gilt als mittelstarke Säure.

21. Schwefel und Schwefel-Verbindungen

Verhalten von Schwefel beim Erhitzen und Abkühlen 21.1

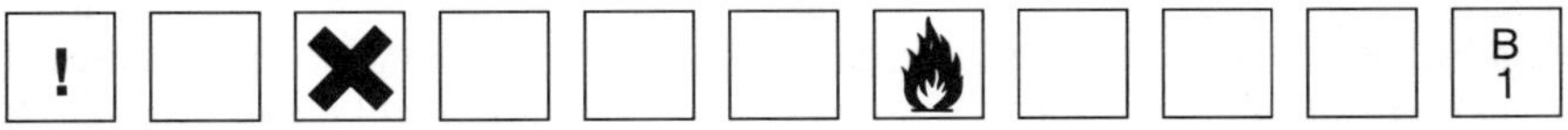

Material Reagenzglas, Schwefel.

Durchführung Man gibt in ein Reagenzglas 3–4 cm hoch Schwefel (zerkleinerter Stangenschwefel ist gut geeignet) und erhitzt unter ständigem Schütteln **langsam** (Schwefel ist ein schlechter Wärmeleiter!). Farbänderung und Viskositätsveränderungen beobachten!

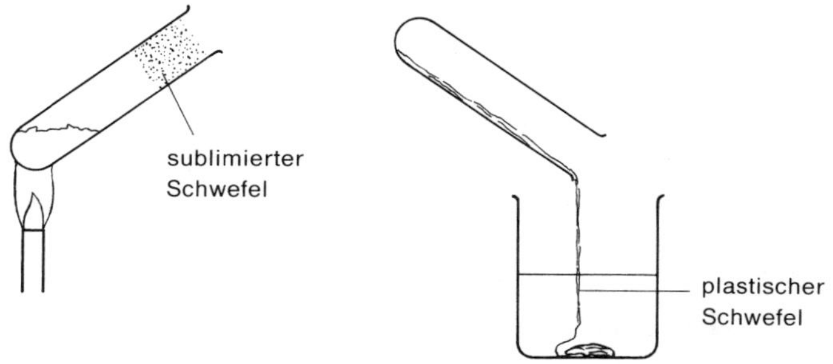

Schwefel schmilzt bei 114 °C zu einer gelben, leicht beweglichen Flüssigkeit, wird allmählich braun, dann dunkelbraun und zähflüssig, bei weiterem Erhitzen wieder dünnflüssig und verdampft bei ca. 444 °C (der Schwefeldampf setzt sich am oberen, kalten Ende des Reagenzglases als pulverförmige „Schwefelblüte" oder „Schwefelblume" ab). Beim Abkühlen der Schmelze werden die beschriebenen Beweglichkeitsphasen wieder durchlaufen.
Die folgende Darstellung erläutert die Vorgänge in vereinfachter Form:

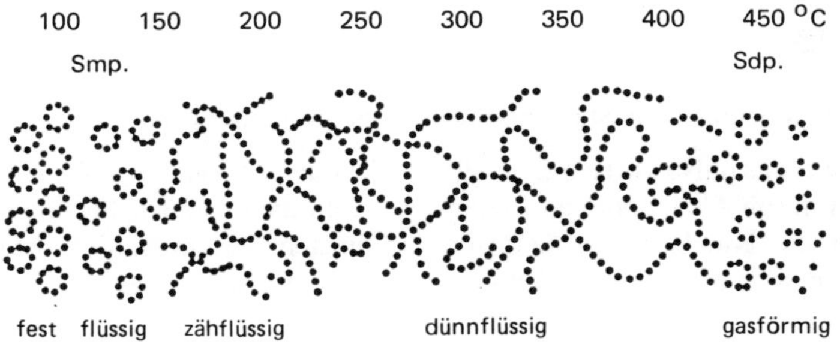

Hinweise Sollte sich der Schwefel beim Erhitzen entzünden, dann sofort und kräftig ausblasen bzw. durch Aufsetzen eines Stopfens die Flamme ersticken!
Gießt man den dunkelbraunen geschmolzenen Schwefel in dünnem Strahl in kaltes Wasser, erhält man eine gummiartige, braungelbe Masse, den **plastischen** oder **amorphen Schwefel**. Dieser wird nach einiger Zeit (ca. 1 Tag) wieder gelb und kristallin.

21.2 Monokliner Schwefel

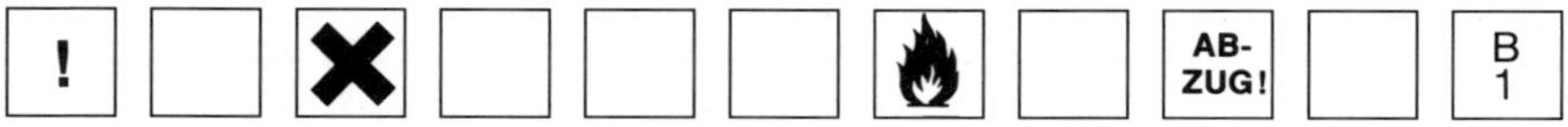

Material Porzellantiegel; Schwefel.

Durchführung Man bringt in einem größeren Porzellantiegel oder einer hohen Schale Schwefel vorsichtig zum Schmelzen. Die Schmelze läßt man langsam abkühlen. Bildet sich an der Oberfläche eine Erstarrungskruste, durchsticht man diese und gießt den noch flüssigen Schwefel ab.

Erweitert man nun die Öffnung vorsichtig, sieht man, daß die Innenwand des Gefäßes mit einem dichten Gewirr nadeliger Schwefelkristalle besetzt ist.
Schwefel tritt in 2 verschiedenen Kristallformen auf, monoklin und rhombisch. Die rhombische Form ist die energieärmere und daher die beständigere. Die monokline Form geht allmählich von selbst in die rhombische Form über.

Hinweise Sollte sich der Schwefel beim Erhitzen entzünden, so kann man ihn leicht durch Abdecken mit einem bereitgestellten Deckel löschen.
Natürlich kann man den Schwefel immer wieder zu neuen Versuchen einschmelzen, z. B. wenn man den günstigsten Erstarrungszeitpunkt verpaßt hat.

21.3 Rhombischer Schwefel

Material Schwefel (Kristall- oder Stangenschwefel), Schwefelkohlenstoff.

Durchführung Man löst etwas pulverisierten Kristallschwefel oder Stangenschwefel in Schwefelkohlenstoff (im Abzug oder im Freien arbeiten!); die Lösung sollte nicht zu konzentriert sein. Nun läßt man die Lösung eindunsten. Das muß möglichst langsam geschehen, also an einem kühlen Ort und bei abgedecktem Gefäß.

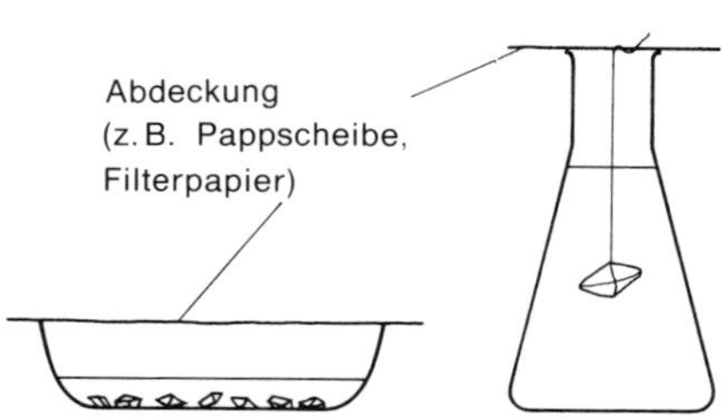

Am Boden der Lösung setzen sich kleine, aber z. T. sehr gut ausgebildete Kristalle ab.
Sucht man sich davon die schönsten heraus und legt sie als Kristallisationskeime wieder in eine Schwefellösung, kann man genügend große Kristalle für die Weiterzüchtung gewinnen.
Züchtung großer Schwefelkristalle: Man stellt sich eine gesättigte Schwefellösung her, indem man ca. 40 g gepulverten Kristallschwefel in 100 ml Schwefelkohlenstoff löst; in verschlossenem Gefäß öfters umschütteln und an einem kühlen Ort stehen lassen. Dann befestigt man einen gut ausgebildeten Schwefelkristall an einem möglichst dünnen, glatten Faden und hängt ihn in die Schwefellösung. Öfters das Wachstum kontrollieren und zusätzliche Kristalle, die sich meist am Faden bilden, entfernen!

Hinweise

Achtung! Beim Arbeiten mit Schwefelkohlenstoff muß dessen große Feuergefährlichkeit berücksichtigt werden (keine offenen Flammen!). Wegen der sehr giftigen Dämpfe unbedingt im Abzug oder im Freien arbeiten!

Kolloidaler Schwefel 21.4

										B 2

Material

Natriumthiosulfat („Fixiersalz“), Salzsäure (ca. 5%ig).

Durchführung

Man löst ca. 1 g Natriumthiosulfat in 100 ml Wasser. Zu dieser Lösung gibt man einige ml verdünnter Salzsäure.

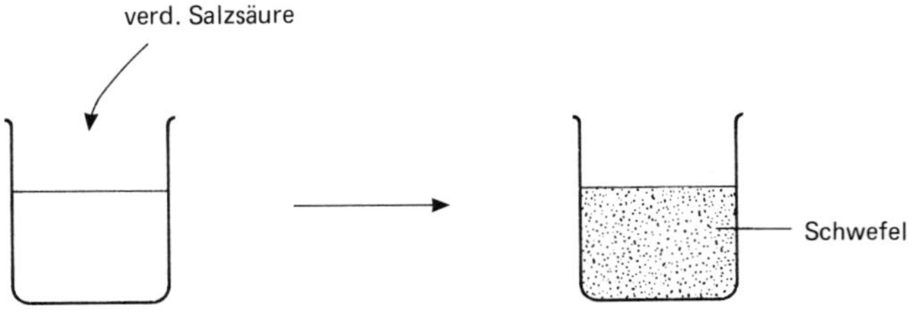

Nach kurzer Zeit trübt sich die Lösung durch ausgeschiedenen Schwefel:

$$Na_2S_2O_3 + 2\,HCl \rightarrow 2\,NaCl + H_2O + SO_2 + S$$

Hinweise

Der Schwefel fällt so fein aus, daß er beim Filtrieren durch einen normalen Papierfilter läuft.

21.5 Bleichende Wirkung von Schwefeldioxid

Material Schwefeldioxid oder schweflige Säure, Fuchsinlösung, verschiedene Blüten.

Durchführung In ein Gefäß, das man mit Schwefeldioxid gefüllt hat (s. z. B. Versuch 18.4, Seite 135), gibt man verschiedene farbige Blüten (angefeuchtet) oder ein mit verdünnter Fuchsinlösung getränktes Filterpapier.

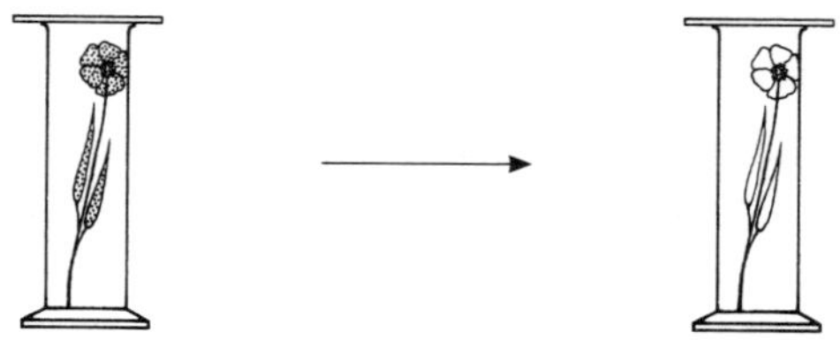

Schwefeldioxid wirkt bei Gegenwart von Feuchtigkeit bleichend und desinfizierend (Verwendung!).

Hinweise Bei manchen Blüten (Vorversuche durchführen!) ist es notwendig, durch Eintauchen in Aceton oder Ether die Wachsschicht zu entfernen. Manche Blüten (v. a. gelbe Farbstoffe) werden nur gering oder gar nicht gebleicht.

21.6 Darstellung von Schwefeldioxid und schwefliger Säure

Material Stehkolben, Verbrennungslöffel; Schwefel, Indikatorlösung.

Durchführung Man präpariert einen Stopfen, indem man ein dünnes Loch bohrt, durch das man den Stiel eines Verbrennungslöffels schieben kann. Dann gibt man in den Löffel Schwefel, entzündet diesen und führt den Löffel sofort in den Kolben ein (s. linke Skizze). Nach Beendigung der Reaktion entfernt man den Löffel, verschließt nach Zugabe von Wasser wieder und schüttelt um. Dann wird die entstandene Lösung durch Zugabe von Indikatorlösung (z. B. Lackmus oder Universalindikator) geprüft.

Schwefel verbrennt zu Schwefeldioxid. Dieses löst sich gut in Wasser, wobei auch schweflige Säure entsteht:

$S + O_2 \rightarrow SO_2$
$SO_2 + H_2O \rightleftarrows H_2SO_3$

Hinweise

Wird der Kolben statt mit Luft mit reinem Sauerstoff gefüllt, erfolgt die Verbrennung des Schwefels natürlich entsprechend eindrucksvoller. Da mehr Schwefeldioxid gebildet wird, erhält man auch eine konzentriertere Lösung von schwefliger Säure.

Katalytische Oxidation von SO_2 zu SO_3 — 21.7

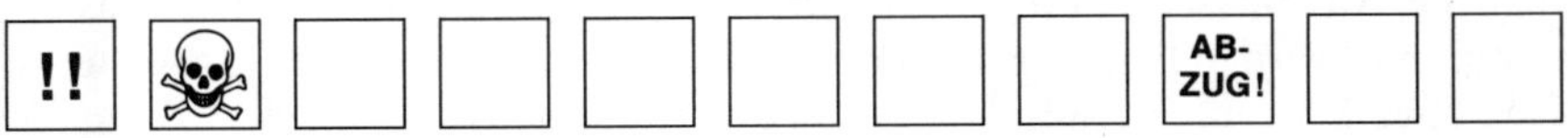

Material

Tiegelzange, Abdampfschale; Schwefel, Eisenwolle.

Durchführung

In einer Abdampfschale wird im Abzug Schwefel verbrannt und in das aufsteigende Schwefeldioxid mit einer Tiegelzange heiße, oxidierte Eisenwolle gebracht.

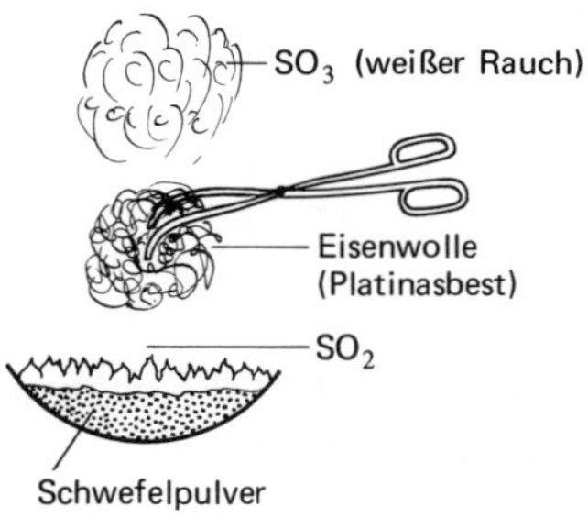

Über der Eisenwolle kann gegen einen dunklen Hintergrund weißer Schwefeltrioxid-Rauch beobachtet werden.
Eisenoxid katalysiert bei etwa 600 °C die Bildung von Schwefeltrioxid (Platinasbest bereits bei 400 °C).

$SO_2 + 1/2\,O_2 \leftrightharpoons SO_3 + 98\,kJ$

Hinweise

Die Beobachtung, daß beim Verbrennen von Schwefel in einem Verbrennungslöffel häufig ein weißer Rauch aufsteigt, ist auf diese Reaktion zurückzuführen.

21.8 Modellversuch zum Kontaktverfahren

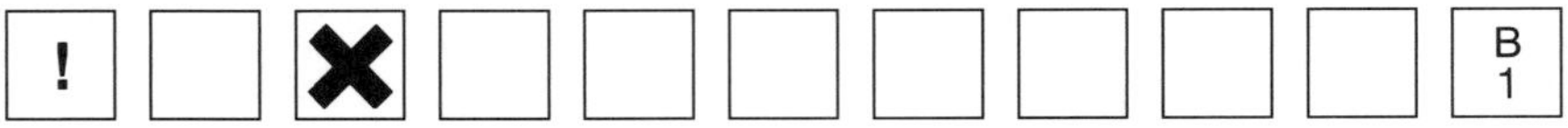

Material Geräte laut Skizze; Pyrit FeS_2 (oder Eisensulfid FeS oder Schwefel), Lackmuslösung, BASF-Katalysator 04-10 (oder Platinasbest).

Durchführung In ein etwa 30 cm langes Verbrennungsrohr (Supremax) gibt man einen lockeren Pfropfen Glaswolle. Dann häuft man einen etwa 5 cm langen Streifen Pyrit (oder etwas Schwefel) auf der einen Seite an (s. Skizze). Auf die andere Seite der Glaswolle füllt man ca. 5 cm BASF-Katalysator oder etwa 3 cm Platinasbest und verschließt mit Glaswolle und einem durchbohrten Gummistopfen. Das Verbrennungsrohr wird über 2 Waschflaschen mit einer Wasserstrahlpumpe verbunden. Die erste Waschflasche ist leer, in der zweiten ist Lackmuslösung. Die Wasserstrahlpumpe wird in Betrieb genommen und der Pyrit kräftig erhitzt („geröstet“). Nach etwa 2 Minuten erhitzt man auch den Katalysator.

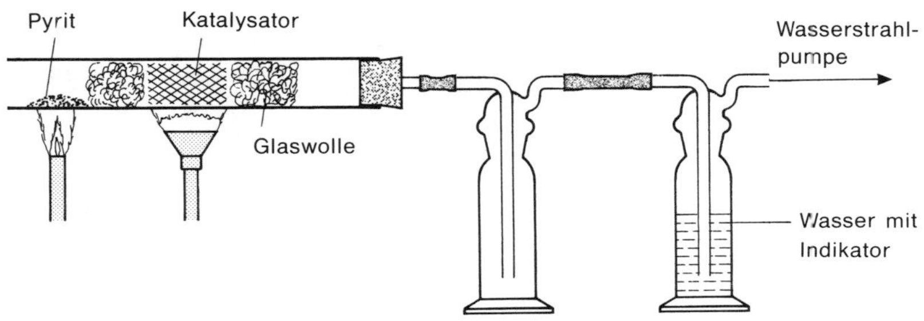

In der ersten Waschflasche zeigt sich Rauch von Schwefeltrioxid, in der zweiten Waschflasche färbt sich die Lackmuslösung rot.

$$4\,FeS_2 + 11\,O_2 \rightarrow 2\,Fe_2O_3 + 8\,SO_2$$
$$2\,SO_2 + O_2 \rightleftharpoons 2\,SO_3$$
$$SO_3 + H_2O \rightarrow H_2SO_4$$

Durch Entfernen des Gasbrenners vom Katalysator und nachfolgendes Wiedererhitzen läßt sich die Temperaturabhängigkeit der Katalysatorwirkung demonstrieren.

Hinweise Wie bei vielen großtechnischen Verfahren stellt die Beherrschung des chemischen Gleichgewichtes ein kritisches Problem dar.

$$2\,SO_2 + O_2 \rightleftharpoons 2\,SO_3;\ \Delta H - 196\,kJ$$

$$\frac{[SO_2]^2 \cdot [O_2]}{[SO_3]^2} = K;$$

T °C	450	500	600	700
K	$2{,}85 \cdot 10^{-5}$	$1{,}93 \cdot 10^{-4}$	$4{,}5 \cdot 10^{-3}$	$4{,}3 \cdot 10^{-2}$

Wie die Gleichgewichtskonstante K zeigt, sollte die SO_3-Bildung bei tieferen Temperaturen durchgeführt werden; die Reaktion verläuft dann aber für die Technik viel zu langsam. Daraus ergibt sich die Notwendigkeit des Einsatzes von Katalysatoren. Die Aktivität eines Katalysators hängt aber von äußeren Bedingungen, wie Temperatur, „Kontaktgiften", ab. Die früher für die SO_3-Gewinnung verwendeten Katalysatoren enthielten vorzugsweise Platin, das „bereits" bei ca. 400 °C wirkte. Ein Nachteil waren seine relativ hohen Kosten und die Empfindlichkeit gegenüber Kontaktgiften wie As_2O_3. Schon ein Gehalt von 0,07 % Arsen setzt die Aktivität von Platin auf 45 % herab. Der Versuch eignet sich gut, um in die Technologie des Kontaktverfahrens einzuführen. In der Technik dienen Vanadinverbindungen als Katalysatoren. Diese sind gegenüber Katalysatorgiften sehr unempfindlich und ermöglichen bei etwa 410–450 °C einen Dauerbetrieb.

Abgasentschwefelung 21.9

!										B 2

Material

Geräte laut Skizze; Natriumsulfit, konz. Schwefelsäure (1 : 2 verdünnt), Fuchsinlösung, Calciumcarbonat, Calciumchlorid, Calciumhydroxid, Wasserstoffperoxid, dest. Wasser.

Durchführung

1. Variante

Nach untenstehender Versuchsanordnung wird Schwefeldioxid entwickelt und über Fuchsinlösung in eine Suspension von Calciumcarbonat in Wasser geleitet. Anschließend durchströmt das Gas eine 3. Waschflasche, die ebenfalls Fuchsinlösung enthält.

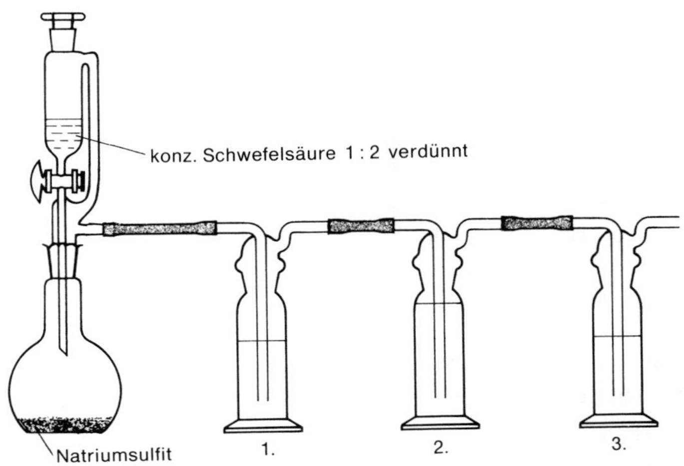

Die rote Farbe des Fuchsins schlägt innerhalb von 2 Minuten über violett nach farblos um. In der mittleren Waschflasche kommt es zur Kohlenstoffdioxidentwicklung. Bei einem entsprechend geringen Anteil an Calciumcarbonat im Wasser kommt es zur Aufklarung. In der Waschflasche 3 bleibt das Fuchsin bis zu diesem Zeitpunkt unverändert. Tritt eine Violettfärbung ein, muß der Versuch abgebrochen werden, weil sonst auch eine Entfärbung eintritt. In diesem Fall wird Schwefeldioxid in Waschflasche 2 nicht mehr umgesetzt.

2. Variante

Gibt man in die Waschflasche 2 eine gesättigte Calciumchlorid-Lösung mit Wasserstoffperoxid, so sind bei Waschflasche 1 und 3 die gleichen Beobachtungen wie bei Variante 1 zu machen. In Waschflasche 2 tritt eine Trübung ein, die sich laufend verstärkt; es bildet sich Calciumsulfat.

3. Variante

Anstelle von Calciumcarbonat gibt man in die Waschflasche 2 eine Suspension von Calciumhydroxid.

Hinweise

Die Entschwefelung von Abgasen in der Industrie beruht im Prinzip auf diesen Reaktionen. Wird Kalk dem Brennstoff (Kohle) zugemischt, so kommt es bereits in den Öfen zur Bindung des Schwefeldioxids.

21.10 Leitfähigkeit reiner Schwefelsäure

Material

Becherglas (100 ml), Kohleelektroden, Anlage zur Leitfähigkeitsmessung; Schwefelsäure.

Durchführung

In ein Becherglas mit etwa 20 ml reiner Schwefelsäure taucht man zwei Kohleelektroden und verbindet diese mit einem Stelltrafo und einem Meßgerät. Dann schaltet man den Strom ein.

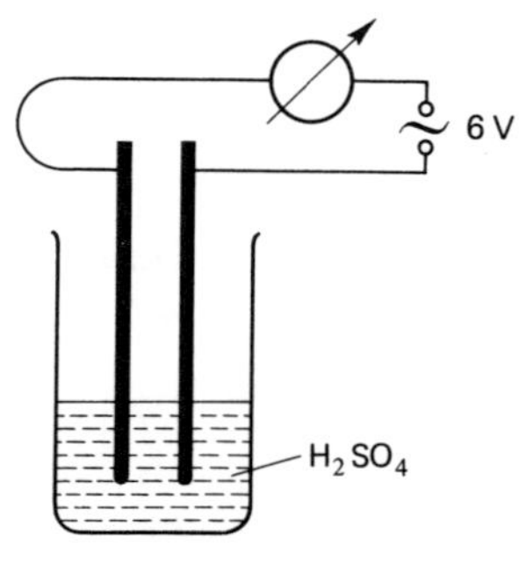

Bei 6 V wird eine relativ hohe Stromstärke (ca. 1,5 A) gemessen. Reine Schwefelsäure leitet den Strom infolge Autoprotolyse bzw. Kondensation.

$$H_2SO_4 + H_2SO_4 \rightarrow H_3SO_4^+ + HSO_4^-$$
$$H_2SO_4 + H_2SO_4 \rightarrow H_3O^+ + HS_2O_7^-$$
$$H_2SO_4 + H_2SO_4 \rightarrow H_2O + H_2S_2O_7$$
$$H_2SO_4 + H_2S_2O_7 \rightarrow H_3SO_4^+ + HS_2O_7^-$$
$$H_2SO_4 + H_2O \rightarrow H_3O^+ + HSO_4^-$$
$$H_2S_2O_7 + H_2O \rightarrow H_3O^+ + HS_2O_7^-$$

Hinweise

Auf den geringen Wassergehalt der im Handel befindlichen „reinen Schwefelsäure" kann die gute Leitfähigkeit nicht zurückgeführt werden.
Die Schwefelsäure eignet sich also nicht zur Ableitung der Protolysereaktion einer Säure mit Wasser mit Hilfe der Leitfähigkeitsmessung!

Hygroskopische Wirkung der Schwefelsäure — 21.11

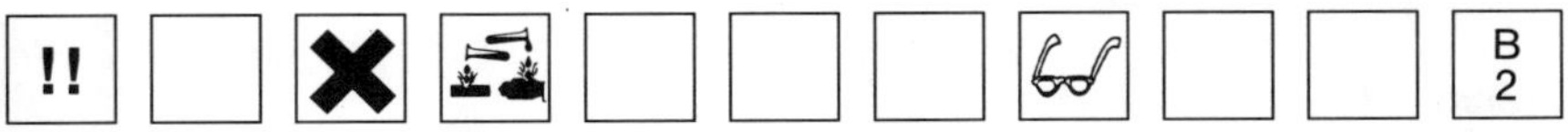

Material

Schwerschmelzbare Reagenzgläser, Waage, Petrischale; konz. Schwefelsäure, Kupfersulfat („Kupfervitriol" $CuSO_4 \cdot 5\,H_2O$), Ameisensäure.

Durchführung

Variante 1
Man füllt eine Petrischale oder Abdampfschale etwa zur Hälfte mit konz. Schwefelsäure und gibt sie auf eine Waage. Diese wird genau austariert. Beobachtung nach ca. 10 Minuten?
(Steht eine empfindliche elektronische Waage zur Verfügung, läßt sich der Versuch schneller und einfacher durchführen).

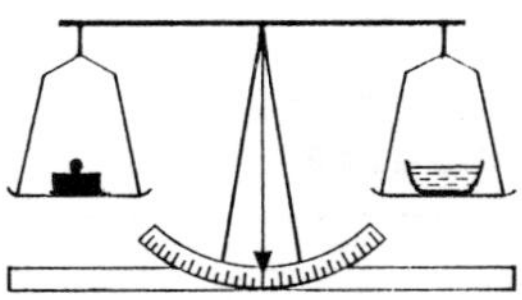

Variante 2
Man gibt einen Spatel blaues (kristallwasserhaltiges) Kupfersulfat in ein schwerschmelzbares Reagenzglas und gießt darauf ca. 4 cm hoch konz. Schwefelsäure.

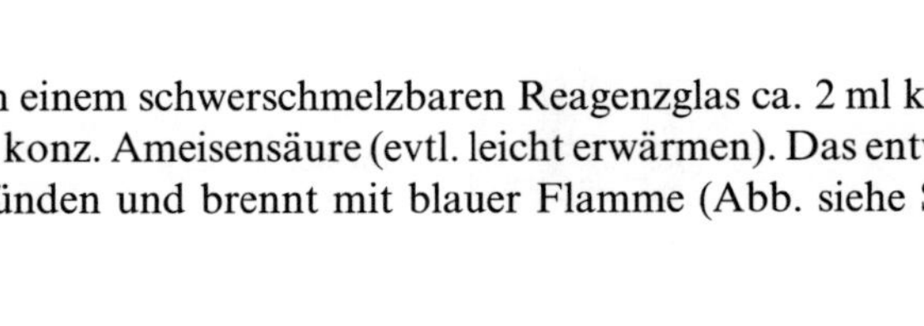

Variante 3
Man mischt in einem schwerschmelzbaren Reagenzglas ca. 2 ml konz. Schwefelsäure mit 2 ml konz. Ameisensäure (evtl. leicht erwärmen). Das entweichende Gas läßt sich entzünden und brennt mit blauer Flamme (Abb. siehe S. 160).

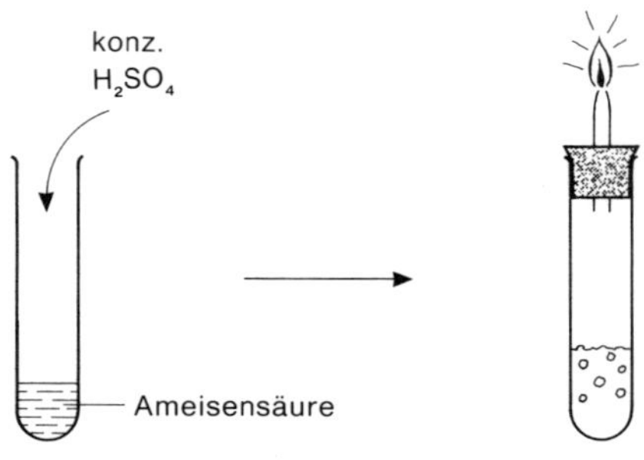

Variante 4 (s. Versuch 22.1)

Hinweise

Schwefelsäure nimmt begierig Feuchtigkeit auf, z.B. aus der Luft (Variante 1). Sie ist auch in der Lage, dem blauen Kupfersulfat das Kristallwasser zu entziehen. Das wasserfreie Kupfersulfat ist weiß (Var. 2). Ameisensäure wird durch konz. Schwefelsäure zersetzt:

$$HCOOH \rightarrow H_2O + CO\uparrow$$

Vorsicht beim Umgang mit konz. Schwefelsäure!
Das Reaktionsgefäß mit Schwefelsäure und Ameisensäure zum Ausreagieren in den Abzug stellen!

21.12 Verdünnen von Schwefelsäure

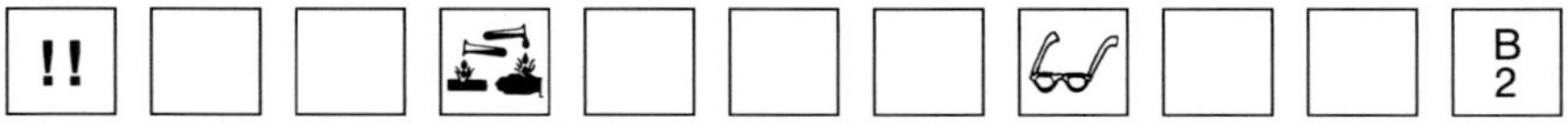

Material

Thermometer, Erlenmeyerkolben (100 ml); reine Schwefelsäure.

Durchführung

In einen Erlenmeyerkolben gibt man ca. 20 ml Wasser und läßt unter Umrühren mit einem Thermometer etwa die gleiche Menge reiner Schwefelsäure zufließen.

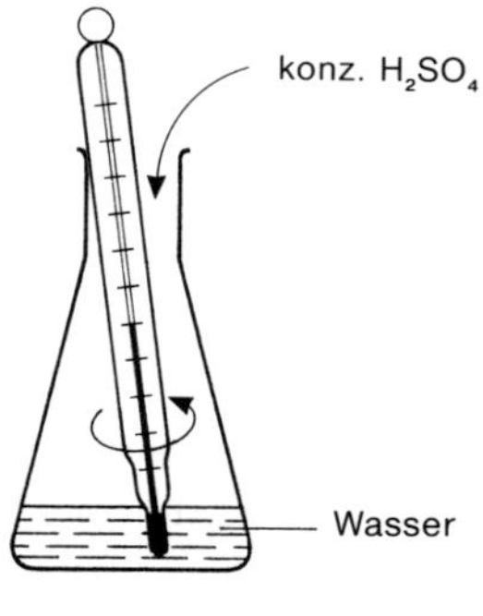

Die Temperatur steigt schnell und stark an. Unter beträchtlicher Wärmeentwicklung (ca. 85 kJ pro Mol H_2SO_4) bilden sich beim Vermischen mit Wasser Hydrate der Schwefelsäure, z.B. $H_2SO_4 \cdot 4\,H_2O$.

Wegen der spontanen Wärmeentwicklung darf beim Vermischen nie umgekehrt verfahren werden. („Nie das Wasser in die Säure, sonst geschieht das Ungeheure“!).
Waschflaschen, die als Trockenmittel Schwefelsäure enthalten, können explodieren, wenn durch falschen Anschluß Wasser in die Säure geleitet wird.

Hinweise

Oxidierende Wirkung konz. Schwefelsäure — 21.13

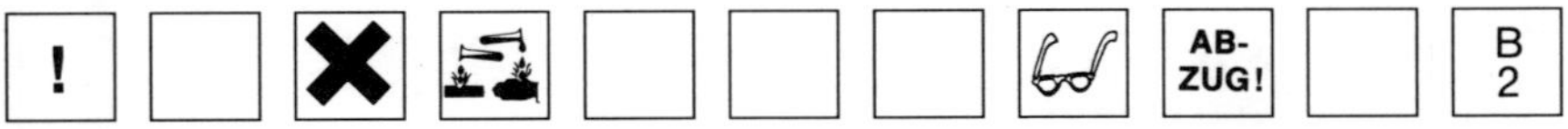

Material

Schwerschmelzbares Reagenzglas; konz. Schwefelsäure, Kupferspäne oder Kupferblech.

Durchführung

In einem schwerschmelzbaren Reagenzglas werden Kupferspäne mit konz. Schwefelsäure erhitzt.

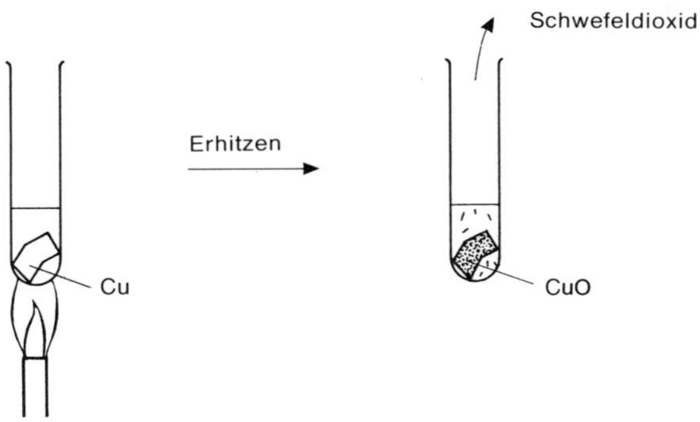

Das Kupfer wird oxidiert (schwarz), die Schwefelsäure geht in schweflige Säure über. Die schweflige Säure zerfällt dabei in Schwefeldioxid (Geruch!) und Wasser:

$$Cu + H_2SO_4 \rightarrow CuO + H_2O + SO_2\uparrow$$

Hinweise

Heiße konzentrierte Schwefelsäure wirkt gegenüber Metallen und Nichtmetallen (Kohlenstoff, Schwefel) als Oxidationsmittel.

Einwirkung verdünnter Schwefelsäure auf Metalle — 21.14

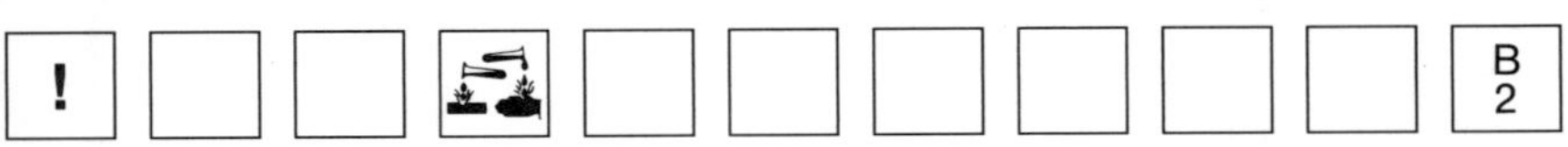

Material

Reagenzgläser; verd. Schwefelsäure, granuliertes Zink, Eisenspäne.

Durchführung

In Reagenzgläsern versetzt man Eisenspäne bzw. Zinkgranula mit ca. 5 ml verd. Schwefelsäure. Wenn die Reaktion nicht anläuft, kann leicht erwärmt werden. Nach Einsetzen der Gasentwicklung wird die Knallgasprobe durchgeführt.

Unedle Metalle werden von verd. Schwefelsäure unter Wasserstoffentwicklung aufgelöst. Beispiel:

$Zn + H_2SO_4 \rightarrow ZnSO_4 + H_2\uparrow$

Hinweise Nach dieser Methode kann im Labor Wasserstoff dargestellt werden.

21.15 Einwirkung verdünnter Schwefelsäure auf Metalloxide

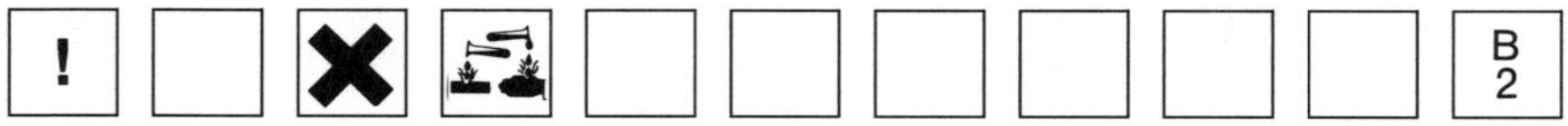

Material Reagenzglas; verd. Schwefelsäure, Kupfer(II)-oxid.

Durchführung In ein Reagenzglas gibt man eine Spatelspitze Kupfer(II)-oxid, versetzt mit ca. 5 ml verd. Schwefelsäure und schüttelt um.
Es bildet sich eine blaue Lösung.
Kupferoxid und die meisten anderen Metalloxide lösen sich in verd. Schwefelsäure unter Sulfatbildung auf.

$CuO + H_2SO_4 \rightarrow CuSO_4 + H_2O$

21.16 Darstellung und Nachweis von Schwefelwasserstoff

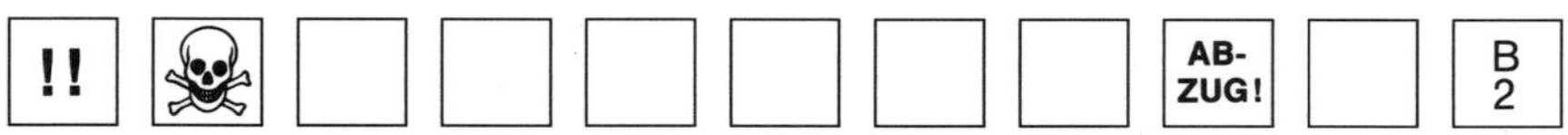

Material Filterpapier, Reagenzglas, Stopfen mit Gasableitung; Paraffin, Schwefel, Bleiacetat.

Durchführung In einem Reagenzglas wird ein Gemisch von je 5 g Paraffin und Schwefelpulver mit kleiner Flamme erhitzt. Nach dem Schmelzen des Paraffins und des Schwefels entsteht ein gleichmäßiger Gasstrom von Schwefelwasserstoff. Das Gas leitet man auf ein mit Bleiacetatlösung getränktes Filterpapier.

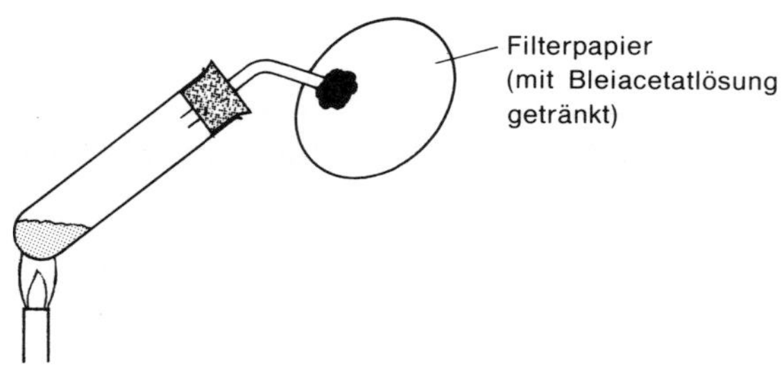

Mit diesem Versuch können kleinere Mengen Schwefelwasserstoff gewonnen werden. Der Schwefel verbindet sich mit Wasserstoff des Paraffins zu Schwefelwasserstoff.

Mit Bleiacetatlösung getränktes Filterpapier färbt sich schwarz (Bildung von Bleisulfid).

Hinweise

Eine gebrauchsfertige Mischung von Schwefel und Paraffin ist im Handel als Sulfidogen erhältlich (z. B. Merck Best. Nr. 7996). Zur Darstellung größerer Mengen Schwefelwasserstoff läßt man verdünnte Salzsäure auf Eisensulfid (FeS) oder Pyrit (FeS_2) einwirken.
Wegen der großen Giftigkeit des Schwefelwasserstoffs ist unbedingt im Abzug zu arbeiten!

Bildung von Metallsulfiden 21.17

!!   AB-ZUG! B 2

Material

Anlage zur Darstellung von Schwefelwasserstoff, Waschflaschen; Kupfersulfat, Cadmiumchlorid, Antimonchlorid, Zinksulfat, Eisen(II)-sulfat, verd. Salzsäure, Ammoniakwasser.

Durchführung

Man gibt in Waschflaschen mit verdünnter Salzsäure versetzte Lösungen von Kupfersulfat, Cadmiumchlorid, Antimonchlorid und mit Ammoniakwasser versetzte Lösungen von Zinksulfat und Eisen(II)-sulfat. Die Waschflaschen werden hintereinander geschaltet und Schwefelwasserstoff durchgeleitet.

Schwefelwasserstoff ist eine schwache Säure:

$$H_2S \rightleftharpoons 2\,H^+ + S^{2-}$$

Im sauren Milieu wird die Gleichgewichtslage so verändert, daß die Konzentration der Sulfid-Ionen zurückgeht. Sie reicht aus, um Kupfer-, Cadmium- und Antimon-Ionen zu fällen.

Durch Zugabe von Ammoniakwasser wird die Sulfid-Konzentration vergrößert. Deshalb fallen jetzt Sulfide mit größerem Löslichkeitsprodukt aus. Diese Reaktion spielt in der qualitativen Analyse eine Rolle.
Farben der entstehenden Sulfide:

Kupfersulfid CuS schwarz
Cadmiumsulfid CdS gelb
Eisensulfid FeS schwarz
Antimonsulfid Sb_2S_3 orangerot
Zinksulfid ZnS weiß

Hinweise

Die Versuchsapparatur muß im Abzug auseinander genommen werden. Die Sulfide müssen getrennt entsorgt werden. Sie dürfen in keinen Abfallbehälter mit saurem Inhalt gebracht werden (Schwefelwasserstoff-Entwicklung)!

22. Anorganische Kohlenstoff-Verbindungen

22.1 Darstellung und Erkennung von Kohlenstoffmonooxid

Material Schwerschmelzbares Reagenzglas, Filterpapierstreifen, Schutzbrille; Palladiumchloridlösung (0,05 %ig), konz. Schwefelsäure, Ameisensäure.

Durchführung Bei dem Versuch werden mit Palladiumchloridlösung (0,05 %ig) getränkte Filterpapierstreifen benötigt. Diese erhält man durch Eintauchen der Streifen in die Palladiumchloridlösung. Man vermischt dann vorsichtig (Schutzbrille!) in einem schwerschmelzbaren Rg 2 ml konz. Schwefelsäure und 2 ml Ameisensäure, erwärmt und läßt das entweichende Gas auf die noch feuchten Streifen strömen. Es tritt Dunkelfärbung ein. Dann wird das Gas entzündet; es brennt mit blauer Flamme.

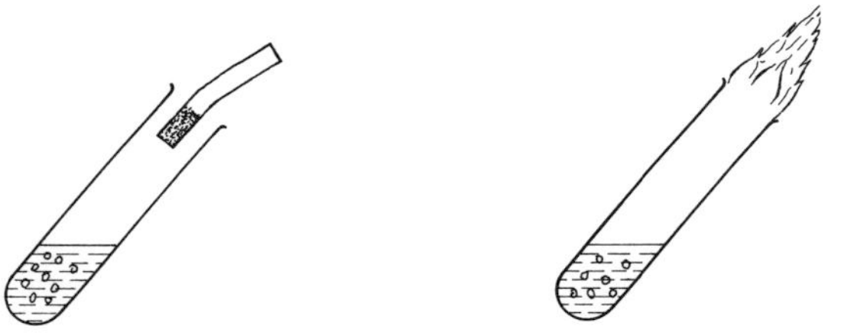

1. 2.

Hinweise Unter der Einwirkung der konz. Schwefelsäure wird Ameisensäure in Wasser und Kohlenstoffmonooxid gespalten.

$HCOOH \rightarrow H_2O + CO$

Palladiumchlorid wird von Kohlenstoffmonooxid reduziert.

$CO + PdCl_2 + H_2O \rightarrow CO_2 + Pd + 2\,HCl$

Kohlenstoffmonooxid brennt mit blauer Flamme.

22.2 Darstellung und Erkennung von Kohlenstoffdioxid

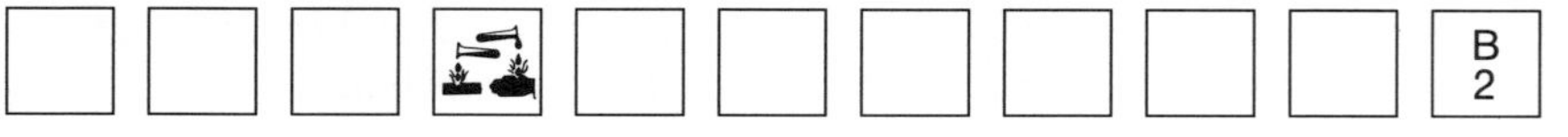

Material Gasentwickler, Marmor, verd. Salzsäure, Holzspan, Kalkwasser.

Durchführung Auf Marmorstückchen in einem Gasentwickler läßt man verd. Salzsäure einwirken und prüft die Brennbarkeit des entweichenden Gases mit einem brennenden Span. Die Flamme erlischt. Dann leitet man das Kohlenstoffdioxid kurz in Kalkwasser; dabei entsteht eine weiße Trübung.

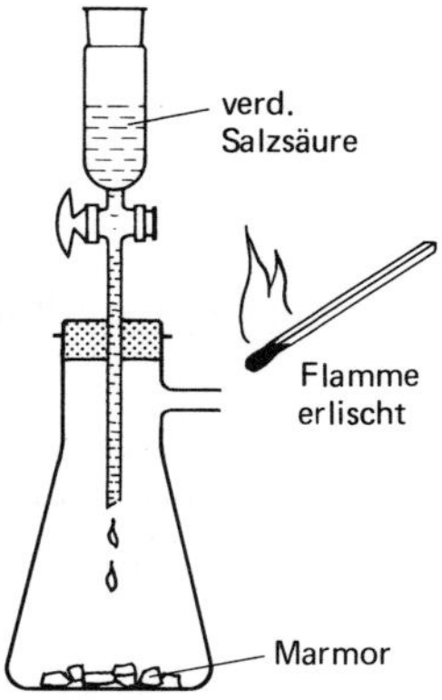

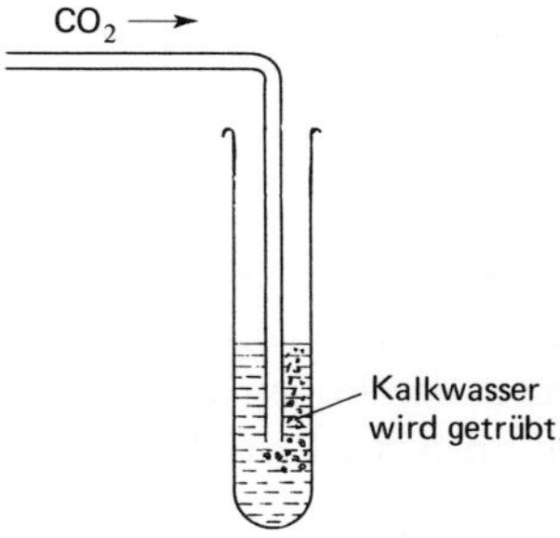

Kohlenstoffdioxid ist nicht brennbar, es unterhält auch die Verbrennung nicht. Die Reaktion mit Kalkwasser dient zur Erkennung. Es darf nicht zu lange eingeleitet werden, weil sich dann lösliches Calciumhydrogencarbonat bildet.

Hinweise

$CaCO_3 + 2\,HCl \rightarrow CaCl_2 + H_2O + CO_2\uparrow$
$Ca(OH)_2 + CO_2 \rightarrow CaCO_3\downarrow + H_2O$

Darstellung von Kohlenstoffdioxid aus den Elementen 22.3

Material

Verbrennungsrohr, Gummiballgebläse, Waschflasche, Holzkohle, Kalkwasser.

Durchführung

Man gibt in ein Verbrennungsrohr kleine Stückchen Holzkohle und verbindet das Rohr mit einem Gummiballgebläse und einer Waschflasche mit Kalkwasser. Dann erhitzt man die Holzkohle und preßt Luft durch das Rohr. Nachdem die Kohle zu glühen begonnen hat, trübt sich das Kalkwasser.

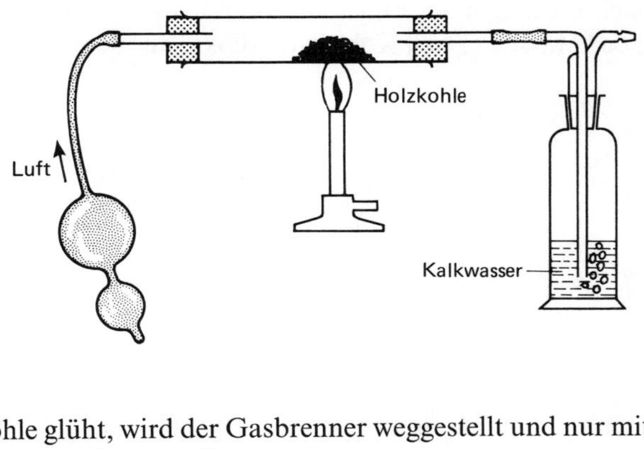

Hinweise

Wenn die Kohle glüht, wird der Gasbrenner weggestellt und nur mit dem Gebläse der Verbrennungsablauf reguliert.

22.4 Relative Dichte von Kohlenstoffdioxid

Material CO_2-Stahlflasche, großes Becherglas, Blechstreifen treppenartig geknickt, Kerzen.

Durchführung Auf einem treppenartig geknickten Blechstreifen befestigt man Kerzen und führt sie nach dem Anzünden in ein hohes, großes Becherglas. Dann leitet man Kohlenstoffdioxid auf den Boden des Gefäßes. Die Kerzen erlöschen der Reihe nach von unten nach oben, weil Kohlenstoffdioxid schwerer als Luft ist.

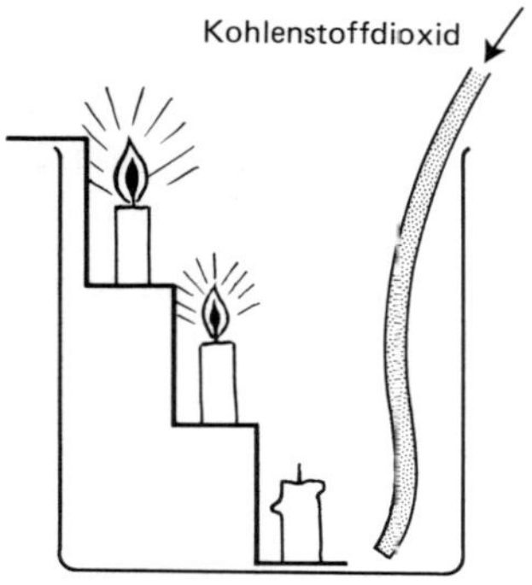

Hinweise Wenn keine Stahlflasche zur Verfügung steht, kann mit Hilfe von Versuch 22.2 Kohlenstoffdioxid entwickelt werden. Dies gilt auch für die folgenden Versuche.

22.5 Kohlenstoffdioxid schwerer als Luft

Material Gasentwickler (oder Stahlflasche), Becherglas, Waage, Marmor, verd. Salzsäure.

Durchführung Aus einem Gasentwickler (oder Stahlflasche) leitet man Kohlenstoffdioxid in ein Becherglas, das auf einer Waage steht. Das Gewicht des Becherglases nimmt deutlich zu. Es ist darauf zu achten, daß das Einleitungsröhrchen nicht auf das Becherglas drückt. Nach Entfernen des Einleitungsröhrchens zeigt die Waage langsam eine Abnahme der Masse an, weil Kohlenstoffdioxid aus dem Gefäß diffundiert.

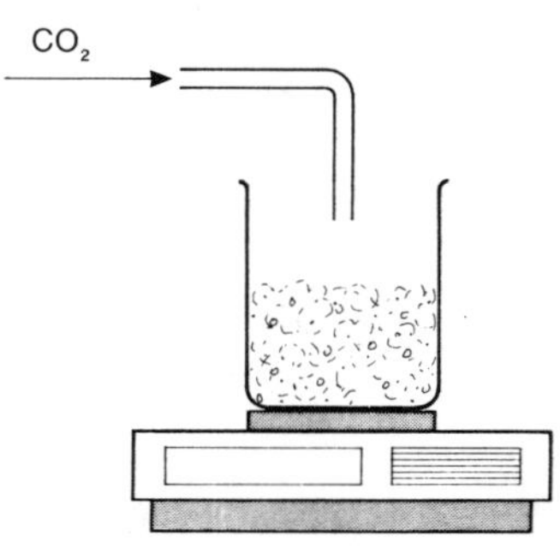

Waage

Kohlenstoffdioxid – Kohlensäure 22.6

Stahlflasche mit CO_2, Becherglas; Lackmuslösung oder neutrale Universalindikatorlösung. **Material**

In Wasser mit Lackmuslösung (violett) in einem Becherglas leitet man Kohlenstoffdioxid, bis Rotfärbung zu beobachten ist. Wird anschließend erhitzt, zeigt Lackmus wieder neutrale Reaktion an. **Durchführung**

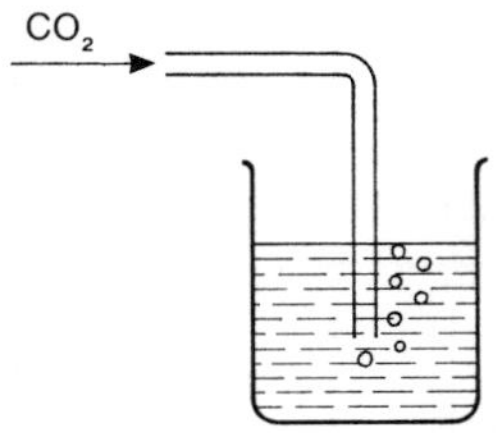

Die mit Wasser und Kohlenstoffdioxid gebildete Kohlensäure zerfällt beim Erhitzen rasch in die Ausgangsstoffe. **Hinweise**

$CO_2 + H_2O \rightleftarrows H_2CO_3$

Kohlenstoffdioxid ist das Anhydrid der Kohlensäure.

Calciumcarbonat – Calciumhydrogencarbonat 22.7

Anlage zur Leitfähigkeitsmessung; Calciumhydroxidlösung („Kalkwasser“), Kohlenstoffdioxid (Stahlflasche!). **Material**

Zur Vorbereitung des Versuches schüttelt man einige Spatelspitzen Calciumhydroxid mit Wasser und filtriert anschließend. Das klare Filtrat ist Kalkwasser. Es wird für den Versuch mit der dreifachen Menge dest. Wasser verdünnt und ca. **Durchführung**

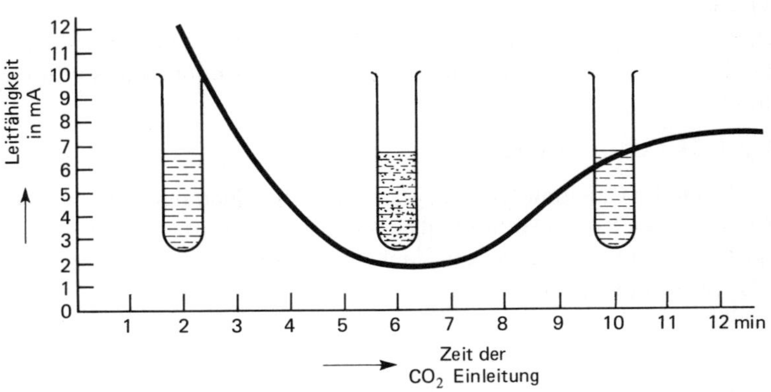

20 ml davon in ein großes Reagenzglas gegeben. Dann mißt man die elektrische Leitfähigkeit dieser Lösung und leitet aus der Stahlflasche gleichmäßig Kohlenstoffdioxid in das Kalkwasser.
Es kommt zunächst zu einer Trübung und die Leitfähigkeit nimmt ab. Bei längerem Einleiten löst sich die Trübung wieder auf, und die Leitfähigkeit nimmt wieder langsam zu. Sie erreicht aber nicht mehr den Ausgangswert.

$$CaCO_3 + H_2CO_3 \rightleftharpoons Ca^{2+} + 2\,HCO_3^-$$

Hinweise — Bei diesem Versuch spielt die Konzentration des Kalkwassers eine Rolle. Aufgrund der geringen Beweglichkeit der Hydrogencarbonationen ist die Leitfähigkeit der Hydrogencarbonatlösung geringer als die des Kalkwassers (OH^--Ionen!).

22.8 Modellversuch zur Kalkverwitterung

Material — Filtrierzubehör; Feines Marmorpulver, Kohlenstoffdioxid (Stahlflasche!).

Durchführung — In einen Erlenmeyerkolben mit ca. 50 ml Wasser gibt man eine Spatelspitze fein gepulverten Marmor und schüttelt um, so daß eine Suspension entsteht. In diese Suspension leitet man einige Minuten lang Kohlenstoffdioxid. Dann filtriert man und erhitzt einige ml des Filtrats in einem Reagenzglas.

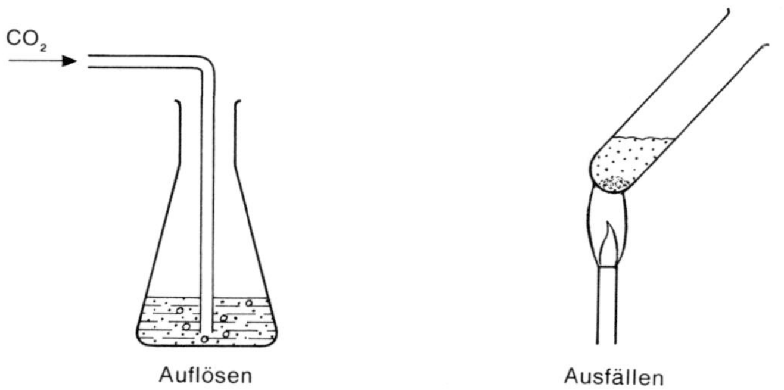

Auflösen — Ausfällen

Kohlensäure löst Calciumcarbonat unter Bildung von Calciumhydrogencarbonat auf. Dieser Vorgang entspricht der chemischen Verwitterung von Kalkstein. In der Hitze fällt infolge CO_2-Abspaltung wieder Calciumcarbonat aus, wodurch es zur Trübung kommt.

$$CaCO_3 + H_2CO_3 \rightleftharpoons Ca(HCO_3)_2$$

Hinweise — Das Auflösen des Calciumcarbonats kann stark beschleunigt werden, wenn man zum Einleiten des Kohlenstoffdioxids ein Glasrohr mit Fritte verwendet. Durch die Glasfritte kommt es zur Ausbildung eines kräftigen Stromes feiner Gasbläschen (Oberflächenvergrößerung!).

23. Silicium und Silicium-Verbindungen

Elektrische Leitfähigkeit von Silicium — 23.1

Material

Regelbare Stromquelle, Amperemeter; Silicium.

Durchführung

Ein Stück Silicium (ca. 3–4 cm groß; im Lehrmittelhandel erhältlich) wird mittels Krokodilklemmen in einen Stromkreis geschlossen. Das Amperemeter wird auf den empfindlichsten Bereich (mA) geschaltet und soviel Spannung angelegt, daß das Amperemeter nur ganz wenig ausschlägt. Dann wird der Kristall mit kleiner Flamme erhitzt.

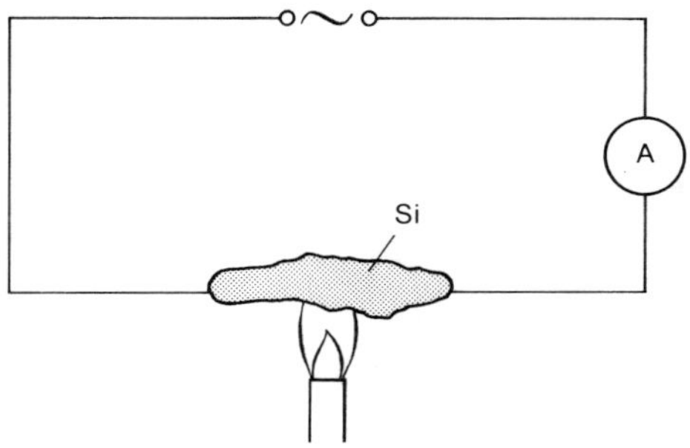

Die Stromstärke steigt beim Erhitzen deutlich an. Silicium erweist sich als elektrischer Halbleiter.

Hinweise

Durch die thermische Bewegung des Siliciumgitters wird ein Teil der Elektronenpaarbindungen aufgebrochen, so daß eine Anzahl von Elektronen als „Leitungselektronen" zur Verfügung stehen. Die Zahl dieser Ladungsträger steigt mit zunehmender Temperatur.

Reduktion von Siliciumdioxid durch Magnesium — 23.2

Material

Porzellantiegel; Quarzpulver (oder ganz feiner Seesand), Magnesiumpulver, Salzsäure.

Durchführung

Man mischt gründlich 1 g trockenes Quarzpulver mit ca. 1,4 g feinem Magnesiumpulver und gibt das Gemisch in einen kleinen Porzellantiegel. Dann erhitzt man mit daruntergestelltem Brenner, bis unter Aufglühen die Reaktion einsetzt. Da ein Teil der Reaktionsprodukte dabei herausgeschleudert werden kann, hält man einen Sicherheitsabstand ein und sorgt für eine feuerfeste Unterlage (gefliester Labortisch genügt).

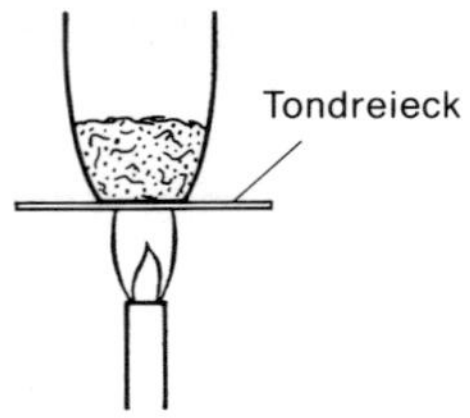

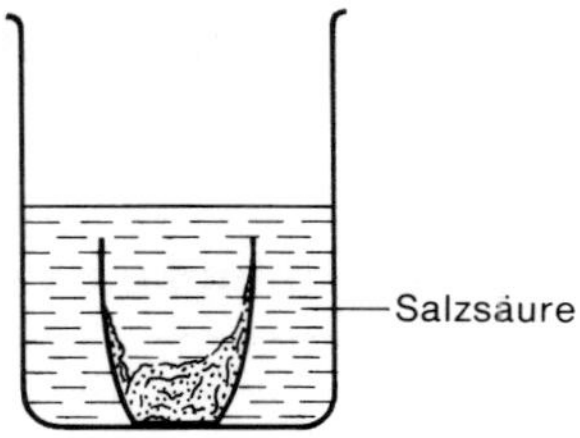

Magnesium reduziert Siliciumdioxid:

$SiO_2 + 2\,Mg \rightarrow Si + 2\,MgO$

Außer Magnesiumoxid entsteht als Nebenprodukt auch stets Magnesiumsilicid:

$Si + 2\,Mg \rightarrow Mg_2Si$

Um diese Substanzen vom Silicium abzutrennen, gibt man nach dem Erkalten den Tiegel in ein schmales Becherglas, stellt dieses in den Abzug und gießt portionsweise mäßig verdünnte Salzsäure dazu. Magnesiumoxid und unverbrauchtes Magnesium werden aufgelöst. Gleichzeitig bildet sich aus dem Magnesiumsilicid Siliciumwasserstoff, der sich an der Luft selbst entzündet (Flammenbildung, kleine Explosionen möglich. Vorsicht!):

$Mg_2Si + 4\,HCl \rightarrow SiH_4 + 2\,MgCl_2$
$SiH_4 + 2\,O_2 \rightarrow SiO_2 + 2\,H_2O$

Die Salzsäure läßt man am besten über Nacht einwirken, verdünnt dann mit Wasser, dekantiert ab und spült nochmals nach. Das zurückbleibende bräunliche Pulver besteht aus Silicium, enthält aber auch noch etwas Siliciumdioxid.

Hinweise — Das Siliciumpulver läßt sich mit halbkonzentrierter Natronlauge herauslösen (s. Versuch 23.3).

23.3 Herstellen von Wasserglas aus Siliciumpulver

Material — Großes Reagenzglas; Siliciumpulver, Natronlauge (ca. 10%ig), Salzsäure.

Durchführung — Man verwendet als Reaktionsgefäß ein großes Reagenzglas (Durchmesser ca. 3 cm), weil darin Siedeverzug leichter vermieden werden kann.
In das Reagenzglas gibt man ca. 10 ml 10–20%ige Natronlauge und dazu einen Spatel Siliciumpulver. Dann erwärmt man vorsichtig und unter leichtem Schütteln, bis die Reaktion einsetzt (Gasentwicklung!). Da diese sich rasch verstärkt und unter heftigem Aufschäumen erfolgt, empfiehlt es sich, ein Becherglas mit kaltem Wasser bereitzustellen. Durch Eintauchen des Reagenzglases läßt sich die Reaktion dann schnell abbremsen.
Unter gelegentlichem Erhitzen und Umschütteln läßt man die Natronlauge ca. 15 Minuten auf das Silicium einwirken. Dann wird mit etwa 10 ml Wasser verdünnt und die Lösung noch heiß filtriert.

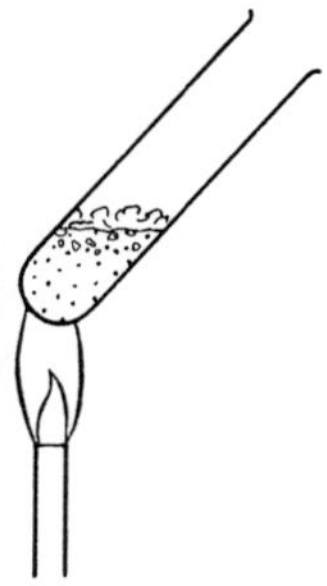

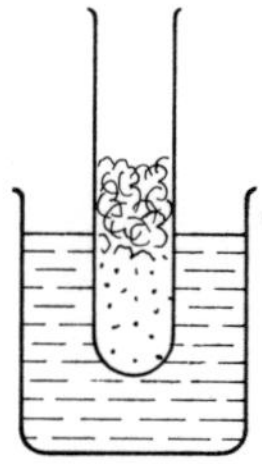

Abkühlen, falls die Reaktion zu heftig wird

Hinweise

Silicium wird von heißer Natronlauge (oder auch Kalilauge) unter Wasserstoffentwicklung aufgelöst. Vereinfacht:

$Si + 2\,NaOH + H_2O \rightarrow Na_2SiO_3 + 2\,H_2$

Gibt man zu dem Filtrat (Wasserglaslösung) etwas Salzsäure dazu, so flockt gleich oder nach einiger Zeit gallertartige Kieselsäure aus:

$Na_2SiO_3 + 2\,HCl \rightarrow 2\,NaCl + H_2SiO_3$

Alkalische Reaktion von Wasserglas — 23.4

										B 2

Material

Wasserglas (Natron- oder Kalisilicat). Universalindikatorpapier.

Durchführung

In handelsübliche Wasserglaslösung (evtl. etwas mit Wasser verdünnen) hält man einen Streifen Universalindikatorpapier.
Der Indikator zeigt eine stark alkalische Reaktion an.

Hinweise

Da die den Alkalisilicaten zugrundeliegenden Kieselsäuren sehr schwache Säuren sind, reagieren die Alkalisilicatlösungen infolge Protolyse stark alkalisch.

Ausfällen von Kieselsäuren aus Wasserglaslösungen — 23.5

!										B 2

Material

Wasserglas, verschiedene Säuren.

Durchführung

Handelsübliche Wasserglaslösung ist meist 30–40 %ig. Man bereitet sich in mehreren Reagenzgläsern verschiedene wäßrige Verdünnungen (bis etwa 1 : 20). Dann gibt man tropfenweise verdünnte Salzsäure und zum Vergleich konzentrierte Salzsäure zu. Die Versuche werden mit anderen Säuren wiederholt.
Kieselsäuren sind sehr schwache Säuren und werden daher von vielen Säuren aus ihren Salzen verdrängt:

$Na_2SiO_3 + 2\,HCl \rightarrow 2\,NaCl + H_2SiO_3$

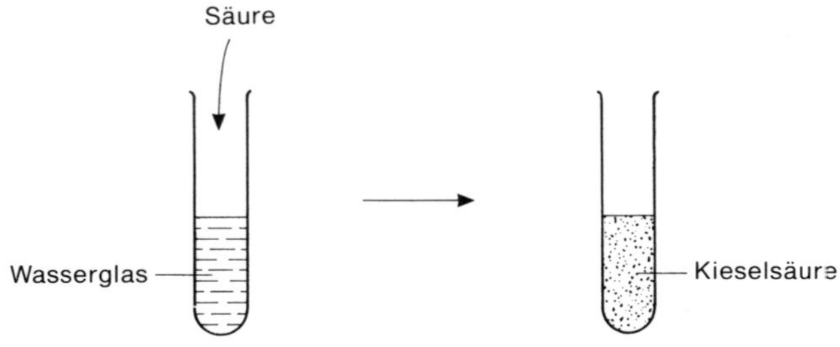

Je nach Konzentration der Wasserglaslösungen und der Säuren scheidet sich sofort gallertartige Kieselsäure ab (der Reagenzglasinhalt „erstarrt“) oder die Lösung bleibt zunächst scheinbar unverändert, und erst nach Stunden oder Tagen kommt es zur Gallertbildung (Näheres s. Lehrbücher).

Hinweise

Auch die schwache Kohlensäure genügt, um Kieselsäure aus Wasserglas abzuscheiden (Versuch: Einleiten von Kohlenstoffdioxid aus einer Stahlflasche in Wasserglaslösung); daher zersetzt sich Wasserglas an der Luft. Die konservierende Wirkung von Wasserglaslösung auf eingelegte Frischeier läßt sich so erklären: Durch die Eischalen wird Kohlenstoffdioxid abgegeben, welches die Abscheidung von Kieselsäure bewirkt. Durch diese werden die Poren der Eischalen verstopft und der Zutritt von Luft (Bakterien!) verhindert.

23.6 Bildung von Siliciumdioxid aus Wasserglas

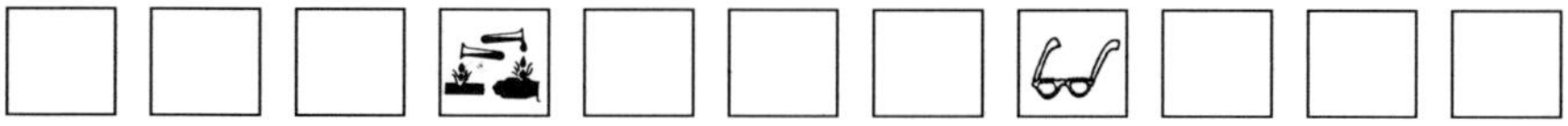

Material

Becherglas, Porzellanschale oder -tiegel; Wasserglas, Salzsäure.

Durchführung

Wasserglaslösung (konzentriert oder nur wenig verdünnt) wird mit mäßig verdünnter Salzsäure versetzt. Man rührt mit einem Glasstab um, bis die ganze Masse zu einem steifen Brei erstarrt ist. Dieses Kieselsäure-Gel wird mit viel Wasser gründlich ausgewaschen und getrocknet. Dann wird die Masse in einer Porzellanschale geglüht.

Ausfällen – Waschen – Trocknen – Glühen

Durch Protonenaufnahme kommt es zur quantitativen Abscheidung der Kieselsäure: $Na_2SiO_3 + 2\,HCl \rightarrow 2\,NaCl + H_2SiO_3$.
Aus der unbeständigen Kieselsäure scheidet sich Siliciumdioxid ab:
$H_2SiO_3 \rightarrow SiO_2 + H_2O$.

Wasserglaslösung als Flammenschutzmittel — 23.7

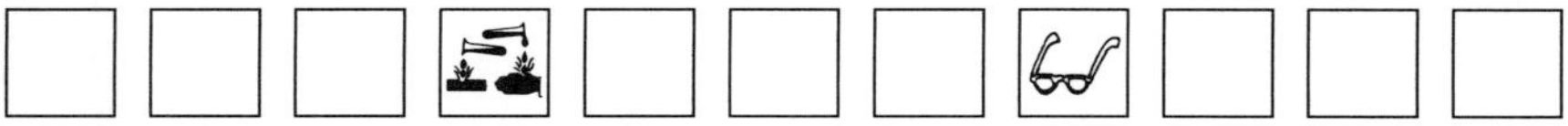

Material

Filterpapier, Holzspäne, Gewebestücke; Wasserglas.

Durchführung

Man tränkt verschiedene brennbare Materialien (Holzspäne, Gewebeproben, ...) mit konzentrierter Wasserglaslösung, indem man sie eintaucht oder mit einem Pinsel bestreicht (Pinsel anschließend gründlich auswaschen!).
Die Gegenstände nun vollständig abtrocknen, was mehrere Tage dauern kann (läßt sich im Trockenschrank natürlich wesentlich verkürzen!). Dann wird die Entflammbarkeit der imprägnierten Materialien mit der der nichtimprägnierten verglichen.

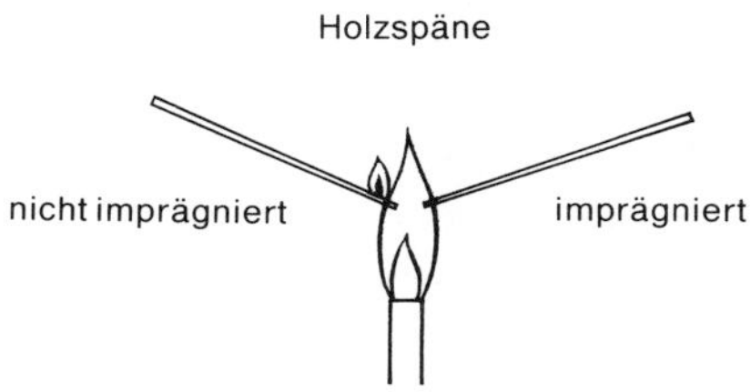

Durch die Imprägnierung mit Wasserglas wird der Luftzutritt behindert und die Entflammbarkeit deutlich erschwert.

Hinweise

In der Praxis werden heute meist andere feuerhemmende Substanzen verwendet, z. B. Ammoniumphosphate und -sulfate.

24. Metalle

Verhalten von passiviertem Eisen gegenüber Kupfersulfatlösung — 24.1

Material

Eisennagel, 15 cm oder langer (Zimmermannsnagel), 4 große Reagenzgläser, Reagenzglasständer, Tiegelzange, Spatel, konz. Salpetersäure (mind. 65 %ig), halbkonz. Salpetersäure (ca. 30 %ig), Kupfersulfatlösung (5 %ig), dest. Wasser, Papierhandtücher.

Durchführung

In einem Reagenzglasständer stellt man sich 4 große Reagenzgläser bereit, die der Reihe nach zu jeweils 4/5 mit halbkonzentrierter Salpetersäure (30 %ig), dest. Wasser, konzentrierter Salpetersäure (mindestens 65 %ig) und Kupfersulfatlösung (5 %ig) gefüllt sind.

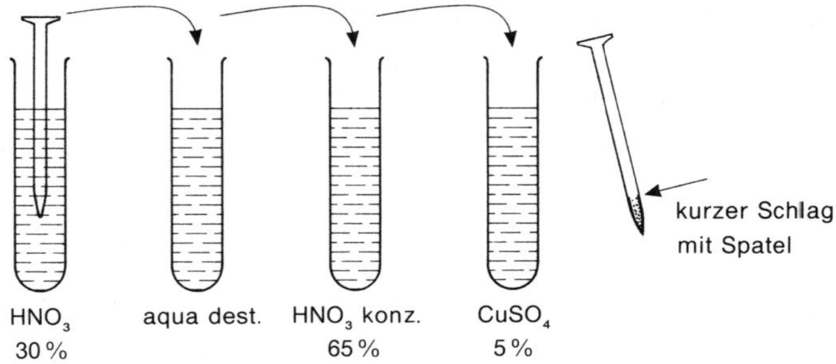

Mit einer Tiegelzange faßt man einen langen Eisennagel am Kopf und taucht ihn zum Reinigen für ca. 10 Sekunden in das erste Reagenzglas mit der halbkonzentrierten Salpetersäure, dann spült man den Nagel durch mehrmaliges Eintauchen in das Reagenzglas mit dest. Wasser gut ab und reibt ihn mit einem Papierhandtuch gründlich trocken. Nun taucht man den gereinigten Nagel ca. 10 Sekunden lang in konzentrierte Salpetersäure und anschließend in Kupfersulfatlösung. Der Nagel überzieht sich **nicht** mit einer Kupferschicht, weil er in der konz. Salpetersäure passiviert wurde. Nimmt man den Nagel aus der Kupfersulfatlösung, ohne ihn an der Reagenzglaswand anzuschlagen, so ist nichts von abgeschiedenem metallischem Kupfer zu erkennen. Schlägt man jedoch mit einem Spatel kurz in der Gegend der Spitze gegen den Nagel, so kann man eine rasch fortschreitende Verkupferung von der Spitze in Richtung Nagelkopf beobachten. Der Eisennagel kann für dieses Experiment immer wieder verwendet werden, man muß aber das Kupfer mit feinem Schmirgelpapier jedesmal sorgfältig entfernen.

Hinweise Eisen wird durch oxidierende Säuren wie z. B. konz. Salpetersäure passiviert, d. h. es bildet sich eine sehr dünne aber lückenlose Oxid-Schutzschicht. Diese Schutzhaut wird auch von verdünnten Säuren nicht angegriffen. Erst wenn die Oxidschicht beschädigt wird (z. B. durch einen Schlag mit dem Spatel) kann das Eisen reagieren.

24.2 Löslichkeit von Eisen in Säuren

Material Reagenzgläser, Brenner; Eisenspäne oder kurze Eisendrahtstücke, verd. Salzsäure, verd. Schwefelsäure, verd. Salpetersäure.

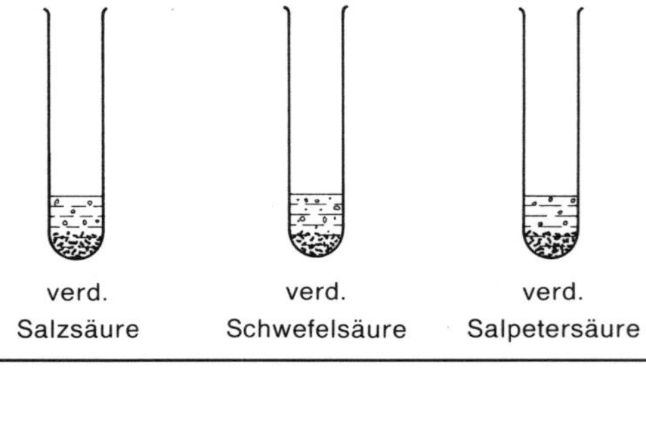

In die Reagenzgläser gibt man 2 cm hoch Eisenspäne und übergießt jeweils mit einer der genannten verd. Mineralsäuren, so daß die Eisenproben damit etwa 1 cm hoch überdeckt sind. Es setzt Gasentwicklung ein, die aber unterschiedlich stark sein kann. Besonders bei Schwefelsäure und Salpetersäure erfolgt die Auflösung des Eisens oft recht träge. Der Nachweis von Wasserstoff mit der Knallgasprobe gelingt deshalb nicht immer in kurzer Zeit.

Durchführung

Hinweise

$Fe + 2H^+ + 2Cl^- \rightarrow Fe^{2+} + 2Cl^- + H_2\uparrow$
$Fe + 2H^+ + SO_4^{2-} \rightarrow Fe^{2+} + SO_4^{2-} + H_2\uparrow$
$Fe + 2H^+ + 2NO_3^- \rightarrow Fe^{2+} + 2NO_3^- + H_2\uparrow$

Die entstandenen grünlichen Eisen(II)-salzlösungen sind nur in schwachen Säuren beständig. Bei Einwirkung von Oxidationsmitteln wie z.B. Luftsauerstoff werden sie rasch zu gelben Eisen(III)-verbindungen oxidiert.

Erhitzen von Aluminium an der Luft — 24.3

☐ ☐ ☐ ☐ ☐ ☐ ☐ ☐ ☐ ☐ ☐

Material

Brenner, Tiegelzange, Nadel, Aluminiumblech.

Durchführung

Ein Stück Aluminiumblech hält man mit der Tiegelzange in die rauschende Brennerflamme. Das Aluminium verbrennt nicht, es überzieht sich nur mit einer grauen Oxidhaut. Nach weiterem Erhitzen schmilzt es, tropft aber nicht ab, sondern sammelt sich im Innern der Oxidhaut wie in einem Säckchen an. Reißt man das Säckchen mit der Spitze einer Nadel auf, so gelingt es, geschmolzenes Aluminium abtropfen zu lassen.

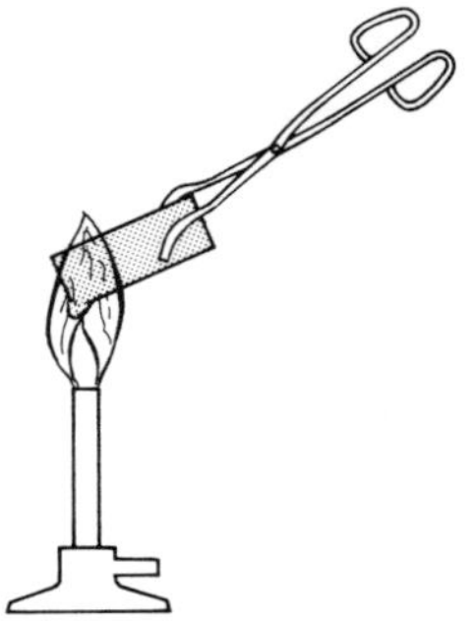

Hinweise

Die Oxidhaut des Aluminiums ist sehr dicht, so daß kein Luftsauerstoff zum geschmolzenen Aluminium durchdringen kann. Aus diesem Grund kann man kompaktes Aluminium nicht entzünden. Das beim Anritzen der Haut abtropfende geschmolzene Aluminium überzieht sich wieder mit einer Oxidhaut, sobald es mit dem Luftsauerstoff in Berührung kommt.

24.4 Härten von Stahl

Material Rasierklingen, Tiegelzange, Brenner, Becherglas, kleine Glasplatte, Schmirgelpapier.

Durchführung Man zeigt zunächst typische Eigenschaften einer Rasierklinge aus Stahl wie z. B. Biegsamkeit, Elastizität. Das Ritzen von Glas mißlingt. Mit einer Tiegelzange hält man nun die Klinge bis zur Rotglut in die rauschende Bunsenflamme. Den glühenden Stahl taucht man dann rasch in ein Becherglas mit kaltem Wasser. Untersucht man nun die Rasierklinge, so zeigt sie deutlich andere Eigenschaften. Der Stahl wurde spröde, er bricht beim Biegeversuch. Mit dem abgeschreckten Stahl gelingt es auch Glas zu ritzen, er wurde also gehärtet. Nun schmirgelt man die gehärtete Stahlklinge ab und erhitzt sie vorsichtig bis sie blau anläuft. Nach dem langsamen Abkühlen hat die Rasierklinge ihre ursprünglichen Eigenschaften wieder weitgehend zurückerhalten.

Hinweise Stahl ist Eisen, das in feiner Dispersion Eisencarbid, Fe_3C (Zementit) enthält. Beim Erhitzen geht diese Dispersion in eine feste Lösung über, dieser Zustand wird Austenit genannt. Beim langsamen Abkühlen entmischen sich Eisencarbid und Eisen wieder. Kühlt man den glühenden Stahl jedoch schnell ab, so bleibt der Austenitzustand teilweise in metastabiler Form erhalten. Diese Zustandsform wird als Martensit bezeichnet. Der abgeschreckte Stahl ist wesentlich härter, aber auch spröder.

24.5 Löslichkeit von Aluminium in Salzsäure und Natronlauge

! | B 2

Material Reagenzgläser, Reagenzglasständer, Brenner;
Aluminiumspäne oder Aluminiumgrieß, verd. Salzsäure, verd. Natronlauge.

Durchführung In je 1 Reagenzglas gibt man 1 cm hoch Aluminiumspäne oder Aluminiumgrieß und versetzt mit 5 ml verd. Salzsäure bzw. mit 5 ml verd. Natronlauge. Wenn die Gasentwicklung eingesetzt hat, wird ein zweites Reagenzglas dicht darüber gehalten und dann die Knallgasprobe durchgeführt. Sie verläuft in beiden Fällen positiv.

Hinweise

Als amphoteres Metall wird Aluminium sowohl von Salzsäure, als auch von Natronlauge aufgelöst; dabei entsteht Wasserstoff.

$2\,Al + 6\,HCl \rightarrow 2\,AlCl_3 + 3\,H_2$
$2\,Al + 2\,NaOH + 6\,H_2O \rightarrow 2\,[Al(OH)_4]^- + 2\,Na^+ + 3\,H_2$

Bildung eines Kupferspiegels durch Transportreaktion 24.6

Material

Schwerschmelzbares Reagenzglas, Brenner, Reagenzglashalter; Kupferspäne oder Kupferblech, festes Ammoniumchlorid.

Durchführung

In ein schwer schmelzbares Reagenzglas gibt man eine Spatel voll Ammoniumchlorid und schichtet darüber Kupferspäne. An Stelle der Kupferspäne kann man auch einen ca. 1 cm breiten Kupferblechstreifen mit einer Schere in kleine Stückchen zerschneiden. Mit der sehr heißen, rauschenden Brennerflamme wird knapp oberhalb des Kupfers das Reagenzglas stark erhitzt. Sobald das Glas glüht, hebt man es etwas an, so daß nun auch das Kupfer zu Glühen beginnt. Durch die Strahlungswärme vergast das Ammoniumchlorid. Nach einigen Minuten zeigt sich an dem stark erhitzten Glas oberhalb der Kupferspäne ein Kupferspiegel.

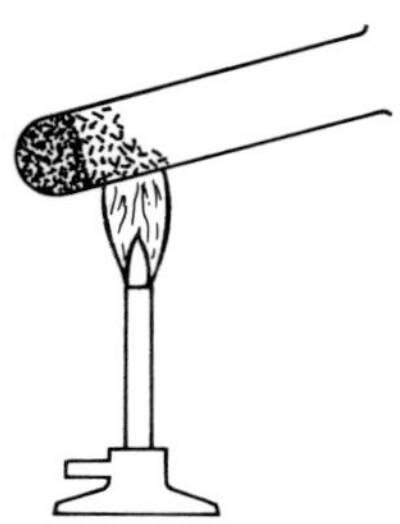

Hinweise

Ammoniumchlorid zerfällt beim Erhitzen in Chlorwasserstoff und Ammoniak.

$NH_4Cl \rightleftharpoons HCl + NH_3$

Der Chlorwasserstoff bildet mit Kupfer(I)oxid, das sich in dünner Schicht immer auf der Kupferoberfläche befindet, Kupfer(I)-chlorid.

$Cu_2O + HCl \rightarrow 2\,CuCl + H_2O$

Das Kupfer(I)-chlorid verdampft, an den glühendheißen Stellen des Reagenzglases wird es jedoch thermisch zersetzt. Das dabei entstehende elementare Kupfer schlägt sich als dünner Kupferspiegel auf dem Reagenzglas nieder.

$CuCl \rightarrow Cu + 1/2\,Cl_2$

Transportreaktionen dieser Art sind mit vielen anderen Stoffen wie z. B. Ni, Cr, Mo, W möglich. Sie können zur Reingewinnung dieser Stoffe angewandt werden.

24.7 Messingbildung

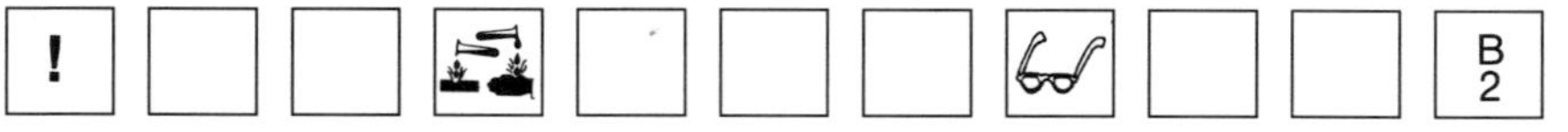

Material — Abdampfschale, Tiegelzange, Pinzette, Brenner, Dreifuß mit Keramiknetz; Kupferblech, Kupfermünze, Zinkpulver, konz. Kalilauge.

Durchführung — Man erhitzt eine Suspension von Zinkstaub in konz. Kalilauge und taucht ein blankes Kupferblech ein bis sich ein deutlicher Überzug gebildet hat. Das auf diese Weise verzinkte Kupferblech wird anschließend mehrmals durch die nichtleuchtende Brennerflamme gezogen. In der Hitze legieren sich Kupfer und Zink zu goldfarben glänzendem Messing. Dieser Versuch gelingt auch mit einer Kupfermünze.

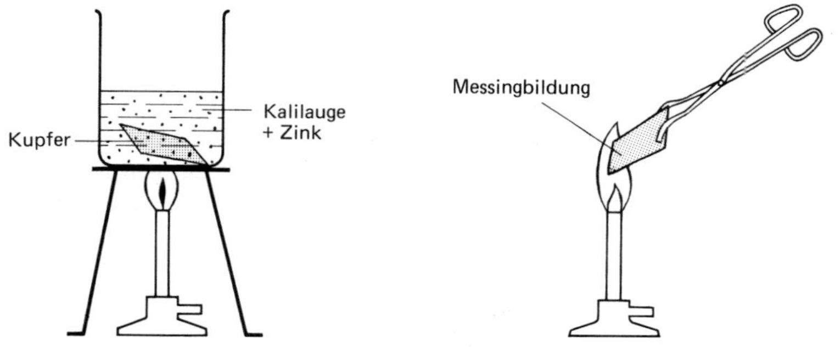

Hinweise — Bei der Abscheidung von Zink auf Kupfer handelt es sich nicht um einen Vorgang zwischen dem Zink- und Kupferpotential. Das edlere Kupfer geht nicht in Lösung. Suspendiert man Zinkpulver in heißer Kalilauge, so geht ein Teil des Zinks als Zinkat in Lösung.

$2\,Zn + 4\,K^+ + 4\,OH^- + 4\,H_2O \rightarrow 2\,[Zn(OH)_4]^{2-} + 4\,K^+ + 2\,H_2$

Das in Lösung befindliche Tetrahydrozinkation dissoziiert:

$[Zn(OH)_4]^{2-} \rightarrow Zn^{2+} + 4\,OH^-$

Die dabei entstehenden Zinkionen werden am Kupfer entladen, gleichzeitig geht weiteres Zink aus der Suspension, das Kontakt zum Kupfer hat, in Lösung. Die dabei frei werdenden Elektronen fließen zum Kupfer, wo sie dann zur Entladung der Zinkionen zur Verfügung stehen. Daß am Kupfer Zink und nicht Wasserstoff abgeschieden wird, dürfte mit der Möglichkeit der Messingbildung und damit mit dem Erreichen eines energieärmeren Kristallgefüges zu erklären sein.

25. Elektrochemie

Unterschiedliches Bestreben verschiedener Metalle, in den Ionenzustand überzugehen — 25.1

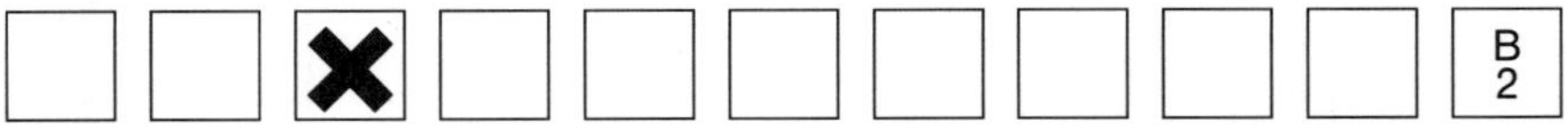

Material

Eisensulfat, Kupfersulfat, Silbernitrat, Bleinitrat, dest. Wasser, Eisennagel, Magnesiumband, Kupferblech, Silberblech, Zinkstab; 4 kleine Bechergläser; Schmirgelpapier.

Durchführung

In je einem kleinen Becherglas stellt man sich eine Kupfersulfat-, Eisensulfat-, Silbernitrat- und Bleinitratlösung her. In jedes Becherglas taucht man nacheinander zunächst einen blankgescheuerten Eisennagel und beobachtet jeweils ca. 1 Minute lang. Der Versuch wird in der gleichen Weise mit einem Stück Magnesiumband, einem Kupferblechstreifen, einem Silberblechstreifen und einem Zinkstab wiederholt.

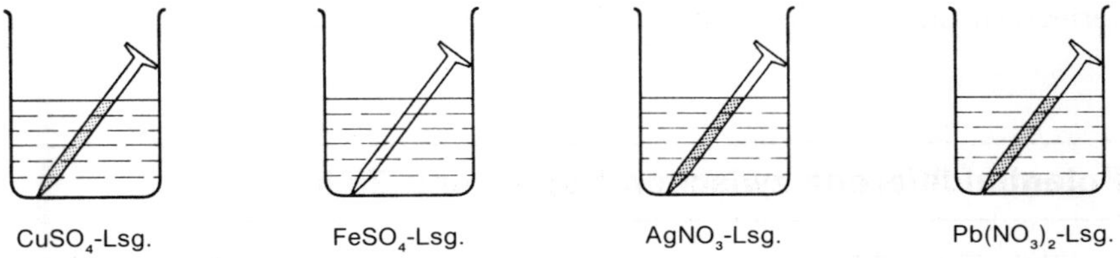

In manchen Gefäßen werden Metalle aus ihren Lösungen abgeschieden, in anderen nicht. Ordnet man die Metalle nach ihrer Fähigkeit, andere Metalle aus ihrem Ionenzustand zu reduzieren, so erhält man einen exemplarischen, qualitativen Ausschnitt aus der elektrochemischen Spannungsreihe der Metalle:

Mg Zn Fe Pb Cu Ag

Hinweise

Die Schwermetallsalzlösungen ordnungsgemäß entsorgen!

Einführung in die Spannungsreihe der Metalle — 25.2

Material

Becherglas, Voltmeter; Natriumchloridlösung $c(NaCl) = 1$ mol/l, Metalle (Kupfer, Zink, Eisen, Magnesium).

Durchführung

Als Meßinstrument dient ein Voltmeter (Nullpunkt möglichst in der Mitte). Bei der Messung wird folgendermaßen verfahren:
Das Bezugsmetall (linksstehendes Metall) wird an die schwarze Buchse des Voltmeters angeschlossen, das zweite Metall an die rote Buchse. Das Vorzeichen gibt bereits einen Hinweis auf den Elektronenfluß. Als Strombrücke dient eine Natriumchloridlösung der Konzentration $c(NaCl) = 1$ mol/l.

Die beiden Metalle werden in einem Becherglas in die Lösung eingetaucht.

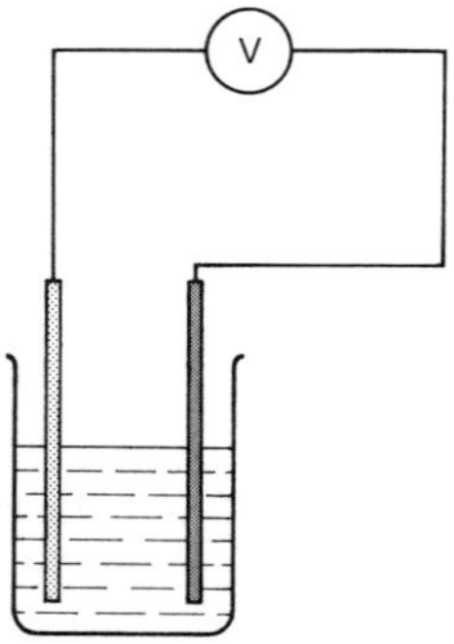

Meßergebnisse:

	Cu	Fe	Zn	Mg
Cu	×	→	→	→
Fe	←	×	→	→
Zn	←	←	×	→
Mg	←	←	←	×

Aus diesen Meßergebnissen kann eine Redoxreihe aufgestellt werden, die der Spannungsreihe der Metalle entspricht: Mg, Zn, Fe, Cu.

Hinweise

Als vorteilhaft hat sich das Digitalvoltmeter von Lehrmittelbau Maey erwiesen. Wird ein Voltmeter gewählt, bei dem der Nullpunkt nicht in der Mitte des Meßbereiches liegt, ergeben sich im Laufe der Messung Schwierigkeiten, weil in diesem Fall ein Ausschlag nur nach einer Seite möglich ist. Durch Umpolung, die aber zu vermerken ist, kann diese Schwierigkeit umgangen werden.

25.3 Potentialdifferenz zwischen Kupfer und Zink

										B 2

Material

U-Rohr mit Glasfritte; Krokodilklemmen; Voltmeter; Kupfersulfat, Zinksulfat, Kupferblech, Zinkstab; dest. Wasser, Schmirgelpapier.

Durchführung

Zu diesem Versuch verwendet man zweckmäßigerweise ein U-Rohr aus Glas, das in seinem Bogen eine Glasfritte enthält. Die Fritte dient als Diaphragma. Den einen Schenkel des U-Rohres füllt man mit 1-molarer Zinksulfatlösung, den anderen mit 1-molarer Kupfersulfatlösung. In die Zinksulfatlösung taucht man einen blankgeriebenen Zinkstab und in die Kupfersulfatlösung einen blanken Kupferstab. Mit Hilfe von Krokodilklemmen und Verbindungsdrähten verbindet man beide Metalle mit einem Voltmeter (Meßbereich 0–3 Volt) und mißt die Spannung.

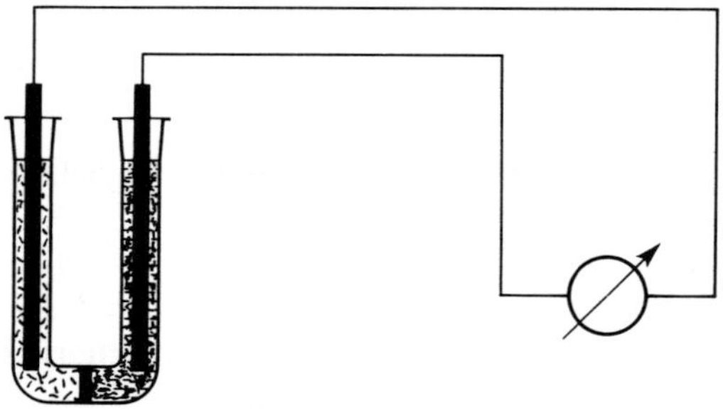

Die Potentialdifferenz von 1,1 Volt zwischen Kupfer und Zink ergibt sich nur, wenn genau 1-molare Lösungen benutzt werden. Beim Abwiegen der Salze zur Herstellung der Lösungen muß das Kristallwasser mitberücksichtigt werden. Kupfersulfat kristallisiert als 5-Hydrat $CuSO_4 \cdot 5\,H_2O$ und Zinksulfat als 7-Hydrat $ZnSO_4 \cdot 7\,H_2O$. Um jeweils eine 1-molare Lösung zu bekommen, müssen also 249,5 g $CuSO_4$ bzw. 287,4 g $ZnSO_4$ in soviel dest. H_2O gelöst werden, daß man jeweils 1 Liter Lösung erhält. Für unsere Zwecke genügt es, wenn man sich jeweils nur 100 ml Lösung herstellt.

$Zn \rightleftharpoons Zn^{2+} + 2e^-$
$Cu^{2+} + 2e^- \rightleftharpoons Cu$

Hinweise

Zur Feststellung der Potentialdifferenz zwischen Kupfer und Silber füllt man einen Schenkel mit 1-molarer Silbernitratlösung und taucht einen Silberblechstreifen in die Lösung. Analog verfährt man mit der Messung der Spannung zwischen Zink und Silber.

Normalpotentiale (V) bei 25 °C:

$Zn/Zn^{2+} = -0{,}76$;	$Fe/Fe^{2+} = -0{,}44$;
$Pb/Pb^{2+} = -0{,}13$;	$Cu/Cu^{2+} = +0{,}35$;
$Ag/Ag^{+} = +0{,}81$;	$Hg/Hg^{2+} = +0{,}85$.

Redoxpotentiale 25.4

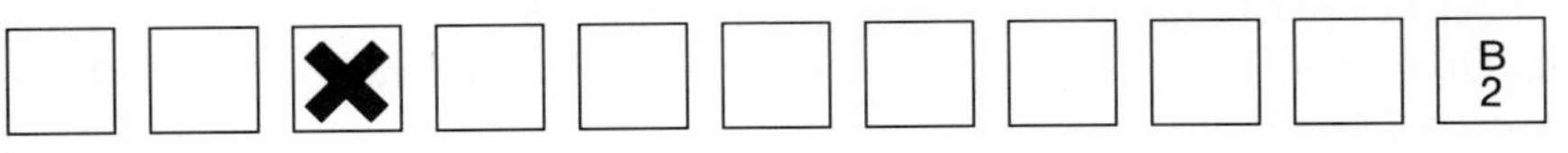

Material

Doppel-U-Rohr, Voltmeter, Krokodilklemmen, Pt-Elektroden, Kabel; Ammoniumnitrat, Eisen(II)-sulfat, Kaliumthiocyanat, verd. Schwefelsäure, Kaliumpermanganat, dest. Wasser. Konzentrationen der Lösungen jeweils 1 mol/l.

Durchführung

In ein Doppel-U-Rohr gibt man in das mittlere Rohr Ammoniumnitratlösung, in den linken Schenkel Eisen(II)-sulfatlösung mit einigen Tropfen Kaliumthiocyanatlösung und in den rechten Schenkel schwefelsaure Kaliumpermanganatlösung. In die Lösungen der äußeren Schenkel tauchen Pt-Elektroden, die mit einem Voltmeter verbunden werden.

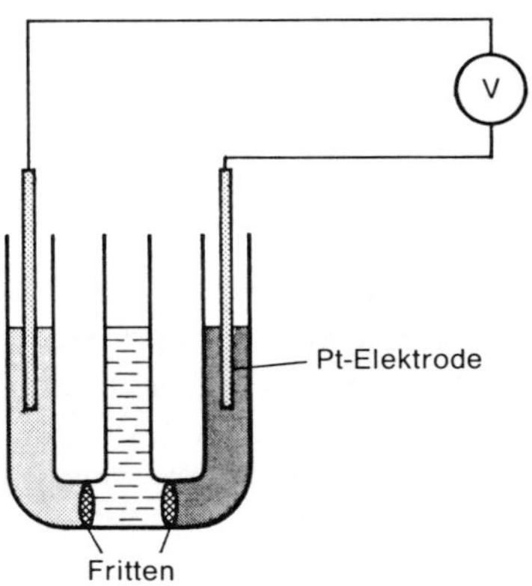

Kaliumpermanganat oxidiert im sauren Bereich Eisen(II)-Ionen zu Eisen(III)-Ionen und wird selbst zu 2-wertigem Mangan reduziert.

$$MnO_4^- + 5\,Fe^{2+} + 8\,H^+ \rightarrow 5\,Fe^{3+} + Mn^{2+} + 4\,H_2O$$

Das Redoxpotential beträgt + 0,77 V.

Hinweise — Wie aus der Gleichung hervorgeht, ist die Reduktion und damit das Redoxpotential von der Wasserstoffionenkonzentration abhängig.

25.5 Kupfer reduziert Quecksilberionen zu metallischem Quecksilber

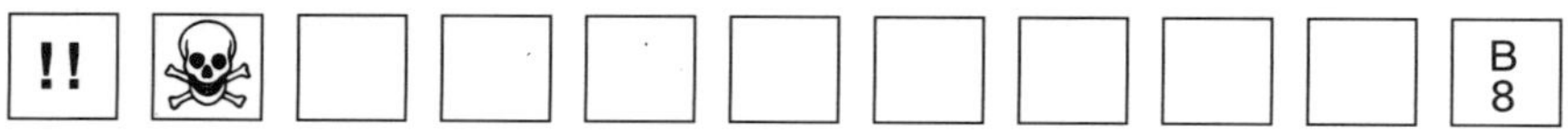

Material — Wollappen; Kupfermünze, Quecksilber(II)-chlorid, dest. Wasser.

Durchführung — In einer kleinen, flachen Porzellanschale löst man eine kleine Spatelspitze Quecksilber(II)-chlorid in dest. Wasser und legt einen Kupferpfennig oder eine andere kupferhaltige Münze (z. B. 10-Pfennig-Stück) in die Lösung. Sobald sich das Metall mit einer dunklen Schicht überzogen hat, nimmt man es aus der Lösung und reibt es mit einem Wollappen kräftig blank. Das Geldstück glänzt jetzt silberweiß.
Quecksilber ist edler als Kupfer. Es scheidet sich aus einer Quecksilbersalzlösung auf der Oberfläche des Kupfers zunächst als schwarzer Überzug ab. Reibt man das Quecksilber mit einem Wollappen kräftig in das Kupfer, so entsteht silberglänzendes Kupferamalgam.

Hinweise — Vorsicht! Alle Quecksilberverbindungen sind giftig! Keine Quecksilbersalzlösungen durch den Ausguß wegspülen! Durch Amalgambildung wird die Verrottung der Abflußleitungen stark gefördert. Reste von Quecksilbersalzlösungen in einer besonderen Flasche sammeln und zur späteren Aufarbeitung aufbewahren. Entsorgung von Quecksilber(II)-chlorid nach B 8, Seite 33.

25.6 Quecksilberherz

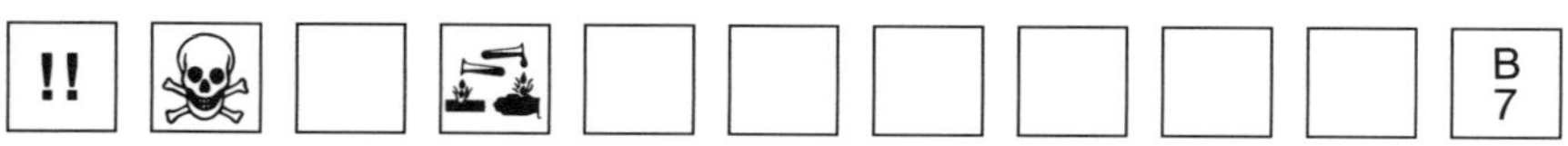

Material — Tropfpipette; Quecksilber, Eisennagel, verd. Schwefelsäure, Kaliumpermanganat oder Kaliumdichromat, dest. Wasser; Uhrglas.

Durchführung — Auf ein Uhrglas von 7–10 cm Durchmesser bringt man einen Quecksilbertropfen von etwa 2 cm Durchmesser. Dann läßt man verd. Schwefelsäure in das Uhrglas fließen, bis das Quecksilber damit bedeckt ist. In die Säure tropft man etwa 1 ml verd. Lösung von Kaliumpermanganat oder Kaliumdichromat. Nun legt man einen Eisennagel in das Uhrglas und führt ihn vorsichtig mit der Spitze an den Rand des Quecksilbertropfens. Sobald der Quecksilbertropfen sich bewegt, läßt man den Nagel in seiner Lage.

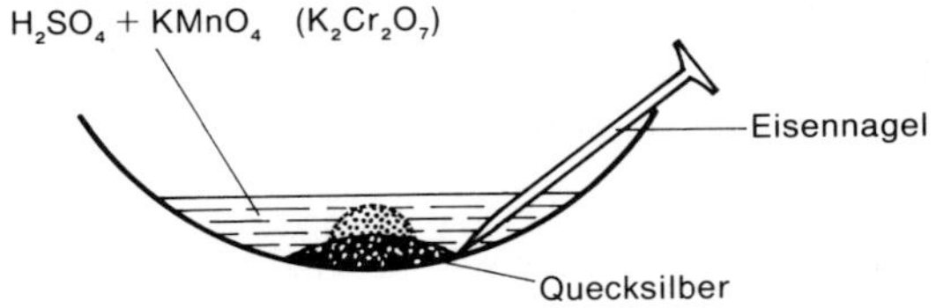

Der Tropfen führt eine pulsierende Bewegung aus, die nachläßt, wenn der Nagel weggezogen wird. Sie kehrt zurück, sobald der Nagel das Quecksilber wieder berührt. Bei der Berührung des Quecksilbers mit dem Eisennagel entsteht ein galvanisches Element. Durch das Oxidationsmittel wird die Bildung von Hg^{2+}-Ionen an der Oberfläche des Tropfens begünstigt. Eisen als unedleres Metall löst sich auf und gibt Elektronen an die Quecksilber-Ionen ab. Damit wird die Ladungsdichte auf der Oberfläche des Tropfens abgebaut, seine Oberflächenspannung wächst. Infolgedessen nimmt er Kugelgestalt an. Damit wird die Verbindung mit dem Eisen unterbrochen. Nun kann sich die Quecksilberoberfläche wieder positiv aufladen. Dadurch sinkt die Oberflächenspannung, der Tropfen flacht sich ab, bis er die Nagelspitze berührt. Dann beginnt der Vorgang von neuem.

Hinweise

Es kommt darauf an, daß der Nagel nicht zu tief in den Quecksilbertropfen eindringt. Am besten schiebt man den Nagel vom Rand langsam an das Quecksilber. Der Versuch eignet sich zur OH-Projektion.
Zur Entsorgung siehe B 7, Seite 33.

Daniell-Element als Energielieferant 25.7

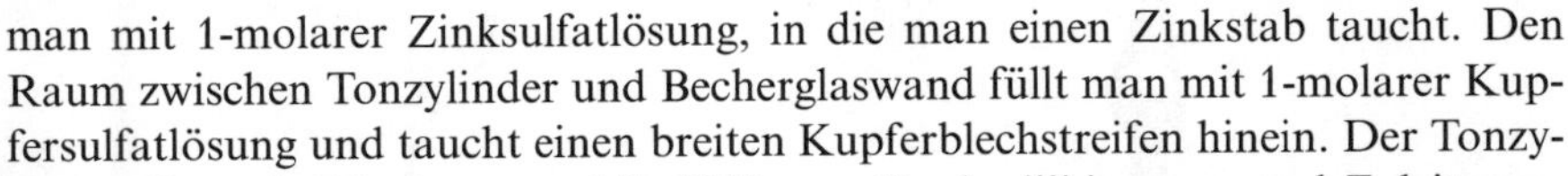

Material

Becherglas, Tonzylinder, kleiner Elektromotor für Gleichstrom, Krokodilklemmen. Zinksulfat, Kupfersulfat, Zinkstab, Kupferblech, dest. Wasser.

Durchführung

In ein Becherglas stellt man einen Tonzylinder, der etwa gleiche Höhe, aber einen wesentlich kleineren Durchmesser (etwa die Hälfte) hat. Den Tonzylinder füllt man mit 1-molarer Zinksulfatlösung, in die man einen Zinkstab taucht. Den Raum zwischen Tonzylinder und Becherglaswand füllt man mit 1-molarer Kupfersulfatlösung und taucht einen breiten Kupferblechstreifen hinein. Der Tonzylinder dient als Diaphragma. Mit Hilfe von Krokodilklemmen und Zuleitungsdrähten verbindet man die beiden Metalle mit den Anschlüssen eines kleinen

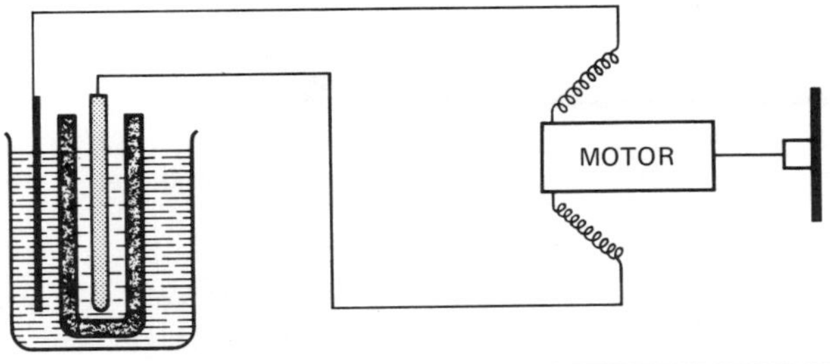

Gleichstrommotores. Um den Lauf des Motors besser sichtbar zu machen, steckt man auf die Achse eine gut zentrierte Pappscheibe.

Das Daniell-Element liefert genügend Strom, um einen kleinen Elektromotor betreiben zu können.

Hinweise Der Elektromotor muß schon bei einer sehr geringen Stromstärke anlaufen. Elektromotoren dieser Art erhält man in Spezialgeschäften für Flug- und Schiffsmodellbau. Mit der Energie aus dem Daniell-Element kann auch eine kleine Glühlampe (ca. 1 Volt) zum Leuchten gebracht werden. Es muß allerdings eine Lampe sein, die nur einen sehr geringen Stromverbrauch hat.

25.8 Modell einer Lithiumbatterie

Material Filterpapier, Krokodilklemmen und Kabel, Kleinelektromotor (ca. 2 V), Messer, Pinzette, Schmirgelpapier; Kohleelektrode, Kupferblech, Lithium, Kupfersulfatlösung.

Durchführung Vorbereitende Arbeiten: Man schneidet ein Stück Kupferblech auf ca. 4 × 8 cm zurecht. Dazu legt man sich ein etwa gleich großes Filterpapier bereit. Die Kohleelektrode schleift man an einem Ende mit Schmirgelpapier plan. Von einem Stück Lithium schneidet man eine Scheibe ab, die in der Größe und Dicke etwa einer 1-DM-Münze entspricht.

Auf das Kupferblech legt man das mit Kupfersulfatlösung getränkte Filterpapier. Auf dieses feuchte Papier legt man die frisch geschnittene, gut abgetupfte Lithiumscheibe. Mit der am Ende plan geschliffenen Kohleelektrode drückt man das Lithium fest auf das Filterpapier. Kupferblech und Kohleelektrode sind mit Krokodilklemmen und Kabeln mit dem Kleinelektromotor verbunden.

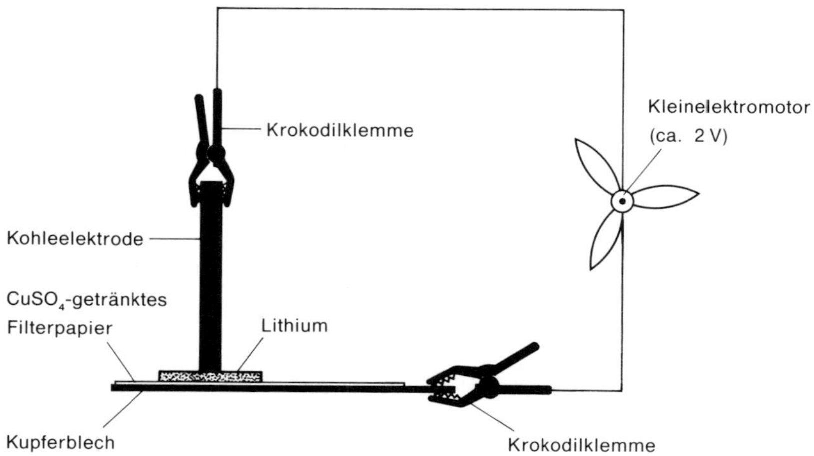

Der Motor beginnt kräftig zu laufen.

Lithium hat ein Redox-Normalpotential von − 3,045 Volt, Kupfer, als relativ edles Metall, hat + 0,337 Volt. Die Potentialdifferenz beträgt also 3,382 Volt. Mit dieser Spannung kann man gut einen Elektromotor betreiben, wenn man dafür sorgt, daß durch eine ausreichend große Reaktionsfläche bei der Kohleelektrode eine genügende Stromstärke erreicht wird (deswegen die Elektrode vorher an der Auflagefläche planschleifen).

$$2\,Li \rightarrow 2\,Li^{+} + 2\,e^{-}$$
$$Cu^{2+} + 2\,e^{-} \rightarrow Cu$$

$$2\,Li + Cu^{2+} \rightarrow Cu + 2\,Li^{+}$$

Hinweise

Lithium als sehr unedles Metall findet heute breite Verwendung in sehr kleinen, aber trotzdem hochleistungsfähigen und langlebigen Batterien, wie sie in vielen elektronischen Geräten wie Taschenrechnern, Quarzuhren, Photogeräten, Hörgeräten, Herzschrittmachern usw. Verwendung finden. Man nützt dabei die hohe Potentialdifferenz zwischen Lithium und edlen Metallen wie z. B. Silber, Quecksilber, Kupfer aus.
Der Modellversuch soll in erster Linie die chemischen Grundlagen einer Lithiumbatterie, weniger das technische „know-how" aufzeigen.
Zur Entsorgung der Alkalimetalle siehe B 6, Seite 33.

Das Leclanché-Element 25.9

Material

Zinkbecher, Batterieglas, Kabel, Voltmeter; Graphitelektrode, Beutel mit Braunstein, Ammoniumchloridlösung, Gelatine.

Durchführung

In einem Batterieglas mit Ammoniumchloridlösung steht ein Zinkbecher. In die Lösung taucht man eine Graphitelektrode ein, die mit einem mit Braunstein gefüllten Beutel umhüllt ist. (Beim Leclanché-Element selbst ist die Ammoniumchloridlösung mit Gelatine eingedickt und wird dadurch zum Trockenelement).
Die beiden Elektroden werden mit einem Voltmeter verbunden.

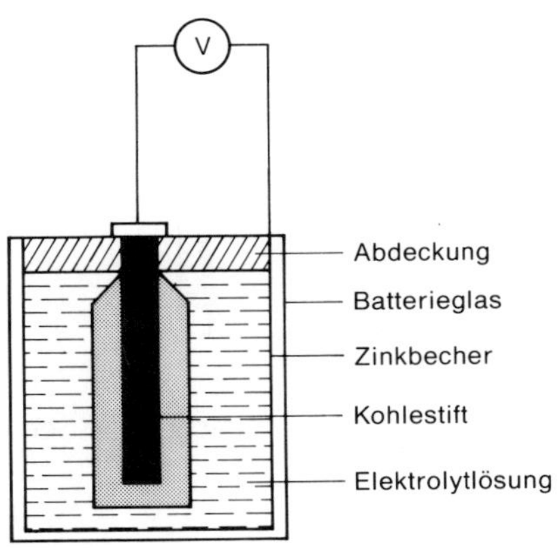

Das Voltmeter zeigt eine Spannung von ca. 1,5 V an.
Der Zinkbecher dient als ⊖-Pol
die Graphitelektrode ist der ⊕-Pol

⊖-Pol: $Zn \rightleftharpoons Zn^{2+} + 2e^-$ (Oxidation)
⊕-Pol: $2\,MnO_2 + 2\,H_3O^+ + 2\,e^- \rightleftharpoons Mn_2O_3 + 3\,H_2O$ (Reduktion)

$$\overset{0}{Zn} + 2\,\overset{+4}{Mn}O_2 + 2\,H_3O^+ \rightarrow Zn^{2+} + \overset{+3}{Mn}_2O_3 + 3\,H_2O$$

Das Hydronium-Ion, H_3O^+, entsteht durch Protolyse des Ammonium-Ions, NH_4^+:

$$NH_4^+ + H_2O \rightarrow NH_3 + H_3O^+$$

Das dabei entstehende Ammoniak wird vom Zink-Ion unter Bildung des Diamminzink(II)-Ions gebunden.

$$Zn^{2+} + 2\,NH_3 \rightarrow [Zn(NH_3)_2]^{2+}$$

Mit den Cl^--Ionen der Ammoniumchlorid-Lösung entsteht das schwer lösliche $[Zn(NH_3)_2]Cl_2$, Diamminzink(II)-chlorid, das sich abscheidet.

25.10 Der Bleiakkumulator

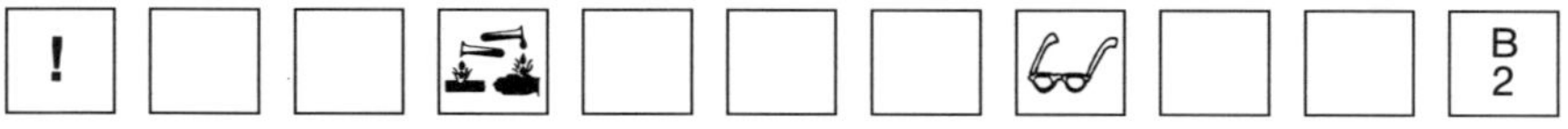

Material 2 Bleiplatten, Becherglas, Krokodilklemmen, Kabelmaterial, Glühbirnchen 2,5 V mit Fassung, Gleichstromquelle; Schwefelsäure (ca. 30 %ig).

Durchführung Ein Becherglas wird zu etwa Dreiviertel mit 30 %iger Schwefelsäure gefüllt. In die Säure taucht man 2 Bleiplatten, die man mit Krokodilklemmen und Verbindungskabeln an eine Gleichstromquelle (ca. 4,5 V) anschließt. Die Schwefelsäure wird auf diese Art einer Elektrolyse unterworfen. Nach ca. 3–5 Minuten unterbricht man die Stromzufuhr und verbindet die beiden Bleielektroden mit einem Glühlämpchen (2,5 Volt Taschenlampenbirnchen).

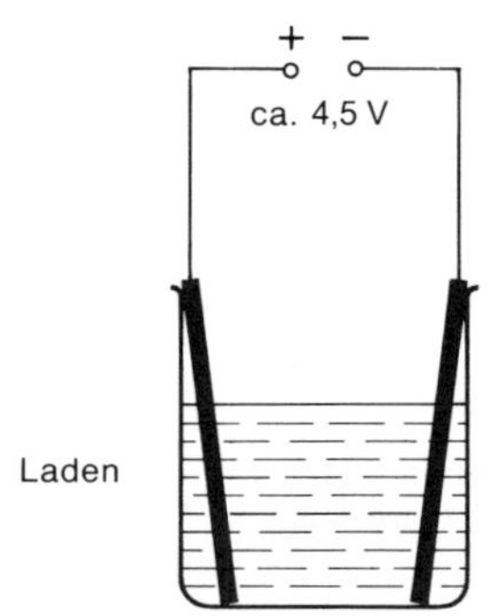

Das Lämpchen leuchtet für kurze Zeit auf.
Auf den Bleiplatten bildet sich beim Eintauchen in die Schwefelsäure eine dünne Schicht Bleisulfat:

$$Pb + H_2SO_4 \rightarrow PbSO_4 + H_2$$

Beim Anschluß an eine Gleichspannung läuft folgende Reaktion ab:

$$2\,PbSO_4 + 2\,H_2O + \text{Energie} \rightleftharpoons Pb + PbO_2 + 2\,H_2SO_4$$

Beim Entladungsvorgang verläuft die Reaktion in umgekehrter Richtung. Durch die freiwerdende Energie wird die kleine Glühbirne zum Leuchten gebracht.

Hinweise

Es kann natürlich auch ein kleiner Elektromotor betrieben werden.

Zink-Iod-Element **25.11**

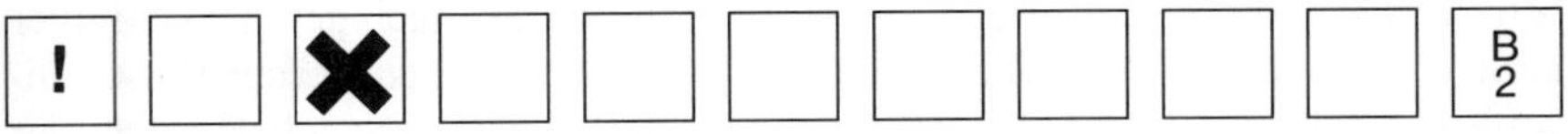

Material

Graphitplatten, Küvette, Schaumgummi, Draht, Elektromotor, Trafo, Kabel; Zinkiodidlösung.

Durchführung

In eine Küvette gibt man Zinkiodidlösung. Dann führt man als Diaphragma einen mit Draht versteiften Schaumgummi in das Gefäß. Als Elektroden verwendet man möglichst große Graphitplatten. Dabei ist darauf zu achten, daß die Elektroden möglichst tief in die Lösung eintauchen. Dann wird eine Spannung von ca. 10 V angelegt.

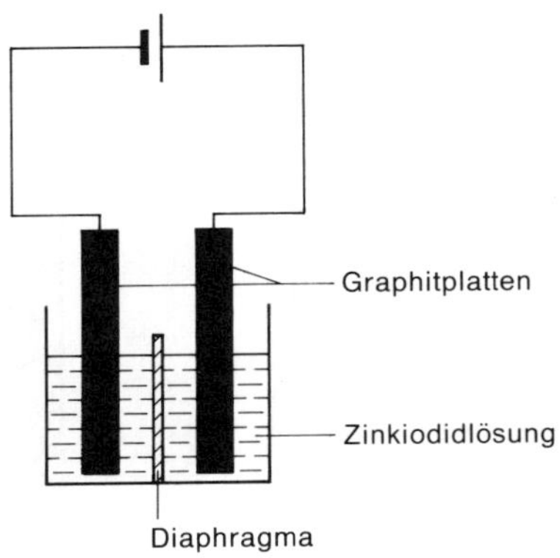

Sehr bald bilden sich an der Anode braune Schlieren; die Kathode überzieht sich mit einem hellgrauen Belag. Nach 2–3 Minuten unterbricht man die Elektrolyse und schließt die Kabel an einen Elektromotor (Spielzeugmotor) an. Der Motor läuft.

Bei der Herstellung von Zinkiodid konnte eine exotherme Reaktion beobachtet werden. Die Zersetzung der Verbindung erfordert also Energie, die hier in Form elektrischer Energie eingesetzt wird. Da es sich bei der Bildung von Zinkiodid um eine freiwillige Redoxreaktion handelt, kann dieser Vorgang zur „Energiegewinnung“ ausgenützt werden.

Hinweise

Die Lösung gibt man nach dem Versuch in eine Vorratsflasche zurück, in der sich einige Zinkspäne befinden; sie kann für weitere Versuche verwendet werden. Der Versuch läuft zuverlässig ab, wenn eine genügend hohe Konzentration des Zinkiodids vorliegt. Siehe Versuch 25.17, Seite 192.

25.12 Ionenwanderung

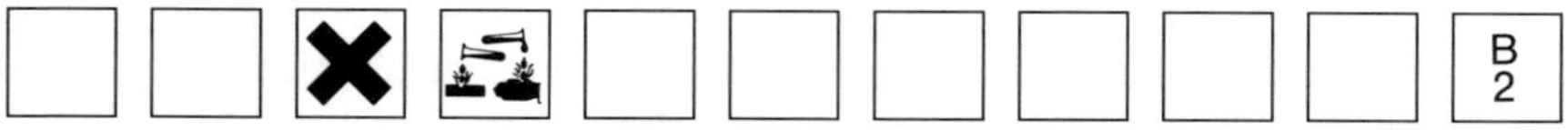

Material Baumwollfaden, Krokodilklemmen, Kabel, Gleichspannungsquelle 20–30 V; konz. Kaliumnitratlösung, konz. Kupfersulfatlösung, konz. Kaliumpermanganatlösung, konz. Ammoniaklösung, Silberblechstreifen, DC-Plastikfolie mit Aluminiumoxid beschichtet.

Durchführung Aus einer Folie für Dünnschichtchromatographie (DC-Plastikfolie mit Aluminiumoxid beschichtet) schneidet man einen Streifen mit den Maßen von ca. 4 × 6 cm. Zwei Silberbleche 4,5 × 2 cm werden der Länge nach gefaltet und über die Schmalseiten der DC-Folie geschoben. Mit einer konzentrierten Kaliumnitratlösung befeuchtet man die Folie, schließt die Silberbleche mit Hilfe zweier Krokodilklemmen an eine Gleichspannungsquelle an und spannt das Ganze waagrecht in ein Stativ ein.

In einem kleinen Becherglas bereitet man sich ein Gemisch aus konz. Permanganatlösung, konz. Kupfersulfatlösung und konz. Ammoniaklösung. Mit dieser Lösung tränkt man einen Baumwollfaden (nicht länger als 5 cm), legt ihn mit Hilfe einer Pinzette quer über die Dünnschichtfolie und schaltet sofort den Strom ein (ca. 20–30 V).

Die Dünnschichtfolie soll vor dem Auflegen des getränkten Fadens gut durchfeuchtet sein; mit einem saugfähigen Papiertuch wischt man evtl. „Pfützen" vorher ab. Während des Betriebes muß man die Folie am Übergang zum Silberblech mit Hilfe einer Pipette mehrmals mit wenig Kaliumnitratlösung nachfeuchten.

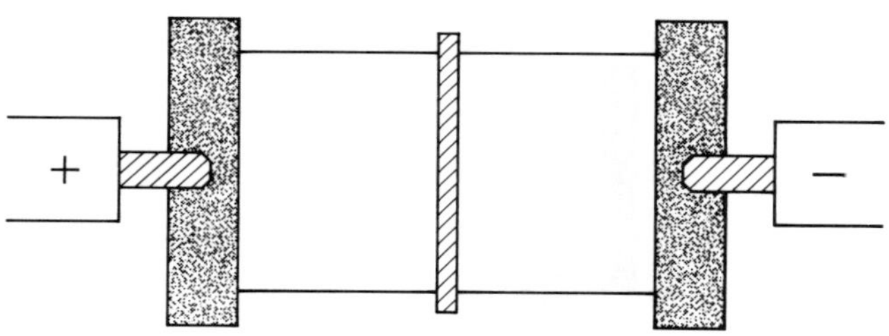

Nach kurzer Zeit breitet sich vom Faden her in Richtung Anode eine violette Zone (Permanganationen) aus und in Richtung Kathode eine blaue Zone (Kupferionen).

Hinweise In vielen Versuchsbeschreibungen werden Chromationen als Anionen für die Ionenwanderung empfohlen. Chrom der Oxidationsstufe + VI kann jedoch cancerogen sein. Aus diesem Grund empfiehlt es sich, mit Permanganationen zu arbeiten. Silberblech eignet sich bei diesem Versuch erfahrungsgemäß besser als das meistens empfohlene Kupferblech, weil es keine farbigen Ionen bildet, wenn es in Lösung geht. Bei Verwendung von Silberblech muß man Kaliumnitratlösung und nicht Kaliumchloridlösung als Elektrolyt zum Befeuchten der Folie verwenden.

Eisenüberzug auf Kupfer 25.13

B 2

Material

Becherglas, Gleichspannungsquelle, Krokodilklemmen, Kabel; Eisen(II)-sulfat, Ammoniumchlorid, dest. Wasser, Eisenblech oder -nagel, Kupferblech.

Durchführung

Man bereitet die Galvanisier-Lösung, indem man 20 g Eisen(II)-sulfat und 10 g Ammoniumchlorid in ca. 100 ml dest. Wasser löst. Als positive Elektrode benutzt man ein Eisenblech, als negative Elektrode dient das zu „vereisernde" Kupferblech, das selbstverständlich gut gereinigt sein muß. Man legt eine Gleichspannung von ca. 5 V an. Es empfiehlt sich, während des Galvanisierens das Kupferblech leicht hin und her zu bewegen, um das Absetzen störender Abscheidungen zu verhindern.

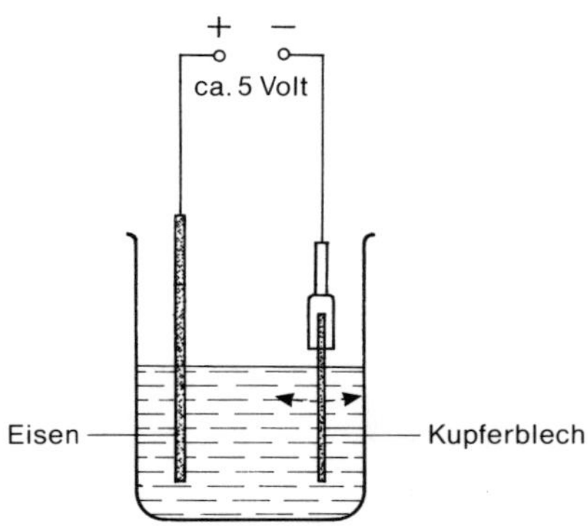

Nach etwa 5 Minuten hat sich auf dem Kupferblech eine spiegelblanke Eisenschicht abgesetzt.
Die Eisenionen wandern im elektrischen Feld zur negativen Elektrode und werden dort durch Elektronenaufnahme entladen.

Kathode: $Fe^{2+} + 2\,e^- \rightarrow Fe$

Hinweise

Will man den Eisenüberzug konservieren, empfiehlt es sich, das Blech nach der Elektrolyse gut abzuspülen, abzutrocknen und anschließend durch Einölen oder durch einen farblosen Schutzlack vor Luftzutritt zu schützen.

Elektrische Oxidation von Aluminium (Eloxalverfahren) 25.14

! B 2

Material

Gleichspannungsquelle, Schiebewiderstand, Strommeßgerät, Krokodilklemmen, Verbindungskabel, Schmirgelpapier, Becherglas, 2 Glasstäbe; Aluminiumblech, Bleiblech, konz. Schwefelsäure, dest. Wasser.

Durchführung

Ein Aluminiumblech (ca. 12 × 4 cm) und ein etwa gleich großes Bleiblech werden jeweils an einer Schmalseite zu einer Rinne gebogen, so daß man sie mit Hilfe zweier Glasstäbe in ein Becherglas hängen kann (Abstand ca. 3 cm). Mit Krokodilklemmen und Verbindungskabeln schließt man die Bleche an eine Gleichspannungsquelle an. Dabei wird das Aluminium als Anode (Pluspol) und das Blei als Kathode (Minuspol) geschaltet. In den Stromkreis wird ein Amperemeter und ein Schiebewiderstand zum Einregulieren der Stromstärke eingebaut. Vor Versuchsbeginn füllt man als Elektrolyt verdünnte Schwefelsäure (27 ml konz. Schwefelsäure in 300 ml Wasser) in das Becherglas, so daß die Bleche zu etwa Zweidrittel von der Flüssigkeit benetzt werden. Nach Einschalten des Stromes stellt man zunächst auf 6 V und reguliert mit dem Schiebewiderstand eine Stromstärke von 500–1000 mA ein. Sollte dies nicht möglich sein, erhöht man die Spannung (bis zu 20 V). Beim nun ablaufenden Elektrodenvorgang kann die Stromstärke stark abfallen. Man reguliert dann mit dem Schiebewiderstand oder durch Erhöhung der Spannung wieder auf den ursprünglichen Wert ein. Nach ca. 5 Minuten schaltet man den Strom ab, nimmt das Aluminiumblech aus der Schwefelsäure und spült es gründlich mit destilliertem Wasser ab. Das abgetrocknete Blech bearbeitet man mit Schmirgelpapier, wobei man versucht, es oberflächlich an den eingetauchten und an den nichteingetauchten Stellen zu zerkratzen.

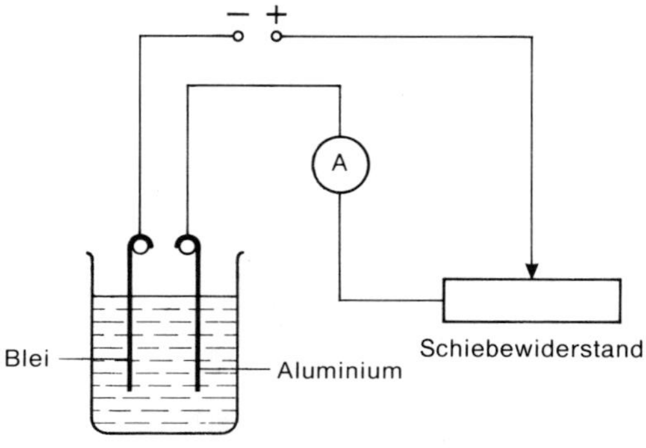

Beim Elektrolysevorgang fällt die Stromstärke allmählich stark ab. An der Kathode (Bleiplatte) entwickelt sich ein Gas (Wasserstoff). An der Anode ist keine Gasentwicklung zu beobachten.
Das Aluminiumblech läßt sich an den nichteingetauchten Stellen viel leichter mit Schmirgelpapier zerkratzen als an den eloxierten Stellen.

Hinweise Bei der Elektrolyse der verdünnten Schwefelsäure entsteht an der Bleiplatte (Kathode) Wasserstoff. Am Aluminiumblech (Anode) wird die ursprünglich etwa 0,0001 mm starke Oxidschicht durch anodische Oxidation auf ein Vielfaches verstärkt. Diese Eloxalschicht ist besonders hart und kann deshalb mechanisch nur schwer zerstört werden.
Durch das Eloxalverfahren werden die Werkstoffeigenschaften des Aluminiums erheblich verbessert. Es spielt deshalb in der Technik eine wichtige Rolle.

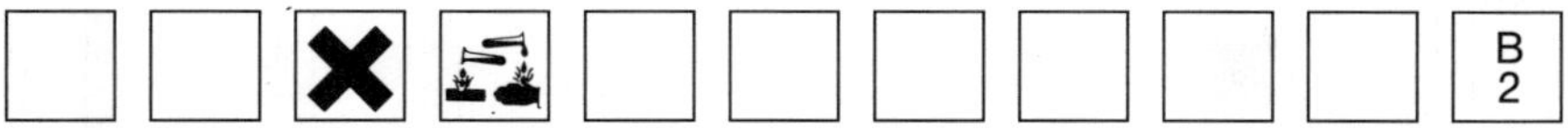

Material

Silberelektroden; Doppel-U-Rohr mit Ablaufhahn, Krokodilklemmen, Kabel, Voltmeter; Silbernitratlösung ($c(AgNO_3) = 0{,}1; 0{,}01; 0{,}001$ mol/l), Kaliumnitratlösung.

Durchführung

Wie in untenstehender Versuchsanordnung füllt man in ein Doppel-U-Rohr mit Ablaufhahn in den linken Schenkel Silbernitratlösung der Konzentration $c(AgNO_3) = 0{,}1$ mol/l und in den rechten Schenkel der Reihe nach

1) $c(AgNO_3) = 0{,}1$ mol/l
2) $c(AgNO_3) = 0{,}01$ mol/l
3) $c(AgNO_3) = 0{,}001$ mol/l

In den mittleren Schenkel füllt man Kaliumnitratlösung. In die Außenschenkel taucht man Silberbleche und mißt mit einem hochohmigen Voltmeter die Spannung.

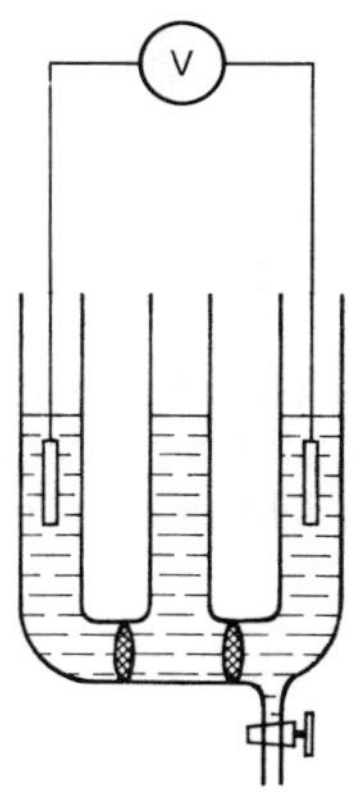

Jeder Außenschenkel des Doppel-U-Rohrs stellt elektrochemisch eine Halbzelle dar. Nach den Versuchsergebnissen entsteht eine Spannung in Abhängigkeit von der Konzentration. Nach der Nernst'schen Gleichung ist diese Spannung zu berechnen, z. B.:

$$\epsilon = 0{,}059\ \mathrm{V} \cdot \lg \frac{c(0{,}1\ \mathrm{mol/l})}{c(0{,}01\ \mathrm{mol/l}}$$

In allen Fällen werden in der stärker konzentrierten Lösung die Silber-Ionen reduziert, d. h. sie treten als Oxidationsmittel auf.

25.16 Elektrolyse einer Kupfer(II)-chloridlösung

Material U-Rohr mit Gasableitung, Kohleelektroden, Gleichstromquelle, Kabel; Kupfer(II)-chloridlösung, dest. Wasser.

Durchführung Man füllt das U-Rohr mit einer konz. Kupfer(II)-chloridlösung. In jeden Schenkel des U-Rohres wird dann eine Kohleelektrode eingeführt und Gleichspannung von ca. 10 V (s. Hinweise!) angelegt.

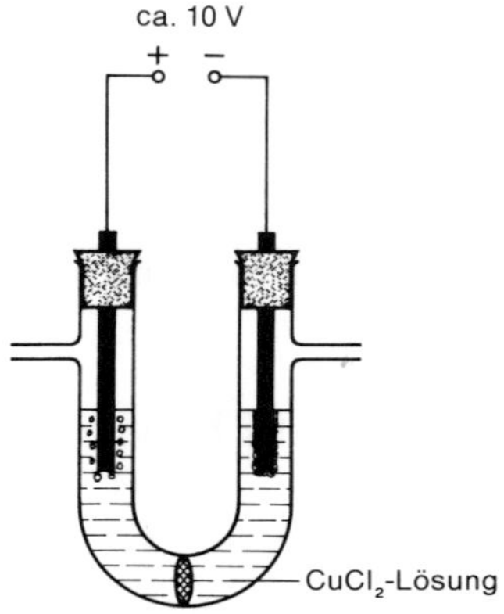

An der Anode ist die Entwicklung eines Gases zu beobachten; durch eine vorsichtige (!) Geruchsprobe läßt es sich als Chlor identifizieren. Die Kathode überzieht sich mit einem rötlichen Belag (Elektrode zur genauen Betrachtung aus der Lösung herausziehen.)

Anode: $2\,Cl^- \rightarrow Cl_2 + 2\,e^-$
Kathode: $Cu^{2+} + 2\,e^- \rightarrow Cu$

Hinweise Legt man eine zu hohe Spannung an, so erfolgt zwar eine kräftige Chlorgasentwicklung, das Kupfer scheidet sich jedoch dann als braunschwarzer, flockiger Belag ab und ist weniger gut zu identifizieren. Man wählt also am besten eine möglichst niedrige Spannung, bei der noch genügend Chlorgas entsteht.
Die Kupfersalzlösung ordnungsgemäß entsorgen!

25.17 Elektrolyse einer Zinkiodidlösung

Material U-Rohr, Glaswolle, Kohleelektroden, Gleichstromquelle, Kabel; Zinkiodid, dest. Wasser.

Durchführung Die beiden Schenkel eines U-Rohres werden durch Einschieben von Glaswolle in die Krümmung räumlich voneinander getrennt. Nachdem das U-Rohr senkrecht im Stativ eingespannt wurde, füllt man es mit einer konzentrierten Zinkiodidlösung. In jeden Schenkel des U-Rohres führt man eine Kohleelektrode ein, so daß diese jeweils einige cm in die Zinkiodidlösung eintaucht. An die Elektroden legt man eine Gleichspannung von ca. 10 V an.

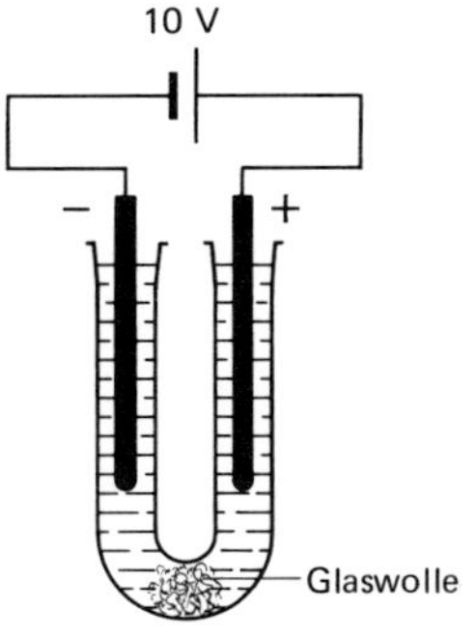

Schon nach kurzer Zeit zeigen sich an der Anode braune Schlieren von elementarem Iod, das sich in der Zinkiodidlösung auflöst. Gleichzeitig scheidet sich an der Kathode elementares Zink als „Bart" ab.

Anode: $2\,I^- \rightarrow I_2 + 2\,e^-$
Kathode: $Zn^{2+} + 2\,e^- \rightarrow Zn$

Hinweise

Zinkiodid eignet sich zur Demonstration des Verhaltens einer Ionenverbindung im elektrischen Feld besonders gut, weil die Elemente deutlich erkennbar schon nach kurzer Zeit bei relativ niedriger Gleichspannung abgeschieden werden.
Die Verbindung kann man leicht selbst synthetisieren: Vermischt man Zink und Iod im Gewichtsverhältnis 1 : 4 und gibt das Gemisch in destilliertes Wasser, so erhält man eine Lösung von Zinkiodid, die durch Dekantieren vom Ungelösten getrennt werden kann.
Wenn man die Elektrolyseprodukte in einer Vorratsflasche vermischt, bildet sich die Zinkiodidlösung zurück. Diese kann wieder für den Versuch verwendet werden. Siehe Versuch 25.11, Seite 187.

Zersetzungsspannung 25.18

☐ ☐ ☐ ☐ ☐ ☐ ☐ ☐ ☐ ☐ ☐

Material

U-Rohr, Platinelektroden, Spannungsquelle, Voltmeter, Amperemeter, Kabel; Natriumchloridlösung c(NaCl) = 1 mol/l.

Durchführung

In ein U-Rohr gibt man 1-molare Natriumchloridlösung und taucht zwei Platinelektroden ein, die über ein Voltmeter und Amperemeter mit einer Spannungsquelle verbunden sind.
Die Spannung wird in 0,1 V-Schritten erhöht und jeweils die Stromstärke notiert. Die Stromstärke nimmt bei einer bestimmten Spannung (Zersetzungsspannung) auffallend stark zu.

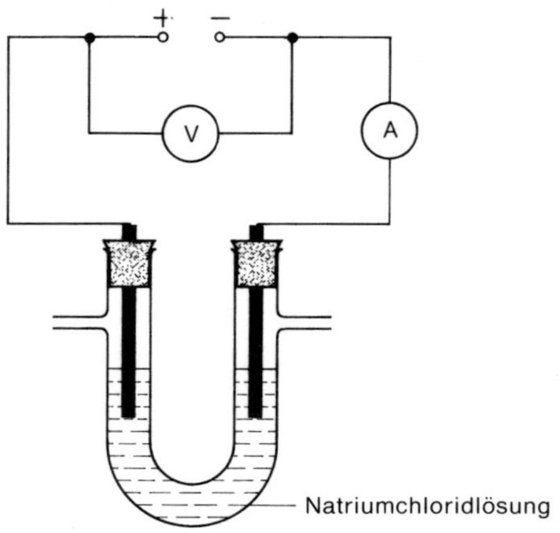

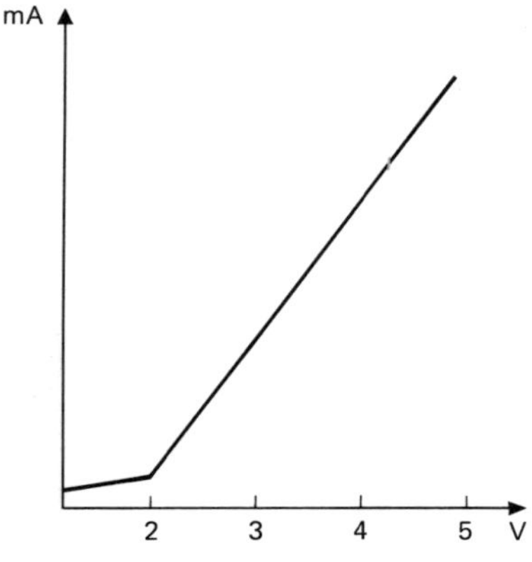

Die Natrium-Ionen werden nicht entladen, da die im Wasser vorhandenen Oxonium-Ionen (Autoprotolyse) zuerst entladen werden. An der Kathode entsteht deshalb Wasserstoff. Durch die Entladung der Chlorid-Ionen entsteht an der Anode Chlor.

Für die Zersetzungsspannung ist also die Reihenfolge der Ionenentladung (Spannungsreihe) entscheidend. Eine weitere Rolle spielt die Konzentration der zu entladenden Ionen (Nernst'sche Gleichung). Schließlich wird die Zersetzungsspannung noch bestimmt durch die Überspannung, die vom Elektrodenmaterial abhängig ist.

Mit Hilfe einer Stromspannungskurve kann die Zersetzungsspannung (U_Z) graphisch bestimmt werden. Sie beträgt in unserem Fall 1,90 V. In der Kurve ist abzulesen, daß die Stromstärke bei einer bestimmten Spannung (= Zersetzungsspannung) steil ansteigt. In diesem Punkt nimmt die Ionenwanderung auffallend zu.

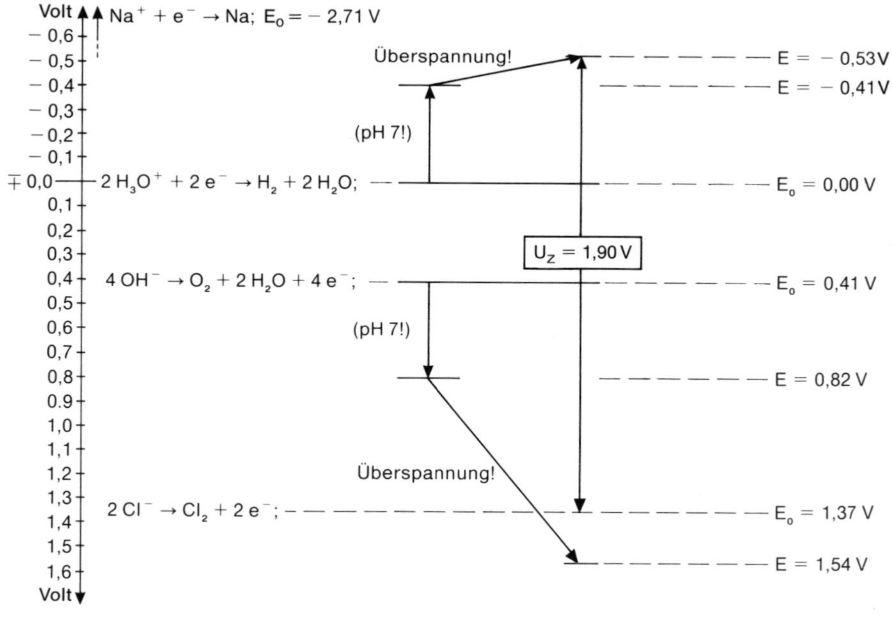

Elektrolyse von Zinn(II)-chloridlösung 25.19

!										B 2

Material

Kupferelektrode, Zinnelektrode, Petrischale, Trichter, Filterpapier, Krokodilklemmen, Kabel, Taschenlampenbatterie 4,5 V; Zinngranula, konz. Salzsäure.

Durchführung

Vorbereitende Arbeiten: Zu ca. 200 ml konz. Salzsäure gibt man Zinngranula. Sollten sie sich völlig auflösen, muß man weiterhin soviel Zinngranula dazugeben, bis ein Rückstand an Zinn bleibt. Dies kann eventuell einige Tage dauern, wenn man am Anfang nicht genug Zinn eingebracht hat. Die auf diese Weise erhaltene Lösung eignet sich für folgenden Versuch:
Die Kupfer- und Zinnelektrode werden in eine Petrischale gelegt, in der sich die gesättigte und filtrierte Zinnchloridlösung befindet. Die Elektroden werden mit Krokodilklemmen an eine Taschenlampenbatterie von 4,5 V angeschlossen.
Kupferelektrode: ⊖ Pol
Zinnelektrode: ⊕ Pol

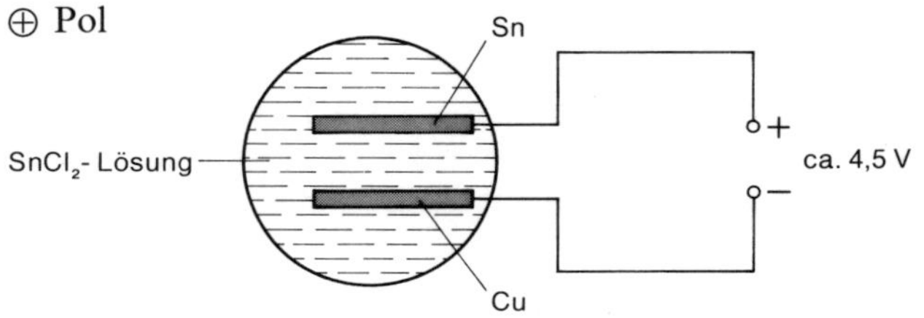

Am ⊖ Pol scheiden sich innerhalb von Sekunden Zinnkristalle ab.
Am ⊕ Pol geht Zinn in Lösung.

Hinweise

Der Versuch wird abgebrochen (Abnehmen der Krokodilklemmen von der Batterie), sobald die Zinnkristalle in die Nähe der Gegenelektrode kommen.
Dann wird die Kupferelektrode an den ⊕ Pol und die Zinnelektrode an den ⊖ Pol angeschlossen.
Dabei ist zu beobachten, daß sich die Zinnkristalle zum Teil wieder auflösen. An der Zinnelektrode scheidet sich nun Zinn ab. Sobald das Zinn an der Kupferelektrode abgefallen ist, kommt der Versuch zum Stillstand. Dieser Versuch kann zur besseren Beobachtung auf dem OH-Projektor durchgeführt werden.

Zink als „Opferanode" 25.20

!										B 2

Material

Bechergläser, Kabel; Zinkstab, Kupferstab, Eisenblech oder -nagel, Platindraht oder -blech, Schwefelsäure, $c(H_2SO_4) = 0{,}5\,mol/l$.

Durchführung

a) In ein Becherglas, in dem sich verd. Schwefelsäure befindet, taucht man einen Zinkstab ein. Es ist fast keine Wasserstoffentwicklung festzustellen. Taucht man auch noch einen Kupferstab ein, so ist ebenfalls keine Wasserstoffentwicklung zu beobachten. Berührt man nun den Zinkstab mit dem Kupferstab, so tritt Wasserstoffentwicklung ein, aber nicht am Zink, sondern am Kupferstab.

b) Ein Zinkstab wird über ein Kabel mit einem Kupferstab verbunden und in verd. Schwefelsäure eingetaucht. Am Kupferstab ist Wasserstoffentwicklung zu beobachten.
Ebenso verfährt man mit einem Zink/Eisen-Paar (c) bzw. mit einem Zink/Platin-Paar (d).

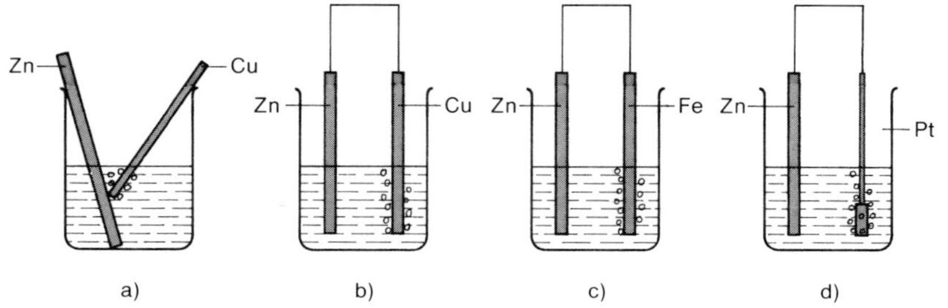

Reines Zink wird bekanntlich in verdünnten Mineralsäuren nicht zersetzt (Überspannung des Wasserstoffs).
Zink gibt aber als unedleres Metall leichter Elektronen ab, als die mit ihm verbundenen Metalle Platin, Kupfer und Eisen. Die Elektronen wandern bei Berührung direkt oder über das Verbindungskabel an das jeweils edlere Metall. Die Elektronen entladen an diesem Metall die Hydronium-Ionen zu Wasserstoff (Lokalelementbildung).

Hinweise In der Technik spielt dieser Vorgang eine Rolle, wenn zwei verschiedene Metalle miteinander verbunden werden (Verschraubung, Nieten, Schweißstellen usw.). Außerdem kann ein Metall vor Korrosion geschützt werden, wenn es mit einem unedleren leitend verbunden wird. Das unedlere Metall wird aufgelöst (Opferanode) und schützt dabei das edlere Metall vor Korrosion.

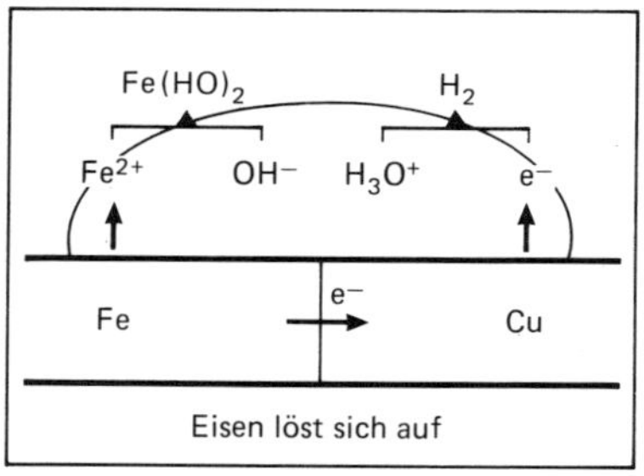

Lokalelement aus Eisen und Kupfer. Eisen geht bei Anwesenheit einer Elektrolytlösung in Lösung unter Bildung von Fe^{2+}-Ionen. Die Elektronen fließen vom Eisen zum edleren Kupfer und bilden mit H_3O^+-Ionen Wasserstoff.

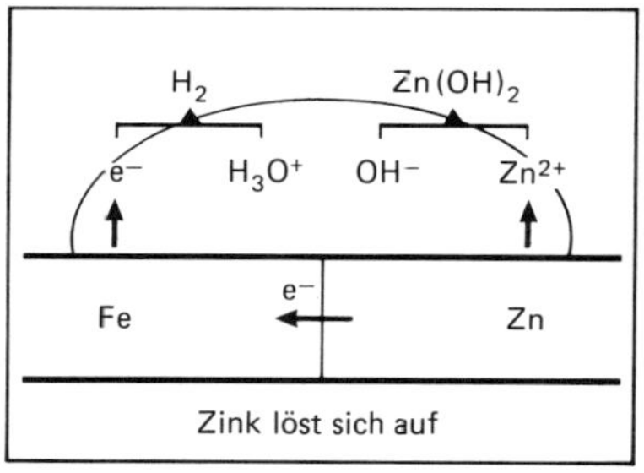

Lokalelement aus Eisen und Zink. Zink geht als Zn^{2+}-Ion in Lösung (Eisen wird geschützt!). Die Elektronen fließen vom Zink zum edleren Eisen und entladen H_3O^+-Ionen des Elektrolyten.

26. Reaktionsgeschwindigkeit

Erhöhung der Reaktionsgeschwindigkeit durch Katalyse 26.1

Material

Overheadprojektor, Petrischale, Pinzette, Platindraht; Wasserstoffperoxid 10 %ig.

Durchführung

Man gibt in eine Petrischale 10 %ige Wasserstoffperoxidlösung und stellt sie zur Projektion auf einen Overheadprojektor. Es ist keine Reaktion zu beobachten. Legt man nun einen zum Ring gebogenen Platindraht in die Lösung, so tritt deutliche Gasentwicklung ein.

Hinweise

Wasserstoffperoxid ist eine instabile Verbindung, die in Wasser und Sauerstoff zerfällt.

$$2\,H_2O_2 \rightarrow 2\,H_2O + O_2$$

Die Reaktionsgeschwindigkeit ist jedoch so klein, daß praktisch keine Reaktion zu beobachten ist. Durch Zugabe eines Katalysators (z. B. Platin oder Braunstein MnO_2) wird die Reaktionsgeschwindigkeit so stark erhöht, daß jetzt eine deutliche Reaktion beobachtet werden kann. Der Katalysator liegt nach der Reaktion unverändert vor.

Auflösen von Magnesium in Säuren von unterschiedlicher Temperatur 26.2

B 2

Material

2 Reagenzgläser, Reagenzglasständer, Brenner; Magnesiumband, verd. Salzsäure, c(HCl) = 0,5 mol/l.

Durchführung

Zunächst schneidet man 2 gleichlange Stückchen (ca. 1,5 cm) vom Magnesiumband ab. Dann gibt man jeweils 10 ml 0,5 mol-Salzsäure in zwei Reagenzgläser. Der Inhalt des einen Reagenzglases wird bis knapp zum Sieden erhitzt. Die Reagenzgläser stellt man nebeneinander im Reagenzglasständer ab und wirft jeweils einen der vorbereiteten Magnesiumstreifen gleichzeitig in die Säure. Dann nimmt man in jede Hand eines der Gläser und schüttelt vorsichtig. Das heiße Reagenzglas hält man dabei wiederholt für kurze Zeit in die Brennerflamme, um ein zu schnelles Abkühlen des Inhaltes zu vermeiden. Die vollständige Auflösung des Magnesiums wird in der heißen Säure wesentlich eher erreicht.

Hinweise

Die Reaktionsgeschwindigkeit, hier zwischen Salzsäure und Magnesium, nimmt mit wachsender Temperatur der Reaktionspartner zu.

26.3 Auflösen von Magnesium mit unterschiedlicher Oberfläche in Säuren

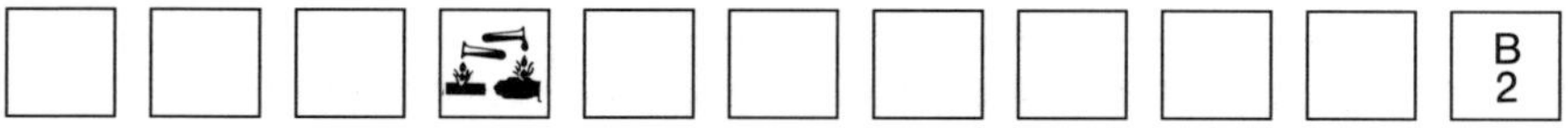

Material 2 Bechergläser 100 ml, Waage;
Magnesiumband, Magnesiumpulver, Salzsäure (c(HCl) = 1 mol/l).

Durchführung Man wiegt ein Stück Magnesiumband von ca. 5 cm Länge genau (die Masse liegt in der Größenordnung von 100 mg). Nun wiegt man in einem trockenen Reagenzglas genau gleichviel Magnesiumpulver ab. In den Bechergläsern befinden sich jeweils 20 ml Salzsäure (c(HCl) = 1 mol/l). Gleichzeitig wirft man in das eine Becherglas das ringförmig gebogene Magnesiumband und schüttet in das andere das Magnesiumpulver. Beide Bechergläser schwenkt man mehrmals um. Das pulverförmige Magnesium wird in wesentlich kürzerer Zeit aufgelöst als das kompakte Magnesiumband.

Hinweise Mit zunehmender Größe der Oberfläche der Reaktionspartner steigt die Reaktionsgeschwindigkeit. Diese Beobachtung kann u. a. auch bei Verbrennungsvorgängen gemacht werden, z. B. beim Einblasen von Aluminiumstaub in die Flamme.

26.4 Auflösen von Magnesium in Säuren unterschiedlicher Konzentration

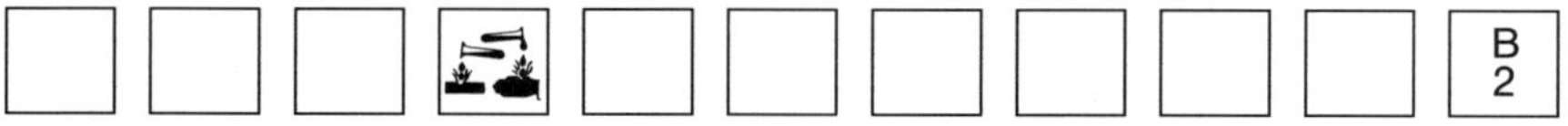

Material 3 Bechergläser 50 ml, Stoppuhr;
Salzsäure (c(HCl) = 2 mol/l), Salzsäure (c(HCl) = 1 mol/l), (c(HCl) = 0,1 mol/l) Salzsäure, Magnesiumband.

Durchführung Man schneidet von einem Magnesiumband 3 genau gleichlange Streifen ab (ca. 2 cm). Jeweils 30 ml der Säuren mit unterschiedlicher Konzentration befinden sich in den Bechergläsern. Nun wirft man gleichzeitig jeweils einen Magnesiumstreifen in ein Becherglas und betätigt die Stoppuhr. Sobald der erste Magnesiumstreifen aufgelöst ist, liest man die Zeit ab. Genauso verfährt man bei den übrigen Magnesiumstreifen. Es ergeben sich große Zeitdifferenzen.

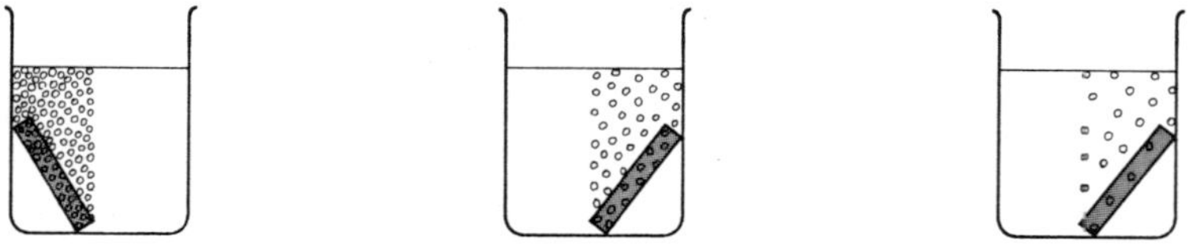

2 mol/l-Säure 1 mol/l-Säure 0,1 mol/l-Säure

Erklärung Die Reaktionsgeschwindigkeit zwischen Magnesium und Salzsäure steigt mit wachsender Konzentration der Säure.

$Mg + 2\,HCl \rightarrow MgCl_2 + H_2\uparrow$

Steigerung der Reaktionsgeschwindigkeit durch Erhöhung der Konzentration eines Reaktionspartners — 26.5

Material

4 Standzylinder mit Schliffdeckel, Tiegelzange, Brenner;
Sauerstoff, Eisenwolle, Holzkohle, Kerze, Zigarette, Sand.

Durchführung

Man füllt vier Standzylinder, deren Boden mit Sand bedeckt ist, mit reinem Sauerstoff und deckt jeweils mit einem Schliffdeckel ab. Mit einer Tiegelzange entzündet man am Brenner der Reihe nach eine Kerze, ein Stückchen Holzkohle, eine Zigarette und etwas Eisenwolle. Nachdem man das Brennverhalten an der Luft beobachtet hat, nimmt man jeweils den Schliffdeckel von einem Standzylinder und taucht den brennenden, bzw. glühenden Gegenstand in den Sauerstoff. Die Verbrennung wird deutlich heftiger und schneller.

Hinweise

Die Reaktionsgeschwindigkeit von Stoffen erhöht sich mit zunehmender Konzentration der Reaktionspartner. Verbrennungen in reinem Sauerstoff verlaufen deshalb wesentlich schneller als an der Luft, in der der Sauerstoff durch Stickstoff „verdünnt" ist.

Die Ioduhr — 26.6

! B 2

Material

Bechergläser, Waage, Stoppuhr, Meßzylinder;
Kaliumiodat, Natriumsulfit, Eisessig, Stärke, dest. Wasser.

Durchführung

Lösung A: 2 g Kaliumiodat in 200 ml Wasser.
Lösung B: 2 g Natriumsulfit in 200 ml Wasser, dazu gibt man 5 ml Eisessig und 2 g Stärke. Nun vermischt man Lösung A mit dem in der folgenden Tabelle angegebenen Volumen Wasser. Dann gibt man Lösung B dazu und stoppt die Zeit bis zur Blaufärbung.

Versuch	Lösung A (ml)	Wasser (ml)	Lösung B (ml)
1	3	6	3
2	6	3	3
3	9	0	3
4 (bei 40 °C)	3	6	3

Hinweise

$3\,SO_3^{2-} + IO_3^- \rightarrow I^- + 3\,SO_4^{2-}$ langsam

$5\,I^- + IO_3^- + 6\,H_3O^+ \rightarrow 3\,I_2 + 9\,H_2O$ schnell

$I_2 + SO_3^{2-} + 3\,H_2O \rightarrow SO_4^{2-} + 2\,H_3O^+ + 2\,I^-$ schnell

Solange Sulfit vorhanden ist, wird Iod reduziert. Erst nach Verbrauch von Sulfit wird Iodid mit Iodat zu Iod oxidiert. Iod bildet mit Stärke eine blaue Verbindung. Bei der Durchführung wird darauf geachtet, daß immer dasselbe Volumen vorliegt. In diesem Versuch kann die Abhängigkeit der Reaktionsgeschwindigkeit von der Konzentration des Kaliumiodats und von der Temperatur (Versuch 4) gezeigt werden.

27. Chemisches Gleichgewicht

27.1 Umkehrbare Reaktionen

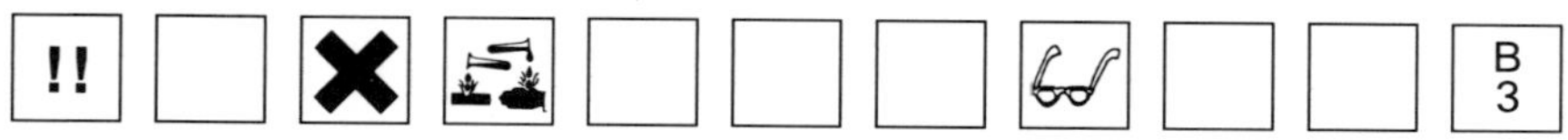

Material Becherglas, Tropfpipette; Kaliumchromat, verd. Schwefelsäure, Kalilauge, dest. Wasser.

Durchführung Eine Kaliumchromatlösung wird tropfenweise mit verd. Schwefelsäure versetzt, bis eine Farbänderung zu erkennen ist. Anschließend versetzt man die erhaltene Lösung mit Kalilauge.

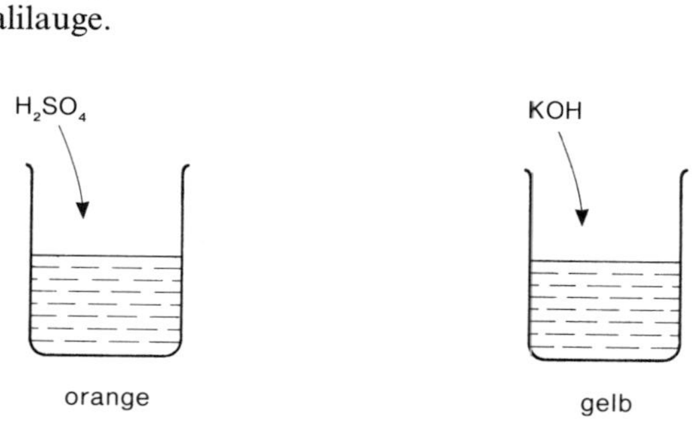

Durch Zugabe von Schwefelsäure erfolgt eine Farbänderung zu Orange, durch Kalilauge tritt wieder Gelbfärbung ein.

$$2\,CrO_4^{2-} + 2\,H_3O^+ \rightarrow Cr_2O_7^{2-} + 3\,H_2O$$

Chromat-Ion gelb — Dichromat-Ion orange

$$Cr_2O_7^{2-} + 2\,OH^- \rightarrow 2\,CrO_4^{2-} + H_2O$$

Hinweise Chromate gelten als cancerogen, daher vorsichtig damit umgehen! Abfälle im Sonderbehälter sammeln und bei Gelegenheit zu Chrom(III) reduzieren.
Zur Entsorgung der Chromat-Abfälle siehe B 3, Seite 32.

Abhängigkeit des Gleichgewichts von der Konzentration — 27.2

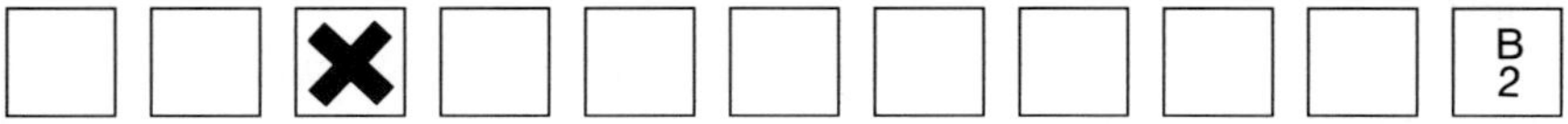

Material

Bechergläser, Meßzylinder, Kolben; Eisen(III)-chlorid, Ammoniumthiocyanat, dest. Wasser, Salzsäure c(HCl) = 1 mol/l.

Durchführung

200 ml verd. Eisen(III)-chloridlösung säuert man mit etwas verdünnter Salzsäure an und versetzt sie mit 200 ml einer verd. Lösung von Ammoniumthiocyanat. Nun verdünnt man langsam mit Wasser, bis die rote Farbe gerade verschwindet. Mit dieser Lösung füllt man drei Kolben jeweils zur Hälfte. Nun gibt man in den ersten Kolben Eisen(III)-chlorid, in den zweiten Kolben Ammoniumthiocyanat und vergleicht dann den Inhalt der beiden Kolben mit dem dritten Kolben.

Beim Verdünnen der roten Lösung tritt eine Aufhellung ein. Versetzt man mit Eisen(III)-chlorid oder Ammoniumthiocyanat, so wird die Gleichgewichtslage nach dem Prinzip vom kleinsten Zwang verändert. Es bildet sich weiteres Eisen(III)-thiocyanat. Dadurch kommt es wieder zu einer Rotfärbung.

$$\underset{\text{gelblich}}{Fe^{3+}} + \underset{\text{farblos}}{3\,NCS^-} \rightleftharpoons \underset{\text{rot}}{Fe(NCS)_3}$$

Überschreiten des Löslichkeitsproduktes — 27.3

Material

Becherglas, Glastrichter, Anlage zur Gasentwicklung (s. Skizze); Natriumchlorid, konz. Schwefelsäure.

Durchführung

In einem Becherglas wird solange Natriumchlorid zu dest. Wasser gegeben, bis sich das Salz nicht mehr löst und einen Bodenkörper bildet. Dann dekantiert man

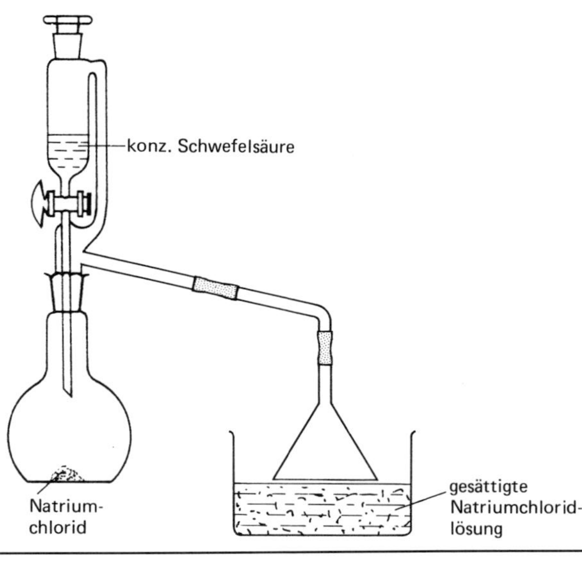

die überstehende, klare Lösung in ein zweites Becherglas. Auf diese Lösung leitet man Chlorwasserstoff, der durch Auftropfen von konz. Schwefelsäure auf Natriumchlorid gewonnen wird.
Nach kurzer Zeit bilden sich auf der Oberfläche der Salzlösung feine Kristalle, die langsam zu Boden sinken.
Beim Lösen des Chlorwasserstoffs im Lösungsmittel Wasser bilden sich Chloridionen.

$$HCl + H_2O \rightarrow H_3O^+ + Cl^-$$

Diese Chloridionen vergrößern die bereits in der Lösung vorhandene Chloridionenkonzentration. Damit wird das Produkt $c(Na^+) \cdot c(Cl^-)$ größer als das Löslichkeitsprodukt. Deshalb fällt soviel festes Natriumchlorid aus, bis das Produkt der Konzentrationen der Ionen wieder auf den Wert des Löslichkeitsprodukts abgesunken ist.

$$L_{NaCl} = c(Na^+) \cdot c(Cl^-)$$

Hinweise Abwandlung: In eine gesättigte Kochsalzlösung tropft man konz. Salzsäure; es fällt ebenfalls Natriumchlorid aus.

27.4 Abhängigkeit des Gleichgewichts von der Temperatur

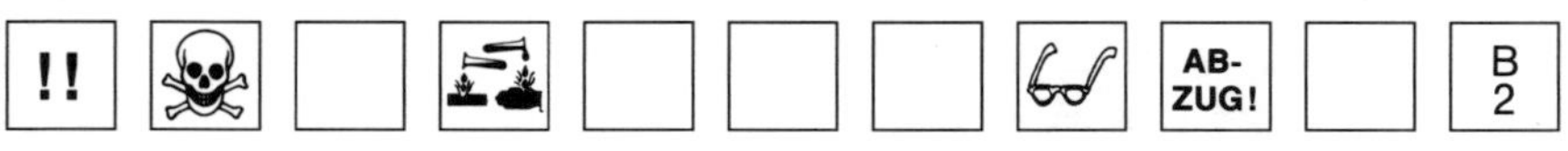

Material Wasserbad, Reagenzgläser; Kupferspäne, konz. Salpetersäure, Eis.

Durchführung Vorbereitende Arbeiten: Man bereitet sich aus Reagenzgläsern Glasampullen, in die Stickstoffdioxid eingeschmolzen wird. Stickstoffdioxid wird aus konz. Salpetersäure und Kupferspänen **im Abzug** dargestellt.

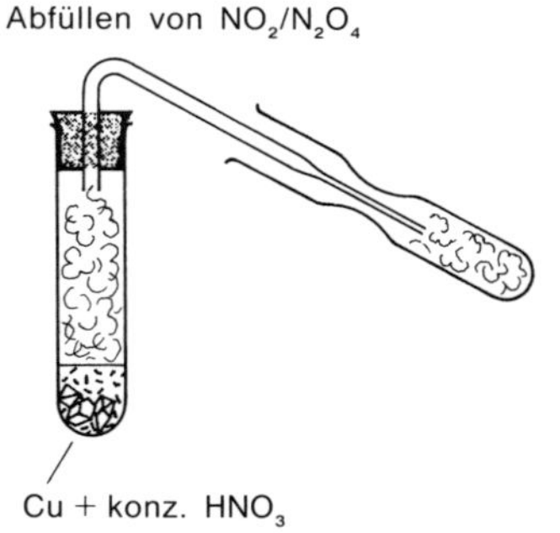

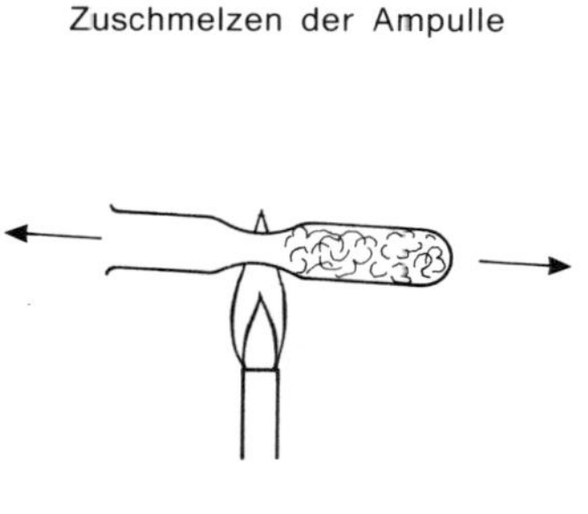

Eine Ampulle wird erwärmt, indem man sie vorsichtig mehrmals durch die Brennerflamme zieht (oder im Wasserbad erwärmt). Eine andere Ampulle kühlt man durch Einlegen in Eiswasser ab (oder in einer Kältemischung aus Eis und Kochsalz). Vergleich mit einer unbehandelten Ampulle.

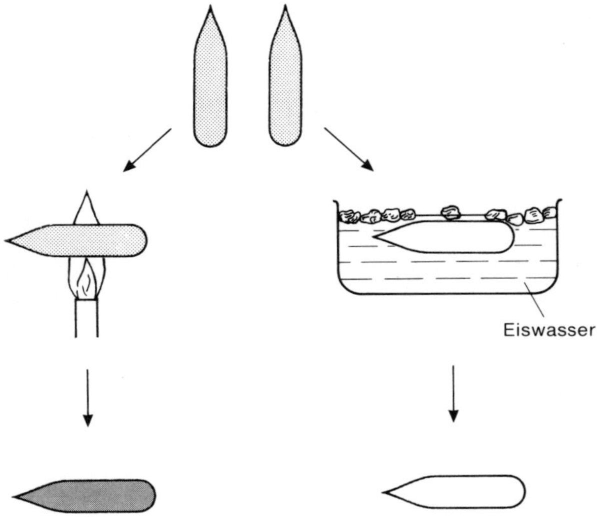

Bei der abgekühlten Ampulle tritt Farbaufhellung ein, bei der erwärmten Farbvertiefung.
Distickstofftetraoxid (farblos) befindet sich mit Stickstoffdioxid (braun) im Gleichgewicht:

$$\underset{\text{farblos}}{N_2O_4} \xrightleftharpoons[\text{Abkühlen}]{\text{Erhitzen}} \underset{\text{braun}}{2\,NO_2} \quad \Delta H = 62\,kJ$$

Bei − 10 °C sind 0 %
27 °C sind 20 %
50 °C sind 40 %
135 °C sind 99 % des N_2O_4 in NO_2 gespalten.

Hinweise

Die Farbänderungen kann man sehr gut demonstrieren, wenn man die Ampullen jeweils mit der Vergleichsampulle auf den OHP legt.

Abhängigkeit des Gleichgewichts vom Druck 27.5

!! | AB-ZUG! | B 2

Material

Reagenzglas mit Gasableitungsrohr, 2 Kolbenprober mit Hahn; Kupferspäne, konz. Salpetersäure.

Durchführung

Vorbereitende Arbeiten: Man tropft konz. Salpetersäure auf Kupferspäne (**Abzug!**). Mit dem entstehenden Stickstoffdioxid/Distickstofftetraoxid-Gemisch füllt man einen Kolbenprober zur Hälfte und schließt den Hahn.
Durch Eindrücken des Stempels wird auf das Gasgemisch Druck ausgeübt, durch Herausziehen wird der Druck vermindert. Dabei wird jeweils die Farbänderung beobachtet.

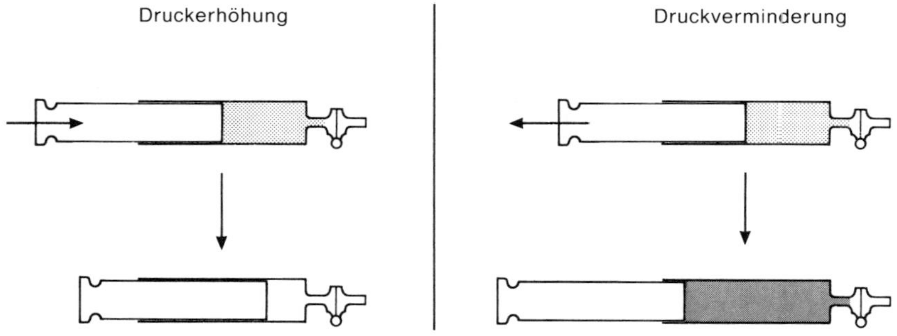

Bei Druckerhöhung ist eine Aufhellung zu beobachten, bei Druckverminderung eine Farbvertiefung.

$N_2O_4 \rightleftharpoons 2\,NO_2$
1 Vol. 2 Vol.
(farblos) (braun)

Hinweise Für den Versuch benötigt man absolut dichte Kolbenprober.

27.6 Gleichgewichtsreaktion im System CO_2/H_2O

Material Erlenmeyerkolben, Thermometer, Leitfähigkeitsprüfer, Magnetrührer mit Heizplatte, Spannungsquelle, Amperemeter, Kabel; Kohlenstoffdioxid (Stahlflasche!), dest. Wasser.

Durchführung Ein Erlenmeyerkolben mit 200 ml Wasser wird auf einen Magnetrührer mit Heizplatte gestellt. In das Wasser taucht ein Thermometer und ein Leitfähigkeitsstab, der über ein Amperemeter mit der Spannungsquelle verbunden ist.

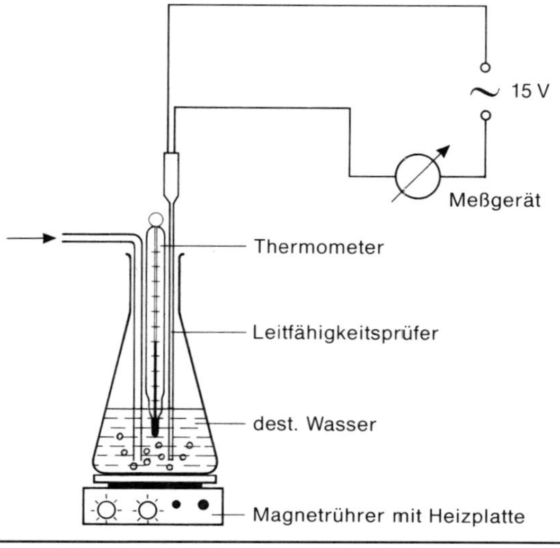

Aus einer Stahlflasche leitet man solange Kohlenstoffdioxid ein, bis die Lösung gesättigt ist (Leitfähigkeit bleibt konstant).
Nun wird die Heizplatte eingeschaltet und die Leitfähigkeit weiterhin beobachtet. Bei 65 °C sinkt die Leitfähigkeit wieder ab.
Beim Einleiten von Kohlenstoffdioxid in Wasser steigt die Stromstärke an. Ein geringer Teil des eingeleiteten Kohlenstoffdioxids reagiert mit Wasser zu Kohlensäure. Mit steigender Temperatur fällt die Absorption des Kohlenstoffdioxids im Wasser.

$CO_2 + H_2O \rightleftharpoons H_2CO_3$
$H_2CO_3 \rightleftharpoons H^+ + HCO_3^-$
$HCO_3^- \rightleftharpoons H^+ + CO_3^{2-}$

Wenn Kohlenstoffdioxid aus der Lösung entweicht, muß sich nach dem Prinzip vom kleinsten Zwang auch die Gleichgewichtslage in dem oben formulierten System ändern. Darauf beruht die Abnahme der elektrischen Leitfähigkeit beim Erwärmen einer Kohlensäurelösung.

Hinweise

Der Versuch kann zur Vertiefung des Gleichgewichts eingesetzt werden.
Kohlenstoffdioxid kann auch durch Einwirkung von verd. Salzsäure auf Marmor dargestellt werden.

28. Maßanalyse

Säure-Base-Titrationen

Säure-Base-Titrationen ermöglichen die Bestimmung der Konzentration von Säuren und Laugen. Man neutralisiert ein genau abgemessenes Volumen einer Säure oder Base unbekannter Konzentration mit einer Base oder Säure von genau bekannter Konzentration (Maßlösung). Einen Vorgang dieser Art nennt man Titration. Bei der praktischen Durchführung gibt man mit Hilfe einer Bürette in kleinen Portionen gerade so viel an Maßlösung zur Säure oder Lauge, deren Konzentration bestimmt werden soll, bis eine vollständige Umsetzung erreicht ist. Den Endpunkt der Umsetzungsreaktion nennt man **Äquivalenzpunkt**. An dieser Stelle ist die der zu bestimmenden Säure oder Lauge äquivalente Menge an Maßlösung verbraucht. Die möglichst genaue Bestimmung dieses Äquivalenzpunktes ist eine Voraussetzung für genaue Meßergebnisse. In der Praxis verwendet man dazu Indikatoren, deren Farbumschlag in dem pH-Bereich liegt, in dem der Äquivalenzpunkt erreicht wird. Bei der Neutralisation einer starken Säure (z. B. Salzsäure) mit einer starken Lauge (z. B. Natronlauge) wird der Äquivalenzpunkt beim pH-Wert 7 erreicht. Das bei der Neutralisation entstandene Salz ist vollständig dissoziiert, es unterliegt praktisch keiner Protolyse.
Bei der Neutralisation schwacher Säuren (z. B. Essigsäure) mit starken Laugen (z. B. Natronlauge) und schwacher Laugen (z. B. Ammoniaklösung) mit starken Säuren (z. B. Salzsäure) liegt der Äquivalenzpunkt wegen der Protolyse der entstandenen Salze im basischen oder im sauren Bereich. So hat z. B. eine Natrium-

acetatlösung c(HAc) = 0,1 mol/l einen pH-Wert von 8,88 und eine Ammoniumchloridlösung $c(NH_3)$ = 0,1 mol/l einen pH-Wert von 5,12.

Die Wahl eines geeigneten Indikators ist also wichtig für die ausreichend genaue Anzeige des Äquivalenzpunktes.

Säure-Base-Indikatoren sind meist kompliziert aufgebaute schwache organische Säuren und Basen, deren korrespondierende Säure-Base-Paare unterschiedliche Farben zeigen.

Bezeichnet man ein Indikatormolekül (z. B. Lackmus) vereinfacht mit H Ind, dann läßt sich für wässerige Lösungen folgendes Gleichgewicht formulieren (die Farbangaben gelten für Lackmus):

$$\underset{\text{rot}}{\text{H Ind}} + H_2O \rightleftarrows H_3O^+_{aq} + \underset{\text{blau}}{\text{Ind}^-_{aq}}$$

Gibt man eine Säure zu dieser Lösung, erhöht man also die $H_3O^+{}_{aq}$-Ionenkonzentration, so verschiebt sich das Gleichgewicht nach links. Die Konzentration von H Ind nimmt zu, so daß dessen Farbe dominiert (Lackmus ist im sauren Bereich rot).

Gibt man jedoch eine Lauge zur Lösung, so wird die $H_3O^+_{aq}$-Ionenkonzentration vermindert. Das Gleichgewicht verschiebt sich dadurch nach rechts. Die Konzentration von Ind^-_{aq} nimmt zu. (Lackmus ist im basischem Bereich blau).

Die Farbe eines Indikators ist also vom pH-Wert der Lösung abhängig. Da es sich bei Indikatoren um schwache Säuren oder Basen handelt, die in wässeriger Lösung mit ihrer korrespondierenden Base oder Säure im Gleichgewicht stehen, kann der Umschlagpunkt nicht scharf festgelegt werden.

Folgende Tabelle zeigt wichtige Säure-Base-Indikatoren und deren Farbumschlagsbereich:

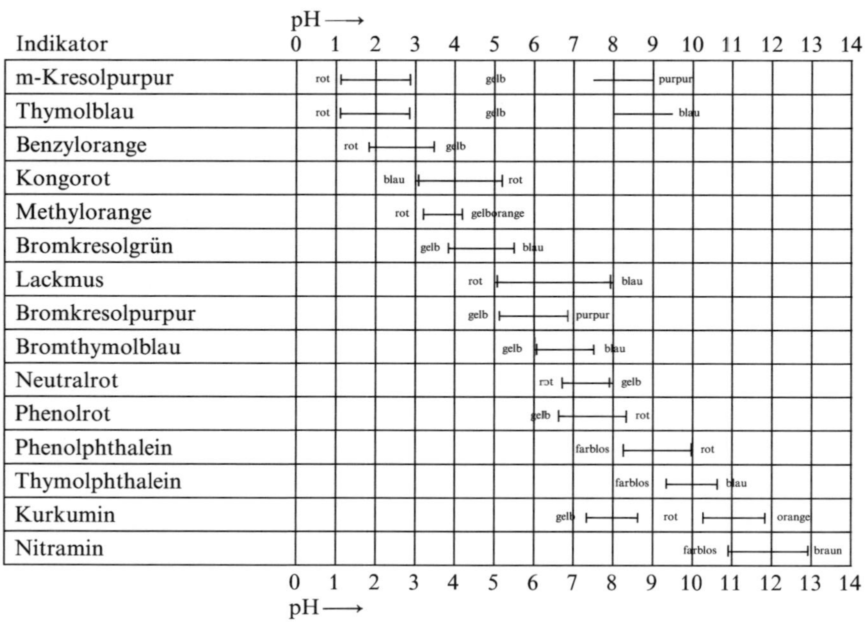

Aus den folgenden Neutralisationskurven kann der pH-Bereich abgelesen werden, in dem der Äquivalenzpunkt erreicht wird. Daraus ergibt sich dann die Wahl eines geeigneten Indikators mit ausreichend genauem Farbumschlagsbereich.

Titration einer starken Säure mit einer starken Base

z.B. 100 ml Salzsäure (c(HCl) = 0,1 mol/l) mit Natronlauge (c(NaOH) = 0,1 mol/l)

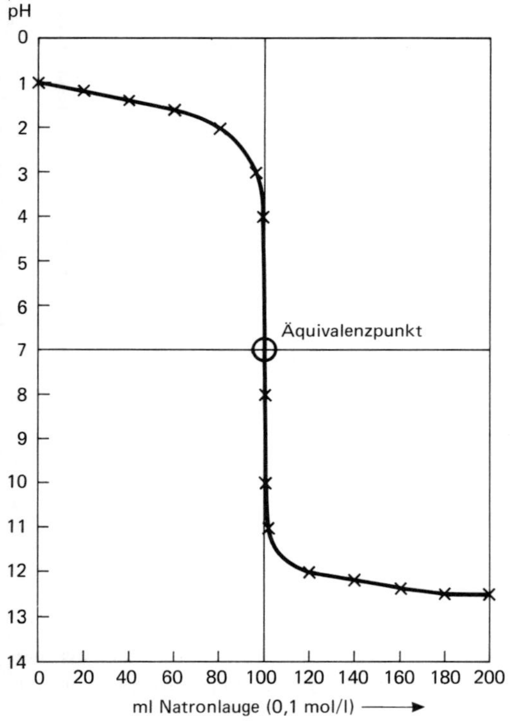

Natronlauge ml (0,1 mol/l)	pH
0,0	1,0
20,0	1,2
40,0	1,4
60,0	1,6
80,0	2,0
98,0	3,0
99,9	4,0
100,0	7,0
100,1	8,0
100,2	10,0
102,0	11,0
120,0	12,0
140,0	12,2
160,0	12,4
180,0	12,5
200,0	12,5

Die Kurve zeigt, daß von pH = 4 ab die Zugabe geringster Laugenmengen eine starke Änderung des pH-Wertes bewirkt. Bei Zugabe von nur 1 Tropfen Natronlauge kann der pH-Wert von ca. 4 auf ca. 10 springen. Alle Indikatoren, die in diesem Bereich umschlagen, zeigen den Äquivalenzpunkt genau an.

Titration einer schwachen Säure mit einer starken Base

z. B. 100 ml Essigsäure (c(HAc) = 0,1 mol/l) mit Natronlauge (c(NaOH) = 0,1 mol/l)

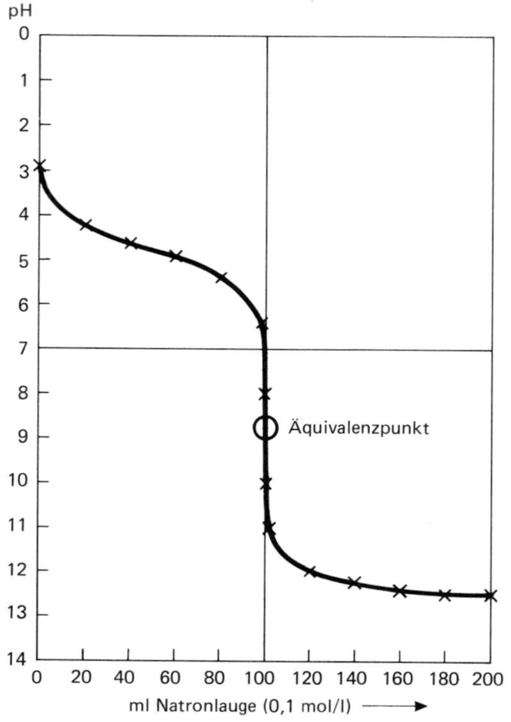

Natronlauge ml (0,1 mol/l)	pH
0,0	2,9
20,0	4,2
40,0	4,6
60,0	4,9
80,0	5,4
98,0	6,4
99,9	8,0
100,0	8,7
100,2	10,0
102,0	11,0
120,0	12,0
140,0	12,2
160,0	12,4
180,0	12,5
200,0	12,5

Die Kurve zeigt, daß zwischen pH 7 und pH 10 die Zugabe einer sehr geringen Menge an Natronlauge (ca. 1 Tropfen) eine sprunghafte Veränderung des pH-Wertes bewirkt. Nur Indikatoren, deren Farbumschlag im Bereich pH 7 bis pH 10 liegt, zeigen hier den Äquivalenzpunkt ausreichend genau an.

Titration einer schwachen Base mit einer starken Säure

z. B. 100 ml Ammoniaklösung ($c(NH_3) = 0{,}1$ mol/l) mit Salzsäure ($c(HCl) = 0{,}1$ mol/l)

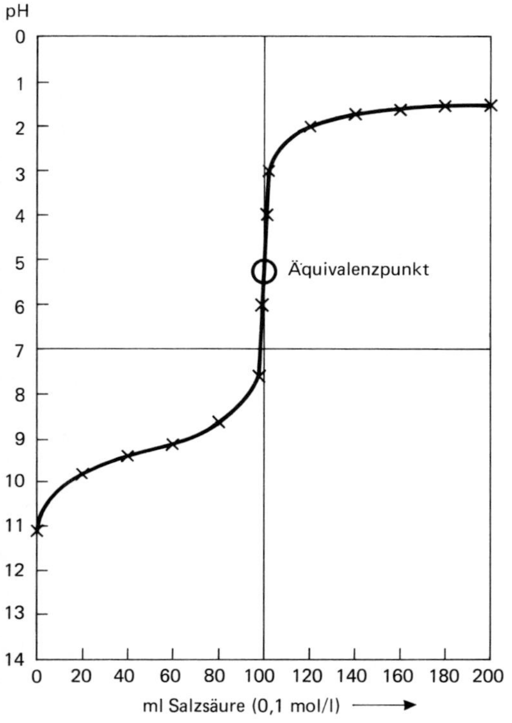

Salzsäure ml (0,1 mol/l)	pH
0,0	11,1
20,0	9,8
40,0	9,4
60,0	9,1
80,0	8,6
98,0	7,6
99,9	6,0
100,0	5,3
100,2	4,0
102,0	3,0
120,0	2,0
140,0	1,7
160,0	1,6
180,0	1,5
200,0	1,5

Die Kurve zeigt, daß zwischen pH 7 und pH 4 die Zugabe einer sehr geringen Menge an Salzsäure (ca. 1 Tropfen) eine sprunghafte Änderung des pH-Wertes bewirkt. Nur Indikatoren, deren Farbumschlag im Bereich pH 4 bis pH 7 liegt, zeigen hier den Äquivalenzpunkt ausreichend genau an.

Titration einer schwachen Base mit einer schwachen Säure

z.B. 100 ml Ammoniaklösung (c(NH) = 0,1 mol/l) mit Essigsäure (c(HAc) = 0,1 mol/l)

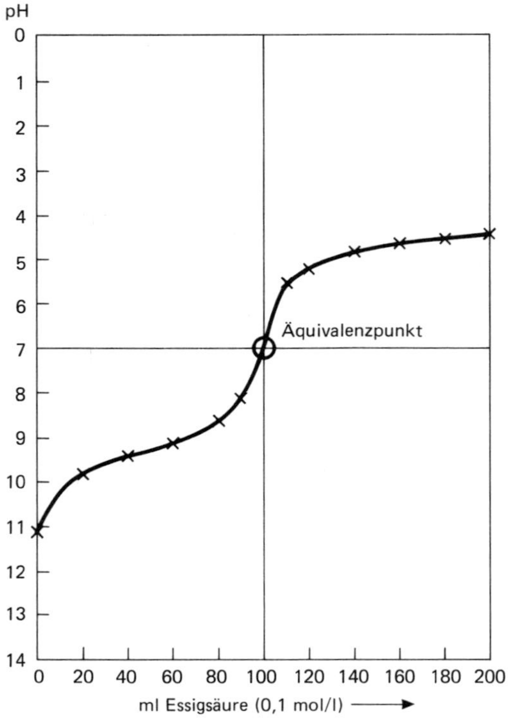

Essigsäure ml (0,1 mol/l)	pH
0,0	11,1
20,0	9,8
40,0	9,4
60,0	9,1
80,0	8,6
90,0	8,1
100,0	7,0
110,0	5,5
120,0	5,2
140,0	4,8
160,0	4,6
180,0	4,5
200,0	4,4

Die Kurve zeigt, daß selbst ein deutlicher Überschuß an Essigsäure den pH-Wert nur wenig gegen 7 verändert. Es gibt keinen Indikator, der ausreichend genau den Äquivalenzpunkt anzeigen könnte. Titrationen zwischen schwachen Basen und schwachen Säuren oder umgekehrt werden deshalb in der Regel nicht durchgeführt.

28.1 Bestimmung der Konzentration einer verdünnten Natronlauge durch Titration mit 0,1 M-Salzsäure

Material Pipette, Erlenmeyerkolben 200 ml, Bürette, Magnetrührer; verd. Natronlauge, Salzsäure (c(HCl) = 0,1 mol/l), Indikatorlösung (z.B. Bromthymolblau).

Durchführung Mit einer Pipette gibt man 10 ml verd. Natronlauge in einen Erlenmeyerkolben und füllt auf etwa 100 ml mit dest. Wasser auf. Dazu gibt man einige Tropfen einer Indikatorlösung, z.B. Bromthymolblau. Aus einer mit Salzsäure (c(HCl) = 0,1 mol/l) gefüllten Bürette läßt man unter Rühren (Magnetrührer oder vorsichtiges Schütteln) Salzsäure zur Natronlauge tropfen. Sobald der Indikator beim Eintropfen die Farbe ändert, muß die Tropfgeschwindigkeit stark verlangsamt werden. In der Praxis wird man in einem Vorversuch den Umschlagbereich ermitteln und in weiteren Titrationen genau bestimmen.

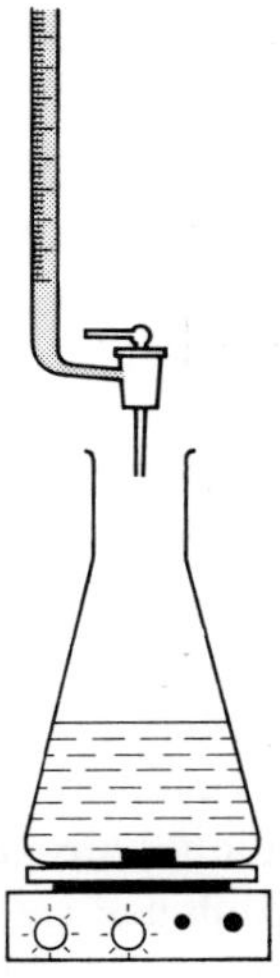

Hinweise

In unserem Beispiel werden 25 ml Salzsäure c(HCl) = 0,1 mol/l bis zum Umschlagspunkt verbraucht. Das sind 0,1 · 25 mmol/l.
Die Neutralisationsgleichung lautet:

$NaOH + HCl \rightarrow NaCl + H_2O$

Bei der Neutralisation von Natronlauge mit Salzsäure gilt also:

$n(NaOH) = n(HCl)$

Dabei ist n die Anzahl der Mole von NaOH und HCl.
In 10 ml Natronlauge sind also 2,5 mmol NaOH enthalten. Ein Liter der titrierten Natronlauge hat demnach die Konzentration c(NaOH) = 0,25 mol/l.

Puffersysteme

□ □ □ □ □ □ □ □ □ □ □

Pufferlösungen sind in der Lage, trotz Zugabe von Säuren oder Laugen den pH-Wert der Lösung weitgehend stabil zu halten. Pufferlösungen bestehen entweder aus einem Gemisch einer schwachen Säure mit einem Salz dieser Säure oder aus einem Gemisch einer schwachen Base mit einem Salz dieser Base. Es liegt also ein Gemisch aus einer Säure und ihrer korrespondierenden Base vor.

Im sogenannten Acetatpuffer sind Essigsäure und Natriumacetat vermischt. Gibt man zu einer Lösung, die den Acetatpuffer enthält, eine starke Säure, so gehen die $H_3O^+_{aq}$-Ionen mit den $CH_3COO^-_{aq}$-Ionen eine Protolysereaktion ein. Dabei bilden sich Essigsäuremoleküle und Wasser. Die entstandene Essigsäure neigt nur in geringem Maß zur Protolyse. Der pH-Wert der Lösung ist deshalb trotz Zugabe einer starken Säure (z. B. Salzsäure) praktisch gleich geblieben.

$CH_3COO^-_{aq} + H_3O^+_{aq} \rightleftarrows CH_3COOH + H_2O$

Ähnlich verhält es sich, wenn man zu einer acetatgepufferten Lösung eine starke Lauge gibt. Jetzt erfolgt eine Protolysereaktion zwischen den OH^-_{aq}-Ionen und den

Essigsäuremolekülen. Dabei entstehen Acetationen und Wasser. Der pH-Wert der Lösung ist trotz Zugabe einer starken Base (z. B. Natronlauge) praktisch gleich geblieben.

$CH_3COOH + OH^-_{aq} \rightleftarrows CH_3COO^-_{aq} + H_2O$

28.2 Herstellung von Pufferlösungen von pH 1–13

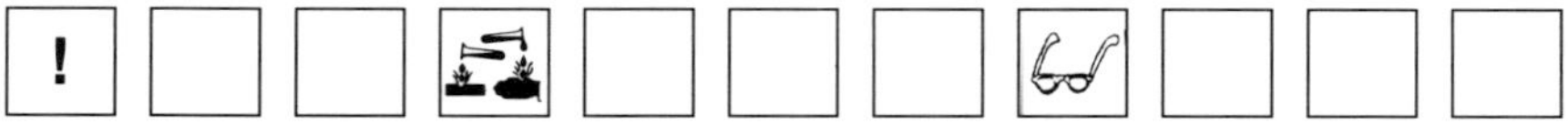

Material Bechergläser, Meßkolben, Tropfpipetten, Waage, pH-Meter, Magnetrührer; Kaliumchloridlösungen verschiedener Konzentration, Dikaliumhydrogenphosphatlösungen verschiedener Konzentration, Natronlauge verschiedener Konzentration, Salzsäure verschiedener Konzentration, Citronensäure, Borsäure, Kaliumhydrogenphosphat.

Durchführung Um Pufferlösungen der gewünschten Pufferbereiche herzustellen, wendet man die unten angeführten Rezepte an. Zur genauen Einstellung des pH-Wertes tropft man aus einer Bürette die angegebenen Säuren bzw. Laugen zu den Lösungen und kontrolliert mit einem pH-Meter bis der genaue Wert erreicht ist. Es empfiehlt sich dabei mit einem Magnetrührer zu rühren.

pH 1: 250 ml 10 %ige Kaliumchloridlösung. Mit verd. Salzsäure einstellen.

pH 2: 250 ml 10 %ige Kaliumchloridlösung. Mit verd. Salzsäure einstellen.

pH 3: 400 ml Lösung: 21 g Citronensäure + 200 ml Natronlauge c(NaOH) = 1 mol/l, mit Wasser auf 1 l auffüllen. Mit Salzsäure c(HCl) = 0,1 mol/l einstellen.

pH 4: 550 ml Lösung von pH 3 mit Wasser auf 1 Liter auffüllen. Mit Salzsäure c(HCl) = 0,1 mol/l einstellen.

pH 5: 500 ml Dikaliumhydrogenphosphat (c = 0,1 mol/l) mit 10 %iger Citronensäure einstellen.

pH 6: 630 ml Dikaliumhydrogenphosphat (c = 0,2 mol/l) mit 10 %iger Citronensäure einstellen.

pH 7: 800 ml Dikaliumhydrogenphosphat (c = 0,2 mol/l) mit 10 %iger Citronensäure einstellen.

pH 8: 448 ml Lösung (12,4 g Borsäure + 100 ml Natronlauge, c(NaOH) = 1 mol/l) mit Wasser auf einen Liter auffüllen. Mit Salzsäure, c(HCl) = 0,1 mol/l einstellen.

pH 9: 500 ml Kaliumchlorid, c(KCl) = 0,1 mol/l, + 6,2 g Borsäure, mit konz. Natronlauge einstellen.

pH 10: 550 ml Kaliumchlorid, c(KCl) = 0,1 mol/l, + 6,2 g Borsäure, mit konz. Natronlauge einstellen.

pH 11: 10 g Borsäure in 400 ml Wasser, mit konz. Natronlauge einstellen.

pH 12: 20 g Kaliumhydrogenphosphat in 900 ml Wasser. Mit konz. Natronlauge einstellen.

pH 13: 20 g Kaliumhydrogenphosphat in 900 ml Wasser. Mit konz. Natronlauge einstellen.

Hinweise Die angegebenen Pufferlösungen sind in verschlossenen Gefäßen einige Monate haltbar.

Redoxtitration

Ähnlich wie Säure-Base-Reaktionen können auch Redoxreaktionen zu maßanalytischen Verfahren genutzt werden. Mit Lösungen von Oxidationsmitteln oder Reduktionsmitteln genau bekannter Konzentration (= Maßlösungen) werden Lösungen von Reduktions- bzw. Oxidationsmitteln unbekannter Konzentration titriert. Aus der Verbrauchsmenge der Maßlösung läßt sich die Konzentration der zu analysierenden Lösung errechnen. Besondere Bedeutung in der Redox-Maßanalyse haben das Permanganation als Oxidationsmittel (Manganometrie) und das Redoxpaar $2\,I^-/I_2$, bei dem die oxidierende Wirkung des elementaren Iods zur Bestimmung von Reduktionsmitteln und die reduzierende Wirkung von Iodionen zur Bestimmung von Oxidationsmitteln dienen (Iodometrie).

Manganometrische Bestimmung von Eisen(II)-Ionen — 28.3

B 2

Material

Bürette, Becherglas, Magnetrührer, Meßzylinder; Permanganatlösung $c(1/5\,KMnO_4) = 1/10$ mol/l, Eisen(II)-sulfatlösung, verd. Schwefelsäure.

Durchführung

In ein Becherglas gibt man 200 ml Eisen(II)-sulfatlösung unbekannter Konzentration und säuert mit verdünnter Schwefelsäure an. Aus einer mit Kaliumpermanganat der Konzentration $c(1/5\,KMnO_4) = 1/10$ mol/l läßt man unter Rühren (Magnetrührer oder vorsichtiges Umschwenken) so lange Kaliumpermanganatlösung zur Eisen(II)-sulfatlösung zutropfen, bis eine bleibende Orange-Rot-Färbung angezeigt wird.

Hinweise

In saurer Lösung wird das intensiv violett gefärbte MnO_4^--Ion durch geeignete Reduktionsmittel zum farblosen Mn^{2+}-Ion reduziert. Zur Bestimmung des Endproduktes einer Redoxtitration mit Permanganat ist deshalb kein zusätzlicher Indikator notwendig. In unserem Beispiel wurden 37,5 ml Kaliumpermanganatlösung verbraucht. Die Titration verläuft nach folgendem Reaktionsschema:

$$MnO_4^- + 8\,H^+ + 5\,e^- \rightarrow Mn^{2+} + 4\,H_2O \qquad \cdot 1 \text{ Reduktion}$$

$$Fe^{2+} \rightarrow Fe^{3+} + e^- \qquad \cdot 5 \text{ Oxidation}$$

$$MnO_4^- + 8\,H^+ + 5\,Fe^{2+} \rightarrow Mn^{2+} + 4\,H_2O + 5\,Fe^{3+} \qquad \text{Redoxreaktion}$$

Ein MnO_4^--Ion nimmt bei der Reduktion zum Mn^{2+}-Ion 5 Elektronen auf. Den Bruchteil eines Teilchens, der ein Elektron abgibt, nennt man Redoxäquivalent. Das Redoxäquivalent Permanganation ist deshalb $1/5\,MnO_4^-$-Ion.

Im Sinne der Moldefinition wird ein Redoxäquivalent wie ein Teilchen behandelt.

Eine Kaliumpermanganatlösung bezogen auf Redoxäquivalente Permanganation muß also hier 1/5 mol Kaliumpermanganat pro Liter enthalten.

Auswertung einer manganometrischen Titration: Für 200 ml einer mit verdünnter Schwefelsäure angesäuerten $FeSO_4$-Lösung wurden 37,5 ml Kaliumpermanganatlösung mit der Konzentration $(1/5\,KMnO_4) = 0{,}1$ mol/l bis zum Erreichen des Endpunktes der Titration verbraucht. Der Endpunkt wird durch eine bleibende

Orange-Rot-Färbung angezeigt. Diese Farbe resultiert aus der schwach gelben Farbe des entstandenen Fe^{3+}-Ions und dem Rotviolett des überschüssigen MnO_4^--Ions.

Es soll berechnet werden, wieviel Gramm Eisen pro Liter in der zu untersuchenden Lösung enthalten sind.

Fe^{2+} gibt ein Elektron ab und wird dadurch zu Fe^{3+}. Jeder ml verbrauchte $KMnO_4$-Lösung zeigt deshalb 1/10000 mol Fe^{2+}-Ionen an. In der untersuchten Lösung (200 ml) sind also $37{,}5 \cdot 0{,}0001$ mol = 0.00375 mol Fe^{2+} enthalten. Ein Liter enthält deshalb $0.00375 \text{ mol} \cdot 5 = 0{,}01875$ mol Fe^{2+}. Eisen hat die Atommasse 55,847 u, daraus ergibt sich: In einem Liter sind $55{,}847 \cdot 0{,}01875$ g = 1,047 g Eisen enthalten.

28.4 Iodometrische Bestimmung von Wasserstoffperoxid

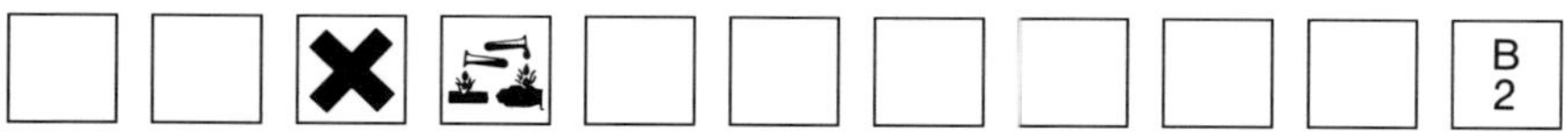

Material Bürette, Becherglas, Magnetrührer, Meßzylinder; Wasserstoffperoxidlösung, konz. Kaliumiodidlösung, verd. Schwefelsäure, Natriumthiosulfatlösung $c(Na_2S_2O_3) = 0{,}1$ mol/l.

Durchführung In ein Becherglas gibt man zu 50 ml Kaliumiodidlösung 50 ml einer Wasserstoffperoxidlösung unbekannter Konzentration und säuert mit verd. Schwefelsäure an. Mit Natriumthiosulfatlösung $(Na_2S_2O_3) = 1/10$ mol/l titriert man bis zum Verschwinden der Braunfärbung. In unserem Beispiel wurden dabei 27,3 ml dieser Lösung verbraucht.

Hinweise Zur **Titration von Oxidationsmitteln** versetzt man die zu untersuchende Lösung mit einem Überschuß an konzentrierter Kaliumiodidlösung. Iodidionen werden durch Oxidationsmittel zu elementarem Iod oxidiert. Dieses Iod wird dann mit einer Maßlösung von Natriumthiosulfat titriert. Die Thiosulfationen werden durch Iod quantitativ zu Tetrathionationen oxidiert.

$$2\,S_2O_3^{2-} + I_2 \rightarrow S_4O_6^{2-} + 2\,I^-$$

Wasserstoffperoxid oxidiert in saurer Lösung Iodidionen zu elementarem Iod:

$$H_2O_2 + 2\,I^- + 2\,H^+ \rightarrow I_2 + 2\,H_2O$$

Das ausgeschiedene Iod wird mit Natriumthiosulfatlösung der Konzentration $c(Na_2S_2O_3) = 0{,}1$ mol/l titriert, dabei werden bis zum Verschwinden der Braunfärbung 27,3 ml dieser Lösung verbraucht.
Dabei entspricht 1 ml der Natriumthiosulfatlösung 0,001701 g H_2O_2. In den 50 ml der vorgelegten Wasserstoffperoxidlösung waren also 0,046 g H_2O_2 enthalten.

Organische Chemie und Biochemie

29. Elementaranalyse

Nachweis von Kohlenstoff und Wasserstoff in organischen Verbindungen 29.1

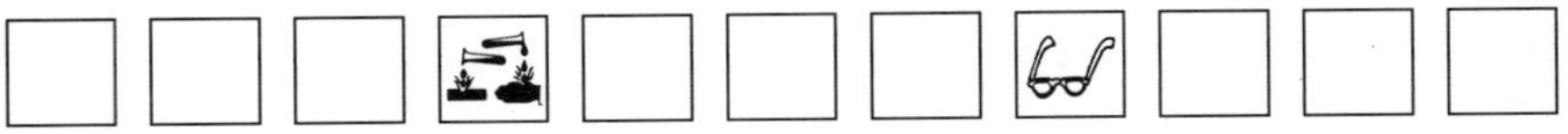

Material: Siehe Abbildung

Durchführung: In ein Reagenzglas gibt man etwa 1 cm hoch Mehl und verschließt mit einem gebogenen Glasröhrchen, das man in ein Reagenzglas mit Kalkwasser taucht.

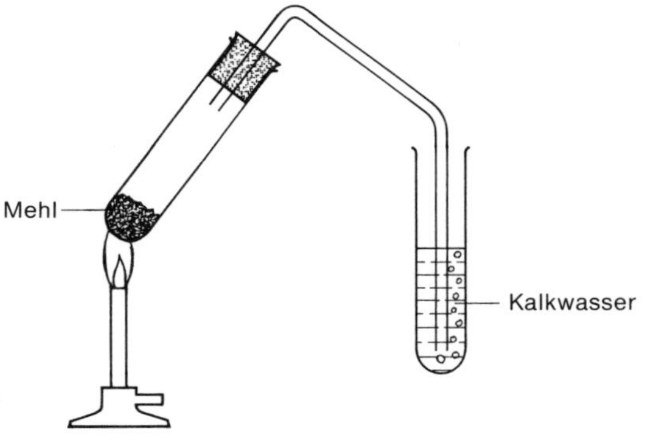

Es wird erhitzt, bis Verkohlung eintritt. Im oberen Teil kondensieren Wassertröpfchen. Das Kalkwasser wird getrübt.
Beim Zersetzen organischer Verbindungen entstehen Kohlenstoffdioxid und Wasser. Das Wasser entsteht durch Vereinigung des Wasserstoffs der organischen Verbindung mit dem Sauerstoff der Luft.

29.2 Nachweis von Stickstoff in organischen Verbindungen

Material Reagenzglas, Reagenzglasklammer, Gasbrenner, gekochtes Ei; Natronlauge, Indikatorpapier.

Durchführung Ein Stückchen gekochtes Ei wird mit Natronlauge im Reagenzglas gekocht. In die entweichenden Dämpfe hält man ein feuchtes Indikatorpapier. Es wird alkalische Reaktion festgestellt. Beim Kochen von Eiweiß mit Natronlauge wird die Stickstoffverbindung Ammoniak gebildet. Darauf beruht die nachgewiesene alkalische Reaktion.

Als Blindprobe kann der Versuch mit einer stickstofffreien organischen Verbindung wiederholt werden, z. B. mit Zucker.

29.3 Nachweis von Schwefel in organischen Verbindungen

Material Reagenzglas, Reagenzglasklammer, Brenner, Filterpapier; Wollstoff (Schafwolle), Bleinitrat- oder Bleiacetatlösung.

Durchführung In einem Reagenzglas wird ein Stückchen Wollstoff (Schafwolle) erhitzt. In die aufsteigenden Dämpfe hält man ein mit einer Bleisalzlösung (Bleinitrat oder Bleiacetat) getränktes Filterpapier. Das Papier wird zuerst braun und dann schwarz. In manchen Eiweißstoffen ist Schwefel enthalten. Beim Erhitzen bildet sich Schwefelwasserstoff, der mit Blei-Ionen schwarzes Bleisulfid bildet.

Hinweise Man kann den Versuch auch so durchführen, daß man in eine Bleisalzlösung die Stoffprobe gibt und einige Zeit kocht. Bei Anwesenheit von Schwefel kommt es zur Braun- bzw. Schwarzfärbung.

Ein Kontrollversuch mit Baumwolle verläuft negativ. So kann Wolle und Baumwolle unterschieden werden.

29.4 Nachweis von Halogenen in organischen Verbindungen: Beilstein-Probe

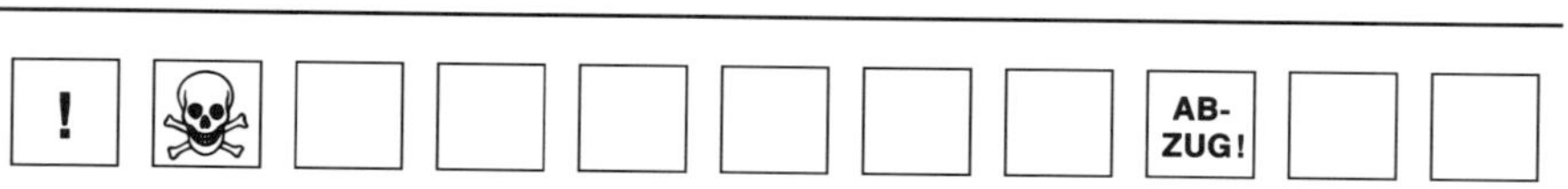

Material Kupferblech, Tiegelzange, Brenner, PVC-Probe.

Durchführung Ein Streifen Kupferblech wird mit der Tiegelzange in die nichtleuchtende Brennerflamme gebracht und ausgeglüht, bis die grüne Flammenfarbe verschwindet. Dann läßt man abkühlen und bringt ein kleines Stück PVC auf das oxidierte Kupferblech. Beim erneuten Erhitzen ist eine grüne Flamme zu beobachten.

Der Versuch kann auch mit einem in einen Kork gesteckten Kupferdraht durchgeführt werden.

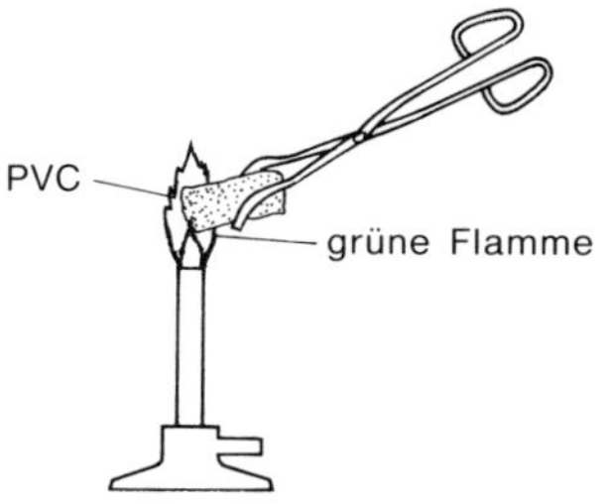

Halogene verbinden sich mit Kupfer zu Kupferhalogeniden. Diese verdampfen und verursachen die grüne Flammenfärbung.

Hinweise

Der Versuch kann zur Erkennung von PVC dienen. Bei Halogenalkanen sind nur kleinste Mengen zu verwenden, da beim Erhitzen dieser Verbindungen hochgiftiges Phosgen und auch Dioxin entstehen können. Deshalb im Abzug arbeiten.

30. Gesättigte Kohlenwasserstoff-Verbindungen

Relative Dichte des Methan — 30.1

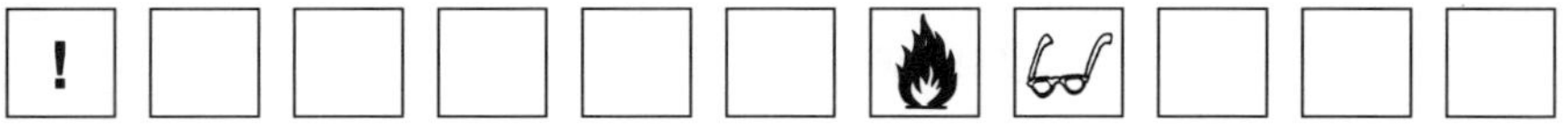

Material

Standzylinder; Methan (Erdgas!), Kerze auf gebogenem Draht.

Durchführung

Ein mit Erdgas gefüllter Zylinder wird mit der Mündung nach unten in ein Stativ gespannt. Dann führt man von unten eine brennende Kerze in das Innere des Zylinders, zieht sie rasch wieder zurück und führt sie von neuem ein.

Die Kerze erlischt im Innern des Zylinders, wird aber beim Herausziehen wieder angezündet (s. Versuch 11.6).

Wie Wasserstoff ist Methan leichter als Luft; es ist brennbar, unterhält aber die Verbrennung nicht.

Hinweise Es wäre Verschwendung, für diesen Versuch reines Methan zu verwenden; Erdgas erfüllt denselben Zweck.

30.2 Verbrennung von Methan

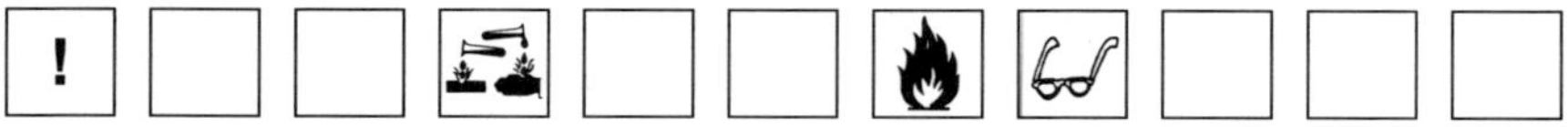

Material Standzylinder; Methan (Erdgas!), Kalkwasser.

Durchführung Man füllt durch Luftverdrängung (s. Skizze) einen sauberen, trockenen Standzylinder mit Erdgas und verschließt ihn – bevor man den Zylinder umdreht – mit einer dicht sitzenden Glasplatte (leicht einfetten). Dann wird die Glasplatte weggezogen und gleichzeitig das Gas entzündet. Nachdem es abgebrannt ist, gibt man wenige ml Kalkwasser in den Zylinder und schwenkt um.

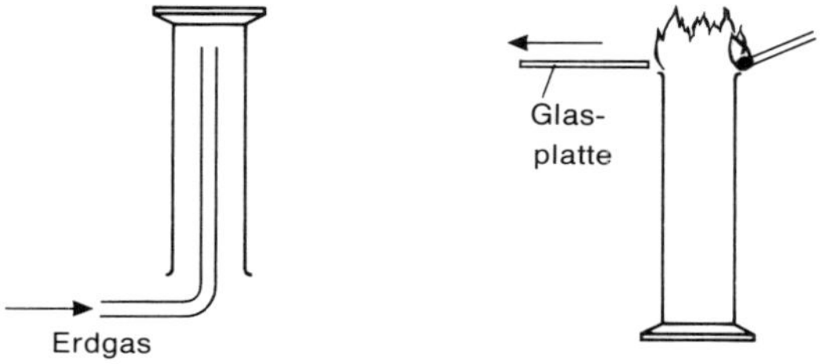

Beim Verbrennen des Erdgases beschlägt die Zylinderwand (Wasser), das zugegebene Kalkwasser trübt sich (Nachweis von Kohlenstoffdioxid).

$$CH_4 + 2\,O_2 \rightarrow CO_2 + 2\,H_2O$$

Hinweise Das bei der Verbrennung entstehende Wasser kann man auch gut nachweisen, indem man über die Flamme ein Becherglas hält.
Statt Erdgas ist für den Versuch auch Propan oder Butan gut geeignet. Beim Abfüllen ist zu beachten, daß diese Gase schwerer als Luft sind.

30.3 Unterschiedlicher Flammpunkt der Alkane

siehe Versuch 6.2, Seite 69.

Unterschiedliche Flüchtigkeit verschiedener Alkane — 30.4

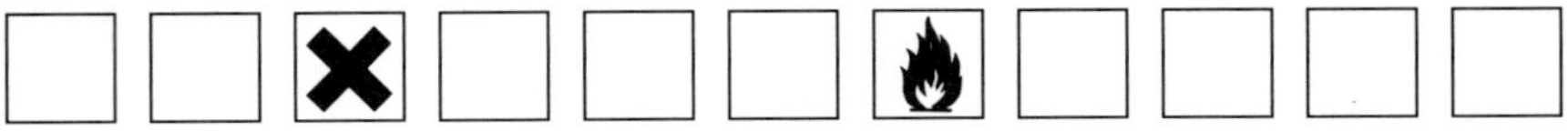

Material

Filterpapier, Tropfpipetten; verschiedene flüssige Alkane (z. B. Pentan, Hexan, Octan, Decan, Paraffinöl).

Durchführung

Auf einen Filterpapierstreifen (oder einzelne kleine Rundfilter) gibt man gleichzeitig oder kurz nacheinander mittels Tropfpipetten gleiche Mengen (z. B. jeweils 2 Tropfen) verschiedener Alkane.

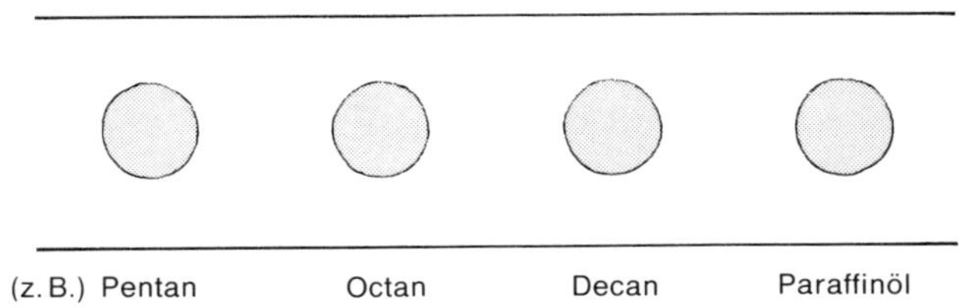

Mit zunehmender Kettenlänge werden die Alkane schwerer flüchtig, da zwischen den größeren Molekülen stärkere zwischenmolekulare Kräfte wirken.

Hinweise

Man vergewissere sich vor dem Versuch, daß keine Zündflammen im Raum vorhanden sind! Die Vorratsflaschen sind nach Entnahme der Flüssigkeiten sogleich zu verschließen.

Verhalten von Alkanen in Wasser — 30.5

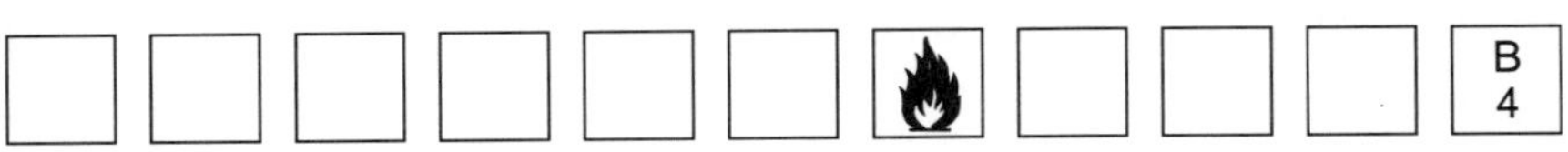

Material

Hexan (oder andere flüssige Alkane bzw. Alkangemische); Wasser.

Durchführung

Man füllt in ein Reagenzglas ca. ein Drittel Wasser, gibt dann einige ml Hexan (Benzin o. ä.) dazu und verschließt das Reagenzglas mit einem Stopfen. Dann markiert man die Lage der Trennschicht mit einem Filz- oder Fettstift und schüttelt um.

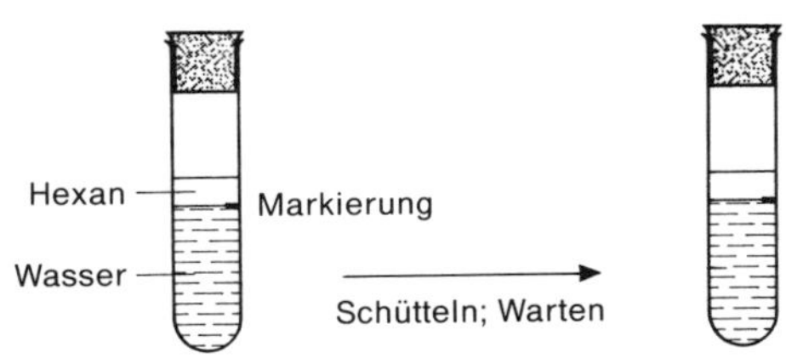

Hexan ist leichter als Wasser und darin praktisch unlöslich.

Hinweise

Die Tatsache, daß Alkane (z. B. Benzin) leichter als Wasser und darin nicht löslich sind, hat große Bedeutung beim Feuerlöschen (siehe Versuch 6.19, Seite 80!).

30.6 Alkane – lipophile Lösungsmittel

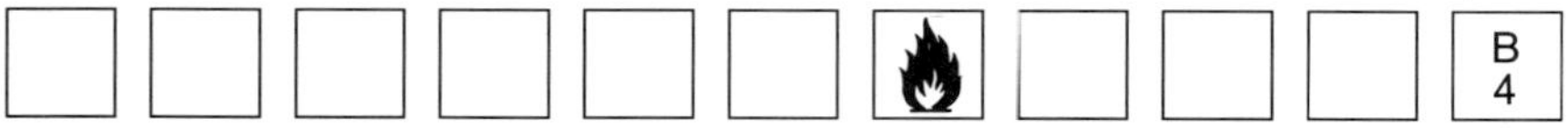

Material Reagenzglas; Hexan oder Benzin; festes Fett oder Öl.

Durchführung In ein Reagenzglas mit einigen ml Hexan (oder Benzin) werden ein Klümpchen Fett oder ein paar Tropfen Olivenöl gegeben. Umschütteln! Es entsteht eine klare Lösung. Alkane sind wichtige lipophile (hydrophobe) Lösungsmittel.

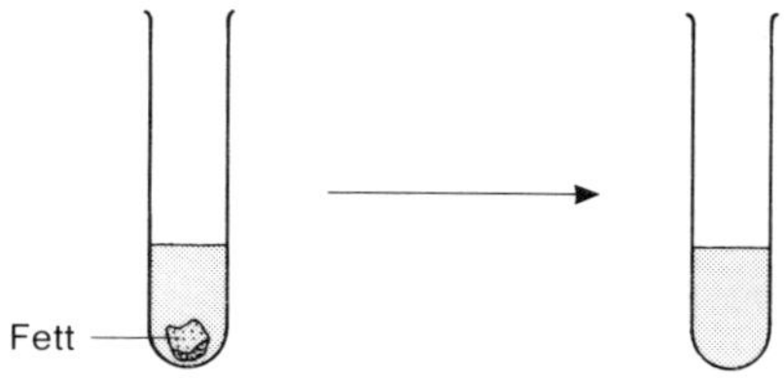

Hinweise Butter oder Margarine sind für den Versuch weniger geeignet, da sie Wasser enthalten (ca. 20 %), so daß sich keine klare Lösung ergibt.

30.7 Substitution von Hexan durch Brom

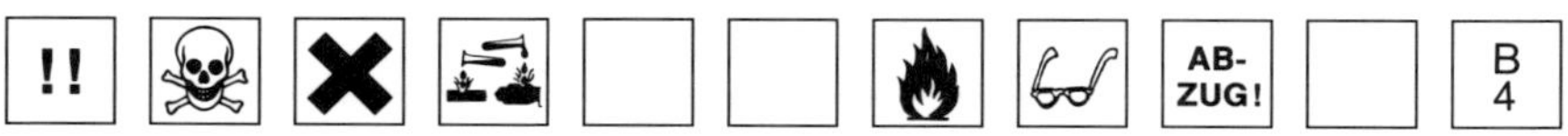

Material Becherglas mit Abdeckung (z. B. Petrischale), Kolbenprober, OH-Projektor; Hexan (oder Heptan), Brom, Lackmuslösung, Silbernitratlösung.

Durchführung Im Abzug gibt man in ein Becherglas ca. 1 cm hoch Hexan und tropft unter Umschwenken so lange flüssiges Brom dazu, bis eine dunkelbraune Lösung entsteht. Mit dem Deckel einer Petrischale deckt man das Becherglas ab. Jetzt kann das abgedeckte Glas aus dem Abzug genommen und auf den OH-Projektor gestellt werden (a). In der Projektion kann man sehr gut beobachten, wie die braune Lösung innerhalb weniger Minuten entfärbt wird. Anschließend wird das Becherglas wieder in den Abzug gestellt. Mit einem trockenen Kolbenprober saugt man das Gas über dem bromierten Hexan ab (b) und leitet es langsam zur Hälfte in eine Silbernitratlösung, die sich in einem kleinen Becherglas befindet (c). Die andere Hälfte leitet man in ein kleines Becherglas, das mit Lackmuslösung gefüllt ist. Diese Reaktionen können auf dem Experimentiertisch außerhalb des Abzugs durchgeführt werden. Eine Gefährdung besteht wegen des nur in kleinen Mengen entweichenden Bromwasserstoffs nicht. Die Fällung von Silberbromid gelingt auf diese Weise verläßlich. Die Rotfärbung von Lackmus dauert etwas länger. Saugt man jedoch die Lackmuslösung in den Kolbenprober und schüttelt um, so erfolgt sofortige Rotfärbung.

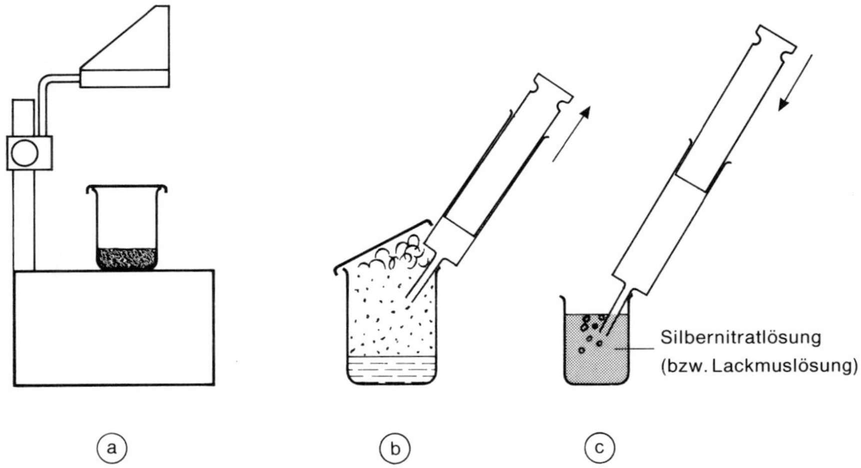

Brom reagiert mit Hexan (Entfärbung des Gemisches) unter Freisetzung von Bromwasserstoff.

Die Reaktion beginnt mit einer Spaltung der Brommoleküle infolge Lichteinwirkung:

$Br_2 \xrightarrow{h\nu} 2\,Br$

Die Bromradikale greifen das Hexan an; es kommt zur Substitution:

$2\,Br + C_6H_{14} \rightarrow C_6H_{13}Br + HBr$

Hinweise

Silberbromid getrennt sammeln (Wiederaufarbeitung!).

Substitution von Methan durch Chlor — 30.8

Material

Standzylinder, Indikatorpapier; Methan, Chlor.

Durchführung

Vorsicht! Schutzbrille, Schutzwand! In einem trockenen Standzylinder wird Methan aufgefangen (leichter als Luft), dann sofort abgedeckt. Ein weiterer trockener Zylinder wird mit Chlor (schwerer als Luft) gefüllt und sofort abgedeckt. Achtung: das überschüssige Chlor in Aktivkohle leiten! Nun werden die beiden Zylinder mit den Mündungen übereinandergestellt: CH_4 unten, Cl_2 oben. Durch Hin- und Herschwenken der beiden übereinanderstehenden Zylinder stellt man ein Chlor-Methan-Gemisch her. Nun hält man nacheinander jeden Zylinder an die Brennerflamme. Anschließend hält man ein feuchtes Indikatorpapier in den Zylinder (Skizze Seite 222).

Chlor reagiert mit Methan:

$CH_4 + Cl_2 \rightarrow CH_3Cl + HCl$

Der entstandene Chlorwasserstoff zeigt saure Reaktion am feuchten Indikatorpapier.

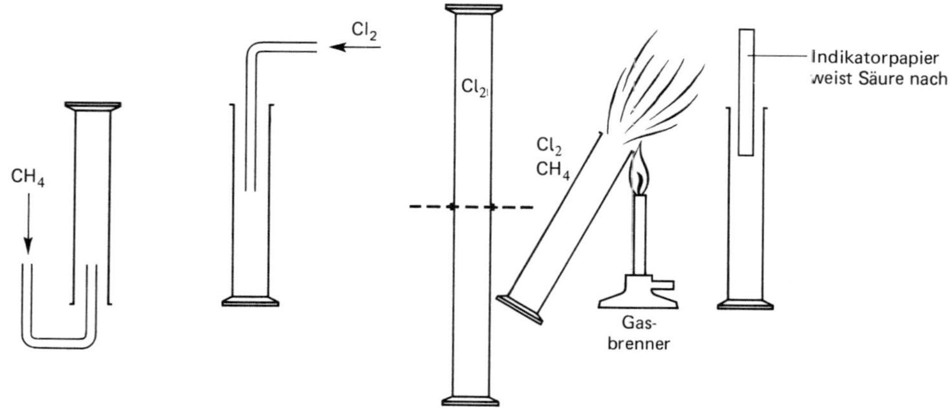

Hinweise Vorsichtsmaßnahmen beim Arbeiten mit Chlor beachten!

31. Ungesättigte Kohlenwasserstoff-Verbindungen

31.1 Entnahme von Ethen aus einer Druckdose

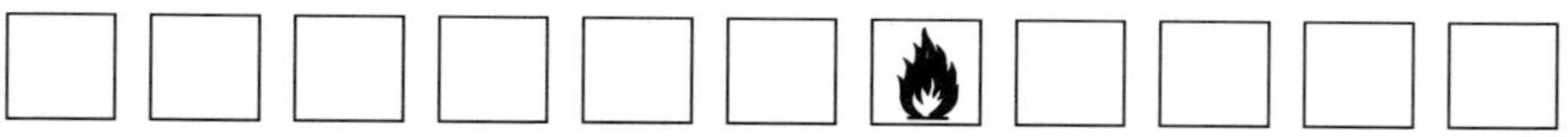

Material Druckdose mit Ethen, Feinreguliereckventil.

Durchführung Es empfehlen sich Druckdosen mit 1 l-Rauminhalt, wie sie im Lehrmittelhandel üblich sind. Das unter einem Druck von 12 bar stehende Ethen wird mittels eines Feinreguliereckventils entnommen. Man überzeugt sich zunächst davon, daß das Ventil geschlossen ist (Rändelschraube nach rechts drehen), dann setzt man das Ventil auf den Innengewinde-Anschluß der Dose und dreht es zügig bis zum Anschlag ein. Besitzt die Druckdose ein Außengewinde, so läßt sich das Eckventil

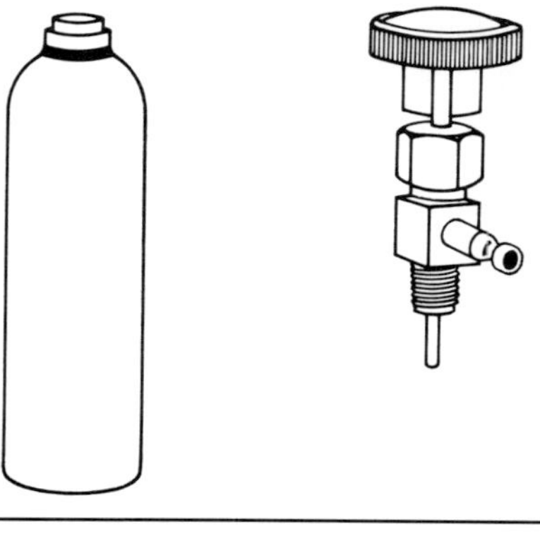

über einen Adapter anschließen. Beim Öffnen des Ventils empfiehlt es sich, das Eckventil mit einer Hand festzuhalten und die Rändelschraube ganz langsam und vorsichtig aufzudrehen, um einen unnötig kräftigen Gasstrom zu vermeiden.

Hinweise

Druckdosen sind Einweg-Behälter und relativ teuer. Deshalb sollte man sehr überlegt damit umgehen, dann reicht der Inhalt überraschend lange. Einige Tips:
a) Keine größeren Mengen entnehmen als unbedingt notwendig.
b) Soll die Entfärbung von Bromwasser demonstriert werden, dann sollte das Bromwasser nicht zu konzentriert sein. Bei Benutzung eines Waschflascheneinsatzes mit Fritte wird der Gasstrom in viele kleine Bläschen aufgeteilt (Oberflächenvergrößerung!) und die Entfärbung erfolgt wesentlich schneller.
c) Nach Gebrauch sollte das Eckventil wieder abgeschraubt werden, denn erfahrungsgemäß sind die Ventile nicht immer ganz dicht. Die Druckdose schließt nach Abnahme des Eckventils selbsttätig.

Reaktion von Ethen mit Bromwasser bzw. Baeyers-Reagenz 31.2

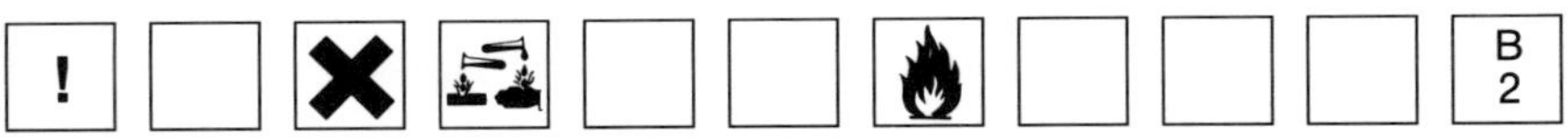

Material

Waschflaschen, Ethen; Bromwasser, Baeyers-Reagenz (zu 10%iger Sodalösung gibt man verd. Kaliumpermanganatlösung, bis eine Violettfärbung gut erkennbar ist).

Durchführung

Ethen wird in langsamem Strom durch Bromwasser oder Baeyers-Reagenz geleitet (bzw. durch beide, s. Skizze).

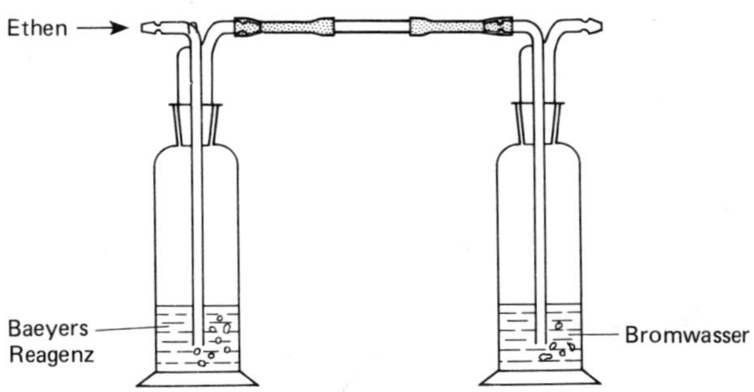

Bromwasser entfärbt sich, Baeyers-Reagenz wird von Rot nach Braun verändert (bzw. auch entfärbt, wenn sehr verdünnte Lösung verwendet wird).

Bromwasser-Reaktion: $H_2C = CH_2 + Br_2 \rightarrow CH_2Br - CH_2Br$
(Addition) Ethen 1,2-Dibromethan

Baeyersche Probe: $H_2C = CH_2 + 2\langle OH\rangle \rightarrow CH_2OH - CH_2OH$
(Redoxreaktion) Ethen Ethandiol

Hinweise

Die beiden Reaktionen sind nicht typisch für Ethen, sondern allgemein charakteristisch für Kohlenstoff-Kohlenstoff-Mehrfachbindungen und andere funktionelle Gruppen, die oxidiert werden können.

Die milde oxidative Wirkung von sodaalkalischer Kaliumpermanganatlösung dient zum Nachweis von ungesättigten organischen Verbindungen. Kaliumpermanganat wird dabei zu braunem Mangan-IV-oxidhydrat reduziert.

31.3 Brennbarkeit von Ethen

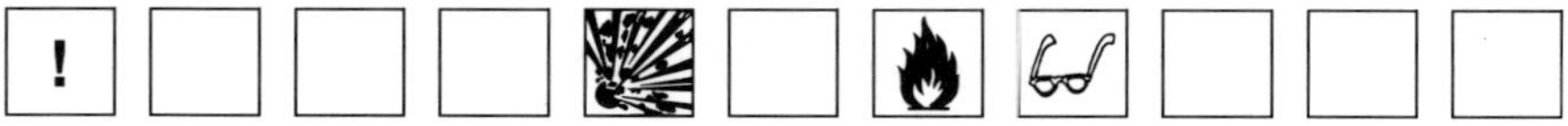

Material Ethen, kleiner Standzylinder, Abdeckplatte.

Durchführung Ein mit Ethen gefüllter **kleiner** Standzylinder wird an die Brennerflamme gehalten. Das Ethen brennt mit leuchtender Flamme ab.
Ethen enthält einen höheren Prozentsatz Kohlenstoff als Ethan. Unverbrannte Kohlenstoffteilchen glühen auf und bewirken das Leuchten der Flamme.

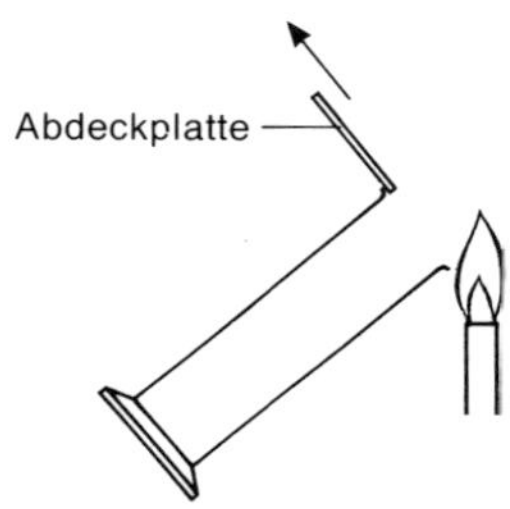

Hinweise Wenn auch Luft im Zylinder war, kann es zu einer Knallgasexplosion kommen, die bei Verwendung eines kleinen, starkwandigen Zylinders aber gefahrlos verläuft.
Ein Ethen-Luft-Gemisch ist mit einem Ethenanteil von ca. 3–34% explosiv.

31.4 Alkene sind „Olefine“

Material Kleine Standzylinder mit Abdeckplatten; Ethen, Brom.

Durchführung Ein im Abzug mit Bromdämpfen gefüllter Standzylinder wird auf einen mit Ethen gefüllten Standzylinder gestellt. Der Rand beider Zylinder muß zur Abdichtung mit Schliffett eingefettet sein. Nach Herausziehen der Abdeckplatten kommt es zur Vermischung von Ethen und Brom. Die Farbe des Broms verschwindet. An den Zylinderwänden bilden sich ölige Tröpfchen.
Ethen und Brom reagieren unter Addition miteinander:

$$C_2H_4 + Br_2 \rightarrow C_2H_4Br_2$$

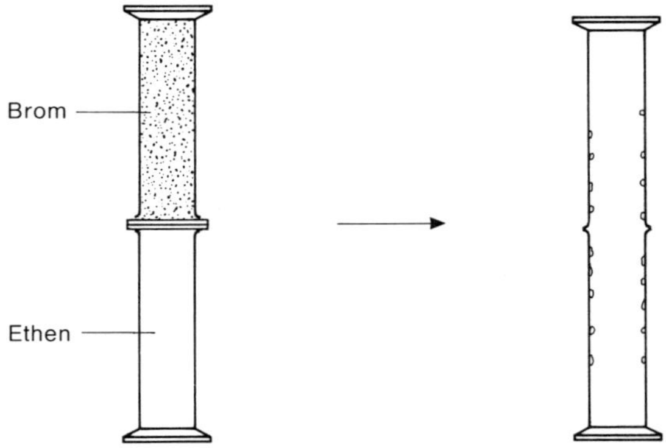

Hinweise

Das ölige Produkt ist 1,2-Dibromethan. Es hat den Alkenen den Namen „Ölbildner" (= Olefine) eingebracht.
Achtung vor Bromdämpfen!

Reaktion eines flüssigen Alkens mit Bromwasser — 31.5

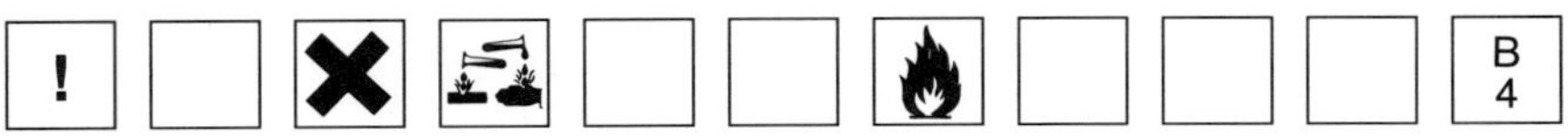

Material

Hexen (oder Cyclohexen); Bromwasser; Reagenzglas mit Stopfen.

Durchführung

Man füllt in ein Reagenzglas etwa ein drittel Bromwasser. Dann gibt man 1–2 ml Hexen dazu. Beobachtung? Nach Aufsetzen eines Stopfens wird kurz durchgeschüttelt.

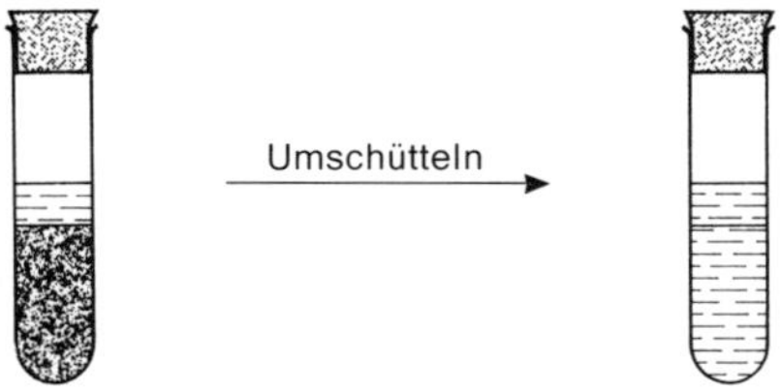

Hexen schwimmt auf dem Bromwasser. Nach dem Durchschütteln hat sich das Bromwasser entfärbt, die beiden Flüssigkeiten trennen sich wieder.
Brom wird von Hexen sehr schnell addiert.

Hinweise

Das bromierte Hexen in Sammelbehälter BIV geben!

31.6 Darstellung von Ethin

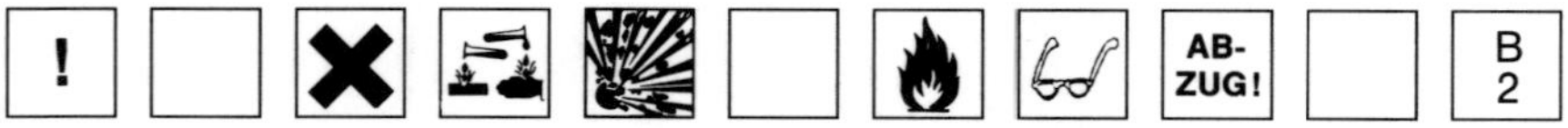

Material — Gasentwicklungsanlage (s. Skizze), pneumatische Wanne, Reagenzgläser; Calciumcarbid.

Durchführung — Auf Calciumcarbid in einem Kolben läßt man aus einem Tropftrichter mit Druckausgleich langsam Wasser tropfen. Das entweichende Ethin wird in einer pneumatischen Wanne in Reagenzgläsern aufgefangen.

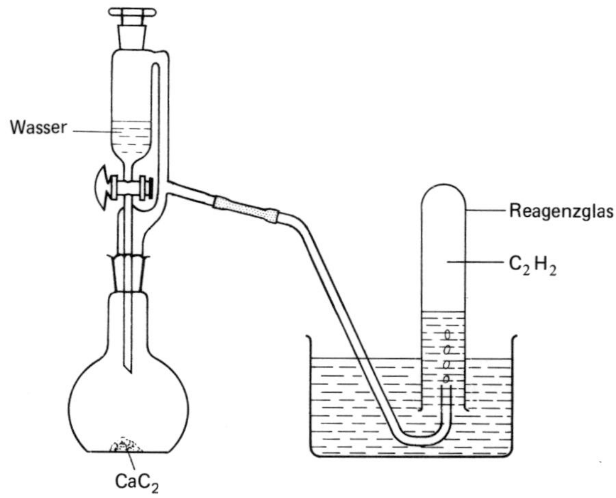

Calciumcarbid reagiert mit Wasser unter Bildung von Ethin:

$$CaC_2 + 2\,H_2O \rightarrow C_2H_2 + Ca(OH)_2$$

Der unangenehme Geruch ist auf giftiges (!) Phosphin (PH_3) zurückzuführen, das sich bei der Reaktion von technischem Calciumcarbid aus der Verunreinigung Calciumphosphid mit Wasser bildet.

Hinweise — Ethin-Luft-Gemische sind wegen des großen Explosionsbereiches (3,5–82 Vol. % Ethin in Luft) sehr gefährlich. Daher ist bei Versuchen mit Ethin stets große Vorsicht angebracht!

31.7 Nachweis der Mehrfachbindung im Ethin

Material — Waschflaschen; Ethin, Bromwasser, Baeyers-Reagenz.

Durchführung — Wie in Versuch 31.2 läßt man jetzt anstelle von Ethen das Ethin durch Baeyers Reagenz und Bromwasser strömen.
Es kommt zu den gleichen Erscheinungen wie in Versuch 31.2. (Der Zeitfaktor bleibt unberücksichtigt.)

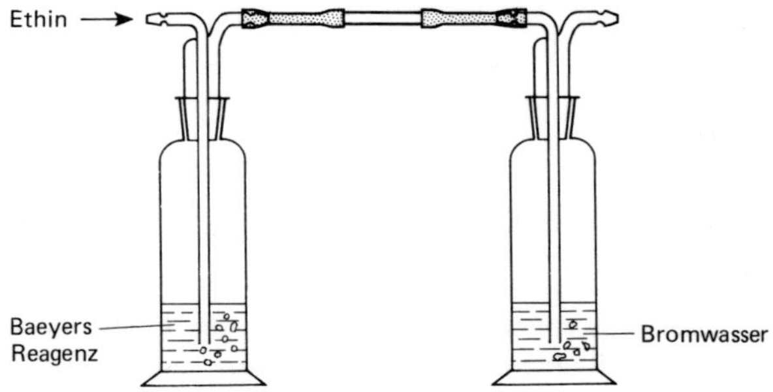

Auch Ethin geht Additions- und Redoxreaktionen ein.

$HC{\equiv}CH + 2\,Br_2 \rightarrow CHBr_2 - CHBr_2$
1,1,2,2-Tetrabromethan

Bei der Oxidation des Ethin entsteht über Zwischenprodukte Kohlenstoffdioxid:

$2\,C_2H_2 + 10\,\langle O \rangle \rightarrow 4\,CO_2 + 2\,H_2O$

Hinweise: Vergleichslösungen bereitstellen, damit der Versuch abgebrochen werden kann, wenn die Farbänderungen deutlich werden!

Verbrennen von Ethin — 31.8

Material: Reagenzglas, durchbohrter Stopfen mit Glasröhrchen; Calciumcarbid.

Durchführung: In einem Reagenzglas wird zu wenig Calciumcarbid etwas Wasser gegeben. Das Reagenzglas wird mit einem Stopfen mit Gasableitungsrohr verschlossen und das entstehende Ethin **nach Luftverdrängung** entzündet. In das Röhrchen wird als Sicherung gegen Rückschlagen der Flamme Kupferwolle gebracht.

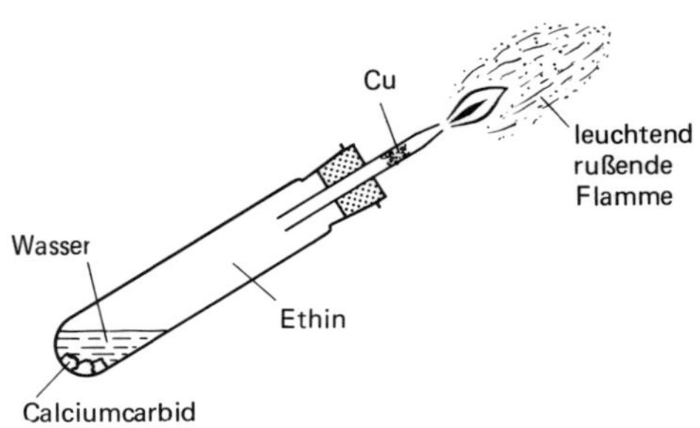

Ethin brennt mit leuchtender, rußender Flamme.

Hinweise: Vorsicht wegen des weiten Explosionsbereiches von Ethin-Luft-Gemischen!

31.9 Löslichkeit von Ethin

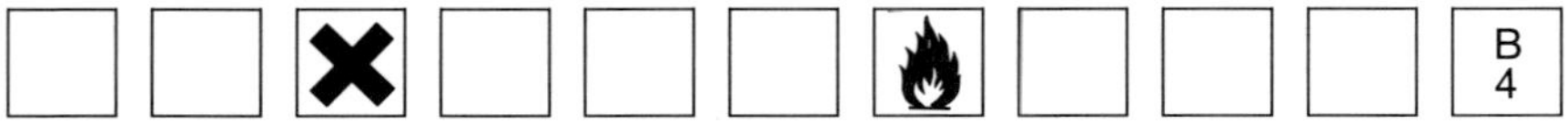

Material 2 Reagenzgläser mit Ethin, 2 Bechergläser (ca. 100 ml); Aceton, Wasser.

Durchführung Mit Ethin gefüllte Reagenzgläser werden umgekehrt in Bechergläser mit angefärbtem Wasser und Aceton gestellt. Wegen der guten Löslichkeit des Ethin im Aceton steigt in diesem Reagenzglas die Flüssigkeit deutlich höher.

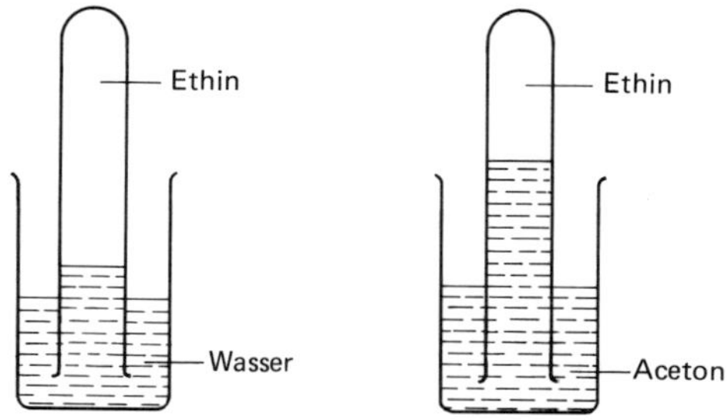

Hinweise Bei Zimmertemperatur und Normaldruck lösen sich in 1 Vol. Aceton ca. 20 Vol. Ethin. In Aceton gelöstes Ethin (sowie Kieselgur als Saugmasse) ist als „Dissousgas“ in Acetylenflaschen enthalten.

31.10 Acetylen – Knallblasen

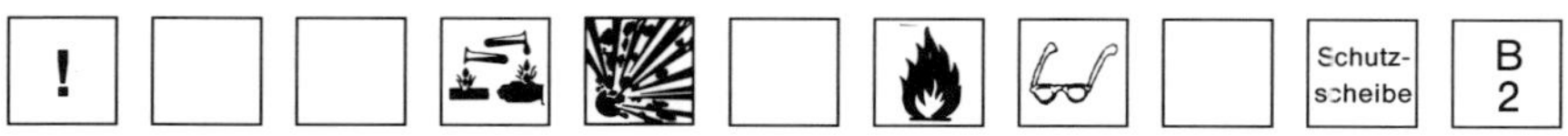

Material Kleine Eisenschale (oder Porzellanschale); Calciumcarbid, Wasserstoffperoxid (verdünnt), Braunstein.

Durchführung In eine flache Eisenschale wird verdünnte Wasserstoffperoxidlösung gegeben. Dazu streut man etwas Braunsteinpulver und wirft dann einige Stückchen Calciumcarbid in die aufbrausende Flüssigkeit. Die sich bildenden Blasen lassen sich mit einem brennenden Span oder der Brennerflamme entzünden und explodieren mit lautem Knall.

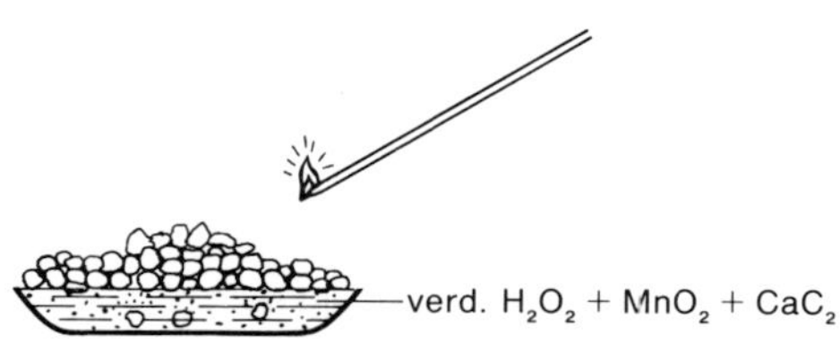

Aus Calciumcarbid und Wasser bildet sich Ethin (Acetylen), welches mit dem aus dem Wasserstoffperoxid entstehenden Sauerstoff ein explosives Gemisch bildet. Der Braunstein (Mangandioxid) wirkt dabei als Katalysator, indem er den Zerfall des Wasserstoffperoxids in Wasser und Sauerstoff beschleunigt.

Hinweise

Acetylen-Sauerstoff-Gemische sind gefährlich und explodieren sehr heftig, deshalb unbedingt nur mit kleinen Ansätzen arbeiten! Bei der beschriebenen Versuchsanordnung besteht zwar keine Gefahr, trotzdem sollte man die Anwesenden auf den Knall vorbereiten und auffordern, den Mund leicht zu öffnen (Druckausgleich!).
Da bei der Explosion Flüssigkeit (enthält Calciumlauge!) herausgeschleudert wird, sollte auf Sicherheitsabstand geachtet bzw. eine Schutzscheibe bereitgestellt werden!

Explosion eines Ethin-Luft-Gemisches — 31.11

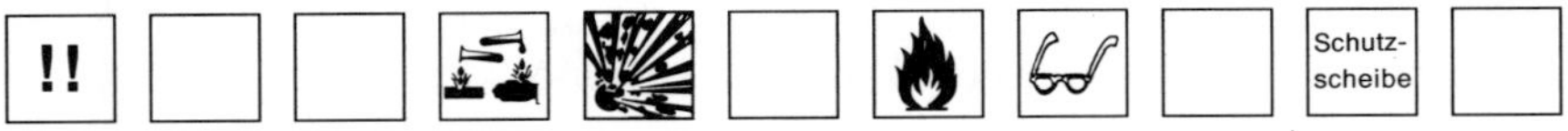

Material

Kleine Blechbüchse mit aufdrückbarem Deckel; Calciumcarbid, Wasser.

Durchführung

Eine kleine Blechbüchse mit aufdrückbarem Deckel wird seitlich mit einem Loch versehen (s. Skizze). Dann gibt man einige ca. erbsengroße Stücke Calciumcarbid hinein, tropft etwas Wasser darauf und verschließt die Büchse, indem man den Deckel kräftig aufdrückt. Dann hält man an die seitliche Öffnung eine Zündflamme, z. B. einen brennenden Holzspan.

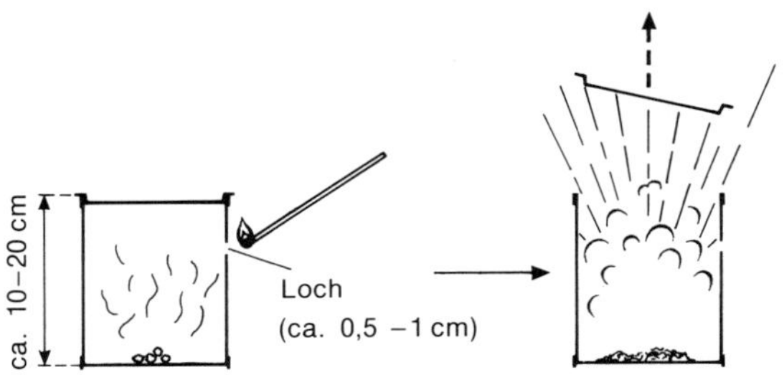

Calciumcarbid reagiert mit Wasser zu Calciumlauge und Ethin (= Acetylen). Dieses sehr energiereiche Gas bildet in einem weiten Explosionsbereich mit dem Luftsauerstoff ein explosives Gemisch, welches mit der Zündflamme zur Explosion gebracht wird.

Hinweise

Das Experiment funktioniert auch, wenn das Loch im Boden oder Deckel angebracht ist, aber am bequemsten ist die beschriebene Anordnung zu handhaben. Wartet man mit der Zündung zu lange, kann es vorkommen, daß zu viel Luft aus der Büchse verdrängt wurde und die Explosion ausbleibt oder nur sehr schwach erfolgt. Bei einem neuerlichen Versuch ist erst für frische Luftzufuhr zu sorgen. Den Kopf nicht über die Büchse halten, da der Deckel oft mit großer Wucht hochgeschleudert wird!

31.12 Acetylidbildung

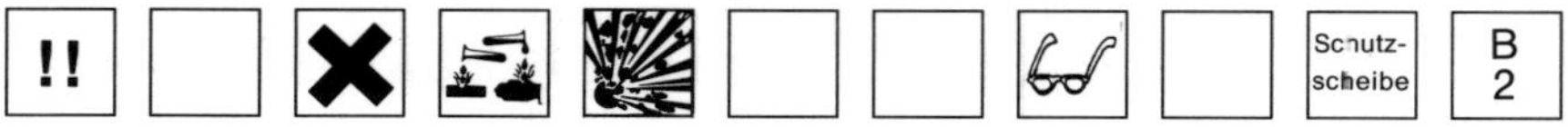

Material Reagenzglas mit Gaseinleitungsrohr, Filter; Silbernitrat, Kupfer(I)-chlorid, Ammoniakwasser, Ethin.

Durchführung **1. Variante: Silberacetylid**

Man bereitet eine ammoniakalische Silbernitratlösung, indem man in wenige ml einer ca. 2%igen Silbernitratlösung verdünnte Ammoniaklösung zutropft, bis sich der entstehende Niederschlag gerade wieder aufgelöst hat (umschütteln!). In diese Lösung wird Acetylengas eingeleitet. Der weiße, flockige Niederschlag (wegen Verunreinigungen meist grau verfärbt) wird abfiltriert und mit dest. Wasser nachgespült. In feuchtem Zustand kann man gefahrlos kleine Portionen Silberacetylid vom Filter nehmen oder den Filter zerteilen. Gut getrocknet genügt ein geringer Druck oder Erhitzung, um eine explosionsartige Zersetzung des Acetylids auszulösen. Ohne Gefahr und eindrucksvoll läßt sich das demonstrieren, indem man feuchtes Silberacetylid oder Stücke des feuchten Filters mit Silberacetylid in eine offene Blechbüchse gibt und diese mit dem Gasbrenner erhitzt.

2. Variante: Kupfer(I)-acetylid

Man verfährt wie bei Silberacetylid beschrieben, benutzt jedoch eine ammoniakalische Kupfer(I)-chloridlösung. Beim Einleiten von Ethin entsteht ein rotbrauner Niederschlag, der vor der weiteren Verwendung ebenfalls gut getrocknet werden sollte. Die Reaktionen beim Erhitzen (Verpuffung) oder beim Draufschlagen mit einem harten Gegenstand (peitschender Knall) sind jedoch bei weitem nicht so heftig wie beim Silberacetylid.

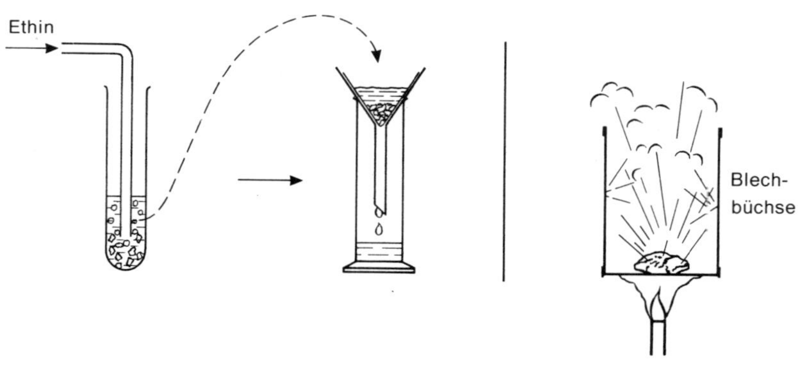

Silberionen und Kupfer(I)-ionen bilden mit Acetylen die sehr energiereichen Verbindungen Silberacetylid (= Silbercarbid) bzw. Kupferacetylid (= Kupfercarbid):

$$HC{\equiv}CH + 2\,Ag^+ \rightarrow AgC{\equiv}CAg + 2\,H^+$$

Diese zerfallen leicht unter Energieabgabe in die Elemente Silber bzw. Kupfer und Kohlenstoff:

$$AgC{\equiv}CAg \rightarrow 2\,Ag + 2\,C + \text{Energie}$$

Hinweise

Vor allem Silberacetylid ist mit großer Vorsicht zu handhaben und nur in kleinen Mengen herzustellen. Es versteht sich, daß man eventuelle Reste nicht aufbewahren darf, sondern aufbrauchen oder mit verdünnter Salzsäure zersetzen muß. Außerdem ist darauf zu achten, daß alle benutzten Geräte, an denen Acetylidreste haften könnten, sorgfältig gereinigt werden, am besten mit verd. Salzsäure.
Man muß damit rechnen, daß beim Experimentieren mit den Acetyliden kleine Mengen wegspritzen (v.a. bei Explosionen), die dann nach dem Trocknen sehr überraschend – aber ungefährlich – zu kleinen „Knalleffekten“ führen können.
Ammoniakalische Silbernitratlösung darf nicht aufbewahrt werden (Bildung von explosiven Silber-Stickstoff-Verbindungen!).

Reaktion von Ethin mit Chlor — 31.13

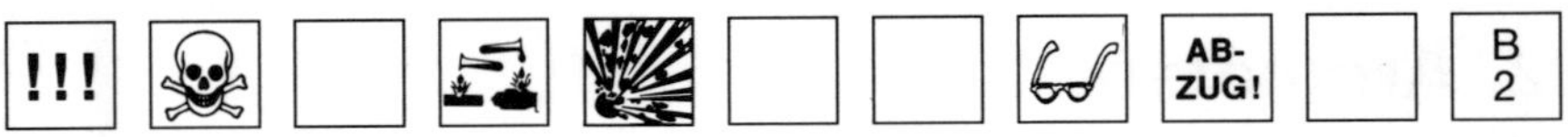

Material

Kleines Becherglas (ca. 100 ml), großes Reagenzglas; Braunstein (= Mangandioxid), konz. Salzsäure, Calciumcarbid.

Durchführung

Der Versuch muß wegen des entstehenden Chlors und der starken Rußentwicklung im Abzug oder im Freien durchgeführt werden!

1. Variante: In ein kleines Becherglas gibt man 1–2 Teelöffel Braunstein und gießt darauf konz. Salzsäure, ca. 1 cm hoch im Becherglas. Dann wirft man kleine Stückchen Calciumcarbid hinein. Nach einigen Sekunden „Anlaufzeit“ kommt es zu kurz aufeinander folgenden (manchmal gleichzeitigen) Flammenerscheinungen und starker Rußentwicklung.

2. Variante: In ein großes Reagenzglas gibt man 1–2 Spatel Braunstein und übergießt 2–3 cm hoch mit konz. Salzsäure. Nach Zugabe von Calciumcarbid-Stückchen treten verschiedene interessante Phänomene auf: Mit leichtem Explosionsknall und Flammenbildung werden Rußwolken ausgestoßen. Gelegentlich läuft geräuschlos eine rotgelbe Flammenfront von oben nach unten durch das Reagenzglas, oder es wird – fast geräuschlos – ein perfekter schwarzer Rauchring geradezu „ausgehaucht“, oder ein ebensolcher mit Flammenerscheinung und Knall.

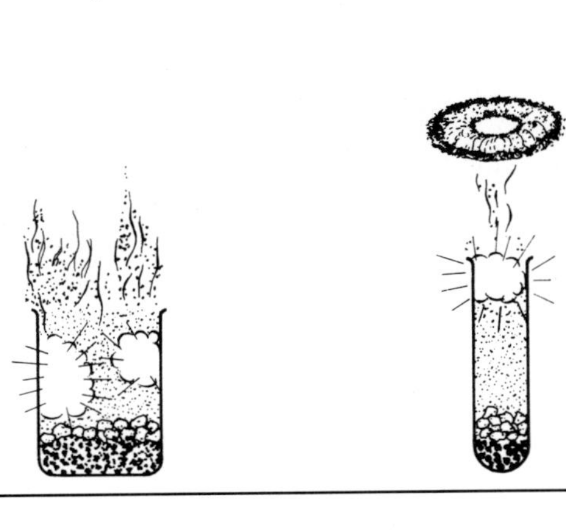

Beim Einwirken von konz. Salzsäure auf Braunstein entsteht Chlor. Calciumcarbid reagiert mit dem Wasser der Salzsäure unter Acetylenbildung. Acetylen und Chlor reagieren miteinander unter Flammenbildung und starker Rußentwicklung, z. B.:

$$C_2H_2 + Cl_2 \rightarrow 2\,HCl + 2\,C$$

Hinweise Durch gelegentliche Zugabe von Calciumcarbidstückchen können die Reaktionen einige Minuten lang aufrechterhalten werden; eventuell gibt man vorsichtig einen Spritzer Wasser dazu.
Vorsicht: Chlorgas ist sehr giftig, Acetylen bildet mit Luft sehr explosive Gemische!

32. Aromaten

32.1 Leichte Entzündbarkeit von Benzol

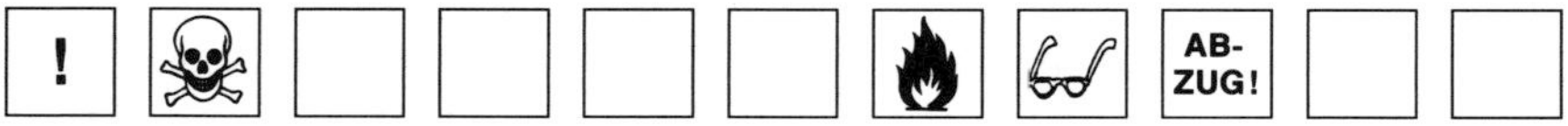

Material Eisentiegel, feuerfeste Unterlage, Schutzhandschuhe;
Benzol, Holzspan.

Durchführung In einen Eisentiegel, der auf einer feuerfesten Unterlage steht, füllt man wenige ml Benzol und nähert von der Seite her einen brennenden Span. Noch bevor der brennende Span die Flüssigkeit erreicht, fängt das Benzol Feuer.

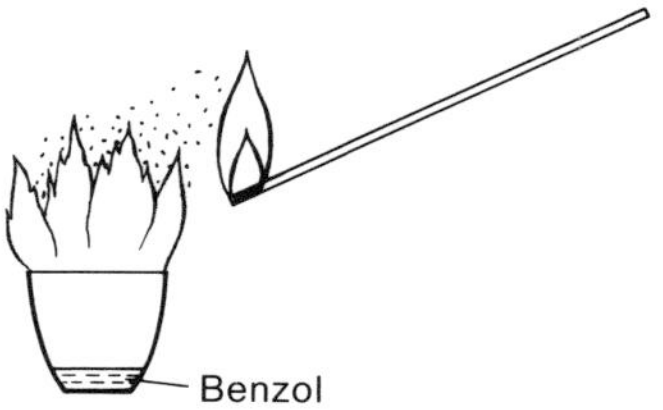

Hinweise Wegen der leichten Entzündbarkeit der Benzoldämpfe ist beim Umgang mit diesem Stoff besondere Vorsicht geboten. Vorratsflaschen nach Entnahme immer sofort verschließen und wegstellen. Keine offenen Benzolflaschen in der Nähe von Feuer, elektrischen Heizkörpern usw.! Schutzhandschuhe verwenden, Benzol ist cocarcinogen.

Bromwasser-Reaktion **32.2**

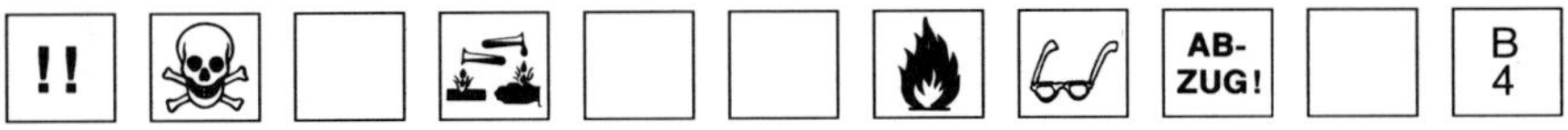

Material

Reagenzgläser, Reagenzglasstopfen, Reagenzglasgestell, Tropfpipette, Schutzhandschuhe; Benzol, Cyclohexen, Olivenöl, Bromwasser.

Durchführung

In 3 Reagenzgläsern werden nacheinander 3 ml Benzol, Cyclohexen und Olivenöl mit ca. 2 ml Bromwasser geschüttelt. Zur Beobachtung der Versuchsergebnisse stellt man die Reagenzgläser nebeneinander in ein Reagenzglasgestell.

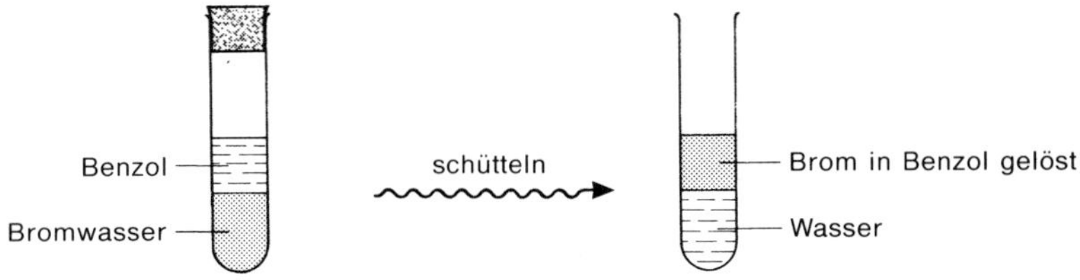

Hinweise

Beim Schütteln von Cyclohexen bzw. Olivenöl mit Bromwasser verschwindet die Braunfärbung rasch, weil Brom wegen des ungesättigten Charakters dieser Verbindungen addiert wird. Beim Schütteln von Benzol mit Bromwasser wird die wäßrige Phase zwar entfärbt, das Benzol zeigt jetzt aber eine intensive Gelbfärbung. Es erfolgte keine Additionsreaktion. Das Brom hat lediglich das Lösungsmittel gewechselt, weil es in Benzol leichter löslich ist.
Analysenreines Benzol verwenden, technisches Benzol kann ungesättigte Verbindungen enthalten!

Baeyersche Probe **32.3**

Material

Reagenzgläser, Reagenzglasstopfen, Tropfpipette, Schutzhandschuhe; Natriumcarbonat, Kaliumpermanganat, Benzol, Cyclohexen, dest. Wasser.

Durchführung

3 ml Benzol werden in einem Reagenzglas mit 2 ml Baeyers Reagenz kräftig geschüttelt. Es zeigt sich keine Farbänderung. Zum Vergleich wiederholt man den Versuch mit Cyclohexen: Entfärbung.

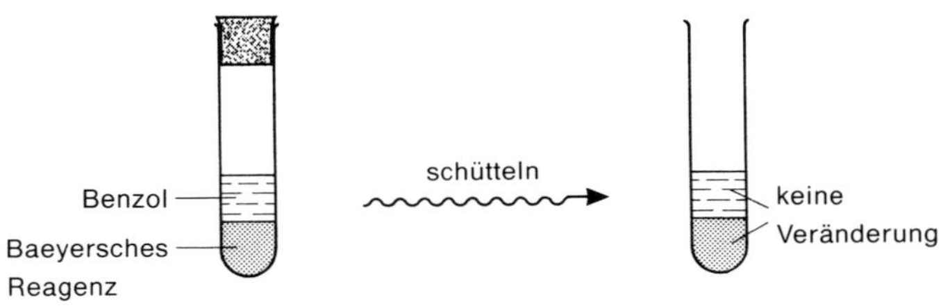

Hinweise

Analysenreines Benzol verwenden, technisches Benzol kann ungesättigte Verbindungen enthalten!

32.4 Bromsubstitution von Benzol

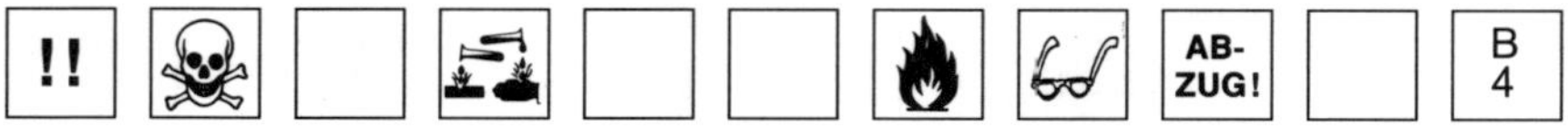

Material Fraktionierkolben, 2 Reagenzgläser mit seitlichem Ansatz, Tropftrichter, 3 einfach durchbohrte Gummistopfen; 2 gebogene Glasröhrchen, Dreifuß, Heizpilz; Benzol, Brom, Eisenspäne (Eisenwolle), Silbernitrat, Lackmus, Schutzhandschuhe.

Durchführung In einem Fraktionierkolben mischt man 10 ml Benzol mit einer Spatelspitze Eisenspänen oder Eisenwolle. Mit Hilfe eines Tropftrichters läßt man langsam 5 ml elementares Brom zutropfen, wobei man die Reaktion erst mit wenig Brom und etwas Erwärmen anlaufen läßt. Entstehendes Gas leitet man auf Silbernitratlösung und violette Lackmuslösung. Wegen der Gefahr des Zurücksteigens darf das Gas nicht in die Lösung eingeleitet werden.

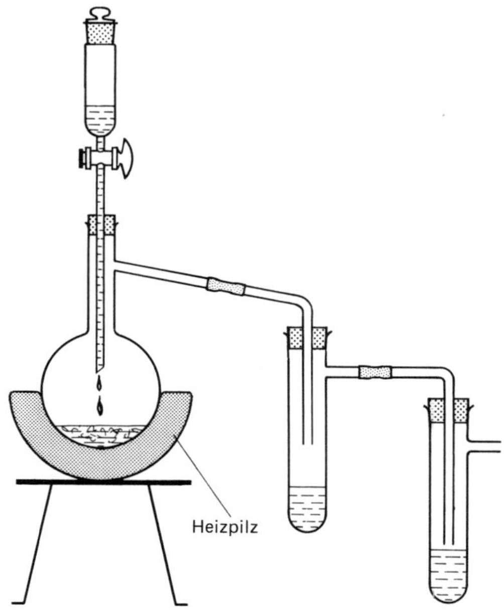

Hinweise Unter dem katalytischen Einfluß von Eisen(III)-bromid reagiert Benzol mit Brom. Zunächst reagiert das Brom mit dem Eisen(III)-bromid, wobei ein stark elektrophiles Bromkation entsteht:

$$Br_2 + FeBr_3 \rightleftarrows Br^+ + [FeBr_4]^-$$

Das Bromkation lagert sich unter Bildung eines π-Komplexes, der in einen σ-Komplex übergeht, an das Benzol an.

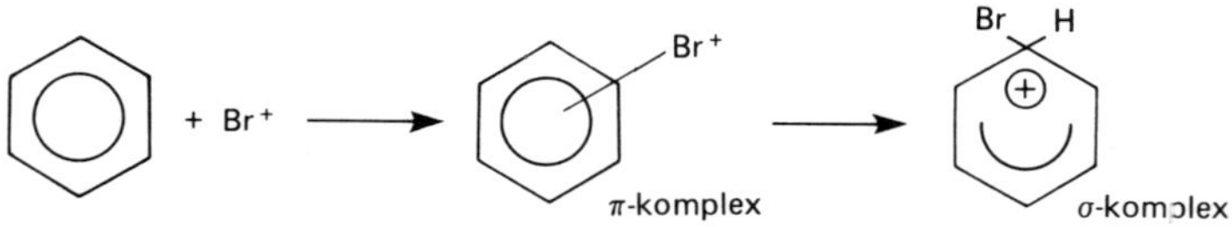

Unter Abgabe eines Protons geht diese Zwischenverbindung unter Rearomatisierung in Brombenzol über. Der entstehende Bromwasserstoff weist auf die Substitution des Wasserstoffs durch Brom hin.

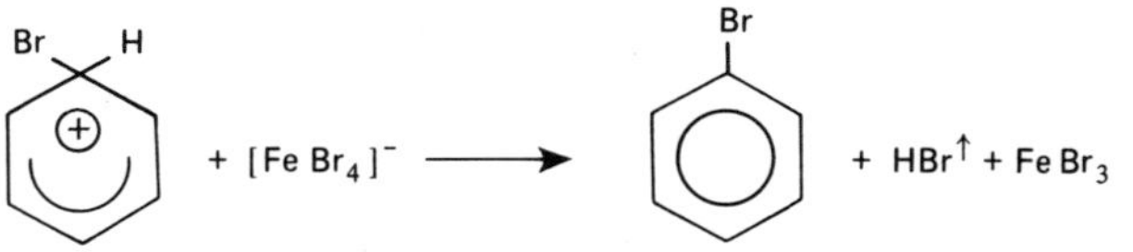

Der entweichende Bromwasserstoff reagiert mit Silbernitrat zu Silberbromid:

$AgNO_3 + HBr \rightarrow AgBr\downarrow + HNO_3$

Bromwasserstoff kann außerdem mit violetter wäßriger Lackmuslösung nachgewiesen werden (Rotfärbung). Bromwasserstoff reagiert in wäßriger Lösung stark sauer.

Nitrierung von Benzol — 32.5

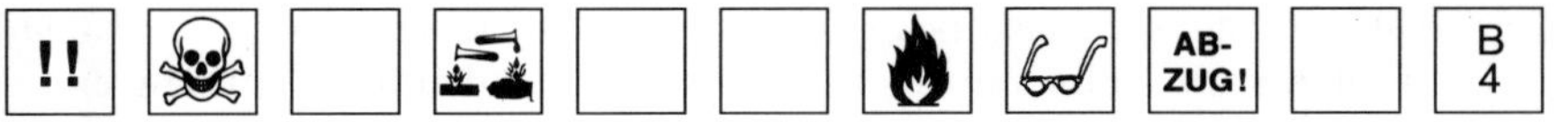

Material

Erlenmeyerkölbchen, Reagenzglas, Becherglas, Schutzhandschuhe; konz. Schwefelsäure, konz. Salpertersäure, Benzol, kaltes Wasser.

Durchführung

In einem kleinen Erlenmeyerkolben gibt man zu 12 ml konz. Schwefelsäure langsam unter ständigem Umschütteln 6 ml konz. Salpetersäure. Diese „Nitriersäure" läßt man abkühlen und tropft dann langsam unter ständigem Umschütteln aus einem Reagenzglas 3 ml Benzol zu. Damit die Temperatur des Gemisches nicht zu sehr ansteigt, kühlt man unter fließendem kaltem Wasser mehrmals ab. Nach Verbrauch des Benzols gießt man das Gemisch in ein Becherglas mit kaltem Wasser. Das Nitrobenzol sammelt sich in Form öliger Tröpfchen am Boden des Becherglases, gleichzeitig ist der deutliche Bittermandelgeruch des Nitrobenzols festzustellen.

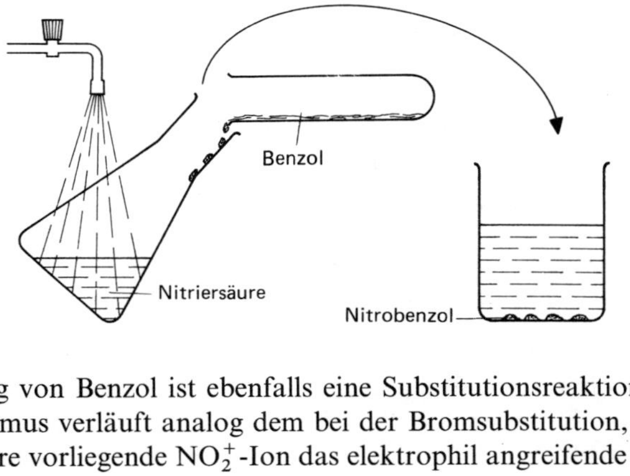

Hinweise

Die Nitrierung von Benzol ist ebenfalls eine Substitutionsreaktion. Der Reaktionsmechanismus verläuft analog dem bei der Bromsubstitution, wobei das in der Nitriersäure vorliegende NO_2^+-Ion das elektrophil angreifende Teilchen darstellt.

$$2\,H_2SO_4 + HNO_3 \rightleftarrows NO_2^+ + 2\,HSO_4^- + H_3O^+$$

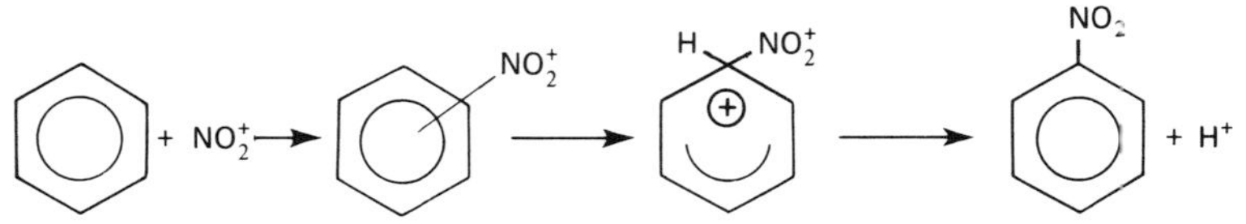

Nitrobenzol und seine Dämpfe sind stark giftig (Blutgift). Es kann sogar durch die Haut in den Körper eindringen. Schutzhandschuhe!

32.6 Verhalten von Phenol in Wasser

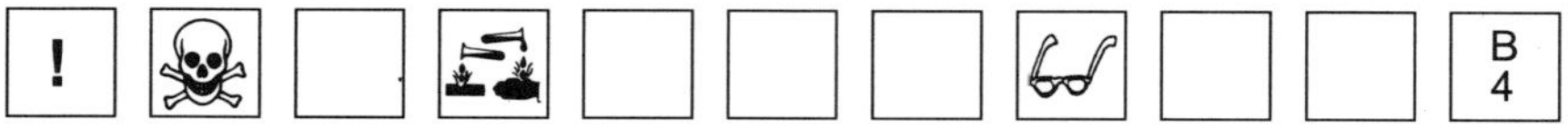

Material Reagenzglas; Phenol, konz. Natronlauge, konz. Salzsäure, dest. Wasser.

Durchführung In einem Reagenzglas versetzt man eine Spatelspitze voll Phenol mit wenig Wasser und schüttelt. Es bildet sich eine milchigweiße Emulsion. Nach Zugabe von wenig konz. Natronlauge bildet sich beim Umschütteln eine klare Lösung. Gibt man einige Tropfen konz. Salzsäure zu, so tritt wieder eine deutliche Trübung ein.

Hinweise Phenol löst sich etwas in Wasser, bei Phenolüberschuß bildet sich eine Emulsion. Wegen des sauren Charakters kann es mit Laugen in gut wasserlösliche Phenolate übergeführt werden.

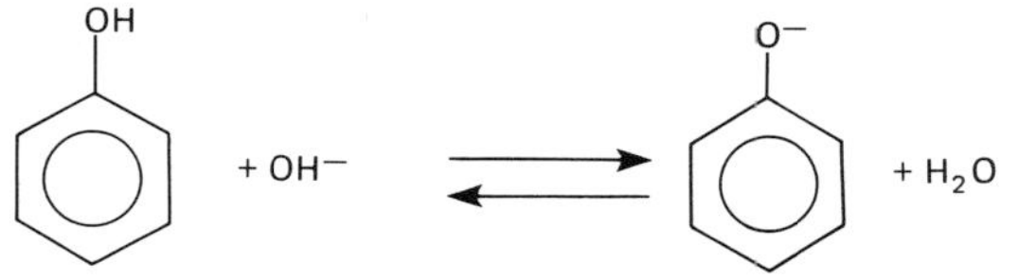

Phenol ist jedoch nur eine schwache Säure, so daß die Phenolate durch Zugabe von Säure wieder in das Phenol übergeführt werden (Emulsionsbildung!). Vorsicht! Kein Phenol auf die Haut bringen! Stark juckende Verätzungen!

32.7 Phenol wirkt als Säure

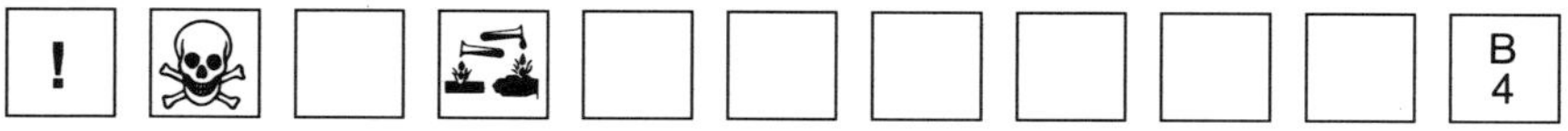

Material 2 Erlenmeyerkolben, Reagenzglas; verd. Natronlauge, Phenol, dest. Wasser, Phenolphthaleinlösung.

Durchführung 2 Erlenmeyerkolben füllt man zu etwa 1/3 mit sehr verdünnter Natronlauge und färbt mit Phenolphthaleinlösung an. In den einen Kolben gibt man aus einem Reagenzglas eine Emulsion von Phenol in Wasser und schüttelt um. Die Rotfärbung wird deutlich aufgehellt, weil Natronlauge durch das Phenol neutralisiert wurde.

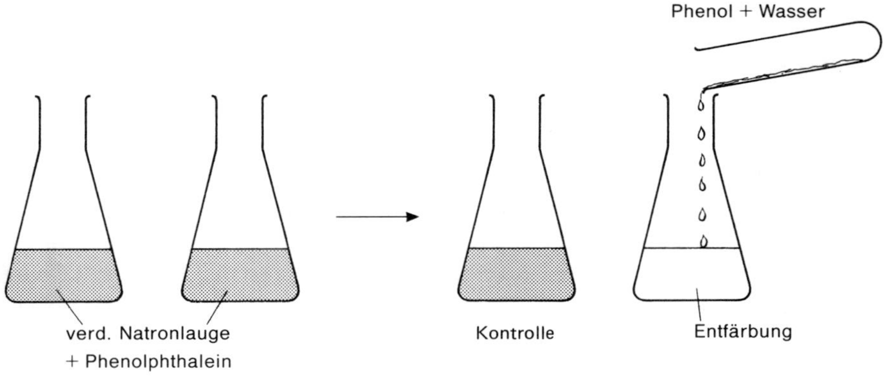

Hinweise

Wenn die Lauge nicht ausreichend verdünnt ist, gelingt die Neutralisation nicht.

Einwirkung von Natrium auf Phenol 32.8

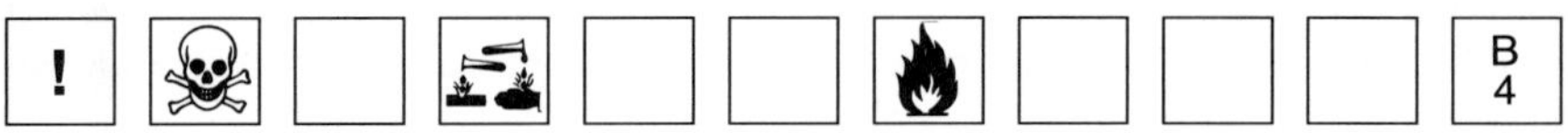

Material

Reagenzglas; Phenol, Benzin, Natrium.

Durchführung

In einem Reagenzglas löst man etwas Phenol in 5 ml Benzin und gibt ein halberbsengroßes, sorgfältig entrindetes Stück Natrium zu. Es ist eine Gasentwicklung feststellbar, die sich bei vorsichtigem Erwärmen (z. B. durch die Wärme der Hand) noch verstärkt.

Bei der Reaktion entsteht unter Wasserstoffentwicklung Natriumphenolat:

Hinweise

Vorsicht! Vorschriften für den Umgang mit Natrium beachten (B6)! Reste von Natrium im Reaktionsgefäß beachten!

32.9 Bromierung von Phenol

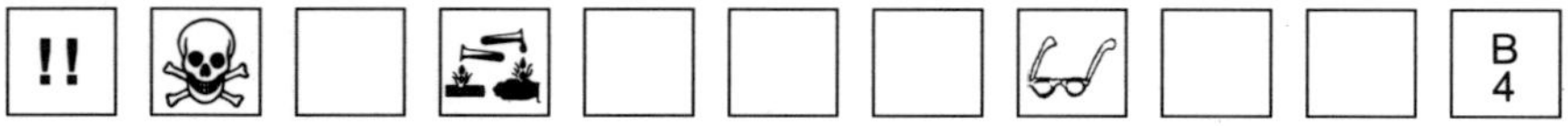

Material Großes Becherglas, Glasstab;
Phenol, dest. Wasser, Bromwasser.

Durchführung In einem großen Becherglas verdünnt man eine kleine Menge einer Phenol-Wasser-Emulsion so lange mit Wasser, bis eine klare Lösung entsteht. Zu dieser Lösung tropft man unter ständigem Rühren mit einem Glasstab Bromwasser, bis ein deutlich weißer Niederschlag ausfällt.

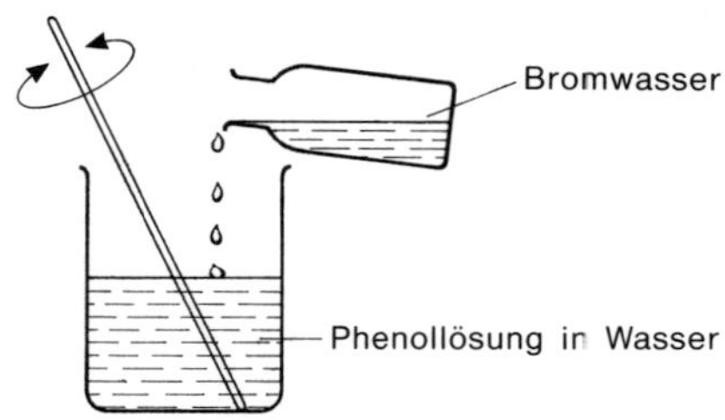

Hinweise Die Hydroxylgruppe erleichtert eine weitere Substitution am Benzolkern, wobei die weiteren Substituenten in ortho- und para-Stellung zur Hydroxylgruppe gelenkt werden. Es entsteht schließlich quantitativ 2,4,6-Tribromphenol:

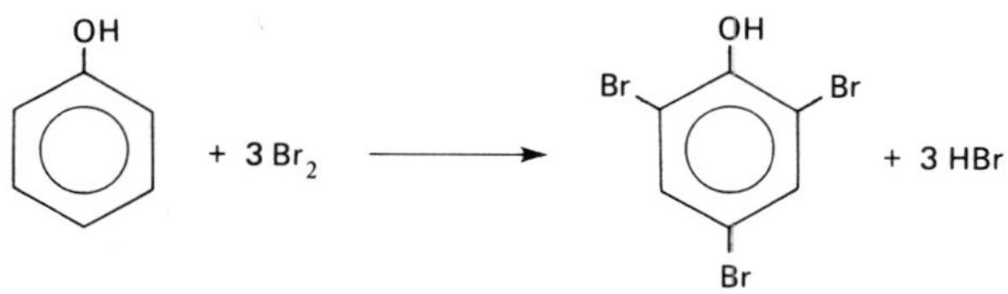

32.10 Reaktionen von Eisen(III)-chlorid mit Dihydroxybenzolen

Material Reagenzgläser, Tropfpipetten;
Eisen(III)-chloridlösung, Brenzcatechin, Resorcin, Hydrochinon, dest. Wasser.

Durchführung In je 3 Reagenzgläser gibt man wäßrige Lösungen von Brenzcatechin (1,2-Dihydroxybenzol), Resorcin (1,3-Dihydroxybenzol) und Hydrochinon (1,4-Dihydroxybenzol). Dazu tropft man verdünnte Eisen(III)-chloridlösung.
Eisen(III)-Ionen bilden mit Phenolen farbige Komplexverbindungen:
Eisen(III)-chlorid ergibt mit Brenzcatechin eine grüne Lösung.
Eisen(III)-chlorid bildet mit Resorcin eine dunkelviolette Lösung.
Tropft man zu der Hydrochinonlösung Eisen(III)-chloridlösung, bildet sich beim Eintropfen Blaufärbung, nach dem Vermischen ist die Lösung gelb-braun gefärbt. Läßt man das Reagenzglas einige Zeit stehen, bildet sich ein grüner Niederschlag.

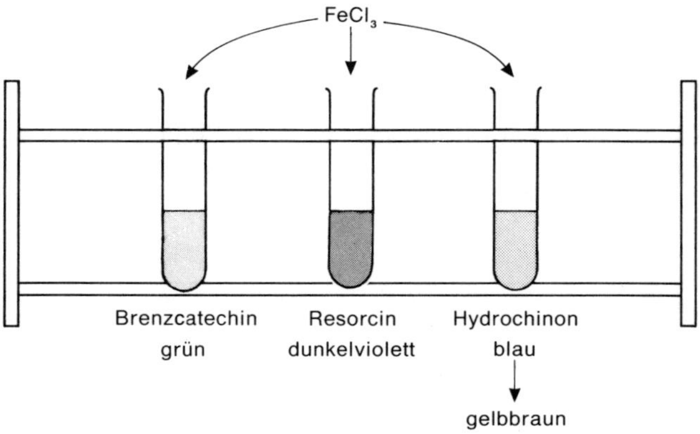

Reaktion von Eisen(III)-chlorid mit Trihydroxybenzolen 32.11

!		✖								B 4

Material

Reagenzgläser, Brenner, Tropfpipette, Pyrogallol (1,2,3-Trihydroxybenzol), Phloroglucin (1,3,5-Trihydroxybenzol), Eisen(III)-chlorid, dest. Wasser.

Durchführung

In je 2 Reagenzgläser gibt man wäßrige Lösungen von Pyrogallol und Phloroglucin. Dazu tropft man verdünnte Eisen(III)-chlorid-Lösung. Vgl. Abbildung Versuch 32.10, S. 239.

Eisen(III)-Ionen bilden mit Pyrogallol und Phloroglucin farbige Komplexverbindungen: Eisen(III)-chlorid bildet mit Pyrogallol eine blutrote Färbung.
Eisen(III)-chlorid bildet mit Phloroglucin eine tiefblaue Lösung.

Unterscheidung von Dihydroxybenzolen mit Bleiacetat 32.12

!		✖								B 4

Material

Reagenzgläser, Tropfpipetten;
Bleiacetat, Brenzcatechin, Resorcin, Hydrochinon, dest. Wasser.

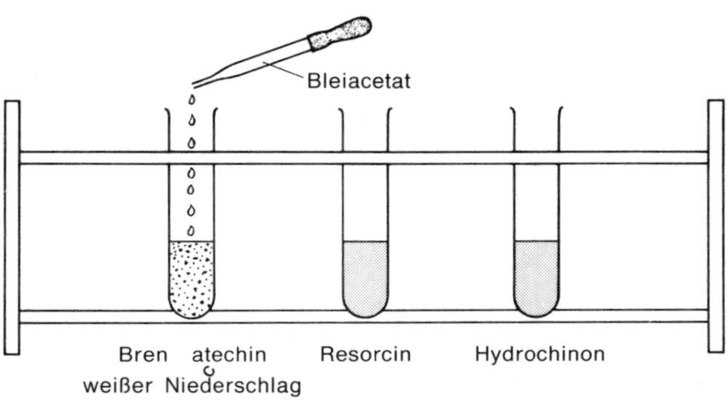

Durchführung In je 3 Reagenzgläser gibt man wäßrige Lösungen von Brenzcatechin (1,2-Dihydroxybenzol), Resorcin (1,3-Dihydroxybenzol) und Hydrochinon (1,4-Dihydroxybenzol). Dazu tropft man verdünnte Bleiacetatlösung.

Hinweise Bleiacetatlösung reagiert mit Brenzcatechin unter Bildung eines weißen Niederschlags. Resorcin und Hydrochinon zeigen mit Bleiacetatlösung keine Reaktion.

33. Erdöl und Kohle

33.1 Trockene Destillation von Steinkohle

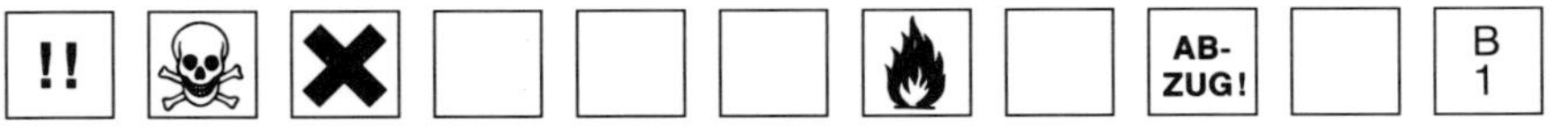

Material 2 Reagenzgläser (Duran oder Supremax), Reagenzglasstopfen mit 1 Bohrung, Reagenzglasstopfen mit 2 Bohrungen, Knierohr 60°, kurzes Glasrohr mit Düse, Becherglas, Gasbrenner; Steinkohle gekörnt, Kühlwasser, Kupferwolle.

Durchführung Man baut im Abzug eine Versuchsanordnung auf wie in der Skizze gezeigt. Mit nichtleuchtender, später rauschender Brennerflamme erhitzt man die in einem schwerschmelzbaren Reagenzglas befindliche, kleingekörnte Steinkohle. Der entstehende Qualm wird über ein Knierohr in ein wassergekühltes Reagenzglas geleitet. Dort kondensieren die Zersetzungsprodukte der Steinkohle teilweise. Ein weiterer Teil entweicht als Gas und Rauch aus der Düse des Glasrohres. Nach einiger Zeit gelingt es, diese Gase zu entzünden. Sie verbrennen mit leuchtender, manchmal rußender Flamme. Nach Beendigung des Versuches hat sich im gekühlten Reagenzglas eine dunkelbraune, viskose Flüssigkeit angesammelt: Steinkohlenteer. Der Rückstand im erhitzten Reagenzglas ist Koks.

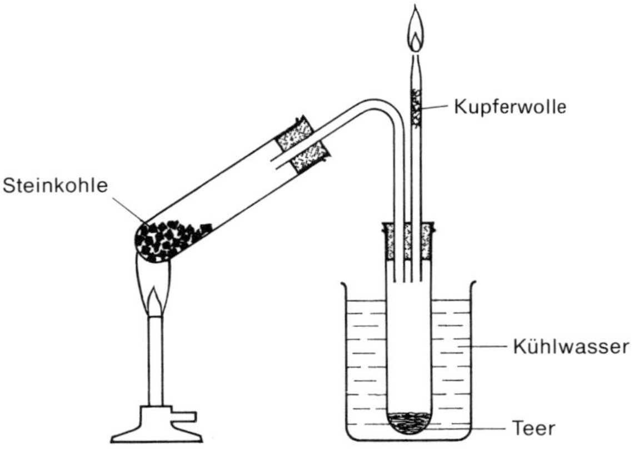

Beim Erhitzen ohne Luftzutritt wird Steinkohle zersetzt. Als Zersetzungsprodukte entstehen Kokereigas, Teer und Koks. Das Kokereigas enthält hauptsächlich Wasserstoff, Methan, Kohlenstoffmonooxid, Kohlenstoffdioxid, Schwefelwasserstoff und Ammoniak. Außerdem werden aus dem Steinkohlenteer andere Kohlenwasserstoffe wie z. B. Benzol, Toluol, Naphthalin usw. mitgerissen. Diese Stoffe sind cancerogen oder stehen im Verdacht cancerogen zu wirken, deshalb muß im Abzug gearbeitet werden. Beim Zerlegen und Reinigen der Geräte Schutzhandschuhe tragen. Hautkontakt vermeiden. — **Hinweise**

Destillation von Erdöl — 33.2

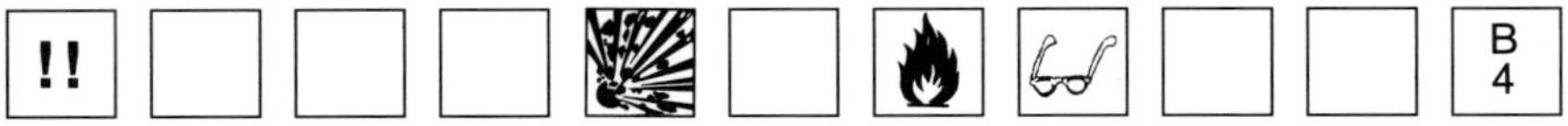

Material

Geräte mit Schliffverbindungen verwenden! Rundkolben, Destillieraufsatz, Thermometer bis 250 °C, Liebig-Kühler, Vorstoß mit seitlichem Ansatz, 4 kleine Kölbchen als Vorlage, 2 Wasserschläuche, Wasseranschluß, Ableitungsschlauch, elektrische Heizhaube; Erdöl.

Durchführung

Es wird eine Destillationsapparatur, wie in der Skizze gezeigt, aufgebaut. Die Schliffteile werden vorher mit Siliconfett eingefettet. Den Rundkolben füllt man zu einem Drittel mit Erdöl. Zur Beheizung verwendet man aus Sicherheitsgründen eine regelbare elektrische Heizhaube. Als Vorlage dienen kleine Rundkolben.
Bei der ersten Fraktion zu Beginn des Versuches entweicht Gas, das man mit Hilfe eines Schlauches in den Abzug oder ins Freie leitet. Das Gas darf an der Ausströmöffnung nicht angezündet werden, es besteht Explosionsgefahr. Man beginnt die Destillation mit niedrigster Heizstufe. Bei 70 °C wechselt man die Vorlage. Man steigert allmählich die Temperatur und wechselt jeweils bei 110 °C und 150 °C wieder die Vorlagen. Bei knapp 200 °C beendet man die Destillation.

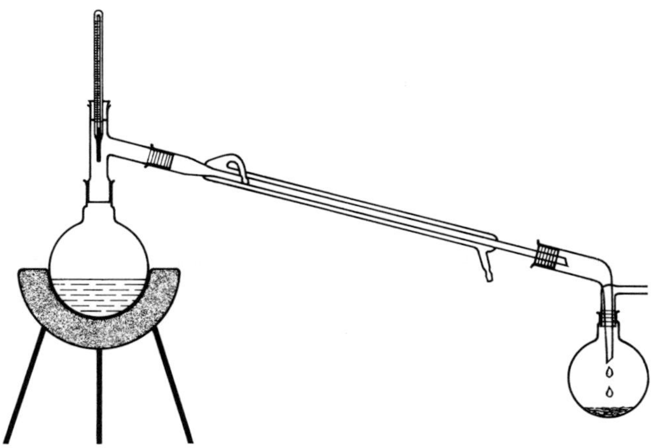

Hinweise

Bei den angegebenen Temperaturen erhält man Schnitte, die Gemische verschiedener Kohlenwasserstoffe darstellen. Die niedrig siedende Fraktion ist farblos, die mittleren sind gelblich, die letzte Fraktion ist bräunlich. Zwischen der ersten und

letzten Fraktion ist auch ein deutlicher Viskositätsunterschied erkennbar. Die Fraktionen können je nach der Sorte des eingesetzten Erdöls recht unterschiedlich ausfallen. Hat man kein Erdöl zur Verfügung, so kann man sich ein Gemisch aus Leichtbenzin und Paraffinöl bereiten und dieses destillieren.
Wenn man Fraktionen gewinnen möchte, die deutlich über 200 °C sieden, dann sollte man nicht mit Wasser, sondern mit Luft kühlen. Die großen Temperaturdifferenzen zwischen Erdöldampf und Kühlwasser könnten zum Zerspringen des Kühlers führen. Man läßt dazu das Kühlwasser aus dem Mantel des Liebigkühlers herauslaufen. Wenn die Heizhaube für höhere Temperaturen nicht ausreichen sollte, dann empfiehlt es sich mit einem Sandbad und Gasbrenner zu arbeiten. Damit erhöht sich allerdings auch die Brandgefahr.

33.3 Entflammbarkeit verschiedener Erdölfraktionen

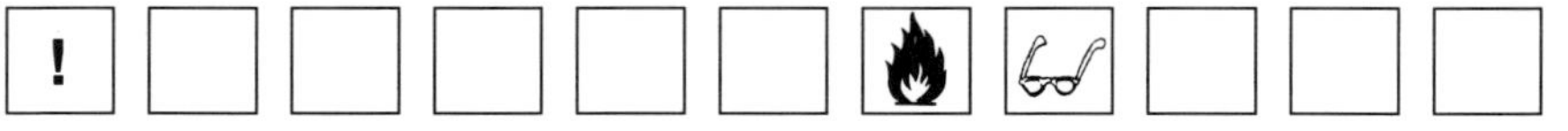

Material 4 kleine Eisenschalen, langer Holzspan (ca. 25 cm); Fraktionen aus der Destillation von Erdöl.

Durchführung Man füllt ca. 3 ml jeder Fraktion in je eine kleine Eisenschale. Die Schalen stellt man in einer Reihe in Abständen von ca. 20 cm auf. Dann entzündet man einen langen Holzspan und nähert ihn der Flüssigkeit in der Eisenschale mit der am niedrigsten siedenden Fraktion. Der Abstand des Spanes von der Flüssigkeitsoberfläche im Augenblick des Entflammens wird festgehalten. Ebenso verfährt man mit allen anderen Fraktionen. Man stellt fest, daß sich die Fraktionen umso eher entzünden, je niedriger ihr Siedebereich liegt. Beobachtet man die Flammen, so erkennt man, daß diese umso stärker rußen, je höher ihr Siedebereich liegt.

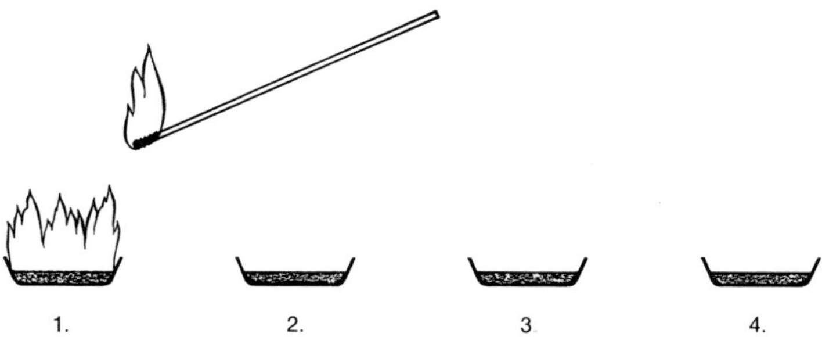

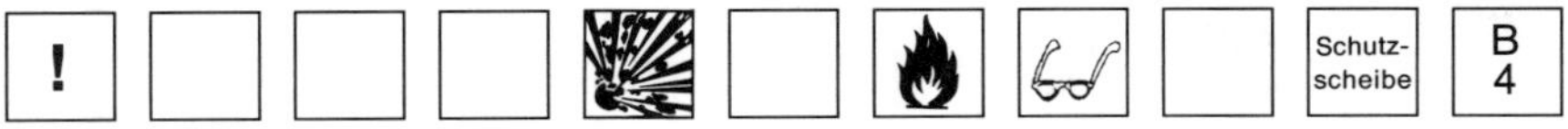

Material

Schliffgeräte verwenden! Destillierkolben, Destillierbrücke, Thermometer (bis 250 °C), Rundkolben mit seitlichem Ansatz, Dreiwegehahn, Kolbenprober, ausgezogenes Glasröhrchen, kurze Gummischläuche, Wasserbad; Paraffinöl, Perlkatalysator.

Durchführung

Vorsicht! Schutzbrille, Schutzscheibe! Nach der folgenden Abbildung wird eine Versuchsanordnung aufgebaut. Der Kolben ist gut über die Hälfte mit Perlkatalysator gefüllt. Dann gibt man 20 ml Paraffinöl dazu und erhitzt mit einem elektrischen Heizgerät. Über einen Dreiwegehahn wird zunächst Gas nach außen (verdrängte Luft!) und dann in den Kolbenprober geleitet. Ist dieser gefüllt, wird durch Umstellen des Dreiwegehahns das Gas wieder nach außen geleitet und nach negativem Verlauf der Knallgasprobe angezündet. Der im Kühlbad stehende Kolben nimmt die flüssigen Crackprodukte auf. Diese und der Kolbenproberinhalt werden für den Versuch 33.5 benötigt.

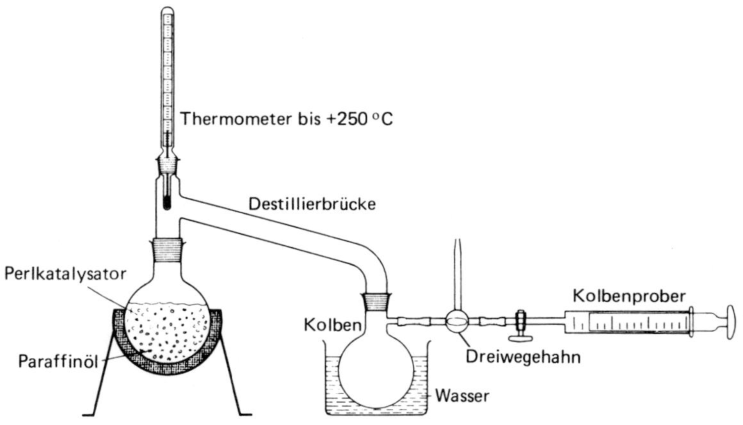

Hinweise

Die Temperatur muß kontrolliert werden, um ein Überschäumen zu vermeiden. Elektrische Heizhaube rechtzeitig abschalten.

Beim Cracken zerbrechen die längeren Kohlenwasserstoffketten in kürzere; dabei entstehen u. a. ungesättigte Verbindungen.

Beispiele:

$C_{16}H_{34}$	$\rightarrow$	C_8H_{18}	+	C_8H_{16}
Hexadecan		Octan		Octen
(gesättigt)		(gesättigt)		(ungesättigt)
C_8H_{18}	$\rightarrow$	C_6H_{12}	+	$C_2H_4 + H_2$
Octan		Hexen		Ethen
(gesättigt)		(ungesättigt)		(ungesättigt)

33.5 Nachweis von Doppelbindungen in Crackprodukten

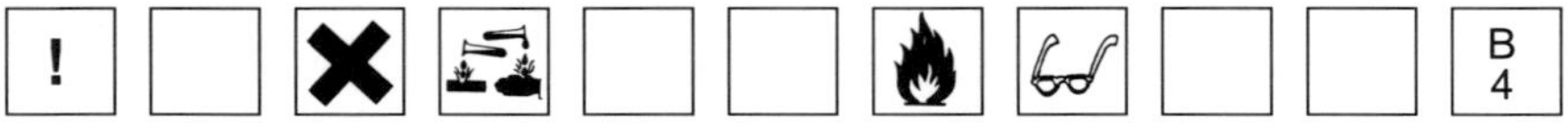

Material 2 Reagenzgläser, Gummischlauch, kurzes Glasrohr; Crackprodukte von Versuch 33.4, Bromwasser.

Durchführung Am Kolbenprober mit dem Inhalt aus Versuch 33.4 befestigt man einen Gummischlauch, in dem ein kurzes Glasrohr steckt. Dann leitet man das Gas langsam in Bromwasser, das sich in einem Reagenzglas befindet. Das Bromwasser wird entfärbt, auf jeden Fall tritt Aufhellung ein. In ein weiteres Reagenzglas mit Bromwasser gibt man etwas von den flüssigen Crackprodukten und schüttelt gut um. Auch hier tritt Entfärbung ein.

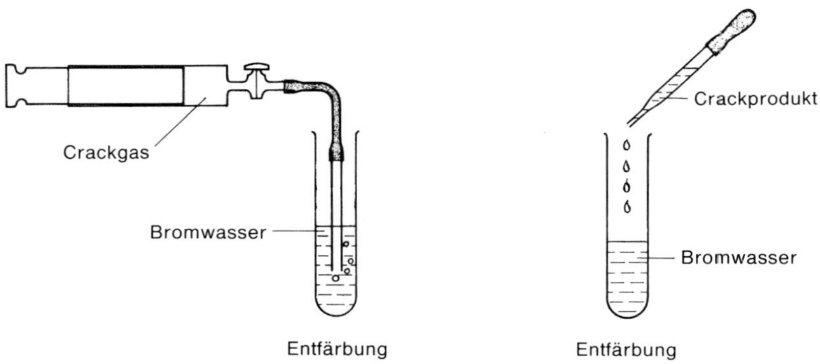

Hinweise Die in den Crackprodukten enthaltenen gasförmigen und flüssigen ungesättigten Kohlenwasserstoffe addieren Brom an ihren Doppelbindungen. Das Bromwasser wird dadurch entfärbt.

Beispiel:

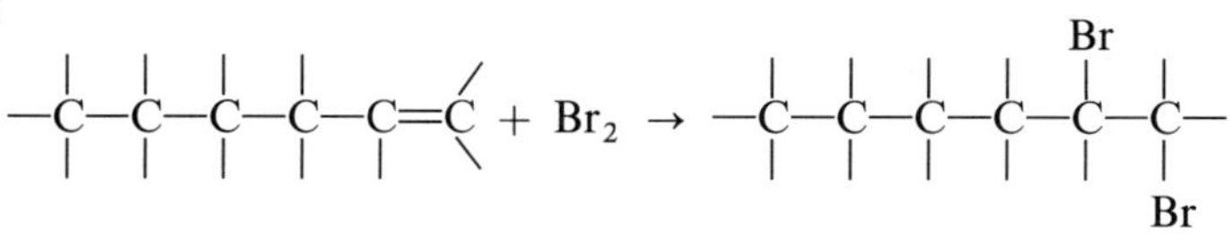

Vereinfachter Modellversuch zum Cracken 33.6

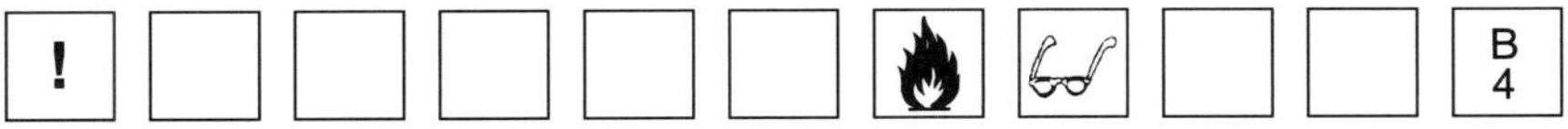

Material

Schwerschmelzbares Reagenzglas mit durchbohrtem Stopfen, U-Rohr mit 2 durchbohrten Stopfen, breites Becherglas, Reagenzglas, verschiedene Glasröhrchen und Schläuche zur Verbindung, Brenner;
Stahlwolle, Paraffinöl, Bromwasser.

Durchführung

Mit der in der Skizze gezeigten Versuchsanordnung kann der Crackprozeß vereinfacht demonstriert werden. Als Katalysator dient Stahlwolle.
Das schwerschmelzbare Reagenzglas ist etwa zur Hälfte locker mit Stahlwolle gefüllt, die man mit etwa 5 ml Paraffinöl benetzt hat. Bei dem Versuch muß vor allem die Stahlwolle mit rauschender Brennerflamme kräftig erhitzt werden. Im gekühlten U-Rohr sammeln sich Tröpfchen. Durch das Bromwasser perlt Gas. Das Bromwasser wird allmählich entfärbt. Vor Beendigung des Versuches muß das Reagenzglas mit dem Bromwasser weggenommen werden, damit beim Abkühlen nicht Wasser ins heiße Reagenzglas zurückgesaugt wird. Gibt man zu der kondensierten Flüssigkeit im U-Rohr etwas Bromwasser, so wird beim Umschütteln auch dieses entfärbt.

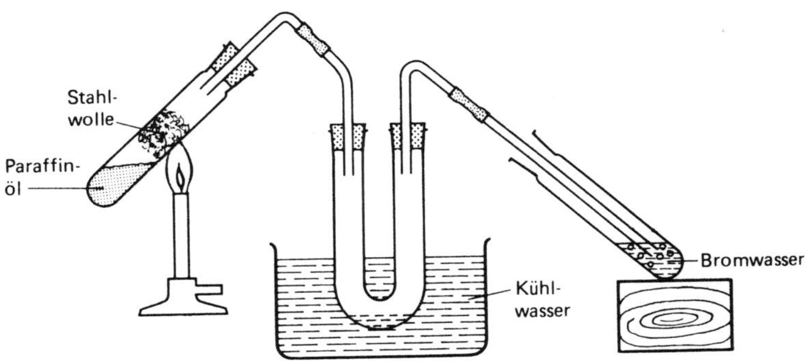

Hinweise

Beim Crackprozeß werden längere Kohlenwasserstoffketten aufgebrochen. Es entstehen kürzere, zum Teil ungesättigte Kohlenwasserstoffverbindungen.

Z. B.

C_7H_{16}	$\rightarrow$	C_5H_{12}	$+$	C_2H_4
Heptan		Pentan		Ethen
(gesättigt)		(gesättigt)		(ungesättigt)

34. Organische Halogen-Verbindungen

34.1 Nachweis von Halogenen in organischen Halogenverbindungen

! AB-ZUG!

Siehe Versuch 29.4, Seite 216.

34.2 Ethylchlorid als „Kältespray“

!

Material Thermometer; Monochlorethan (= Ethylchlorid).

Durchführung Am eindrucksvollsten läßt sich der Versuch durch Verwendung eines Thermofühlers mit Digitalanzeige demonstrieren.
Man umwickelt die Spitze des Thermofühlers (oder eines normalen Thermometers) mit etwas Watte und sprüht dann Ethylchlorid darauf.

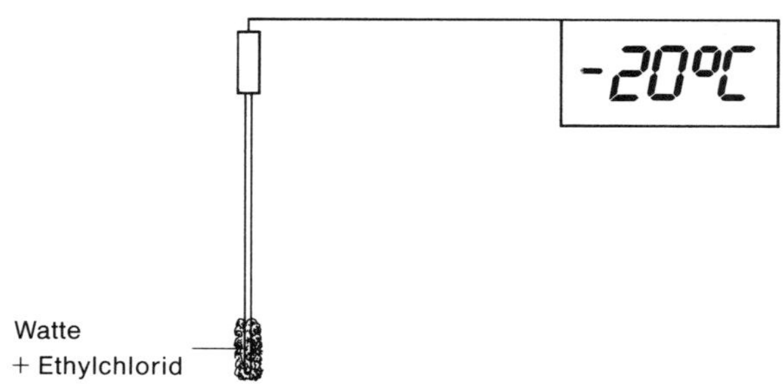

Die Temperatur sinkt bis auf etwa − 20 °C ab.
Ethylchlorid siedet bei ca. 12 °C. Es ist in der Sprühflasche bei geringem Überdruck flüssig und verdampft bei Atmosphärendruck sofort. Dabei entzieht es die Verdampfungswärme der Umgebung.

Hinweise Ethylchlorid wird als „Kältespray“ zur lokalen Betäubung verwendet (Lokalanästhetikum).
Vorsicht: Ethylchlorid bildet mit Luft explosive Gemische, daher sind bei dem Versuch alle Zündquellen zu entfernen.

Verkleben von Plexiglas mittels Methylenchlorid 34.3

Material

Plexiglas, Einwegspritze mit feiner Metallnadel; Dichlormethan (= Methylenchlorid).

Durchführung

Man setzt 2 Plexiglasstücke aufeinander und drückt dann mittels einer Einwegspritze **wenig** Methylenchlorid in die Fuge. Dann hält man die beiden Stücke noch kurze Zeit in der gewünschten Lage fest.

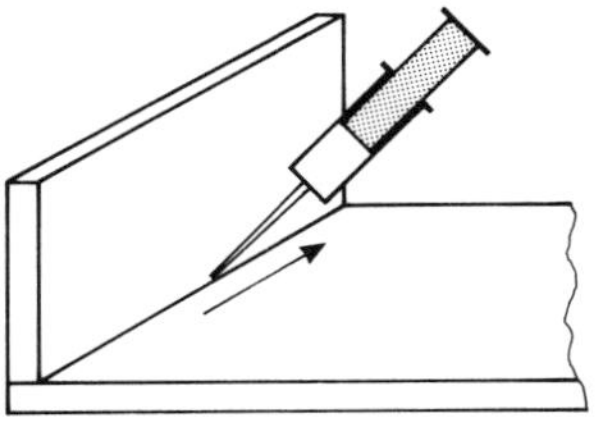

Nach wenigen Minuten sind die beiden Plexiglasteile fest miteinander verklebt. Methylenchlorid verteilt sich in der Fuge (Kapillarwirkung!) und löst das Plexiglas an. Nach dem Verdunsten des Lösungsmittels sind die Teile fest verbunden.

Hinweise

Zur Erzielung guter Ergebnisse (z. B. Bau einer dichten Küvette) ist es notwendig, daß die Klebeflächen möglichst plan sind, weil größere Zwischenräume bei diesem Klebeverfahren nicht ausgefüllt werden.

Thermische Zersetzung von Iodoform 34.4

Material

Reagenzglas; Triiodmethan (= Iodoform).

Durchführung

Eine Spatelspitze Iodoform wird in ein Rg gegeben und dann mit kleiner Flamme erhitzt. Es bilden sich violette Dämpfe (Iod), die sich an den kälteren Stellen des Rg als kristallines Iod absetzen.

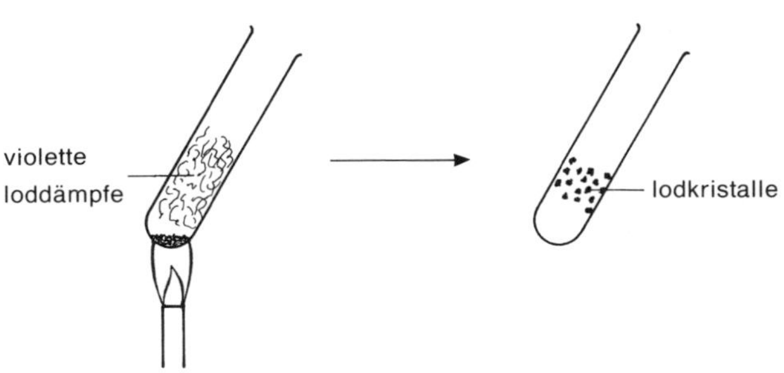

Hinweise

Auf der leichten Zersetzbarkeit von Iodoform beruhte seine Verwendung als „trockenes Antiseptikum". Während trockenes Iodoform unter Luftabschluß unbegrenzt haltbar ist, zersetzt es sich unter dem Einfluß von Feuchtigkeit (z. B. in Wunden) unter Abscheidung kleiner, desinfizierend wirkender Iodmengen. Heute wird es kaum noch verwendet (unangenehmer Geruch, schädliche Nebenwirkungen).

34.5 Demonstration der großen Dichte mancher Halogenalkane

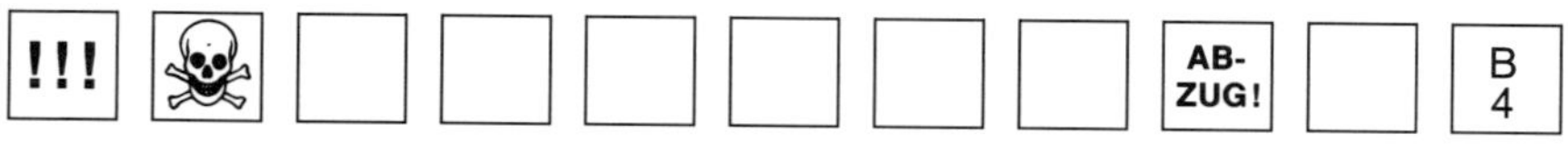

Material

Verschließbare Gefäße; Bromoform (Dichte 2,8 g/cm^3) oder 1,1,2,2-Tetrabromethan (Dichte 2,96 g/cm^3); Methyleniodid (Dichte 3,32 g/cm^3); verschiedene geeignete Mineralien oder Gesteine (s. Hinweise).

Durchführung

Im einfachsten Fall kann man die große Dichte mancher organischer Halogenverbindungen demonstrieren, indem man einen Quarzkiesel (Dichte ca. 2,65 g/cm^3) oder Granitbrocken (Dichte 2,6–2,73 g/cm^3) in Bromoform, Tetrabromethan oder Diiodmethan gibt. Die Steine schwimmen auf der Flüssigkeit.
Wegen der großen Toxizität der Halogenalkane (Methyleniodid ist als relativ harmlos eingestuft) empfiehlt sich ein anderes Vorgehen:
Man gibt in ein dicht verschließbares Gefäß Stücke verschiedener geeigneter Gesteine oder Mineralien (s. Hinweise) und schüttet dazu im Abzug Bromoform oder Tetrabromethan. Nach der Demonstration der Auftrennung gießt man die Flüssigkeit wieder in ein dicht verschließbares, beschriftetes Vorratsgefäß und hebt das Mineralien-/Gesteinsgemisch (ebenfalls verschlossen) getrennt auf.

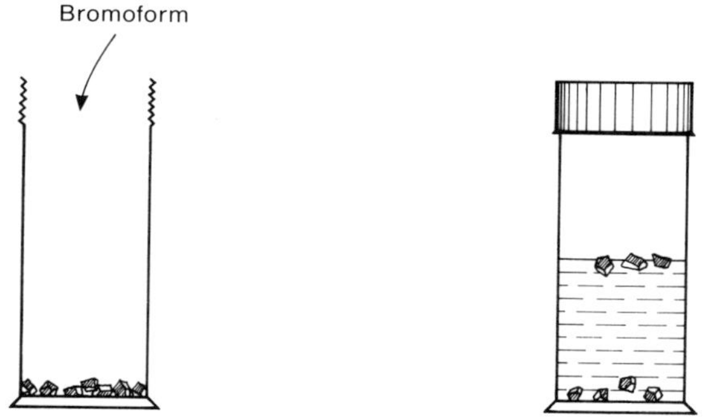

Die Dichte der Halogenalkane nimmt mit zunehmender Halogenierung zu. Iodoform hat z. B. die für organische Verbindungen ungewöhnlich hohe Dichte von 4 g/cm^3.

Hinweise

Manche organ. Halogenverbindungen haben zur Auftrennung von Mineraliengemischen praktische Bedeutung. Stellt man ein Gemisch von Stoffen zusammen, deren Dichten unter- bzw. oberhalb der Dichte der verwendeten Flüssigkeit liegt, kann man das Prinzip der Auftrennung eindrucksvoll demonstrieren. Die folgenden Zahlenwerte geben die Dichte in g/cm^3 an:

Glas 2,4–2,6
Quarz 2,65
Granit 2,6–2,73
Marmor 2,8–2,95
Gips 2,31–2,33
Granat 3,4–4,6
Feuerstein (Flint) 2,6
Basalt 2,6–3,3
Bariumsulfat (Schwerspat) 4,5
Flußspat (Calciumfluorid) 3–3,3
Dolomit 2,8–2,95
Graphit 2,23
Steinsalz 2,1–2,2

35. Alkohol

Alkoholische Gärung 35.1

Material
Erlenmeyerkolben (ca. 500 ml), Stopfen mit Gasableitungsrohr, Standzylinder; Saccharose, Hefe (Bäckerhefe oder Brauhefe), Kalkwasser.

Durchführung
Man löst ca. 30 g Haushaltszucker (Saccharose) in ca. 200 ml Wasser und gibt dazu ein kleines Päckchen Bäckerhefe, die man vorher in einigen ml Wasser aufgeschlämmt hat. Dann verschließt man den Kolben mit einem Stopfen mit Gasableitungsrohr, welches man in einen Standzylinder mit Kalkwasser einführt.

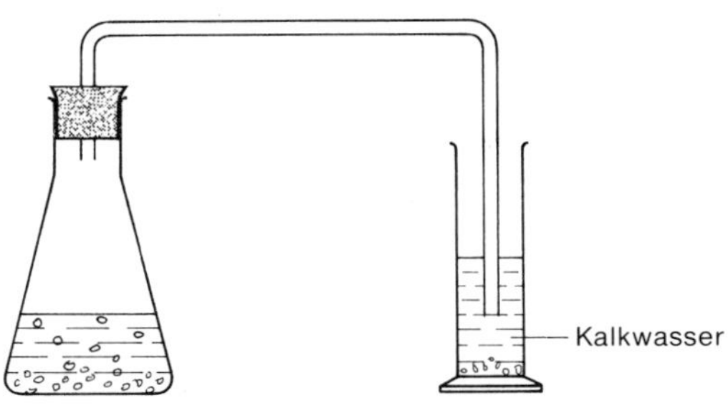

Bereits nach wenigen Stunden (s. Hinweise) ist die einsetzende Gärung an der Gas- und Schaumbildung zu beobachten.
Die Saccharose wird zunächst enzymatisch aufgespalten (Hydrolyse):

$$C_{12}H_{22}O_{11} + H_2O \xrightarrow{\text{Enzyme}} 2\,C_6H_{12}O_6$$

Die Monosaccharide werden dann durch weitere Hefeenzyme zu Alkohol und Kohlenstoffdioxid vergoren:

$$C_6H_{12}O_6 \xrightarrow{\text{Enzyme}} 2\,C_2H_5OH + 2\,CO_2\uparrow$$

Die Trübung des vorgelegten Kalkwassers weist Kohlenstoffdioxid nach.

Hinweise Damit die Gärung bald in Gang kommt und kräftig verläuft, sollte man den Kolben an einen warmen Ort stellen oder in ein Wasserbad (30–40 °C). Gelegentliches Umschütteln regt die Tätigkeit der Hefepilze weiter an.

35.2 Einfacher Nachweis von Alkohol in alkoholhaltigen Getränken

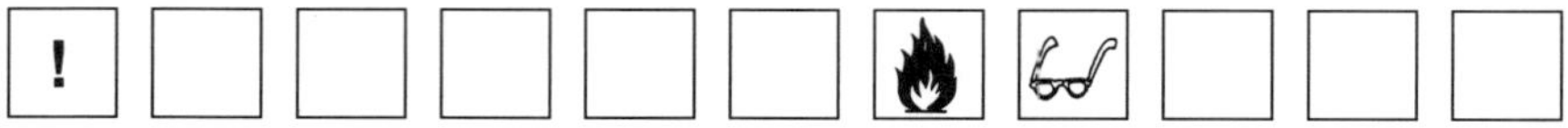

Material Erlenmeyerkolben (ca. 250 ml), Steigrohr (Länge 50–100 cm, Durchmesser ca. 1 cm), Siedesteinchen; Alkoholisches Getränk (z. B. Wein oder die alkoholhaltige Flüssigkeit vom „Gärungsversuch“ 35.1).

Durchführung In ein Erlenmeyerkölbchen gibt man ca. 100 ml alkoholhaltige Flüssigkeit und einige Siedesteinchen. Dann setzt man auf das Gefäß ein Steigrohr und erhitzt die Flüssigkeit zum Sieden. Wenn die ersten Dämpfe am Rohrende entweichen, entzündet man sie. Alkohol- und Wasserdämpfe steigen im Rohr empor. Wasser (höherer Siedepunkt!) kondensiert zuerst, so daß zunächst fast nur Alkoholdampf dem Rohr entweicht, der sich entzünden läßt.

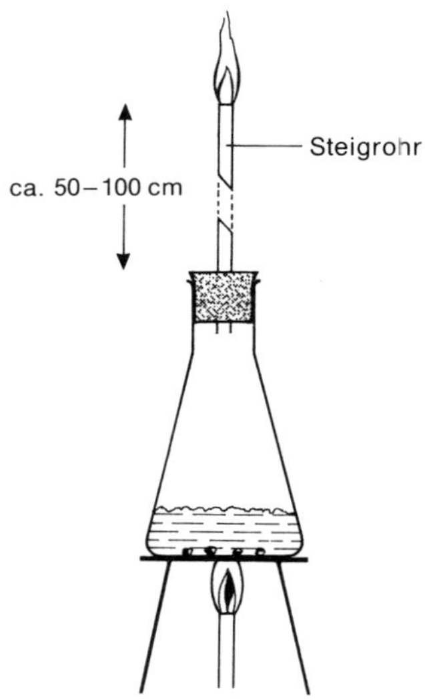

Hinweise Diese Methode ist erstaunlich empfindlich – Alkoholmengen von ca. 1 % lassen sich damit noch nachweisen. Auch Bier (v. a. Starkbier) ist für diesen Versuch geeignet, jedoch bereitet die Schaumentwicklung einige Probleme (event. einen Spatel Tannin = Gerbsäure zugeben).
Verwendet man die durch Gärung (Versuch 35.1) hergestellte Lösung, so gießt man diese zunächst von der abgesetzten Hefe ab oder filtriert sie.

Wassernachweis im Ethanol — 35.3

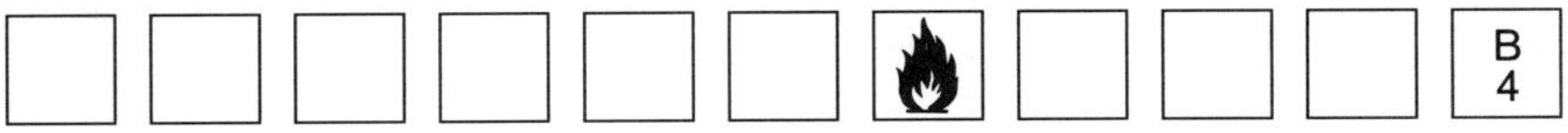

Material

Reagenzgläser oder Glasschalen; Wasserfreies Ethanol, wasserhaltiges Ethanol (z. B. Brennspiritus), entwässertes Kupfersulfat.

Durchführung

Zu entwässertem (weißem) Kupfersulfat (Herstellung: Blaues „Kupfervitriol" in Porzellanschale vorsichtig erhitzen, bis weißes, wasserfreies Kupfersulfat entstanden ist. Unter Luftabschluß aufbewahren.) wird in je einem Rg (oder Glasschale) etwas wasserfreies Ethanol bzw. wasserhaltiges Ethanol gegeben.

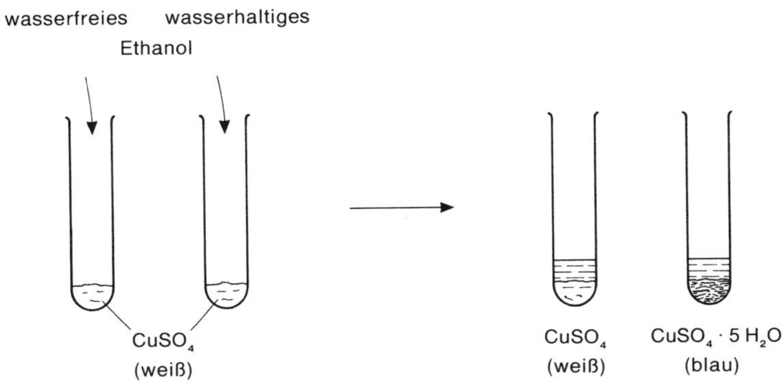

„Kupfervitriol" $CuSO_4 \cdot 5\,H_2O$ verliert oberhalb 200 °C sein Kristallwasser und wird zu weißem $CuSO_4$. Unter Blaufärbung nimmt die Verbindung wieder Wasser (z. B. aus dem Alkohol) auf:

$$\underset{\text{weiß}}{CuSO_4} + 5\,H_2O \rightarrow \underset{\text{blau}}{CuSO_4 \cdot 5\,H_2O}$$

Hinweise

Statt wasserfreiem Kupfersulfat kann man auch Kaliumpermanganat verwenden. Dieses löst sich nicht in wasserfreiem Alkohol, in wasserhaltigem Alkohol jedoch mit violetter Farbe.

Neutrale Reaktion von Alkoholen — 35.4

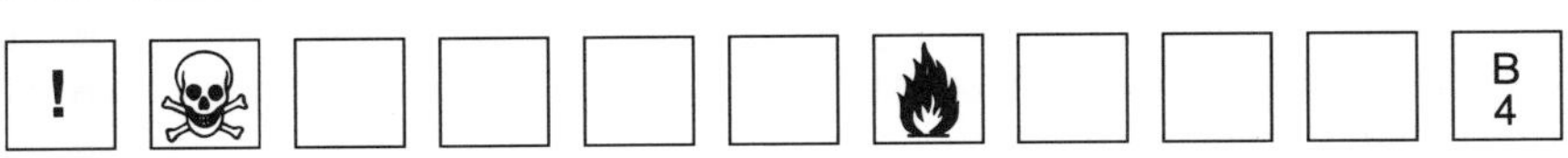

Material

Methanol (Ethanol, ...), Universalindikatorpapier.

Durchführung

Man gibt in ein Rg 1–2 ml Methanol (oder Ethanol) und verdünnt mit einigen ml Wasser. Dann wird mit einem Streifen Universalindikatorpapier geprüft.

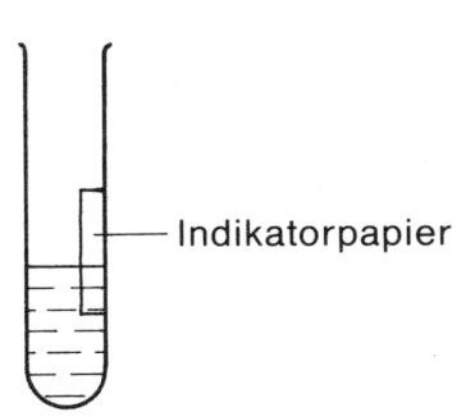

Der Indikator zeigt neutrale Reaktion an, d. h. die Hydroxylgruppe des Alkohols wird im Wasser nicht abgespalten.

35.5 Löslichkeit von Alkanolen

Material Reagenzgläser; Methanol, Ethanol, Butanol, Octanol (oder anderer höherer Alkohol), Benzin, Wasser.

Durchführung Je 4 Rg werden mit einigen ml Wasser bzw. Benzin versehen. Dann gibt man jeweils ca. 1 ml Methanol, Ethanol, Butanol und Octanol (oder einen anderen höheren Alkanol) dazu.

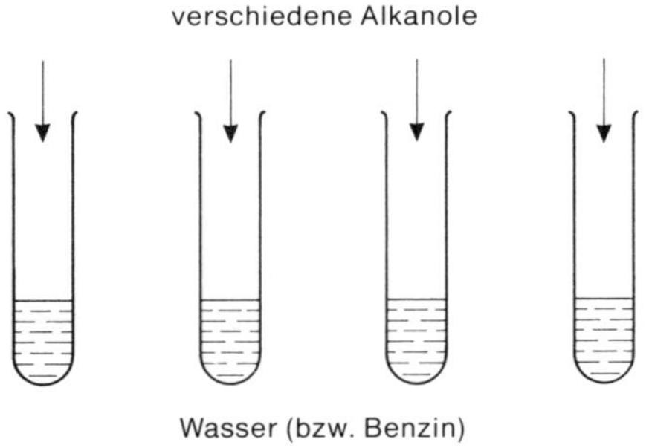

Die niederen Alkohole sind wegen der polaren Hydroxylgruppe wasserlöslich (hydrophil), mit zunehmender Länge des Alkylrestes nimmt die Wasserlöslichkeit schnell ab. Umgekehrt sind die Alkanole aufgrund des lipophilen Alkylrestes in unpolaren Lösungsmitteln löslich (Methanol mit Einschränkungen).

35.6 Alkoholatbildung

Material Reagenzglas, Stopfen mit Gasableitungsrohr, evtl. pneumat. Wanne (s. Skizze); Methanol (oder Ethanol), Natrium.

Durchführung In ein Rg mit 4–5 ml Methanol (oder Ethanol) gibt man mit einer Pinzette ein ca. erbsengroßes, sorgfältig entrindetes und mit Filterpapier getrocknetes Stück Natrium. Dann verschließt man das Rg mit einem Stopfen mit Glasrohr und stülpt darüber ein Rg. Eine andere Möglichkeit, das entstehende Gas aufzufangen, ist in der rechten Skizze dargestellt.
Das aufgefangene Gas wird an der Brennerflamme entzündet, der Rückstand wird mit Wasser verdünnt (Vorsicht – erst wenn das Natrium aufgelöst ist!) und mit Indikatorlösung geprüft.
Natrium reagiert mit Methanol (bzw. Ethanol) unter Freisetzung von Wasserstoff (Knallgasprobe!):

$$CH_3OH + Na \rightarrow CH_3ONa + 1/2\, H_2\uparrow$$

Das Natriummethanolat (bzw. Natriumethanolat) reagiert mit Wasser zu Natronlauge unter Rückbildung des Alkohols:

$CH_3ONa + H_2O \rightarrow CH_3OH + Na^+ + OH^-$

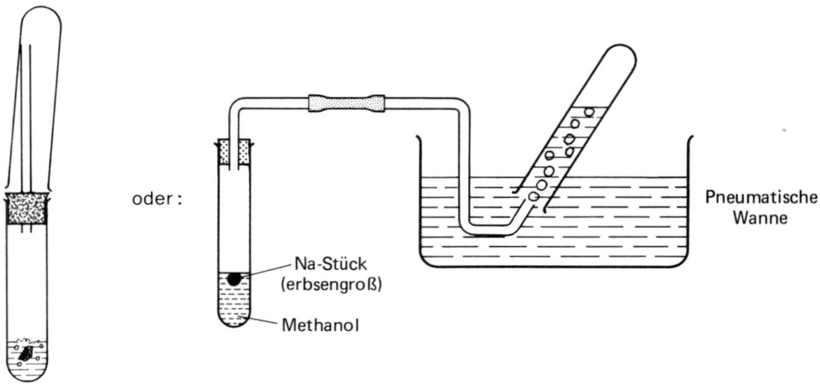

Hinweise

Wird Ethanol verwendet, so ist darauf zu achten, daß wasserfreier Ethanol genommen wird. Brennspiritus – ansonsten für die meisten Ethanol-Versuche geeignet – enthält Wasser und liefert daher verfälschende Ergebnisse. Vorsichtsmaßnahmen beim Umgang mit Natrium beachten!

Oxidation primärer Alkohole durch heißes Kupferoxid 35.7

Material

Kupferdrahtnetzrolle, Tiegelzange, Reagenzgläser; Primäre Alkohole (z. B. Methanol, Ethanol, Propanol-1, Butanol-1).

Durchführung

In einem Rg gibt man zu wenig Alkohol eine geglühte Kupferdrahtnetzrolle.

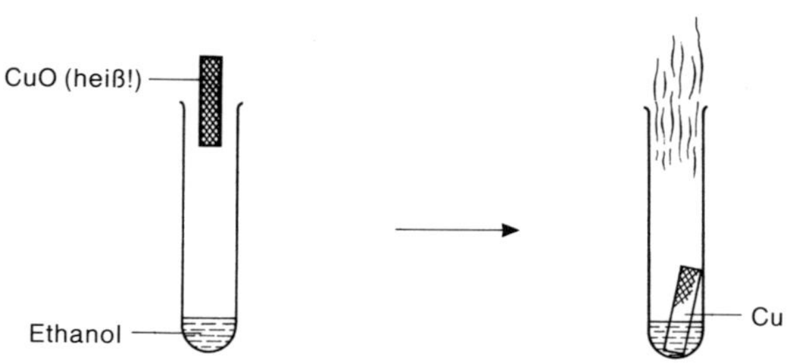

Das schwarz oxidierte, heiße Kupfer wird in den Alkoholdämpfen wieder zu blankem Metall reduziert. Am typischen Geruch (Vorsichtig riechen!) kann man Aldehyde als Oxidationsprodukte erkennen. Die Oxidation primärer Alkohole mit Kupferoxid verläuft in der Hitze nach der Gleichung:

$R{-}CH_2OH + CuO \rightarrow R{-}CHO + Cu + H_2O$

35.8 Borsäureester mit Methanol und Ethanol

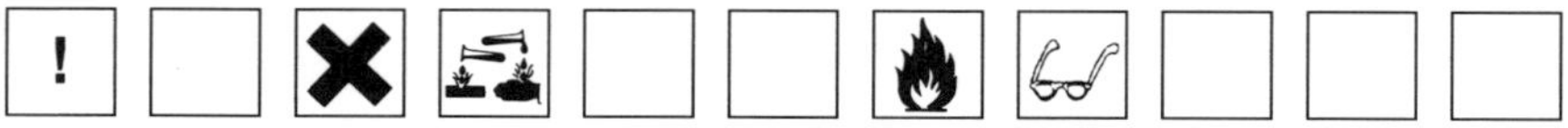

Material 3 Porzellanschalen; Methanol, Ethanol, Borax oder Borsäure, konz. Schwefelsäure.

Durchführung Zu einigen ml Methanol und Ethanol wird in Porzellanschalen je eine Spatelspitze Borax gegeben. Beobachtung der Flamme nach Entzünden! In einer weiteren Porzellanschale gibt man zu dem Ethanol-Borax-Gemisch noch einige Tropfen konz. Schwefelsäure, entzündet und beobachtet wieder die Flammenfärbung (Schwefelsäure beschleunigt die Bildung von Borsäureethylester).

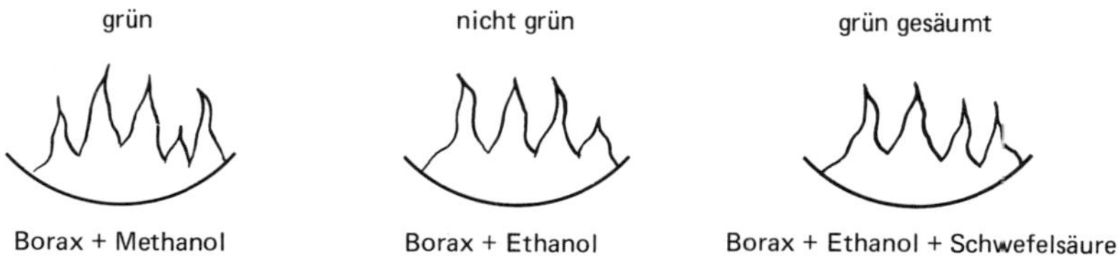

Eine grüne Flammenfärbung ohne Zusatz von Schwefelsäure beweist die Anwesenheit von Methanol. Borsäure bildet sich aus Borax durch Reaktion mit Wasser.

$$\begin{array}{l} H_3C-OH + HO \diagdown \\ H_3C-OH + HO - B \\ H_3C-OH + HO \diagup \end{array} \rightarrow \begin{array}{l} H_3C-O \diagdown \\ H_3C-O - B + 3\,H_2O \\ H_3C-O \diagup \end{array}$$

Borsäuremethylester

Hinweise Verwendet man Borsäure anstelle von Borax, so zeigt die Probe mit Ethanol eine grün gesäumte Flamme. Die Flamme mit Methanol ist rein grün gefärbt.

35.9 Löslichkeit von Glycerin

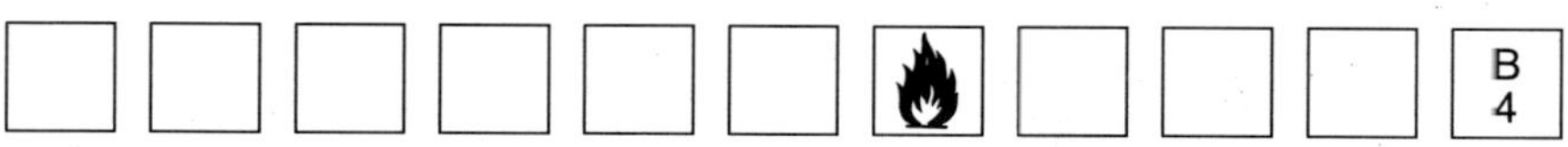

Material Reagenzgläser; Glycerin, Benzin, Wasser.

Durchführung In je 1 Rg gibt man 1–2 ml Wasser bzw. Benzin und dazu jeweils ca. 1 ml Glycerin. Kräftig umschütteln.

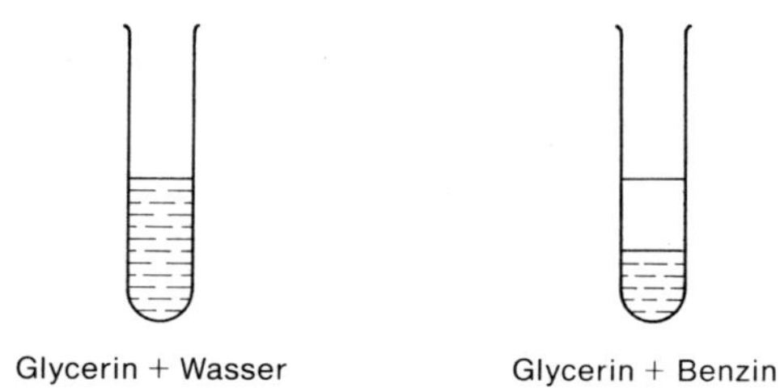

Glycerin löst sich in beliebiger Menge in Wasser, in Benzin ist es unlöslich. Ursache ist die Häufung von polaren Hydroxylgruppen im Glycerinmolekül, die den hydrophilen Charakter bedingen und die Ausbildung von Wasserstoffbrükken ermöglichen.

Hinweise

Gibt man das Wasser vorsichtig zum Glycerin, so bestehen zunächst wegen des deutlichen Dichteunterschiedes zwei Phasen, die aber beim Umschütteln schnell eine homogene Lösung ergeben.

Viskosität verschiedener Alkohole 35.11

										B 4

Material

Bürette, Becherglas, Uhr; Propanol, Glycol, Glycerin.

Durchführung

Aus einer Bürette läßt man jeweils gleiche Mengen (z. B. 20 ml) Propanol, Glycol und Glycerin in ein Becherglas ausfließen und stellt die Auslaufdauer fest. Es ist darauf zu achten, daß die Hahnstellung (Auslauföffnung) jeweils gleich ist. Propanol läuft am schnellsten aus der Bürette, Glycerin am langsamsten.

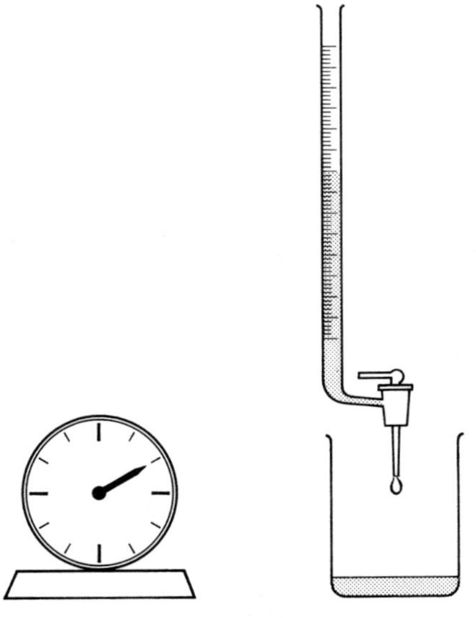

Hinweise

Die hohe Viskosität von Glycol und Glycerin gegenüber Propanol kann durch „van der Waals'sche Kräfte" allein nicht erklärt werden. Die hohe Viskosität steht offensichtlich in direktem Zusammenhang mit der Anzahl der Hydroxylgruppen im Molekül (Wasserstoffbrückenbildung).

35.11 Iodoformprobe

! | B 4

Material Reagenzgläser, Glasstab; Methanol, Ethanol, Iodiodkaliumlösung, Natronlauge 5%ig.

Durchführung In 2 Rg gibt man zu 1 ml Methanol und zu 1 ml Ethanol je 2 ml 5%ige Natronlauge. Anschließend werden beide Lösungen mit konz. Iodiodkalilösung versetzt, bis die Iodfärbung gerade noch verschwindet.
Bei der Probe mit Ethanol entsteht ein gelber Niederschlag von Iodoform (typischer Geruch!). Event. mit Glasstab reiben!

Disproportionierung:	$I_2 + 2\,OH^-$	$\rightarrow IO^- + I^- + H_2O$
Oxidation:	$C_2H_5OH + IO^-$	$\rightarrow CH_3CHO + I^- + H_2O$
Iodierung:	$CH_3CHO + 3\,IO^-$	$\rightarrow CI_3CHO + 3\,OH^-$
Spaltung:	$CI_3CHO + OH^-$	$\rightarrow CHI_3 + HCOO^-$
		Iodoform

Hinweise Für das Gelingen der Reaktion ist wichtig, daß die Iodlösung konzentriert ist.

35.12 Reaktion von Glycerin mit Kaliumpermanganat

! | Schutzscheibe | B 5

Material Feuerfeste Unterlage (Keramikdrahtnetz oder Porzellanschale), Pipette; Glycerin, Kaliumpermanganat.

Durchführung Kaliumpermanganat wird in einer Reibschale gepulvert und auf einer geeigneten Unterlage zu einem ca. 1,5 cm hohen Kegel gehäuft, den man oben leicht eindrückt. In die Eindellung tropft man mit einer Pipette oder einem Glasstab ein paar Tropfen Glycerin.

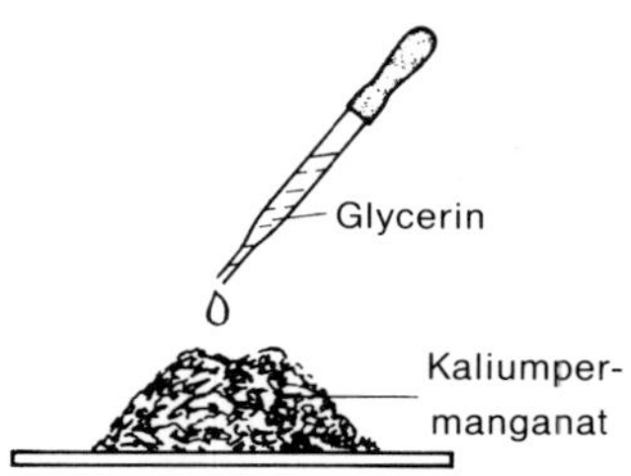

Nach kurzer Zeit entzündet sich das Gemisch von selbst. Es handelt sich hier um einen Redoxvorgang zwischen einem starken Oxidationsmittel (Kaliumpermanganat) und einem relativ starken Reduktionsmittel (Glycerin).

Hinweise Vorsicht! Die Reaktion setzt gelegentlich mit einiger Verzögerung ein (nicht darüber beugen), außerdem können Teilchen des Reaktionsgemisches weggeschleudert werden (Schutzbrille, Schutzscheibe).

Silberspiegelprobe mit mehrwertigen Alkoholen 35.13

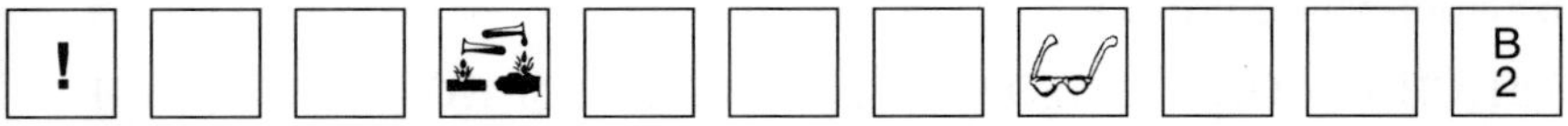

Material

Ungebrauchte Reagenzgläser; Glycol, Glycerin, Propandiol; Mannit, Silbernitratlösung (ca. 5%ig), Natronlauge, Ammoniaklösung.

Durchführung

In jeweils einem neuen (fettfreien) Rg stellt man sich zunächst ammoniakalische Silbernitratlösung her: dazu gibt man zu ca. 5 ml Silbernitratlösung so viele Tropfen konz. Ammoniaklösung, bis der sich bildende Niederschlag gerade wieder verschwindet. Dann wird noch ca. 1 ml Natronlauge und etwa die gleiche Menge eines mehrwertigen Alkohols zugegeben und einige Minuten im Wasserbad erhitzt.

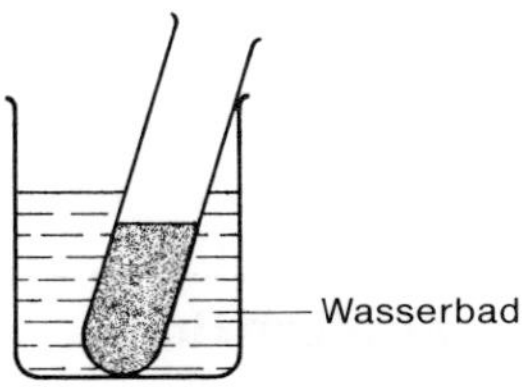

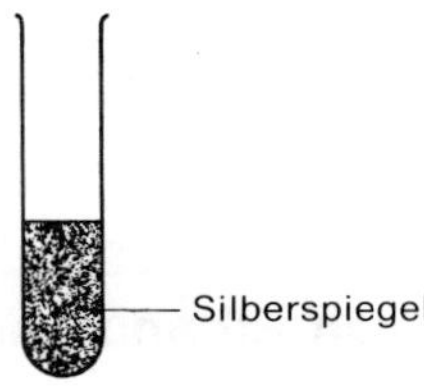

Nach kurzer Zeit bildet sich ein schöner Silberspiegel. Der Silberspiegel weist auf die reduzierende Wirkung der OH-Gruppen (z. B. in Alkoholen) hin. Eine Häufung der Hydroxylgruppen bewirkt eine Verstärkung der Reduktionswirkung.

Hinweise

Vorsicht: Ammoniakalische Silbernitratlösung immer frisch bereiten, nicht aufbewahren! (s. Versuch 31.12, S. 230).

Unterscheidung primärer, sekundärer und tertiärer Alkohole 35.14

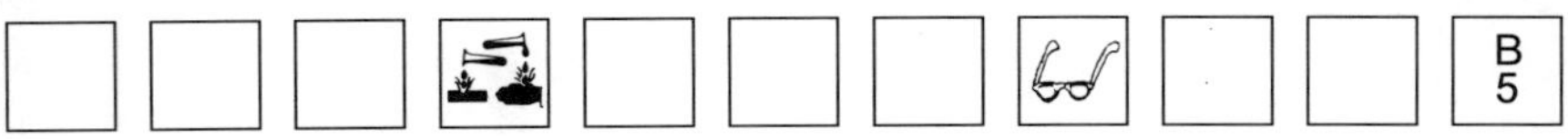

Material

Reagenzgläser, Becherglas, Meßzylinder; n-Propanol, Isopropylalkohol, tertiäres Butanol, Kaliumpermanganatlösung $c(KMnO_4) = 0{,}002$ mol/l, Schwefelsäure.

Durchführung

In 3 Rg gibt man äquimolare Mengen Alkohol:
9,77 ml n-Propanol
10,00 ml i-Propanol
12,11 ml tert. Butanol
Dazu je 3 ml schwefelsaure Kaliumpermanganat-Lösung. Die Rg werden in ein Wasserbad von ca. 60 °C gestellt und die Zeit bis zur Entfärbung notiert.

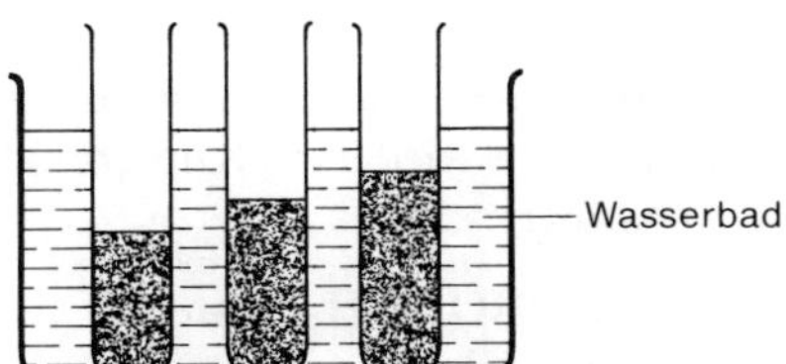

Bei den angegebenen Konzentrationen wird eindeutig der tertiäre Alkohol am langsamsten oxidiert.
Oxidation von n-Propanol:

$$5\,CH_3CH_2CH_2OH + \underset{\text{violett}}{2\,MnO_4^-} + 6\,H^+ \rightarrow 5\,CH_3CH_2CHO + \underset{\text{prakt. farblos}}{2\,Mn^{2+}} + 8\,H_2O$$

Hinweise Die Versuche können als Ersatz für die Oxidation der Alkohole mit schwefelsaurer Dichromatlösung eingesetzt werden.
Tert. Butanol erstarrt bei 24,3 °C. Wenn dies geschehen ist, braucht man die geöffnete Flasche nur in warmes Wasser zu stellen.

36. Aldehyde und Ketone

36.1 Oxidation von Ethanol durch heißes Kupferoxid

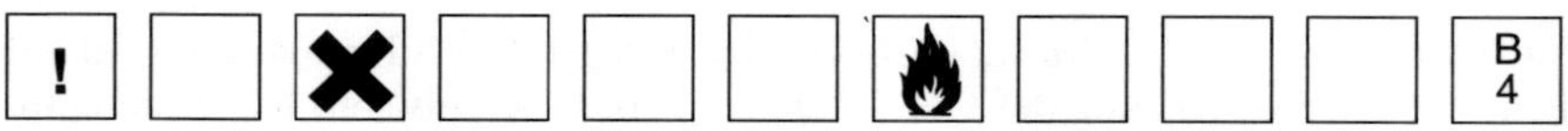

Material Kupferdrahtnetzrolle, Tiegelzange, Weithalserlenmeyerkolben, elektr. Heizplatte; Ethanol (Brennspiritus genügt).

Durchführung Man erwärmt auf einer Heizplatte einige ml Ethanol bis zum Sieden. In die Dämpfe führt man mit einer Tiegelzange eine **heiße**, oxidierte Kupferdrahtnetzrolle ein. Zieht man die reduzierte Rolle (rot) wieder aus dem Gefäß, so oxidiert sie an der Luft sofort, wird beim Eintauchen in die Alkoholdämpfe wieder reduziert usw.

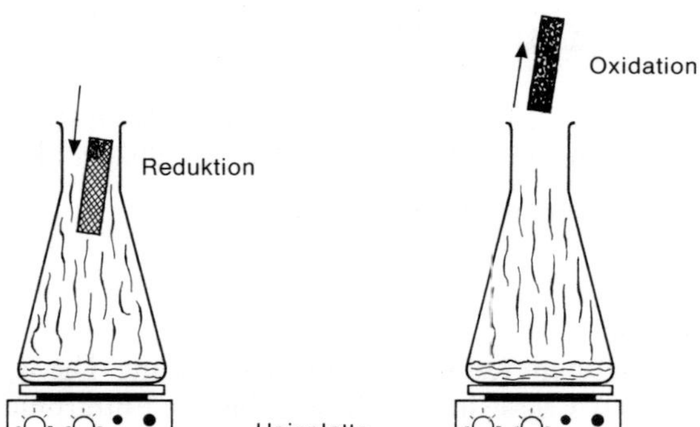

Die Ethanoldämpfe reduzieren das schwarze Kupferoxid zu rotem Kupfer, an der Luft wird das heiße Kupfer sofort wieder zu Kupferoxid usw. Ethanol wird zu Ethanal (= Acetaldehyd) oxidiert:

$$CH_3CH_2OH + CuO \rightarrow \underset{\text{Acetaldehyd}}{CH_3CHO} + H_2O + Cu$$

Hinweise

Wichtig für das Gelingen des Versuches ist es, daß das Kupferdrahtnetz zu Beginn des Versuches stark erhitzt und schnell in die Dämpfe gebracht wird.
Man sollte den Versuch nur wenige Male wiederholen, damit keine größeren Mengen des gesundheitsschädlichen Ethanals entweichen.

Methanalverpuffungen 36.2

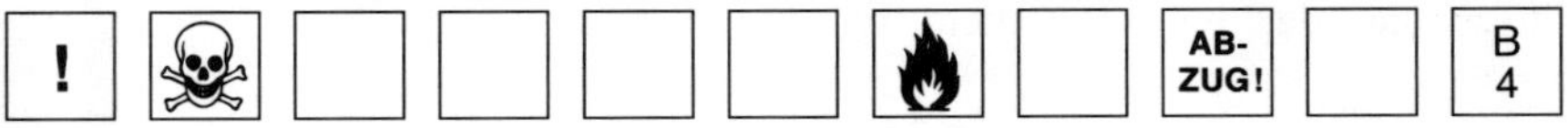

Material

Erlenmeyerkolben; Methanol, Kupferdraht, Blech (s. Skizze).

Durchführung

Für den Versuch benötigt man einen Erlenmeyerkolben (ca. 250 ml, Enghals), einen starken Kupferdraht, den man an einem Ende spiralig windet, und ein passend zurechtgeschnittenes Blech (s. Skizze). In den Kolben gibt man ca. 0,5 cm hoch Methanol (20–30 ml), dann hängt man das Blech ein (es darf den Boden nicht berühren). Nun erhitzt man das Methanol bis kurz vor dem Sieden, erhitzt dann die Kupferspirale bis zum Glühen und hängt sie in den Kolben.

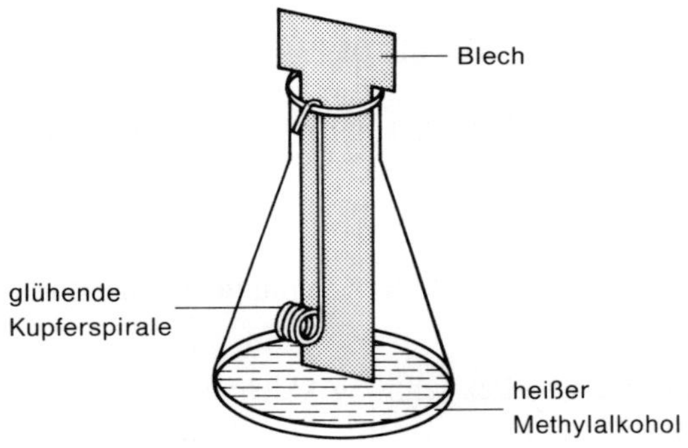

Die Spirale glüht weiter und nach kurzer Zeit erfolgt mit fauchend-pfeifendem Geräusch eine harmlose Verpuffung, das Methanal-Luft-Gemisch brennt mit kaum sichtbarer Flamme. Wenn die Flamme erlischt, beginnt die Kupferspirale wieder zu glühen und das Ganze wiederholt sich im Abstand von 10–20 Sekunden ca. eine halbe Stunde lang und kann durch erneute Methanolzugabe beliebig verlängert werden.
Methanol wird zu Methanal und Wasser oxidiert, das Kupfer wirkt dabei als Katalysator.

$$CH_3OH + \langle O \rangle \xrightarrow{Cu} HCHO + H_2O$$

Das eingehängte Blech ist an der Reaktion nur insofern beteiligt, als es die Luftzufuhr regelt (Kaminwirkung).

Hinweise

Bei dem Versuch entsteht Methanal (= Formaldehyd), eine gesundheitsschädliche Substanz, die sich nur zu einem geringem Teil im Methanol löst. Deshalb sollte man den Versuch nur im Abzug laufen lassen.

36.3 Dehydrierung eines primären Alkohols

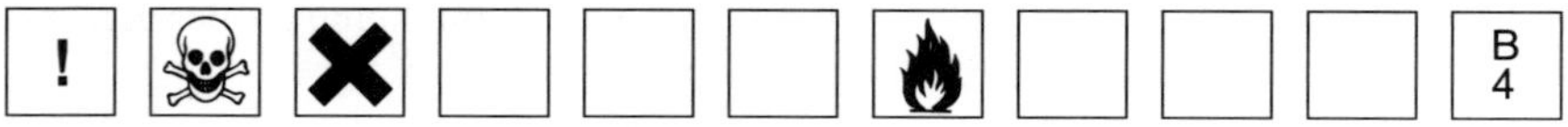

Material — Erlenmeyerkolben, Filterpapier; Methanol oder Ethanol, Pt-Quarzwolle, Schiffsches Reagenz (= fuchsinschwefelige Säure).

Durchführung — In einen kleinen Erlenmeyerkolben gibt man zu etwa 10 ml erwärmtem Methanol (Ethanol) Pt-Quarzwolle und hält in die aufsteigenden Dämpfe einen Streifen Filterpapier, das mit Schiffschem Reagenz getränkt ist.

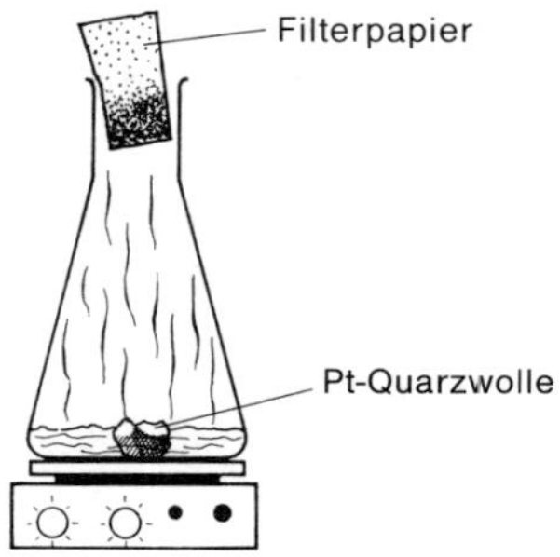

Die aufsteigenden Dämpfe färben die fuchsinschwefelige Säure rot (Schiffsche Probe).
Es handelt sich um eine katalytische (Platin!) Dehydrierung des Alkohols.

$$CH_3OH \xrightarrow{Pt} HCHO + 2\,H$$

(Der abgespaltene Wasserstoff verbindet sich mit dem Sauerstoff der Luft zu Wasser)

Hinweise — Dieser Vorgang begründet die Bezeichnung Aldehyd (von **al**coholus **dehyd**rogenatus). Die Pt-Quarzwolle kann nach Ausglühen wieder verwendet werden.

36.4 Unterscheidung von Methanal, Ethanal und Propanon

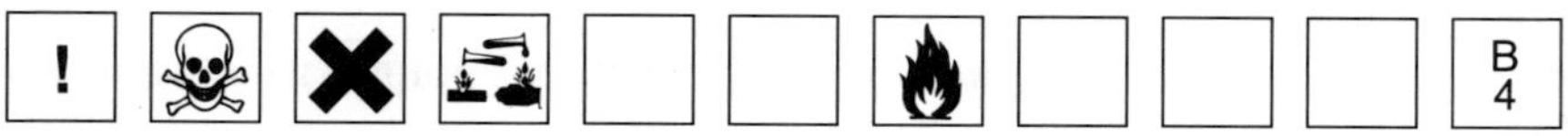

Material — Reagenzgläser; Methanallösung (= Formalin), Ethanal (= Acetaldehyd), Propanon (= Aceton), fuchsinschweflige Säure, konz. Salzsäure.

Durchführung — In je ein Rg gibt man einige ml Formalin, Ethanal und Propanon. Dann tropft man zu den 3 Proben fuchsinschwefelige Säure. Die Aldehyde erzeugen eine Rotviolettfärbung (Farbvergleich anstellen!), bei Aceton tritt keine Farbreaktion ein. Nun gibt man den Reagenzglasinhalt zur Hälfte in je ein weiteres Rg und versetzt mit konz. Salzsäure.Die Probe mit Formalin und fuchsinschwefeliger Säure wird blau, die mit Ethanal und fuchsinschwefeliger Säure wird hellgelb bis farblos.

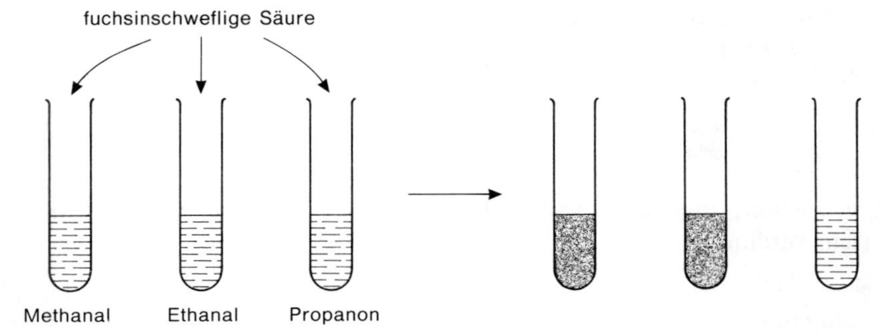

Polymerisation und Depolymerisation von Methanal bzw. Polymethanal — 36.5

Material

Glasschale, Becherglas (als Wasserbad), Reagenzglas mit Gasableitungsrohr; Formalin, Paraformaldehyd (= Polymethanal), fuchsinschwefelige Säure.

Durchführung

Man gibt etwa 5–10 ml Formalin in eine Glasschale und erwärmt diese im Abzug (!) mehrere Minuten lang über einem siedenden Wasserbad.
Wenn sich erste weiße Abscheidungen bilden, kann man die Schale vom Wasserbad nehmen und abkühlen lassen.

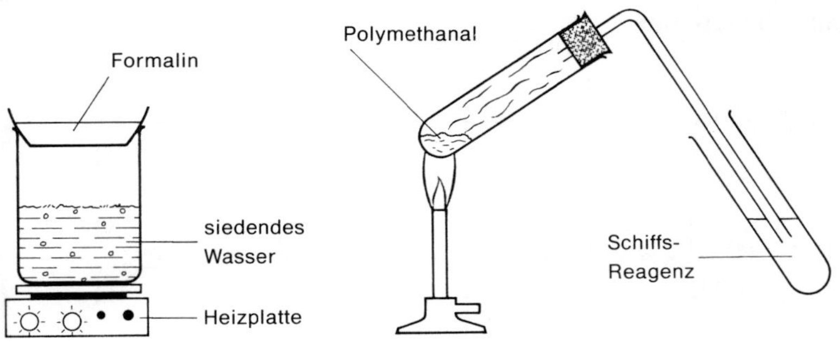

Nach ca. 15–30 Minuten bildet sich in der Glasschale weißes, festes Polymethanal (Paraformaldehyd). Vereinfacht:

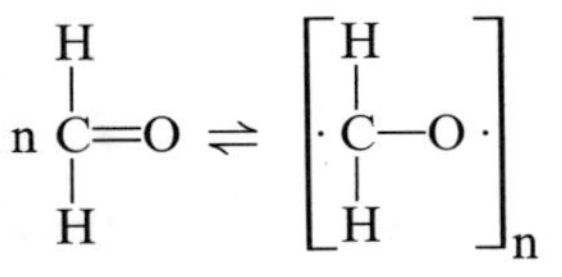

Beim Erhitzen zerfällt Polymethanal wieder in Formaldehyd (Nachweis durch Rotviolettfärbung von Schiffschem Reagenz).

Hinweise

Die leichte Polymerisierbarkeit von Methanal ist auch die Ursache dafür, daß sich in Formalin-Flaschen weiße Ablagerungen in der Flüssigkeit bzw. am Verschluß der Flasche bilden.

36.6 Einwirkung von Natronlauge auf Ethanal: Aldolreaktion und Harzbildung

Material Reagenzgläser; Ethanal (= Acetaldehyd), Natronlauge (ca. 50 %ig), Natronlauge (sehr verdünnt).

Durchführung In ein Rg gibt man ca. 2 ml reines Ethanal, in ein anderes ca. 5 ml verd. Ethanal (Verdünnung: 1 ml Aldehyd + 4 ml Wasser). Nun tropft man zum reinen Aldehyd vorsichtig (Schutzbrille!) langsam 50 %ige Natronlauge, und zum verd. Aldehyd gibt man etwa 1 ml sehr verdünnte Natronlauge. Beide Rg erwärmen.

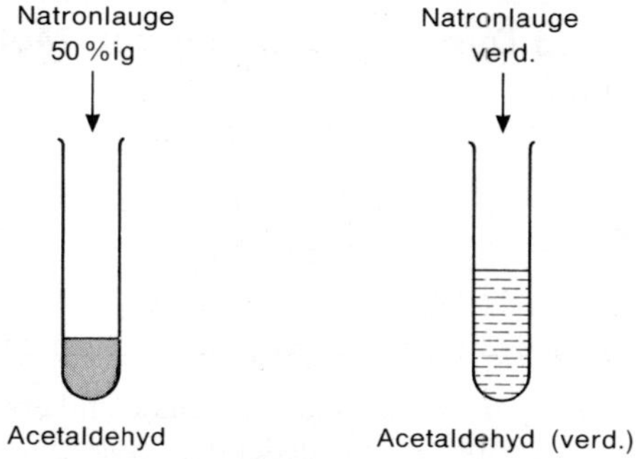

Der reine Aldehyd bildet unter Einwirkung von Lauge ein braunes Aldehydharz unterschiedlicher Zusammensetzung. Beim verd. Aldehyd kommt es unter den vorliegenden Bedingungen zur Aldolbildung. Bei der Aldolbildung handelt es sich um eine Dimerisation:

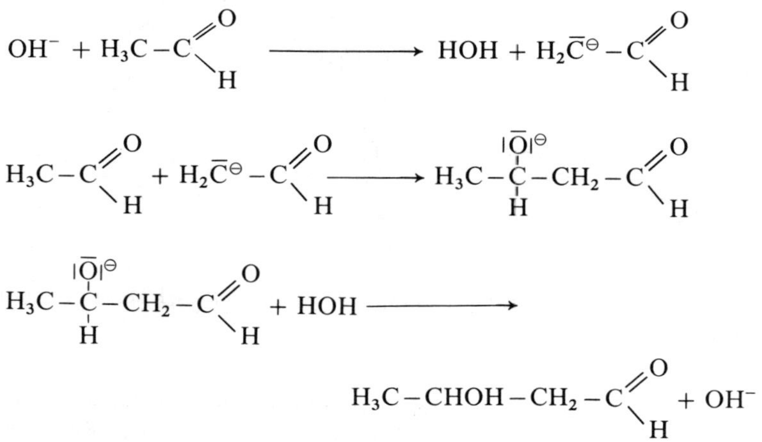

Wie das Reaktionsschema zeigt, üben die OH^--Ionen katalytische Wirkung aus.

Hinweise Beim Versetzen des reinen Ethanals mit konz. Lauge besteht Spritzgefahr!

Fehling-Probe mit Ethanal — 36.7

Material

Reagenzglas; Ethanal, Fehlingsche Lösungen I und II.

Durchführung

Fehlingsche Lösung I und Fehlingsche Lösung II werden vermischt, so daß eine tiefblaue, klare Lösung entsteht. Dazu gibt man ein paar Tropfen Ethanal und kocht.

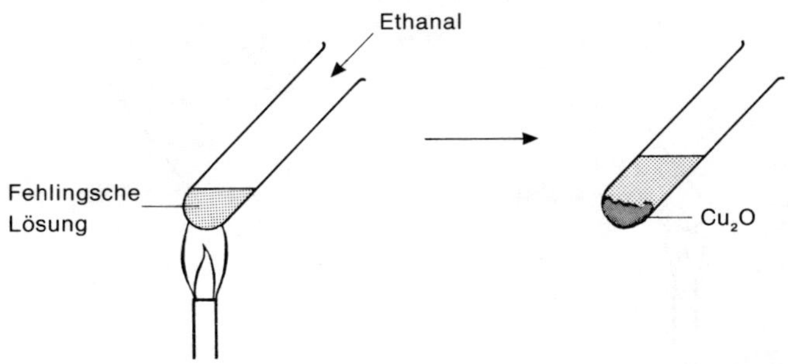

Es kommt zu einer Trübung und Farbänderung über Grün-Gelb-Rot. Der rote Niederschlag ist Kupfer(I)-oxid.
In der einführenden Chemie ist auf die Hereinnahme von Komplexverbindungen zur Erklärung der Reaktion zu verzichten. In grober Annäherung gilt dann:

$$2\,Cu(OH)_2 + CH_3CHO \rightarrow Cu_2O\downarrow + 2\,H_2O + CH_3COOH$$

Hinweise

Vorsicht – es kommt leicht zum Siedeverzug! Die Fehlingprobe liefert mit Ethanal keinen klaren Befund, da es unter Einwirkung der Lauge in Fehling I auch zur Bildung rotbrauner Fällungen („Aldehydharze") kommen kann.

Silberspiegelprobe mit Alkanalen — 36.8

Material

Ungebrauchte (fettfreie!) Reagenzgläser; Formalin, Ethanal, ammoniakalische Silbernitratlösung (Zubereitung und Behandlung wie bei Versuch 31.12).

Durchführung

Ammoniakalische Silbernitratlösung wird in je einem möglichst ungebrauchten Rg mit etwas Formalin bzw. Acetaldehyd versetzt. Event. im Wasserbad oder vorsichtig in der Flamme erwärmen. Es kommt zur Ausscheidung von Silber („Silberspiegel"), bei Verwendung frischer Formaldehyd-Lösung meist schon ohne Erwärmen.

$$2\,Ag^+ + 2\,OH^- + CH_3CHO \rightarrow 2\,Ag + H_2O + CH_3COOH$$

Wie aus der Gleichung ersichtlich, kann durch Zugabe von etwas Natronlauge die Silberausscheidung „gefördert" werden.

Hinweise

Zur Ausbildung eines schönen Silberspiegels eignen sich am besten neue Rg. Gebrauchte Rg sollte man (z. B. durch Ausspülen mit Aceton) fettfrei machen.

36.9 Darstellung von Aceton durch Oxidation von Propanol-2

Material — Reagenzglas; Propanol-2, Kaliumdichromat, konz. Schwefelsäure.

Durchführung — In ein Rg gibt man ca. 3 ml konz. Kaliumdichromat-Lösung und 1 ml konz. Schwefelsäure (Vorsicht!), dazu ca. 2 ml Propanol-2. Das Gemisch wird vorsichtig erwärmt.

Die orangegelbe Farbe schlägt nach Grün um, es tritt der Geruch nach Aceton auf.

Der sekundäre Alkohol Propanol-2 wird zu Propanon (= Aceton) oxidiert. Vereinfacht:

$$CH_3{-}\underset{\displaystyle OH}{\underset{|}{C}}H{-}CH_3 + \langle O\rangle \rightarrow CH_3{-}\underset{\displaystyle O}{\underset{\|}{C}}{-}CH_3 + H_2O$$

$\overset{+VI}{Cr}$ (gelborange) wird zu $\overset{+III}{Cr}$ (grün) reduziert.

Hinweise — Vorsicht beim Umgang mit Kaliumdichromat und konz. Schwefelsäure!

36.10 Überprüfung von Aceton auf reduzierende Wirkung

Material — Reagenzgläser; Propanon (= Aceton), Fehlingsche Lösung, ammoniakalische Silbernitratlösung (siehe Versuch 31.12).

Durchführung — Man gibt zu Fehlingscher Lösung bzw. ammoniakalischer Silbernitratlösung etwas Aceton und erwärmt.

Es ist keine Reaktion beobachtbar. Ketone können erst von stärkeren Oxidationsmitteln unter Zerstörung der Kohlenstoffkette oxidiert werden.

Hinweise — Verunreinigtes Aceton (z. B. „technisches Aceton") kann reduzierend wirkende Verbindungen enthalten, so daß dadurch eine positive Reaktion bei den beschriebenen Versuchen eintreten kann!

37. Carbonsäuren

Darstellung von Essigsäure durch Oxidation von Acetaldehyd 37.1

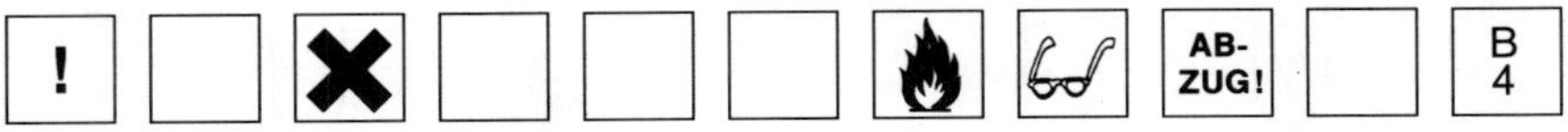

Material Kupferdrahtnetz, Universalindikatorpapier, Becherglas (50 oder 100 ml), Tiegelzange; Ethanal (= Acetaldehyd).

Durchführung In ein kleines Becherglas gibt man soviel Acetaldehyd, daß der Boden des Glases gut bedeckt ist. Mittels einer Tiegelzange erhitzt man ein Kupferdrahtnetz. Das heiße, oxidierte Kupfer taucht man nun in das Becherglas und hält in die aufsteigenden Dämpfe feuchtes Universalindikatorpapier.

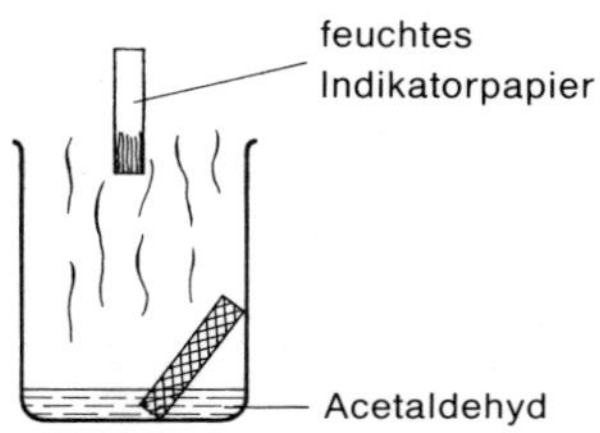

Durch Verfärbung des Indikatorpapiers und auch durch den Geruch kann die entstandene Essigsäure nachgewiesen werden.

$CH_3CHO + CuO \rightarrow CH_3COOH + Cu$

Hinweise Der Geruch der Essigsäure wird anfangs vom penetranten Geruch des Acetaldehyds überdeckt.
Besser zu identifizierende Mengen von Essigsäure erhält man, wenn man Acetaldehyd mit schwefelsaurer Kaliumdichromatlösung oder schwefelsaurer Kaliumpermanganatlösung oxidiert.

Vergleich von konzentrierter mit verdünnter Essigsäure 37.2

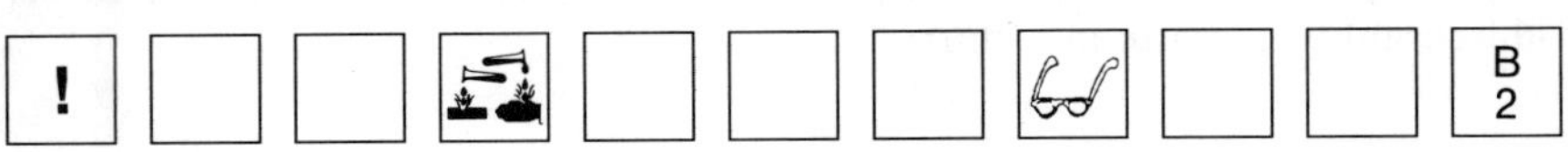

Material Reagenzgläser; Reine Essigsäure („Eisessig"), Magnesiumband, Universalindikatorpapier.

Durchführung In 2 Rg gibt man je ca. 2 ml Eisessig. Dann wird in das eine Rg ein Stück (trockenes) Universalindikatorpapier gegeben, in das andere ein Stück Magnesiumband. Beobachtungen?
Nun verdünnt man die Essigsäure in beiden Rg mit etwas Wasser.
Reine Essigsäure ist praktisch undissoziiert. Erst beim Verdünnen mit Wasser werden Wasserstoffionen abgespalten, die die typischen Reaktionen wäßriger

Säurelösungen bewirken (Rotfärbung von Universalindikator; Zersetzen von Magnesium unter Wasserstoffentwicklung).

Hinweise Wegen der stets vorhandenen Luftfeuchtigkeit, kann es zu einer schwachen Färbung des Universalindikators kommen.

37.3 Demonstration von „Eisessig“

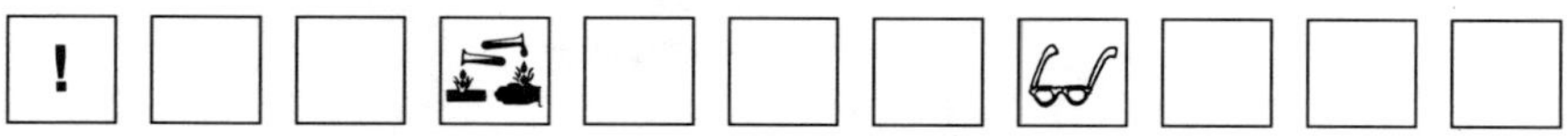

Material Kühlschrank (oder Kältemischung); Reine Essigsäure.

Durchführung Eine halbvolle Flasche mit reiner Essigsäure wird im Kühlschrank schräg gelagert.

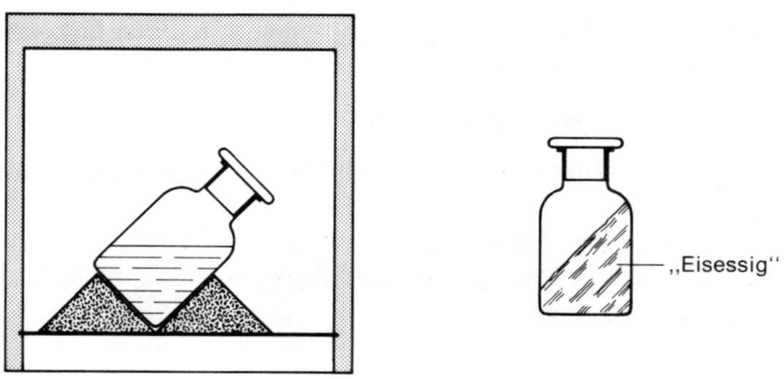

Nach einiger Zeit befindet sich in der Flasche eine feste, eisartige Masse. Reine Essigsäure hat einen Schmelzpunkt von knapp 17 °C, so daß sie bereits bei Kühlschranktemperaturen erstarrt.

37.4 Messung der elektrischen Leitfähigkeit beim Verdünnen von Ameisensäure

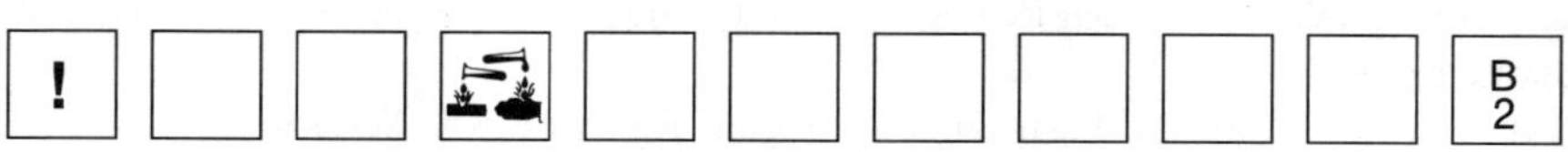

Siehe Versuch 15.6, Seite 114.

Messung der elektrischen Leitfähigkeit beim Verdünnen von Essigsäure — 37.5

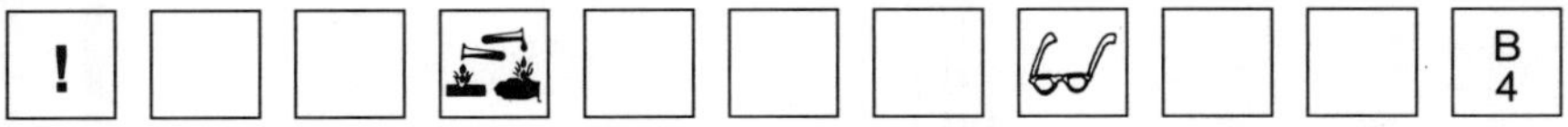

Material

Bürette, Becherglas (ca. 100 ml), Anlage zur Messung der elektr. Leitfähigkeit (s. Skizze); Eisessig, dest. Wasser.

Durchführung

In ein kleines Becherglas gibt man ca. 20 ml Eisessig und tropft aus einer Bürette Wasser zu. Während des Verdünnungsvorganges verfolgt man die Änderung der elektrischen Leitfähigkeit (Meßgerät im mA-Bereich). Die Werte werden protokolliert und in ein Diagramm eingetragen.

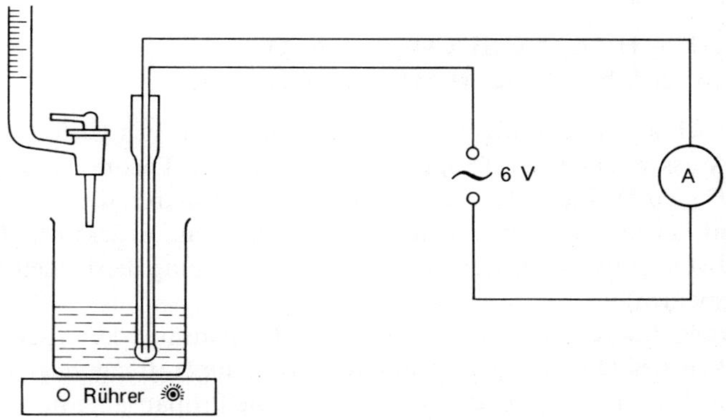

Das langsame Ansteigen der elektrischen Leitfähigkeit der Essigsäure beim Verdünnen mit Wasser und der relativ niedrige Maximalwert weisen darauf hin, daß Essigsäure eine schwache Säure ist.

$$CH_3COOH + H_2O \rightleftharpoons CH_3COO^- + H_3O^+$$

Hinweise

Damit eine gleichmäßige Durchmischung von Essigsäure und Wasser erreicht wird, empfiehlt sich die Verwendung eines Magnetrührers.

Verhalten von Propionsäure beim Verdünnen — 37.6

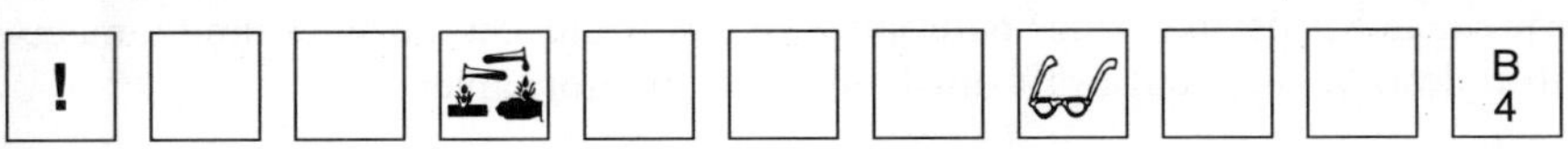

Material

Propionsäure (= Propansäure); dest. Wasser; Reagenzglas; Anlage zur Prüfung der elektr. Leitfähigkeit (s. Skizze).

Durchführung

In einem Rg unterschichtet man einige ml Propionsäure mit etwa der gleichen Menge dest. Wasser. Durch langsames Einführen des Meßstabes verfolgt man die elektrische Leitfähigkeit in den Bereichen Propionsäure – Grenzzone – Wasser (20–25 V Wechselspannung anlegen; mA-Meßbereich).

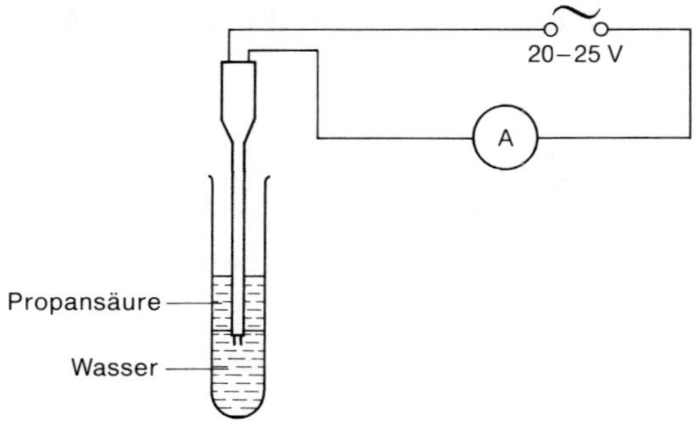

In der Grenzzone zeigt sich ein deutlicher Anstieg der elektr. Leitfähigkeit. Propansäure ist eine sehr schwache Säure. Erst bei starker Verdünnung tritt eine deutliche Dissoziation auf.

$C_2H_5COOH + H_2O \rightleftharpoons C_2H_5COO^- + H_3O^+$
Der Grenzbereich besteht aus stark verdünnter Säure.

Hinweise

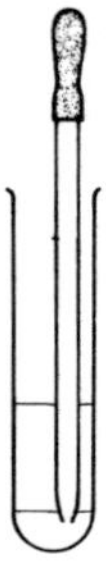

Problematisch an diesem interessanten Versuch ist nur das Unterschichten der Säure mit Wasser, da beide Flüssigkeiten fast die gleiche Dichte besitzen (Propansäure 0,992 g/cm^3). Zum Unterschichten verwendet man daher am besten eine Pipette, mit der man das Wasser unter die Propansäure drückt (die Pipette anschließend vorsichtig herausziehen, um eine Vermischung der beiden Flüssigkeiten zu vermeiden).
Weiterführung des Versuches: Am Beispiel der Propansäure kann sehr schön die Abhängigkeit des Dissoziationsgrades von der Temperatur gezeigt werden. Zu diesem Zweck vermischt man durch Umrühren die Propansäure mit dem Wasser und regelt die Spannung so, bis bei der Leitfähigkeitsprüfung der Zeiger des Meßgerätes im mA-Bereich gerade anspricht. Nun wird die Säure erwärmt, dabei nimmt die elektrische Leitfähigkeit zu.

37.7 Reaktionen von Salzen der Essigsäure mit Wasser

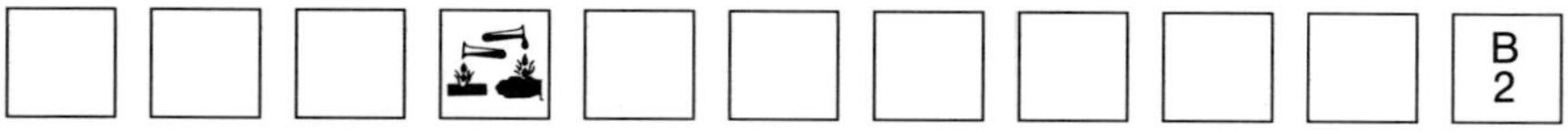

Material: Universalindikatorpapier, Reagenzgläser; Aluminiumacetat, Natriumacetat, dest. Wasser.

Durchführung: In je einem Rg löst man eine Spatelspitze voll Natriumacetat bzw. Aluminiumacetat in dest. Wasser und prüft mit Universalindikatorpapier.

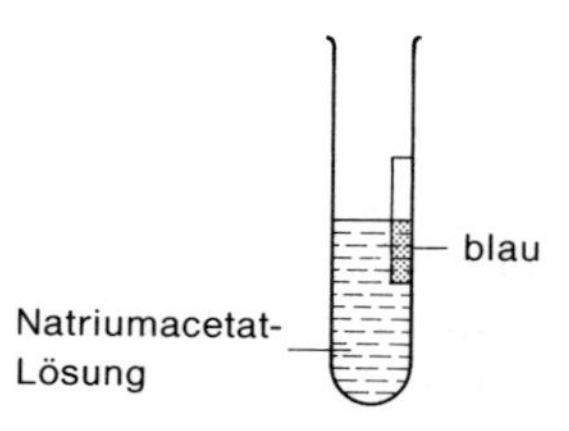

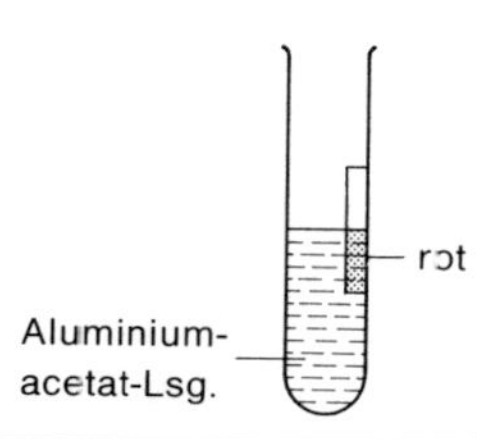

Die Natriumacetatlösung reagiert alkalisch, die Aluminiumacetatlösung zeigt schwach sauren Charakter. Beim Lösen des Natriumacetats in Wasser lagert sich ein Großteil der Acetationen mit Protonen aus dem Wasser zu undissoziierter Essigsäure zusammen (die Acetationen sind starke Basen nach Brönsted, d. h. Protonenakzeptoren). Natriumionen und Hydroxidionen bleiben frei in der Lösung, daraus erklärt sich die alkalische Reaktion (freie OH^--Ionen!).
Bei einer wäßrigen Aluminiumacetatlösung lagern sich Aluminium-Ionen und Hydroxid-Ionen zu undissoziiertem Aluminiumhydroxid zusammen. Ein Großteil der Protonen aus dem Wasser wird zwar von den Acetationen gebunden, aber es bleiben doch mehr freie H^+-Ionen im Vergleich zu OH^--Ionen übrig, so daß die Lösung schwach sauer reagiert.

Einwirkung von Essigsäure auf Carbonate 37.8

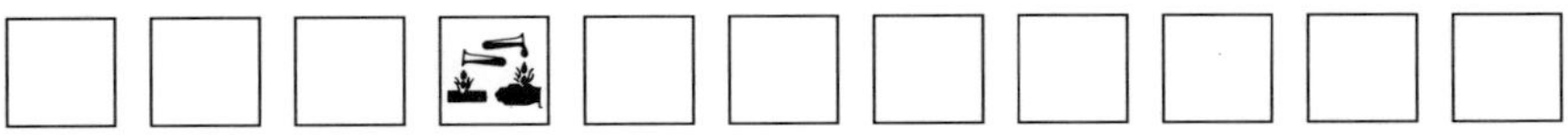

Material

2 Reagenzgläser, Stopfen mit Gasableitungsrohr; verd. Essigsäure, Natriumcarbonat oder Calciumcarbonatpulver, Kalkwasser.

Durchführung

In einem Rg übergießt man Natriumcarbonat (oder Calciumcarbonatpulver) mit verdünnter Essigsäure und leitet das entweichende Gas in Kalkwasser ein.

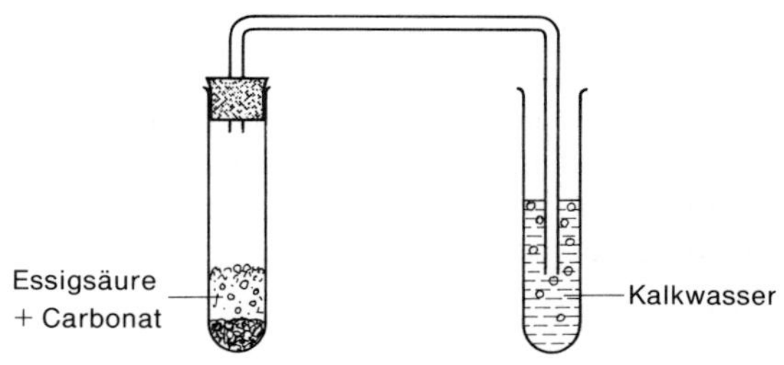

Das Carbonat wird unter Gasbildung zersetzt, im Kalkwasser bildet sich ein Niederschlag.
Essigsäure verdrängt die leichter flüchtige Kohlensäure aus ihren Salzen:

$$2\,CH_3COOH + Na_2CO_3 \rightarrow 2\,CH_3COONa + H_2O + CO_2\uparrow$$

Hinweise

Der Versuch demonstriert den Einsatz der Essigsäure im Haushalt als „Entkalkungsmittel“.

37.9 Zerfall von Ameisensäure bei Einwirkung von konzentrierter Schwefelsäure

Material Reagenzglas mit Stopfen und Glasrohr; Ameisensäure, konz. Schwefelsäure.

Durchführung In einem Rg vermischt man 2 ml Ameisensäure mit etwa der gleichen Menge konz. Schwefelsäure; event. vorsichtig etwas erwärmen. Das entweichende Gas wird entzündet. Das Gas verbrennt mit himmelblauer Flamme.

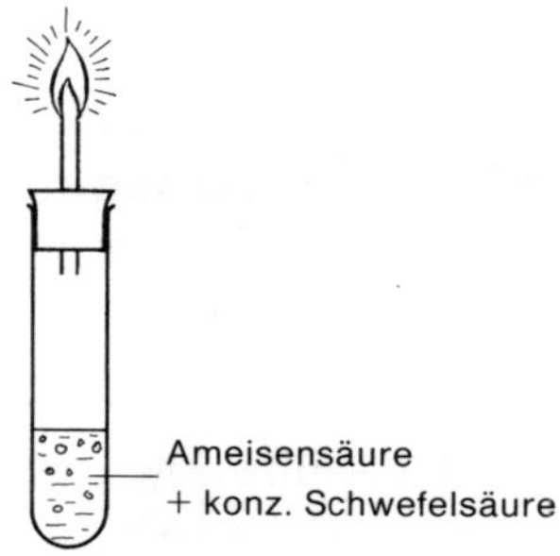

Unter dem katalytischen Einfluß der Protonen der Schwefelsäure zerfällt die Ameisensäure in Kohlenstoffmonooxid und Wasser. Die wasserentziehende Wirkung der Schwefelsäure begünstigt den Vorgang.

$$HCOOH \rightarrow H_2O + CO\uparrow$$

Hinweise Vorsicht: Bei dem Versuch kann es zu Verspritzungen und zum plötzlichen Übersieden kommen, daher unbedingt Schutzbrille tragen! Den Versuch nur mit kleinen Mengen durchführen, das entweichende Kohlenstoffmonooxid ist ein starkes Gift. Im Abzug ausreagieren lassen.

37.10 Oxidation von Ameisensäure

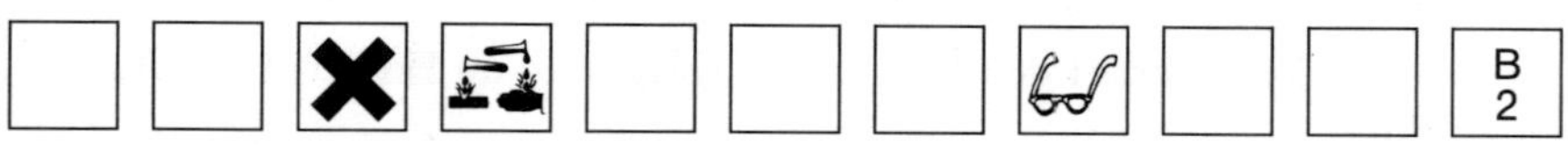

Material Erlenmeyerkolben mit Stopfen und Gasableitungsrohr, Reagenzglas; Methansäure (= Ameisensäure), Kaliumpermanganatlösung, Schwefelsäure, Kalkwasser.

Durchführung In einem kleinen Kolben versetzt man ca. 10 ml konz. Ameisensäure mit der gleichen Menge Kaliumpermanganatlösung, die mit Schwefelsäure angesäuert wurde. Dann wird vorsichtig erwärmt. (Zum Vergleich sollte der gleiche Versuch mit Essigsäure durchgeführt werden)
Die Lösung entfärbt sich allmählich. Das entweichende Gas bewirkt einen weißen Niederschlag im Kalkwasser (Nachweis von Kohlenstoffdioxid).

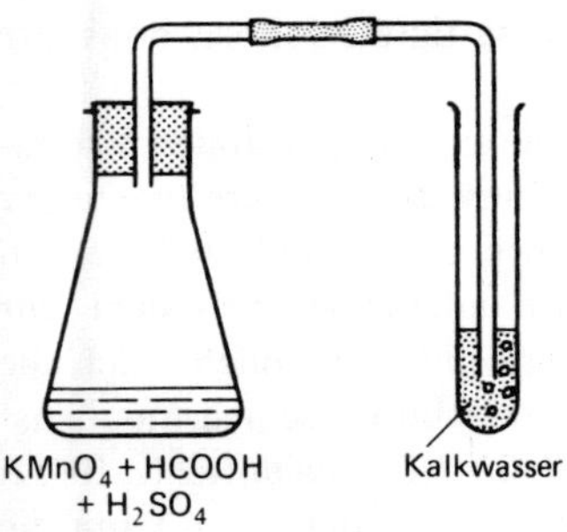

Ameisensäure wird durch die Kaliumpermanganatlösung oxidiert. Vereinfacht:

$$HCOOH + \langle O \rangle \rightarrow H_2O + CO_2$$

$\overset{+VII}{Mn}$ (im Permanganation) wird zu $\overset{+II}{Mn}$ reduziert.

Hinweise

Ameisensäure wirkt reduzierend, weil sie auch Aldehydcharakter hat. In der Strukturformel läßt sich neben der Carboxylgruppe auch eine Aldehydgruppe abgrenzen:

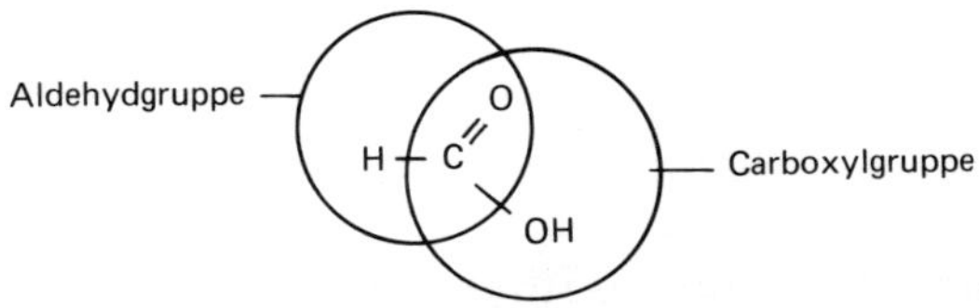

Bei Essigsäure ist das nicht möglich. Der Versuch mit Essigsäure verläuft negativ, Essigsäure hat im Gegensatz zur Ameisensäure keine reduzierenden Eigenschaften.

Nachweis des ungesättigten Charakters der Propensäure 37.11

Material

Reagenzglas, Stopfen; Propensäure (= Acrylsäure), Bromwasser.

Durchführung

In einem Rg wird zu 1–2 ml Propensäure etwa die gleiche Menge Bromwasser gegeben und nach Aufsetzen eines Stopfens umgeschüttelt.

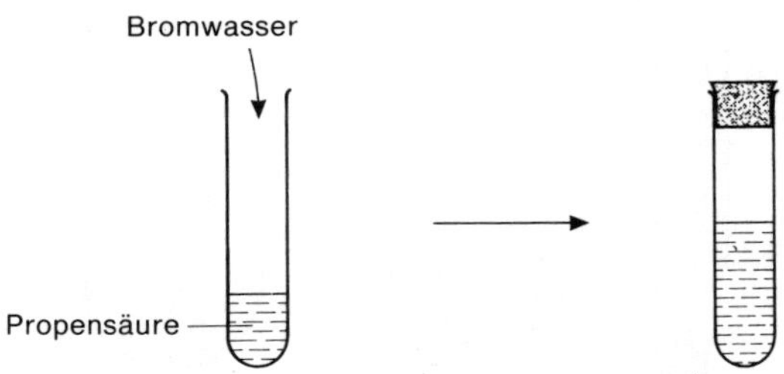

Das Bromwasser wird sofort entfärbt. Propensäure addiert Brom:

$$H{-}\overset{H}{\overset{|}{C}}{=}\overset{H}{\overset{|}{C}}{-}COOH + Br_2 \rightarrow H{-}\underset{Br}{\underset{|}{\overset{H}{\overset{|}{C}}}}{-}\underset{Br}{\underset{|}{\overset{H}{\overset{|}{C}}}}{-}COOH$$

1,2-Dibrompropansäure

Hinweise

Propensäure (= Acrylsäure) ist die einfachste ungesättigte Monocarbonsäure und technisch von großer Bedeutung.
Meist wird für diesen Versuch Ölsäure als Beispiel für eine ungesättigte Carbonsäure vorgeschlagen, was in der praktischen Bedeutung dieser Säure (wichtiger Fettbestandteil!) begründet ist. Sie hat aber den großen Nachteil, daß sie von vorneherein mehr oder weniger gelblich gefärbt ist, so daß der Versuch nicht sehr überzeugend wirkt. Will man trotzdem Ölsäure verwenden, empfiehlt sich die Verwendung von sehr konz. Bromwasser, damit der Farbunterschied möglichst deutlich ist. Auf die Verwendung gesundheitsschädlicher Lösungsmittel (z. B. Tetrachlorkohlenstoff) sollte bei diesem Versuch verzichtet werden; man kann die (wasserunlösliche) Ölsäure durchaus mit Bromwasser durchschütteln.

38. Ester

38.1 Darstellung des Essigsäureethylesters

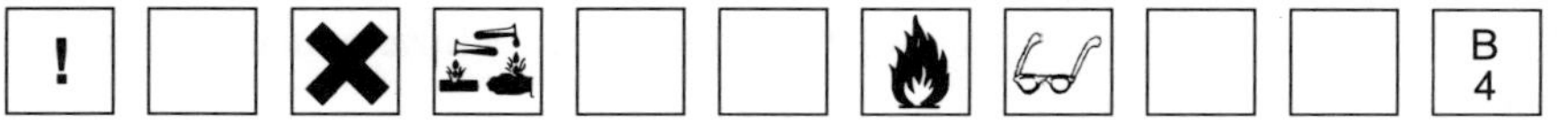

Material

Rundkolben, Meßzylinder, Rückflußkühler, Heizplatte, Standzylinder, Becherglas;
Ethylalkohol, Essigsäure, konz. Schwefelsäure, Siedesteinchen.

Durchführung

In einem Kolben werden 50 ml Ethylalkohol und 50 ml Essigsäure sowie 10 ml konz. Schwefelsäure vorsichtig vermischt. Nach der Zugabe von Siedesteinchen und Aufsetzen eines Rückflußkühlers wird auf einer Heizplatte etwa 5 Minuten

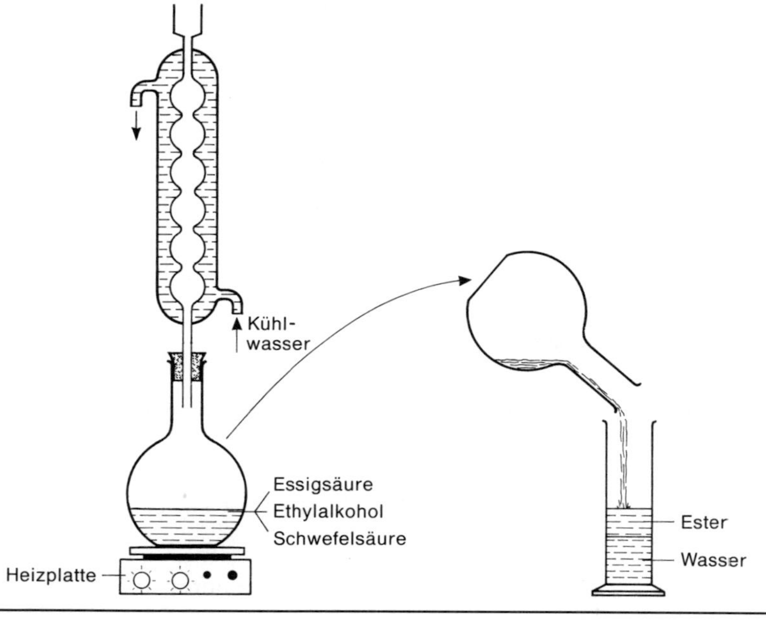

gekocht. Wenn das Gemisch abgekühlt ist, gießt man den Kolbeninhalt in angefärbtes Wasser.

$CH_3COOH + HOC_2H_5 \rightleftharpoons CH_3COOC_2H_5 + H_2O$

Hinweise Bei dieser Reaktion ist unbedingt ein Rückflußkühler zu verwenden, weil der entstehende Ester sehr flüchtig ist. Die Schwefelsäure wirkt bei dieser Reaktion als Katalysator.

Veresterung von Ethanol mit Schwefelsäure 38.2

Material Reagenzglas, Brenner; Ethanol, konz. Schwefelsäure.

Durchführung In einem Rg vermischt man 1 ml Ethanol mit 3 ml konz. Schwefelsäure. Dann wird vorsichtig über der Brennerflamme erwärmt. Geruchsprobe!

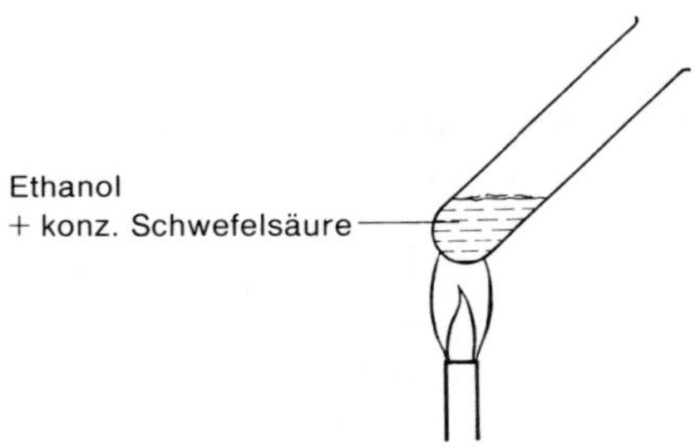

Ethanol reagiert mit Schwefelsäure unter Bildung von Wasser. Das Reaktionsprodukt hat keinen Salzcharakter; es wird als Ester bezeichnet. Ethanol und Schwefelsäure bilden einen sauren Ester, die Ethylschwefelsäure (typischer Estergeruch!):

$C_2H_5OH + H_2SO_4 \rightleftharpoons C_2H_5O{-}SO_3H + H_2O$

Die für diesen Ester verwendete Bezeichnung „Ethylsulfat" ist zu vermeiden, da „Sulfate" Salze sind.

Darstellung des Essigsäurepentylesters – Birnenaroma 38.3

Material Reagenzglas, Reagenzglashalter, Tropfpipette, Brenner;
Essigsäure (50 %ig), Amylalkohol (Pentanol), konz. Schwefelsäure.

Durchführung Im Reagenzglas werden 3 ml Amylalkohol mit 3 ml Essigsäure (50 %ig) vermischt und vorsichtig mit der Pipette 1 ml konz. Schwefelsäure zugesetzt. Dann wird unter Umschütteln leicht erwärmt. Geruchsprobe durchführen.

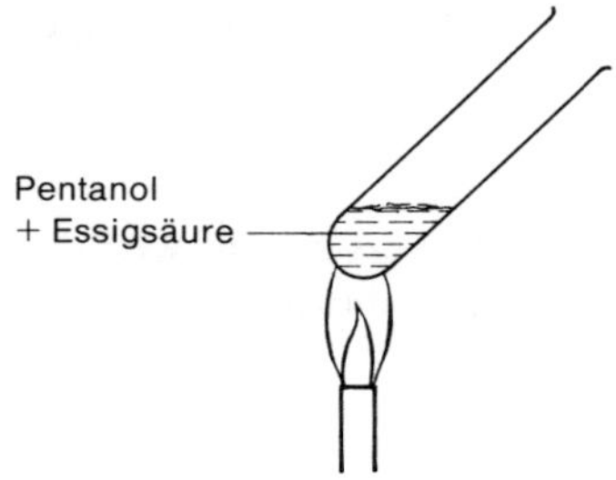

Es entsteht Essigsäurepentylester, der Hauptbestandteil von Birnenaroma.

$$C_5H_{11}{-}OH + HO{-}\underset{\underset{O}{\|}}{C}{-}CH_3 \rightleftharpoons C_5H_{11}{-}O{-}\underset{\underset{O}{\|}}{C}{-}CH_3 + H_2O$$

Pentanol Essigsäure Essigsäurepentylester

Hinweise Dieser Ester ist ein Beispiel für einen naturidentischen Aromastoff. Beim Versuch ist darauf zu achten, daß das Reaktionsgemisch nicht siedet, weil brennbare Dämpfe entweichen. Dies könnte bei einem Siedeverzug gefährlich werden.

38.4 Darstellung des Benzoesäureethylesters – Nelkenaroma

Material Reagenzglas, Reagenzglashalter, Spatel, Tropfpipette, Brenner; Benzoesäure, Ethanol, konz. Schwefelsäure.

Durchführung Im Reagenzglas werden eine Spatelspitze Benzoesäure mit 3 ml Ethanol vermischt und vorsichtig mit der Pipette unter Schütteln 10 Tropfen konz. Schwefelsäure zugesetzt. Dann erwärmt man – wieder unter Umschütteln – über kleiner Brennerflamme. Geruchsprobe durchführen. Der nelkenähnliche Geruch stammt von Benzoesäureethylester.

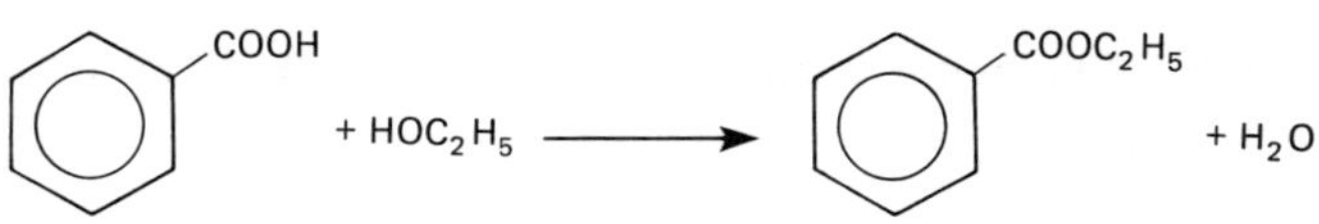

38.5 Borsäureester mit Methanol und Ethanol

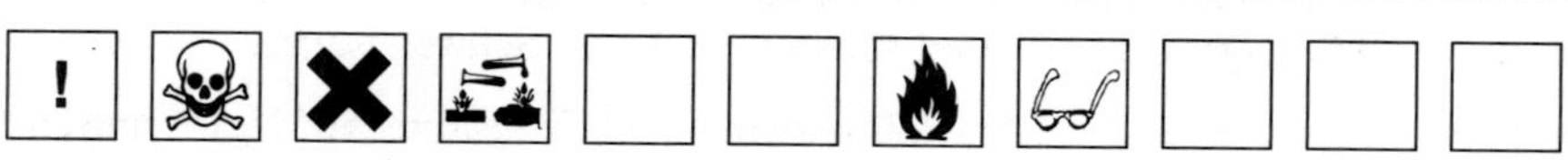

Siehe Versuch 35.8, Seite 254.

Darstellung des Salicylsäuremethylesters – Wintergrünöl 38.6

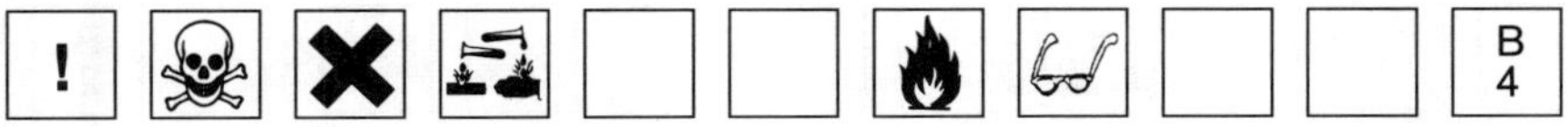

Material
Reagenzglas, Becherglas, Brenner, Dreifuß mit Platte;
Salicylsäure, Methanol, konz. Schwefelsäure.

Durchführung
In einem Reagenzglas werden 1 ml Methanol mit einer kleinen Spatelspitze Salicylsäure vermischt und mit der Pipette unter Umschütteln 2 Tropfen konz. Schwefelsäure zugesetzt. Dann stellt man das Reagenzglas in ein Becherglas mit Wasser, das zum Sieden erhitzt wird. Nach wenigen Minuten tritt der Geruch von Salicylsäuremethylester auf.

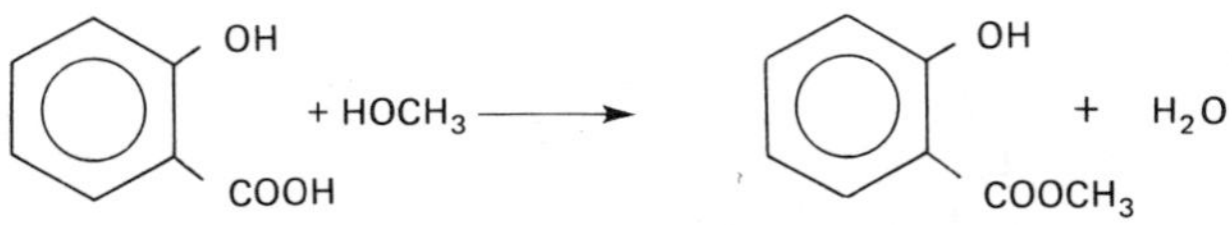

Hinweise
Dieser Ester („Methylsalicylat") ist der Hauptbestandteil des amerikanischen Wintergrünöls und von Birkenrindenöl.

Essigsäureethylester als Lösungsmittel 38.7

Material
Reagenzgläser;
Essigsäureethylester, Styroporstreifen (ca. 20 cm lang).

Durchführung
In ein Reagenzglas füllt man etwa 3–4 ml Essigsäureethylester. In den Ester taucht man Styroporstreifen und beobachtet deren Veränderung. Das Styropor löst sich im Ester schnell auf.

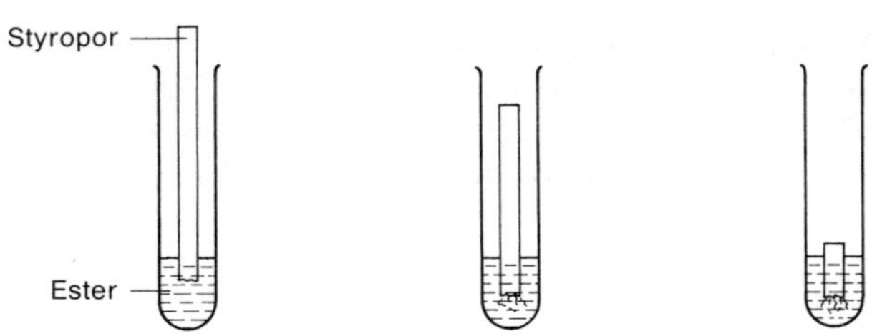

Hinweise
Ester können in Klebstoffen oder Fleckenreinigern als Lösungsmittel enthalten sein. Deshalb ist bei Anwendung solcher Substanzen eine Vorprobe zu machen, ob das Material nicht angegriffen wird.

38.8 Verseifung des Essigsäureethylesters

Material Erlenmeyerkolben, Meßzylinder (50 ml und 10 ml), Tropfpipette; Natronlauge c(NaOH) = 0,1 mol/l, Phenolphthaleinlösung.

Durchführung In einem Erlenmeyerkolben werden 20 ml Wasser, 5 ml Essigsäureethylester und 8 ml verd. Natronlauge gemischt. Dazu tropft man Phenolphthaleinlösung und erwärmt. Nach kurzer Zeit verschwindet der Estergeruch, die rote Farbe des Indikators hellt sich auf und verschwindet schließlich. Unter dem Einfluß der Lauge kommt es zur Hydrolyse (Verseifung) des Esters. Die freiwerdende Essigsäure neutralisiert die Lauge.

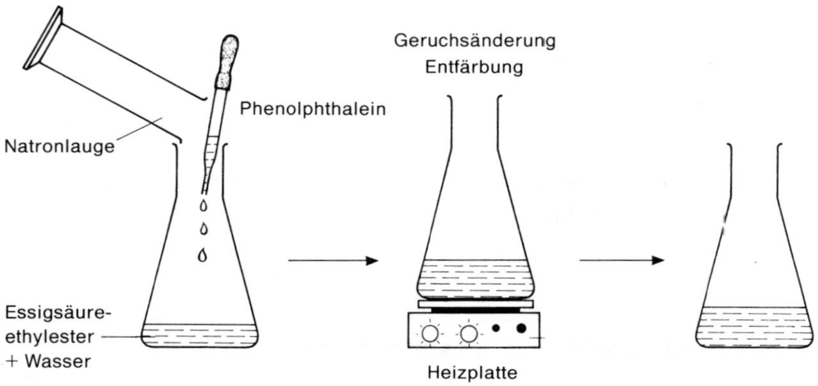

$$CH_3{-}\overset{\overset{\displaystyle O}{/\!/}}{C}{-}O{-}C_2H_5 + H_2O \rightleftharpoons CH_3COOH + C_2H_5OH$$
$$CH_3COOH + NaOH \rightarrow CH_3COONa + H_2O$$

$$CH_3\overset{\overset{\displaystyle O}{/\!/}}{C}{-}O{-}C_2H_5 + NaOH \rightarrow C_2H_5OH + CH_3COONa$$

Hinweise Da durch Abfangen der Essigsäuremoleküle die Rückreaktion unterbrochen wird, kann sich der Gleichgewichtszustand nicht einstellen. Der Ester wird vollständig verseift. Die Konzentration der Lauge muß genau abgestimmt sein, sonst kann es evtl. nicht zur Entfärbung des Indikators kommen.

39. Fette

Nachweis von Glycerin in Fetten und fetten Ölen 39.1

Material

4 Reagenzgläser;
Schweineschmalz, Rapsöl, Kaliumhydrogensulfat, Octadecansäure (Stearinsäure), Glycerin.

Durchführung

4 Reagenzgläser werden etwa 3 cm hoch mit Kaliumhydrogensulfat gefüllt und erhitzt, bis weiße Nebel entweichen. Dann sind vorsichtig folgende Stoffe zuzusetzen:

1. Reagenzglas: etwa 0,5 g Stearinsäure
2. Reagenzglas: 3 Tropfen Glycerin
3. Reagenzglas: 3 Tropfen Rapsöl
4. Reagenzglas: erbsengroßes Stück Schweineschmalz

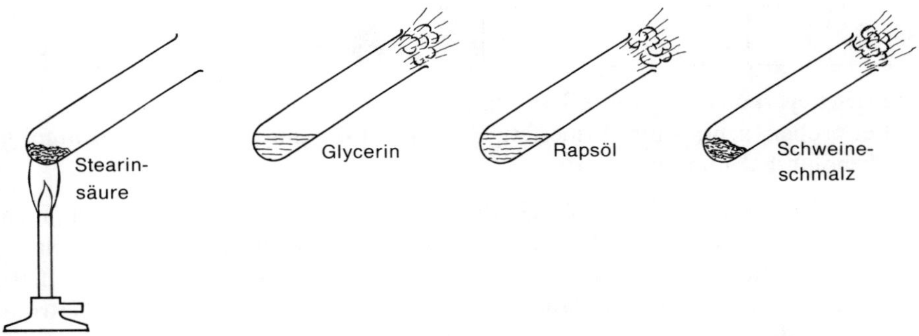

Nur bei Glycerin, Rapsöl und Schweineschmalz entweicht ein stechend riechender Dampf von Acrolein (Propenal). Fette und fette Öle sind Ester aus verschiedenen Monocarbonsäuren und Glycerin. Beim Erhitzen zerfällt der Ester u.a. in Carbonsäuren und Glycerin. Mit dem erhitzten Kaliumhydrogensulfat reagiert Glycerin unter Wasserabspaltung, wobei Acrolein entsteht:

$$\underset{\text{Glycerin}}{\underset{|\quad\;\;|\quad\;\;|}{\underset{OH\;\;\;OH\;\;\;OH}{CH_2-CH-CH_2}}} \xrightarrow{KHSO_4} \underset{\text{Acrolein}}{CH_2=CH-C{\overset{\diagup H}{\underset{\diagdown\!\!\diagdown O}{}}}} + 2H_2O$$

Hinweise

Der Vorgang spielt auch beim Überhitzen von Fetten, z.B. Verspritzen auf die heiße Herdplatte, eine Rolle. Er bewirkt den dabei auftretenden Geruch von „angebranntem Fett“.

39.2 Die Fettfleckprobe

Material Filterpapier oder anderes saugfähiges Papier (Zeitungspapier, Seidenpapier), Glasstab oder Tropfpipette. Speiseöl, etherisches Öl (z. B. Pfefferminzöl in „Mundwasser“).

Durchführung Man bringt je einen Tropfen Speiseöl und im Abstand von ca. 5 cm einen Tropfen des etherischen Öls auf Papier und beobachtet das Eintrocknen der beiden Tropfen. Der Tropfen des Speiseöls hinterläßt einen bleibenden Fleck, während der vom etherischen Öl langsam verschwindet. So können fette Öle und etherische Öle auf einfache Weise unterschieden werden.

Hinweise Mit Hilfe der Fettfleckprobe können Sahne, Vollmilch und entrahmte Milch auf abnehmenden Fettgehalt geprüft und in eine Reihe geordnet werden.

39.3 Oxidative Fettumwandlung – oxidativer Fettverderb

! B 4

Material Erlenmeyerkolben, Bürette, Tropfpipette;
Fettproben, gebrauchtes Fritierfett, Benzin, Natronlauge c(NaOH) = 0,1 mol/l, Phenolphthaleinlösung.

Durchführung Man löst in je einem Erlenmeyerkolben etwa 5 g verschiedener Fettsorten (auch Speiseöl) in jeweils 20 ml Benzin und tropft in jeden Kolben Phenolphthaleinlösung. Auf die gleiche Weise bereitet man einen Ansatz mit gebrauchtem Fritierfett. In die einzelnen Kolben läßt man unter Umschütteln aus der Bürette Natronlauge fließen und notiert jeweils den Verbrauch der Natronlauge, die notwendig war, um eine rötliche Färbung zu erzielen. Es stellt sich heraus, daß der Verbrauch der Lauge beim gebrauchten Fett am höchsten ist. Dies beruht darauf, daß Fette durch den Sauerstoff der Luft oxidiert werden. Dabei entstehen verschiedene Oxidationsprodukte, u. a. Carbonsäuren. Wieweit die Säurebildung vorangeschritten ist, kann durch Titration festgestellt werden.

Hinweise Das Ranzigwerden von Fett ist die Folge einer solchen Oxidationsreaktion. Fette werden dadurch für Speisezwecke verdorben („Oxidativer Fettverderb“). Chemische Umwandlungsprozesse können besonders beim Fritieren eintreten, weil mit den Speisen Wasser in das „schwimmende Fett“ oder Öl gelangt. Bei den dabei herrschenden Temperaturen kommt es leicht zur Hydrolyse und durch Lufteinwirkung zu Oxidationsreaktionen.

Löslichkeit von Fett 39.4

Material

Reagenzgläser; Schweinefett, Kokosfett (nicht Margarine oder Butter), Speiseöl, Ethanol, Diethylether, Benzin, Aceton.

Durchführung

Man bereitet sich Rg mit je 5 ml der folgenden Flüssigkeiten: Wasser, Ethanol, Diethylether, Benzin, Aceton. In die Lösungsmittel gibt man ein knapp erbsengroßes Klümpchen Fett (Schweinefett, Kokosfett) und prüft, ob das Fett gelöst wird.

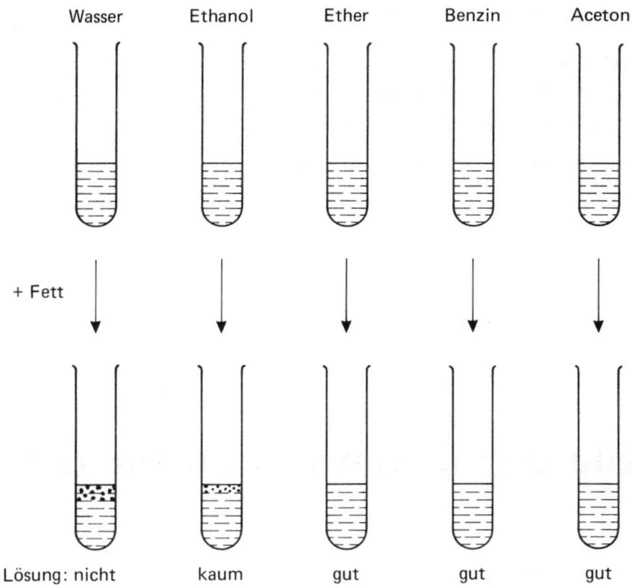

Fette und Pflanzenöle lösen sich in Wasser praktisch nicht, in Ethanol (kalt) kaum, aber gut in den anderen organischen Lösungsmitteln.

Hinweise

Butter und Margarine können wegen des Wassergehalts dieser Fette nicht verwendet werden. Das Wasser würde mit den lipophilen Lösungsmitteln eine Trübung (Emulsion) ergeben.

Nachweis der C=C-Bindungen in Pflanzenölen 39.5

Material

Reagenzgläser, Tropfpipette;
Olivenöl, Benzin, Bromwasser, evtl. weitere Pflanzenfette.

Durchführung

Olivenöl wird in Benzin gelöst. Es entsteht eine klare Lösung. Dann tropft man Bromwasser dazu. Das braungelbe Bromwasser schwimmt zunächst auf der Fettlösung. Schüttelt man um, tritt Entfärbung ein.

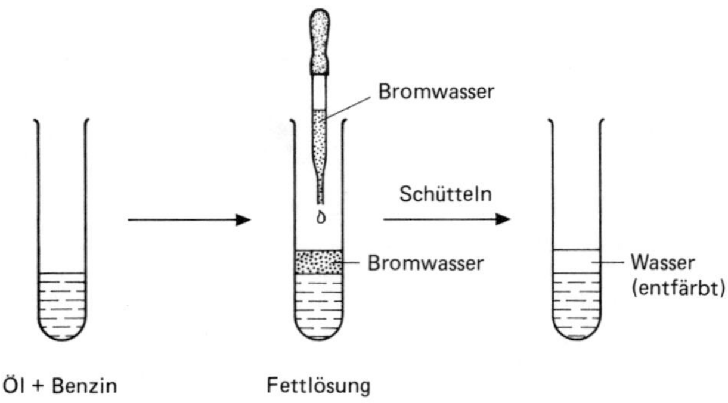

Der Versuch gelingt auch mit festen Pflanzenfetten und Margarinesorten.

Hinweise — Pflanzenfette und -öle enthalten ungesättigte Fettsäuren (Ölsäure, Linolsäure). Die C=C-Doppelbindung addiert das Brom aus dem Bromwasser. Der Versuch ist geeignet, auf die „Iodzahl" hinzuweisen.

40. Seife und moderne Waschmittel

40.1 Herstellung von Seife

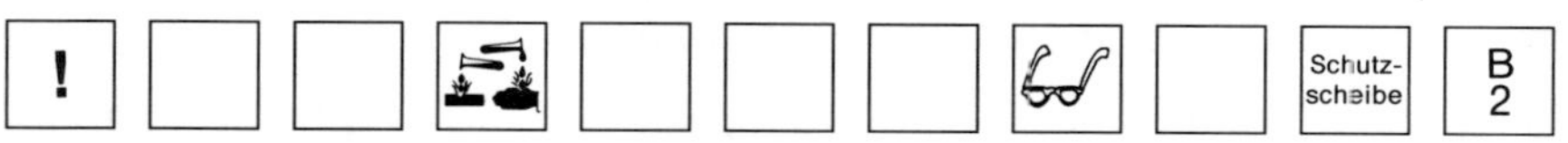

Material — Bechergläser, Reagenzgläser, Streichholzschachtel; Kokosfett, Natronlauge (10–15 %ig), dest. Wasser, Stehkolben, Rückflußkühler, Kochsalzlösung (gesättigt).

Durchführung — Ca. 20 g Kokosfett werden mit 50 ml 10 %iger Natronlauge in einem Stehkolben mit aufgesetztem Rückflußkühler etwa 15 Minuten lang erhitzt.

Der entstandene „Seifenleim" wird in ein Becherglas geschüttet. Nun gibt man gesättigte Kochsalzlösung zum heißen Seifenleim und läßt abkühlen.
Die beim Kochen von Fett mit Natronlauge entstandene Seife wird durch „Aussalzen" vom Glycerin getrennt. Es bildet sich auf der Flüssigkeit ein fester „Seifenkern". Dieser wird abgeschöpft und in einer Streichholzschachtel getrocknet. Nach Stunden entsteht ein festes Seifenstück.
Der Hauptvorgang beim Seifensieden ist die alkalische Hydrolyse des Fettes. Dabei entsteht Glycerin und unter Neutralisation der Fettsäuren Seifen.

Beispiel:

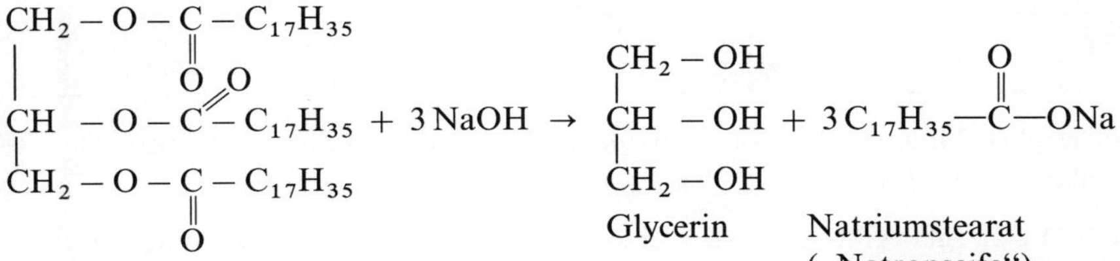

Tristearinsäureglycerinester — Glycerin — Natriumstearat („Natronseife“).

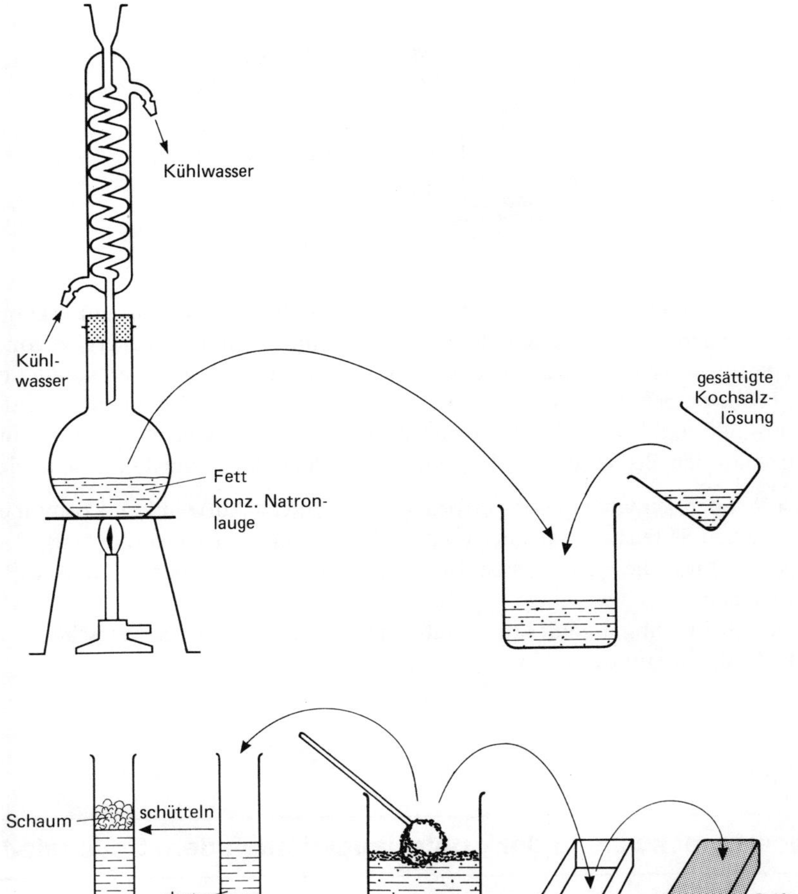

40.2 Modellversuch zum Seifensieden

Material — Becherglas, Magnetrührer mit Heizplatte; Festes Pflanzenfett (z. B. Biskin), Natronlauge (ca. 30 %ig), dest. Wasser.

Durchführung — In ein Becherglas gibt man eine kleine Menge (ca. 3 g) festes Pflanzenfett und ca. 50 ml 30 %ige Natronlauge. Unter ständigem kräftigem Rühren wird 5–10 Minuten lang erhitzt.

An der sich allmählich verstärkenden Schaumbildung kann man gut erkennen, wann sich genügend Seife gebildet hat. Jetzt nimmt man das Becherglas von der Heizplatte. Meist hat sich schon eine gelbliche Seifenkruste gebildet, von der man eine Probe entnehmen und in einem Rg mit dest. Wasser schütteln kann (kräftige Schaumbildung). Das Abkühlen und Abscheiden der Seife wird beschleunigt, wenn man den Becherglasinhalt in eine kalte Porzellan- oder Glasschale gießt.

Hinweise — Diese Art der Seifenherstellung erfordert nur geringen Aufwand und kommt dem historischen Seifensieden insofern nahe, als man ohne Zusatzgeräte (z. B. Rückflußkühler) nur die wesentlichen Tätigkeiten des „Seifensieders" (Heizen, Rühren) nachahmt.
Vorsicht beim Umgang mit konz. Natronlauge (Schutzbrille, Schutzscheibe, Abdeckung des Reaktionsgefäßes)!

40.3 Glycerinnachweis in der „Unterlauge" nach dem Seifensieden

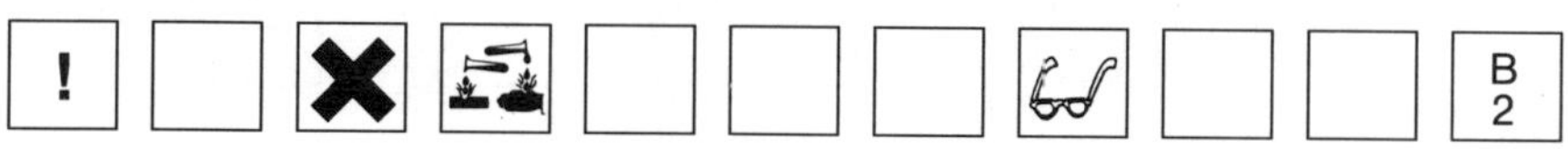

Material — Unterlauge vom Versuch „Seifensieden", Kupfersulfatlösung.

Durchführung — Unterlauge wird mit Kupfersulfatlösung versetzt.
Es bildet sich eine tiefblaue Farbe.
Beim Seifensieden sammelt sich in der sogenannten Unterlauge Glycerin an, außerdem enthält die Unterlauge auch noch Lauge von der Verseifung. Glycerin und Kupfer(II)-Ionen reagieren zu einer tiefblauen Komplexverbindung, die gegenüber Natronlauge stabil ist (keine Fällung).

Seifenbildung aus Stearinsäure und Natronlauge 40.4

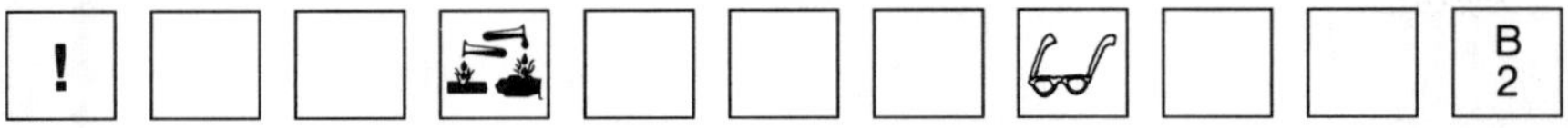

Material

Becherglas (250 ml), Magnetrührer mit Heizplatte; Stearinsäure, Natronlauge (5 g Natriumhydroxid in 50 ml dest. Wasser).

Durchführung

In einem Becherglas schmilzt man ca. 30 g Stearinsäure. Zu der geschmolzenen Stearinsäure läßt man 50 ml warme Natronlauge einfließen. Nun wird unter Umrühren erhitzt.

Es entsteht Seife:

$C_{17}H_{35}COOH + NaOH \rightarrow C_{17}H_{35}COONa + H_2O$
Stearinsäure Natriumstearat

Kernseifen sind Natriumsalze höherer Carbonsäuren.

pH-Wert von Kernseifenlösung 40.5

Material

Kernseife; Universalindikatorpapier.

Durchführung

Man überprüft den pH-Wert, indem man Universalindikatorpapier in eine wäßrige Kernseifenlösung taucht, oder indem man ein Seifenstück anfeuchtet und dann das Indikatorpapier kurz aufdrückt.

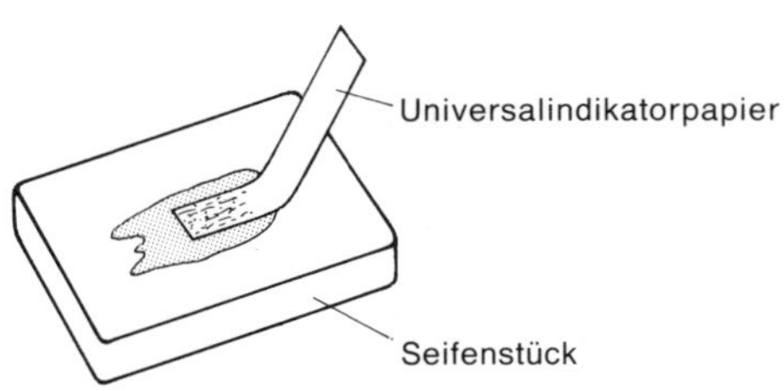

Es wird ein recht hoher pH-Wert (ca. 10) festgestellt. Seifenanionen sind starke Basen; sie sind in der Lage, dem Wasser ein Proton zu entreißen. Darauf ist ihre alkalische Reaktion in wäßriger Lösung zurückzuführen.

$R{-}COO^- + H_2O \rightleftarrows RCOOH + OH^-$

Der Vorgang ist eine typische Säure-Base-Reaktion nach Brönsted. Das Seifenanion nimmt als starke Base von der Säure Wasser ein Proton auf.

40.6 Tyndall-Effekt bei Seifenlösungen

Material Glasküvetten (notfalls Bechergläser oder Standzylinder), Diaprojektor (oder eine andere Lichtquelle, die einen möglichst scharf gebündelten Strahl liefert); Seifenlösung (verdünnt), Kochsalzlösung.

Durchführung In eine Glasküvette gibt man verdünnte Kernseifenlösung, in die zweite Küvette gibt man Kochsalzlösung. Die beiden Gefäße stellt man dicht nebeneinander und schickt von der Seite einen gebündelten Lichtstrahl durch beide Lösungen.

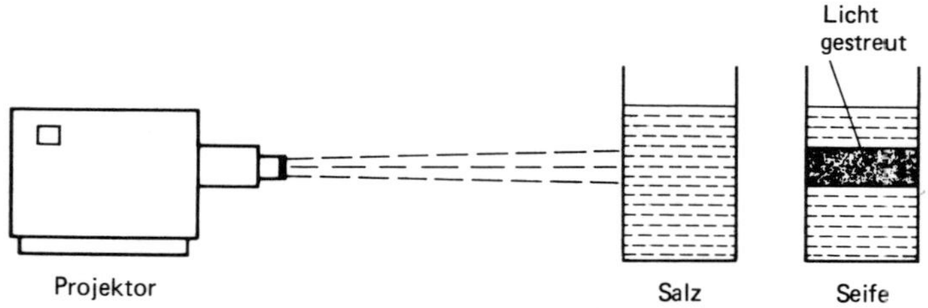

Nur in der Seifenlösung wird der Lichtstrahl sichtbar gestreut. Die Seifenmoleküle lagern sich im Wasser zu Molekülverbänden kolloidaler Größe zusammen. In „Seifenlösungen" sind die Seifenanionen ins Innere der wäßrigen Phase eingedrungen. Ihre Kohlenwasserstoffreste ordnen sich aber so an, daß sie mit dem Wasser nicht in Berührung kommen und nur die Carboxylatgruppe dem Wasser zugekehrt ist. Der Zusammenhalt der Kohlenwasserstoffreste wird durch van der Waals-Kräfte bewirkt.

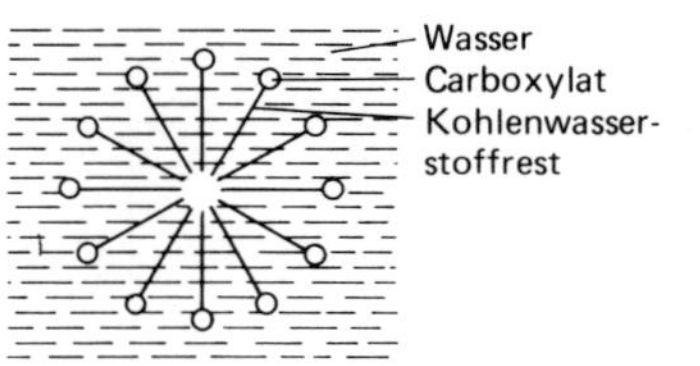

Seifenmicelle im Wasser

Diese Seifenmicellen streuen das durchfallende Licht (Tyndall-Effekt), Salzlösungen nicht.

40.7 Alkalische Reaktion der Seife

!  B 4

Material Reagenzgläser; Ethanol (wasserfrei), Methanol, Kernseife, Phenolphthaleinlösung, dest. Wasser.

Durchführung Etwas Kernseife wird in einigen ml Ethanol gelöst. Nach Zugabe von wenigen Tropfen Phenolphthalein wird die Lösung auf 2 Rg verteilt. Nun verdünnt man die eine Lösung mit Wasser (stark verdünnen!), die andere mit Methanol.
Alkoholische Seifenlösungen reagieren neutral. Erst bei Anwesenheit von Wasser ist eine alkalische Reaktion zu beobachten. Die Seifenanionen verbinden sich mit

Wasserstoffionen aus dem Wasser zu undissoziierten Fettsäuren und die nun im Überschuß vorhandenen Hydroxidionen bewirken die typischen Laugenreaktionen.

$C_{17}H_{35}COO^- + Na^+ + H^+ + OH^- \rightleftharpoons C_{17}H_{35}COOH\downarrow + Na^+ + OH^-$

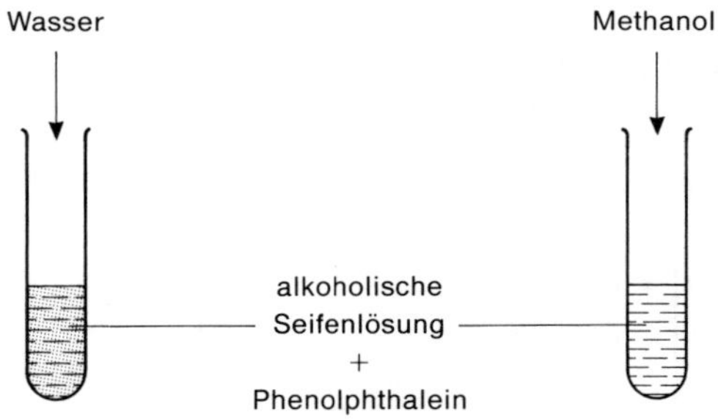

Hinweise

Die freien, wasserunlöslichen Fettsäuren verursachen die deutliche Trübung wäßriger Seifenlösungen.

Verhalten von Seifenlösungen gegenüber Säuren 40.8

Material

Reagenzgläser; Kernseifenlösung, verdünnte Schwefelsäure (auch andere Säurelösungen).

Durchführung

In ein Rg gibt man einige ml Kernseifenlösung, versetzt mit ein paar Tropfen verdünnter Schwefelsäure und schüttelt um.

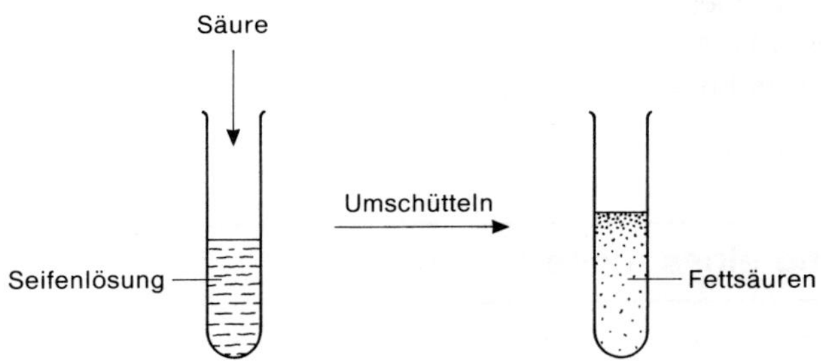

Die Lösung trübt sich, es scheiden sich Flocken ab. Bei Zugabe von Säuren zu Kernseifenlösung bilden sich freie (undissoziierte) Fettsäuren:

$R{-}COO^- + Na^+ + H^+ \rightarrow R{-}COOH\downarrow + Na^+$
Lösung — Trübung

40.9 Bildung von „Kalkseifen“

Material Reagenzglas; Kernseifenlösung, hartes Wasser (oder Calciumchloridlösung).

Durchführung In einem Rg versetzt man hartes Wasser (oder eine Calciumchloridlösung) mit etwas Seifenlösung und schüttelt.

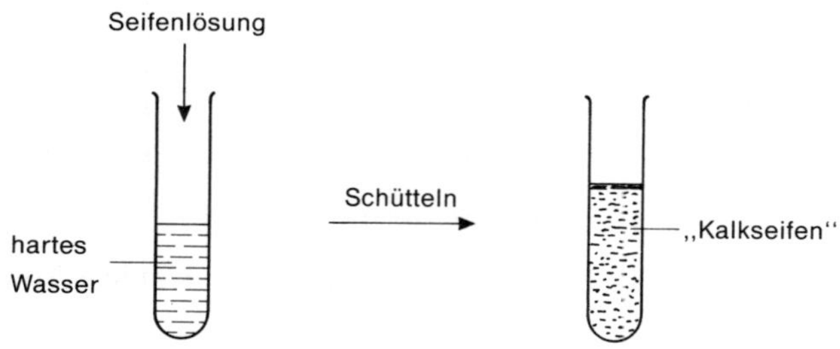

Es kommt zu einer starken Trübung bzw. Flockenbildung und keiner bleibenden Schaumbildung.
Die Seifenanionen verbinden sich mit den Calciumionen des harten Wassers zu wasserunlöslichen Calciumsalzen:

$$2\,RCOO^- + 2\,Na^+ + Ca^{2+} \rightarrow (RCOO)_2Ca\downarrow + 2\,Na^+$$

lösliche Kernseife unlösliche Kalkseife

Dieser Vorgang führt beim Waschen mit hartem Leitungswasser zu hohen Seifenverlusten und zur Vergrauung der Wäsche.

Hinweise Den Versuch kann man fortsetzen, indem man portionsweise weitere Seifenlösung zusetzt und schüttelt, bis es schließlich zur Schaumbildung kommt. Auf diese Weise kann eindrucksvoll demonstriert werden, wieviel Seifenlösung notwendig ist, bis Seife in hartem Wasser ihre Waschwirkung entfaltet und welche großen Mengen an verschmutzenden „Kalkseifen“ sich dabei bilden.

40.10 Herstellung eines modernen Tensids

!! | Schutzscheibe | B 2

Material Becherglas (50 ml), Reagenzgläser, Wasserbad; Hexadecanol (= Cetylalkohol), konz. Schwefelsäure, Natronlauge (10 %ig), Indikatorpapier.

Durchführung In ein Becherglas mit kochend heißem Wasser stellt man ein Rg mit 1 ml konz. Schwefelsäure, ein weiteres Rg mit einer Spatelspitze Cetylalkohol und ein drittes Rg mit 5 ml 10 %iger Natronlauge. Nach dem Schmelzen des Cetylalkohols (Schmp. 49 °C) gibt man vorsichtig einige Tropfen Schwefelsäure dazu, schüttelt um und stellt das Rg in das Wasserbad zurück. Nach kurzer Wartezeit leert man dieses Gemisch in ein kleines Becherglas. Nun neutralisiert man unter ständiger

Kontrolle mit einem Indikatorpapier. Das dadurch entstandene Reaktionsprodukt gibt man in ein Rg mit Wasser. Beim kräftigen Schütteln bildet sich ein Schaum.

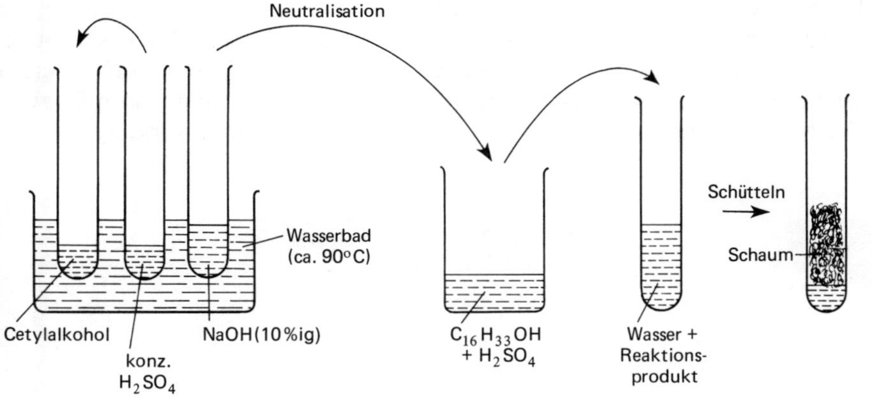

Cetylalkohol wird mit Schwefelsäure verestert:

$$C_{16}H_{33}OH + HOSO_3H \rightarrow \underset{\text{Cetylschwefelsäure}}{C_{16}H_{33}OSO_3H} + H_2O$$

Mit Natronlauge bildet sich daraus Natriumcetylsulfat:

$$C_{16}H_{33}OSO_3H + NaOH \rightarrow \underset{\text{Natriumcetylsulfat}}{C_{16}H_{33}OSO_3Na} + H_2O$$

Die Umsetzung muß im heißen Wasserbad durchgeführt werden. Auch zur Neutralisation ist heiße Lauge zu verwenden. Der hydrophobe Rest ist hier $-C_{16}H_{33}$, der hydrophile Rest ist die $-OSO_3Na$-Gruppe.

Unterschiedliche Netzwirkung von Wasser und Seifenlösung 40.11

Material: Tropfpipetten; Stück Stoff (Samt, Jersey, Taft oder andere geeignete Stoffart; vorher ausprobieren!), Seifenlösung, Wasser.

Durchführung: Auf ein Stück geeigneten Stoffes (s. Material) läßt man aus einer Pipette Leitungswasser tropfen, dann zum Vergleich daneben Seifenlösung.

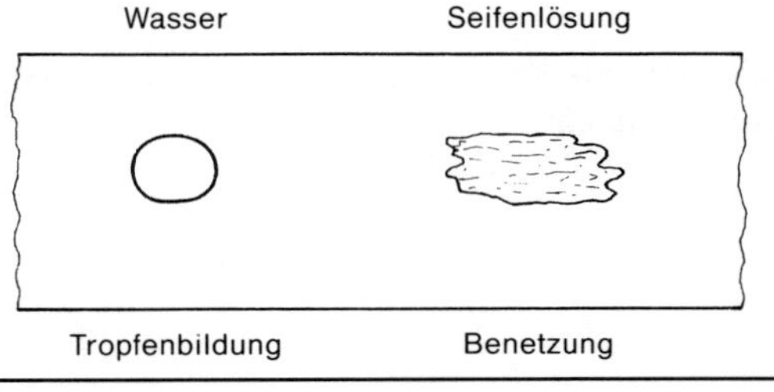

Die Wassertropfen halten sich länger auf dem Stoff (man kann sie bei geeigneten Geweben wie Quecksilbertropfen auf dem Stoff herumlaufen lassen), während die Seifenlösung schnell in das Gewebe eindringt, es „benetzt".
Die Netzwirkung der Tenside (= oberflächenaktive Substanzen), z. B. Seife, die hier demonstriert wird, beruht auf einer Herabsetzung der Oberflächenspannung. Weil die Tensidmoleküle sich an der Grenzfläche Wasser – Luft anordnen, setzen sie die zwischenmolekularen Kräfte der Wasserstoffbrückenbindungen herab. Die Netzwirkung ist eine wesentliche Komponente der Waschwirkung.

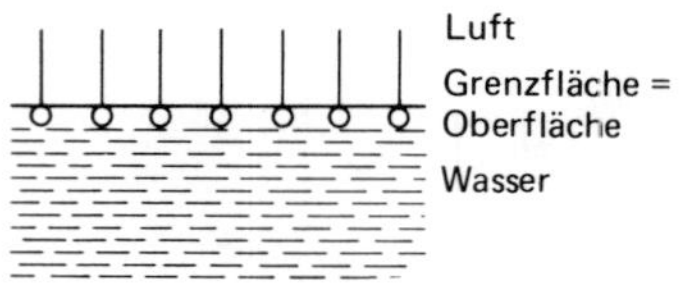

40.12 Wirkungen eines Tensids

Material Reagenzgläser; Tensid (z. B. Natriumdodecylsulfat), verd. Schwefelsäure (oder andere Säuren), hartes Wasser (oder Calciumchloridlösung), Universalindikator.

Durchführung In 3 Rg gibt man je einige ml Natriumdodecylsulfatlösung (oder Lösung eines anderen geeigneten Tensids). Dann überprüft man im ersten Rg den pH-Wert mittels Universalindikator. In das zweite Rg gibt man einige Tropfen einer verdünnten Säure, in das dritte Rg einige ml hartes Wasser und schüttelt beide Rg.

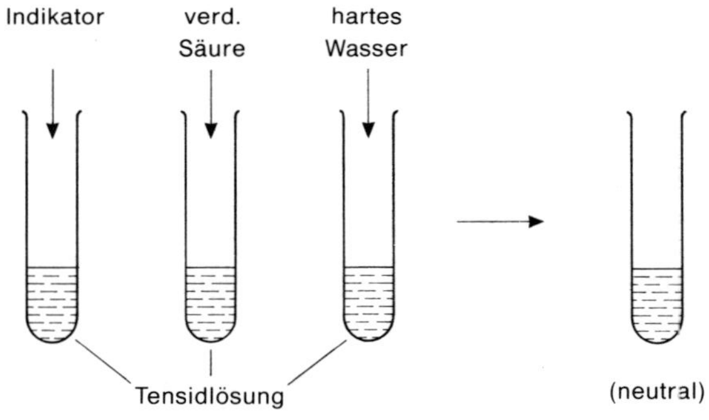

Die Tensidlösung zeigt neutrale Reaktion, ist unempfindlich gegen Säuren und hartes Wasser.

Hinweise Die obigen Versuche sind als Vergleichsversuche zu den entsprechenden Versuchen mit Seifenlösung gedacht.

Demonstration der Oberflächenspannung: Ölfläschchen-Versuch 40.13

Fläschchen mit engem Hals, Becherglas; Speiseöl, Tensidlösung. Material

Man füllt ein Fläschchen (enge Öffnung!) mit Speiseöl und stellt es in ein Gefäß mit Wasser. Beobachtung? Durchführung
Dann gibt man Tensidlösung dazu.

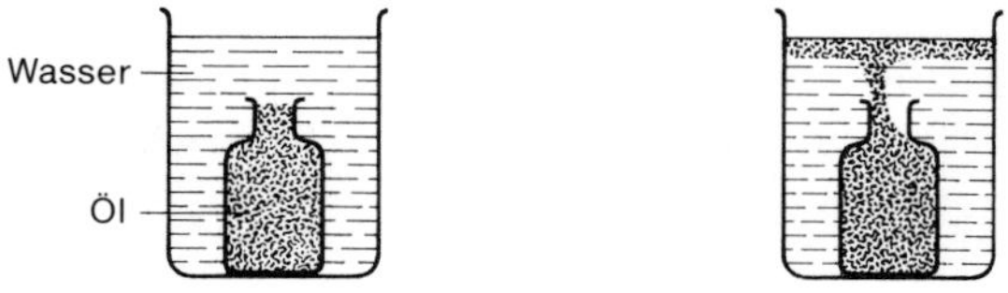

Obwohl das Öl leichter ist als Wasser, bleibt es in dem Fläschchen – eine Wirkung der Grenzflächenspannung. Erst nach Zugabe von Tensidlösung läuft das Öl aus der Flasche und steigt an die Wasseroberfläche.

Vergleich von Oberflächenspannungen: Tropfenzähl-Methode 40.14

Bürette, Becherglas; Seifenlösung, Wasser. Material

In eine Bürette gibt man Wasser und stellt den Ausflußhahn so, daß das Wasser gleichförmig heraustropft. Dann zählt man die Tropfenzahl pro Volumeneinheit (z. B. 1 ml). Durchführung
Anschließend füllt man verdünnte Seifenlösung ein und wiederholt den Versuch.

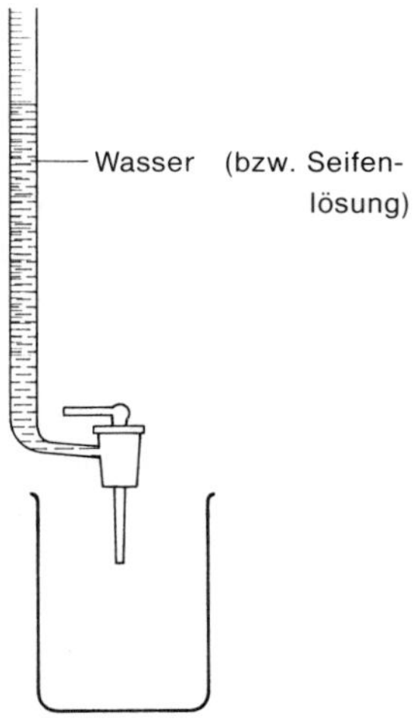

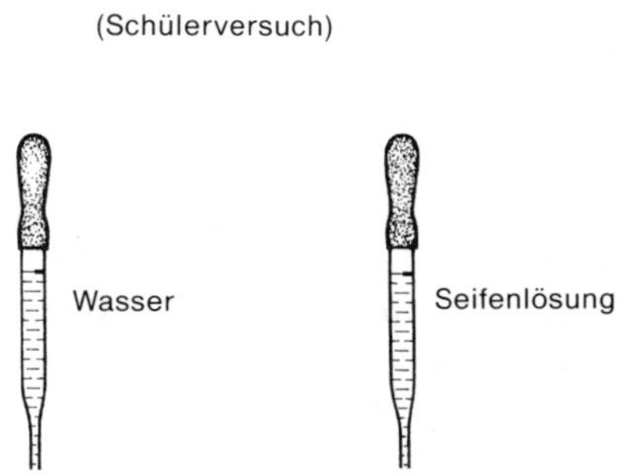

Bei Seifenlösung läßt sich eine deutlich größere Tropfenzahl pro Volumeneinheit feststellen.
Durch die geringere Oberflächenspannung der Seifenlösung bilden sich kleinere Tropfen und daher eine größere Anzahl pro Volumeneinheit. (Die Zahl der Tropfen ist umgekehrt proportional zur Oberflächenspannung der jeweiligen Flüssigkeit)

Hinweise — Die „Tropfenzählmethode" läßt sich sehr gut als Schülerversuch durchführen. Dazu benötigt man Pipetten statt Büretten. Sehr gut geeignet sind auch leere Tropffläschchen, wie sie z. B. für Nasentropfen verwendet werden (natürlich sind diese zunächst gründlich zu reinigen!).
Man füllt die Pipette bis zu einer Markierung (Filzstift!) mit Wasser und entleert sie dann durch langsames Ausdrücken, wobei man die Anzahl der Tropfen zählt. Den Versuch wiederholt man mit Seifenlösungen. (Auch andere Flüssigkeiten, z. B. Spiritus oder Benzin, kann man so auf ihre Oberflächenspannung überprüfen.)

40.15 Demonstration der Ausbreitung von Seifenanionen auf der Wasseroberfläche

Material — Runde Glaswanne; Schwefelpulver (Ruß, Pfeffer o. ä. feines Pulver), Seife.

Durchführung — Man füllt eine saubere Glaswanne mit Wasser und bestreut die Oberfläche mittels eines Siebes oder Drahtnetzes mit etwas Schwefelpulver. Nun berührt man die Mitte der Oberfläche mit einem Stück Seife.

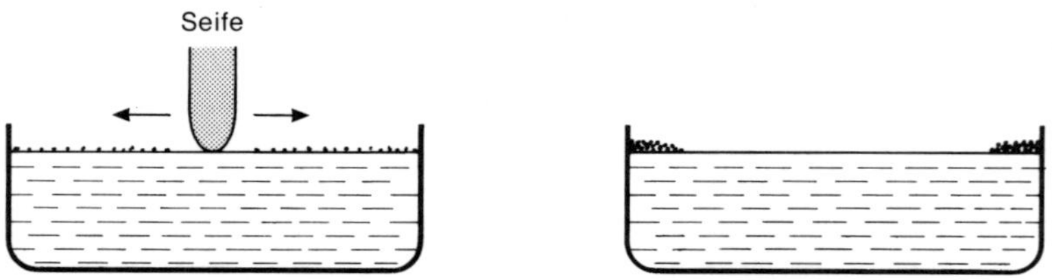

Das Schwefelpulver wird an den Rand der Glaswanne gedrängt. Die Seifenanionen setzen sich mit ihrem hydrophilen Ende auf die Wasseroberfläche. Aufgrund ihrer gleichen Ladung stoßen sie sich gegenseitig ab und breiten sich aus; dabei nehmen sie das Schwefelpulver mit.

Hinweise — Besonders bequem (und für die Schüler zum häuslichen Nachvollziehen geeignet) ist das Aufbringen von gemahlenem Pfeffer mittels eines Pfefferstreuers. Um zu zeigen, daß die Verdrängung des Pulvers nicht durch bloßes Berühren bewirkt wird, kann man einen (sauberen!) Glasstab eintauchen und bewegen; das Pulver bleibt gleichmäßig verteilt. Dann taucht man den Glasstab in Seifenlösung und berührt damit die Oberfläche.
Der Versuch eignet sich sehr gut zur Projektion auf dem OHP.

Orientierung von Stearinsäuremolekülen in heißem Wasser 40.16

Material

Becherglas; Octadecansäure (= Stearinsäure).

Durchführung

In ein Becherglas (Durchmesser ca. 5–7 cm) mit Wasser gibt man Stearinsäure und erhitzt, bis die Stearinsäure geschmolzen ist; die auf dem Wasser schwimmende Schicht soll ca. 0,5 cm dick sein. Dann läßt man das Ganze abkühlen. Ist die Stearinsäure erstarrt, löst man sie vorsichtig aus dem Glasgefäß (die Stearinsäurescheibe ist sehr brüchig!). Läßt man nun Wasser darüberlaufen oder gibt man darauf einen großen Tropfen, so zeigen die beiden Seiten der Stearinsäurescheibe deutlich unterschiedliches Verhalten: Die Oberseite wird kaum benetzt und läßt das Wasser abperlen, die Unterseite wird benetzt.

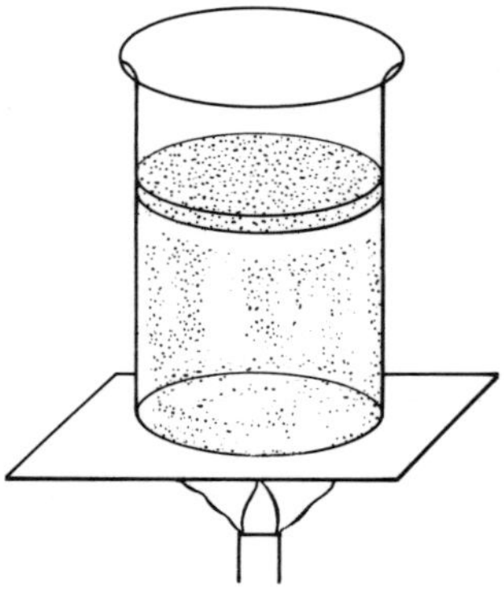

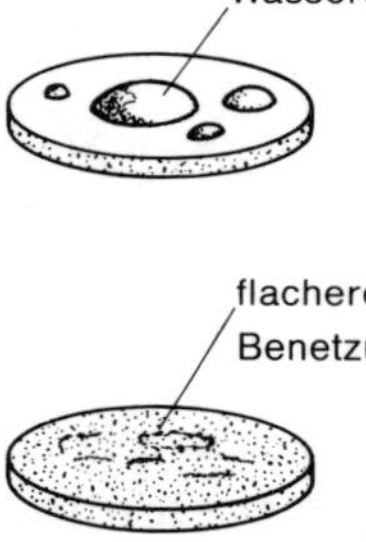

Die Stearinsäure besteht aus dem wasserfeindlichen Kohlenwasserstoffrest und der polaren, wasserfreundlichen Carboxylgruppe. In der Schmelze orientieren sich die Stearinsäuremoleküle mit ihrer polaren Seite zum Wasser und sind nach dem Erstarren in dieser Lage fixiert.

Hinweise

Die Stearinsäure aufbewahren. Sie kann für diesen Versuch immer wieder verwendet werden.

Emulgierende Wirkung von Seifenlösung 40.17

Material

Reagenzgläser mit Stopfen; Speiseöl, Seifenlösung, Wasser.

Durchführung

Zu gleichen Mengen Wasser bzw. Seifenlösung werden in je einem Rg etwas Speiseöl (ca. 1 ml) gegeben. Nach Aufsetzen eines Stopfens wird kräftig geschüttelt. Dann läßt man die beiden Rg ruhig stehen.
Während sich das Wasser-Öl-Gemisch sehr schnell wieder trennt, bleibt die Seifenlösung-Öl-Emulsion stabil (emulgierende Wirkung der Seife).
Die Seifenanionen besetzen die beim Schütteln gebildeten Fetttröpfchen mit ihrem lipophilen Teil. Durch die nun gleichsinnige Aufladung der Tröpfchen wird ein Zusammenfließen verhindert (s. Abb. S. 292).

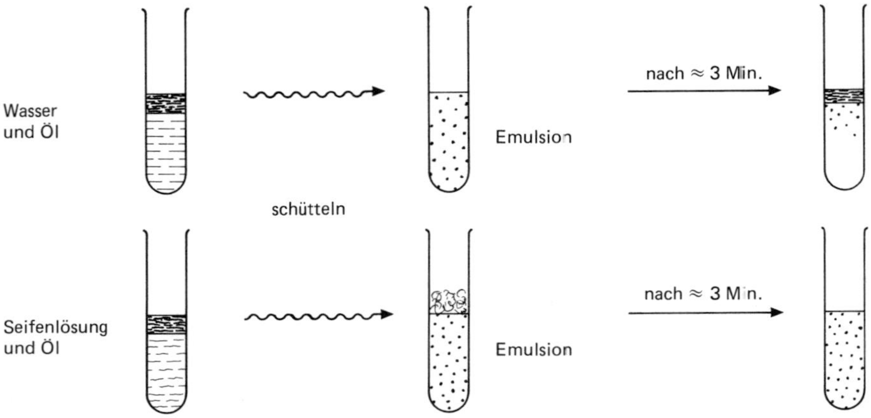

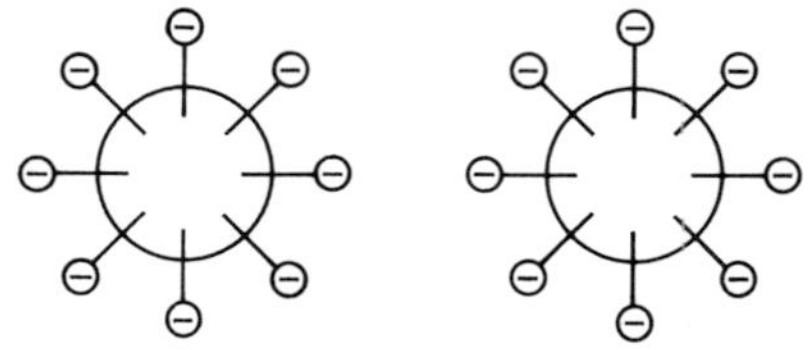

40.18 Bornachweis in Waschmitteln

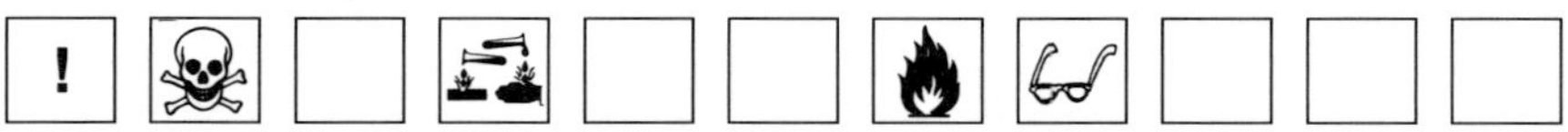

Material Reagenzgläser; Proben verschiedener Waschmittel, konz. Schwefelsäure, Methanol.

Durchführung In je ca. 5 ml Methanol in einem Rg gibt man jeweils einen Spatel eines Waschmittels, schüttelt um und versetzt mit ein paar Tropfen konz. Schwefelsäure. Dann erhitzt man vorsichtig und entzündet die entweichenden Dämpfe an der Brennerflamme.

Der Dampf brennt mit grüner Flamme ab, wenn im Waschmittel Borverbindungen waren.
Viele Waschmittel enthalten als Bleichmittel Perborate. Mit Methanol bildet sich in diesen Fällen der Borsäuretrimethylester, der mit grüner Flamme brennt.

Schmutztragevermögen von waschaktiven Substanzen 40.19

Material

2 kleine Bechergläser, Glastrichter mit Filterpapier, Erlenmeyerkolben (oder große Reagenzgläser); Seifenlösung (oder andere Tensidlösung), Ruß oder Holzkohlepulver.

Durchführung

Je 1 Spatel Ruß (oder Holzkohlepulver) wird in ein kleines Becherglas mit Wasser bzw. in eines mit Tensidlösung gegeben. Kurz umrühren.
Nun werden beide Gemische filtriert.

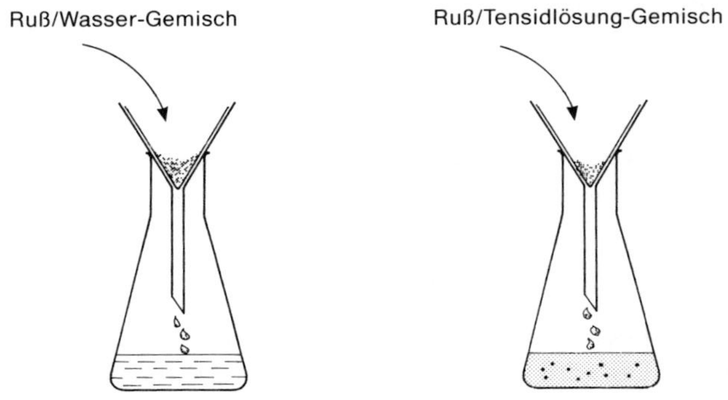

Das Filtrat der Tensidlösung ist dunkel gefärbt, weil ein Teil des Rußes mit durch den Filter läuft. Das Filtrat der Ruß-Wasser-Mischung ist weitgehend klar.
Die Rußteilchen werden von Tensidmolekülen umhüllt und so fein verteilt, daß sie durch die Poren des Filters laufen.
(Dispergierende Wirkung der Tenside; Schmutztragevermögen).

Nachweis von Komplexbildnern in Waschmitteln 40.20

B 2

Material

Reagenzgläser, Tropfpipetten; Eisen(III)-chlorid, Kaliumthiocyanat, Waschmittel.

Durchführung

Vorversuch: In eine Seifenlösung gibt man ein paar Tropfen Eisen(III)-chloridlösung. Dann versetzt man mit wenigen Tropfen einer Kaliumthiocyanatlösung. Es bildet sich eine blutrote Färbung, die auf verschiedenen Eisen(III)-thiocyanatkomplex-Ionen beruht.
Zu verschiedenen Waschmittellösungen tropft man Eisen(III)-chloridlösung und versetzt wieder mit Kaliumthiocyanatlösung.
Die Rotfärbung mit Thiocyanationen unterbleibt, weil sich die in den Waschmitteln befindlichen Komplexbildner mit den Eisen(III)-Ionen zu stabilen Komplexen verbinden.
Durch die Komplexbildner (binden Calcium-, Magnesium- und Schwermetallionen des Wassers) wird das Wasser enthärtet.

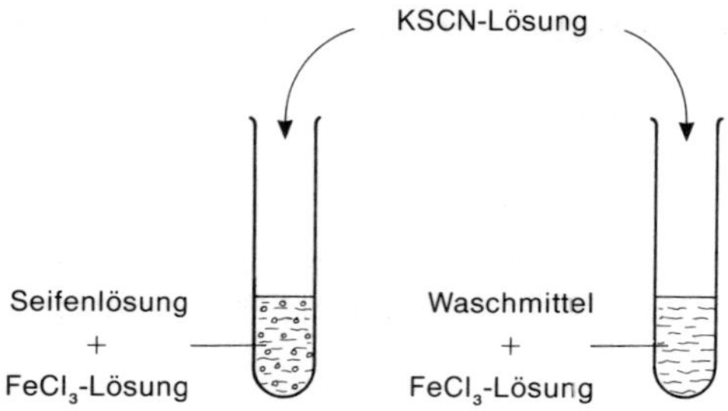

Hinweise Fortführung des Versuchs: Indem man weitere Eisen(III)-chloridlösung zutropft, gelangt man schließlich doch zu einer Rotfärbung, nämlich dann, wenn die „Kapazität“ der Komplexbildner überschritten wird.

40.21 Phosphatnachweis in Waschmitteln

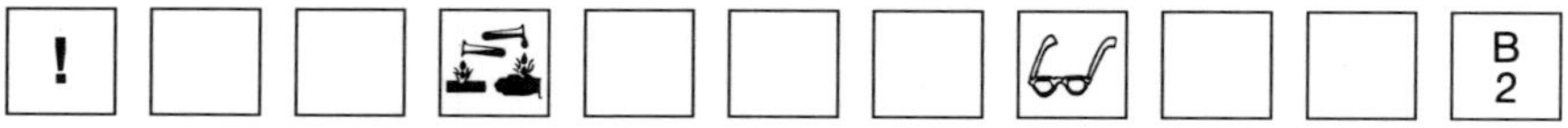

Material Reagenzgläser; Salpetersaure Ammoniummolybdatlösung (eine konz. Ammoniummolybdatlösung wird solange mit konz. Salpetersäure versetzt, bis sich der entstandene Niederschlag wieder löst), Waschmittel, verd. Schwefelsäure.

Durchführung Etwa 1 g eines Waschmittels wird in 50 ml Wasser gebracht, mit ca. 15 ml verd. Schwefelsäure versetzt und ca. 5 Minuten gekocht (Aufspaltung der Polyphosphate!).
Von dieser Lösung gibt man einige Tropfen in eine salpetersaure Ammoniummolybdatlösung.

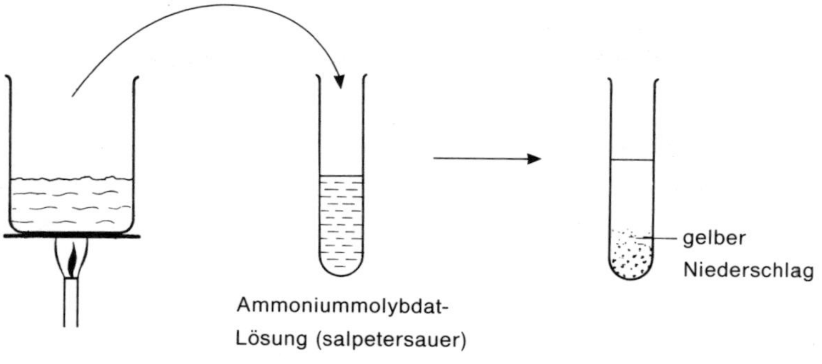

Bei Anwesenheit von Phosphaten entsteht ein feiner, gelber Niederschlag.

Hinweise Phosphate befinden sich in Waschmitteln zur Enthärtung. Wegen ihrer eutrophierenden Wirkung wird bei modernen Waschmitteln auf Phosphate weitgehend verzichtet. An ihrer Stelle gewinnen Silicate (Zeolithe) zunehmend an Bedeutung.

Nachweis von optischen Aufhellern — 40.22

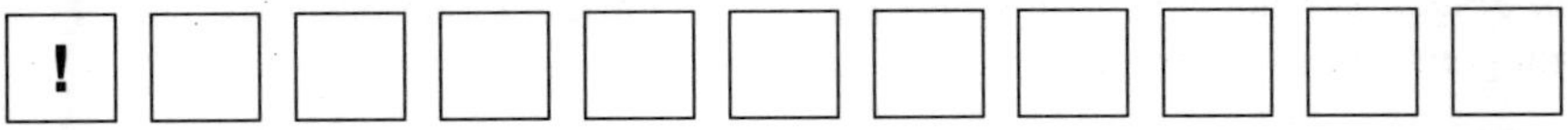

Material

UV-Analyselampe (UV-Strahlung 350–360 nm besonders geeignet); Versch. Waschmittellösungen, Filterpapier (oder anderes geeignetes Papier, d.h. Papier ohne Weißtöner).

Durchführung

Man tränkt mehrere Filterpapiere mit Waschmittellösungen oder beschreibt sie mit einem in konz. Waschmittellösung getauchten Pinsel. Zum Vergleich befeuchtet man ein Filterpapier mit Leitungswasser.
Im abgedunkelten Raum werden die Papiere mit einer UV-Lampe bestrahlt.

mit opt. Aufhellern — ohne opt. Aufheller

Einige Proben leuchten im UV-Licht auffallend stark; sie enthalten sog. optische Aufheller (Weißtöner).
Diese absorbieren UV-Strahlen und emittieren blaues Fluoreszenzlicht. Dadurch wird im sichtbaren Bereich mehr Licht emittiert als eingestrahlt: die Wäsche erscheint weißer.

Hinweise

Vorsicht! Augen vor direkter UV-Einstrahlung schützen!

Nachweis von Bleichmitteln in Waschmitteln — 40.23

Material

Reagenzglas; Vollwaschmittel, Kaliumpermanganat, Schwefelsäure.

Durchführung

In ein Rg gibt man einige ml stark verdünnte, mit ein paar Tropfen Schwefelsäure angesäuerte Kaliumpermanganatlösung und einige ml einer Vollwaschmittel-Lösung. Falls notwendig, kann die Reaktion durch Erwärmen beschleunigt werden. Die Lösung entfärbt sich.

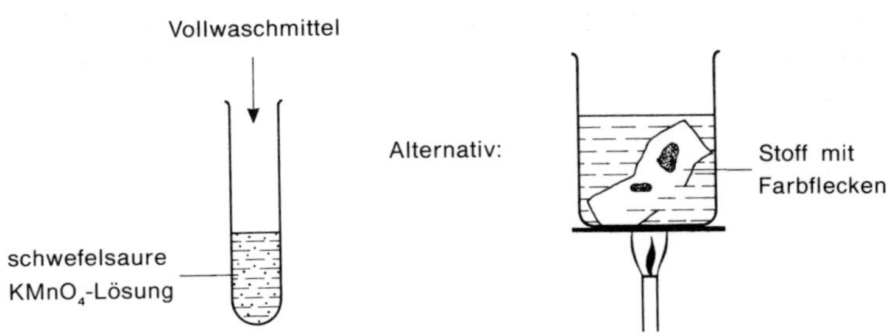

Vollwaschmittel enthalten als Bleichmittel meist Perborate. Diese spalten in der Wärme Sauerstoff ab, der bestimmte Verunreinigungen oxidativ zerstört.
Im obigen Versuch wurde das Peroxid zu elementarem Sauerstoff oxidiert, Permanganat wurde reduziert.

Hinweise — Nicht so schnell vorzuführen, aber durch größeren Alltagsbezug überzeugender, ist folgende Variante:
Man bereitet weißen Baumwollstoff oder Leinen vor, indem man Flecken aufbringt (Obst-, Rotwein-, Tintenflecke). Die Stoffstücke mit den eingetrockneten Flecken werden in einer Lösung eines Vollwaschmittels gekocht.

40.24 Wirkung eines biologisch aktiven Waschmittels

Material — Wasserbad, Thermometer, Reagenzgläser; biologisch aktives Waschmittel, gekochtes Hühnerfleisch.

Durchführung — Man bereitet sich eine sehr konzentrierte Lösung eines biologisch aktiven Waschmittels, erwärmt es auf ca. 40 °C und hält es im Wasserbad bei dieser Temperatur. In die Waschmittellösung gibt man feingeschnittenes (große Oberfläche!), gekochtes Hühnerfleisch. Am besten führt man diesen Versuch mit mehreren Waschmittelsorten gleichzeitig durch. Zum Vergleich werden Parallelversuche mit gekochten Waschmittellösungen durchgeführt.

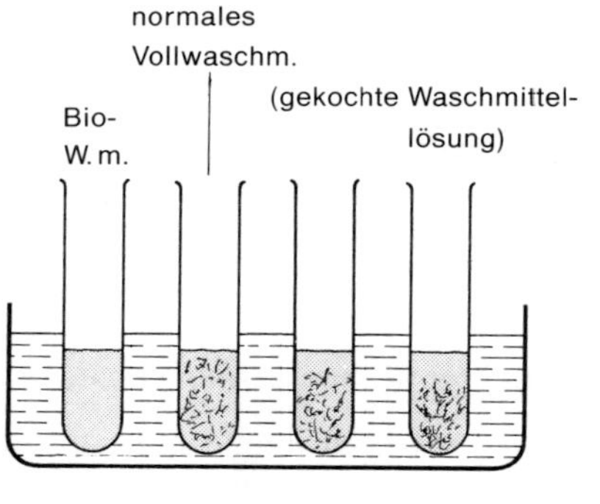

Durch Proteolyse (= Hydrolyse von Protein) des Eiweißes kommt es zum „Auflösen“ des Fleisches.
Biologisch aktive Waschmittel enthalten u. a. Proteinasen (eiweißspaltende Enzyme). Beim Erhitzen über 60 °C (im Versuch durch Kochen) verlieren die Proteinasen ihre Aktivität.

pH-Wert-Untersuchung verschiedener Waschmittel — 40.25

Material

Kleine Bechergläser oder Reagenzgläser; Verschiedene Waschmittel, Universalindikatorpapier.

Durchführung

Kleine Proben verschiedener Waschmittel werden jeweils in etwas dest. Wasser aufgelöst und dann durch kurzes Eintauchen von Universalindikatorpapier (oder pH-Teststäbchen) geprüft.
Während z. B. Feinwaschmittel annähernd neutral reagieren, zeigen manche Vollwaschmittel kräftige alkalische Reaktion (z. B. pH 10). Auch saure Reaktion kann bei manchen Spezialwaschmitteln/Reinigungsmitteln beobachtet werden.

Hinweise

Es empfiehlt sich, die Ergebnisse in einer Tabelle festzuhalten und außer der pH-Messung auch andere vergleichende Untersuchungen anzustellen und einzutragen. Beispiel:

Tabelle:

Vergleich verschiedener Waschmittel

Waschmittel	A	B	C	...
pH-Wert	8,5	10,0	7,0	
B-Nachweis	–	+	–	
Phosphate	–	+	+	
opt. Aufh.	+	+	–	

41. Aminosäuren, Eiweiß

Leitfähigkeit der Aminosäuren — 41.1

Material

2 Büretten, Leitfähigkeitsprüfer, Spannungsquelle für Wechselstrom, Meßgerät, Zuleitungskabel, Magnetrührer, 4 Bechergläser (100 ml);
Glycin, Salzsäure c(HCl) = 0,1 mol/l, Natronlauge c(NaOH) = 0,1 mol/l.

Durchführung

Man stellt 100 ml Glycinlösung her. In ein Becherglas bringt man 50 ml dieser Lösung und mißt die elektrische Leitfähigkeit. Dann tropft man langsam bei eingeschaltetem Magnetrührer aus der Bürette 10 ml 0,1 molare Salzsäure zu und verfolgt die Änderung der elektrischen Leitfähigkeit. Zur Kontrolle tropft man 5 ml der Säure in ein Becherglas mit 50 ml Wasser und mißt die Leitfähigkeit. Anschließend wird in ein Becherglas mit 50 ml der vorbereiteten Glycinlösung

10 ml 0,1 molare Natronlauge getropft und die Änderung der Leitfähigkeit gemessen. Zur Kontrolle tropft man dann 5 ml 0,1 molare Natronlauge zu 50 ml Wasser und beobachtet die Leitfähigkeitsänderung.

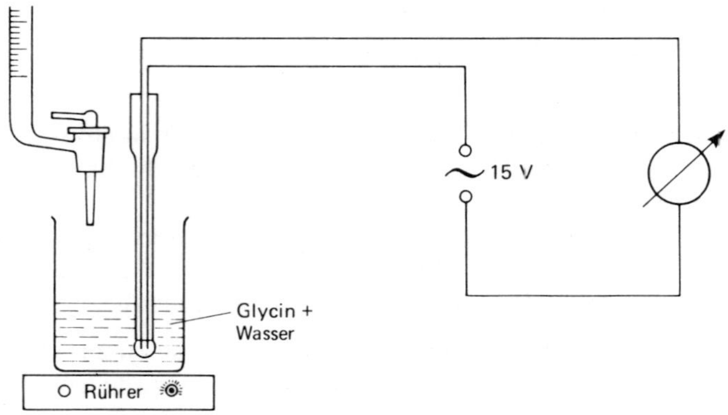

Hinweise

Die Leitfähigkeit nimmt beim Vermischen von Säure bzw. Lauge mit Wasser stärker zu, als beim Vermischen mit der Aminosäurelösung, da die schnell beweglichen H^+ bzw. OH^--Ionen vom Zwitterion abgefangen werden. Die dabei entstehenden Kationen bzw. Anionen besitzen eine geringere Wanderungsgeschwindigkeit.

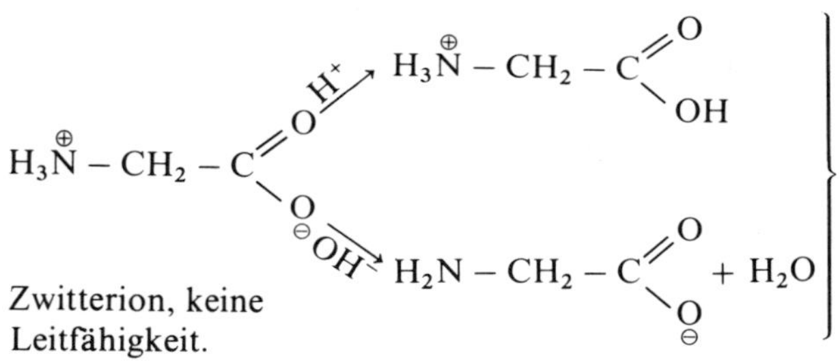

41.2 Farbreaktionen mit Ninhydrin

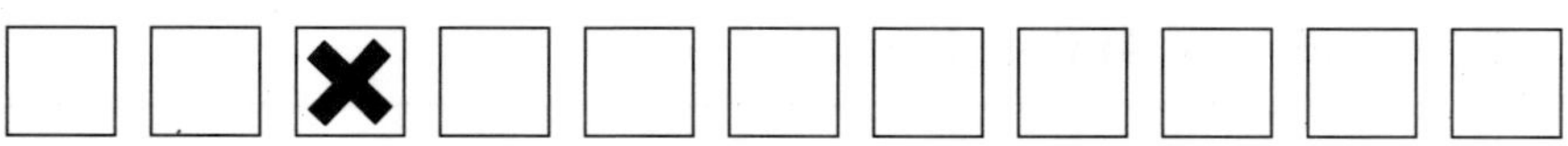

Material

Reagenzglas, Reagenzglashalter, Gasbrenner;
Aminosäurelösung, Ninhydrinlösung.

Durchführung

In eine Aminosäurelösung gibt man 3 Tropfen 1 %ige Ninhydrinlösung und kocht auf.

Ninhydrin färbt sich bei Anwesenheit von Aminosäuren tief violett. Ammoniak und seine Derivate stören die Reaktion.

Hinweise

Ninhydrin:

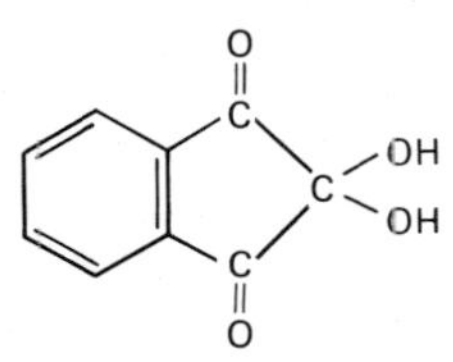

Pufferwirkung der Aminosäuren 41.3

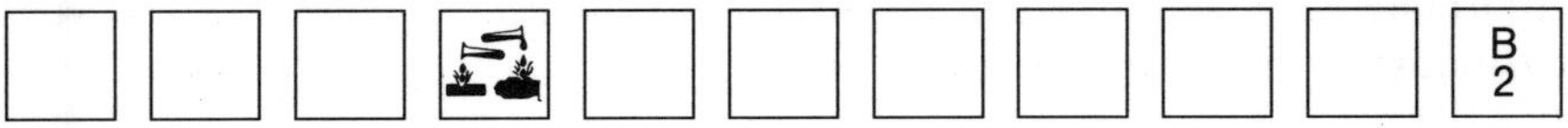

Material

2 Erlenmeyerkolben;
Glycin (fest), Universalindikator, Phenolphthalein, Bromthymolblau, Essigsäure, Ammoniakwasser.

Durchführung

In einen Erlenmeyerkolben gibt man 100 ml Wasser mit Universalindikator und setzt 3 Tropfen verd. Essigsäure zu. Dann bringt man festes Glycin dazu und schüttelt um. Farbänderung beachten! In einem anderen Erlenmeyerkolben gibt man zu 100 ml Wasser mit Bromthymolblau (oder Phenolphthalein), 3 Tropfen Ammoniakwasser. Dann bringt man festes Glycin dazu und schüttelt um. Farbänderung beachten!

Hinweise

Glycin zeigt amphoteres Verhalten. Im Wasser bildet es Zwitterionen, die saure und basische Funktionen besitzen. Diese geben sowohl mit Laugen, als auch mit Säuren Salze, d.h. Glycin kann Protonen (Oxoniumionen) und Hydroxidionen neutralisieren.

Trennung von Aminosäuren 41.4

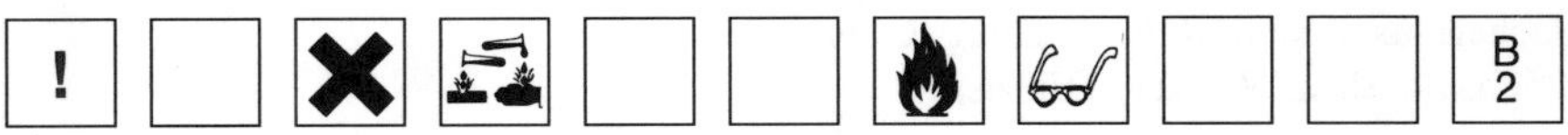

Material

Glaswanne, Glasstab, Chromatographiepapier (oder Dünnschichtplatte), Pipette, Trockenschrank;
verschiedene Aminosäuren, dest. Wasser, Salzsäure, Ninhydrinlösung (in Spraydose), n-Butanol, Eisessig.

Durchführung

Man säuert 0,1 %ige Lösungen von Aminosäuren (z.B. Glycin, Alanin, Valin, Leucin) mit verdünnter Salzsäure an und trägt sie dann mit einer feinen Pipette (Mikropipette) in Tropfen nebeneinander auf Chromatographiepapier (oder eine Dünnschichtplatte) auf. Neben den Einzelproben der Aminosäuren trägt man noch ein Gemisch aus den verwendeten Aminosäuren auf. Nach dem Eintrocknen der Proben hängt man das Chromatographiepapier so in eine Glaswanne, daß es ca. 1 cm tief in ein Gemisch aus n-Butanol, Eisessig und Wasser (4 : 1 : 1) taucht. Wenn das Fließmittel den oberen Rand des Chromatographiepapiers erreicht hat, wird dieses herausgenommen und im Trockenschrank (bei 80–100 °C) getrocknet.

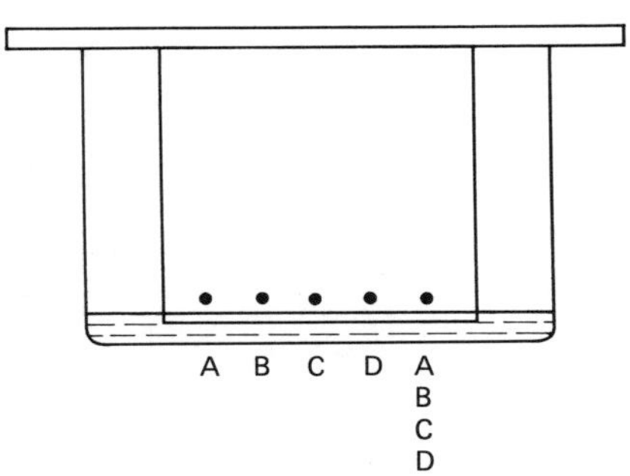

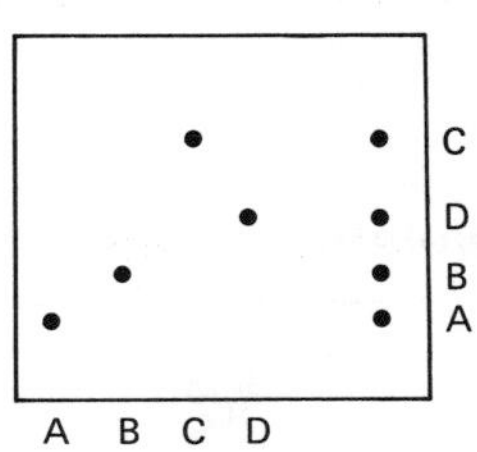

Nach dem Trocknen wird das Chromatographiepapier mit einer Ninhydrinlösung besprüht und erneut im Trockenschrank erwärmt. An der jetzt auftretenden Violettfärbung zeigt sich, daß die Aminosäuren verschieden große Strecken vom Startpunkt aus zurückgelegt haben.

Hinweise Die festgestellte Wanderstrecke ist bei gleichen Bedingungen für jede Aminosäure typisch. Die „R_f-Werte" (Retention factor) dienen als Maß für die Wanderungsgeschwindigkeit. Unter R_f-Wert versteht man die Entfernung der Substanz vom Startpunkt, dividiert durch die Entfernung der Lösungsmittelfront vom Startpunkt. Die R_f-Werte sind zwar vom Lösungsmittel und von der Beschaffenheit der Papiersorte abhängig, bilden jedoch für die einzelnen Substanzen bei gleichen Bedingungen konstante, charakteristische Werte. Beispiel für Aminosäuren in Butanol/Eisessig/Wasser:

Alanin	0,37	Leucin	0,73
Glycin	0,40	Valin	0,60

41.5 Herstellung einer Eiweißlösung

Material Bechergläser, Glasstab, Trichter, Glaswolle;
Kochsalz, dest. Wasser, Hühnerei.

Durchführung Das Eiklar eines rohen Hühnereies verquirlt man mit 150 ml 0,9 %iger Kochsalzlösung und filtriert über Glaswolle. Die Lösung ist sofort gebrauchsfertig.

Hinweise 0,9 %ige Kochsalzlösung wird auch als Physiologische Kochsalzlösung bezeichnet. Sie ist isotonisch mit Gewebsflüssigkeiten, d. h. sie hat den gleichen osmotischen Druck.

41.6 Stickstoffnachweis im Eiweiß

! B 2

Siehe Versuch 29.2, Seite 216.

41.7 Schwefelnachweis im Eiweiß

! B 2

Siehe Versuch 29.3, Seite 216.

Denaturierung von Eiweiß 41.8

Material

4 Reagenzgläser, Reagenzglashalter, Reagenzglasständer, Brenner, Tropfpipetten;
Ethanol, Kupfersulfat, verd. Salzsäure.

Durchführung

In 4 Reagenzgläser gibt man jeweils 5 ml Eiweißlösung. Das erste Reagenzglas erhitzt man über der Flamme, in das zweite gibt man 2 ml Ethylalkohol (oder einen anderen niederen Alkohol); den Inhalt des dritten Reagenzglases vermischt man mit einigen Tropfen verd. Salzsäure oder Salpetersäure und in das vierte Reagenzglas gibt man wenige ml einer Schwermetallsalzlösung (z. B. $CuSO_4$ oder $FeCl_3$ oder $NiSO_4$ usw.). Bei allen Proben erfolgt Ausflockung (Koagulation) des Eiweißes.

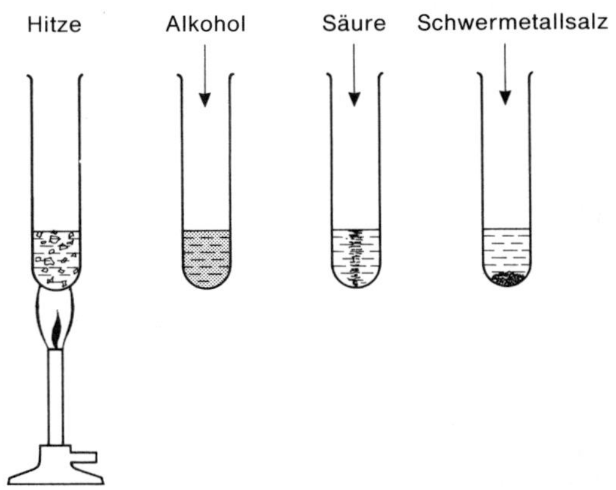

Hinweise

Diese Versuchsreihe zeigt die Empfindlichkeit von Eiweißstoffen gegenüber Hitze, Säuren und sogenannten Eiweißgiften wie Schwermetallsalzen und Alkoholen.

Biuretreaktion zum Nachweis von Eiweiß 41.9

Material

Reagenzglas, Reagenzglashalter, Gasbrenner;
Eiweißlösung, Kupfersulfat, dest. Wasser, Natronlauge.

Durchführung

In einem Reagenzglas gibt man zu einer Eiweißlösung wenige Tropfen einer sehr verdünnten Kupfersulfatlösung, versetzt mit verdünnter Natronlauge (oder Kalilauge) und schüttelt (evtl. erwärmen). Die Violettfärbung weist auf Eiweiß hin.

Hinweise

Die Biuretprobe verläuft bei Vorliegen von Peptidbindungen positiv.

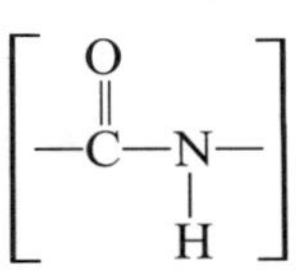

Biuret, von dem sich der Name dieser Reaktion ableitet, ist $H_2N—CO—NH—CO—NH_2$.

41.10 Xanthoproteinreaktion

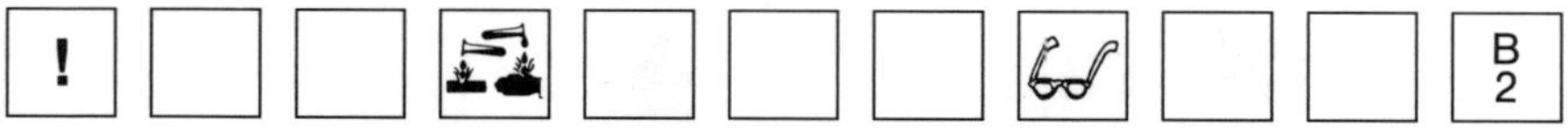

Material Reagenzgläser, Reagenzglashalter, Gasbrenner;
Eiweißlösung, weiße Schafwolle, weiße Vogelfedern, konz. Salpetersäure.

Durchführung In verschiedenen Reagenzgläsern gibt man zu etwas Eiweißlösung oder zu weißer Schafwolle oder zu weißen Vogelfedern etwas konz. Salpetersäure und erwärmt über der Brennerflamme. Es tritt starke Gelbfärbung auf.

Hinweise Die Gelbfärbung des Eiweißes entsteht durch Nitrierungsprodukte der aromatischen Aminosäure Tyrosin. Die Gelbfärbung der Haut durch Benetzung mit konz. Salpetersäure beruht auf dem gleichen Vorgang (Vorsicht beim Experimentieren mit konz. Salpetersäure!).

42. Enzyme

42.1 Blockierung der Enzymwirkung durch Schwermetallionen

Material Reagenzgläser, Meßzylinder, Tropfpipette;
dest. Wasser, Hefe, Kupfersulfat, Wasserstoffperoxid.

Durchführung In ein Reagenzglas mit 3 ml Wasser gibt man ein knapp erbsengroßes Stück Hefe. Dann versetzt man mit 1 ml Kupfersulfatlösung und schüttelt kräftig um. Versetzt man nun mit einigen Tropfen verdünnter Wasserstoffperoxidlösung, so kommt es zu keiner Sauerstoffabspaltung.
Als Blindprobe wird der Versuch ohne Zusatz von Kupfersulfat durchgeführt.

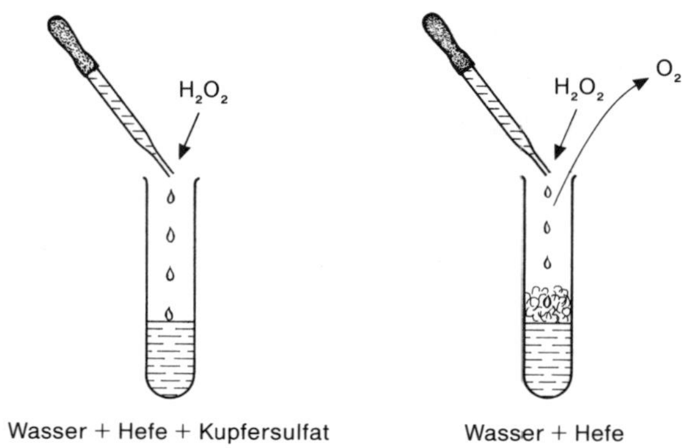

Enzyme werden als Eiweißkörper durch Schwermetallionen „denaturiert“. Dadurch verlieren sie ihre Funktion. Auf dieser Reaktion beruht die Giftwirkung der Schwermetalle (ökologisches Problem). Da einige Schwermetalle, z. B. Molybdän, Bestandteile von Enzymen sind, müssen andererseits Schwermetalle in Spuren in der Umwelt vorhanden sein. — Hinweise

Stärkespaltung mit Diastase — 42.2

Material

3 Erlenmeyerkolben, Glaswanne für Wasserbad, Reagenzgläser, Reagenzglashalter, Gasbrenner; Stärkelösung, Iodiodkalilösung, Diastase, dest. Wasser.

Durchführung

Drei Erlenmeyerkolben werden je etwa zur Hälfte mit Stärkelösung gefüllt. Durch Zugabe einiger Tropfen Iodiodkalilösung werden die Lösungen blau gefärbt. Es soll nur wenig Iodlösung zugetropft werden, damit die Lösung durchscheinend bleibt. In einen der Kolben gibt man einige ml einer wäßrigen Diastaselösung und schüttelt kurz um. In den zweiten Kolben gibt man Diastaselösung, die zuvor kurz aufgekocht wurde. Der Inhalt des dritten Kolbens dient als Vergleichslösung. Im Kolben mit der nicht erhitzten Diastase erfolgt nach einigen Minuten Entfärbung, in den anderen beiden Kolben bleibt die Blaufärbung unverändert bestehen. Sollte die Entfärbung zu langsam vor sich gehen, kann in einem Wasserbad (nicht über 40 °C!) leicht erwärmt werden.

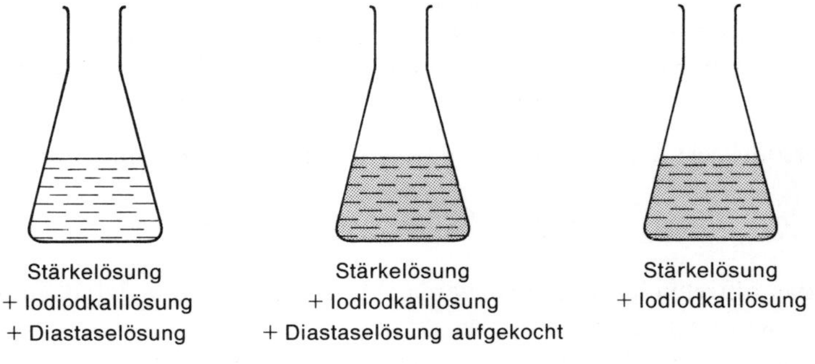

Hinweise

Stärke gibt mit Iodiodkalilösung eine typisch blau gefärbte Einschlußverbindung. Diastase katalysiert den Abbau der Stärke über Dextrine zu Maltose und Glucose (Nachweis mit Fehling). Die Iodstärkefärbung verschwindet. Diastase ist, wie alle bekannten Enzyme, ein Eiweißstoff. Enzyme sind besonders temperaturempfindlich, sie verlieren beim Erhitzen ihre Wirksamkeit.
Da Diastasepräparate häufig Maltose enthalten, kann eine positive Reaktion bei der Fehlingprobe der entfärbten Lösung nicht als Nachweis für Glucose als Spaltprodukte der Stärke gelten.

42.3 Abbau des Harnstoffs mit Urease

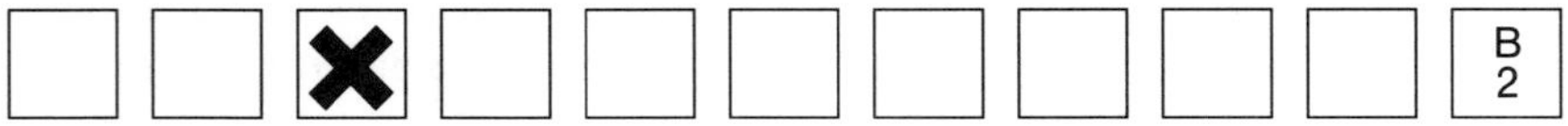

Material Becherglas, 3 Erlenmeyerkolben (100 ml oder größer), Reagenzgläser, Reagenzglashalter, Gasbrenner;
Harnstoff, Urease, Phenolphthaleinlösung, Kupfersulfat, dest. Wasser.

Durchführung In einem Becherglas werden 10 g Harnstoff in 200 ml Wasser gelöst. 50 ml dieser Lösung gibt man in einen Erlenmeyerkolben und versetzt mit 5 ml Ureaselösung (1 g Urease pro Liter Wasser) und wenigen Tropfen Phenolphthaleinlösung. Wenn in wenigen Minuten keine Farbreaktion eintritt, kann leicht erwärmt werden (nicht über 40 °C!). Der Versuch wird gleichzeitig noch zweimal angesetzt. Einmal wird die Urease jedoch vor der Zugabe zur Harnstofflösung kurz aufgekocht. Bei der dritten Probe vermischt man die Ureaselösung vor der Zugabe mit Kupfersulfatlösung (oder einer anderen Schwermetallsalzlösung, z. B. Silbernitrat).
Bei der ersten Probe tritt nach wenigen Minuten Rotfärbung auf, bei den anderen Proben zeigt sich keine Reaktion.

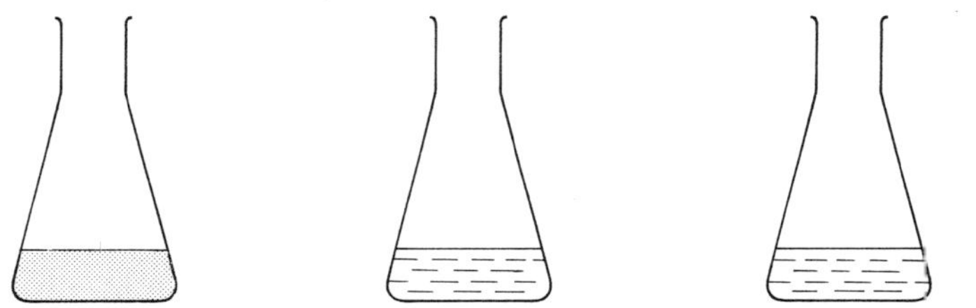

Hinweise Urease katalysiert den Abbau von Harnstoff bei niederen Temperaturen:

$$NH_2 - CO - NH_2 + H_2O \xrightarrow{\text{Urease}} 2\,NH_3 + CO_2$$

Durch das auftretende Ammoniak wird die Lösung basisch, so daß Phenolphthalein nach Rot umschlägt.
Durch Hitze und durch Einwirkung von Schwermetallsalzen wird der Eiweißkörper Urease denaturiert und verliert dadurch seine Wirksamkeit.

42.4 Enzymatischer Zerfall von Wasserstoffperoxid

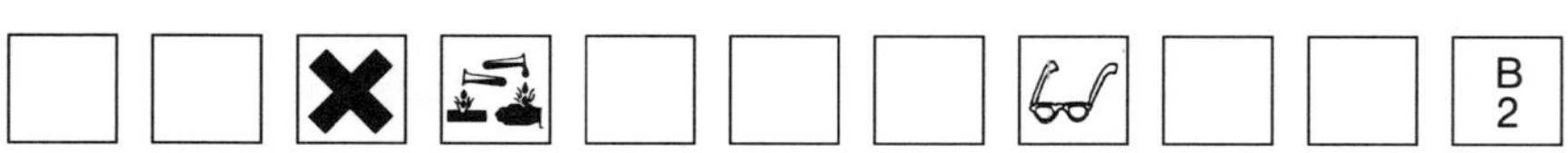

Material 8 große Reagenzgläser, Reagenzglasgestell, Reibeisen, kleine Schüssel oder Porzellanschale, Becherglas, Dreifuß, Keramikdrahtnetz, Gasbrenner;
Rohe Kartoffel, Banane, „rohe Klöße“ (Pulver), Hefe, Blut eines Schlachttieres oder Leber, Braunstein, Kupfersulfat, Perhydrol, dest. Wasser.

In 8 große Reagenzgläser, die in einem Reagenzglasgestell nebeneinander stehen, gibt man jeweils eine kleine Menge folgender Substanzen: geriebene rohe Kartoffel, geriebene Kartoffel mit Wasser aufgekocht, geriebene rohe Kartoffel mit Kupfersulfatlösung, eine Probe Pulver „NN rohe Klöße", rohe Banane, Backhefe, rohes Blut eines Schlachttieres oder geschabte Leber, Braunstein. Zu jeder Probe gibt man 20 ml 10 %iges Wasserstoffperoxid. Es erfolgt starkes Aufschäumen durch den entweichenden Sauerstoff. Die aufgekochten, oder mit Kupfersulfat „vergifteten" Substanzen zeigen keine oder nur eine sehr schwache Reaktion. Der entweichende Sauerstoff kann mit der Glimmspanprobe nachgewiesen werden. Bei manchen Proben ist wegen zu dichter Schaumbildung dieser Nachweis nicht erfolgreich.

Durchführung

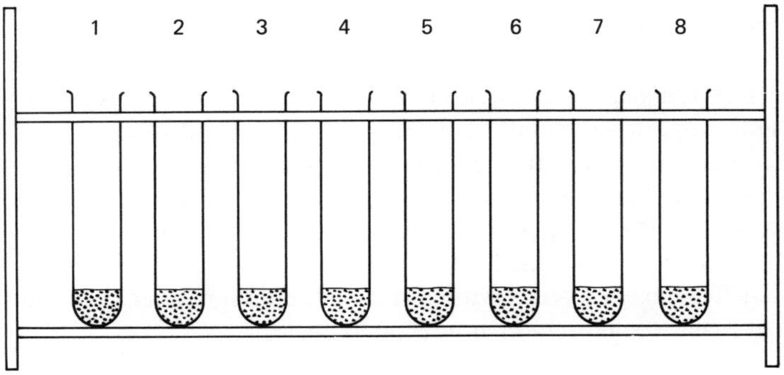

1 = geriebene Kartoffel
2 = geriebene Kartoffel aufgekocht
3 = geriebene Kartoffel + $CuSO_4$
4 = „rohe Klöße" (Pulver)
5 = Banane roh
6 = Backhefe
7 = Blut roh
8 = Braunstein

Im Zellstoffwechsel der Lebewesen entsteht als Zwischenprodukt das Zellgift Wasserstoffperoxid. Um es unschädlich zu machen, bildet die Zelle das Enzym Katalase. Unter seiner Wirkung zerfällt H_2O_2 sofort in Wasser und Sauerstoff. Eine ähnliche Wirkung hat Braunstein, ein häufig gebrauchter Katalysator.

Hinweise

$$2\,H_2O_2 \xrightarrow{[Kat]} 2\,H_2O + O_2$$

Auch bei dieser Versuchsreihe zeigt sich, daß Enzyme durch Hitzeeinwirkung und durch Schwermetallsalze ihre Wirksamkeit verlieren. Knödelpulver, z. B. „rohe Klöße", enthält kaum noch Katalase, wie der Versuch zeigt.

42.5 Eiweißspaltung durch Pepsin

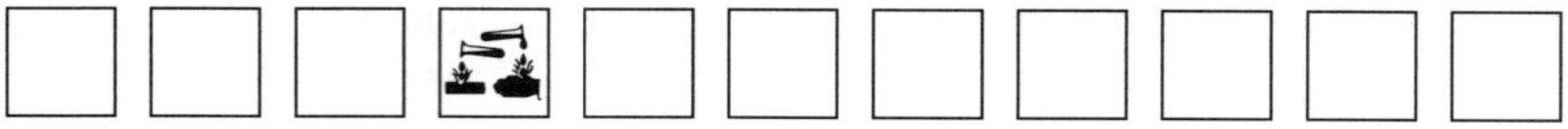

Material Reagenzgläser, Bechergläser, Tropfpipette, Gasbrenner, Dreifuß, Keramikdrahtnetz, Thermometer;
Rohes Hühnerei, Pepsin, Salzsäure c(HCl) = 1 mol/l, dest. Wasser.

Durchführung In ein Reagenzglas gibt man eine kleine Menge (2–3 ml) rohes Hühnereiweiß, füllt zu 3/4 mit dest. Wasser auf und schüttelt gut durch. Die Eiweißlösung verteilt man zu gleichen Teilen auf 5 Reagenzgläser, die man so lange in siedendes Wasser stellt, bis eine deutliche Trübung durch gerinnendes Eiweiß sichtbar wird. Vor Weiterführung der Versuchsreihe löst man 0,5 g Pepsin in 25 ml lauwarmem Wasser (ca. 30 °C). Nachdem man mit einem Thermometer geprüft hat, ob der Inhalt der Reagenzgläser genügend abgekühlt ist, gibt man in das erste Reagenzglas 5 ml der Pepsinlösung, in das zweite Reagenzglas 5 ml Pepsinlösung + 10 Tropfen 1 molare Salzsäure, in das dritte Reagenzglas 5 ml aufgekochte Pepsinlösung + 10 Tropfen 1 molare Salzsäure, in das fünfte Reagenzglas schließlich gibt man 5 ml dest. Wasser. Die Reagenzgläser werden ca. 30 Minuten lang im Wasserbad auf 37–40 °C gehalten (Thermometer!).
Im zweiten Reagenzglas verschwindet die Trübung allmählich, während der Inhalt der übrigen Reagenzgläser unverändert bleibt.

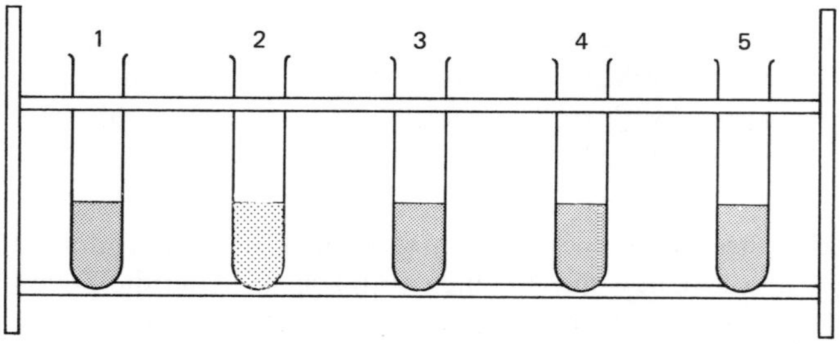

1 = Eiweiß + Pepsin
2 = Eiweiß + Pepsin + Salzsäure
3 = Eiweiß + Salzsäure
4 = Eiweiß + Pepsin aufgekocht + Salzsäure
5 = Eiweiß + Wasser

Hinweise Pepsin wirkt beim Verdauungsvorgang als eiweißabbauendes Enzym. Es ist nur im sauren Medium wirksam. Körpertemperatur beschleunigt die Reaktion. Siedehitze zerstört das Pepsin. Beim Verdauungsvorgang wird Eiweiß im Magen durch Einwirkung von Pepsin-Salzsäure zu löslichen Peptonen und Albumosen abgebaut. Die weitere Aufspaltung zu Aminosäuren erfolgt im Dünndarm unter der Wirkung der Enzyme Erepsin und Trypsin.

43. Kohlenhydrate

Zersetzung von Zucker mit Schwefelsäure — 43.1

Material: Becherglas (100 ml); Traubenzucker, konz. Schwefelsäure.

Durchführung: In ein kleines Becherglas gibt man etwa 1 cm hoch Traubenzucker und befeuchtet die Oberfläche mit ein paar Tropfen Wasser. Dann setzt man soviel konz. Schwefelsäure zu, daß der Zucker ganz bedeckt ist. Wenn die Reaktion zu langsam anläuft, kann leicht erwärmt werden. Der Zucker wird unter Kohlenstoffbildung zu einer porösen, aus dem Becherglas quellenden Masse zersetzt.

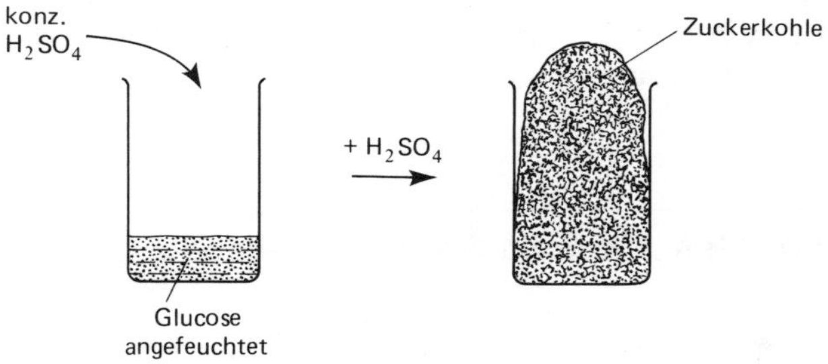

Hinweise: Die Bildung der Zuckerkohle gelingt besonders leicht bei Saccharose. Der Versuch kann zur Einführung des Begriffes „Kohlenhydrate“ ausgewertet werden.

Silberspiegelprobe – Tollens Reaktion — 43.2

Material: Becherglas als Wasserbad; Glucose, Saccharose, Mannit (Sorbit), ammoniakalische Silbernitratlösung (Zubereitung nach Seite 230).

Durchführung: In 3 saubere, fettfreie Reagenzgläser gibt man jeweils 5 ml ammoniakalische Silbernitratlösung (mit ein paar Tropfen verd. Natronlauge vermischt) und versetzt das erste Reagenzglas mit festem Traubenzucker, das zweite mit Rohrzucker und das dritte mit dem sechswertigen Alkohol Mannit (oder Sorbit). Die Reagenzgläser stellt man dann in ein heißes Wasserbad. Zur Beschleunigung können die Reagenzgläser auch mit einer kleinen Brennerflamme erhitzt (nicht kochen!) werden. In jedem Fall scheidet sich ein Silberspiegel ab.

Hinweise: Wie die Reaktion mit dem Alkohol Mannit zeigt, kann der positive Verlauf der Silberspiegelprobe mit der reduzierenden Wirkung der alkoholischen Hydroxylgruppen gedeutet werden. Aber auch die Aldehydgruppen des Zuckers spielen dabei eine Rolle.

43.3 Fehlingsche Probe

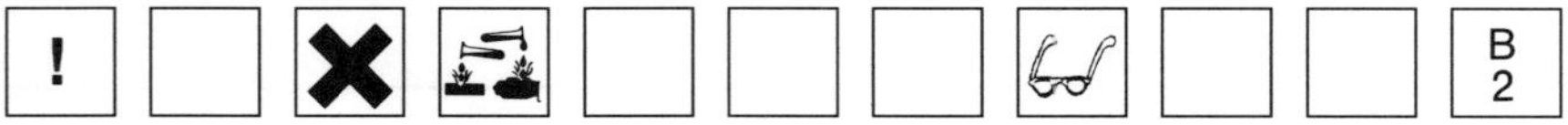

Material 1 großes Reagenzglas;
Glucose, Fructose, Maltose, Saccharose, Mannit, Fehling I und II.

Durchführung Die Fehlingsche Lösung wird in einem großen Reagenzglas nach Versuch 36.7, Seite 263 bereitet. Dann verteilt man je 5 ml der Lösung auf mehrere Reagenzgläser und führt mit Glucose, Fructose, Maltose, Saccharose und dem Alkohol Mannit die Fehlingsche Probe durch. Achtung: Bei der Fehlingschen Probe tritt leicht Siedeverzug ein.
Reagenzgläser nicht auf Personen richten, vorsichtig aufkochen!
Die Probe verläuft nur bei Saccharose und Mannit negativ.

Hinweise Der positive Verlauf der Fehlingschen Probe ist hier auf die Aldehydgruppe zurückzuführen. Fructose wandelt sich im alkalischen Medium in Glucose um. Bei Saccharose ist die Aldehydgruppe an der Bindung beteiligt, der Alkohol Mannit besitzt keine Aldehydgruppe.

43.4 Umwandlung des Alkohols Sorbit in Glucose

Material Reagenzgläser, Reagenzglashalter, Erlenmeyerkolben, Glastrichter, Filterpapier, Tropfpipette;
Sorbit, konz. Kaliumpermanganatlösung, Fehling I und II, Glucose-Teststäbchen.

Durchführung In einem Reagenzglas mit etwa 3 ml Sorbitlösung wird die Fehlingsche Probe durchgeführt; sie fällt negativ aus.
In einem weiteren Reagenzglas versetzt man etwa 4 ml Sorbitlösung mit ein paar Tropfen Kaliumpermanganatlösung und erwärmt ca. 1–2 Minuten. Nun wird filtriert und das Filtrat mit Fehling I + II erhitzt. Es bildet sich rotes Kupfer(I)-oxid. Der sechswertige Alkohol Sorbit wurde von Kaliumpermanganat zu Glucose oxidiert. Deshalb fiel die Fehlingsche Probe positiv aus. Die Glucose kann auch mit einem Glucose-Teststäbchen nachgewiesen werden.

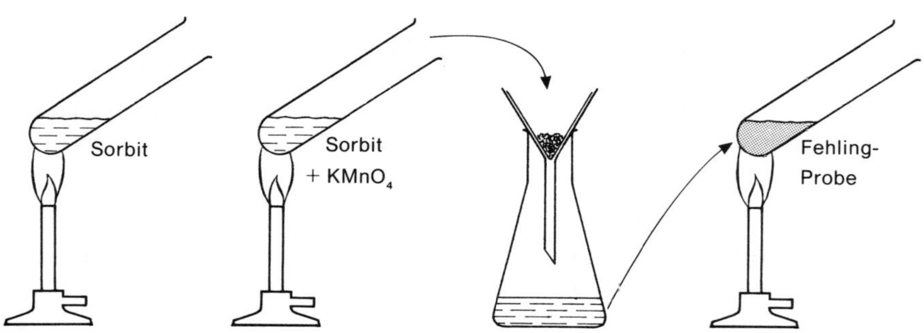

Der Alkohol Sorbit hat die gleiche Konfiguration wie Glucose.

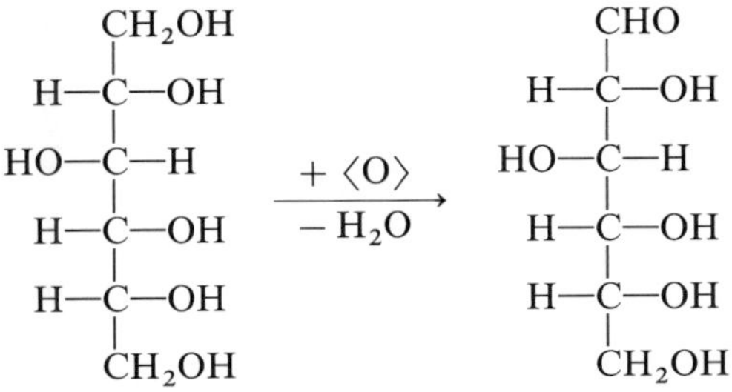

Sorbit Glucose

Schiffsche Probe mit Glucose 43.5

Material
Reagenzgläser; Glucose, Schiffsches Reagenz (fuchsinschweflige Säure, vgl. Seite 260, Versuch 36.3).

Durchführung
Mit Glucose wird die Schiffsche Probe durchgeführt, indem zur Zuckerlösung fuchsinschwefelige Säure getropft wird. Es tritt keine Farbänderung ein.

Hinweise
Bei der Glucoselösung liegt der überwiegende Teil der Moleküle in der Ringform, die unter Beteiligung der Aldehydgruppe gebildet wurde, vor. Deshalb fällt diese Aldehydreaktion negativ aus. Auf eine vertiefte Behandlung der Glucose-Struktur muß im einführenden Chemieunterricht verzichtet werden. Man wird sich hier auf die Phänomene beschränken müssen.

Der „Zuckertest" 43.6

Material
Reagenzgläser; verschiedene Kohlenhydrate, darunter Glucose, Clinistix-Teststäbchen oder andere Teststäbchen für Glucose.

Durchführung
In verschiedene Zuckerlösungen in Reagenzgläsern, darunter Glucose, taucht man kurz je ein Clinistix-Teststäbchen. Die Teststäbchen sind in Apotheken erhältlich. Nur bei Glucose tritt eine positive Reaktion ein.
Zur schnellen Erkennung von Glucose und zur Unterscheidung von Fructose wird der Glucoseoxidase-Test verwendet. Ein Clinistixstreifen enthält in der Reaktionszone Glucoseoxidase (GOD) und Peroxidase, den Farbstoff o-Tolidin und einen Puffer, der das pH-Optimum für die Enzyme einstellt. GOD katalysiert die Oxidation der Glucose mit Luftsauerstoff zu Gluconsäure (vereinfacht):

$$CH_2OH - (CHOH)_4 - CHO + H_2O + O_2 \xrightarrow{GOD}$$
$$CH_2OH - (CHOH)_4 - COOH + H_2O_2$$

Das entstandene Wasserstoffperoxid oxidiert nun unter Mitwirkung der Peroxidase das Tolidin zu einem blauen Farbstoff:

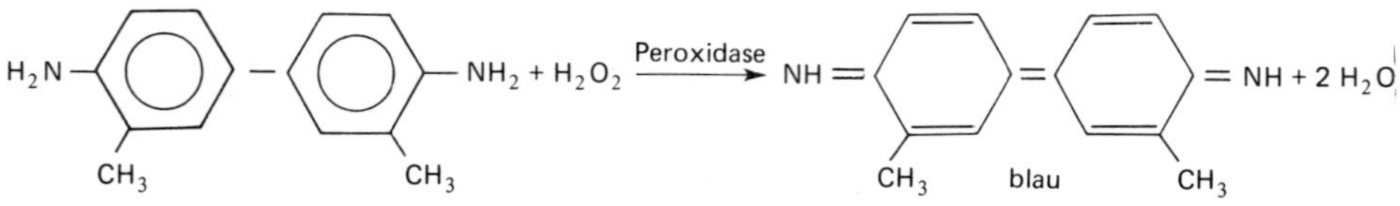

Die Mitwirkung der Enzyme macht die Spezifität der Reaktion verständlich, die es erlaubt, Glucose zuverlässig zu erkennen.

43.7 Seliwanow-Reaktion

Material Reagenzgläser; Glucose, Fructose, Salzsäure (10%ig), Resorcin.

Durchführung Eine Spatelspitze Glucose und Fructose in je einem Reagenzglas werden mit 3 ml Salzsäure (10%ig) versetzt und jeweils eine Spatelspitze Resorcin dazugegeben. Dann wird unter Umschütteln erwärmt. Nur bei der Fructose tritt Rotfärbung ein. Die Reaktion beruht auf der Ketogruppe der Fructose.

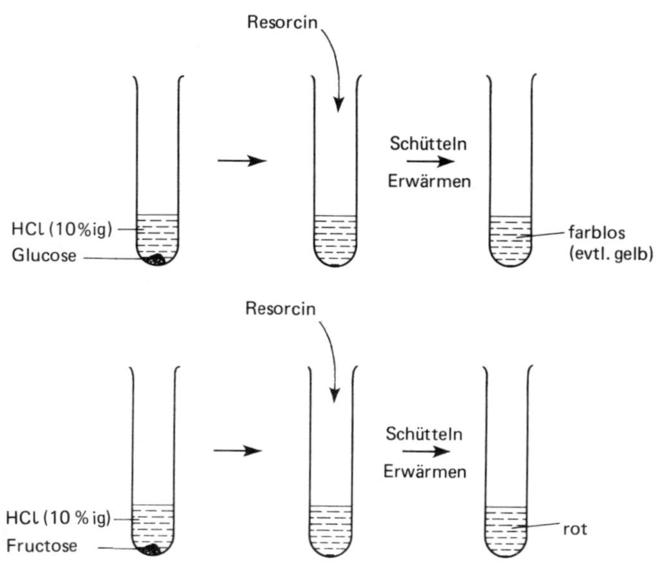

Hinweise Es genügt von Resorcin nur eine kleine Spatelspitze hinzuzugeben. Die Rotfärbung stellt sich langsam ein. Die Reaktion erlaubt die Unterscheidung von Glucose und Fructose.

Hydrolyse von Saccharose 43.8

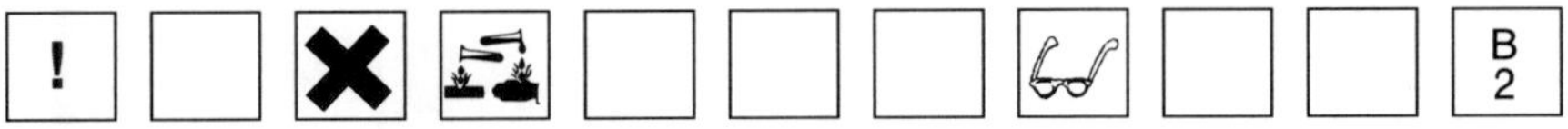

Material

Erlenmeyerkolben (100 ml), Reagenzgläser, Reagenzglashalter; Saccharoselösung, Fehling I und II, Natronlauge, konz. Salzsäure, Indikatorpapier.

Durchführung

Mit Saccharoselösung wird die Fehling-Probe durchgeführt. Sie fällt negativ aus. Dann versetzt man in einem kleinen Erlenmeyerkolben etwa 15 ml Saccharoselösung mit 1 ml konz. Salzsäure und kocht einige Minuten. Nach Neutralisation mit Natronlauge (Indikatorpapier) führt man mit 3 ml des Hydrolysats wieder die Fehling-Probe durch. Sie fällt jetzt positiv aus. Den Rest des Hydrolysats reserviert man für den Versuch 43.9, Seite 311.

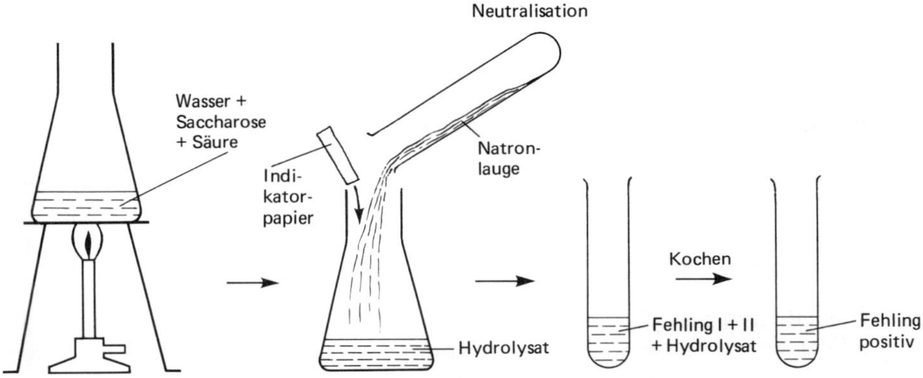

Durch die Katalyse von Wasserstoff-Ionen wird die Saccharose in Glucose und Fructose hydrolisiert. Bei der anschließenden Fehling-Probe ist auf neutrale Reaktion zu achten. Ein Nachweis der durch Hydrolyse entstandenen Zucker ist damit nicht erbracht. Das wird im nächsten Versuch verfolgt.

Nachweis der Bausteine von Saccharose 43.9

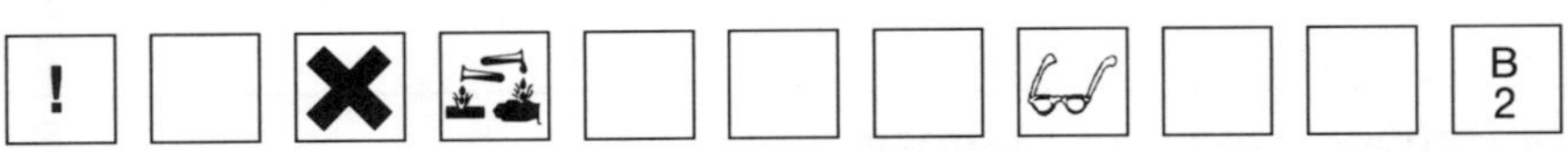

Material

Siehe Abbildung. Tropfpipette; Glucose-Teststäbchen, Resorcin, Salzsäure (konz.) und Salzsäure (10 %ig), Natronlauge, Indikatorpapier, Saccharosehydrolysat.

Durchführung

Für diesen Versuch kann das Hydrolysat des vorherigen Versuches verwendet werden oder es wird zuerst mit Salzsäure hydrolysiert. Das Hydrolysat muß vor der weiteren Untersuchung mit Natronlauge neutralisiert werden. Je 3 ml des neutralisierten Hydrolysats verteilt man auf 2 Reagenzgläser. Im ersten Reagenzglas führt man mit einem Teststäbchen den Glucosetest durch. Er zeigt ein positives Ergebnis. Im zweiten Reagenzglas wird die Seliwanow-Probe durchgeführt. Auch sie verläuft positiv.

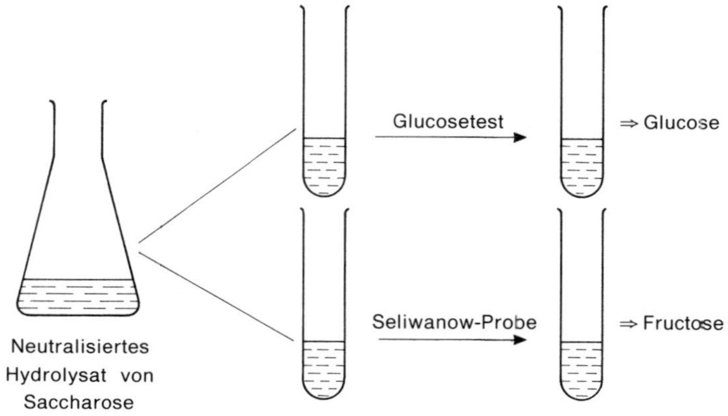

Der Versuch zeigt, daß am Aufbau der Saccharose Glucose und Fructose beteiligt sind.

43.10 Karamelisierung von Zucker – Zuckercouleur

Material Reagenzgläser, Reagenzglashalter; Traubenzucker, Rohrzucker.

Durchführung In ein Reagenzglas gibt man etwa 2 cm hoch Traubenzucker oder Rohrzucker und erhitzt unter ständigem Bewegen des Reagenzglases in der Brennerflamme, so daß der Zucker nur langsam braun, höchstens schwarzbraun wird. Nach kurzem Abkühlen gibt man in das Reagenzglas Wasser und versucht den braunen Rückstand zu lösen. Das Wasser wird braun gefärbt.
Bei Temperaturen um 200 °C entstehen aus dem Zucker verschiedene Zersetzungsprodukte mit brauner Farbe: Karamel. Wegen seiner Löslichkeit in Wasser dient die Karamelmasse unter dem Namen Zuckercouleur als Lebensmittelfarbstoff. Seine Kennzeichnungsnummer ist E 150.

Hinweise Bei dem Versuch muß ein Überhitzen vermieden werden, da es dabei zur Zersetzung unter Bildung von Zuckerkohle kommt (Schwarzfärbung).

43.11 Säurehydrolyse von Maltose

Material Siehe Abbildung vom Versuch 43.8, Seite 311, Tropfpipette;
Glucose-Teststäbchen, Resorcin, Salzsäure (konz.) und Salzsäure (10 %ig), Fehling I und Fehling II, Natronlauge, Indikatorpapier, Maltose.

Durchführung Maltoselösung wird mit einem Teststäbchen auf Glucose geprüft. Der Test ist negativ. Dann wird mit Maltose die Fehling-Probe durchgeführt. Es fällt rotes Kupfer(I)-oxid aus. Nun werden 15 ml Maltoselösung mit 1 ml konz. Salzsäure

versetzt und einige Minuten gekocht. Nach Neutralisation mit Natronlauge wird das Hydrolysat auf 2 Reagenzgläser verteilt. In einem Reagenzglas wird der Glucosetest durchgeführt, im zweiten Reagenzglas die Seliwanow-Probe. Beide Tests verlaufen positiv.
Damit ist bewiesen, daß am Aufbau der Maltose Glucose beteiligt ist. Maltose ist ein Disaccharid.

Iod-Stärke-Reaktion: Stärkenachweis 43.12

Material

Reagenzgläser, Tropfpipette;
Stärkelösung, Mehl, Kartoffel, Lösung von Iod in Kaliumiodid.

Durchführung

In ein Reagenzglas gibt man 5 ml Stärkelösung und tropft dazu eine wäßrige Lösung von Iod in Kaliumiodid (sog. Iodiodkalilösung). Es tritt eine Blaufärbung ein, da Iod mit der Amylose der Stärke eine blaue Einschlußverbindung bildet. Erhitzt man darauf das Reagenzglas, so verschwindet die Blaufärbung wieder. Die Einschlußverbindung wird in der Hitze zerstört.

Hinweise

Mit dieser Reaktion kann schnell Stärke in Lebensmitteln nachgewiesen werden. Es ist darauf zu achten, daß der Versuch nicht mit heißer Stärkelösung ausgeführt wird (nach Zubereiten der Lösung durch Erhitzen), da sonst die Reaktion negativ verläuft.

Hydrolyse von Stärke 43.13

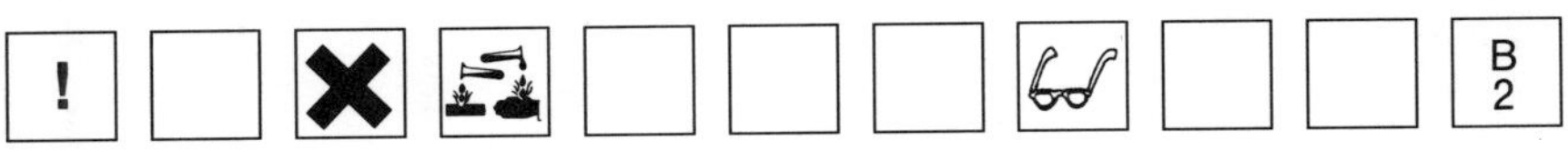

Material

Erlenmeyerkolben, Reagenzgläser, Reagenzglashalter;
Stärkelösung, konz. Salzsäure, Natronlauge, Indikatorpapier, Fehling I und II.

Durchführung

Ablauf nach Versuch 43.8, Seite 311. 20 ml Stärkelösung in einem Erlenmeyerkolben werden mit 1–2 ml konz. Salzsäure versetzt und einige Minuten gekocht. Nach Neutralisation mit Natronlauge (mit Indikatorpapier prüfen) wird die Fehlingsche Probe durchgeführt. Sie fällt positiv aus. Die Stärke wurde unter der katalytischen Wirkung von Wasserstoff-Ionen hydrolysiert. Dabei entstand Glucose, die mit Fehlingscher Lösung positiv reagierte.

Hinweise

Für das Gelingen der Reaktion ist die Beseitigung der Säure nach der Hydrolyse durch Neutralisation wichtig.

43.14 Fehlingsche Probe mit Stärke

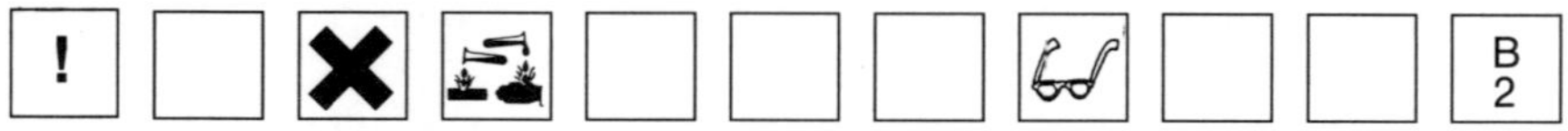

Material Reagenzglas, Reagenzglashalter;
Stärkelösung, Fehling I und II.

Durchführung Mit 3 ml Stärkelösung in einem Reagenzglas wird die Fehlingsche Probe durchgeführt. Dabei genügt kurzes Aufkochen. Vorsicht, es kann leicht Siedeverzug eintreten. Stärke gibt mit Fehling keine Reaktion. Bei der Kondensation der Glucose zum Polysaccharid Stärke sind die Aldehydgruppen der Glucose beteiligt.

43.15 Nachweis von Cellulose

Material Erlenmeyerkolben, Tropfpipette;
Verbandwatte, verschiedene Papiersorten, Zinkchlorid, Iod, Kaliumiodid.

Durchführung Vorbereitende Arbeit: Zu 50 ml Wasser in einem Erlenmeyerkolben gibt man einen Löffel Zinkchlorid und dazu 15 ml einer Lösung von ca. 5 g Kaliumiodid und eine Spatelspitze Iod in Wasser (Iodiodkalilösung). Diese Mischung schüttelt man und läßt dann eine Stunde stehen. Dann dekantiert man die Lösung ab und setzt noch einen kleinen Iodkristall dazu. Das Reagens ist „Chlorzinkiodlösung".
Nachweisreaktion: Mit einer Tropfpipette tropft man auf Watte und verschiedene Papiersorten Chlorzinkiodlösung. Bei Anwesenheit von Cellulose tritt Violettfärbung auf. Die Reaktion eignet sich auch zum Cellulosenachweis in der Mikroskopie.

43.16 Hydrolyse von Cellulose – Holzverzuckerung

Material Erlenmeyerkolben (100 ml), Reagenzgläser, Reagenzglashalter, Tropfpipette, Rückflußkühler oder Glasrohr (50 cm) im Stopfen;
Filterpapier, Watte, Baumwollstoff, Schwefelsäure (50%ig), Natronlauge (30%ig), Indikatorpapier, Fehling I und II.

Durchführung Schutzhandschuhe verwenden! Ein Stück Filterpapier wird in kleine Stücke zerrissen und in einem Erlenmeyerkolben mit etwa 30 ml halbkonzentrierter Schwefelsäure etwa 10 Minuten gekocht. Durch Aufsetzen eines Rückflußkühlers oder eines langen Glasrohres kann das Wegdampfen des Wassers während der Kochphase verhindert werden. Es wird abgeraten, das verdampfte Wasser während des Versuches durch Nachfüllen zu ergänzen.

Man läßt den Kolbeninhalt abkühlen und neutralisiert dann vorsichtig und langsam mit Natronlauge wie bei der Säurehydrolyse der Stärke (Versuch 43.13, Seite 313). Aus dem Erlenmeyerkolben bringt man mit der Tropfpipette in ein Reagenzglas 3 ml der Lösung und führt damit die Fehlingsche Probe durch. Durch die katalytische Wirkung der Wasserstoff-Ionen wurde Cellulose hydrolysiert. Dabei entstand Glucose, die die positive Reaktion der Fehlingschen Probe verursachte.

Hinweise

Anstelle von Filterpapier kann auch Watte oder zerfaserter Baumwollstoff verwendet werden.

Nachweis von Lignin — 43.17

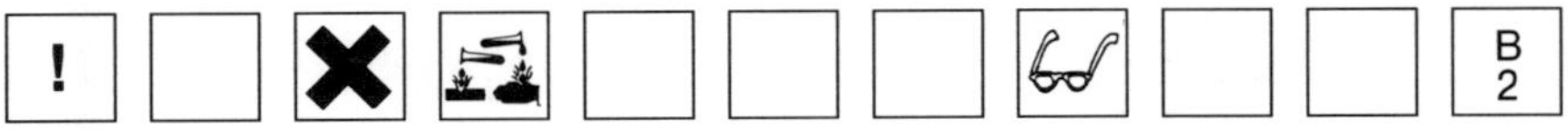

Material

Reagenzgläser, Tropfpipette;
Phloroglucin, konz. Salzsäure, verschiedene Papier- und Holzsorten, Filterpapier.

Durchführung

0,5 g Phloroglucin werden in 8 ml konz. Salzsäure gelöst und mit der gleichen Menge Wasser verdünnt. Mit einer Tropfpipette tropft man diese Lösung auf verschiedene Papiersorten und Holz. Das Filterpapier und anderes holzfreies Papier bleiben unverändert, holzhaltiges Papier und Holz werden rot gefärbt. Die Rotfärbung beruht auf einer Reaktion des Lignins mit Phloroglucin.

Hinweise

Diese Reaktion kann in der Mikroskopie zum Nachweis von Lignin in Pflanzen verwendet werden.

44. Kunststoffe

Bildung von Polystyrol — 44.1

Material

Reagenzglas, Becherglas als Wasserbad; Styrol, Dibenzoylperoxid.

Durchführung

1. Variante: In ein Rg gibt man ca. 1 g Dibenzoylperoxid und dazu 20–30 ml Styrol. Dann wird das Rg in ein warmes Wasserbad gestellt und dieses allmählich stärker erhitzt (dabei löst sich das Dibenzoylperoxid auf). Nach ca. 30 Minuten wird das Rg aus dem heißen Wasserbad entnommen und abgekühlt. Der Inhalt hat sich zu einem klardurchsichtigen Stoff verfestigt.

2. Variante: Diese hat den Vorteil, daß die Reaktion wesentlich schneller abläuft, allerdings riskiert man dabei, daß sich Styroldämpfe entzünden. Da man sowieso im Abzug arbeiten muß und nur mit kleinen Mengen arbeitet (ca. 20 ml), ist der

Versuch bei umsichtiger Durchführung trotzdem nicht gefährlich. Man erhitzt, indem man das Rg unter ständigem leichten Schütteln immer wieder kurz in die kleine Brennerflamme hält (oder über einen Spiegelbrenner). Sollte sich das Styrol entzünden, wird die Flamme sofort durch leichtes Aufsetzen eines bereitgelegten Stopfen gelöscht. Nach ca. 5 Min. wird das Rg durch Eintauchen in kaltes Wasser abgekühlt und durch Neigen bzw. Umdrehen des Rg überprüft, ob Polystyrol entstanden ist.

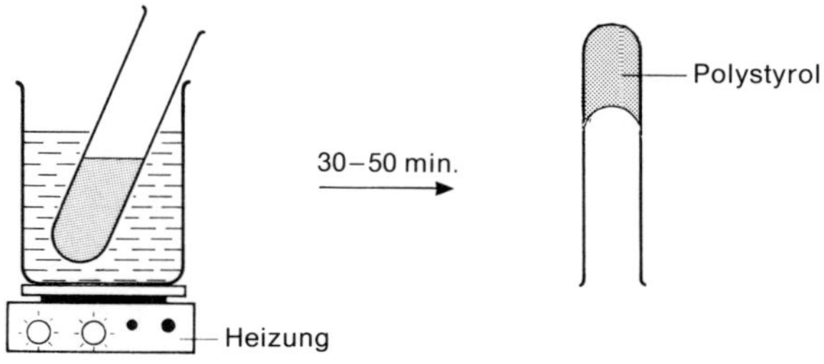

Durch radikalische Polymerisation entsteht aus flüssigem Styrol festes Polystyrol.

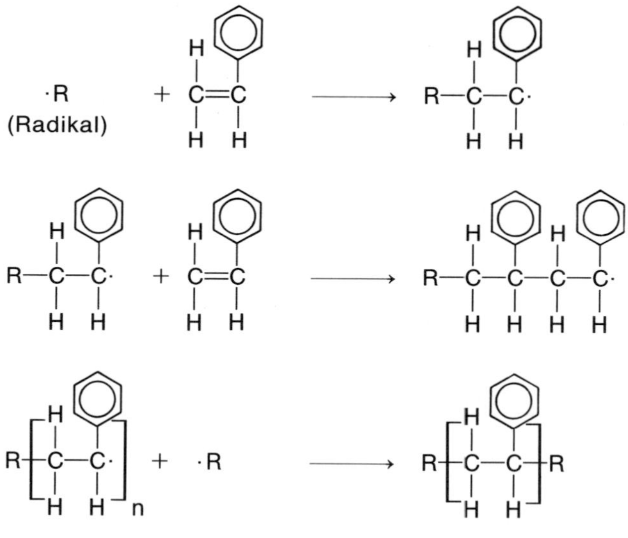

Hinweise Vorsicht, Styrol ist leicht entzündlich und kann zu Reizungen der Haut, der Augen und der Atemwege führen. Deshalb muß immer im Abzug gearbeitet werden.

Herstellung eines Phenolharzes **44.2**

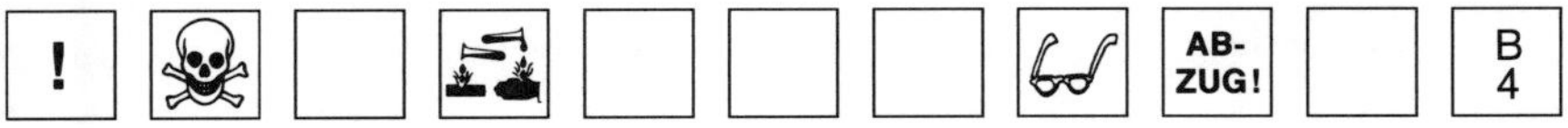

Material

Reagenzgläser, Becherglas als Wasserbad; Phenol, Formalin, konz. Natronlauge, konz. Salzsäure.

Durchführung

In ein Reagenzglas bringt man etwa 5 cm hoch Phenol und soviel Formalin, daß das Phenol gerade davon bedeckt wird. Durch vorsichtiges Erwärmen (event. in einem Wasserbad mit siedendem Wasser) löst man das Gemisch und verteilt es zu gleichen Teilen in zwei Rgl, die in das Wasserbad gestellt werden. Dann fügt man in das erste Rg ein paar Tropfen Natronlauge (ca. 20%ig), in das zweite Rg ein paar Tropfen konz. Salzsäure.
Der Inhalt des ersten Rg wird braun (nicht immer fest), im zweiten Rg entsteht ein weißes Phenolharz.

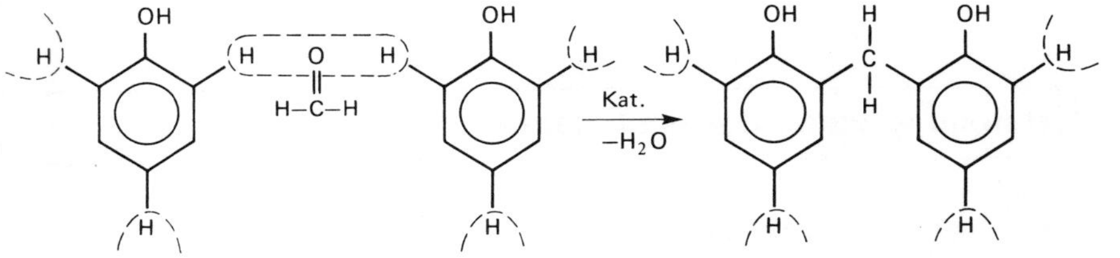

Natronlauge und Salzsäure dienen bei der Polykondensation als Katalysator, Die beiden Versuche zeigen, daß der Vernetzungsgrad durch die Wahl des Katalysators beeinflußt werden kann.

Hinweise

Vorsicht beim Zugeben der Salzsäure: die Reaktion kann stürmisch verlaufen (Schutzbrille!). Wenn mit dem Gasbrenner erwärmt werden soll, dann nur mit kleiner Flamme arbeiten.
Noch zuverlässiger und eindrucksvoller verläuft der Versuch bei Verwendung von Resorcin an Stelle von Phenol (s. Versuch 44.3).

Herstellung eines Resorcinharzes **44.3**

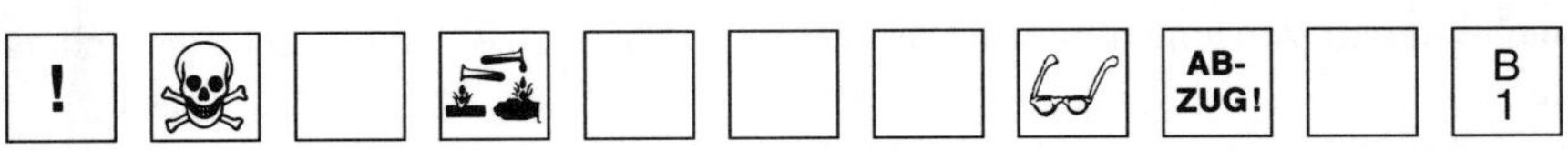

Material

Reagenzgläser; 1,3-Dihydroxybenzol (= Resorcin), Methanal-Lösung (= Formalin), konz. Natronlauge, konz. Salzsäure.

Durchführung

Wie im vorigen Versuch (Versuch 44.2) wird an Stelle von Phenol jetzt Resorcin in Formalin gelöst und die Lösung auf zwei Rg verteilt. Dann wird mit Natronlauge (ca. 20%ig) und konz. Salzsäure die Reaktion ausgelöst.
Durch Polykondensation (katalysiert durch Natronlauge bzw. Salzsäure) entstehen aus den Ausgangsprodukten unter Wasserabspaltung makromolekulare Kunstharze.

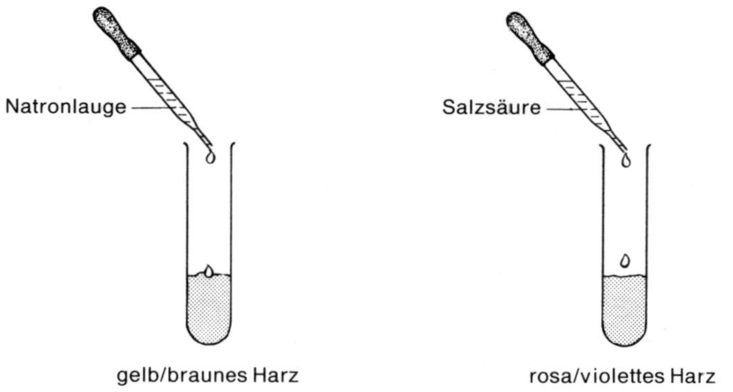

Hinweise Die Reaktionen können sehr heftig und unter beträchtlicher Wärmeentwicklung ablaufen, daher nur mit kleinen Mengen arbeiten und die Reaktionsgefäße nie auf sich selber oder auf Zuschauer richten!

44.4 Herstellung eines Carbamidharzes

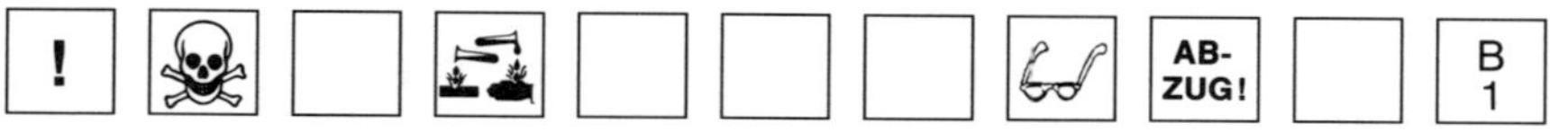

Material Kleines Glasgefäß (Becherglas), Pipette; Harnstoff, Formalin, konz. Salzsäure.

Durchführung In einem sauberen Glas werden 10 g Harnstoff in 30 ml Formalin gelöst. Dann gibt man etwa 2 ml konz. Salzsäure dazu und schwenkt den Behälter zur besseren Durchmischung kurz um.

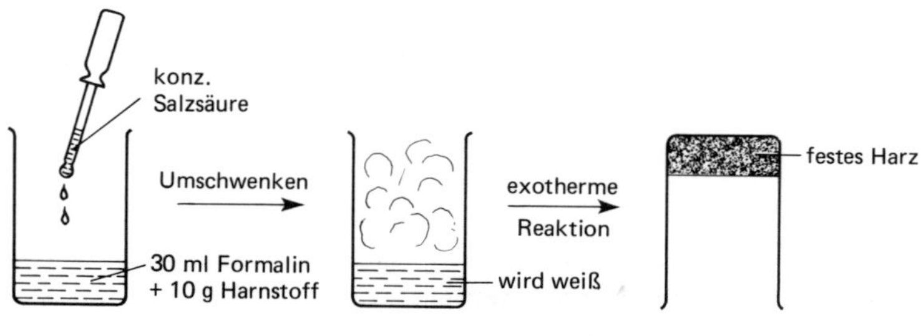

Nach kurzem Warten trübt sich die Lösung, schließlich entsteht ein festes weißes Harz.
Aus Formaldehyd und Harnstoff entsteht ein Carbamidharz:

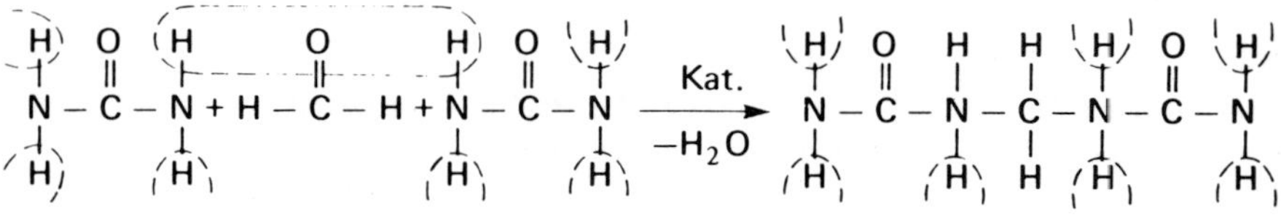

Auch hier wird mit Säure katalysiert.

Hinweise Achtung, die Reaktion kann spontan unter Ausstoßen von Formaldehyd und Wasserdampf erfolgen. Nicht von oben in das Glas sehen, wenn die Reaktion nicht sofort anläuft!
Das entstandene Produkt läßt sich nach einiger Zeit relativ gut aus dem Gefäß entfernen, da es etwas schrumpft. Einfacher ist es jedoch, auf Laborgeräte zu verzichten und „Wegwerfgläser" zu benutzen, z. B. kleine Marmeladengläser oder Kinderfertigkostgläser.

Herstellung eines Anilinharzes 44.5

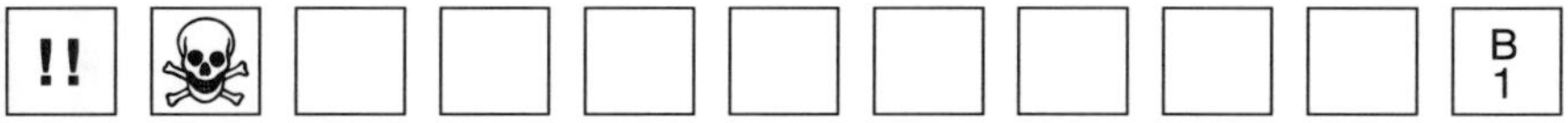

Material Anilinhydrochlorid; Formalin; Reagenzglas oder Petrischale.

Durchführung 3 ml gesättigte Lösung von Anilinhydrochlorid in Wasser (Anilinhydrochlorid ist sehr gut löslich!) werden mit 3 ml Formalin vermischt und geschüttelt.
Innerhalb kürzester Zeit entsteht ein rotbraunes Harz. Anilin ist wie Phenol ein trifunktionelles Molekül. Bei der Polykondensation kommt es deshalb zu einer starken Vernetzung.

Hinweise Der Versuch läuft bereits bei Zimmertemperatur spontan ab, deshalb kann er in einer Petrischale auf einem Tageslichtprojektor demonstriert werden.
Der Versuch weist auf die besondere technische Bedeutung des Anilins hin.

Herstellung eines Polyesters 44.6

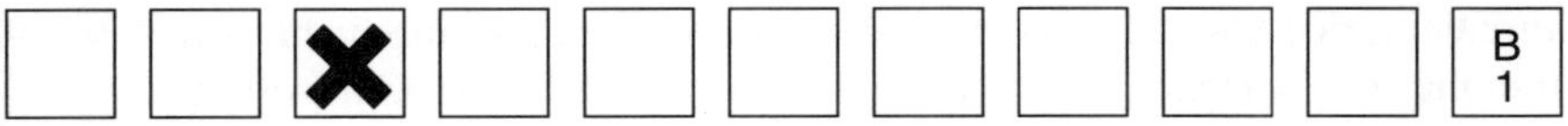

Material Reagenzglas, Brenner oder andere Heizquelle; Phthalsäureanhydrid, Glycerin.

Durchführung In einem Rg vermischt man 3 g Phthalsäureanhydrid mit 3 ml Glycerin, spannt das Rg leicht geneigt in ein Stativ und erwärmt leicht. Dabei ist darauf zu achten, daß nach Bildung einer klaren Schmelze die Blasenentwicklung nicht zu heftig wird. Die Reaktion ist nach 15–20 min. beendet.

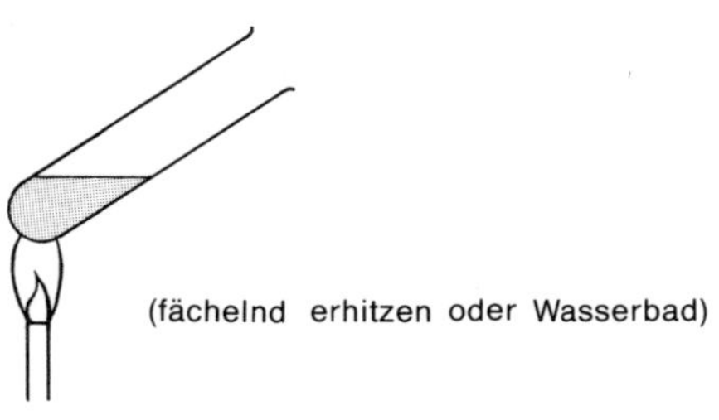

Die Schmelze wird leicht gelblich und beim Erkalten glasklar und fest; das Rg kann man umstülpen.

Durch Polykondensation ist ein Polyester entstanden:

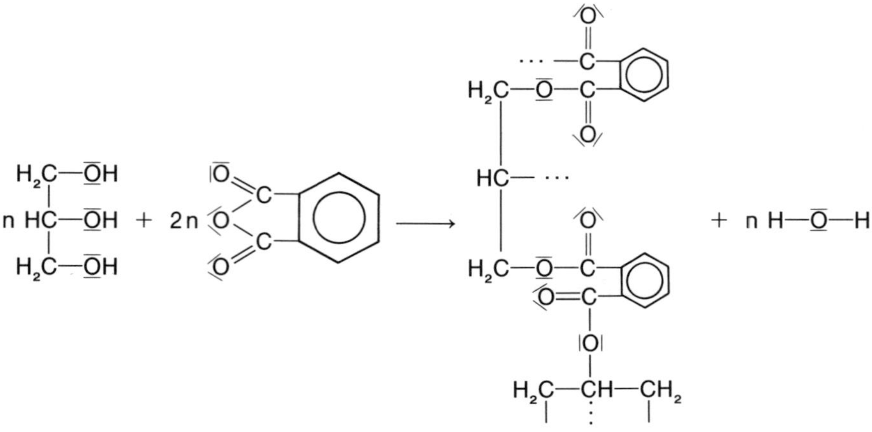

Bei der Auswertung des Versuchs kann die Beobachtung des kondensierten Wassers einbezogen werden.

Hinweise

Wird zu lange und zu stark erhitzt, so wird das Produkt gelb bis braun.
Von besonderer Bedeutung ist die Veresterung von Terephthalsäure mit Ethandiol, weil dabei lineare Makromoleküle entstehen. Diese Reaktion ist die Grundlage der Gewinnung von Synthesefasern, wie z. B. Trevira, Diolen.

44.7 Herstellung von Nylon durch Grenzflächenkondensation

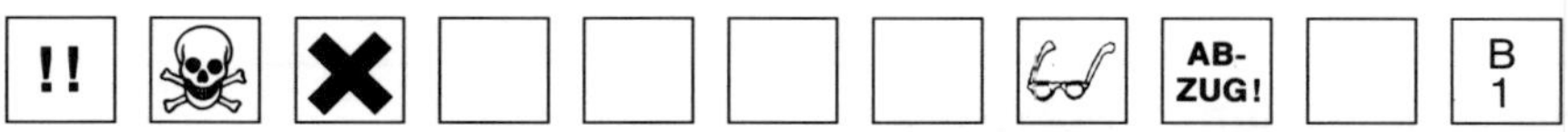

Material

2 Bechergläser (200 ml), Glasstab, Pinzette; Decandisäuredichlorid (= Sebacinsäuredichlorid) **oder** Hexandisäuredichlorid (= Adipinsäuredichlorid), 1,6-Diaminohexan (= Hexamethylendiamin), Natriumcarbonat, Chloroform.

Durchführung

In einem Becherglas werden 2 ml Sebacinsäuredichlorid (oder Adipinsäuredichlorid) in 50 ml Chloroform gelöst. Nun bereitet man eine weitere Lösung von 4 g Natriumcarbonat und 2,2 g Hexamethylendiamin in 50 ml Wasser. Mit der zweiten Lösung wird die erste vorsichtig überschichtet. Will man die Grenzfläche deutlich sichtbar machen, kann man eine der Lösungen mittels eines geeigneten Farbstoffes (event. Indikator) anfärben.
An der Grenzfläche der beiden Lösungen entsteht eine dünne Haut, die man mit der Pinzette herausziehen und auf einem Glasstab zu einem Faden aufhaspeln kann.

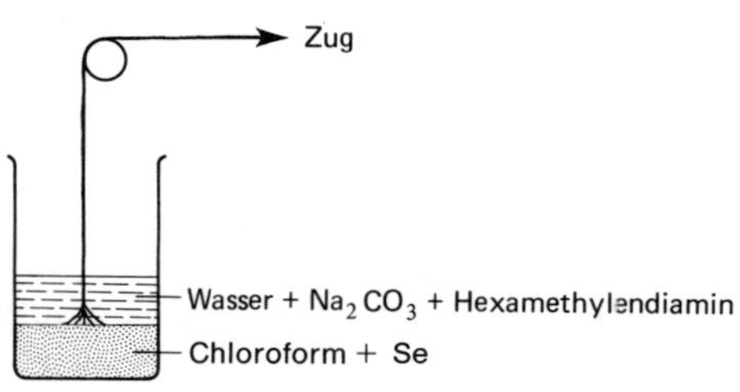

Bei der Reaktion mit Sebacinsäuredichlorid entsteht 6,10-Nylon, mit Adipinsäuredichlorid entsteht 6,6-Nylon.

$$n\,H_2N - (CH_2)_6 - NH_2 + n\,Cl - \overset{\overset{\displaystyle O}{\|}}{C} - (CH_2)_8 - \overset{\overset{\displaystyle O}{\|}}{C} - Cl \rightarrow$$

$$[- HN - (CH_2)_6 - NH - \overset{\overset{\displaystyle O}{\|}}{C} - (CH_2)_8 - \overset{\overset{\displaystyle O}{\|}}{C} -]_n + 2\,n\,HCl$$

6,10-Nylon = Polyhexamethylensebacinsäureamid

Hinweise

Bei der Aufbewahrung von Sebacinsäure und Hexamethylendiamin ist peinlich darauf zu achten, daß kein Luftzutritt erfolgen kann; durch Reaktion mit der Luftfeuchtigkeit bzw. mit dem Kohlenstoffdioxid der Luft werden diese Substanzen für den Versuch unbrauchbar.
Die Reaktion kann man laufen lassen, bis die reagierenden Stoffe aufgebraucht sind. Im anderen Fall genügt es, kräftig umzurühren, damit die Reste miteinander reagieren und dann beseitigt werden können. Auf keinen Fall darf der Inhalt des Becherglases in den Ausguß geschüttet werden!
Chloroform und Sebacinsäure sind gesundheitsgefährdende Stoffe – entsprechend vorsichtig damit umgehen! Reste in den Sondermüll.

Herstellung von Polyurethanschaum **44.8**

Material

Glas- oder Holzstab, geeignetes Reaktionsgefäß (s. Hinweise); Desmophen (Aktivatorgemisch), Desmodur 44 V, (im Handel sind diese Substanzen meist unter „Polyurethanschaum, 2 Komponenten“ erhältlich).

Durchführung

Man mischt Desmophen und Desmodur (Massenverhältnis 2 : 3; es genügt, das Mengenverhältnis abzuschätzen, um die unnötige Verschmutzung weiterer Gefäße durch die zähflüssigen, giftigen Substanzen zu vermeiden), indem man zuerst Desmophen (z. B. 20 g) in ein Gefäß gibt, dann Desmodur 44 V dazu schüttet und mit einem Stab umrührt, bis die Gasentwicklung einsetzt.

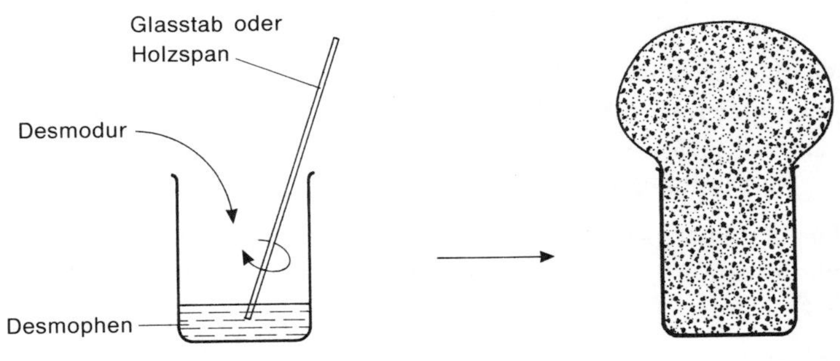

Unter starker Volumenvergrößerung bildet sich ein gelbbrauner, nach dem Aushärten druckfester Schaumstoff.

Es handelt sich um die Bildung eines Kunststoffes durch Polyaddition: Die Hydroxyverbindung Desmophen reagiert mit dem Diisocyanat Desmodur zu dem makromolekularen Polyurethan. Der Aktivator Desmophen enthält Wasser, welches gleichzeitig mit dem Desmodur reagiert, wobei Kohlenstoffdioxidgas entsteht. Dadurch wird das sich bildende Polyurethan aufgebläht und es entsteht ein Schaumstoff.

Hinweise Als Reaktionsgefäß eignet sich ein Becherglas, jedoch ist zu beachten, daß der gebildete Schaumstoff schlecht zu entfernen ist. Zwar kann er mit Dimethylformamid herausgelöst werden, jedoch ist es sinnvoller, geeignete Glasgefäße zu verwenden oder Pappbecher, die man später wegwerfen kann. Die Größe der Gefäße richtet sich nach der Ansatzmenge, sollte aber so gewählt werden, daß der sich bildende Schaumstoff noch beträchtlich herausquillt.
Desmophen und Desmodur sind giftige Substanzen. Sollte man damit in Berührung kommen, dann sind die betroffenen Stellen sofort gründlich mit Wasser abzuspülen. Der ausgehärtete Polyurethanschaum ist harmlos.

44.9 Schmelzspinnen von Polyamid

B 1

Material Reagenzglas, Glasstab; Polyamid (granuliert oder gepulvert).

Durchführung Gekörntes oder gepulvertes Polyamid wird im Rg vorsichtig geschmolzen. Aus der Schmelze werden mit einem Glasstab Fäden herausgeholt. Ein nicht zu dünner Faden wird abgeschnitten und mit den Fingern langsam gestreckt.

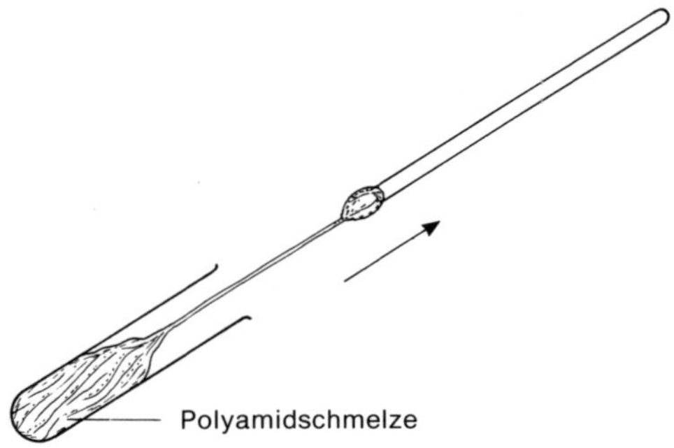

Da Polyamide aus linearen Makromolekülen bestehen, können aus der Schmelze Fäden gesponnen werden. Beim „Recken“ bilden sich zwischen benachbarten Polyamidmolekülen Wasserstoffbrücken aus. Dadurch erhöht sich die Reißfestigkeit eines Polyamidfadens.

Hinweise Es wird nicht immer gelingen, aus der Schmelze verstreckbare Fäden zu gewinnen. Die Demonstration gelingt zuverlässiger mit käuflichen, ungereckten Fäden (s. Versuch 44.15).

Verformen von Plexiglas 44.10

Material

Spiegelbrenner oder Heißluftgebläse; Plexiglasproben.

Durchführung

Ein streifenförmiges Stück Plexiglas wird über einem Spiegelbrenner (oder mittels Heißluftgebläse oder über einer kleinen Gasbrennerflamme) erhitzt. Nach kurzer Zeit kann das Stück an der erhitzten Stelle beliebig verformt werden.

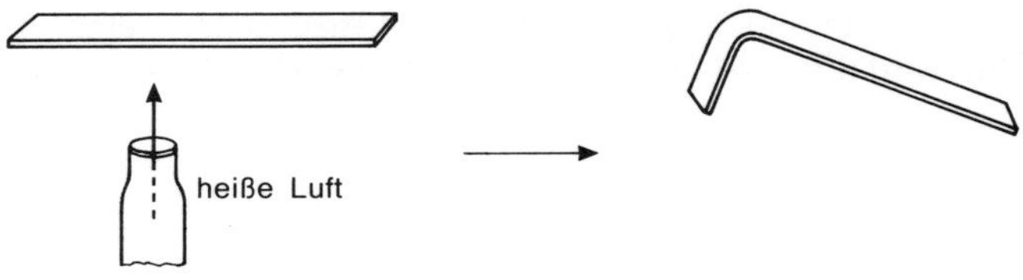

Plexiglas ist ein thermoplastischer Kunststoff, d.h. es kann oberhalb des Erweichungspunktes (ab etwa 120 °C) bleibend verformt werden. Beim erneuten Erhitzen kann die Form wieder geändert werden.

Verhalten eines Duroplasten beim Erhitzen 44.11

Material

Probe eines Phenolharzes oder Harnstoffharzes.

Durchführung

Eine Probe eines Phenolharzes (oder Harnstoffharzes) wird über der kleinen Flamme eines Gasbrenners erhitzt (ca. 300 °C) und versucht, ob eine Verformung möglich ist. Dann wird der Duroplast höheren Temperaturen ausgesetzt.

Duroplaste bestehen aus stark vernetzten Makromolekülen (Raumnetzmoleküle). Sie können nicht beliebig verformt oder geschweißt werden. Bei höheren Temperaturen werden sie zersetzt.

Hinweise

Zersetzungsdämpfe nicht einatmen!

44.12 Entfernen des Weichmachers aus Weich-PVC

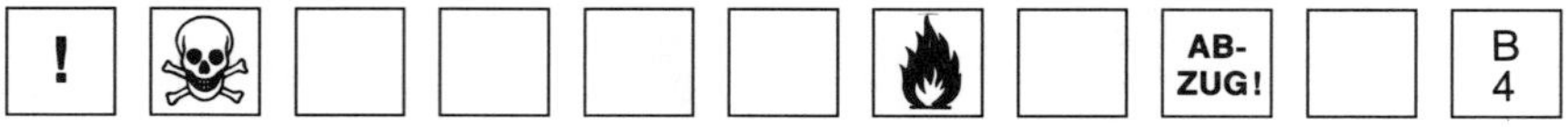

Material Heizplatte o. ä.; Erlenmeyerkolben (50 ml, Enghals); PVC-Folie (weich), Methanol.

Durchführung Es wird etwas Weich-PVC in einen 50-ml-Erlenmeyerkolben (Enghals) gegeben und mit ungefähr 20 ml Methanol versetzt. Das Ganze wird jetzt auf einer Heizplatte o. ä. vorsichtig zum Sieden erhitzt und bei geringer Hitze etwa 30 Minuten behandelt. Das Methanol, das verdampft, wird mehrmals ersetzt.
Anschließend wird die Folie getrocknet und mit unbehandelter Folie verglichen.

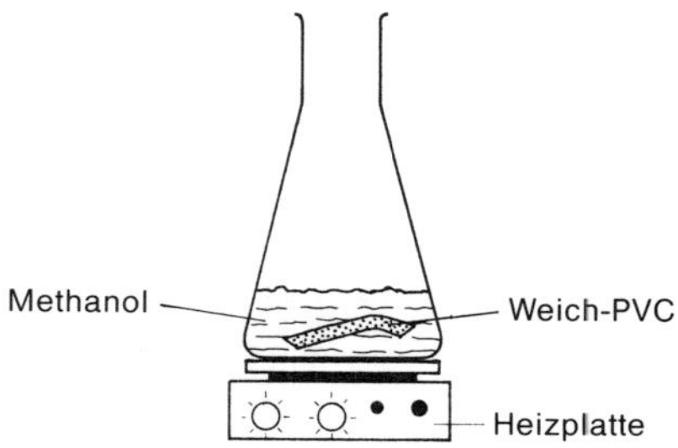

Durch Methanol wird der Weichmacher herausgelöst. Es entsteht ein spröder Kunststoff.

Hinweise Methanol ist giftig beim Einatmen und Verschlucken! Abzug! Auf keinen Fall mit offener Flamme arbeiten, da Methanol brennbar ist.

44.13 Zersetzung von PVC in der Flamme

Material Tiegelzange, Brenner; PVC, Indikatorpapier.

Durchführung Man hält einen Streifen PVC in die Brennerflamme und darüber ein feuchtes Indikatorpapier.

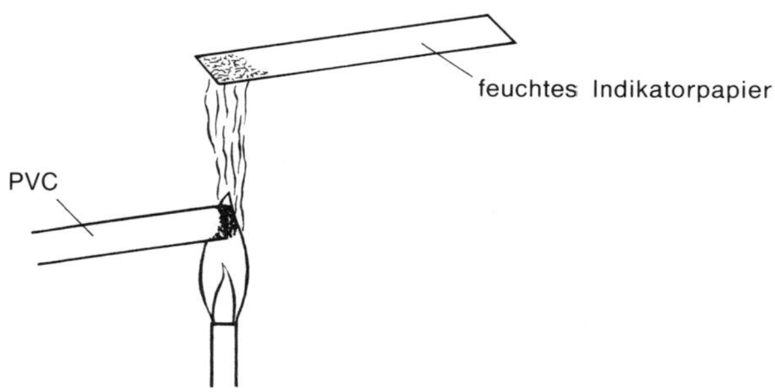

Der Indikator zeigt saure Reaktion an.

Beim Zersetzen von PVC entsteht u. a. Chlorwasserstoff, der sich mit der Feuchtigkeit zu Salzsäure umsetzt.

Hinweise

PVC stellt aus dem dargestellten Grund bei der Müllverbrennung ein besonderes Problem dar (Abgasreinigung!).

Verformen von Kautschukbändern 44.14

Material

Naturkautschukband, Eiswasser.

Durchführung

1. Variante: Man zieht das Kautschukband kräftig auseinander und läßt dann über das gespannte Band möglichst kaltes Wasser laufen; noch besser ist es, das gestreckte Band in ein Gefäß mit Eiswasser zu halten. Es bleibt beim Herausnehmen in diesem Zustand, auch wenn man die Enden losläßt.
Legt man es auf eine warme Unterlage oder hält es in einen warmen Luftstrom, so zieht sich das Band wieder auf die ursprüngliche Länge zusammen.

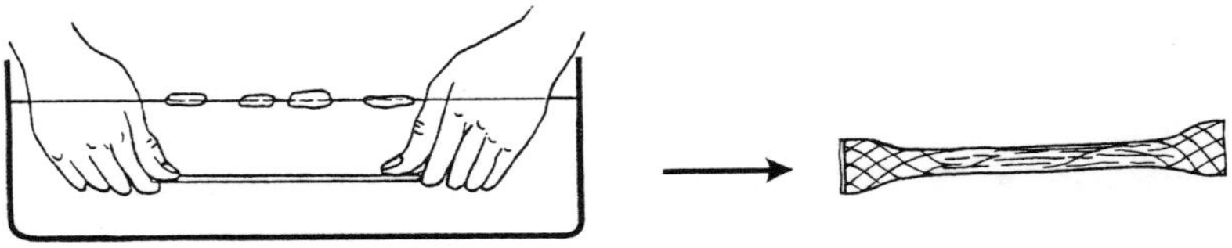

2. Variante: Bei dieser Variante kann man statt eines Kautschukbandes auch ganz normale Haushaltsgummiringe verwenden; der Effekt ist bei dem breiteren Band natürlich besser festzustellen. Man nimmt das Band an den Enden und hält es zur Prüfung der Temperatur kurz an die Stirn. Dann zieht man es (in geringem Abstand vor der Stirn) rasch und kräftig auseinander und legt es sofort wieder an die Stirn: deutliche Erwärmung! Wartet man kurz, bis sich das gestreckte Band wieder auf Zimmertemperatur abgekühlt hat und läßt es dann schnell entspannen, stellt man eine deutliche Temperaturabnahme fest. Steht ein Temperaturfühler mit Anzeigegerät zur Verfügung, kann man die Temperaturunterschiede (ca. 3 °C) auch einer größeren Zuschauermenge (z. B. Schulklasse) deutlich machen.

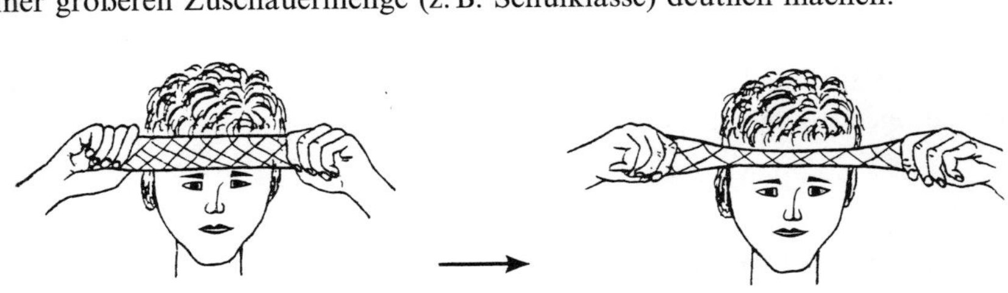

Kautschuk besteht aus fadenförmigen, ungeordnet durcheinanderliegenden Makromolekülen. Durch den Zug erfolgt eine gewisse Parallellagerung der Moleküle und dadurch eine verstärkte Ausbildung zwischenmolekularer Bindungen; dabei wird „Kristallisationswärme“ frei. Durch die Wärmebewegungen der Moleküle entsteht bei Entlastung wieder der ungeordnete, verknäuelte Zustand. Kühlt man im gestreckten Zustand das Band ab, so bleiben die Moleküle in ihrem ausgerichteten Zustand, bis wieder genügend „Schmelzwärme“ zugeführt wird.

Hinweise — Naturkautschukbänder sind im Lehrmittelhandel erhältlich.

44.15 Verstrecken eines Perlon- oder Nylonfadens

Material — Perlonfaden (unverstreckt!), ca. 50 cm lang.

Durchführung — Um sicheren Halt zu haben, empfiehlt es sich, die Enden des Fadens um die Finger zu wickeln, oder – wenn jemand sehr zarte Hände hat – dünne Handschuhe zu benutzen.
Man zieht den Faden gleichmäßig kräftig auseinander, wobei dieser immer dünner und länger wird, bis er schließlich etwa die dreifache Länge hat und sich nicht mehr weiter verstrecken läßt. Während man ihn anfangs mit einem kurzen, kräftigen Ruck zerreissen konnte, ist das jetzt kaum mehr möglich; er ist zwar dünner, aber fester geworden!

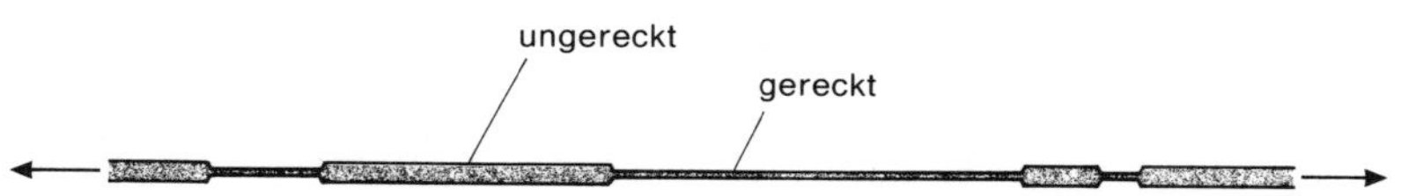

Während des Auseinanderziehens kann man Abschnitte mit der ursprünglichen Dicke (ungereckt) und dünnere beobachten. Überprüft man die Temperatur eines ungereckten Abschnittes durch kurzes Anlegen an die Stirn und verstreckt ihn dann, stellt man bei sofortiger Überprüfung eine starke Temperaturerhöhung fest („Kristallisationswärme“!).
Beim sog. „Kaltverstrecken“ werden die linearen Makromoleküle des Polyamids in Längsrichtung orientiert, also parallel zueinander ausgerichtet. Dabei kommt es zwischen benachbarten polaren CO- und NH-Gruppen zur Ausbildung relativ starker zwischenmolekularer Bindungen (Wasserstoffbrücken!). Erst unter dem Einfluß höherer Temperatur (über 100 °C) können diese Bindungen durch die stärkeren Molekülbewegungen überwunden werden; dadurch schrumpft der Faden wieder etwas.

Hinweise — Ungereckte Fäden sind im Handel erhältlich oder können eventuell von der Firma Bayer bezogen werden.

44.16 Beilstein-Probe mit PVC

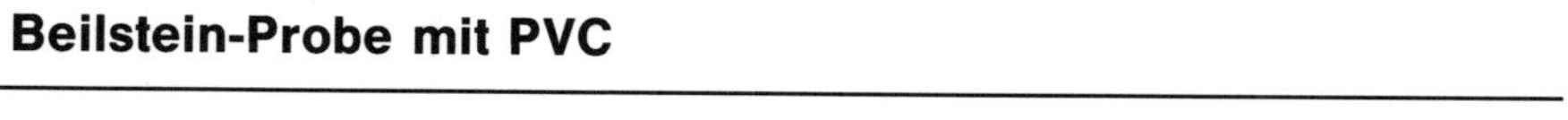

Siehe Versuch 29.4, Seite 216.

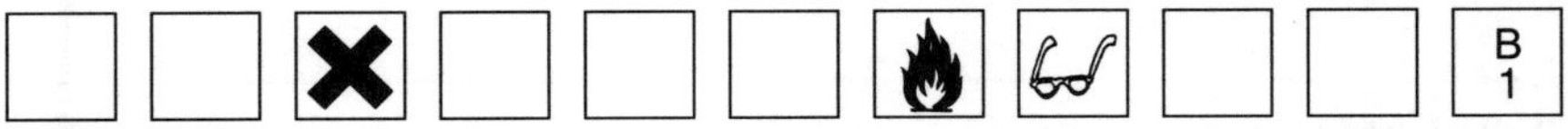

Material

Brenner; verschiedene Kunststoffproben (besonders geeignet: Polyethen, PVC, Polystyrol, Plexiglas, Polyamid).

Durchführung

Die wichtigsten Kunststoffe können durch ihr Verhalten in und außerhalb der Flamme leicht erkannt werden. Man untersucht dabei:

a) Brennbarkeit: In der Flamme? Außerhalb der Flamme?

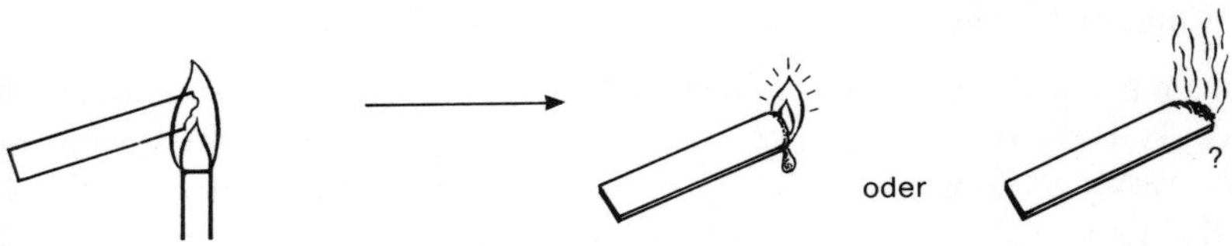

b) Nach dem Erlöschen: Geruch der Rauchschwaden vorsichtig prüfen!
Feuchtes Indikatorpapier in die Dämpfe halten!

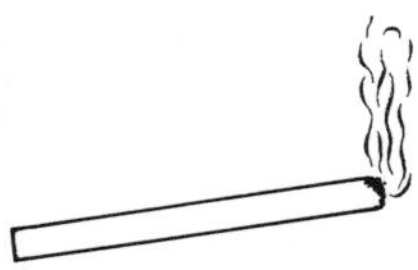

Kunststoff	Brennbarkeit	Geruch nach Erlöschen
Polyethen (ähnlich: Polypropen)	leicht entzündbar (helle Flamme mit blauem Kern), brennt selbständig weiter; tropf; Vorsicht!	nach gelöschter Kerze
Polyvinyl-chlorid (PVC)	brennt (leuchtende Flamme), außerhalb der Flamme leicht verlöschend	stechend; Indikatorreaktion: sauer
Polystyrol	leicht entzündbar (leuchtende, stark rußende Flamme), brennt selbständig weiter	süßlich-blumig
Polymethyl-methacrylat (Plexiglas)	leicht entzündbar (leuchtende, knisternde Flamme), brennt selbständig weiter	blumig-fruchtig
Polyamid (z.B. Perlon)	brennbar (blaue Flamme), brennt selbständig weiter; tropft, zieht Fäden	nach verbranntem Horn

Halogennachweis in Kunststoffen: s. Beilstein-Probe

Hinweise

Die o.a. Kunststoffe sind im Alltag besonders häufig anzutreffen, problemlos zu beschaffen und leicht zu erkennen. Sie eignen sich daher gut zur Untersuchung in Schülerübungen.
Probensammlungen von Kunststoffen stellt auch die chem. Industrie bzw. die „Arbeitsgemeinschaft Deutsche Kunststoff-Industrie (AKI)“ zur Verfügung.

45. Farbstoffe

45.1 Diazotieren von Anilin

Material — Großes Becherglas als Wasserbad, Erlenmeyerkolben (100 ml), Thermometer, großes Reagenzglas;
Eis, Anilinhydrochlorid, Salzsäure, Natriumnitrit, dest. Wasser.

Durchführung — In einem Erlenmeyerkolben bereitet man eine verd. Lösung von Anilinhydrochlorid ($C_6H_5NH_2$ HCl) in Wasser, indem 3 Spatelspitzen Anilinhydrochlorid in 50 ml Wasser gelöst werden. Darauf versetzt man mit 2 ml Salzsäure (15–20 %ig). Zur Kühlung stellt man den Kolben in Eiswasser und sorgt durch Zugabe weiterer Eiswürfel, daß die Anilinhydrochloridlösung nicht wärmer als 5 °C wird. Dann bereitet man etwa 30 ml Natriumnitritlösung (ca. 20 %ig) und kühlt auch diese auf 5 °C ab. Zur Diazotierung läßt man langsam unter Kontrolle der Temperatur, die 5 °C nicht übersteigen darf, die Nitritlösung zum salzsauren Anilinhydrochlorid fließen.

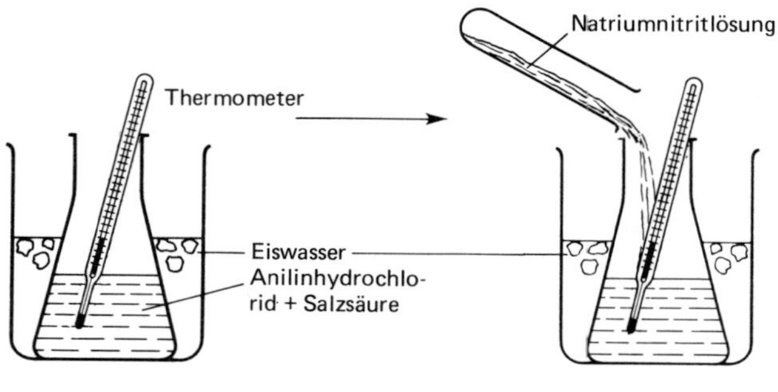

Hinweise — Aus Natriumnitrit und Säure entsteht salpetrige Säure.

$$NaNO_2 + HCl \rightarrow NaCl + HNO_2$$

Die salpetrige Säure reagiert mit dem Anilinhydrochlorid unter Diazotierung zu farblosem Benzoldiazoniumchlorid.

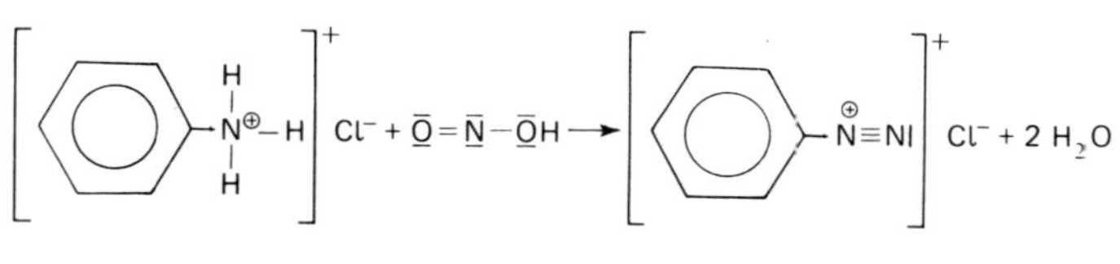

Anilinhydrochlorid — Benzoldiazoniumchlorid

Ein Überschuß von Natriumnitrit soll vermieden werden, weil das die Stabilität des Diazoniumchlorids beeinträchtigt. Die im Versuch erhaltene Lösung wird für die folgenden Versuche benötigt.

Kupplung von Diazoniumchlorid mit Anilin — 45.2

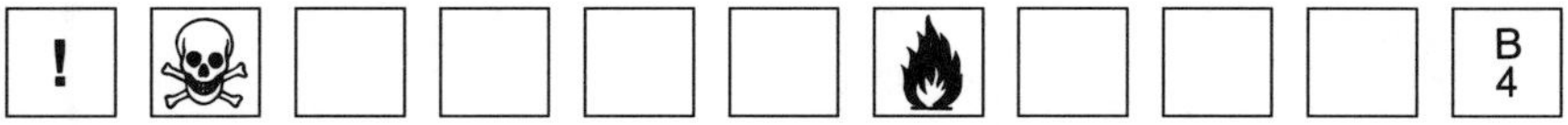

Material
Reagenzglas; Benzoldiazoniumchloridlösung, Anilin, Ethanol.

Durchführung
10 ml Lösung von Benzoldiazoniumchlorid gibt man in ein Reagenzglas und versetzt mit 5 ml Lösung von Anilin in Ethanol. Es entsteht der gelbe Farbstoff „Anilingelb“.

Hinweise
Der Vorgang ist eine Kupplungsreaktion, d.h. die Verknüpfung einer aromatischen Diazoverbindung mit einer weiteren Komponente (hier Anilin).

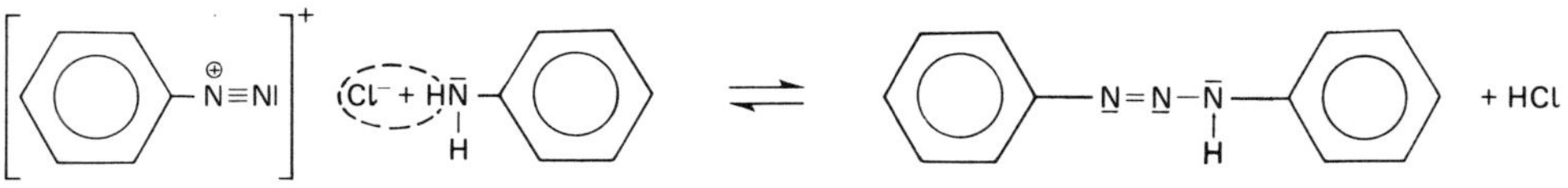

Diazoaminobenzol

Diazoaminoverbindungen lagern leicht um.

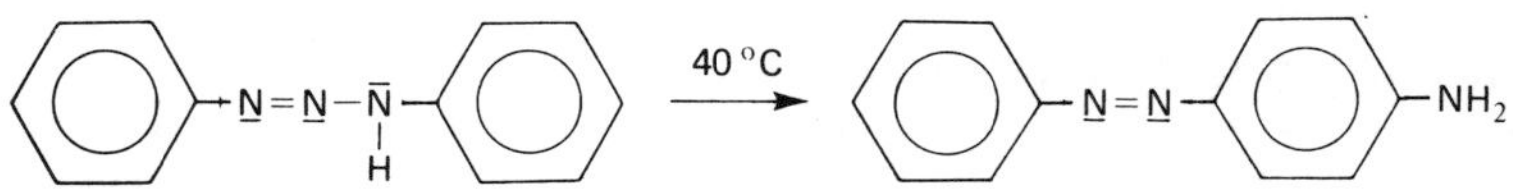

p-Aminoazobenzol
= "Anilingelb"

Anilingelb war eine der ersten auf dem Wege der Diazotierung und Kupplung hergestellten farbigen Verbindungen. Wegen ihrer Lichtempfindlichkeit erlangte sie aber keine praktische Bedeutung.

Darstellung von Phenolphthalein — 45.3

Material
Reagenzglas, Schutzbrille;
Phenol, Phthalsäureanhydrid, konz. Schwefelsäure, Natronlauge, Salzsäure, Methanol.

Durchführung
In ein Rg gibt man etwa 1 cm hoch Phenol und erwärmt, um das Phenol zu schmelzen (Schmelzpunkt 40,8 °C). Nun versetzt man die Schmelze mit einer Spatelspitze Phthalsäureanhydrid und ein paar Tropfen konz. Schwefelsäure (Vorsicht! Schutzbrille!). Diese Mischung erhitzt man ca. 20 Sekunden, bis eine rote Schmelze entsteht. Nach dem Erkalten gibt man 5 ml Methanol dazu und schüttelt kräftig. Die farblose Lösung wird abfiltriert und einige Tropfen davon zu verd. Natronlauge gegeben: Rotfärbung. Durch Säurezusatz kommt es wieder zur Entfärbung.

Hinweise
Unter der Wirkung der konz. Schwefelsäure bildet sich aus Phthalsäureanhydrid und Phenol das alkohollösliche Phenolphthalein.

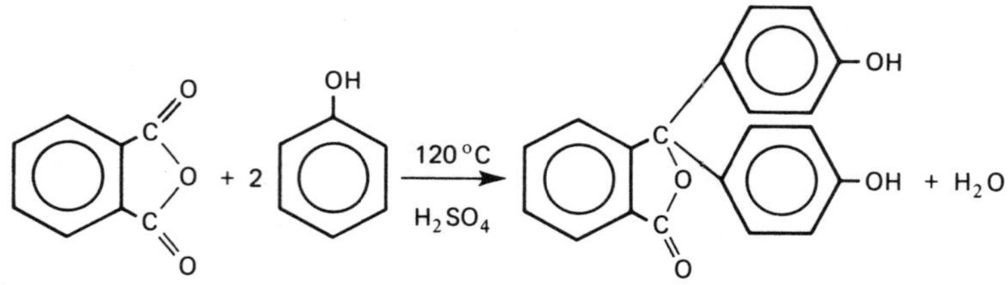

Phenolphthalein (farblos)

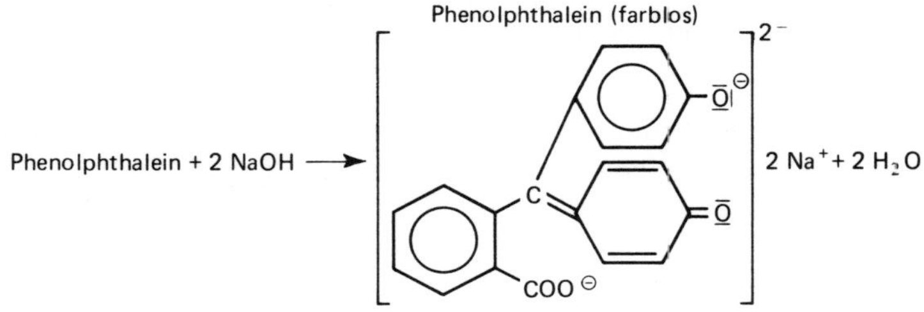

chinoide Form (rot)

Das Anion ist durch Mesomerie stabilisiert. Phenolphthalein ist ein Triphenylmethanfarbstoff. Bei pH 14 tritt irreversible Entfärbung ein.

45.4 Darstellung von Fluorescein

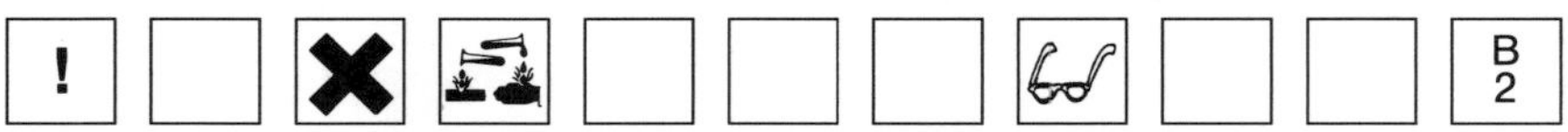

Material UV-Lampe, Becherglas (500 ml), Reagenzglas; Phthalsäureanhydrid, Resorcin, Natronlauge (10 %ig).

Durchführung In einem Rg wird je eine Spatelspitze Phthalsäureanhydrid und Resorcin vermischt und erhitzt. Vorsichtig, damit die Ausgangsstoffe nicht zersetzt werden. Die Schmelze schäumt unter Wasserdampfentwicklung auf. Nach kurzem Erhitzen läßt man die Schmelze abkühlen und erstarren. Dann gibt man etwa 5 ml verd. Natronlauge dazu und löst damit den Rg-Inhalt auf. Die dabei erhaltene Lösung tropft man aus ca. 50 cm Höhe in ein großes Becherglas mit Wasser. Es tritt eine deutliche Fluoreszenzerscheinung auf. Durch seitliche Bestrahlung des Becherglases mit Tageslicht oder einer UV-Lampe wird die Fluoreszenz besonders eindrucksvoll sichtbar.

Hinweise Fluorescein ist ein Triphenylmethanfarbstoff.

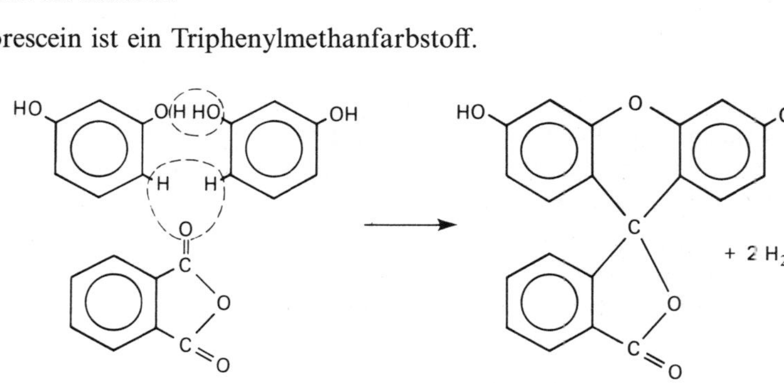

Resorcin + Phthalsäureanhydrid ⟶ Fluorescein + Wasser

Bei Laugenzusatz vertieft sich die Farbe des Fluoresceins.

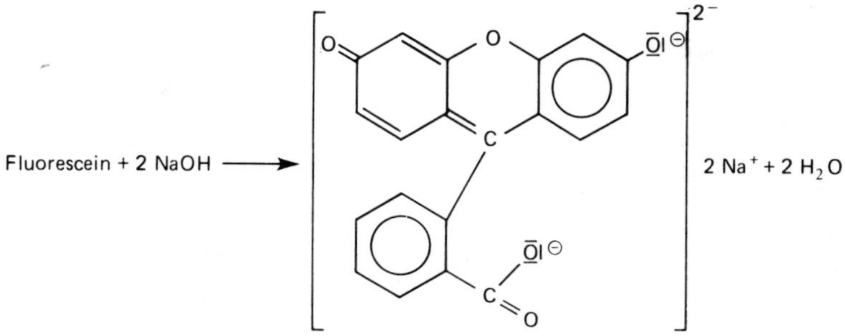

Versetzt man Fluoresceinlösung mit Bromwasser und erwärmt, erhält man einen roten Farbstoff. Tetrabromfluorescein ist der Farbstoff Eosin.

Synthese von Indigo nach A. v. Baeyer **45.5**

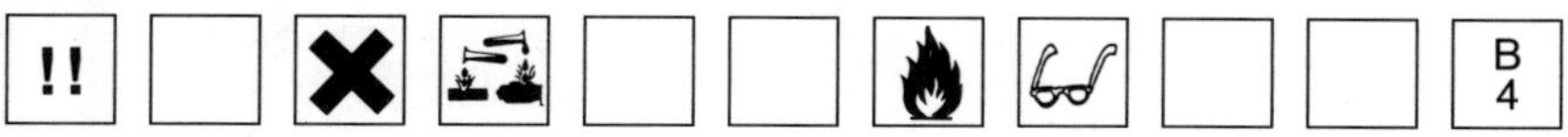

Material

Bechergläser, Meßzylinder, Tropfpipette, Absaugvorrichtung; o-Nitrobenzaldehyd, Aceton, dest. Wasser, Natronlauge (c(NaOH) = 1 mol/l), Ethanol, Ether.

Durchführung

Es wird 1 g o-Nitrobenzaldehyd in 4 ml Aceton gelöst und mit 4 ml Wasser emulgiert. Danach wird tropfenweise mit Natronlauge (c(NaOH) = 1 mol/l) versetzt. Die Lösung erwärmt sich, wird erst gelb, dann grün und schließlich bildet sich ein dunkelblauer Niederschlag von Indigo. Dieser wird abgesaugt und zunächst mit Ethanol und dann mit wenig Ether gewaschen.

Hinweise

Zuerst wird o-Nitrobenzaldehyd in alkalischer Lösung mit Aceton kondensiert. Das aldolartige Reaktionsprodukt geht über Zwischenprodukte unter Acetat- und Wasserabspaltung in Indigo über.

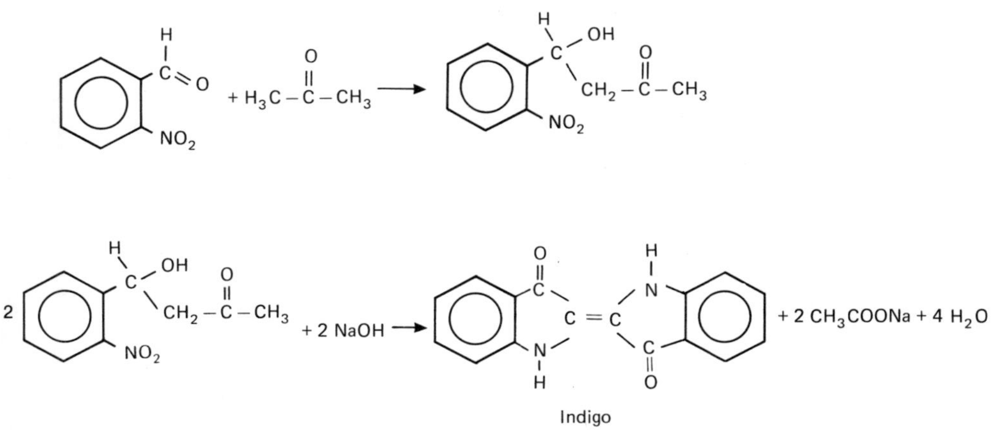

45.6 Färben mit Indigo-Küpenfarbstoff

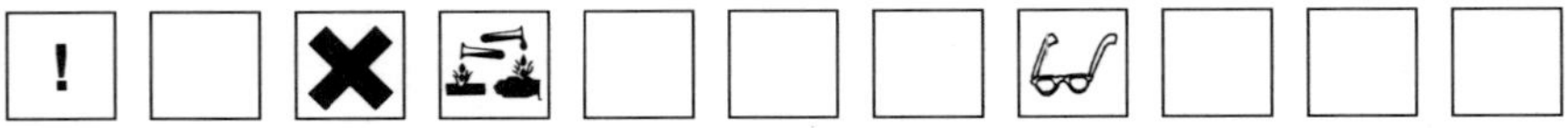

Material: Becherglas, Meßzylinder, Glasstab; Baumwoll- oder Leinenlappen, Indigo, Natriumdithionit, dest. Wasser, Natronlauge (c(NaOH) = 1 mol/l).

Durchführung: 0,5 g gepulvertes Indigo wird mit derselben Menge Natriumdithionit und ein paar Tropfen Wasser zu einem Brei zerrieben. Nun gibt man 10 ml verd. Natronlauge dazu und erwärmt vorsichtig. Es bildet sich eine grünlich gelbe Lösung mit blauer „Blume".

Diese Lösung wird mit Wasser verdünnt; dann wird ein Baumwoll- oder Leinenlappen hineingegeben und zum Sieden erhitzt. Nach wenigen Minuten nimmt man den Lappen mit einem Glasstab aus der Lösung und wäscht ihn unter fließendem Wasser aus. Anschließend hängt man ihn zum Trocknen an der Luft auf. Dabei färbt er sich blau.

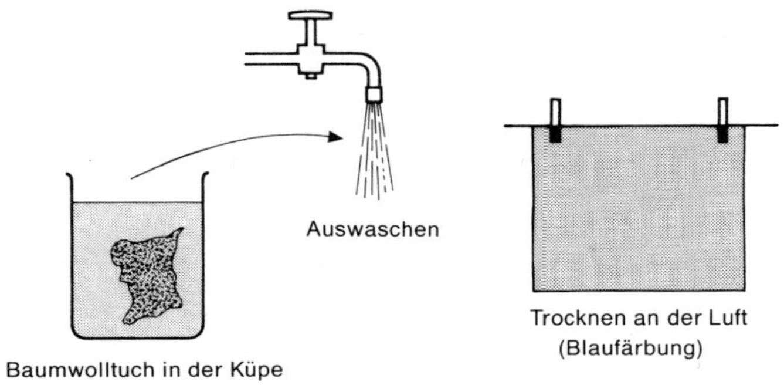

Erklärung: Da Indigo wegen seiner völligen Wasserunlöslichkeit nicht direkt zum Färben benutzt werden kann, wendet man ein spezielles Verfahren an, die sogenannte **Küpenfärberei**: Man reduziert Indigo mit Hilfe von Natriumdithionit in eine fast farblose Verbindung, das Leukindigo, das mit Natronlauge ein wasserlösliches Salz bildet. An der Luft oxidiert sich die gelbliche Verbindung rasch wieder zum Indigo. Der Lappen wird blau.

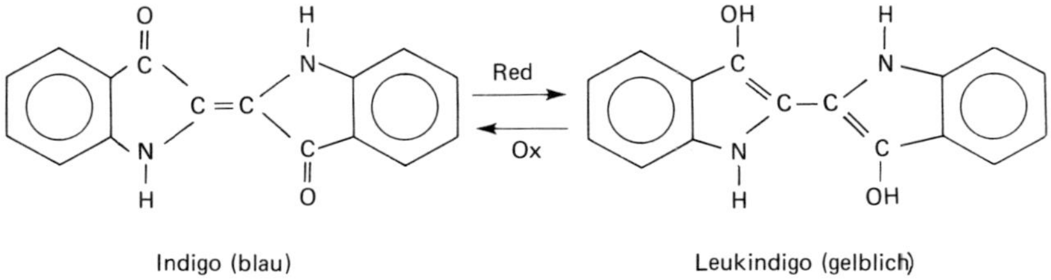

„Schauversuche" für besondere Gelegenheiten

„Farbumschläge" 1

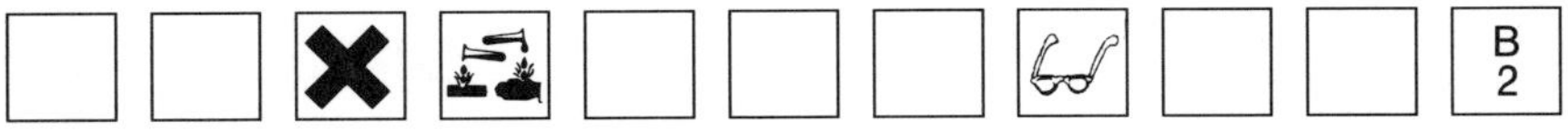

Material

5 gleichgroße Bechergläser (oder Erlenmeyerkolben, Rundkolben, große Reagenzgläser);
Phenolphthaleinlösung, Natronlauge, konz. Salzsäure, Eisen(III)-chloridlösung, Kaliumrhodanid-Lösung, Kaliumhexacyanoferrat(II)-Lösung.

Durchführung

Das erste Becherglas wird mit Wasser gefüllt, dazu werden einige Tropfen Phenolphthaleinlösung gegeben. Die weiteren Bechergläser werden wie folgt präpariert: In das zweite Glas ein paar Tropfen verd. Natronlauge geben und Glaswand damit befeuchten: das dritte mit Eisen(III)-chlorid-Lösung und konzentrierter Salzsäure ausreichend befeuchten, das vierte mit Kaliumrhodanidlösung und das fünfte mit Kaliumhexacyanoferrat(II)-Lösung ausschwenken, anschließend wieder ausgießen. Das Becherglas mit dem Wasser und die 4 „leeren" Gläser werden nebeneinander aufgestellt. Nun gießt man das Wasser in das zweite Becherglas, von da in das dritte, dann in das vierte und schließlich in das fünfte.
Wenn man in jedem Glas einen Rest der Flüssigkeit zurückbehält, dann hat man am Schluß alle Farben nebeneinander vorliegen.

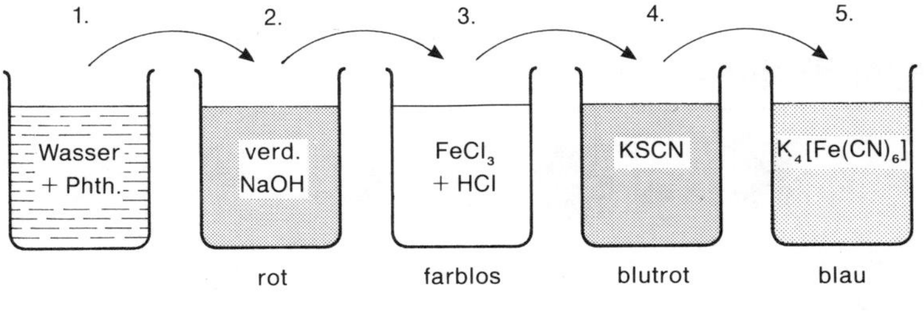

Hinweise

Man muß unbedingt dafür sorgen, daß die Lösung nach dem Eingießen in das 3. Becherglas sauer ist, sonst erfolgt keine Entfärbung, außerdem gelingen dann auch die weiteren Farbumschläge nicht. Es hat sich bewährt, alle benötigten Lösungen in Reagenzgläsern in konzentrierter Form vorzubereiten. Zur Präparation gießt man den Reagenzglasinhalt in das jeweilige Becherglas, schwenkt um und gießt die Lösung wieder in das Reagenzglas zurück. Die im Becherglas hängenbleibenden Tropfen reichen für das Experiment vollständig aus. Wenn man die Reagenzgläser gut verkorkt, dann kann man die Lösungen für spätere Vorführungen sehr lange aufbewahren.

2 Wasser entzündet Feuer

Material Spatel, Filterpapier, Keramikdrahtnetz, Glasstab, Schutzbrille; Zinkstaub, Ammoniumnitrat, Ammoniumchlorid.

Durchführung 6 g Zinkstaub und 8 g Ammoniumnitrat und eine Spur Ammoniumchlorid (kleine Spatelspitze) vorsichtig auf einem Filterpapier (nicht in der Reibschale!) vermischen (Schutzbrille aufsetzen!). Auf einem Keramikdrahtnetz zu einem Kegel häufen. Mit einem Glasstab gibt man einen Wassertropfen dazu. Nach einiger Zeit erfolgt Selbstentzündung.

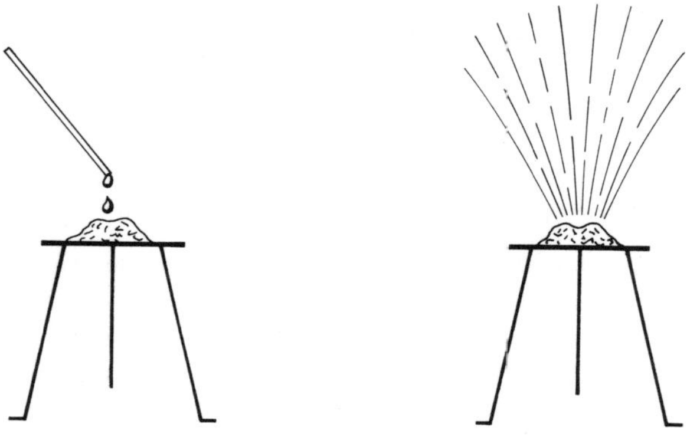

Hinweise Es handelt sich hier um einen Redoxvorgang zwischen einem starken Oxidations- und einem starken Reduktionsmittel. Das Wasser wirkt katalytisch. Filterpapier vor Beseitigung mit Wasser kräftig abspülen. Die Beimengung von Ammoniumchlorid beschleunigt den Zerfall unter Chlorentwicklung.

3 Blitze im Reagenzglas

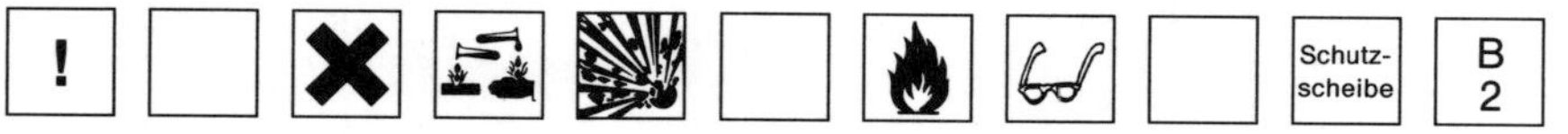

Material Reagenzglas (16 × 160, nicht größer!), Reagenzglasständer, großes Becherglas, Schutzbrille; Konz. Schwefelsäure, n-Propanol (oder anderen niederen Alkohol), Kaliumpermanganat.

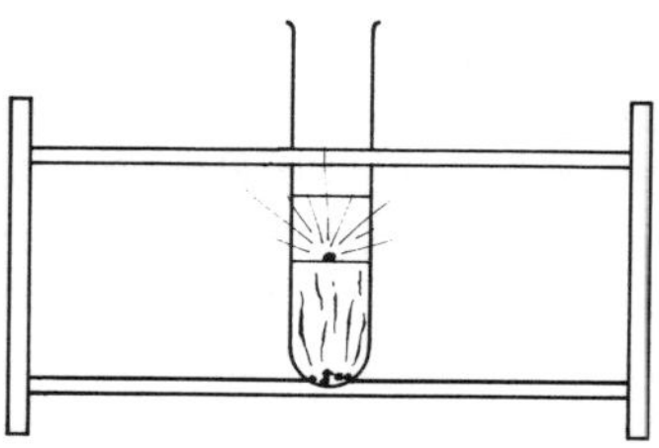

In einem Reagenzglas ca. 5 ml n-Propanol oder einen anderen niederen Alkohol mit ca. 5 ml konz. Schwefelsäure unterschichten und in einen Reagenzglasständer stellen. Dann in das Reagenzglas etwa 5 Kriställchen Kaliumpermanganat werfen. Sobald Knistergeräusche auftreten, Chemiesaal abdunkeln! Im Reagenzglas können an der Trennfläche der beiden Flüssigkeitsschichten Lichtblitze beobachtet werden. Der Versuch läuft mehrere Minuten lang selbständig weiter. Zum Abbruch des Versuches faßt man das Reagenzglas mit einem Reagenzglashalter und gießt den Inhalt in ein großes, mit kaltem Wasser gefülltes Becherglas. Dabei kann sich der Alkohol entzünden. Schutzbrille aufsetzen! Den Reagenzglasinhalt keinesfalls unverdünnt in den Abguß gießen! Brandgefahr! — Durchführung

Bei der Einwirkung von konz. Schwefelsäure auf Kaliumpermanganat dürfte zunächst Mangan(VII)-oxid entstehen, das den Alkohol heftig oxidiert. Das Experiment nicht in größeren Gefäßen durchführen! Wenn man den Effekt steigern möchte, kann man mehrere Reagenzgläser nebeneinander verwenden.
Das Reagenzglas nicht stehen lassen, sondern nach Versuchsende sofort entsorgen. — Hinweise

Schwebende Seifenblasen — 4

Große tiefe Glaswanne (Aquarium oder pneumatische Wanne); Kohlenstoffdioxid, Pustefix (aus dem Spielwarengeschäft) oder Seifenlösung. — Material

Man füllt ein möglichst großes Glasgefäß mit Kohlenstoffdioxidgas (am besten aus der Stahlflasche). Dann erzeugt man Seifenblasen, die man von oben in das Glasgefäß fallen läßt. Diese prallen zunächst elastisch zurück und bleiben dann auf der (unsichtbaren) Kohlenstoffdioxid-Ebene liegen. — Durchführung

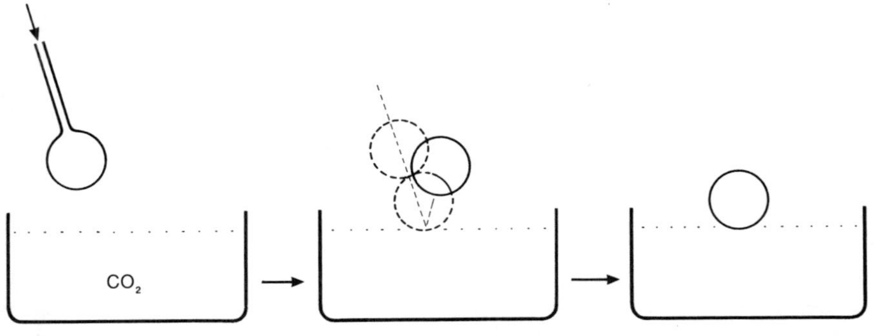

Kohlenstoffdioxid ist wesentlich schwerer als Luft und bleibt einige Zeit in dem Glasgefäß. Da die Seifenblasen zwar schwerer als Luft (Luft + Wasserhäutchen), aber leichter als Kohlenstoffdioxid sind, „schwimmen" sie auf der Grenzfläche Luft – Kohlenstoffdioxid. Mit Luftballons aus Gummi gelingt der Versuch kaum, weil der Gummi zu schwer ist. Im Spielwarenhandel kann man manchmal den „Ballon aus der Tube" („Blaseball") erhalten. Die damit gefertigten Luftballons sind sehr leicht und schweben gut auf dem „Kohlenstoffdioxidsee". — Hinweise

5 Kerze löschen

Material Kerze, 2 Standzylinder mit Deckel, Becherglas, Kohlenstoffdioxidquelle.

Durchführung In einen trockenen Standzylinder wird Kohlenstoffdioxid geleitet und abgedeckt. Brennende Kerze in hohes Becherglas stellen und dann Kohlenstoffdioxid aus dem Standzylinder dazugießen. Kerze erlischt.
Man kann das Kohlenstoffdioxid auch zunächst in einen weiteren Standzylinder umleeren und erst dann in das Becherglas zur brennenden Kerze gießen.

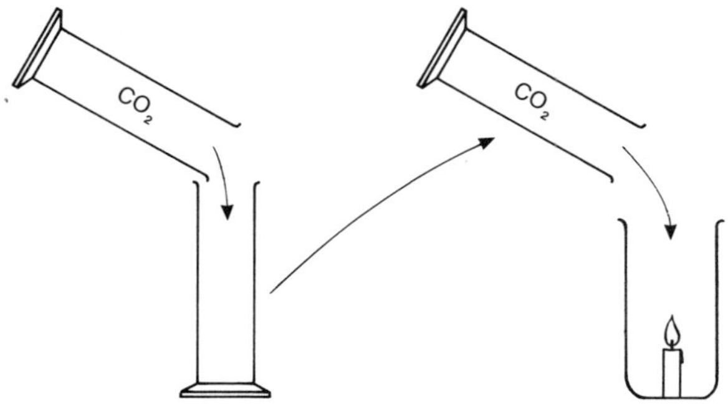

6 Feuerregen aus dem Reagenzglas

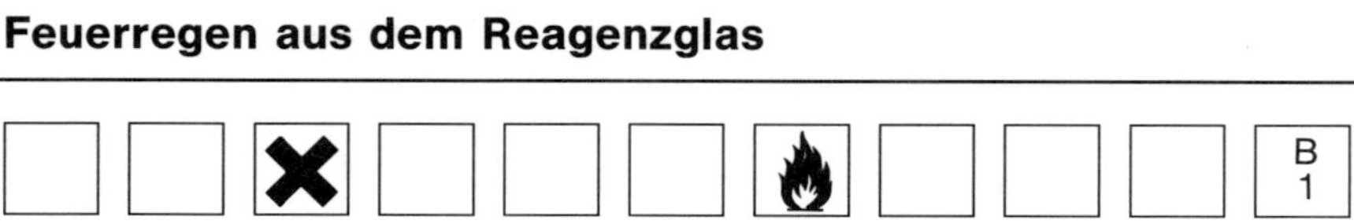

Material Reagenzglas, Holzklammer, Reagenzglasstopfen, Reagenzglasständer, Brenner, feuerfeste Unterlage (z. B. Eisenblech); Eisen(II)-oxalat.

Durchführung In ein Reagenzglas gibt man ca. 2–3 cm hoch Eisen(II)-oxalat (gelbes Pulver). An der Holzklammer hält man das Reagenzglas in die heiße Brennerflamme. Das Eisenoxalat beginnt zu brodeln, es entweichen Gase, dabei färbt es sich allmählich schwarz. Das Eisenoxalat enthält Kristallwasser, das sich beim Zersetzungsvorgang an den kälteren Stellen des Glases niederschlägt. Man muß deshalb das Reagenzglas an allen Stellen über 100 °C erwärmen um die Kondensation von Wasserdampf zu vermeiden. Wenn im Reagenzglas ein tiefschwarzes Pulver entstanden ist und kein Gas mehr entweicht, ist die Thermolyse von Eisenoxalat beendet. Man verschließt nun das Reagenzglas dicht mit einem Stopfen und stellt es zum Abkühlen weg. Nach dem Abkühlen auf Zimmertemperatur entfernt man den Stopfen und gießt den Reagenzglasinhalt aus mindestens 1 m Höhe auf eine feuerfeste Unterlage. Das Pulver entzündet sich an der Luft von selbst und bildet einen eindrucksvollen Feuerregen.

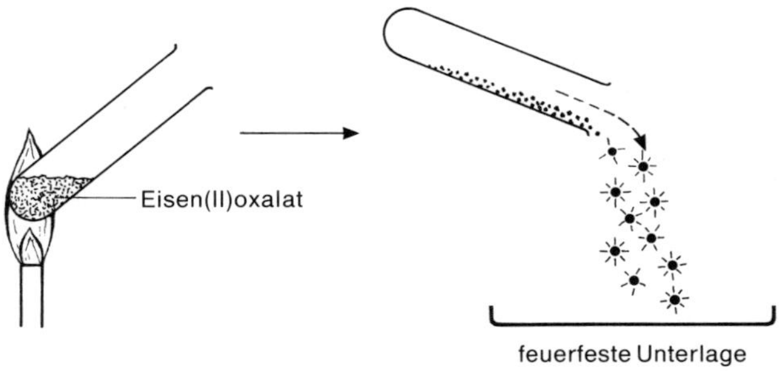

Hinweise

Bei der Thermolyse von Eisen(II)-oxalat entweichen Kohlenstoffmonooxid und Kohlenstoffdioxid. Es bleibt Eisen(II)-oxid FeO übrig.

$FeC_2O_4 \rightarrow FeO + CO + CO_2$

Das Eisen(II)-oxid neigt beim Abkühlen zur Disproportierung.

$4\,FeO \rightarrow Fe_3O_4 + Fe$

Beim „Gießen" durch die Luft werden sowohl FeO als auch Fe unter Aufglühen oxidiert.
Das frisch hergestellte pyrophore Pulver läßt sich einige Zeit (1–2 Tage) aufbewahren, wenn man es durch Zuschmelzen des Reagenzglases luftdicht abschließt.

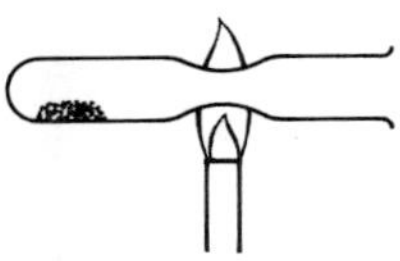

Bei Bedarf kann man das Pulver nach dem Aufbrechen der Ampulle herausschütten.

Silicatvegetation 7

Material

Becherglas; Wasserglas, Kristalle von Schwermetallsalzen (z. B. Cobaltnitrat, Kupfersulfat, Eisen(III)-chlorid, Mangansulfat, Nickelsulfat.)

Durchführung

Handelsübliches Wasserglas (Alkalisilicat) wird im Volumenverhältnis 1 : 1 mit Wasser verdünnt. Mit dieser Lösung wird ein Becherglas bis knapp unter den Rand gefüllt. Nun verteilt man auf dem Boden des Gefäßes etwa erbsengroße Kristalle von Schwermetallsalzen.

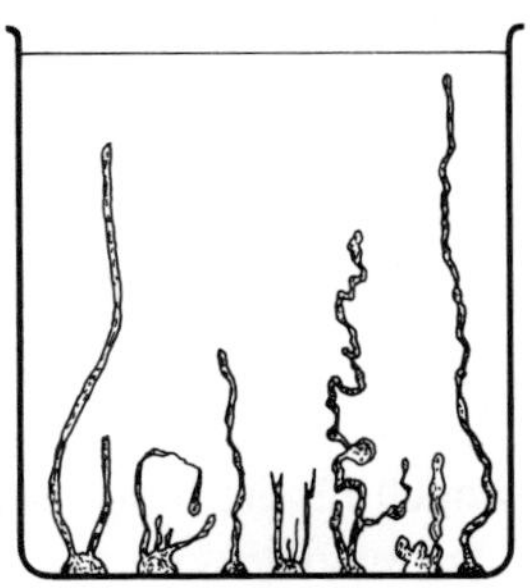

Hinweise Die Schwermetallsalze bilden mit dem Silicat der Wasserglaslösung eine Haut von Cobaltsilicat, Kupfersilicat usw. Diese Haut ist semipermeabel; deshalb diffundiert Wasser in Richtung Kristall. Die Haut platzt, und Salzlösung tritt aus; diese bildet erneut eine Schwermetallsilicathaut. Da sich der Vorgang wiederholt, „wächst" der Kristall („Silicatvegetation", „chemischer Garten").

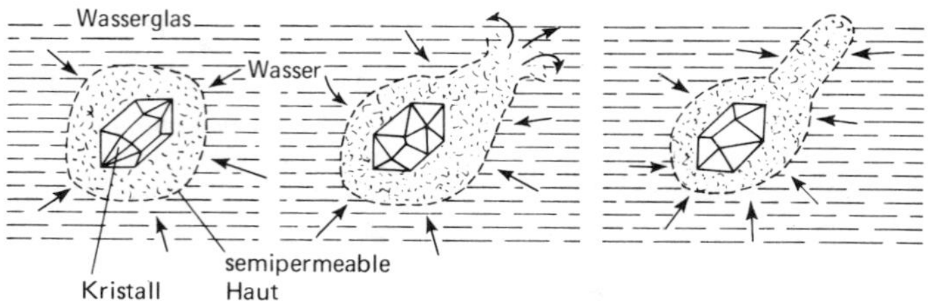

8 „Blaues Wunder"

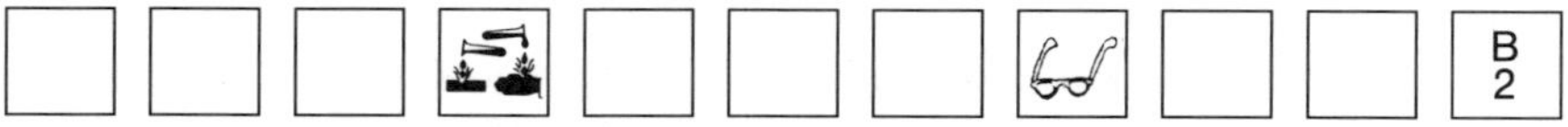

Material Großes Reagenzglas mit Stopfen, Reagenzglasständer; Traubenzucker, Methylenblaulösung, Ätznatron.

Durchführung In 30 ml **durchscheinender** wäßriger Methylenblaulösung werden in einem großen Rg 3 g Traubenzucker und dann einige Plätzchen Ätznatron aufgelöst. Das Reagenzglas wird dann mit einem Stopfen verschlossen und zur Beobachtung aufgestellt. Nach einiger Zeit erfolgt Entfärbung. Beim Schütteln kehrt die Blaufärbung schnell wieder zurück. Dieser Vorgang läßt sich mehrmals wiederholen.

Hinweise Methylenblau wird zum farblosen Leukomethylenblau reduziert. Beim Schütteln entsteht daraus durch Oxidation wieder Methylenblau.

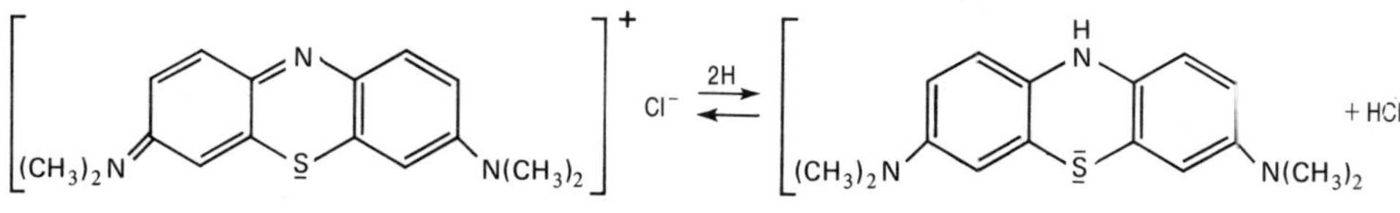

Methylenblau Leukomethylenblau (farblos)

Als Reduktionsmittel wirkt hier die Aldehydgruppe des Traubenzuckers, als Oxidationsmittel der Luftsauerstoff.

$$R{-}C{\overset{\large H}{\underset{\large O}{\lessgtr}}} + H_2O + Mb^+Cl^- \rightarrow R{-}COOH + MbH + HCl$$

blau farblos (LeukoMb)

$$HCl + 1/2\ O_2 + MbH \rightarrow Mb^+Cl^- + H_2O$$

Der Versuch kann auch als Modell für ein biologisches Redoxsystem, wie es bei der inneren Atmung auftritt, verwendet werden.

Salpeterbild 9

Material

Saugfähiges Papier (z. B. Filterpapierbogen oder unbedrucktes Zeitungspapier), Pinsel, Becherglas, Schnur, Wäscheklammern, Sprühflasche; Kaliumnitrat, dest. Wasser, gelbes Blutlaugensalz, Kaliumrhodanid, Eisen(III)-chlorid.

Durchführung

Auf saugfähiges Papier (verschiedene Papierarten ausprobieren!) „malt“ man mit konzentrierter Salpeterlösung und einem feinen Pinsel ein geeignetes Bild und hängt es zum Trocknen wie ein Wäschestück an einer Leine auf. Nach dem Trocknen ist das Bild unsichtbar. Zündet man nun an einer oder mehreren Stellen die Salpeterlinien (ev. vorher markieren!) dann glimmt das Papier entlang der Salpeterspur und das Bild wird allmählich sichtbar. Zur Sicherheit kann man die Salpeterlösung auch ein zweitesmal oder auf beiden Seiten aufbringen. Bei umfangreichen Bildern empfiehlt es sich unpräparierte Stege stehen zu lassen und an mehreren Stellen zu zünden, weil sonst das Bild ev. herausfällt. Teile des Bildes kann man zusätzlich mit einer Lösung von gelbem Blutlaugensalz, andere Teile mit einer Lösung von Kaliumrhodanid befeuchten und anschließend trocknen lassen. Nachdem das Salpeterbild herausgebrannt ist, besprüht man es mit einer Lösung von Eisen(III)-chlorid. Man kann dadurch zusätzlich rote und blaue Farbeffekte erzielen.

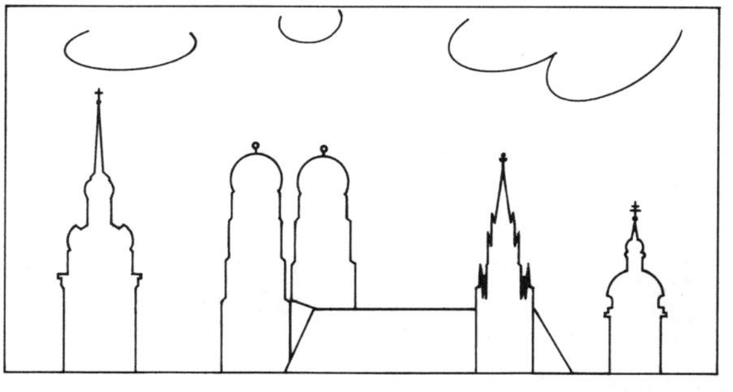

Hinweise

Das starke Oxidationsmittel Salpeter (KNO_3) bewirkt die Verbrennung bzw. Verkohlung an den benetzten Stellen.

Synthetisches „Bier“ 10

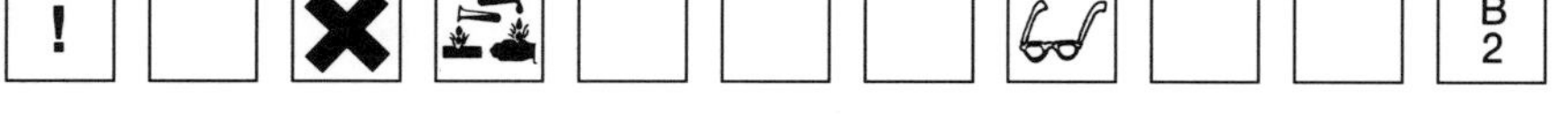

Material

Waage, Bechergläser, Meßzylinder, Tropfpipette;
Natriumsulfit, Ethanol, konz. Schwefelsäure, Kaliumiodat, Spülmittel, dest. Wasser.

Durchführung

Man bereitet zwei Lösungen vor:

Lösung a: 0,92 g Natriumsulfit und 2,5 ml Ethanol in 500 ml dest. Wasser lösen, dazu 1 ml konz. Schwefelsäure.

Lösung b: 0,5 g Kaliumiodat in 500 ml dest. Wasser lösen, dazu etwas Spülmittel.

Lösung b wird schwungvoll aus einer gewissen Höhe (damit viel Schaum entsteht) in ein Bierglas geschüttet, so daß dieses halbvoll ist. Dann füllt man das Glas mit Lösung a auf. Nach einigen Sekunden entsteht schlagartig aus den beiden farblosen Lösungen „helles Bier“ mit schöner Blume.

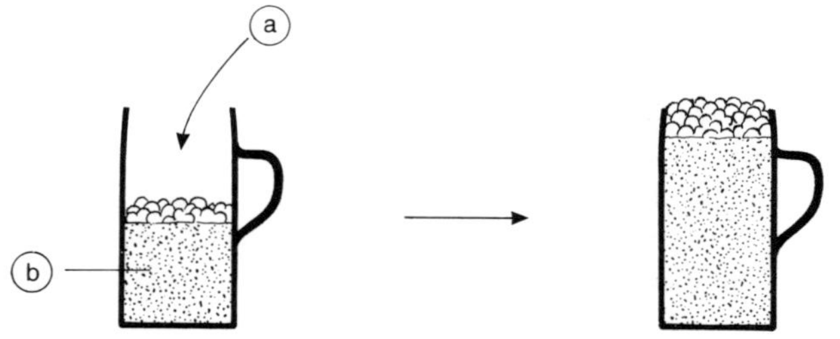

Hinweise

Diese Reaktion ist eine leichte Abwandlung der Landoltschen Zeitreaktion. Es finden Redoxreaktionen statt, bei denen elementares Iod entsteht. Die gelbbraune Farbe der wässerigen Iodlösung ähnelt täuschend der Farbe von „Märzenbier“. Die Geschwindigkeit des Reaktionsablaufes ist direkt proportional der Konzentration der beteiligten Stoffe und kann entsprechend beschleunigt oder verlangsamt werden. Durch Zugabe von 5 %iger Stärkelösung zur Lösung a wird ein Farbumschlag nach blauviolett erzielt (Iodstärke-Reaktion).

11 Campher-Tänze

Material

Campher; große Glasschale.

Durchführung

1. Variante: In eine saubere (fett- und tensidfreie) Glasschale wird Wasser gefüllt. Darauf streut man einige Körnchen Campher. Diese bewegen sich auf der Wasseroberfläche vollkommen regellos hin und her, z. T. kreisen sie lebhaft auf der Stelle.

2. Variante: Größere Campher-Stückchen (ca. 1 cm Durchmesser) werden auf die Wasseroberfläche gegeben und dann angezündet: Sie fahren brennend auf der Wasseroberfläche umher.

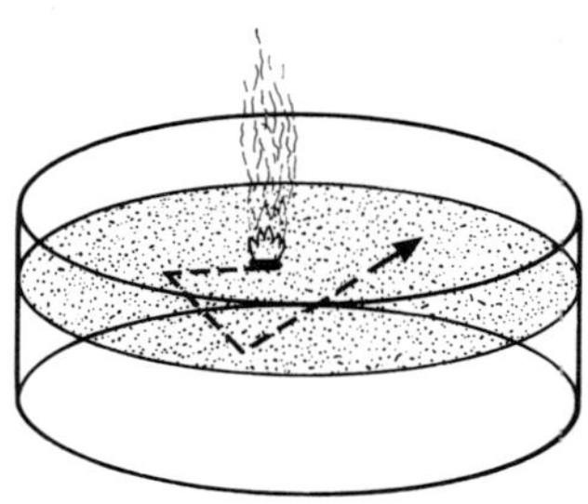

Beim Campher handelt es sich um ein cyclisches Keton, das mit rußender Flamme brennt. Die polare Keto-Gruppe tritt in Wechselwirkung mit Wassermolekülen (Hydratisierung), wodurch es zur Ablösung einzelner Camphermoleküle kommt. Aus dem dadurch entstehenden Rückstoß resultieren die Bewegungen der Campherstückchen.

Hinweise

Die 1. Variante eignet sich gut zur Projektion auf dem OHP. Das Einatmen größerer Mengen von Campherdämpfen ist gesundheitsschädlich!

Feuerwasser **12**

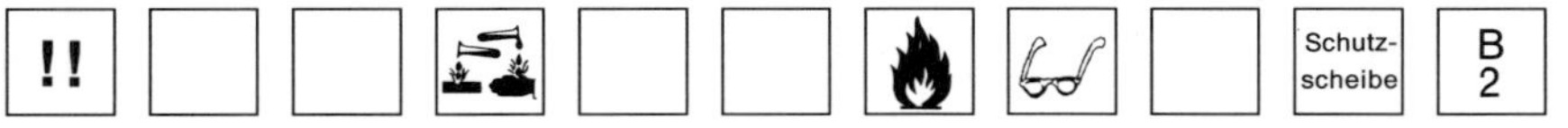

Material

Glasschale, Reagenzglas, Abdeckplatte; Benzin (oder Pentan, Hexan), Kalium.

Durchführung

In eine kleine Menge Benzin (10–15 ml Benzin genügen für eine Glasschale mit ca. 20 cm Durchmesser) werden 2–3 kleine Stückchen elementares Kalium (höchstens 3–4 mm groß) gegeben. Gießt man dieses Gemisch in ein Gefäß mit Wasser, so entzündet sich das Benzin und brennt auf dem Wasser. Der Überraschungseffekt beruht darauf, daß der Zuschauer die geringe Menge Kalium im Benzin nicht bemerkt.

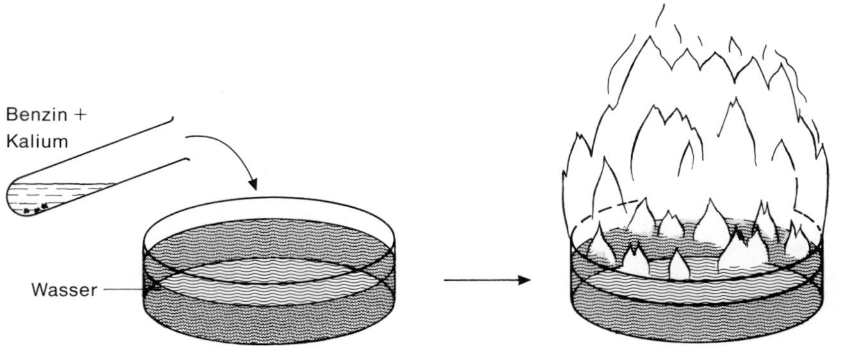

Das Kalium reagiert mit dem Wasser und entzündet dabei das auf dem Wasser schwimmende Benzin.

Hinweise

Wird ein Glasgefäß verwendet, so empfiehlt es sich, um ein Zerspringen des Gefäßes nicht zu riskieren, nach kurzer Zeit die Flamme durch Abdecken mit einem bereitgestellten Blechdeckel zu löschen.
Beim Umgang mit Kalium ist stets große Sorgfalt angebracht. Auch wenn wegen der winzigen Menge Kalium kaum Gefahren bestehen, sollte man eine Schutzbrille aufsetzen und für einen Sicherheitsabstand der Zuschauer sorgen. Auch ist zu beachten, daß bei der Reaktion von Kalium mit Wasser Kalilauge entsteht – (Reaktionsgefäß nach dem Versuch gründlich ausspülen!).

13 Zauberlaub

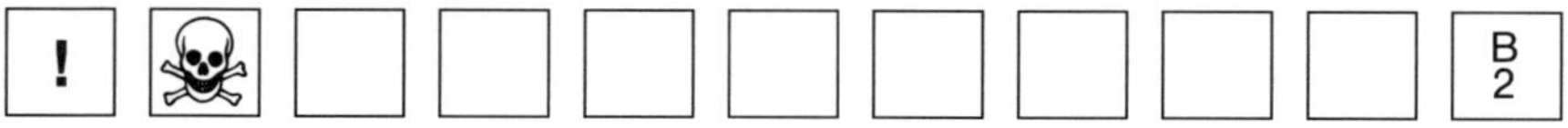

Material Weißes Schreibpapier, Heißluftfön; Cobalt(II)-chlorid, Nickel(II)-chlorid.

Durchführung Man skizziert einen kahlen Baum oder ein ähnliches, geeignetes Bild. Dann bereitet man sich eine Lösung von etwa gleichen Teilen Cobaltchlorid und Nickelchlorid. Die Konzentration ist so zu wählen, daß die aufgetragene Lösung kaum zu erkennen ist (Vorversuche!). Mit dieser Lösung malt man auf dem vorbereiteten Bild das Laub ein (einzelne Blätter oder stilisiert). Nach dem Trocknen wird das Bild mit heißer Luft angewärmt (Heißluftfön!).

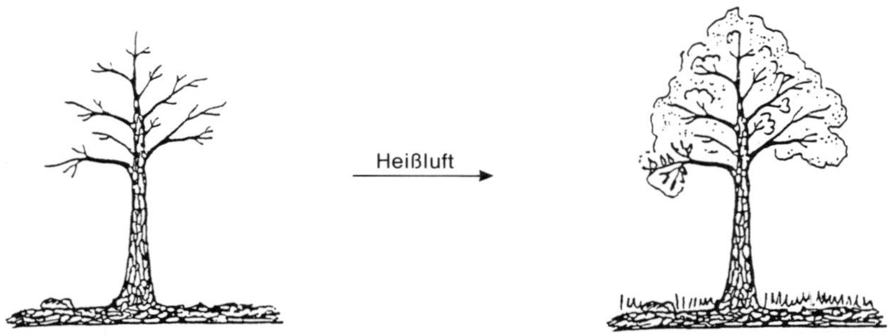

Wasserhaltiges Cobalt(II)-chlorid ist schwach rosa gefärbt, bei entsprechender Verdünnung kaum sichtbar. Beim Erwärmen entsteht die kräftig blaue Farbe des wasserfreien Cobalt(II)-chlorids. Durch die Zugabe des Nickel(II)-chlorid, welches beim Erhitzen Kristallwasser verliert und dabei gelb wird, erzielt man die grüne Laubfarbe.

Hinweise Nickel- und Cobaltverbindungen stehen im Verdacht, cancerogen zu wirken, daher ist beim Umgang Vorsicht am Platz (Einatmen oder Verschlucken dieser Stoffe vermeiden)!

14 Blutige Operation

Material Bechergläser oder Standzylinder, Säge oder Messer (stumpf!); Kaliumthiocyanat (= Kaliumrhodanid), Eisen(III)-chlorid, verd. Salzsäure.

Durchführung Man bereitet sich eine ziemlich konzentrierte Lösung von Kaliumthiocyanat (farblos) und Eisen(III)-chlorid (gelblich); zur Eisen(III)-chloridlösung wird ein wenig **verdünnte** Salzsäure gegeben. Nun wird die vorgesehene „Operationsstelle" (z. B. Unterarm) mit der Eisen(III)-chloridlösung „desinfiziert" (z. B. mit einem Schwämmchen oder Wattebausch aufbringen). Mit einer (stumpfen!) Säge, einem Messer oder einem ähnlichen furchterregenden „Operationswerkzeug", das in die Kaliumthiocyanatlösung getaucht wurde, wird nun „operiert".

Es tropft sofort eine dem Blut täuschend ähnliche Flüssigkeit von der „Operationsstelle“.

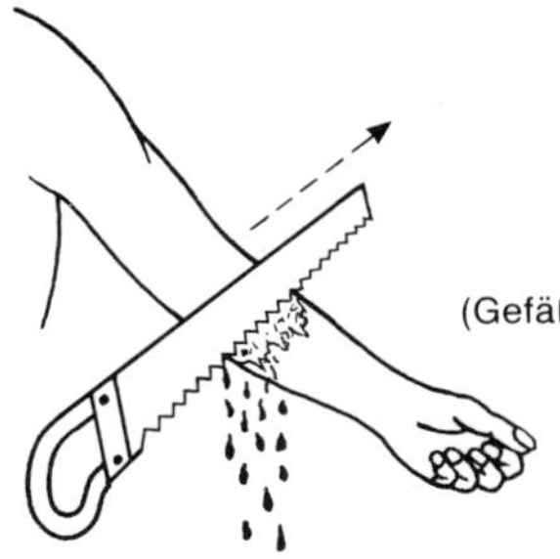

(Gefäß unterstellen)

Thiocyanationen bilden mit Eisen(III)-ionen blutrot gefärbte Eisenthiocyanatverbindungen.

Hinweise

Kaliumthiocyanat ist (bei innerer Anwendung) giftig, daher nach dem Versuch die Haut sofort gründlich abspülen.
Die Wirkung des Versuches hängt natürlich stark von der schauspielerischen Leistung der beteiligten Personen ab!

Blaues Blinklicht 15

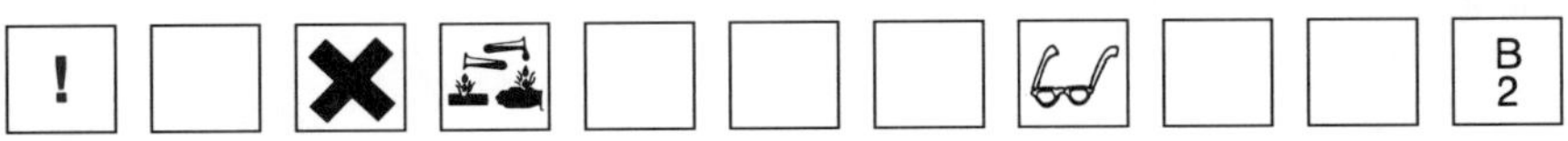

Material

Becherglas (250 ml), Meßzylinder, Glasstab oder Magnetrührer; Malonsäure, Kaliumiodat, Wasserstoffperoxid (30%ig), Mangan(II)-sulfat, Stärke (löslich), Schwefelsäure (1,5 mol/l).

Durchführung

Vorbereitende Arbeiten: Man bereitet sich zunächst 3 Stammlösungen.

Lösung I:	7,8 g Malonsäure 1,7 g Mangan(II)-sulfat 0,15 g lösl. Stärke	mit Wasser auf 500 ml auffüllen
	(in einem Teil der Wassermenge durch Aufkochen lösen)	
Lösung II:	21,5 g Kaliumiodat 26 ml 1,5 molare Schwefelsäure	jeweils mit Wasser auf 500 ml auffüllen
Lösung III:	196 ml 30%iges Wasserstoffperoxid	

Gleiche Volumina aller 3 Stammlösungen werden miteinander vermischt. Umrühren ist günstig, aber nicht unbedingt erforderlich.

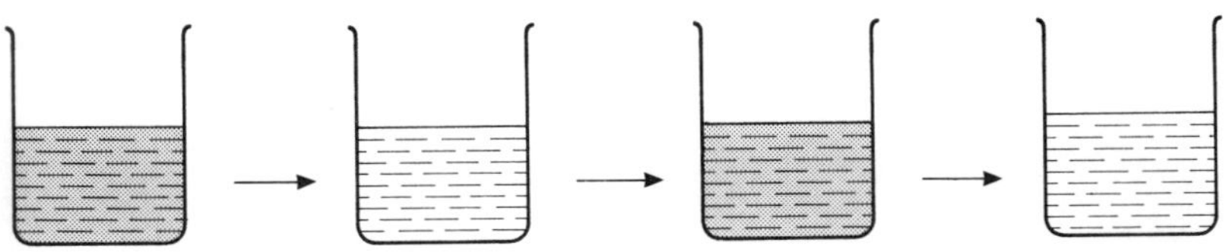

Praktisch sofort setzen oszillierende Reaktionen ein, die insgesamt etwa 3 Minuten andauern. Die Farbe der Reaktionslösung wechselt dabei zwischen dunkelblau und farblos. Periodendauer ca. 10 Sekunden.

Hinweise Bei der Reaktion handelt es sich um eine modifizierte Belousov-Zhabotinskii-Reaktion.

Den oszillierenden Reaktionsverlauf erkennt man an der periodisch wiederkehrenden Iodbildung, die durch die Iod-Stärke-Reaktion sichtbar gemacht wird.

16 Zauberschrift

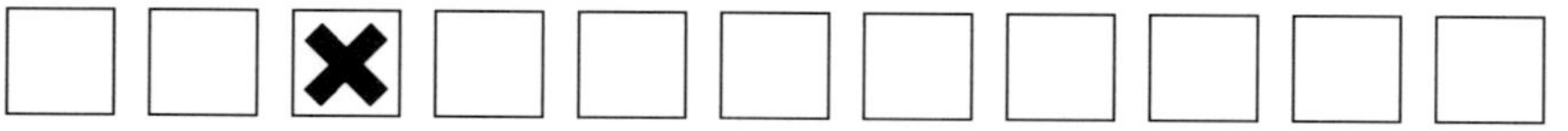

Material Blumenspritze oder ähnliches Sprühgerät, Papier; Kaliumhexacyanoferrat(II) (= Gelbes Blutlaugensalz), Eisen(III)-chlorid.

Durchführung Mit einer verdünnten Lösung von gelbem Blutlaugensalz wird mit einem Pinsel ein Plakat (saugfähiges, „billiges“ Papier verwenden) mit dem gewünschten Text beschriftet. Nach dem Trocknen kann die unsichtbare Schrift jederzeit sichtbar gemacht werden, indem man das Plakat mit einer wäßrigen Eisen(III)-chloridlösung besprüht, oder indem man mit einem Schwämmchen darüberwischt.

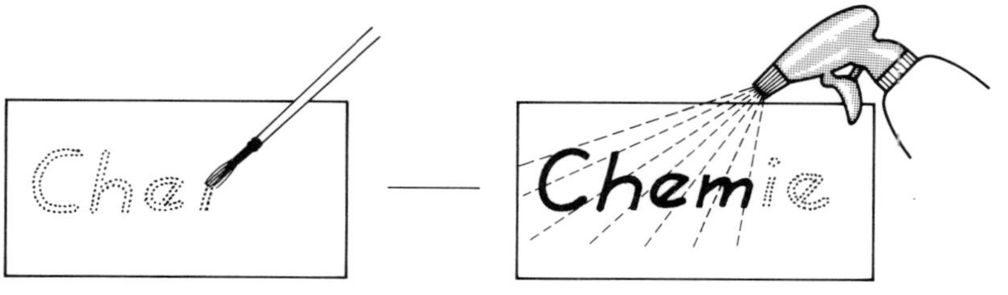

Eisen(III)-Ionen bilden mit gelbem Blutlaugensalz eine tiefblaue, schwerlösliche Verbindung, das sog. Berlinerblau.

Hinweise Besonders hübsch wirkt folgende Variante dieses Versuchs: Man „baut“ in den Text einen Rechtschreibfehler ein und korrigiert ihn, indem man mit einer (farblosen) Kaliumthiocyanatlösung die Korrektur anbringt. Beim Besprühen mit Eisen(III)-chloridlösung erscheint die Korrektur gleichzeitig mit dem blauen Text in roter Farbe.
Verunreinigungen durch Berlinerblau lassen sich mit Natronlauge beseitigen.

Blaue „Zinn-Fluoreszenz“ 17

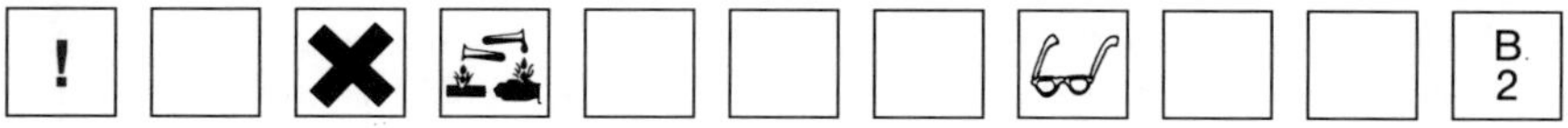

Material

Porzellantiegel, Reagenzglas, Brenner;
Zink, Salzsäure (ca. 20 %ig), Wasser, Zinnsalz.

Durchführung

In einen Porzellantiegel gibt man einige Körnchen Zink, etwa 5 ml Salzsäure (ca. 20 %ig) und eine Zinnverbindung. In diese Suspension taucht man ein Reagenzglas, das zur Hälfte mit kaltem Wasser gefüllt ist. Das Reagenzglas soll dabei gut mit der Flüssigkeit benetzt werden. Führt man dieses Reagenzglas in die heiße Zone der nicht leuchtenden Brennerflamme, so entsteht an den benetzten Stellen eine blaue Fluoreszenz. Sie ist besonders eindrucksvoll in einem abgedunkelten Raum.

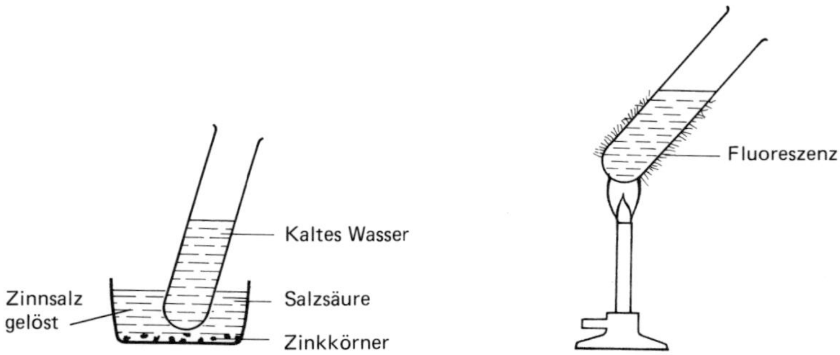

Hinweise

Die Reaktion ist sehr empfindlich und praktisch ein Nachweis für Zinn.

Feuerbälle 18

Material

Luftballons; Erdgas (auch Propan und Wasserstoff sind geeignet).

Durchführung

Luftballons werden mit Erdgas gefüllt, zugebunden und in eine Halterung eingespannt. Die Zündung erfolgt durch eine Kerze, die man an einem langen Stab befestigt, um aus dem Bereich der entstehenden Flammenwolke zu bleiben.

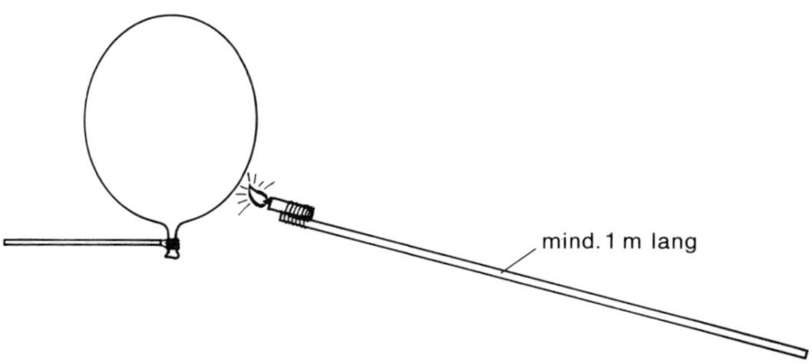

Es findet eine eindrucksvolle, aber völlig harmlose Verbrennung des Brenngases statt. Der leichte Explosionsknall rührt von der zerplatzenden Ballonhülle her.

Hinweise Wird statt Erdgas Wasserstoff verwendet, so ist der Versuch zwar ebenfalls harmlos, jedoch ist zu beachten, daß beim Experimentieren mit Wasserstoff stets größte Vorsicht geboten ist, da dieses Gas einen sehr weiten Explosionsbereich im Gemisch mit Luft besitzt.
Gelegentlich kommt es zu Schwierigkeiten bei der Zündung, da der zerplatzende Ballon die Kerzenflamme ausbläst. Als sichere Zündmethoden haben sich bewährt:
a) Man befestigt statt der Kerze an dem Stab ein Sturmstreichholz.
b) Man zupft aus Schießbaumwolle einen ca. 5 cm langen Strang und befestigt diesen mit einer Spur Klebstoff unten an dem Ballon; Zündung wie oben mit dem Kerzenstab.

19 Grüne Flamme

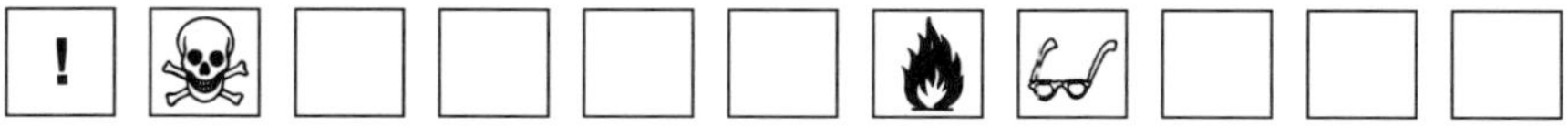

Material Stehkolben oder Erlenmeyer (ca. 500 ml), Heizplatte oder Brenner; Borsäure, Methanol.

Durchführung Man gibt in einen Stehkolben oder Erlenmeyerkolben ca. 1 Teelöffel Borsäure und dazu bedeckend (ca. 1–2 cm hoch) Methanol. Den Kolben erhitzt man mit dem Brenner oder stellt ihn am einfachsten auf eine elektrische Heizplatte. Die entstehenden Dämpfe werden entzündet.

Borsäure bildet mit Methanol den Borsäuremethylester, welcher leicht verdampft (Sdp. ca. 69 °C) und mit grüner Flamme verbrennt.

Zauberkerze 20

Material

Reagenzglas; Kaliumnitrat (= Kalisalpeter), Magnesiumpulver (möglichst fein), Kerzenwachs oder Paraffin, Kerzendocht (ca. 3 mm stark).

Durchführung

Vorbereitende Arbeiten: Man besorgt sich in einem Bastelgeschäft einen Kerzendocht von ca. 3 mm Stärke. Diesen kocht man in einer konz. wäßrigen Kalisalpeterlösung oder läßt ihn einfach über Nacht in der Lösung liegen, damit er gründlich durchtränkt wird. Anschließend nimmt man den Docht aus der Lösung und läßt ihn an einem warmen Platz (am besten im Trockenschrank) gut trocknen. Für die weiteren Arbeiten benötigt man Kerzenwachs, das man am einfachsten in einem Rg schmilzt. Den Docht taucht man nun kurz in das flüssige Wachs und streift anschließend mit einem saugfähigen Papier überschüssiges Wachs ab. Dann wälzt man den Docht in einer gleichmäßigen Schicht möglichst feinen Magnesiumpulvers, das man am besten auf einer glatten Papierunterlage verteilt hat. Das Magnesiumpulver soll fest in den Docht gepreßt werden und ihn gleichmäßig, aber nicht dick, bedecken. Nun wird die Kerze hergestellt, indem man den präparierten Docht **kurz** in das flüssige Wachs taucht, ihn wieder herauszieht und nach dem Erstarren den Vorgang mehrmals wiederholt, bis die Kerze eine Stärke von ca. 5–6 mm hat. Das Wachs darf dabei nicht sehr heiß sein, damit die bereits aufgebrachten Wachsschichten nicht wieder wegschmelzen.
Beim erstmaligen Benutzen der Kerze läßt man sie etwas länger brennen, damit der Docht richtig zum Glühen kommt. Dann wird die Kerze ausgeblasen.

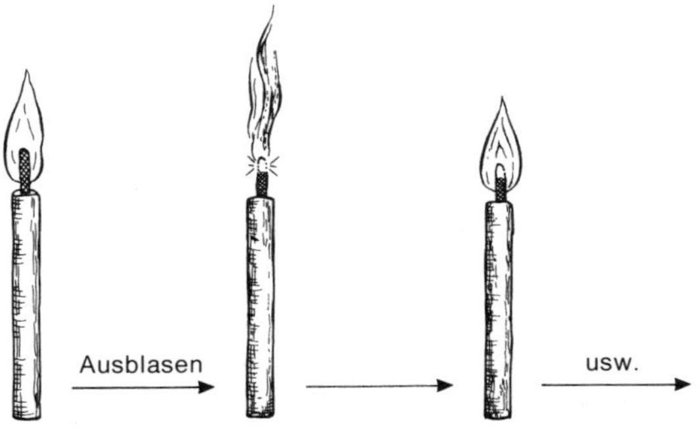

Die Kerze entzündet sich nach kurzer Zeit wieder von alleine. Der Baumwolldocht glüht – unterstützt durch das Oxidationsmittel Salpeter – nach dem Ausblasen der Flamme wie eine Lunte weiter und entzündet dabei kleine Magnesiumkörnchen. Die dabei entstehende hohe Temperatur bewirkt die Entzündung der Wachsdämpfe.

Hinweise

Achtung: Vor dem Weglegen der Kerze überzeuge man sich davon, daß sie auch wirklich gelöscht ist!
Gut funktionierende „Zauberkerzen“ lassen sich auch herstellen, ohne daß man den Docht mit Salpeter präpariert. Der entscheidende Faktor für das sichere Funktionieren der Kerzen ist, daß man sehr **feines** Magnesiumpulver verwendet.

21 Kupfer wird zu „Silber“ und zu „Gold“

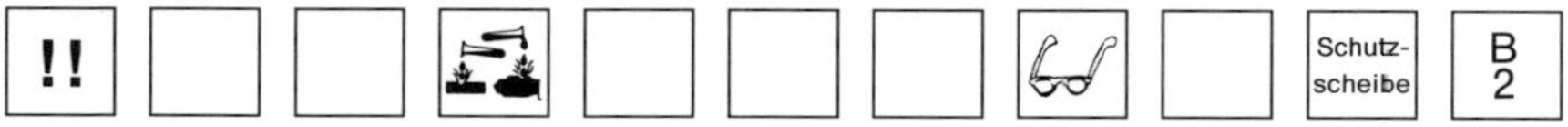

Material Becherglas, Tiegelzange; Zinkstaub, Natron- oder Kalilauge (ca. 30 %ig), Kupfermünze oder Kupferblech.

Durchführung Man erhitzt ziemlich konzentrierte Natron- oder Kalilauge mit Zinkstaub und gibt in die siedende Flüssigkeit ca. 1 Minute lang einen Kupfergegenstand, z. B. eine Kupfermünze. Dann holt man die Münze vorsichtig wieder heraus und wäscht sie ab; sie ist nun mit einem silberglänzenden, festhaftenden Überzug versehen (verzinkt). Die abgetrocknete Münze wird nun einige Male durch die heiße Brennerflamme gezogen, bis sie goldschimmernd geworden ist (vermessingt).

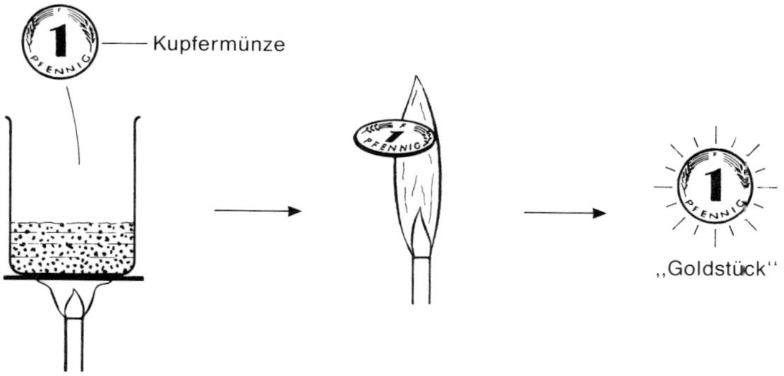

Beim Verzinken des Kupfergegenstandes in dem Zinkstaub-Laugen-Gemisch gehen Zinkionen in Lösung, die sich am Kupfer als metallisches Zink niederschlagen. Beim Erhitzen des verzinkten Kupfers legieren sich Zink und Kupfer zu einer dünnen Messingschicht.

Hinweise Die oben angegebenen Verfahren kann man selbstverständlich ganz allgemein zum Verzinken oder Vermessingen hernehmen. Als „Schauversuch“ eingesetzt wird das Verzinken natürlich als „Versilbern“, die Messingbildung als geglückte „Vergoldung“ interpretiert.
Vorsicht beim Umgang mit heißer Lauge (Schutzbrille, Schutzscheibe)!
Es sei darauf hingewiesen, daß **gültige** Zahlungsmittel nicht zerstört oder verändert werden dürfen.

Sachregister

Literatur

Aulis Verlag, Praxis der Naturwissenschaften: Chemie, Köln – Bayer. Staatsmin. f. Unterricht und Kultus, Sicherheit im naturwiss. Unterricht, München 1987 – Beck/Häusler, Chemie Bd. 1 u. 2, München 1983 – Bukatsch/Glöckner, Exp. Schulchemie, Köln 1977 – Bundesarbeitsblatt, Umgang mit Gefahrstoffen im Schulbereich, Bonn 1989 – Chem. Schulexperimente: Meyendorf Bd. 1, Keune/Filbry Bd. 2, Boeck Bd. 3, Just/Hradetzky Bd. 4, Böhland Bd. 5, Frankfurt 1978–1983 – E. Friedrich Verlag, Naturwissenschaften im Unterricht: Physik/Chemie, Seelze-Häusler et al., Elemente der Zukunft Chemie, München 1989 – Häusler/Rampf, 270 chemische Schulversuche, München 1976 – Jander/Jahr, Maßanalyse, Berlin 1989 – Merck, Sicherheit im Labor, Darmstadt 1988 – PHYWE, Chemie-Katalog, Göttingen o. J. – Wagner, Chemie in faszinierenden Experimenten, Köln 1984.